严昌洪／主编

辛亥革命史事长编

XINHAI GEMING SHISHI CHANGBIAN

武昌辛亥革命研究中心／组编

本书为2008年度湖北省社科基金重大委托项目（立项号[2008]013）成果

武汉出版社
WUHAN PUBLISHING HOUSE

（1910.1-1911.9）

第七册

张笃勤／编

(鄂)新登字 08 号

图书在版编目(CIP)数据

辛亥革命史事长编.第七册/武昌辛亥革命研究中心组编;严昌洪主编;张笃勤编.
—武汉:武汉出版社,2011.8
ISBN 978－7－5430－5280－2
Ⅰ.①辛…　Ⅱ.①武…②严…③张…　Ⅲ.①辛亥革命—史料
Ⅳ.①K257.06

中国版本图书馆 CIP 数据核字(2010)第 172457 号

组　　编:武昌辛亥革命研究中心
主　　编:严昌洪
编　　者:张笃勤
责任编辑:李　理
装帧设计:刘福珊
出　　版:武汉出版社
社　　址:武汉市江汉区新华下路 103 号　　邮　　编:430015
电　　话:(027)85606403　85600625
http://www.whcbs.com　　E-mail:zbs@whcbs.com
印　　刷:武汉精一印刷有限公司　　经　　销:新华书店
开　　本:787mm×1092mm　1/16
印　　张:20.75　　字　　数:518 千字　　插　　页:5
版　　次:2011 年 8 月第 1 版　　2011 年 8 月第 1 次印刷
定　　价:1800.00 元(全十册)

1910 年(清宣统二年·庚戌)

1月1日(己酉年十一月二十日)　中国同盟会机关刊物《民报》复刊,托名于法国巴黎出版,实则在日本东京印行,汪兆铭主编,仅发行两号,2 月终刊。

△ 清廷授协办大学士、吏部尚书陆润庠为大学士,法部尚书戴鸿慈为协办大学士。

1月2日(十一月二十一日)　清廷命正黄旗汉军都统李殿林为吏部尚书,贝勒载润为正黄旗汉军都统。

1月3日(十一月二十二日)　清廷授世续为文华殿大学士,那桐为文渊阁大学士,鹿传霖为东阁大学士,陆润庠为体仁阁大学士。

1月4日(十一月二十三日)　孙中山致函革命同志王子匡,告以自己行踪及抵美洲所见革命形势。

函中称:

弟抵美洲已将两月,曾往返于纽约及波士顿者两次。人心日有转机,若有人时时鼓吹,将来必能成一大助力也。

弟刻下接美西西友电催前往会商要件,故准期此礼拜之内,由纽约乘车直往加利科呢亚省。事件如何,未能预决,到时如有佳音,当再奉闻。

中国社科院近代史所等编《孙中山全集》第 1 卷,中华书局 1981 年版,第 434 页

1月5日(十一月二十四日)　湖北省襄阳府红灯教联合附近居民,准备举旗起事。

△ 是日上海《汇报》报道,郧阳府会党众至数千人,分布陕西、河南一带,准备起事。

1月8日(十一月二十七日)　清廷颁布各部院衙门互选资政院议员详细规则 23 条。

1月9日(十一月二十八日)　浙江省德清县东门外乡民抗交漕粮,聚众数千人进城,要求重惩库吏,免征荒田,减征熟田三四成。17 日,该县西北乡农民二百余人入城抗漕,捣毁店铺,商店罢市。

《东方杂志》第 7 卷第 1 期《中国大事记》报道:

德清东门外乡民,于十一月二十八日县城开仓时,即聚众数千至城,县令亲与绅士出城劝导,乡民要求重惩库书,又要求出示,将荒田免征,熟田减征三四成。县令许以革办库书,并命乡民公举代表入城,筹议减免分数。众仍未散,营官率兵弹压,颇受夷伤。至是月初七日,忽有西北各乡农民蜂拥入城,商店惧而罢市。某肆与之反抗,击伤乡民,哄闹久之。官兵麇集,拘获四人,将为首之人请令正法。初六日,嘉防统领沈祺山率兵至县,会同县令出城解劝,乡民始退,然仍聚集不散。北乡农尚欲与东西二乡乡民联络抵抗,官兵亦严为之备云。

△ 浙江巡抚增韫奏报浙江谘议局开会始末及议案大略。内称九月初一开会之时,举定

正议长、度支部主事陈黻宸,副议长、附生陈时夏,法部主事沈钧儒。谘议局第一届年会,共开正式会议二十八次,合官署与谘议局提出之议案共五十六件,经议决呈报者二十七件,其中经增辐批准公布施行者十七件,须待奏咨而后定夺者一件,属于争执之案,照章咨送资政院核议者九件。

1月10日(十一月二十九日)　学部奏准筹办京师分科大学,计设经、法政、文、格致、农、工、商、医八科,其经科大学准令外国人入学。

1月11日(十二月初一日)　先是,本月6日,浙江省湖州府乌程、归安两县农民数百人抗交漕粮,捣毁带头交漕的地主家园,抢吃大户。11日,两县农民张贴传单,召集千余人欲进湖州城焚毁仓库、府署,府城戒严。14日,省里派兵至湖州府城弹压,县令出示应允被灾之户免征,其余应征之户以七成交纳,事方平息。

《东方杂志》第7卷第1期《中国大事记》报道:

当十一月间,二县开仓收漕时,则有乡民鸣锣纠众,阻纳漕粮,并张贴传单,约期聚集入城,捣毁漕仓官署。由是各乡粮船咸惧而开回。其在中途者,或被拦阻,或被夺而售诸米肆。其众聚至数百人。一闻某乡将载米至城交纳,即率众至其乡坐食,乡民亦遂相率观望,不复入城纳粮。闻有一二富户,违众而行,即被乡民毁掠,不堪其扰。府县官闻报,急致电省台,请兵弹压。至是月初一夜,忽人声喧杂,传有乡民千余人,将分路至城,焚仓毁署。府城实施戒严,复电省告急,并请发格杀勿论之告示以威众。至初四日,省兵至城,乡民渐散,民心稍安。府县官复大张文告,劝民完粮安分。二县令又令绅董编查被灾之户,准其免征,其余应征之户,许以七成交纳,事始大定。

1月14日(十二月初四日)　清廷谕饬言官及上书诸人,倘敢怀挟私见及毛举细故,不知大体,必予惩处不贷。

1月15日(十二月初五日)　福建省建宁府洋口、黑心地方黄肇祥等两千人暴动。

1月16日(十二月初六日)　各省谘议局国会请愿代表团代表孙洪伊等至都察院呈递召开国会请愿书,要求清廷定一年以内即开国会。是为第一次国会请愿运动。

1月18日(十二月初八日)　孙中山从美国纽约至芝加哥设同盟会分会。

冯自由《华侨革命开国史》:

十月初八日总理由纽约赴美东芝加哥城,时有耶教牧师萧雨滋父子,夙具革命思想,闻总理之来,预约同志多人恭迓于车站,并开欢迎会于聚英楼。总理即席演讲革命真理及其趋势,听者莫不倾心。同时提议设立同盟分会。第一次加盟者有萧雨滋、萧汉卫、梅培曹、汤三、罗泮辉、程天斗、梅乔林、李雄、梅天宇、梅赐璧、梅友伙、梅彬等十余人,谭赞、伍颂唐、何宝衡、梅寿、林光汉等数十人继之,以梅寿所设之泰和店为通信处。总理更向诸会员募款应广州之急,居芝城月余,得捐款港币三千元。

中国社会科学院近代史所近代史资料编辑组《华侨与辛亥革命》,中国社会科学出版社1981年版,第50页

编者按:孙中山抵达芝加哥时间,有多种记载。据陈锡祺《孙中山年谱长编》485页考订,冯自由等记作十月八日应是

十二月八日之误。

△ 清廷以沿江各省谣传外人占据东三省及俄、法、英进兵瓜分之说，谕饬各省督抚严禁谣言，若有发布传单、开会演说之事，迅速解散。

宣统元年十二月初八日，军机处寄湖南巡抚岑春蓂及各省督抚电旨：

岑春蓂电奏悉。据称近来沿江各省谎传，外人有占据东三省，意图瓜分之说。湘省无知之徒发单开会，滋生事端。虽经示禁，浮言仍不能免。且谣传东三省日俄已订私约，东省人民惊慌。并云俄法英有各处进兵之说。果有此事，朝廷岂能故示秘密，绝无应付。此等影响无据之言，实系造言生事之徒布散流言，希图煽惑。非特妨害治安，且恐激起交涉。亟应严行禁止。如各省有发布传单开会演说等事，著各该督抚迅速解散。倘有匪徒从中生事，尤宜加意防范，严密查拿惩办，以遏乱萌而安大局。并查实在情形，迅速密为电奏。

中国史学会主编，中国近代史资料丛刊《辛亥革命》(3)，上海人民出版社1957年版，第513页

1月19日(十二月初九日)　山东巡抚孙宝琦奏陈厘定直省官制要义四条：(一)确定督抚权限；(二)申明司道职守；(三)加重知府责任；(四)除州县回避之例。

1月20日(十二月初十日)　锡良与美国纽约摩根公司等四大银行在奉天签订《锦瑷铁路借款草合同》，借款额四千万美元。

锦瑷铁路借款草合同

东三省督部堂、奉天省抚部院(下文称路政局)，钦奉谕旨允准，并保国家简派，现与美国纽约城四大银行(即摩根公司、坤阿鲁公司、佛士地那臣那尔银行、那臣那尔斯地银行)，作为美国资本家代表伊等银行行事者以及其联行，惟此项联行务须奉大清国政府允准一切，始行参预此事。至所有该联行出名筹备资本之数，至多不过其总数十分之四，均由大清国政府定夺(下文称资本家)，订立合同。因于宣统元年八月十九日，即公历1909年10月2号，路政局在沈阳与美国资本家以及保龄公司之代表订立草合同，作为备款分段建筑由奉天省锦州府城至黑龙江省瑷珲之铁路，以及将来行车办法(下文称本铁路)之草合同。嗣于宣统元年十二月初十日，即公历1910年1月20号，奉旨允准，并准将上文所开之草合同详加续定，作为备款分段建筑本铁路以及行车办法之末次详细合同。盖因按照上文详载之草合同，同时与保龄公司另订修筑该路并备办行车需用各件之合同，兹将彼此所议订之条，开具于左：

第一款　上文所开之草合同如有与本合同不相同之处，自应作废，而以本末次详细合同代之。

第二款　甲、资本家允代路政局出售，并由路政局允准资本家按照下列章程将该借款出售金钱借款(下文称借款)，其数不逾四千万美金元，按照下列章程办理。此借款系为分段建造由锦州至瑷珲之铁路，即由锦州至洮南一段路线、由洮南至齐齐哈尔一段路线、由齐齐哈尔至瑷珲一段路线，购买地基在内；并于铁路进款不足以抵偿其经费之期限内，用以办理行车事务；以及于建造干路之时所有彼此视为合宜需应用时修筑之枝路，并所有彼此视为合宜需应同时推广他项经营，以期该路将来之发达。此借款名曰大清国政府公历一千九百十年锦瑷铁路五厘之借款。

乙、此借款分为两次，初次发售借款债票之数美金二千万元。

丙、借款以三十年为期,由签此合同之日起。

丁、债票之利息,按虚数周年五厘。

第三款　此借款本利,大清国政府承认全还。若所收此路进项余利以及此借款所得之银不敷届时全还本利之数,应由路政局奏明,设法以别项补足,按期交付资本家,清还本利。除按照第四款甲节详载订立头次押产抵债之办法外,此次借款本息以下列东三省进款作保:

一、盐课二百万两;

二、旧盐斤加价一百万两;

三、新盐加价一百万两。

以上三项应由路政局担保,共计每年的款四百万两。若此三项内或有不足,应由路政局另拨他款补足四百万两之数。……

宓汝成编《中国近代铁路史资料》第2册,中华书局1963年版,第621~623页

1月21日(十二月十一日)　直隶谘议局议员孙洪伊等谒见军机处王大臣,请速开国会,庆亲王奕劻、军机大臣那桐,均表赞同,唯鹿传霖持异议,23日再谒世续,得其赞同。

1月23日(十二月十三日)　四川同盟会员畲俊臣、熊克武等抢夺团练局枪支,发动嘉定起义,标揭汉军政府旗号,与清军激战两日失败,义军死伤两百余人。畲俊臣率残部退往川、滇边境,准备积蓄力量再行起义,因叛徒出卖被捕,押解叙州府遇害。

《四川总督赵尔巽奏畲俊臣起事犍为派兵击散片》(宣统二年正月十二日):

查川南匪首畲俊臣倡言革命,经前护督臣赵尔丰,饬为严拿,远飏去[未?]获。去冬闻其潜回纠结,即密饬文武防拿。该匪竟于去年十二月十三日在井研、乐山交界起事,党羽约有百余人,部署伪职,张贴逆示,抢夺乡团枪械,裹胁渐多,意图劫掠犍厂,窜往屏山滇边等处。闻信电饬各路营团分头截缉,先堵击于犍为之牛华溪、冠英场,再战于屏山属之宋家村地方,先后擒斩伪军师陈雨帆、伪都督毛长兴、头目郭玉华、罗明德、萧双河等三十余名,击毙二十余名,夺回乡团枪械,及匪党旗帜、刀枪、号布、逆示等件,余匪溃散,兵团搜捕复获多名。其在屏山约期起事之匪首杨公圃,亦经设法拿获。

中国第一历史档案馆等编选《辛亥革命前十年间民变档案史料》下册,中华书局1985年版,第796页

1月23日(十二月十三日)　黄兴应同盟会南方支部之邀,自东京启程赴香港,策划广州起义。

1月24日(十二月十四日)　国会请愿代表团在北京开会,决定成立立宪团体国会请愿同志会,总会设北京,各省设立分会。期使联合绅商各界,发动更大规模的请愿活动。同时刊布《国会请愿同志会意见书》,就从速开国会的意义、条件以及召开国会必须先成立政党等进行了详细论证,呼吁速开国会,实行君主立宪。

国会请愿同志会意见书

吾国今日怵于内忧外患之纷乘,魂梦傍徨,泪血涔渍。上则伏阙陈书,下则缔群置社。佥谓为救亡之第一策略者,非速开国会乎?

夫速开国会之可以救亡,稍明政治学者类能言之。但明哲能相喻以心,庸众或未能相说以解,则吾侪不能不将此事之利害,缀为绪论,宣示海内,齐大众之聪明才力,群趋重于此一

途。凡人之欲缔造一事业也,必其利害之识解既明,必力乃能坚定。筹画之精神既淬,规模始克久持。后海先河,始简毕巨。此各省要求速开国会者,有同志会之设,而意见书所由刊布也。……

爰揭三大论纲而叙述于后。

一曰:吾国若能速开国会,可革一切贫弱之根源。

夫吾国贫弱之原因虽多,然其大要可约为三。一在君民情感不通,一在官僚不负责任,一在财政困窘。而万事丛脞,悉由此起。倘能速开国会,则以上数弊皆可免除。或者谓各立宪国不能聚国人议政于一堂,何以开国会而君民即不隔阂?国会非行政部院,何以开国会而官僚即能恪恭将事?国会非生利事业,何以开国会而财政即能丰裕?以上疑问,人多茫然。谨以次辩明如下:

首论吾国若能速开国会,即无君民隔阂之弊也。吾国近来上下隔阂之弊,虽较前稍轻,然与各国相衡,则迥有文野通塞之异。秉政者,因循鄙陋,事事足以隳败朝廷励精图治之盛心,激动人民赴火蹈汤之狂热。以致怨毒积于人心,忠爱郁为孤愤。故抱道自重之儒,多不欲为朝廷用,破格拔擢,亦归无灵。而恢奇磊落之彦,更回翔排荡,欲别树势力于一途。流风所播,故各省士绅争路、争矿、争立宪、争外交权利,几乎日有所闻。奔走呼号,群情惶骇,若皆有傥焉不可终日之概。且各省或兵变或匪乱或饥民煽动,亦时露铤而走险之机。此种情形,各国谓之惶恐时期,为颁布紧急命令、预备戒严之时期,最足以扰成变乱者也。而吾国则日日有此危象,当道反熟视若无睹焉。吾侪偶一思及,毛骨悚然。夫吾国之所以酿成此乱象者,岂君有暴政耶?抑官民之无良耶?实由于有司擅虐,君恩壅于下宣,民情阻于上达,有以使之然也。窃谓吾国若欲消弭君民之隔阂与官吏之压制,而收拾已去之人心,除速立宪外无他法焉。盖专制政治皆主独裁,其执行政务者惟官吏,人民则全退处于俯承命令之地。是君主与官吏有关系,与人民无关系,其官吏能擅威福宜也。若立宪国则有三种分立之机关。其最要机关即为国会,其下院议员即选自民间者,与行政部同立于君主统治之下,各有宪法之护持。例如君主发布命令,则交议院公认,议院编纂法律,则呈君主裁可,是君民常相接洽。且议院对于君主有上奏建议之权,对于人民有受理请愿之责,尤为上下交泰之符。夫议员者,人民之代表也。议员与君主既如此之联属,即全国人民与君主息息相通。此立宪国根本结合之坚,与专制国大异者也。吾国速开国会,士民既有议政之权,忠爱油然发生,自当受国法之检束,断不至东奔西突,逸出范围,以倡横议;而全国人民亦觉既有代表参与政治,彼亦各安职守,不至出位代谋。是国会一开,四海归心,国是大定,人人沐宪政之福矣。故吾国召集国会早一日,即早收一日之人心;迟一日,即增一日之荆棘。且即为保存君权一事起见,亦当速应人民之要求。考各国宪政演进之前史,即可知之。日本于民气未甚决裂之时,而能早布宪政,故君权独尊于各国,藩阀政治保存至今。英国人民要求国会,前后亘三百年,王权民权互相搏击,国王屡革弑,议会屡解散,而始确定宪法,致君权大被削夺,其政治流为议院政治,内阁流为议院内阁。法人要求立宪亦数百年,而为君主、贵族所钳制,激成屡次大革命,其后国民议会竟废去王位而行民主政治。综观以上三国,其应人民国会之要求,惟日本最早,故君权最尊;英国较迟,故君权甚微;法国更迟,故人民一跃而掌握国权而竟废去君主。追维往史,得失了然。

夫吾国民性本极纯良,而朝廷之深仁厚泽,又足以复育之,似不至如欧、美人民有暴起之事。但国会早开一日,则民气更早平静一日,君权更早确定一日。寥寥数十条宪法即可纳民于轨物中,又何必迁延不决,必欲民情破裂之后,而始图挽救乎?若既经破裂,则颁布宪法时

或即大起纷争。需为事贼，时不我留。此吾侪所以为当道深虑之。

次论吾国若速开国会，即无官僚不负责任之弊也。夫立宪国之所谓责任内阁者，指内阁对国会负责任而言。若徒云对于君主负责任，则官吏赏罚黜陟之权固皆操自君主，不患其对于君主不负责任。如此又何必创此责任内阁之一新名词耶？既云对国会负责任，然则无国会之国家，即为内阁不负责任之国家。全国政务无所统一，质言之，即无人负责任之国家。此非官僚尽非贤明，不欲责任也；实因各部政务之权限既不分明，又无一人绾连带责任之纽，故不知各部责任如何负起、全内阁责任如何负起也。若立宪国，则国会为监督内阁负责任之法定机关，其官僚若不得国会之拥护，即无组织内阁之资格。虽云组织内阁，其名义出于君主之任命，然必其人为一党派之领袖，然后各部大臣能极一时之选；必其人能树势力于议院，然后行政不致受人之掣肘。君主虽欲私其爱憎，不可得也。盖完美之立宪国，其总理大臣组织内阁时，即须提出政纲、政见，宣示议院，求表同情；中间又须受议院之质问、诘责；若果有失政，又不能不受议院之弹劾；甚或因不能得议院多数人之信用，一议案之不能通过，一责任之不能解除，其内阁即动摇，或竟须辞职让贤。有此强大之监督机关，纠之于其旁，故内阁非纯粹负全国之责任不可，其大臣非确有才识资望不能当国。此立宪政体晶莹坚粹之特质也。

或者谓议会权力如此之大，不免妨碍君权之神圣。曰：不然。立宪国之议院与内阁，同为受君主之支配，掌握其国权之一部，有何厚薄轩轾于其中？倘议院与内阁有纷争，君主或欲解散议院，或欲解散内阁，皆可审度时势，衡量是非，以行其志。议院既不能直接进退内阁，尤不能要挟君主命总理大臣辞职。然则议院之权力纵大，仍是起伏于君权作用之中，何能妨害君主之神圣耶？且大臣如能通权达变，不难投身党中，收为己用。例如：英、美内阁大臣与议院之联为一党，何尝易起衅端？故吾国若速开国会，既有节制议院权力之法，复可督促官僚之负责任。全国政务灵活敏捷，如身使臂、臂使指，恢恢乎有整齐利导之余地。舍此则别无使官僚负责任之道。欧、美各国研究政治亘数百千年，学者殚精竭虑，人民杀身流血，始得此国会监督内阁负责任之一法制。周行示我，入圣出狂，愿国人毋徘徊却虑焉。

次论吾国如速开国会，即无财政困窘之弊也。夫天下无论经营何事，必恃有财源以资接济。私人之生存如此，国家尤甚。倘国家财政紊乱，则万事悉臕阻于冥冥中，内忧外患相逼而来，国其不国。周以冢宰制国用，唐以宰相兼度支。吾国前代之重视财政，典册具在。今世各国，其萃全国之聪明才力以谋整理者，即此财政。或以军备握世界之霸权，或以实业左右世界之大势者，皆此国内财政磅礴郁积使之然也。吾国承历代之弊，财政紊乱，不可究诘，此国家贫弱之大原因也。近来朝廷知财政之关系国家荣枯极为密切，乃正度支部之名称，厘正部内各科之职守，近来又曾奏派监理财政官，分往各省清理财政，以次又将清理盐务，此皆前此未有之创举。

夫欲整理财政，若不先察本国财政积弊，则无论采用何国之完美财政制度皆无所适，故吾国清理各省财政，为最得先后缓急之别者也。虽然，清理云者，不过为整理财政之创始，若日后实行整理，则节目浩繁，万非今日智识有限之监理官所能尽职。例如：划分中央财政与地方财政，制定国家公法收入与私法收入，收回税权，厘正税则，定币制，募公债。荦荦数大端，皆非由国会议决，酌别取舍，编为法规，不能浃于民情，垂诸久远。况欲整顿财政，则必增收租税，如此则互相关系之问题极多，皆须同时解决，尤非官僚一派人所能运用其机轴。是非速开国会，聚全国代表而共讨论之不可。盖租税者，人民之膏血也。欲多立名目，吸取人民膏血，非得人民之同意，决无其他苛敛之方。倘苛敛则大乱即蜂起，危及国本矣。欧、美各国于前代征收租税时，曾屡激成变乱，故特召集国会，畀以监督财政权。按监督财政权，其必

规定宪法不可缺少者有三种:一为预算案之决议,二为决算案之承认,三为额外支出之追认是也。如能实行此三种监督之法,则国费必用之于国利民福之一途,无甚枉滥。人民信用既深,故踊跃输将,无所于吝。且既得国法之保护与奖励,则人民生财之途大辟,国内国外皆其竞争经济之市场,生利事业欣欣向荣,故国家虽以大负担加于其身,亦足以挹彼注兹,此立宪国授国会以监督财政权之妙用也。且吾国清理财政章程,原期以三年蒇事。今期限已去其半,再历年余,清理告终,即须将全国财政困窘实情公布天下。若无国会,将凭何种机关以完公布之手续乎?倘徒云由朝廷降旨宣布,似难激发人民以急公赴义之血忱也。夫费数年清理之力,而不能使人民洞悉其中利弊,以整理国家财政,然则其清理之宗旨安在,殊所不解。考埃及、印度之亡,由于财政穷蹙,法国革命之起,由于财政紊乱,而深为吾国前途股栗焉。窃恐迟日召集国会时,议员对于财政一事即将轩然波起,不复可平。况各国监督财政之耗,或竟成为不祥之孽乎?

二曰:吾国事实上有决可速开国会之理由。

夫吾国官僚反对速开国会,其昌言于朝足以淆人听闻者,有三种言论:一谓资政院与国会相似,一谓人民程度不及,一谓预备各事尚未完全。而速开国会之机为之摧挫,似是而非,不可不辩白焉。

首论吾国资政院与各国国会,其性质绝不相同。或有谓此事无须剖辩者。此自名为资政院,彼自名为国会。一为专制政体之议政机关,一为立宪政体之监督机关。今日人民之所以请愿速开国会者,正欲易专制政体为立宪政体,而要求其早日实行,餍天下臣民之望。岂不知资政院与国会截然二物者,奚辩为?然吾国近来主持宪政之大臣所挟为反对速开国会之论据者,不有曰资政院可以代国会乎?不为剖辩明析,转恐足以隳要求速开国会者之心志,而淆乱吾国民之耳目。此所谓就问题而作答案也。且非徒论列两物之异同而已,并剖辩两物与国家相关之利害,或可使当道瞿瞿然惊悟,而亦借以为鞭策吾国民之一助焉。阅者深察下文剖辩之内容可也。

按立宪国国会之所以能监督行政而不被蹂躏者,首在君主不负责任,纯以国会与内阁相对待也。故君主对于国会,只有不裁可所议之事之权,绝无强迫以遵命议事之权。盖国会所以能实行监督政府者,虽恃有积极之权力,而尤恃有消极之效力焉。例如:法律案之否决,预算案之削减,超过预算之决算案之否认,凡国会所不协赞者,政府即不得而施行之。故当国会与政府有极端冲突万难调和之时,君主或命其停会,使之反省,或因而解散之;不然,则听大臣辞职,从未有指定办法,强国会以必从者。虽日本宪法所规定,有天皇裁可之条,然亦谓裁可其已通过之案,非能强否决之案而亦裁可之使施行也。今吾国资政院则不然。按其章程第十五条有请旨交议之文,是议案之提出,全以君主之命令行之。而其第十八条所规定,至有大臣不以资政院所议之事为然,则分别具奏,恭候圣裁。夫曰候圣裁,则是行政官已逸出责任外,而以君主当其冲矣。吾恐各部大臣虽如何溺职,议员虽如何攻击,而行政官仍可径行其志,而资政院将等于具文。万一圣裁之后,议员陈述异议,则章程第五十三条之效力生,谓资政院为有轻蔑朝廷情形而谕令解散矣。资政院易于解散,而大臣地位益巩固如磐石,然则资政院惟有仰伺大臣之颦笑而已,奚用是扰扰为?且夫立宪国君主之所以神圣不可侵犯者,非以其不亲政务,有大臣代负责任,代分劳怨乎?今以资政院章程观之,直以君主代大臣负责任,代大臣分劳怨耳,则何其颠倒错谬与立宪国家适成矛盾乎?夫臣民之最当爱戴者,厥为君父。今稍遇危难,而即退处于原被动地位,而以君主为之裁判。幸而裁判悉当,固颂天王圣明;不幸百密之际偶有一疏,或一徇政府之请而抑资政院,则国民必移其不信任政

府之心而从怨于君主。怨毒之积于人心者日益深，上下睽离，而国本动摇矣，其危及于国家之前途者何如也！此资政院性质与国会正义相反者，一也。

又各立宪大国，其国会皆采二院制。惟德意志帝国无两院之形式，然有联邦议会以调和之，足以隐收两院制之妙用。况联邦组织与寻常国家原异，吾国万难援以为例。此外惟德意志之各小联邦有采用一院制者，因其国小而行之无弊也。又如近来学者及英国政治家虽有主持一院制之说，然其意欲汰去贵族院之一阶级，非谓混合两院为一院，此不可不细绎也。吾国将来之国会，如有主张一院制而不承认上院者，吾侪谁不欢忭？若如今日混合上下两院为一院，则又远不如采各立宪大国二院制之为得也。

夫各国何以皆采二院制耶？其第一理由即欲两院各表现其本来之精神，不相牵杂。若吾国资政院则性质极晦。以全部议员论，则为官民混合；以民选一部议员论，则为地方代表。意志不泱，识解各殊。因官民混合之故，则将来院中预备议案将两不相谋。开议时，不知赞成者为何派人，反对者为何派人；议决时，必难得正确之解决。因地方代表之故，则彼此所研究之利害，多重地方而轻中央，非谓议员本有代表地方之性质也。因彼初自田间来，不能详悉各省之情势，而又无统一之党派使之投身研究，故其流弊必至有代表地方之现象也。夫各国议员之所以有统系的智识，知以全国利害为的者，因有政党之训练故，因多有以政党为本位而后被选为议员故。今资政院中民选一派议员，既以各省谘议局为本位，则无政党发生之余地，其议员不知注重全国利害，明矣。虽然，研究至此，政府或反幸资政院之可以打破民党，而自喜其用计之工。然抑思政党者，议会之产物也。主张资政院办法者，纵能制中央政党之发生，然各省既有谘议局，其能挫地方党派之锋乎？地方党派之贻害于国，当于本书后节论之，不知当道亦有所会悟否？且即代官吏派议员筹之，亦极有害。盖资政院混合官民于一团，意见既难一致，则接触益多，感情益裂，朝野两派将从此各树敌帜，政府中将无人可以维系民党者，立宪国之大患在此。故当道即为保护官吏计，亦当速开国会以遏朝野两党决裂之机。倘必糅而合之，纷争其有豸乎？此资政院与国会正义大相反者，又一也。

又立宪国国会之议长，系就议院选出之数人中而敕任之，是议长本煦育于议员之中，体制毫无轩轾，且多有即为一党派中之领袖者，故议长与议员情感相通，政见相同。今资政院之议长、副议长，即系原有之总裁、副总裁，论其地位则纯由特旨简放，论其品级则为王公大臣及三品以上之大员，与议员阶级悬殊，不相接洽，若行政部院之有堂属者然。倘议员与行政官有辩驳时，彼以纯系官僚之故，必与行政官气求声应，而使议员之权力不伸。考各国议院，如上奏君主时，原以议长为总代全体，议员无从叩谒堂陛。今资政院之议长如此，是下情不能上达，虽云天王明圣，断难尽悉隐微。议员其有幸乎？此资政院与国会正义大相反者，又一也。

合观以上所辩各节，则资政院之设，非徒人民所不满意，且不利于国家全局，不利于君上，不利于官僚，必演成他日种种破裂，恐为主办资政院与编订资政院章程者意料之所不及，非吾侪之好为危言也。其余章程中之误谬处极多，兹不及详辩。

次论吾国人民无程度不足之虑。按吾国政府反对速开国会者，多持人民程度不足之说。此中亦分公私两派心理。其存私心者，不必究论。若其存公心者，因牵于各立宪国之名义，以为吾民程度猝难运用此种政治，与其欲速而不达，无宁循序以图功。此派心理固非徒限于官僚，即在野士绅亦多有之。夫此派人为今日朝野所倚重之人，或即为他日党派所拥戴之人，凝重光明，最足启人敬爱，特其识解稍囿，吾侪当有以匡告之，度亦贤明者之所乐闻乎，盖人民程度之足与不足，非可虚揣臆测，必当有一物以为准绳。权然后知轻重，度然后知长短，理固然也。今谓人民程度不足者，不知以何物为权、何物为度。若持欧、美人民之程度，以衡

吾民之程度耶？则吾国之国会，非以之监督欧、美政府者，所谓不成比例。且返叩吾国官僚之程度，与欧、美政治家之程度又如何乎？若持吾国官僚程度，以律吾民之程度耶？则吾侪纵不有意抑官而伸民，然既同为一国之臣民，同受一国历史、地理、政教、风俗之感化，未有朝皆俊杰、野无贤才也。且吾国素非贵族政治，公卿皆出于韦布，衮衮诸公当其未释褐以前，及既解组以后，固纯系等诸齐民。前后犹是人也，岂即入圣出狂、入主出奴耶？此固极平心静气之理论也。若稍持人民程度与政府挈论长短，则万言难罄矣。

兹择其概括者言之，则吾国之风气，原皆启发于地方，而养成于士夫。十年前主张变法维新，启沃君心，浚发民智，开今日宪政之幕者，伊何人？十年来主持全国风气、矫正舆论、发扬国光，以维持国家权利者，伊何人？吸纳世界知识、研求专门学问、吐宪政之菁华、握改革之枢纽者，伊何人？此固事实之炳若日星，不待辩说而自明者。若谓其所谓人民者，指一般不识不知之人民言。然国会中之议员，固由人民所选举之代表，遵守国家法令，限有一定之程度者，非人民皆可为议员。且选举议员之人，亦有法令上之限制，非人民皆可选举议员。两重限制皆极严明。梦梦者流，纵不知各国有所谓限制选举之制度，然岂未闻现今各省谘议局及城、镇、乡地方自治之有选举章程乎？又岂未目击今日资政院议员之选举亦有定章乎？夫既于千万人民中择其少数之有程度者，畀以选举权，又于千万人民中择其少数之有程度者，畀以被选权，然则又何有人民程度不足之虑耶？按士为四民之秀，为吾国之恒言。今议员即四民之秀者，何独至今日即等诸不足齿数之列？此真淆乱国是之妄言也。且即就与国会性质相类之事证之：如各省谘议局议员，自筹办谘议局，以讫谘议局开会闭会，其所办理之各事，皆吾国日前未有之创举。然而各省议员，处之裕如，各有条不紊，亦足以表示人民程度之足。夫一省议员既能运用一省之议会，而谓一国议员不能运用一国之议会，吾不知其界限何在。虽然，此种辩驳，吾侪曾屡著论，宣之国中，不须备述。今固只择其荦荦大端言之耳。惟冀当道祛其反对宪政之锢疾，反省其己身之才学知识，则必有豁然贯通之一日，而不复敢轻论国家大政也。

次论筹备宪政各事无所谓不完全之虑。按筹备未完全之说，亦反对速开国会者之一种口实。吾侪诚不知其所指者为何事。然就九年筹备案内所列各事观之，其与召集国会有密切关系、非筹备完全不能开国会者，不过数事。且此数事，并无必须长时之筹备者。例如宪法者，为国会权力之渊源，应颁布于开国会之前，固也；然吾国将来无论其欲采钦定宪法抑欲采协定宪法，编订皆易从事。盖宪法者，根本法也，固定法也，与一切单独法、特别法、手续法大有繁简之不同。荦荦数十条成文，即可确定君主之体制与权力，即可规划臣民之权利、义务与各种机关之权限、职务。其余细目，皆可列之于他种法律中。公法学者谓宪法最贵浑简，最贵有伸缩力，此深明宪法与各种法规之区别者也。况今日一般舆论多有主持采用协定宪法者，推其用意，以为宪法若纯由钦定，则将来人民必常倡改正之议，反以牵动国本，故不如采协定宪法之可垂诸久远。协定者，由政府起草，交议院协赞之谓也。倘政府果能采纳此说，则吾国一面召集国会，一面编订宪法，更易着手。余故曰：无论采照钦定宪法与协定宪法，编订皆易从事。

次如议院法者，为规定议院一切组织与省议员之职务、权限之一种法规也。诚哉，当颁布于开国会之前。然议院法者，实质法也，性质明了，作用简单，无学理之可研究，按照议院之各事实，随手即可编成。若搜集各国议院法而参互考证，则可更增完备矣。

次如选举法者，为规定选举区、选举权、被选权及一切选举事务与秩序之法规也。其当颁布于开国会之前，与议院法同。若其划分选举区域，调查选举资格，举行选举手续，性质极杂，办理极难。且每次施行，须有多数官吏管理，扰动全国耳目，造端宏大，若一事未臻妥洽，

则编订选举法者无所凭借。诚哉不易从事，非议院法之比，此吾侪不能不承认者。然而吾国于此问题，亦有绝大之机会。因各省谘议局已于去年开办，如调查选举资格、规划选举区域、举行选举手续等事，全国已大具规模。且人民已有选举上之知识与经验。纵云其中各节未能悉臻周洽，然凡事创始极难，改良极易，既有各省谘议局为之先河，则国会选举事半功倍。倘吾国未曾先开各省谘议局，而一旦欲开国会，诚非二三年不能预备就绪。今何幸各省热心志士，筚路蓝缕以启山林，而中央按辙循途，坐收后效。倘当道诸公犹谓国会难于速开，夺海内殷殷望治之魄，非惟理之所不顺，抑亦情之所难安也。

次如预算案者，为政府对于国会所首先提出之重要议案，诚哉应预备于开国会之前。夫以吾国财政如此紊乱，而各省清理财政又未告竣，此预算案似极难于编制。然而亦无难也。盖清理财政与编造预算案，其精神上虽有密切之关系，其性质与事务实划分而不相淆。因吾国清理财政者以稽核现款、截清旧案为要旨，编造预算案者以推算次年全国岁出入总数为主义，一为改革财政根本之计划，一为审筹国用短时之出入，原属两物，不能因财政清理未终，遂谓预算案无从编成也。况清理财政照部章所定，距今不过年余即可蒇事，度支部即可据各省报告分册汇成全国财政总编，决非难事。且查度支部奏遵拟清理财政章程折中有云："分之为各省者，合之即为全国之岁出入，条理井然，而全国之预算案乃成。"绎此奏章，则清理财政告终之日，即全国预算案告成之日，度支部固已承认矣。然则国会何以不能召集于一二年之内乎？若谓清理财政未臻周洽，则度支部于奏请截清旧案中有云"尘牍山集，纷如乱麻"，如此则虽延至宣统八年，恐清理亦无周洽之日。夫国会议员亦只求今后之岁出入不紊乱而已，决不至吹求旧案，责难当局，以负部臣开诚布公之初心也。

按以上系为开导政府之疑难立论，因恐其心有误会而坚拒国会之速开。若自法律言之，则无论国会速开与否，政府于今日，始终当编造预算案也。盖资政院章程第三条，曾订明资政院有议决国家岁出入、预算、决算之权。岂度支部能不遵此定章耶？又岂将此事具奏上陈恭候圣裁，不提出预算案，使君上之政令自相矛盾耶？由前说言之，则预算案无难提出。由后说言之，则纵不速开国会，预算案亦当实行。此国人所当注意研究者也。

以上四节，所谓宪法、议院法、选举法、预算案者，皆可从速筹办于开国会之前者，文中已详言之矣。若夫此外各事，皆可举办于开国会之后，且非开国会则各事无可举办，稍明治理者皆能详悉焉。倘果能举办得宜耶，则国家大政由政府诸公主持足矣，何必再开国会耶？世界各国又何必创此立宪政治耶？愿国人深长思之。

三曰：吾国人若欲速开国会，当有政党之预备。今世各国无不趋重立宪，立宪国家无不倚重政党，人多知之。夫政党之发育也，大率有两时期：或在国家将立宪之时，或在国家既立宪之后。因将立宪之国家，必渐洗除专制之毒政府，显认人民以参与政治之权；人民亦勃生集会结社之志，而政党乃得应运而兴。此谓为将立宪时之政党。若夫其国家既立宪之后，则政党之发育更大，功用尤宏。国会为政党所操纵之物，固不待言。其甚焉者，则国中政治蔚成政党，政治内阁蔚为政党内阁，人才悉辐辏于其中，互起伏以当政局。如英如美，其最显著者；如奥如意，其次焉者。此谓为既立宪后之政党。按前之政党，亦可谓为养成宪政之政党；后之政党，亦可谓为被宪政养成之政党。

综观以上两种党派，虽后之政党声势磅礴，可以显握国权，建树伟大，然使无前之政党，艰难卓绝，开其先导，则将并宪政而亦不能成立，何有于以后政党发育之余地？水源木本，功不可诬。况政党者，最贵历史久长，根蒂深厚，以训练党人之智识与经验及吸收国人之信用者也。使一党既成立之后，内不破裂，外无大敌，则绵延无已，可与国运相终始，以继续掌握

其政权,较之崛起新建之党派,其声光之大,迥不相侔,固非谓立宪前之党与立宪后之党必划分为两物而不可缵承其绪业也。例如:英国之统一、自由两大党,发源于三百年以前;美国民主、共和两大党,成立于各州宣布独立之初;日本政友、进步两大党,一由于自由党所改造,一由于改进党所改造,亦创始于明治初年。观各国大政党,能以党帜组织内阁与占议院之多数者,皆有历史上之根据,非偶然结合者所能比拟。故各国先觉之士,于国家将立宪之时,无不争先标立党派,以一面督促宪政之成就,一面养成党内之丕基,真卓识远见也。

夫吾国今日固为将立宪之国家,吾侪处此时期,理当仿效各国之先达名贤,谋立政党。虽然,政党之地位与其精神固非一蹴所能几者,理当组织其类似之机关。故吾侪在各省既陆续组织国会请愿同志会,而今日更在都中组织国会请愿同志会总会也。夫既标明为国会请愿同志会矣,则俟吾国召集国会之时,吾侪即当改变此会而作他图,故今日不敢谓此会为纯粹之政党。揆之党派之定义,此可名之为政团,然与政党之性质亦相去不远矣。故深愿国中同志,共集于此会中而宏济大业。虽然,政党一事,在东西各国视为庸言、庸行,凡抱政治思想者,无智愚贵贱,莫不投身从事。若吾国人之对于此事,则虽贤达之彦亦皆疑信相参,萦心于利害之两说,而不能决然尽力。此由于吾国人未目击宪政之实用,故并此与宪政相倚伏之政党而亦不能深知,理固然也。兹者,同人学识谫陋,虽难道其精奥,然就吾国今日之实情,发明政党关系之重大,以与国人共讨论之可也。其他理论,则有各国之国法学、政治学、国会史、政党史在,非此书所能侈陈焉。

夫吾国人欲速开国会,何以必须有政党之预备耶?盖立宪政治号称多数政治,则督促此宪政之实行也,亦当以多数人为依归。然徒云多数,势甚涣漫,则必需有一结合之机关。政党者,即结合多数人督促宪政之机关也。故政党成立后,宪政乃能从速实行。且宪政者,大抵为官僚所不慊,若无政党表示其热心毅力,以盾其后,则虽云政府已承认立宪,仍将出以迁就、敷衍,久之而专制余威将翕辟开张,反污立宪之成命,如俄、土即其例也。然此系就政府一面言之耳;若夫人民之一面,其必需有政党之处尤多。试就吾国人民情形约言之于后。

一、吾国今日若有政党,可以集合多省人士以扩充请愿之声势也。考日本人民要求国会之时,国中九十余团体联合而为总要求,常驻东京之代表类数十百人,各地请愿书达于元老院者凡七十余通。全国靡然从风,政党满布国内,而日本之宪政乃始成立。今吾国之土广民众,十倍于彼,乃请愿书之达于都察院者不过数通,加入请愿之团体不过二三,以此视彼,判若霄壤。此虽由于吾国交通梗塞,人民政治思想薄弱,然使吾侪能激发血忱,组织政党于中央以为号召,复有多数同志专往各省极力开导,使之共晓然于国会与国家存亡之关系,则积诚所感,全国人亦将风起水涌以为后援。请愿书亦可增至数十百通,总要求之团体亦可以数十百计,非至难之事也。例如日本,当时主持请愿之领袖亦不过十余人为最有力,其主持请愿之机关亦不过一二大政团为最有力,此外皆系被动者。今返观吾国,则何省皆有谘议局与教育会、商会之成立。近来吾侪在各省又渐设有同志会,而国中之小政团亦必逐渐林立,合而计之,即数十百机关也,皆可各举代表上书请愿。又安见吾国人要求国会之声援,不能与他国媲美耶?是惟在吾同志会中人之奋勉何如耳。况日本当时,其君主、贵族原不欲立宪,故人民之要求也,非有极大之声势不可。若今日吾国,则朝廷久已颁布立宪之诏旨矣。吾侪所续求者,惟在时期之缩短,收效甚易,原不必胶执日本之陈迹,谓必鼓动全国,然后能得朝廷之俞允也。倘可以和平从事,则以不伤朝野之感情为最幸。此同志会成立之理由一也。

一、吾国今日若有政党,可以养成他日大党之精神与其基业。夫政党最贵有根蒂深厚之历史,文中已略言之矣。然所谓根蒂深厚者,非必以一党名与主义贯注始终,即中途而有改

变党名、改变党纲之时,亦无所妨碍其历史。例如英国之所谓保守、自由两大党者,其前日之分合变迁亦极复碎。在十八世纪中,或此党分裂而成他党,或他党中之一派别而加入彼党,数见不鲜,然皆始终能成两大党之精神与其基业。又如日本明治初年,有所谓爱国公党、爱国社、国会期成同盟者,后曲折蜿蜒改为自由党,今又改为政友会。又有所谓嘤鸣社、东洋议政社、鸥渡会者,后曲折蜿蜒改为改进党,今又改为进步党。虽其中屡兴屡仆,参伍错综,而始终亦能成两大党之精神与其基业。就此观之,则同志会变迁之前途纵不能逆料,然使能吸纳多数人物于其中,互相渐摩砥砺,更以培养后起之人才,则日后主持国中各党者,必多为吾侪感情惬洽之人,则吾国中党争,始终不至过于激烈。且惬洽既深,政见一致,多数人即可长为一党之行动。而同志会或即可养成一大党之历史,后日可与他之大党互相提携,如英、美之有两大政党者然,而吾国乃无小党分裂、阻碍宪政进行之患。此同志会成立之理由二也。

一、吾国今日若有政党,可以消弭地方党派之弊害。按吾国因幅员寥阔、交通阻隔之故,各省人视本省之利害较为密切,多置全国利害于后图。况现今各省谘议局成立之后,而地方党派更有潜滋暗长之势。良以国会未开,无结合全国党派之事实,故各省人只好退处地方谋立党派,以图省治之整理,此固有必至之符者。今吾侪既于一面要求速开国会,一面又组织此会,则树厥风声,各省人士必破其狭小之制度,而共襄此远大之规模,以消弭前途无穷之祸。盖地方党派,其为害之最大者,可使国势分崩离析,盘旋沦落于外人之权力中,主权一去不复回,外人均势之问题起,全国或即因而瓦解;其害之小者,亦必各地方各分握国家主权之一部,尾大不掉,中央政府将退处于无权。今吾国情形实有此趋势。倘国人欲巩固国权之统一,则必先图政党之统一。此同志会成立之理由三也。

一、吾国今日若有政党,可以矫正国中一切不正当之舆论。按吾国近来之舆论淆乱极矣,非驰于偏激,鼓动风波,即瞀于远图,吹求细故,积非胜是,伐异党同,而恬不为怪。虽其中亦有特达之士,欲以真解决纷难,然以一二人力量孤危之故,不敢显树敌帜,犯群疑众谤之冲,趑趄嗫嚅,久之而即安于默退。盖纵欲不顾浮言,力持正论,然既明知不能挽此狂澜,又何必批一时之逆鳞,致失一生对于社会之信用?此所以正人君子一转念间而皆不愿主持清议也。此种情形,且岂仅非国家之福,抑亦私人言论不自由之隐痛,故国中往往一极小之事,因不能即时解决,而浸成大忧,虽有贤才,无以善后。此固屡见而不一见者也。今若有一政党之发生,则可以渐矫正一切舆论不正当之弊。盖集合多数人,平日研究既密,临事又以一党派之势力腾布公议于国中,力量大,壁垒坚,一切浮言自不足以淆乱社会之观听。且党中尤可设立言论机关,逐次祛除国人之蒙蔽,久之则舆论自可共趋于正轨,国家大事皆迎刃而解。此同志会成立之理由四也。

按以上所举四大理由,皆系就吾国今日之应预备政党而言。若夫政党关于国家之一切利益,与夫吾国立宪后政党之一切作用,今皆不暇置词,恐陈论肤泛,反使吾侪设立同志会意志不能发明故耳。或者谓:吾国衰弱情形之应速开国会,与事实之能速开,及吾民督促速开之法,诚如此意见书中三大纲之所云矣,但今日政府虽不显持反对国会之论,然未有以国家大事介怀者,枢府中未有力负责任、能表率群僚者。监国纵云贤明,而环顾盈廷,将恃何人以决大计乎?恐国会虽开,终成画饼耳!曰:此不足虑也。盖专制政治之末运,大抵如此,非独吾国为然。倘此种国家之官僚,果能长此有人力负责任,则人民要求立宪之心必不坚定矣。例如:英国历代王权最盛,及至意慈米斯时代,则君权式微,政界凌乱不堪,而人民所要求之宪政乃成立于是时。法国前代专制亦极盛,及至路易十六,暗懦无能,大权不振,而法人理想之民主政治亦成立于是时。夫国家之权力,不在朝则在野。倘在朝者,果常有非常之人物,

则在野者必屈伏而不伸。世界学者皆谓立宪政治为专制君主所激成。余则谓专制时代不过激成人民以希望宪政心理,至如宪政之确定,则必在专制日久而一旦不能保守专制之时期。然则吾国今日正此时期也。吾侪更当乘此时鼓舞以要求立宪,何尚反引为病呼[乎]?况吾国官僚亦未必绝无贤明者,以京内外大僚观之,其能忠贞体国正色立朝者亦有人,其能略知治理与世界大势者亦有人,惟今日混处于政务纷乱之时,则无由表见耳。倘吾民果能要求从速立宪,法律既严明,机关既完备,职务既分划,则官僚若犹不负责任,即不能安于其位,不肖者日被淘汰,贤明者日以超迁,又何能逆料当道诸公即无一二可为异日民党所信任者耶?倘人民既一面欲参与政权,而一面又欲官僚之能巩固政权,非惟思想之矛盾,亦非吾侪能力所能办到者。呜呼吾民!惟有确守一定之界线,冒艰难困苦以努力前进而已。盖吾国从速立宪之机,日益发动,若任此机之逸去,则转瞬风云勃起,外侮纷乘,举目河山,将不胜今昔之感矣!呜呼吾民!尚何回翔审顾,欲蹈违天不祥之辙乎?此同志会之所以披肝沥胆,欲与邦人诸友共念此乱也!

张枬、王忍之编《辛亥革命前十年间时论选集》第3卷,三联书店1977年版,第606~623页

1月25—26日(十二月十五—十六日)　浙江省桐乡县农民数千人鸣锣抗漕,阻拦入城完纳漕粮船只。驻防水师前往弹压,枪毙乡民一人,伤二人,乡民愤而烧毁水师炮艇,突入城门,拆毁漕仓、县署。次日,乡民割断电线,纵火焚烧县城东门。省督练公所派兵镇压,逮捕十余人,击毙击伤数人,乡民始散。

《东方杂志》第7卷第1期《中国大事记》第2页:

桐乡县乡民既忿图董之不公,又迫于无所得食,月初即纠集多人,至各富绅家索食,骚扰不已。官绅无策,咸电省请兵。忽十五日,有乡民入城完纳漕粮,被人拦阻,两造聚集数千人。驻防水师排队弹压,枪毙乡民一人,伤二人,乡民大愤,遂一拥而前。不逞之徒乘之,焚毁炮艇,夺门而入,拆毁便民仓,麇聚县署,要求豁免租赋。县令不从,遂又将县署拆毁,劫掠一空。十六日,将电线割断,复纵火焚烧东门。适督练公所兵备处袁观察率兵至县,立命军士放枪示威,乡民始散走。立时擒获十余人,将为首之人正法。又收禁四人,乱事始已。

4月22日(三月十三日)浙江巡抚增韫奏折称:

查宣统元年夏秋之间,杭州、嘉兴、湖州三府所属各州县,偶因水旱偏灾,曾经筹款赈抚。迨秋成时,复将灾歉之区,委员查勘明确,分别蠲缓,并照向办成案,剔荒征熟,饬由布政使会同督粮道出示晓谕,俾众咸知。讵湖州府属之乌程、归安、德清三县,嘉兴府属之桐乡县,无知乡愚,以光绪十五年大灾免漕有案,初则借口被灾,相率观望,继竟鸣锣聚众,约会抗漕,情势汹涌,不可理谕,而尤以桐乡一县为最甚。先是该县乡民借饥荒为词,向富户索食,聚集不散,遂有匪徒乘机思逞,于十二月十四日夜,煽动乡民,希图入城滋事。该县知县余文钺会同营汛严加防范,将教堂监狱妥为保护;一面禀经臣电饬该管知府英霖、前路左翼统领沈棋山,酌带水陆兵队,前往弹压解散;并札委道员袁思永带队驰赴查办。十五日早,乡民千余人自城北而来,营县上前拦劝,乡民持械攻击,致伤弁兵七名,夺去枪械三杆,印官被殴,幸未成伤。兵勇开枪抵御,格毙一人,并伤一人,而乡民愈聚愈众,蜂拥进城,焚毁师船一艘,夺去子弹五百颗,复拥至漕仓,捣毁什物,并拆毁县署房屋,抢失案卷物件,哄闹多时始各散去。维时沈棋山等已督队驰抵县城,先派兵船将教士眷口护送至郡,分拨兵队加意巡防。十六日辰刻,乡民麇集于东门外,余文钺与沈棋山等登城再三劝谕,置之不理,旋即放火焚烧城门。不得已开枪格毙二人,误伤一人,乡民始退。城外电杆即被拔毁两支,电信遂绝。傍晚复聚集

双桥地方，声言入城报仇。嗣闻省中大兵将至，始各鼠窜而散。是夜袁思永等率队到县，即经派人修接电线，借通消息。次日黎明，复督同印官分投劝导，解散胁从，并抚慰商民，各安生业。因城乡谣传不一，商民惶恐异常，势甚岌岌。遂将已获毁仓闹署之首犯王涵桂一名讯明正法，以定人心，各乡民始□然于国法之不可犯，谣言顷息，闾阎始安。

中国第一历史档案馆等编选《辛亥革命前十年间民变档案史料》，中华书局1985年版，第384～385页

另据增韫致军机处请为代奏电称：

本年浙省杭嘉湖三府所属各州县，夏秋之间，因水旱偏灾，曾经委员分投查勘，筹款振[赈]抚。秋收时，复将灾歉之区，委员复勘明确，分别蠲缓。并查照历办成案，剔荒征熟，饬由布政使会同督粮道出示晓谕，俾众咸知。讵无知乡民以光绪十五年大灾免漕有案，相率观望，希免全漕。乌程归安两县开仓多日，收数寥寥。十一月二十五六等日，竟有刁徒鸣锣聚众，联合乡民数千，图抗漕粮。愿完各户，亦被阻止。二十七日，德清县乡民亦借口被荒，聚众抗漕。增韫接据地方官电禀，即经电饬湖州府委员往查。并令会同前路右翼统领周树森，前往弹压解散，并派道员袁思永驰往查办。程安两县旋即平靖。惟德清县西乡刁徒，于十二月初七日聚集二百余人入城，逼令罢市。有蔡三庆南货店，关闭稍迟，即被抢毁。当场拿获为首纠众之何怔兴（编者按：怔兴故宫档案作怔曼）一名，并谈黄芳、潘桂林、谈子春三名，现已提省审办，地方亦已安靖。兹又据桐乡县知县余文钺前路左翼统领沈棋山先后电禀：十五日，乡民聚众数千人入城，毁仓闹署，并被焚毁师船一只，夺去枪械，拒伤兵勇七名。现仍鸣锣呼啸，复图入城滋闹等情。并据该县绅商学界电请从严拿办前来。查本年各县灾歉之区，一再勘明，均与十五年分情形不同，业经筹款赈抚，剔荒征熟，分别蠲缓，已属体恤周至。乃乡民无知，胆敢鸣锣聚众抗漕，入城毁仓闹署，焚册夺械，拒伤官兵，实属形同倡乱。深恐匪徒乘机勾结，扰乱治安，现已派委道员袁思永嘉兴府知府英霖驰赴劝导查办。并电饬周树森督队前往驻扎，以资镇慑。并令严拿首要，解散胁从，相机妥慎办理。倘竟抗拒，准于格杀勿论。务须宽猛相济，固不宜姑息养奸，亦不敢操切从事。

中国史学会主编，中国近代史资料丛刊《辛亥革命》(3)，上海人民出版社1957年版，第442～443页

1月26日（十二月十六日）　苏州商人为抗议巡警局拆除沿街柜栏、逮捕店主，举行罢市。

1月27日（十二月十七日）　直隶谘议局议员孙洪伊等就吁请速开国会事谒见肃亲王善耆、贝子载泽，均避而不见，又谒贝勒载涛、载朗，二人皆表竭力相助。

△ 外务部照复美国代办费莱齐，锦瑷铁路借款合同应由东三省总督同美英公司妥商改订。

1月28日（十二月十八日）　各省国会请愿代表团谒资政院总裁溥伦，溥伦以资政院与国会无异，不主急开国会，又言如果奉旨准开国会，我亦甚愿。

1月29日（十二月十九日）　黄兴是日抵香港，主持广州起义筹备工作。随后赵声、胡汉民等参与筹划。

黄兴致宫崎寅藏书：

弟于一月廿三日由东京起程，廿九日抵香港。……革命军不日大起，人材缺乏，乞速招

集步炮工佐尉官多名前来助援,不胜感祷!……中山或由横滨经过,亦未可知。来时望密为探知,以便东京方面事就商妥帖。其佐尉官则必先期火速催其上道,至要,至要!

刘泱泱编《黄兴集》(1),湖南人民出版社2008年版,第28页

《胡汉民自传》:

其时克强已由日本到港,赵伯先为清督抚所猜忌,去军职至港。……余与克强、伯先在港规划一切,省中新军运动,则以倪炳章(映典)为总主任。

《近代史资料》总45号

1月30日(十二月二十日)　光复会员熊成基在哈尔滨因奸徒告密被捕入狱,在清吏研讯过程中,熊成基大义凛然,直接供认革命宗旨及经历。2月27日被害,年仅二十三岁。

吉林巡抚陈昭常电奏(十二月二十六日):

本月洵贝勒由俄回国,道出长春,谣言佥起。□□惟恐或有疏虞,因即先期到长迎迓,并饬沿途官兵妥慎护卫。适试署民政司谢汝钦,时以考察所属警务,亦至长春,因接密探报告,谓安庆兵变首逆熊成基,近日来往哈、长两埠,似有秘密举动,由该司禀告前来。□□遂即密派随员,巡防中路马队第一营营官已革游击刘燮松,长春府警务长已革分省试用知府陈友璋等,许以优奖,激以自新,饬令改装易服,带同线人在哈、长一带密查,果于二十日在哈埠宾如栈拿获。并即搜得秘密书札等件一包,随即解由长春,转递晋省。随即选派干员提犯到署,严密审讯。据供称:伊名熊成基,实年二十三岁,军册二十六岁,江苏甘泉县人。因祖父游官在皖,寄居芜湖。父故母存,弟兄三人,伊居次。初入安徽武备学堂,旋入南洋炮兵学堂,先后毕业。由南洋炮兵将校科随派陆军第九镇第九标炮兵排长,旋调安庆马营队官,嗣调炮营队官。平日以革命为宗旨,因优待士卒,颇得军心,遂阴结在营同志,屡欲乘机起事。光绪三十四年十月间,因见各省军队均在太湖秋操,又值国丧,人心惶惶,以为皖省军队无多,如能攻开省城作为根据之地,再赴太湖秋操处所,相机进攻,占据邻近各省,宣布独立,天下可以唾手而得。遂于二十六日夜,鼓动本队军士,逼胁全协各营,放火创乱,开炮攻城。不料城内内应误期,以致失败。伊即向庐州一带奔逃,残兵沿途溃散殆尽。伊孤身逃往河南、山东等处避匿。至本年正月始由大连渡海,前往日本,住东京劝学舍。该舍即革命机关本部。二月间来奉天等处侦察,因见事无可为,未久即行回日。六月间党人集议,以党中经济困难,欲谋举办大事,必先筹得巨款,始易为力。东三省界于日俄两国之间,将来必有战事,大有可乘之机。适有孙铭即孙竹丹,得有日本军事计划秘本约十余册。据云系为中国政府所觅。渠抄留一分,如以售与俄人,当得重价。伊即挺身担认,代为销售,约定售妥各得其价之半。先交四册,作为样本,意欲藉此联络俄人,酿成战局,以便从中举事。伊故改名张健勋,于八月间乔装来东。先至长春托臧冠三租房暂住,并将来意告知,嘱其留意代销。旋即到哈尔滨住宾如栈内,以从俄人夹根肄习俄文为名,暗谋交结俄人销售秘书,乘便纠合同志,勾串胡匪,以图大举。适俄户部大臣来哈,由在哈俄商介绍往见,先交样本二册,议价银一百万。俄人现正调查,尚未定局。不意臧冠三走漏消息,即被拿获。孙竹丹现在北京,与伊虽在东京认识,并不知伊真名,缘伊在日本时颇守静密主义,不肯稍涉嚣张,从未吐露真名。惟伊党中首领黄兴一人,伊始[知伊]底蕴。所有旅行日用,均由东京革命机关本部津贴等语。

另据吉林巡抚陈昭常电奏(一月十八日):

兹准皖省派员安庆府知府豫咸马队营官李玉椿等赍咨到吉,提取该逆,当堂逐细检验,的系正身无疑,未便再稽显戮,自应遵旨即行就地正法,以昭炯戒。当饬提法使吴焘,查明正

月十八日系不停刑日期，将该逆熊成基，由监提出，当堂点验，派员押赴市曹处斩讫。

章开沅、罗福惠、严昌洪主编《辛亥革命史资料新编》第4册，湖北人民出版社2006年版，第364～366页

编者按：新发现的《熊成基自书供词》，与以前所见由审案官吏所记录的《熊成基供词》内容不同，故附录于此。

熊成基自书供词

吾生平磊磊落落，言无不吐，既承明问，直书胸臆以答。

宗旨　推倒野蛮专制政府，重行组织新政府，俾我同胞永享共和之幸福，以洗涤我祖国历史上莫大之耻辱。

理由　满人自吞我土地以来，待我汉种之手段异常阴毒。入关之初，杀我汉族，彼时尸骨已接成一大地毡盖于中原之全部，鲜血已积成一大红海流于支那之本部，当时称为白骨山、红泽国，殆非虚语。然最惨者惟我扬州，满兵入城，连杀十日，靡有孑遗。扬州如此，他处可知，其后历年来待我汉人之尤阴毒者，历举如下：

一、海陆军权不与我汉人也。自满人入关以来，二百余年，兵权专属之满人之手，偶有不肖汉人，残杀同胞，图媚彼族，如曾国藩等，而彼必仍派满人官文等，从中箝制之。即如近年来创设海陆军，关系何等重要，彼果有改良军事之意，中国之大，岂无人才，如彼所派管理之员，如载洵、载涛、铁良等，何尝稍有军事上之知识，而彼利用之者，诚不知其是何居心。

二、政权不与我汉人也。从前各行省督抚监司中，必有一二满人暗行监督。而省会及边防险要之所，无不有其将军、都统、副都统监视之。近年利用中央集权主义，假意融化满汉，裁撤将军、都统，试一观之，自改定官制以后，军机为枢密重地而奕劻领班，外交为联会机关而那桐用事，财政为办事之母而载泽当权，资政为议院之基而溥伦尸位。其它如民政部之用善耆，农工商部之用溥颋，理藩部之用寿耆、法部之用廷杰、大理院之用定成、学部之用荣庆，无非满人，仅余无关重轻之吏、礼、邮传三部委之汉人之手，岂真才智不相及欤？吾不得而知之矣。

三、不问我汉人之生活也。我汉人终岁勤苦，所得几何？罄其脂膏，不足以供皇室之挥霍。至疏且贱之旗丁，每月必给口粮，现在知月饷不能持久，日为八旗筹生计，而我汉人之生计又何如耶？其尤甚者，一遇灾年，仅予区区数千金之款，动侈谓深仁厚泽，抑知此数千金之内帑，即系我汉民之脂膏乎！其重满轻汉之意，不待智者而后决矣。

四、不开我汉人之智识也。现在学堂虽渐设立，而宗旨不正，不愿以国民教育为目的。其所陶铸者，非利禄之夫，即庸懦之辈，间有奇才异能、魁杰卓荦之士，必多方挫折之，使不得行其志。甚至农工商最有益民生之学堂，亦不肯遍设。嗟我汉人，何堪设想耶！西人常言：支那人有四万万之多，竟为四百万之野蛮满洲人压制二百余年仍未恢复，此可见支那人之奴性甲于各种人矣。苟实行瓜分，中国必不敢抵制。又闻欧西以一时受制于人，虽以海水尚难洗尽历史上之耻辱，而我汉族历史上二百余年之耻辱，当如何洗之耶。

有以上之理由，故有种族革命之决心，现在处于竞争之时代，强者存，弱者亡，人所共知，而我中国土地如此之大，人民如此之多，何以不能立于优胜之地步耶？要之，月先晕而后风，础先润而后雨，吾中国之所以弱者，由于政治之不良故也。或云，现在预备立宪一经实行，则中国之病根必可消除矣。噫！此乃不知根本上之解决也。譬如人生一痈，徒以药敷其外，不肯将此腐败肉挖去，能期全愈乎！况君主立宪乃特别专制之代名词，非人民得有参政权也。夫在未立宪时代，助政府压制人民者，不过官府而已，设已立宪，反多各省之议员为政府助矣。君主立宪时之议员，乃非禽非兽之蝠，日则入于兽类以买兽之欢，夜则入于禽类以骗禽之食。然谓非禽非兽之蝠者，犹属良善名词，其实与御者等，不过为贵族执鞭策马而已。有以上之理由，故又有政治革命之决心。综此两念，比较参观，种族革命其先，尤必有政治革命继其后。何以言之，推倒满政府固为今日除一大障害，而政治不能改良，仍蹈数千年专制之弊，则总[虽]以汉易满，亦未必彼善于此。吾同胞当知我今日之革命，不仅为种族问题，尤注重政治问题也。

处置　前年南洋、湖北两军赴皖秋操之时，适逢那拉母子命终之日，人心骚动，我处先发，他处必相继而起，且秋操之军，皆系皖之邻省军队，我若得安庆重地，随赴秋操地招抚南洋、湖北两军，该两军既为我得，则两省亦在我掌握之中。既有此天然根据地，一面宣布独立，一面攻取他省，值此人心思动之际，其势如破竹必矣。兵力既厚，再行北上，我之目的可达。因有以上之希望，故于十月二十六日约（同志）数人会议，幸彼时全数赞成，遂于是日午后四时颁发命令如左：

一、与我反对之军队：（甲）水师一营在西门外；（乙）巡防一营在北门内附近；（丙）城内外火药库有巡防兵两队；（丁）抚院及各衙门之卫队约两队。

二、我军决于今日午后十时齐发，先取城内外两火药库，后全队进城，各尽责任，（务）于次日午前五时在五里庙集合，再俟命令出发。

三、一标同二标第三营先赴北门外火药库，得有子药后，一标第二、第三营进城，助城内各营攻击。其第一营攻击西门外之水师营，得收抚即收抚，否则攻溃其兵，收其军械。二标第三营留守火药库。

四、二标第二营同工程队先赴其营旁之军械局，得有子药后，工程队留守军械局，二标第二营以两队攻破巡防营，以一队先开西门，待马营进城后，再赴北门开城，留守北门。又一队攻击抚院。

五、炮营先徒手出营，至马号举火，以作全军出发之号令。举火之后，至北门外陆军小学堂夺取步枪，得枪后旋至该小

学堂后取子药进城，以一队守南门，两队巡街。

六、马营由西门进城，直赴军械局，得有子药后，以一队守西门，一队开东门后留守东门，余两队夺取电报局。

七、辎重队直赴军械局，得有子药后，保护教堂及外国人。

八、讲武堂各生充卫生队之任，随时搜寻城内外死伤兵士，归入该堂调治。

九、各标营队之出力人员，次日午前论功封赏。

十、各标营队之兵士及民人等，如有乘机抢掠等事，由巡街兵队临时照军法从事。

十一、巡警兵如有愿降者，炮营收纳之，编入队内巡街。

十二、各文衙门之官员，不准任意残杀。

十三、无论军民人等，不准出入藩司衙门。

队官熊成基在城内军械局。

变局　处置既定之后，于十点钟炮营齐集站队，陈昌镛首先梗阻，不得已刃毙之。出营后至马号，举火为号，先至陆军小学堂取得枪支，又至火药库取得子弹，率众入城，不意薛哲失约，以至进城之目的未达。斯时马营亦遵命而行，独步营因无首领未及出发，炮营见步营未出，不得不以枪恐吓。步营既破，其兵有逃遁者，有跟随者，复至火药库取得炮弹，在临江寺附近高阜射击城内抚院。斯时各营虽有攻城之心，而恨无内应，兼之一昼夜未能饮食，城既未能攻破，而兵船之炮弹又来，各兵平时虽深受教育，坚忍刻苦，奋力无前，无如官长已殁，指挥攻城，亦无暇编成队次，我兵稍稍退却矣。且我之希望在收抚太湖之军队，既一昼夜不得皖城，秋操之兵必先得信，端方、荫昌虽属无能，彼必预备巡防营及卫队与我抵御，秋操兵必另调他处，吾虽决死战，亦不能得秋操之军队，秋操之军队既不能得，我仅有千余人，能期成事耶！故次日午后，决计保护各兵向西北退走，并命各自回家，再谋机会。过桐城时约千余人，至庐州仍有三百余人，众心依附，不肯遽离。斯时姜桂题兵又追至，我军反击，姜军溃逃。我更多方百计遣退众人，间关跋涉，由豫而鲁而东渡，竟成一不可思议之变局矣。

章开沅、罗福惠、严昌洪主编《辛亥革命史资料新编》第4册，湖北人民出版社2006年版，第366～368页

编者又按：据《孙中山年谱长编》486页考订，熊成基被捕一案，当时报纸及后来冯自由《中华民国开国前革命史》、陈春生《熊成基谋杀载洵始末记》均记为因谋刺未遂被捕。今据《熊成基供词》称："或疑我之在哈尔滨，系图行刺贝勒，亦属误会。"同时，吉林提法司吴焘报告与吉林巡抚陈昭常致军机处代奏折，均未提及谋刺之事。

△ 由各省谘议局议员组成的请愿国会代表团三十三人齐集北京，联合二十余万人，举直隶谘议局议员孙洪伊为领衔代表，向都察院呈递请愿书，要求一年内即开国会。

孙洪伊等恳请速开国会呈称：

窃查上年夏秋之际，各直省人民始有伏阙请开国会之举，虽未获明奉谕旨，训示施行，然天高听卑，八月二十四日、八月初一日孝钦显皇后之懿旨，德宗景皇帝之上谕，固已明定国是，颁布宪法大纲，开设资政院及各省谘议局，以造议院之基础。标准既定，天下知朝廷早以国会为图治之本，所兢兢致慎者，不过迟早数年之别耳。夫使冰霜未兆，时尚宽闲，宪政按照期限与年俱进，讵非循序图功之道。无如内觇国本，外察邦交，无一不足增皇上之殷忧，即无一非加重监国摄政王之负担。大臣咨嗟于上，人民叹息于下，一年现象即已如此，推之九年，能无懔栗。夫宪政之当行，国会之当立，朝野上下，本无异词，今洪伊等之所欲言者，在乎速开国会而已。盖拯溺救焚，刻不容缓，其激切有非上年请愿所能比者，谨为我皇上披沥陈之。

一在内政。内政之改革视乎机关之善不善。机关一日未善，则政命一日不得实行，九年筹备之事，一切将等诸具文。国会者，宪政机关之要部。有国会，然后政府乃有催促之机，庶政始有更张之本。不然者，无提挈纲领之所，畛域各分，十一部不相统一也，上下相诿，地方官无可执行也。仍向来所有之旧制，责以向来未有之设施，此必无可行之事。计自筹备以来，按照清单所列，京内外衙门业已奉行矣，类有文书之移，几无可睹之效。盖机关之不完善，方针之不确定，虽有忠荩之臣，勤敏之士，无以尽其职而期其功也。以程度论，则长此筹备，九年后之国步，未必进于今日。以时机言，则从容坐失，九年后之危局，不知又当如何，岂徒虚掷此九年之岁月而已。资政院之设，其制亦略似国会，然国会之权限，规定于议院法。依各国议院法之通例，政府对于国会，当负责任，今资政院章程，绝不见有责任之政府。政府

无责任,则资政院何能为?欲藉此以督促政治之统一,振起国民之精神,必无国会之效。如其有效,则长此制度可也。又何必期以九年更立国会乎?此内政中关于机关之改革,不可不速开国会者也。内政之举,又视乎财政,古今中外,断无府藏空虚,庶政棘手而其国能久存者。我国自甲午、庚子以后,至辇天下之财,以应赔款,而岁入止此,抵质已穷,过此三十一年,不知何以为计。筹备之事,合十一部之新政,责各省以施行,举凡国家行政之经费,其用又将何出?自各省谘议局成立,参稽互证,竭蹶皆同,相顾忧惶,无从措手。剜肉医疮,既有必穷之势;量出为入,复无可恃之源。循此以往,将内之无以为兴革之资,而宪政之前途可危,外之无以偿积年之负,而列强之干涉尤可惧。欲亟纾内外之交困,必先求上下之大通,通亿兆人之好恶于各省谘议局,而范围只限于一方,何如通各省谘议局之计虑于国会,而精神贯及于全国。国会者,人民与闻政治之所也。必人民得有公举代表与闻政治之权,国家乃能加以增重负担以纾国难之责。与其待之九年之后,涣散而难与图功,何如行之九年之前,鼓舞而期其自效。此内政中关于财政之筹画,不可不速开国会者也。机关能立,财政能裕,然后乃有筹备之可言。否则不利之器,无米之炊,岂能举其事而收其功者。此国会之关于内政,一日而不可缓者也。

一在外交。外交之难处,即以强盛之国,有时迫于事势,稍稍退让,国人尚起反抗之声,政府且为丛怨之地。况我国自有交涉以来,始以暗于外情,操纵失策,继以势成积弱,因应弥艰,政府受困于上,国民不满于下,每缔一约,事前则秘密万端,事后则亏损百出,忽而蹙地,忽而负债,政府之作用,人民不知,政府之苦哀[衷],人民不喻也。条约出之一二人之手,负担加之亿万人之身,设使易地而观,安得不为怨府?既致怨矣,何从求谅?凡人对不谅之人,其助力必寡。政府处寡助之地,则因应愈难。苟有国会,则国际交涉无论如何困难,政府即有不得已之衷,不能尽喻于国民者,国会犹可以代白,国民即有不可忍之痛,不能直达于政府者,国会亦可与代陈。且各国之于我立宪,其注视甚勤,和平者期我有同等之政治,雄猜者忌我无可攘之利权。是以著论赞誉者有之,宣言轻量者有之,乘我国会之尚未成立,而公然自由行动于我域内者有之,虑我国会之终不成立,而必至财政紊乱不可收拾者亦有之。有国会,则对于全国为政府交通之邮,对于列邦为政府文明之帜,上下相通,猜疑自泯,邦交既正,民气自和,非独证世界公理之同,且可保东亚和平之局。若更徘徊待之九年,九年之中,患机叵测,设使雄猜者得遂其进步,且恐和平者亦易其方针,外交必更颠危,民怨必更剧烈,万一有偾车之群蠡,得无惧覆辙之蹈前。此国会之关于外交,一日而不可缓者也。

抑洪伊等更有迫切不得已于言者,东西各国,凡君主立宪国,其皇位之继承,以及亲王之摄政,皆有国家根本之法定之于前,人民爱戴之诚卫之于后,而其君主又处最高不负责任之地,临以神圣不可侵犯之尊,故宫府安而国家盛也。我国宪法大纲本已取法于是,而孝钦显皇后、德宗景皇帝不及亲见宪政之实施,国会之成立,此薄海臣民之所共痛,欲攀龙驭而无从者。皇上冲龄入承大统,监国摄政王以周公之谦光,受阿衡之重畀,而适当此内外交困,上下未通之时,以言宪政,则甫有大纲,而责任内阁未立也,皇室典范未定也,内无可以表彰尊亲之宜,外无可以代负人民之责,设使内政外交之际,百密偶有一疏,则怨归于朝廷,望轻于监国摄政王。监国摄政王受先帝之付托,而孤立于庙堂之上,坐抚四百兆涣散之人民,而莫能得其助。而四百兆之人民,虽共有忠君爱国之忱,欲为皇上为监国摄政王之舆卫,亦以涣散而莫能效助于分毫,甚非所以巩固皇祚而措国家于磐石之安也。有国会,则与之对待之责任内阁始能成立。国会有议政之权,然后内阁得尽其职务,内阁负全国之责,然后皇上益处于尊荣,显可以末虑助圣主之聪明,隐可以公论消奸人之反侧。人情一日不安食,则必易其食,

一夕不安寝,则必易其寝,宁有图国本之安于岌岌可危之日,而必迟迟至于九年之后?此属根本中之根本计,宜速开国会者也。

论者或谓九年筹备之旨,降自先朝,不宜轻有更易。洪伊等诚愚又以为不然。夫先朝既以为国会必当开,则我监国摄政王正宜体皇上继志述事之心,速开国会,以慰先朝在天之灵。如曰缩短其期,即为背旨,是谓先朝有意濡滞,不欲国运之早进步,皇室之早奠安也。是厚诬先圣,非我皇上及我监国摄政王之所忍出也。抑朝廷周详慎审,惟恐人民程度不及,不可谓非圣主之至仁,然及与不及,必试之而后见,不试之而强抑之,毋乃冤吾民乎?且所谓不及者,必有一标准,今日不及之标准安在?谓恐其蒽芥耶,则有法律为之根据,而馁者壮矣。谓恐其叫嚣耶,则有法律为之范围,而激者随矣。谓恐其智识不足耶,则磨厉之而聪明出矣。今年各省谘议局既小试之矣,曷尝累圣明重宵旰之忧乎。洪伊等伏愿皇上速降谕旨,颁布议院法及选举法,期以一年之内,召集国会,含创忍痛,共图补救,俾尽协赞之忠,而收舆论之效。此诚国家之至计,安危之所系,惟我皇上以孝钦显皇后、德宗景皇帝之心为心,俯鉴人民忧国之愚悃,宸衷独断,毅然行之,天下幸甚。

故宫博物院明清档案部编《清末筹备立宪档案史料》下册,中华书局1979年版,第637~641页

△ **都察院代递旗籍官员文耀等恳请速开国会呈,该呈文从国内政局、国际形势、民力及皇权保护方面阐述了速开国会的紧迫性。**

该呈文曰:

窃维去年八月初一日,德宗景皇帝钦奉孝钦显皇后懿旨,明定国是,宣布召集国会之期限,并设资政院及各省谘议局,以立国会之基础。十一月初十日,皇上明诏,重申前定年限,期在必行。朝廷期望国会之心,已为薄海臣民共闻共见。所以期至九年者,将以积渐之推行,为完全之筹备。图终慎始,有不得已者存也。文耀等年余以来,伏察外界之趋势,益以进行,内治之现象,日见退步,以言筹备,形式虽具而精神不充,以言更革,大利未兴而弊端先见,无一非启人民戚然兴忧之具,即无一非促朝廷翻然变计之机。是故居今日而言国会,虽在一年,犹惧其晚,况至九年,能无叹其不及?文耀等蒿目时艰,不胜忧愤。窃以为非速开国会,不足以振积弱之势而立图治之本,谨就一得之愚,为我皇上披沥陈之。

一在国势之关系。今日之国势,不可不谓之危矣。以政治大臣无一定之方针,庶吏无共同之趋向,责任不专而上下相诿,事权不一而人自为谋,法令非不具也,执以施行者乏人,治道非不善也,见诸实效者无几。支离杂错,莫可究诘,百孔千疮,不堪逼视。是以政事日堕,吏治日疏,权利日失,地方日敝。推原其故,皆由监督之机关未立,而官吏不负责任使然也。如使国会成立,则责任内阁亦必与之俱立,以国会监督内阁,而放弃责任之弊去,以内阁统一庶政,而尽心职守之力生,全国之政,如身使臂,如臂使指,有运用灵活之美,无行动牵滞之患。而后以言行政,则政无不举,以言用人,则人必尽职,以言兴利,则利溥无疆,以言除弊,则弊乃潜消,行之数年,天下治矣。若视为缓图,因循不举,诚恐沧海横流,江河日下,后虽欲行,恐亦无能为力。此国会之关于政治,不可不速开者也。

以国际言之,自海禁开通以来,列强之侮我至矣。割我土地,攘我利权,欺凌我官吏,戮辱我人民,一言之不合,责言立至,一事之未允,兵舰忽来,要挟恫吓之言,无日不闻,无所不至。此固由于国势积弱,不得不然,要亦政体不同有以致之。盖立宪国之于外交也,莫不以政府为先锋,国民为后劲,势厚力宏,其手腕之强硬,权力之伸张也,固宜。我国之外交,只恃一二外交官,以口舌强辩之功,为樽俎折冲之用,无国民为之后援,是人以全体国民至坚至厚

之势来，我以一二人至薄至弱之力应，众寡悬绝，强弱大异，竟致人占优胜，而我归失败也。使国会成立，则人民有代表机关，以为政府之后盾，实力既充，手腕斯硬，于以折无理之要求，拒虚声之恫吓，所不难矣。若不速开国会，则人进我退，人取我与，再过数年，国势恐更不及今日。此国会之开，关于国际，不可不速者也。

一在民力之关系。我国地大物博，民向殷富，自通商以来，各国以其消费之品，淫巧之物，窥吾所缺，投吾所好，一转移间而坐获厚利，于是人民之力一敝。外债累数万万，国库空虚，司农仰屋，不得已而取之于民，赋敛繁兴，搜括备至，取之尽涓滴，泄之如尾闾，于是人民之力再敝。且财政之组织不完，官吏之奉行不善，每有征取，辄至扰累，于是人民之力又敝。加之水旱频年，灾疫迭起，闾阎困苦，生业荒芜，于是人民之力又敝。坐受数敝，民力盖将绝矣。若不于此时速开国会，以培养元气，迨至民力销蚀已尽，而始图之，机关虽具，政治虽良，而财殚力尽之余，凡百庶胥，无以为举办之资矣。此国会之关于民力，不可不速开者也。

抑文耀等更有进者，东西各国宪法，其于君主之尊严及权力，所以保护者綦至，一则曰君主神圣不可侵犯，再则曰君主不负责任，再则曰君主总揽统治权。有此规定，则君主有无上之尊，至高之权，决无一毫之危险。其人民以君主不负责任之故，虽有不平，亦只申诉于国会，而于君主无与焉。此各国已然之效，亦我国必至之符也。是故有国会，则朝廷益尊，皇基愈固，治平之盛，垂于永久，圣德之美，遍敷中外，为古今所罕遇也。且我朝二百余年，深仁厚泽，沦洽肌髓，孝钦显皇后、德宗景皇帝更创数千年未有之盛举，毅然改行立宪政体，励精图治，廑念时艰，立万年有道之基，造兆民无量之福。皇上冲龄入承大统，监国摄政王以周公之谦光，受阿衡之重畀，天下喁喁，想望太平，正宜乘此时机，速开国会，上以终先朝未竟之志，下以慰亿兆望治之心。何必以变更年限为嫌，而期期待至九年之后？此关于根本至计，尤不可不速开国会者也。

故宫博物院明清档案部编《清末筹备立宪档案史料》下册，中华书局1979年版，第642～644页

△ 清政府以“筹备既未完全，国民知识程度又未画一”为借口，拒绝孙洪伊等速开国会呈请，第一次请愿失败。

《东方杂志》第7卷第1期《谕旨》，是日，内阁奉上谕：

据都察院奏代递直隶各省谘议局议员孙洪伊等呈请速开国会一折，披览均悉。具见爱国悃忱，朝廷深为嘉悦。朕仰承先朝付托之重，于预备立宪之要政，当御极之初，即布告内外，仍以宣统八年为限，业经明定国是，上体求治未竟之圣怀，下慰薄海维新之企望。钦惟我孝钦显皇后、德宗景皇帝前降谕旨，实系断自宸衷，定以九年预备，为大清帝国君权立宪政体，并谕曰：大权统于朝廷，庶政公诸舆论。此天下臣民所共见共闻也。今朝廷宵旰忧劳，勤求上理，已叠次申谕，责成京外各该衙门切实依限次第办理，深冀议院早为成立，以固邦基。惟我国幅员辽阔，筹备既未完全，国民智识程度又未画一。如一时遽开议院，恐反致纷扰不安，适足为宪政前程之累。非特朕无以慰先朝在天之灵，试问尔请愿代表诸人，其何以对我四万万国民之众乎？朕开诚布公，无所隐饰。总之，宪政必立，议院必开，所慎筹者，缓急先后之序耳。夫行远者必求稳步，图大者不争近功，现在各省谘议局均已举行，明年资政院亦即开办，所以为议院基础者，具在于此。但愿我臣民各勤职务，计日程功。毋骛虚名而隳实效。兹特明白宣示，俟将来九年预备业已完全，国民教育普及，届时朕必毅然降旨，定期召集议院，庶于励精图治之中，更寓慎重筹维之意。将此通谕知之。

1月31日(十二月二十一日)　日本驻华公使伊集院就中美锦瑷铁路借款一事,照会清朝外务部提出警告,要求审慎从事。

△ 湖北商办铁路协会选派会长刘心源及密昌墀、张伯烈三人为进京请愿代表,旋即赴北京请愿。

是月　同盟会南方支部运动新军总主任倪映典,由广州至香港向南方支部报告起义条件业已成熟,要求订于正月十五日(2月24日)元宵节前后发难。随即南方支部电孙中山筹款2万元作起义经费,并电黄兴等来港主持。

2月2日(十二月二十三日)　四川同盟会员发动嘉定起义。税钟麟、秦炳、程德藩等数百人分路夺取嘉定童家场等处团练局枪弹,于新场正式起义,随即顺流东下,直趋嘉定。次日与清军在嘉定宋家村激战,旋因腹背受敌,起义军向屏山撤退,突围四散。是役,死难同盟会会员与会党二百余人。

△ 俄国公使廓索维慈照会外务部,要求修建锦瑷铁路非先与俄国商议,万勿从事。4日该公使再次发出同样照会。

2月3日(十二月二十四日)　皇上通过晓谕御史赵熙奏"大臣苟要世誉,贻害君父,请旨严惩"一折,对军机大臣诿过朝廷的做法旁敲侧击,给予警告。

《东方杂志》第7卷第1期《谕旨》载,是日上谕内阁:

本月二十日都察院代递直隶各省谘议员孙洪伊等呈请速开国会等因,业经开布公诚,剀切宣示,当为内外臣民所共悉,乃昨日据御史赵熙奏,大臣苟要世誉、贻害君父,请旨严惩一折,览奏殊堪骇异,朝廷筹备宪政最为注意,将来召集议院,期在必行,特循次图功,自有秩序。朕与军机大臣等,筹画详慎,并经再三垂问,询谋佥同,机务既预赞襄,即功过无所推委。该大臣等受恩深重,具有天良,归过朝廷之心,朕可信其必无,何得摭拾浮言,遽加诋毁,所奏殊属失当,特此明白晓谕知之。

2月4日(十二月二十五日)　广西庆远府南丹土州民众抗查户口,杀毙地方官绅。

广西巡抚张鸣岐于3月28日(二月十八日)奏称:

庆远府属南丹土州,地居边鄙,人多愚顽,土民自为风气,最难开化。宣统元年冬间,调查户口,土民见门牌式样不同,致生疑虑。土州弹压委员易振鹏又不善劝开导,土棍杨天喜造谣煽惑,倡义抗官,土民附和,不服调查。外匪沈槐山乘机勾串弹压亲兵韦有秀等,同谋起事。十二月二十五夜,易振鹏带同亲兵九人查街,巡至三界庙地方,适沈槐山聚党该处,以为官兵闻信来拿,先出放枪,致毙亲兵二人。易振鹏众寡不敌,退入庙后山岗,死守隘口。南丹本无城池,又无街栅,居民散处,乱党遂入弹压衙署,戕害查烟委员余天随及易振鹏之兄易海鹏并家丁三人,焚毁衙署,关防案卷一并毁失。随到调查局绅莫春桂家杀毙二命,并枪毙土膏分卡司事、厨丁各一人,民居铺户,尚无杀掠。二十七日,杨天喜率众来会,占踞州厢。据该管道府及承审州电禀到省,臣立饬署右江道沈秉炎,丁忧庆远府知府李春溥、署河池州知州蹇先陶,各率营队,分途驰往,相机剿抚。宣统二年正月初三日,蹇先陶会同营队先到南

丹，沿途迭破要隘，毙匪多名，攻进州厢，各匪败窜，遂将州厢收复。沈秉炎、李春溥先后亦到，连日安抚居民，解散胁从。一面派出兵队跟踪搜捕，专拿首要。各员弁兵练等均能协力剿办，连接数仗，毙匪多名，并夺获枪械多件，先后擒获逆首沈槐山、杨天喜、黄三，叛兵韦有秀，土匪胡老闰等，由道府督同提讯。据沈槐山供认，首先谋逆，勾结叛兵，焚署戕官，占踞州厢。据杨天喜供认，首先发难，倡议抗查，事后复容留逆党，拒敌官兵。据黄三供认，首先从逆，动手戕害委员余天随，及官亲易海鹏，另枪毙多命。据叛兵韦有秀、蒋遗泷、曹日星与蒋贵清、李春奎、刘得贵，土匪胡老闰、邓四、韦老八、卢桂福、陈金保、罗老毛、吴老改、谭有发、张亚城、李五、苏大、王三壳子、卜二、邓老五、刘福佑、姜有福、周林标，均供认甘心从逆，帮同拒敌，各不讳。以上首要匪犯廿六名均属罪不容诛，饬照惩办土匪章程，一并军前正法，以昭炯戒。余犯饬讯确供，分别惩办。一面由道府督同新委弹压委员劝导土民，宽其既往，务令遵照调查。仍酌留兵队弹压，以安人心。并饬严缉本案余匪，务获究办，以绝根株。现在该处地方已一律安谧，堪以仰慰宸廑。此案委员易振鹏办理不善，几酿巨患，实属咎无可辞。相应请旨将弹压南丹土州委员试用布库大使易振鹏即行革职，以示惩戒。截[？]取知县余天随奉委查烟，因公被戕，情殊可悯，拟恳天恩敕部从优议恤，以慰死事。除查明出力文武各员弁分别奏请奖励，以策将来，并分咨查照外，所有南丹土民抗查户口，匪人乘机煽诱，焚署戕官，占据州厢，旋即剿散，分别抚恤，并将酿事各员据实纠参各缘由，谨会同署两广总督臣袁树勋恭折具陈，伏乞皇上圣鉴训示。

中国第二历史档案馆编《中华民国史档案资料汇编》第1辑，江苏人民出版社1979年版，第27～29页

△ **民政部六品警官黎宗岳等在京师发起组织国会期成会，致书各省谘议局举代表入京请愿。**

2月6日（十二月二十七日）　孙洪伊等致电各省绅商学团体，暂以京师代表团为速开国会同志会总部，即请各省赶设分会，推举人员到京再上请愿书。

△ **清政府颁行《府厅州县地方自治章程》与《府厅州县议事会议员选举章程》。**

《东方杂志》第7卷第1期《谕旨》载：

是日内阁奉上谕：本日宪政编查馆奏，复核府厅州县地方自治章程，并府厅州县议事会议员选举章程，缮单呈览一折，朕详加披览，尚属周妥。府厅州县各官为国家亲民之吏，兼为执行上级自治之职，此次所定章程与城镇乡地方自治章程相辅而行，即著民政部会同各督抚按照定章，督饬各该地方官切实施行。各该地方绅民于自治事宜休戚相关，尤当恪守范围，公同协议，务期官民交勉，治理日隆，用副朝廷实行宪政、乐利同民之至意。

△ **福建平和县人民起义，攻破县城。**

△ **安徽庐州府无为州凤凰颈厘卡农民数百人抢米，19日又有千余人抢米船四十艘。**

2月6日—8日（十二月二十七日—二十九日）　浙江台州仙居县因盐店欺压盐贩，激起民愤，乡民聚众数千人捣毁盐店，抗拒弹压官兵，双方死伤数十人。官军焚毁民房数百间。其起源与过程官民双方各执一词。

《东方杂志》第7卷第5期《中国时事汇录》报道，留杭仙居学界1910年4月3日（二月

二十四日)数百人为此开会,提出如下报告:

(一)盐号之种毒　盐贾黄某父子,在郡设有同昌盐号,垄断图利。更分布子号于仙邑,伙友皆著痞,禁民贩卖,民怒甚深。尤甚者,朱溪子号经理人谢松庭及何某等,以盐号为利薮,设立盐差二十余名,狼爪虎牙,凶威难近。更津贴素参地方行政权(私收呈禀及串通劣绅索诈等事)及鱼肉乡民之不法哨弁哨兵(哨弁每月八元,哨兵每月八角),阻守要隘,以防民至黄邑运买(仙邑未开子号以前贫民多至黄邑肩贩谋生)。偶有触网,吊打勒索,荡产破家,惨莫可言。甚至以盐号为安乐地,碰和吃酒,鲜衣美食,皆取给于短刻斤两之中。当碰和时,远方来贩盐者,置之不理,稍加催迫,辄以为误其公事,唾骂与批频交加。虽当时畏威不敢与争,实皆衔之刺骨,敢怒而不敢言,此盐号种毒之实在情形也。

(二)肇事之原因　此案始于米坑张某。查张家甚贫,肩贩度日,典衣物得洋一元,到朱溪盐号贩买。适该伙碰和,久待莫理,张以路远为请。该伙以为拂意,故短斤两与之(向每元三十斤,时仅与十九斤)。张请益,不与,互争辩。盐伙怒,喝巡丁吊打,倾其盐,没其洋,逐张出门。张迫于势,哭泣而归。于是室人交谪,欲自尽。其堂伯闻而怜之,馈洋一元,令其再买。张因各子号路远,往返不便,只得仍向该号购贩。该伙因其再来,复喝盐丁恃势,剥衣攫洋。张无奈何,回家哭诉邻族(前有因此自尽者)。族董至盐号理处,语不合,复遭毒打。回家怒甚,约众捣毁。适有近村盐贩,在山枣园盐号受屈,事与张等。于是率人先至后里盐号捣毁,皤滩镇潘哨弁闻讯来弹压,乡民因系官军,退避。潘哨弁以为畏己,奋力直追,枪毙一人。众心始愤,倒戈相向。幸埠头王庄出而调停,民散归里。道经上张庄,该庄姚哨弁截路,获二人,其一当即逸去。余周昌六一名,带至上张,绅董以此人系闹盐号,并非土匪,请放。姚不允,众怒,欲夺归。姚遂大发雷霆,将周昌六就地枉杀。乡民愈形愤激,鸣锣聚众,不下千人,与姚哨弁鏖战四五句钟之久,兵民互有死伤。姚因势不佳,遁去。乡民乘势到朱溪盐店捣毁,欧哨弁因受盐号津帖,难用军威,遂为乡民所杀。此去腊二十七八九三日肇事之实在情形也。

(三)官兵之残杀　兵民既成水火,民势虽盛,而怨在盐号,于地方仍秋毫无犯。贤长官果善调停,尚易解散。乃江管带功名心切,勿顾事理,于正月初二日,直捣朱溪,与乡民战。嗣常统领及花李两管带亦分道而至。蠢尔乡民,焉能敌此。于是被获杀者五六人,格毙者十余人,乡民纷纷星散。江管带又传统领之命,令兵士杀一人,赏洋十元。由是无辜老幼,及作客他乡死于非命者,实繁有徒。统计先后死者,约四五十人。此官军残杀之实在情形也。

(四)官军之毒焰　民既无辜,屋有何罪?大杀之后,复纵兵放火,逢屋即烧,若大洪、埃坑田洋岩、达下、上王周、马家塘等处,烟灶八九百座,付之一炬。号哭之声,震动山谷。最可惨者,焚毙七旬老妪,烬灰数具灵柩。并牵连生员周于德所设之维新小学,备有校旗椅桌等物,指为通匪,亦付焚如。曷胜痛哭。此官军毒焰之实在情形也。

(五)贪利邀功之计画　民杀矣,屋烧矣,地方可无事矣。乃常统领江管带二人,利心又起,设五问题:(一曰哨弁死。二曰兵死。三曰枪炮失。四曰军队器具。五曰盐号捣毁。)勒令绅士解决。无奈,允以三千元为和息。嗣启太守闻知,出示禁止。而逼和之款,已大半入江私囊矣。小民畏势,谁敢向其索还。江犹以未达目的为憾。遂移其贪利之心,而发为邀功之念。强迫各绅士,联名具禀抚辕,颂其功德,然后退兵。各绅士无可奈何,只得含糊对语。江即自拟禀稿,交盐号心腹人王某,带省冒名代递。适为浙江日报馆访载。敝同人披阅之下,不胜骇异,遂遍探同乡,禀内列名之人,并无一人足迹到杭,全系背列[捏?]。此江管带贪利邀功之实在情形也。

总之此案肇祸则在朱溪盐号，激变则在潘姚二弁，江管带妄杀邀功，常统领焚掠逞毒，高大令失于庸懦，启太守不免胡涂，指民为匪，蒙蔽上闻。

中国史学会主编，中国近代史资料丛刊《辛亥革命》(3)，上海人民出版社1957年版，第443～445页

1910年《东方杂志》第5期刊登台州旅杭同乡会调查报告称：

台州仙居县盐贾激变，官兵残杀一案，经台州旅杭同乡会派员朱一清、吴绍琼两君，归里调查，其应查事件，分十二目，计在乡先后凡六阅日，按照各要目切实查得实情。兹略述如左：

第一　仙绅张惟桢等十一人具禀抚辕，查均系背捏。

第二　起事原因　查可分为三因：(甲)积年总因　盐贾黄蒸云，夙势财力，交通官府，虽一子店之伙友，亦无不虎威狐假，凌虐贫民。而巡丁之张牙露爪，较官局卡为甚。总计该盐贾在仙分设之朱溪、王梁陈、埠头王、山枣园各子店，无一不与居民大生恶感。前五年，官屋庄有王大槐被盐差逼勒吊打，释归自刎，戚族惧祸，故未报案。

(乙)当年远因　又得分为二事，而其它之被逼勒毒打者，西南两乡，几于无村无之，多不胜述。(子)在去岁六月间，有张培森者，美坑庄人，因盐斤短缺求添，与盐伙谢松庭相口角，而大遭痛打，迄今呻吟床褥，伤尚未痊。(丑)在去岁十一月间，有张培亭者，亦美坑庄人，与朱溪盐伙素有嫌隙，诬为贩私，吊打数日，归服盐卤而毙，亦畏势未报案。

(丙)当年近因　去腊十三日，美坑有张大牛者，以龙洋六角，铜元二十二枚，折共八角，向朱溪盐店购盐。该盐伙既掷其铜元不收，复因酣赌之际，昏短斤两。大牛稍一辩问，遂遭痛打，并踢散其既买之盐，而不还其原价。不得已涕泣归诉，爰动众愤，而乡愚无知，遂以捣毁盐店为泄愤之不二法门矣。官复诬之为匪，胁之以兵，威之以杀戮，此激变之所由来也。

第三　起事人　查一为大牛，确因争盐被殴起衅，而邻近各村，均谓素无为匪情事。一为张红面三，因姚哨弁枉杀其外甥周昌六(昌六之被冤详第四日[目])，愤而出头鸣锣，则诚有之；然今年已六十九岁，乡里间均称为安分良民也。

第四　闹事迭次日期　张大牛既因去腊十三日之事，乃归而泣诉邻里，并纠集曾受该盐贾之毒焰者，得数十人，谋毁店泄愤，于是有后此之巨变。今述其日期如下：去腊二十七日上午，张大牛纠数十众，各执农器，至后里庄盐店捣毁。皤滩哨弁潘闻讯弹压，民绕道避之。潘率队奋追，枪毙王小福一名，众心始愤，仇盐店将并仇官军矣。二十七日下午，上张庄哨弁姚闻民溃归，伏兵要隘，截获周昌六一名。昌六之舅张红面三，托绅保释，姚不许。二十八日，姚哨弁既不释周昌六，并用非刑拷打，于是众怒欲夺。而姚遂开枪击伤张红面三左臂，并将周昌六就地擅杀。于是民益愤激，鸣锣聚众，不下千人，遂与交哄，而民死其二，兵死其四。二十九日，乡民乘势捣毁朱溪盐店，而先致函该地哨弁欧，嘱勿干与。欧仍迎敌，故为所戕。是日，民兵盐差各死三人。三十日及本年元旦，此二日乡民散归度年，安谧无事。初二日，以余怒未泄，复集众至王梁陈捣毁盐店。适江管带文光始于是日抵朱溪，遂相交哄。该管带避入绅士家，恇怯之情，述之犹令人喷饭也。初三日，常统领李管带大兵一到，乡愚星散。有四人逃入官屋庄被获，立即擅杀。初四日，乡民已散如鸟兽，而官军乃宰之如鸡犬，惨剧不忍言。悉详第五目。初五日，江管带声称奉上峰命，洗剿朱溪一带六十里。乡愚闻讯，仓惶四窜。时项梦罴在该处，与江绞串[?]始议赔偿。初六日，花管带兵亦到。初七日，江管带俯允项梦罴以三千金息事。乃自此以后，至十六日，分遣各村摊捐肆扰。十七日，由项梦罴诸绅说妥，带至美坑庄，拆烧起事人张大牛、张红面三两家房屋。而官军所到之处，任意肆掠，后唐石人各村，均遭损害。而美坑张大旺挟鸡数只而走，官军因夺鸡不及，致被枪毙。自是民心惶惑，一日数惊，扶老携幼，号泣远遁者，盖道路不绝矣。

第五　弹毙及擅杀人数　查共三十四人。

第六　被烧难户　查共一百六十七户五百十二间。

第七　擅杀之主名　查除弹毙外，周昌六系上张姚哨弁擅杀。嗣常统领妄听王继忠毒策，戮一首级，赏洋十元，军令一出，风披草靡，所以有初四等日逢民即杀，逢屋即烧之惨。李学周则督兵为之，毒焰飞腾，惨无天日。常统领目击心伤，悔过无及，曾将江部下第六营左哨护兵朱德兴、七棚正兵聂建勋二名，拟即正法。经江邀出朱溪各绅再四恳求，乃于免究。

第八　官兵死伤及损失数　查上张哨兵死四名，朱溪哨欧弁被戕，兵死三名，盐差死三名，共十一名。军装被失，现已缴还，军队器具衣服烟浆，损失约值八九百元之谱。

第九　盐店损失　查埠头王后里庄盐店，窗壁六间被毁，朱溪盐店，窗壁八间被毁，二店有盐二千斤左右被散，其余帐簿银钱，及贵重物，早已闻风移藏他处。

第十　官军索诈之事实　查管带江文光提出五问题，一曰哨弁死，二曰兵死，三曰军装失（现已缴还），四曰军队杂物失（已半数缴还），五曰盐被毁。勒令各村董解决，否则如大洪各村前车可鉴。各村董惧甚，项梦罴出而说合，乡民无奈，出血金三千元，为买性命财产之计，按户分派。骚扰情形，莫可言状。

第十一　官府前后详报情形及日期　查府县对于是案，甚形密秘，一切案卷，均吊入署内，无从调查。

第十二　现在难民情形　查大洪各村，咸阳焦土，难民状况，有散之四方者，有乞食道路者，有寄居族戚者，有数间祠宇十余家共聚者，惨哭哀号，令人不忍闻见。

中国史学会主编，中国近代史资料丛刊《辛亥革命》(3)，上海人民出版社1957年版，第449～452页

浙江省谘议局具呈浙江巡抚称：

查台州仙居县朱溪镇等处兵民交哄一案，自上年十二月二十八二十九等日，以迄本年正月间，檄电飞驰，防剿四出，就官吏所报告者，抢盐店，劫军装，戕哨弁，毙勇丁，暨夫接仗之情形，进剿之计画，皆以为土匪起事。顾各报记载此事，大都言酿祸者盐号，激变者防营，乡民愤屈莫伸，致起抵抗。统领管带，擅作威福，一首级悬赏十元，一村庄动焚百户，饿莩盈野，村落为墟。既而闻诸来自该地之绅者学生，则所言较报纸尤详。谓盐贩与盐号冲突，初不过执持农器，为捣毁泄忿之计。洎潘哨弁率队开枪，击毙乡民黄某，而风潮乃大。姚哨弁出队要截，禽戮乡民周某，而风潮乃愈大。鸣锣聚众，拒捕抗官，厉阶有由，非民之罪。当李管带之至大洪庄也，玉石不分，全村四百余户，付之一炬。于是坋坑田洋岩（前文为埃坑田洋岩，编者）、塔下、上王周、马家塘等处，相继俱焚，号哭之声，震动山谷。江管带复传常统领命，高悬赏格，至无辜稚子，作客孤身，博赏钱者亦争割其头以去。间有遗孑，则又按户摊派，强令犒军。此其所为，宁复尚有人理！（中略）此案屠戮五六十人之多，焚毁七八百户之巨，残民以逞，欺人以方，律以官吏违法之愆，其又奚说？应请抚部院遴委廉明大员，前往切实查办，以平民怨而儆官邪。抑本局更有请者，浙省近年民穷财尽，嗟生呶苦，乐岁且然，况复加之以捐输，困之以饥馑，呼号请愿，亦大可怜。乃地方官犹多滥用威权，非目为乱民，即指为匪类，动辄以格杀勿论上请。请而得准，格亦杀，不格亦杀；格杀勿论，非格亦勿论；盖不冤死枪刀下者几何人也。应并请抚部院通饬各属，如有不善办理，仍前蒙混尝试者，必严治以应得之罪云云。

中国史学会主编，中国近代史资料丛刊《辛亥革命》(3)，上海人民出版社1957年版，第446～447页

浙江巡抚增韫根据调查报告批示：

据称仙匪此次肇事原因，固起匪人之图劫盐课，实根于盐号平日之欺侮乡民，自是确论。

惟聚众至二三千人，良民被胁附从，固属不免。所禀去腊二十七八九等日抢劫盐号、围攻防哨、戕害哨弁勇丁、掳去枪械军装等情，强盗行为，无此横恣。况常统领李管带进剿大洪庄时，并夺获大炮二尊，令旗刀枪多件。所黏上强村董张鹏程等呈交匪票，内有合同到地火速兴兵初五日大会进城之语，尤属悖谬。为匪为民，从可知已。李管带焚烧匪踞周姓高房，延烧多房，并烧死老妇一人，火炎昆冈，玉石俱焚，亦殊可惨。综核各情，江管带闻警后，至除夕日始抵仙居县城，畏葸延缓，在所不免。李管带擅用火攻，殃及平民，亦属残暴。均应分别惩处，以安民心云云。

中国史学会主编，中国近代史资料丛刊《辛亥革命》(3)，上海人民出版社 1957 年版，第 453 页

7 月 23 日（六月十七日）台州旅苏学界陈崇实等致电军机王大臣暨各部官长，声称：

仙居盐贾黄崇威刻剥激变，官兵擅杀男女老幼二十三人，烧民房五百余间，枭二[？]烧死老妪一，请电浙抚彻究。

7 月 30 日（六月二十四日）浙江巡抚增韫致电民政部辩称：

案查仙居县属埠头王朱溪等处地方，于去腊二十七、八、九等日，有土匪将盐商黄崇威所设盐号抢毁，防哨闻风剿捕，该匪恃众抗拒，被戕弁勇十余名，并弹毙栈丁二人，匪党聚众至二千余人。嗣经调集大军，始克击散，并毁其巢穴，夺获令旗、火炮、前后膛枪、子药、刀械多件，并有票布，其为土匪，自可无疑。业经增韫于二月间，附片奏明在案。惟兵燹之余，玉石俱焚，无辜被累，亦自难免。此案事后并经迭次派员查明，其大旨在盐号往日不免敛怨于民，土匪图劫盐厘，藉端肆抢。防勇有缉捕之责，被匪伤毙多名，哨弁并遭破腹，似此凶暴，安得不痛加剿洗。然覆巢之下，自无完卵，均为一定之理。前并饬宁巡道亲往查明被枭良民，设法抚恤。盖惩匪恤民，两持其平，增韫之宗旨，固如是矣。

中国第二历史档案馆编《中华民国史档案资料汇编》第 1 辑，江苏人民出版社 1979 年版，第 56 页

2 月 7 日（十二月二十八日）　清廷颁行《法院编制法》、《法官考试任用暂行章程》、《司法区域分划暂行章程》与《初级及地方审判厅管辖案件暂行章程》，责成法部会同各督抚对其应设之各级审判厅切实筹设。

《东方杂志》第 7 卷第 1 期《谕旨》，刊登十二月二十八日内阁奉上谕：

本日，宪政编查馆奏核订法院编制、并拟法官考试任用司法区域分化及初级暨地方审判厅管辖案件各暂行章程缮单呈览一折，朕详加批阅，均系参考列邦之制度，体察中国之情形斟酌厘定，尚属周妥。立宪政体，必使司法行政各官权限分明，责任乃无诿卸，亦不得互越范围。自此次颁布法院编制法后，所有司法之行政事务，著法部认真督理审判事务，著大理院以下审判各衙门各按国家法律审理，从前部院权限未清之处，即著遵照此次奏定各节切实划分，其应钦遵逐年筹划事宜清单筹办各级审判厅，并责成法部会同各督抚督率提法司切实筹设，应需司法经费，著该部会同度支部随时妥筹规划，以期早日观成。至考用法官，尤关重要。该部堂官，务须破除情面，振刷精神，钦遵定章，举办嗣后各审判衙门，朝廷既予以独立执法之权行政，各官即不准违法干涉该审判官吏等。遇有民刑诉讼案件，尤当恪遵国法，听断公平，设或不知检束或犯有赃私各款，一经觉察，必当按律治罪，以示惩儆，而维法纪。其有关宗室案件，著另订细则办法，奏明请旨，余著照所议办理。

2 月 9 日（十二月三十日）　广州新军二标士兵与警察交哄。当晚，倪映典至香港报告这一动向，黄兴与胡汉民等商议，决定将广州起义提前于正月初六（2 月 15 日）举行。

2月10日(庚戌年正月初一日)　孙中山由英国伦敦赴美国,是日抵达旧金山,为谋划广州新军起义筹款。

孙中山1910年2月16日复赵公璧函:

弟正月初一行抵金山大埠,足下寄来之信已得收读,知已汇款于香港矣。我军于初四日举义省城,新军六千反正,刻尚苦战,胜负未决。现港中同志另谋起各府县之兵以为响应,需款甚急,务望各同志竭力向大众筹款;盖今日事已发露,不必秘密矣。

同日,孙中山致纽约同盟会员函称:

我军已起,独惜事前款项大拙,于初二日尚欠款五千,故大队不能如期进城,为一鼓而擒之计。初四日新军反正,刻尚苦战,胜负未决。急欲谋起外府之兵,以为援应,需款甚急,望各同志速向大众华侨筹捐,以救此急。接济及时,则成功可望,幸毋坐视,失此良机。倘省城一破,则大功告成矣。筹有多少,速电汇去香港,切祷切祷! 火速火速!

中国社科院近代史所等编《孙中山全集》第1卷,中华书局1981年版,第436页

△ 广州新军二标士兵数百人入城,殴打警察,捣毁警察局数处。两广总督袁树勋下令弹压。当晚,倪映典赶回广州准备起义。

2月13日(正月初四日)署两广总督袁树勋为广东省城标兵殴打警局起事扑城事致各省督抚电:

该标兵除夕借端与巡警互斗,本月初一日竟敢纠众殴打警局,初二日毁拆营盘司令处,夺械登山负隅,形同叛逆。时炮队管带劝阻,坚不缴械归营,并将该管带戕毙。查系一标及炮工□七营各兵两变,勋会同李提督再三示谕招抚,劝以缴械归营,免其深究,如不欲当兵,妥送回籍,有愿照旧,亦听其出营,仍当保护。不料该兵自称革党,弗恤良言,初三午,扬旗正队直来扑城,不得已督率防营弁兵迎往,叛兵一见齐拾枪炮。是役击毙叛兵壹百余名,阵斩二十余名,并[夺]回枪枝千□上下,及夺回战马十七匹,大红旗一枝。叛兵溃逃,我军追剿至珑嵝山下地方,时已黑夜,叛兵奔窜分潜,难于再进。计叛党尚有千名,即行探踪剿办,并已分饬各路一体截拿,不难一股[鼓]荡平。

中国第一历史档案馆等编选《辛亥革命前十年间民变档案史料》下册,中华书局1985年版,第476页

编者按:《辛亥革命前十年间民变档案史料》将此电标为"广州将军增祺为广东省城标兵殴打警局起事扑城事致各省督抚电",误。今据电文后署名"勋"改。

2月11日(正月初二日)　苏州新军二十三混成协四十六标因扣压军饷哗变,毁日本人商店三家,波及附近商店,13日又有百余人打伤巡警。

《东方杂志》第7卷2期《中国大事记》:

初二日,苏州军队滋事。驻扎苏州第四十六标军士,于昨日元旦循例放假,夜晚多未归。该营统领及值日官关闭营门点名,见第一营兵额缺少,即将军官以次棍责。兵士不服,已有在营滋闹之事。本日十二点钟时,遂有兵士十数名,至阊马路东洋戏馆,与日人发生冲突。兵士立即号召同队入内混战,将剧场捣毁。日人之演剧者伤三人,游客伤五人,兵士亦伤一人。同时各兵士闻风齐集,捣毁日本商店三家,并向中国戏园一家、商店十数家滋事,又殴伤由上海往苏游历之西人二名。

2月12日(正月初三日)　广州新军起义,举倪映典为司令。起义军三千人分路进攻广

州城，遭清水师提督李准镇压，倪被诱杀，起义士兵牺牲百余人，起义失败。此次起义被孙中山称为第九次起义。

黄兴1910年4月28日致宫崎寅藏书称：

此次纯以军队为主力，定期在阴历正月初六日。不料正月初一、二两日，兵卒与巡警冲突，致为满大吏所察觉，加意防备。初三日，新军（约一联队）一标及炮工辎（约一联队外）四营见其势已危，即与官兵战，相持数时间之久。奈新军子弹每人不及四颗（因子弹均在城内），终以无弹退败。同志倪映典，号炳章，安徽人，死之。其兵卒遣散，仍返乡里。官吏虽知吾党运动，表面上则为兵警冲突，莫能为革命实据，不致妄肆杀戮，亦幸也。然吾党之势力已普及于全军队（如北京、南京皆是），此次不过解散一部分，而其主要仍在也。今后人心更加奋发，一得机会，即再举动，可望成功。

刘泱泱编《黄兴集》(1)，湖南人民出版社2008年版，第29～30页

两广总督袁树勋正月初六日（2月15日）致电民政部称：

除夕，二标兵与警兵冲突滋事，当经解散。元旦，二标兵又结党寻仇，折毁警局，殴伤警兵，亦经弹压息事。乃凌晨，炮工辎各营及一标全营，藉报复警兵。同时谋变，炮营管带齐汝汉不从，立为排长倪映典枪毙。复逼二标全营、三标一营，幸各营枪械全缴，不致从变。协标统不能压制，经树勋持令示谕，各叛兵口出逆言，不肯回营缴械，负隅抗拒，不得已于江辰派吴道和禹督防营进剿。叛兵分路来扑，我兵枪炮齐施，当场杀毙叛兵百余名，并阵斩骑勇头目五人，生擒叛兵黄洪昆等四十余人，夺回快枪千余枝，军械子弹无算。各叛兵纷纷逃窜，复遗火焚烧一标营房，我军正在追捕，不及救护，追至狗头山一带，时已昏黑，始行收队。星夜飞檄水陆各路，四面先后拿获三百余人，复有陆续缴械来投者六百余人，余已星散。

中国第二历史档案馆编《中华民国史档案资料汇编》第1辑，江苏人民出版社1979年版，第26页

两广总督袁树勋正月二十九日（3月10日）致电军机处等称：

粤省新军滋事，继复昌言叛变，遵旨剿抚兼施，擒获首要，解散胁从，节经电达并请代奏在案。连日将捕获各兵研讯，直认革党到各省运动，有运动章程拾条，散放票据，则刊有天运年号，不用元年二年，用己酉、庚戌字样，因尚未推定总统之故。票内并有恢复中华等四言句，并称该革党运动军界尤力，利用其有军械，且易于煽动。革党军制，亦有协统、标统各级官长名称，别有干事员名目。此次仓卒起事，以为兵警寻衅，有隙可乘，致接济不及而败。又据黄洪昆亲笔供词，均昌言悖逆不讳。似此蓄谋不轨，扰害治安，断不能不执法从事。前接在籍粤绅邓绅华熙及谘议局议长易绅学清等十余人公函，亦有该兵形同叛逆，罪无可逃之语。是当日情形，本属共闻共见。事定以后，乃复议论纷纭，报馆复为之鼓吹，自系未悉内容所致。昨由树勋将起事始末及供词大略，剀切宣告，并饬巡警道传谕各界申明不得扰害治安之定律，并筹办一切善后事宜，正在分别奏咨。窃意整军经武，原所以图自强，乃若辈无知，平素既误于独立自由之说，而外来之诱胁，得以乘之，故有触斯发，几于不可收拾。该兵等既供各省均有运动，则思患预防，自应互相稽察，严切根查，以绝祸萌，而固军志。应否由钧处、钧部密知练军各省份，严密查察。总以有革党实据，不以空言诬蔑，致启邀功为断。至粤省经此巨创，惩前毖后，仍应于力图恢复之中，严加选练，参照定章，另案奏咨办理。

中国第二历史档案馆编《中华民国史档案资料汇编》第1辑，江苏人民出版社1979年版，第26～27页

宣统二年正月初四日（2月13日）军机处寄两广总督袁树勋电旨：

该省新军气习嚣张，并有勾结会党情事。去腊因与铺店口角，不服解散，反与巡警为难，竟于元旦日藉端哄营，打毁警局，毁伤警兵多名，更打毁司令部，抢去枪枝子弹，负隅抗拒，实

属形同叛逆。著该署督迅调水陆防营,严密防范,剿抚兼施,务将首要各犯设法擒获,悉数歼除。一面将教堂洋行切实保护。该营管带将统纵酿事端,及办理不善各员,查明参处。并将剿办情形随时电奏。

中国史学会主编,中国近代史资料丛刊《辛亥革命》(3),上海人民出版社1957年版,第362页

2月13日(正月初四日)　英、法、德三国公使照会清朝外务部,无理表示中国商办湖广境内川汉、粤汉铁路有碍借款合同,本国政府不能承认。

2月14日(正月初五日)　日本驻华公使伊集院致函清朝外务部,提出建造锦瑷铁路条件:一、日本参加承办;二、南满路与锦瑷路间建一支路相连贯。

日本政府对于锦瑷【铁路之】建筑,视为极要之举。因此事使南满洲铁路之财产大受影响也。惟中国主见既欲赶为建筑,以便开通蒙古、满洲两处,日本政府再三设想,如依下开各项,日本政府可帮助此路之建筑,云云。

一、日本欲于锦瑷铁路借款、雇用工程师、购买材料、建筑工程,悉与份其事。其应如何与份之法,俟与列强和衷商议后再行定见。

二、至于锦瑷铁路与南满洲铁路欲联轨之处,中国政府应从锦瑷铁路某车站间造一枝路,接连南满洲铁路南端车站。该路应如何布置,及接连南满洲之法,必须与日本政府妥议后行。

日本政府以锦瑷铁路之建筑于南满洲铁路大关紧要,所以亦赞成者,因现在之计划,系从锦州起点,经过洮南,距南满洲[路]尚远。若将来计划又有更变,日本政府必须干涉与闻其事。

宓汝成《中国近代铁路史资料》第2册,中华书局1963年版,第631~632页

2月15日(正月初六日)　为广州新军起义事,清廷密谕军谘处、陆军部、南北洋大臣等严查新旧诸军,并严禁聚众演说。

上谕军机大臣等:

昨据袁树勋电奏,该省新军有勾结会党,藉端哄营,抢去枪枝子弹,窜出东门负隅顽抗情事,当经电谕该署督,迅即剿办矣。近来人心浮动,各处党会丑类繁多,往往混入军营,暗中勾引,藉端煽惑。广东如是,他省恐亦不免。亟宜先事豫防,早图挽救。著军谘处、陆军部、南北洋大臣,于所有新旧各军,不动声色,严密稽查,遇有行止不端,踪迹诡秘者,将弁则随时撤参,兵丁则加意淘汰,务绝根株,免贻后患。其逆行显著,查有实据者,即严行惩办,毋稍宽纵。至军人资格,首重服从长官命令,如有聚众开会演说情事,是已越乎范围,无论藉辞何事,皆宜一体查禁,以重纪律而靖嚣张。该大臣等受国厚恩,统领军师,保疆守土,责无旁贷,须知朝廷重视此事,其各实力整饬,销患未萌,万不可因循敷衍,稍涉大意,贻误将来,致干咎戾,将此密谕知之。

《清实录·宣统政纪》第29卷,中华书局1987年影印本,第527页

2月16日(正月初七日)　孙中山致函纽约同盟会会员,告以同盟会广州新军举义需款甚急,望各同志速向大众华侨筹捐,予以应援。同日并以同一内容函复纽约同盟会会员赵公璧。

2月20日(正月十一日)　立宪派《国风报》(旬刊)在上海创刊,由梁启超实际主持,成为立宪派喉舌。该报至1911年7月停刊,共出五十二期。

2 月 22 日(正月十三日)　广西永淳县农民抗纳学捐,聚众入城拆毁学堂。

2 月 24 日(正月十五日)　湖北省沔阳州一带饥民数千人到汉阳求食,围闹府署。

2 月 27 日(正月十八日)　孙中山在旧金山设立同盟会分会,并在誓词中将同盟会十六字纲领"驱除鞑虏,恢复中华,创立民国,平均地权"改为"废灭鞑虏清朝,创建中华民国,实行民生主义"十八个字,将中国同盟会会员署称为"中华革命党党员"。

冯自由《海外各地中国同盟会史略·美国同盟会》记载:

总理鉴于是役筹饷之困难,益觉成立革命团体之必要,遂令李是男等改组少年学社为同盟会,正月十八日宣告成立,总理亲为主盟人。初次宣誓入会者,有李是男、黄芸苏、黄伯耀、许炯藜、赵煜、刘汉华、黄杰亭、李旺、刘达朝、黄经申、伍进、邝辉、李梓青、崔通约、王华彩、胡祖、张霭蕴、杨汉魂等十八人。其后加入者复有黄超五、雷祝三、林朝汉、邝佑治、卢维溥、黄富、李七、周拔五、郑占南、陈树华、司徒介臣、朱卓文、马锦兴、龚显裔、吕宁、伍平一、刘鞠可、刘冠辰、廖达生、朱本富、刘广华、简振兴、欧汉英、梁日东、余森郎、刘日初、郑超群、陈耀垣、甄春年、雷蕙泉、黄晋三、何利、李伯眉、郑广池、刘博文、周文培、梁梦熊、邝灼、高廷槐、刘殿生、伍惠泉、陈披荆、谭南、刘恢汉、朱汉彝、张汉侠等百余人。查总理此次在美组织同盟会最关重要者,为扩大同盟会盟书辞句,及改用会名一事。以前为"驱除鞑虏,恢复中华,创立民国,平均地权"之十六字,今则易为"废灭鞑虏清朝,创立中华民国,实行民生主义"之十八字,又将盟书内中国同盟会会员亦易为中华革命党党员。然对外对内,仍用同盟会名义如故,此为总理是次游美之创举,东京本部及国内外各地分会均未接到此项通告焉。

冯自由《革命逸史》第 4 集,中华书局 1981 年版,第 167 ~ 168 页

编者按:上录冯自由关于旧金山同盟会成立的一段记载,引自《革命逸史》第四集,其关于同盟会誓词末句,记作"实行民生主义"。对于此事,冯自由在《华侨革命开国史》中又记为"实行三民主义"。其它文献同样也存在上述两种不同记载。如《孙中山全集》第一卷所收盟书式样,表明是"实行民生主义";《辛亥革命回忆录》第八集所载《我在檀香山同盟会和〈自由新报〉工作的回忆》,则又记檀香山分会盟书末句是"实行三民主义",而相关资料证明,檀香山分会盟书内容是沿用旧金山盟书的,所不同的只是由原来的手写改为"将盟书印就,联盟者只填写籍贯及其姓名日子"(《孙中山全集》第一卷,中华书局 1981 年版,第 454 页。)。再如关于旧金山同盟会会员名单,冯自由在《华侨革命开国史》与《革命逸史》记载也互有出入,差异多半为字形相近者,疑是手民之误。因冯自由这两种记载文字绝大部分雷同,为节省篇幅,这里只引用了一种。读者在使用时,请与另一种记载核对,辨别其讹误。另外,关于孙中山辛亥革命前在旧金山、檀香山以及南洋等地,将中国同盟会改称中华革命党,将中国同盟会会员改称中华革命党党员,将原先盟书誓词"驱除鞑虏,恢复中华,创立民国,平均地权"之四句十六字,易为"废灭鞑虏清朝,创立中华民国,实行民生主义"之三句十八字,其原因可查看《孙中山全集》第一卷第 466 页孙中山本人的解释。其事情的来龙去脉,可参考张笃勤发表于《辛亥武昌首义研究文集》(武汉出版社 2001 年版)的《中华革命党溯源》一文,以及武汉大学学报(人文版)2011 年第 4 期《辛亥革命前孙中山两度组建中华革命党论析》。

△ 上海预备立宪公会召开全体会员大会,议决要求召开国会在北京增设事务所,会报迁至北京出版发行。

2 月 28 日(正月十九日)　美国旧金山同盟会分会在丽蝉戏院召开成立大会,孙中山发表长篇演说。

孙中山演说如下:

今日所欲与诸君研究者,为革命问题。革命二字,近日已成为普通名词,第恐诸君以为

革命为不切于一己之事而忽略之,而不知革命为吾人今日保身家、救性命之唯一法门。诸君今日之在美者,曾备受凌虐之苦,故人人愤激,前有抵制美货之举,今有争烟治埃仑之事,皆欲挽我利权、图我幸福耳。不知一种族与他种族之争,必有国力为之后援,乃能有济。我中国已被灭于满洲二百六十余年,我华人今日乃亡国遗民,无国家之保护,到处受人苛待。同胞之在南洋荷属者,受荷人之苛待,比诸君在此之受美人苛待尤甚百倍。故今日欲保身家性命,非实行革命,废灭鞑虏清朝,光复我中华祖国,建立一汉人民族的国家不可也。故曰革命为吾人今日保身家性命之唯一法门,而最关切于人人一己之事也。

乃在美华侨多有不解革命之义者,动以革命二字为不美之名称,口不敢道之,耳不敢闻之,而不知革命者乃圣人之事业也。孔子曰"汤武革命,顺乎天而应乎人。"此其证也。某英人博士曰:"中国人数千年来惯受专制君主之治,其人民无参政权,无立法权,只有革命权。他国人民遇有不善之政,可由议院立法改良之;中国人民遇有不善之政,则必以革命更易之。"由此观之,革命者乃神圣之事业、天赋之人权,而最美之名辞也。

中国今日何以必需乎革命?因中国今日已为满洲人所据,而满清之政治腐败已极,遂至中国之国势亦危险已极,瓜分之祸已岌岌不可终日,非革命无以救重亡,非革命无以图光复也。然有卑劣无耻、甘为人奴隶之徒,犹欲倚满洲为冰山,排革命为职志,倡为邪说,曰"保皇可以救国",曰"立宪可以图强"。数年前诸君多有为其所惑者,幸今已大醒悟。惟于根本问题尚未见到,故仍以满洲政府为可靠,而欲枝枝节节以补救之,曰"倡教育"、"兴实业",以为此亦救国图强之一道。而不知于光复之先而言此,则所救为非我之国,所图者乃他族之强也。况以满洲政体之腐败已成不可救药,正如破屋漏舟,必难补治,必当破除而从新建设也。所以今日之热心革命者,多在官场及陆军中人,以其日日亲见满洲政府之种种腐败,而确知其无可救药,故身虽食虏朝之禄,而心则不忍见神明种族与虏皆亡也。其已见于事实者,则有徐锡麟、熊成基,其隐而未发者在在皆是。惜乎美洲华侨去国太远,不知祖国之近情,故犹以为革命不过为小人之思想,而不知实为全国之风潮也。

又有明知革命乃应为之事,惟畏其难,故不敢言者。此真苟且偷安之凉血动物,而非人也!若人者,必不畏难者也。如诸君之来美,所志则在发财也,然则天下之事,更有何事难过于发财乎?然诸君无所畏也,不远数万里,离乡别井而来此地,必求目的之达而后已。今试以革命之难与发财之难而比较之,便知发财之难,必难过于革命者数千万倍也。何以言之?以立志来美发财者,前后不下百数十万人也,然其真能发财者有几人乎?在美发财过百万者,至今尚无一人也。而立志革命之民族,近百余年来如美、如法、如意大利、希腊、土耳其、波斯并无数之小国,皆无不一一成功。如是,凡一民族立志革命者则无不成功,而凡一人立志发财则未必成功,是故曰革命易而发财难也。又一民族立志革命,则一民族之革命成功,而千万人立志发财,则几无一人能达发财之目的,故曰发财之难过于革命者有千万倍也。以有千万倍之难之发财,而诸君尚不畏,今何独畏革命之难哉?

今日有志革命而尚未成功者,只有俄罗斯耳。然此亦不过一迟早问题,其卒必能抵于成,则不待智者始知也。今又以俄国革命之难,与中国革命之难而比较之:俄帝为本种之人,无民族问题之分;且俄帝为希腊教之教主,故尚多奴隶于专制、迷信于宗教者,奉之为帝天。又俄国政府有练军五百万为之护卫,此革命党未易与之抗衡也。俄民之志于革命者,只苦专制之毒耳。中国今日受满政府之专制甚于俄,而清政之腐败甚于俄,国势之弱甚于俄,此其易于俄者一。清帝为异种,汉人一明种族之辨,必无认贼作父之理,此其易于俄者二。中国人向薄于宗教之迷信心,清帝不能以其佛爷、拉麻等名词而系中国人之信仰,此其易于俄者三。

又无军力之护卫，此其易于俄者四。俄人革命虽有种种之难，然俄国志士决百折不回之志，欲以百年之时期而摧倒俄国之专制政体，而达政治、社会两革命之目的；中国之革命有此种种之易，革命直一反掌之事耳。惟惜中国人民尚未有此思想，尚未发此志愿。是中国革命之难，不在清政府之强，而在吾人之志未决。望诸君速立志以实行革命，则中国可救，身家性命可保矣！

中国社科院近代史所等编《孙中山全集》第1卷，中华书局1981年版，第441～443页

△ 章太炎、陶成章等人重建光复会总部于日本东京，并分别任正副会长。不久在南洋英、荷所属各埠设立分会，与以孙中山为首的中国同盟会各张一帜。

《太炎先生自定年谱》宣统元年，四十二岁记：

焕卿自南洋归，余方讲学，焕卿亦言："逸仙难与图事，吾辈主张光复，本在江上，事亦在同盟会先，曷分设光复会。"余诺之，同盟会人亦有附者。

汤志钧编《陶成章集》，中华书局1986年版，第48页另见魏兰《陶焕卿先生行述》，《辛亥革命浙江史料选辑》第344页

△ 孙中山与人介绍将欧美三权宪法增益为中国五权宪法的理论与历史依据。

孙中山与刘成禺的谈话：

予常与留日本、欧美习政治法律学生谈倡建五权之原则，闻者骇异曰："吾人未闻各大学教授有此讲义。立法、司法、行政三权鼎立，倡自法儒孟德斯鸠，君主民主立宪国奉为金科玉律，【任】何人不敢持异议。今先生欲变世界共尊之宪法，增而为五，未免矜奇立异，为世界学者所不许。"

予驳之曰："三权宪法，人皆知为孟德斯鸠所倡，三权以后不得增为五权。不知孟德斯鸠以前一权皆无，又不知何以得成立三权也。宪法者，为中国民族历史风俗习惯所必需之法。三权为欧美所需要，故三权风行欧美；五权为中国所需要，故独有于中国。诸君先当知为中国人，中国人不能为欧美人，犹欧美人不能为中国人，宪法亦犹是也。适于民情国史，适于数千年之国与民。即一国千古不变之宪法。吾不过增益中国数千年来所能、欧美所不能者，为吾国独有之宪法。如诸君言欧美所无，中国即不能损益，中国立宪何不将欧美任一国之宪法抄来一通，曰孟德斯鸠所定，不能增损者也！"欧美、日本留学生如此，其故在不研究中国历史风俗民情，奉欧美为至上。他日引欧美以乱中国，其此辈贱中国书之人也。

吾读《通鉴》各史类，中国数千年来自然产生独立之权，欧美所不知，即知而不能者，此中国民族进化历史之特权也。祖宗养成之特权，子孙不能用，反醉心于欧美，吾甚耻之！

曰监察权。自唐虞赓歌飏拜以来，左史记言，右史记事，行人采风之官，百二十国宝书之藏，所以立纲纪通民情也。自兹以降，汉重御史大夫之制，唐重分司御史之职，宋有御史中丞、殿中丞。明清两代御史，官品虽小而权重内外，上自君相，下及微职，儆惕惶恐，不敢犯法。御史自有特权，受廷杖、受谴责在所不计，何等风节，何等气概！譬如美国弹劾权，付之立法上议院议决，上议院三分之二裁可，此等案件开国以来不过数起，他则付诸司法巡回裁判官之处理贪官污吏而已。英国弹劾亦在贵族、平民两院，关于皇室则在御前议政院，亦付诸立法也。如我中国，本历史习惯弹劾鼎立为五权之监察院，代表人民国家之正气，此数千年制度可为世界进化之先觉。

曰考试【权】。中国历代考试制度不但合乎平民政治，且突过现在之民主政治。中国自世卿贵族门阀荐举制度推翻，唐宋历行考式，明清尤峻法执行，无论试诗赋、策论、八股文，人

才辈出;虽所试科目不合时用,制度则昭若日月。朝为平民,一试得第,暮登台省;世家贵族所不能得,平民一举而得之。谓非民主国之人民极端平等政治,不可得也!美国考试均由学校教育付诸各省,中央不过设一教育局,管理整齐,故官吏非由考试,而由一党之推用;唯司法有终身保障。英国永久官吏制度,近乎中国之衙门书吏制度,非考试制度。唯唐宋以来,官吏均由考试出身。科场条例,任何权力不能干涉。一经派为主考学政,为君主所钦命,独立之权高于一切。官吏非由此出身,不能称正途。士子等莘莘向学,纳人才于兴奋,无奔竞,无缴[徼]幸。此予酌古酌今,为吾国独有,而世界所无也。

立法、司法、行政三权,为世界国家所有;监察、考试两权,为中国历史所独有。他日五权风靡世界,当改进而奉行之,亦孟德斯鸠不可改易之三权宪法也。

中国社科院近代史所等编《孙中山全集》第1卷,中华书局1981年版,第444～445页

同月　湖北、湖南、四川等长江流域各省同盟会员,在日本东京根据宋教仁的倡议,发起召开十一省区同盟会分会长会议,商讨成立一个领导长江流域反清起义的革命机关。

△ 管理军谘处事务、贝勒载涛奏准赴日、美、英、法、德、意、奥、俄八国考察陆军。

△ 孙中山与荷马李、布思在美国洛杉矶举行三次会谈,制订起义计划。其主要内容为:暂时中止长江流域及华南地区之起义活动;向纽约财团洽商贷款三百五十万美元以充军费,充实革命军实力,筹组临时政府等。

3月1日(正月二十日)　孙中山自美国旧金山致函同盟会南洋支部负责人邓泽如,告以美洲华侨渐有倾向革命之势,不日当可联各埠为一大团体、以赞助革命事业。

孙中山信中称:

弟由欧抵美已数月,所图之事尚未大就,然甚为有望,将来或有成就亦未可知。美洲华侨前时多附和保皇,今大为醒悟,渐有倾向革命之势;不日当可联成各埠为一大团体,以赞助吾党之事业,弟今在美,拟一面谋所志之大目的,一面则联络华侨。现已在纽约、芝加古并金山大埠三处设立同盟同[分]会,人心甚为踊跃,他日进步必有可观,足为告慰者也。

中国社科院近代史所等编《孙中山全集》第1卷,中华书局1981年版,第446～447页

△ 清廷任命张彪为湖北提督。

3月2日(正月二十一日)　俄国公使廓索维慈照会清朝外务部,仍反对锦瑷铁路计划,要求建造张家口至恰克图铁路,其中库伦至恰克图段应由俄商承建。

俄使廓索维慈致外务部一节略,仍反对锦瑷路计划,提议建造张家口至恰克图铁路,同时并将此意通知美国政府,其节略曰:

前奉贵部面询俄国政府对于中国拟建锦瑷铁路有何意见一事,本大臣当经转达本国外务部大臣查核。兹准电嘱,声明本国政府详查中国所拟建造锦瑷铁路一节,实于俄国边防以及商务利权大有窒碍。查光绪二十五年中国政府表明,凡由北京向北建造铁路,除俄国借款外,概不借用他国款项等语。此次若借用洋款建造铁路,不碍本国交界及不侵害本国于满洲铁路各利权,本国政府自无须要索中国按照前所承认者办理。据本国铁路专门家报称,将来

锦瑷铁路实不免将东省铁路所运货物概行夺去，约计一年须亏五百万卢布之谱，并破坏中国于二十九年期满收回及七十三年后全归中国无庸给价铁路之事业。本国政府谅此次外国资本家出借款项，不过以图将来获利，并无政治上之宗旨。如将所拟锦瑷铁路改建他处，于商务上关系仍属均平，并于俄国无所损失，则外国资本家亦无难办。按照以上所列各节，本国政府兹与中国政府相商，与其建造锦瑷铁路，未若由京奉铁路连络之张家口至库伦往北，向俄国交界之恰克图建造铁路。近闻中国政府久有建筑此路之议，中外均表同情。而中国政府迄今迟难者，系因此路非与西伯利亚铁路连络，不能有十分利益，若如此相接建造，本国政府无不允认，且愿由萨拜喀勒省铁路一站，建造支路，以至恰克图。惟中国政府建造张恰铁路之际，应准俄资本家承办建造库伦至恰克图一段铁路。本国政府甚望中国政府明悉此项所拟办法，于两国均沾利益。中国政府兹拟借用洋款，建造关外铁路，若不碍本国交界及不侵害东省铁路之利权，则本国政府甚愿副中国政府之意。故出此次提倡之议，甚望中国政府具表同情赞成。并应声明已将此议转知美国等国政府矣。

王芸生编著《六十年来中国与日本》第5卷，三联书店1981年版，第274~275页

3月4日（正月二十三日）　夜，新疆省吐鲁番厅洋海缠民阿木而聚众起事，烧杀抢劫，抗拒官兵，放火攻城，后被署吐鲁番厅同知王秉章、署吐鲁番营游击张泽忠及回子郡王叶明和卓协同扑灭。

《新疆巡抚联魁奏吐鲁番缠民聚众抗官攻城拿获首要折》（宣统二年四月初三日）称：

窃臣于宣统二年正月二十九、二月初五等日，据署吐鲁番厅同知王秉章先后电禀：厅属洋海地方，有缠匪阿木而等聚众滋事，焚烧抢劫，临拿拒杀兵役，放火攻城。随经移行营县及回子郡王叶明和卓协同扑灭，当场格毙匪党十九名，并拿获首从要犯十一名等情。当经电饬提犯分别审拟禀办去后。

兹据王秉章会同署吐鲁番营游击张泽忠禀称：遵即提犯隔别研讯。缘首犯阿木而，于本年正月间，因上年秋禾歉收，地方粮价稍昂，人多顾虑，起意乘机煽乱，商允玉思普、乃素五拉，并业经格毙之苏唐牙士、拉子木、哈子木、玉奴思、尼牙士、海木都、艾则思、忙子、若以提、若子买提、托乎的、怕子立、乌他立甫、腮提买里、沙的里等，约期二十三日夜起事。届期分执刀矛、洋枪，焚烧洋海汉民邢彭龄房屋。经邢彭龄雇工同邻右击毙匪党一名。阿木而等劫得红钱、马匹、粮石。次日，复出外劫夺马匹，陆续裹胁现获之色的买提、乃买提、阿五提、牙士买铁、仁木买铁、牙士沙的尔、和加米牙、士尼则等，并当场格毙及在逃不知姓名者约百数十人，四处抢掠。该处距吐鲁番城一百二十里，王秉章闻警驰往查勘，一面移会营汛，并选派稽查差役、警勇，跟踪捉拿。该匪等凶悍拒捕，杀毙差役二名，又烧毁民人马成德、艾腮提、麻亦增房屋。色拜尔艾则子被胁不从，亦被杀毙。随窜往鄯善县之吐峪沟地方。王秉章恐匪势蔓延，急移行叶明和卓、鄯善县合力堵拿。二十七日，该匪复在吐峪沟焚烧民人毛五常房屋。是夜，至鲁克沁放火，攻扑回城。经叶明和卓枪队击退，追赶十五里，擒获玉思普、乃素五拉等共匪徒六名。首犯阿木而率党逸回洋海。二十八日，张泽忠拔队往追。二十九日天明，行距洋海不远，该匪等豫伏道旁，蜂拥而出，拦头猛扑，伤毙营兵、警勇、差役各一名。张泽忠率兵格拿，毙贼十一名。该匪等仍抵死抗拒，复伤兵役四名。正奋击间，署鄯善县知县刘谟亦派兵役会同巡防队前往协助，续毙匪类七名，夺获枪枝、刀矛各件，匪势渐促。适叶明和卓派拨枪队驰至，协同兜拿，擒获首犯阿木而并匪党四名，余众始各溃散，地方悉就敉平。

中国第一历史档案馆等编选《辛亥革命前十年民变档案史料》下册，中华书局1985年版，第837~838页

3 月 8 日(正月二十七日)　江苏宜兴县张家村调查户口,图董勒索钱财,激起村民反对,图董住宅被毁。附近张渚、和桥等镇农民响应,捣毁学堂及图董绅士住宅数十处。

△ 邮传部奏报派员勘明开封—徐州—海州—清江铁路线,该路工款共需银一百四十万两,建议及时筹划,拨款建筑。

3 月 10 日(正月二十九日)　清廷降旨通谕:嗣后内外满汉文武诸臣奏陈事件,一律称臣,勿称奴才。

3 月 12 日(二月初二日)　外务部电告东三省总督锡良等,锦瑷铁路日俄两国要求甚多,其余各国意见尚未得实,合同应从缓议。

发锡良等电呈:

锦瑷路事,日俄两国来照,要求甚多,其余各国意见尚未得实,合同应从缓议。

故宫博物院文献馆编印《清宣统朝中日交涉史料》第 4 卷,1933 年版,第 16 页

△ 清朝出使美国大臣张荫棠密请美国外交部驱逐同盟会出境。

宣统二年二月　清朝出使美国大臣张荫棠电,同盟会在美国金山倡言革命,密请美国外部驱逐出境,对方以不合本国法律拒绝照办。

《清季外交史料・外交年鉴》,书目文献出版社 1987 年版,第 4681 页

3 月 13 日(二月初三日)　山西交城、文水两县乡民聚众万人,反对禁种烟苗,23 日,省城派兵镇压,击毙乡民四五十人,逮捕百余人。

《东方杂志》第 7 卷第 3 期《中国大事记》:

交城、文水两县,因禁烟一事,激成民变。闻兵民已经开战。……

民变原因　交文两县,山中地土甚瘠,向来无人耕种。自咸丰年间,开垦种烟,所出土浆,几为天下之最。农民因利之所在,纷纷争趋。乃始履亩升科,兼收地亩税,以助国家之用。农民恃种烟为生,早成习惯。迨上年禁烟令下,农民顿时失业。而文水刘令,反愚弄百姓,嘱其从速完粮,当为转恳上台,仍准次年种烟云云。众遂信以为真。比及冬烟发生,则又迫令铲拔,且不导以改种杂粮,于是铤而走险,聚众抗禁。至有本月初三日民变之事。

刘令之贪暴　文水县令刘彤光,性极贪暴,去岁奉文禁烟,令复视为利薮,派遣丁役下乡勒索,凡无力纳贿者,辄拘案严惩,施以种种非刑。闻农会会员杨增荣,曾请于该令,以民间种烟,久成习惯,率皆无杂粮籽粒,拟请筹款购备,按亩借给,限令改种良苗,随粮缴还。该令谓将来如有拖欠,势必余受赔累,不如听其自然,较为妥适云。

绅士之演说　祁县绅士孟步云,前年谘议局派往文水演说禁烟。刘令见其到境,竭力阻挠,谓禁烟一事,现已办妥,次年决无一人私种。孟信以为真,遽赴开栅镇演说数语,即回省垣。近因开栅聚众,奉委复往,以洋烟不禁,中国必危等语,对一般农民宣布。众大哗,谓我辈生路已绝,何暇管他朝廷之事!纷纷群起,欲与为难。孟遂奔还县城,投函谘议局,声称烟民梗顽不化,而省中乃决计派兵前往矣。

兵民之冲击　省中派夏学津带马步炮各队,计共五六百名,半驻交城之广兴村,余则悉留文水城内。本月十三日,督率各兵进逼开栅,捉获武树福等六人。村民不依,各执枪刀等

件，集众追夺。各兵对之开枪，不料村民愈聚愈多，立将各兵四面围住，互相冲击，各有杀伤，仍复对持不下。次日，省中得有警报，复添拨兵队，并续运子弹前往。

按西报亦言，当官兵至时，有多数少年乡人集官前，求准于已下子之数处，开除禁令。当时官见人数众多，惧其反抗，不分皂白，即命兵士放枪，遂杀死四五十人。有绝不相干之旁观，亦遭殃及。

3 月 14 日（二月初四日）　孙中山代表同盟会委任美国人布思为该会驻国外唯一财务代表。

孙中山给布思的委任状：

兹经中国同盟会本部同意并授权，我特任命加利科你省洛杉矶埠的查尔斯·布思为中国同盟会驻国外的唯一财务代表。并委托布思按本会总理授权并认可的方式，代表本会及以本会名义全权处理接洽贷款、收款与支付事宜，及在本会总理随时指导下处理任何性质的委办事项。

由本会财务代表查尔斯·布思代表本会及以本会名义所缔结的每一协议，一如本会总理或本部所签署的协议，对本会具有同等的约束力。

中国同盟会总理孙文（孙逸仙）

一九一〇年三月十四日于加利科你省洛杉矶

中国社科院近代史所等编《孙中山全集》第 1 卷，中华书局 1981 年版，第 448 页

编者按：在此之前，孙中山应邀到洛杉矶，在长滩旅馆（Long Beach Hotel）与咸马里、布思举行多次会谈。决定通过布思向纽约财团商洽贷款三百五十万美元，由咸马里训练军官，以帮助中国革命党人推翻清朝；革命成功后，美国债权人享有在华开矿、办实业等特权。发给此委任状也是长滩会议的一项决定。

3 月 16 日（二月初六日）　江苏常州武进县渡桥乡农民反对征收学捐，捣毁学堂。

3 月 20 日（二月初十日）　管理军咨处事务贝勒载涛等，离北京赴欧美各国考察陆军。

3 月 21 日（二月十一日）　孙中山自洛杉矶抵旧金山，次日前往檀香山。

△ 清廷因总税务司赫德患病，再赏假一年，以安格联为副总税务司代理。

上谕军机处大臣等：

税务处奏总税务司赫德病仍未痊，恳请开缺一折，赫德著赏假一年。裴式楷赏给头品顶戴。

《清实录·宣统政纪》第 31 卷，中华书局 1987 年影印本，第 558 页

上谕：

总税务司赫德因病再赏假一年，以安格联（Francis A. Aglen）为副总税务司代理。

郭廷以：《近代中国史事日志》，中华书局 1987 年版，第 1352 页

3 月 24 日（二月十四日）　杭州城内日本商人欺侮中国学徒引起公愤，四五千人捣毁日本人商店、药房。

△ 邮传部批准设立湖北商办粤汉、川汉铁路股份有限公司。

《东方杂志》第 7 卷第 3 期《中国大事记》报道：

二月初十日后,代表张伯烈日至邮部及徐尚书私宅,痛哭力争。湖北同乡京官及学界、商界六百余人,亦于十二日集议办法,分定实行与文字二法。实行者:一、组织公司,预备开工;二、刻日征收京鄂股款;三、电请鄂督电奏力争。文字者:一、征全体意见,限三日交齐,以便采用上书;二、公函邮传部;三、公禀都察院。适时护理湖广总督及铁路协会、湖北谘议局、湖北教育总会、武昌商务总会、汉口商界、善堂、报界,咸有电致军机处、外务、度支、邮传诸部,陈明股款已齐,要求准予商办。邮传部徐尚书乃令代表及同乡京官具禀到部,陈请设立商办铁路公司,以便核准。十三日,诸京官至部递呈,次日即奉部批。兹为照录如下:

公呈:为鄂路筹有的款,组织商办公司,请查照前案立予批准立案事:窃查鄂境粤汉川汉铁路,为西、南两路交通干线。比年以来,鄂人为自保利益起见,提倡集股自办,创设湖北商办粤汉铁路股份有限公司,拟集资本金共二千五百万元。所有一切详情,业于宣统元年十月由前掌广西道监察御史吴兆泰等呈请前湖广督宪陈,咨请钧堂立案。旋又经湖北铁路协会会长、前广西按察使刘心源,偕代表入都缕析详陈,均各在案。刻下创办股份业已陆续交纳,异常踊跃,其余普通、优先等股,亦复争先恐后。至各州县认定常年的款,均订有期限分缴等情,亦经大钧等叠次陈明,计邀钧鉴。现鄂中屡次电催会长回鄂,设立鄂境商办粤汉川汉铁路股份有限公司。为此公恳中堂大人查照前咨及禀呈各案,迅予批准立案,俾得早日筹集股款,克期兴工,无任感激屏营之至。敬乞批示施行。

部批:呈悉。查川汉粤汉铁路,宣统元年八月二十四日奉旨著邮传部妥协接办等因,钦此,钦遵在案。此路关系数省,原未便各为省界。惟造路以集股为先,既据鄂绅黎大钧等呈称民情踊跃,自应准其立案,设立公司招股。将来所有路事,应视湘粤等省确定妥协之办法,请旨一体遵办。

3 月 25 日(二月十五日)　直隶总督陈夔龙电奏,外洋学子侨民日多,邪说流播,易滋煽动,请严密查禁。

△ 清廷指拨帑银三万两赈济安徽灾民。

谕内阁:朱家宝奏,查明皖省上年被灾各属民情困苦,恳恩量予接济一折,安徽各属,历岁荒歉,上年又遭水患,曾经加恩将是年钱漕银米分别缓征递缓,以纾民力。现当青黄不接之时,民情仍形困苦,览奏殊深悯恻。著加恩赏给帑银三万两,由度支部给发。著该抚督饬员绅,妥为散放,务使实惠均沾,毋任吏胥舞弊,用副朝廷轸念民依有加无已之至意。

《清实录·宣统政纪》第 31 卷,中华书局 1987 年影印本,第 559 ~ 560 页

△ 奉天省谘议局致函省内各界各团体,倡议成立请愿即开国会同志会奉天支部。

奉天省谘议局为成立请愿即开国会同志会奉天支部事致各界各团体函(宣统二年二月十五日):

径启者:自去秋江苏谘议局发起联合各省谘议局吁恳速开国会,本局亦公推代表至沪至京参列末议。……本局以为,国会之开不开,不在人民之程度,而在人民请求之程度,况内察群情,外瞻国势,有非继续请求速开国会不可者,谨为我全省人民述之者:我国维新之机,发起于戊戌,而大昌于庚子以后,诚以情见势绌,不得不改弦更张。此[比?]年以来,国是确定要政,分筹预备立宪之声风发泉涌。乃考其实际,类有文告之往返,几无效果之可言。如此筹备,即届九年,亦何殊于今日?此犹即内政而言也。至于外交,年来鹰瞵虎视之侍正利用

我迟回之机会，肆其贪婪，日迫一日。若待至九年，不知危局又复何若？论者谓内政之不修，外交之不讲，皆归咎于官吏奉行之不力，不知机关未备，根本未立，虽有良法美意亦不能切实进行。国会者，催促宪政进行之机关，即为宪政之根本。国会一日不成立，宪政一日不进行，我国民而不继续请求速开国会，是我国民自甘于程度不足，而不可徒委咎于官吏也。

此[比?]来吾省人民对于速开国会之举，热诚期望，奔走相告，足征国民程度之增长一日千里，实为吾省之光。惟本局以为收舆论统一之效，当有统一舆论之机关，若使散漫而无归，则目的虽同，办法必至不一，将何以使事理归于至当，以期国会之速成？现在北京国会请愿代表团业经议决，发起请愿即开国会同志会，设总部于上海，设支部于北京及其它各地，统限本年二月以前成立。本局忝列同志，责无旁贷，亟宜联合本省各界各团体诸同志组织支会，以收舆论统一之效，而为继续请求之预备。兹草定简章随函奉阅，即希举出代表，共襄此举，并望先行见复，一俟各界到齐，即行通告，定期开会，选举干事。事关宪政，望切赞成，足纫公谊。

章开沅、罗福惠、严昌洪主编《辛亥革命史资料新编》第3册，湖北人民出版社2006年版，第8页

3月26日(二月十六日)　英、美、德、法四国之代表，赴外务部力争铁路借款，无理抗议中国商办铁路。

3月27日(二月十七日)　清廷风闻孙中山在日本储枪三万余支，派人运往缅甸，潜入云南、贵州、广西，是日诏命严密稽查防范。

3月26—28日(二月十六—十八日)　安徽南陵县粮商与乡民发生冲突。安徽南陵县因头年歉收，春荒之际，绅学界代表主张应仿外府县办法，禁止米谷出境，米商不以为然。县令召集会议商议后，采纳绅学界代表主张，商家即以集体罢市进行要挟。乡民闻讯，数千人聚集县城十字街，呼令商店开门，并将商会桌椅砸毁，又涌至县署大堂哄闹抗议。县令在现场表态中软硬兼施，一方面答应让商店次日开门营业，另一方面不许乡民有滋扰抢劫行为，冲突得以平息。

《东方杂志》第7卷第3期《中国大事记》报道：

南陵县因米粮踊贵，居民慌惧，绅学界主张禁止运米出口。商界不以为然，争持不决。知县程大令于十六日假座自治会，提议禁河问题。绅学界到者甚伙，乡民来城聚观者，亦不下千人。米商代表田紫芬君首先登台演说，大致谓禁河固为要著，惟须商本民食，两面兼顾。现已调查砻坊，尚存稻七万余石，除去已卖未下之米八千余石外，即此数亦足保全民食，云云。既而学界代表朱绅则衣演说，谓南邑虽属产米之区，东北两乡于去岁灾后，大伤元气。今闻该处饥民，至掬草根树皮以为食，况各属俱已对禁，我南陵何能独异。倘因缺食激生他变，攸关大局。各米商营业于斯，不可贪小利而酿大害。云云。众拍掌如雷。俄而缪君、方君、刘君俱相继演说，谓此次封禁，商本民食，须两面顾全，言未毕，田君复登台，谓以目下情形而论，街市尚不至缺米。鄙见须俟至四五月间，街市无米可买，始可与言禁河。言至此，众人大哄，会场秩序为之大乱。程令见人众无可理喻，遂在黑板上用粉笔大书"众人不可喧哗，本县三日后禁河"十三字。众谓再迟三日封禁，南陵稻米，将搬运一空矣。时观者愈聚愈众，喊声亦愈高大，会员目系情形，只得摇铃散会。代表田君意欲先行。甫出门，即被众乡民围住，齐声喊打。田知事不妙，急奔至学署避之。俄而众乡民随县令直至大堂，程令复当堂温

谕众人曰:“尔等来意,无非欲封禁稻米出口,今晚本县出示,如明日稻米再有下河,准尔等抢掠可也。”众始一哄而散。

是日,商界以田君在自治会门首被辱,大动公愤,当晚遍发传单,邀请各商到会议事。二更后,商界到者甚伙,尤以米业为多。议至天明,未决而散。县令知商界连夜开会,深恐别起风潮,初拟亲自到会解散,经商界托辞阻止,继请学界缪君到会劝解。十七日,复亲往商会及各商店拜谒。商界以县令禁河告示已出,于商界太无颜面,力拒不允。午后,又遍发传单,在北门外某处开议对付方法。二更后,商会即命地保沿门招呼商界,明早俱一律闭市。程令闻有闭市风潮,当夜托请同官及绅学界前往转圜。闻商界举代表王实夫君到署,要求三事:甲、此次反对商界,以学界朱则衣、朱焱、方日新三人为最,非严办三人不可。乙、马仁渡河下被抢之米三百石,须要如数赔偿。(先时某砻坊于未开会前,已运米三百石下河,分五船装载,尚未开行。及风潮既起,恐被抢夺,即令栈司挑回。乡民见之,误为下河之米,号召多人,将米抢尽。)丙、已卖之八千石米,如不下河,须要当地绅界承买。平粜米价,要比现在行情一样。县令于三事俱允。惟商会必欲严办反对三绅,须请商会先动公牍,方能照办,否则恐难办到。代表不可行,兴辞而出。俄闻商会来言,县令即依此三事,商界亦欲闭市。

至十八日,城内大小商店,果一律闭市。县令与绅学界步行大街,亲劝开市,众均不听。一时鹤唳风声,大有草木皆兵之概,遂至以讹传讹,惊动四乡农民。谓城内商人以百姓阻禁下河,遂议闭市,饿死百姓。当即鸣锣通告,一时聚有数千人,在十字街一带,喊令商家开市,否则即行打毁。适有一乡民在某广货店买洋油,该店闭门不纳,乡民以远路来此,非买不可,彼此口角。忽该店楼上飞掷一碎玻璃片,将旁观某甲额角击破,血流如注。登时激动公愤,一哄而进,将该店玻璃厨架打毁多件。复哄至商会,将桌椅等件打毁一空。时商会正有多人聚议预备上控之事,忽闻警信,俱各奔避。幸县令与城守警长带勇数十名而来,立放空枪一排,乡民始渐渐散去,各店赖以保全。

继闻乡民数千人,哄至县署大堂。县令飞舆赶回,见人多势盛,恐语细莫辨,遂站立公案桌上,向众大声言,尔等因地方缺食,请官阻禁出口,总算是好百姓。今日请退,明天商店如不市,准尔等打毁不救,本县任弃官问罪,亦可;若各商明日开市,如有滋扰抢劫情事,本县须将尔等照土匪办法。尔等既是好百姓,可听吾言。语未毕,即各欢呼散去。

3月28日(二月十八日)　孙中山于是日抵檀香山,随后于4月4日改组兴中会为同盟会分会,公推梁海为会长。

冯自由《檀香山同盟会》一文称:

庚戌三月总理自美抵檀,卢信、曾长福、黄亮、梁海、黄堃、雷官进诸人迎迓于码头,数日后,诸同志开欢迎大会于荷梯厘街华人戏院,侨众列席者千余人,座无余隙。总理宣布广州新军一役失败之经过,谓全国军人多已趋向革命,如军饷充足,即可随时大举,座众聆言咸为鼓舞。旋即召集兴中会员开会于自由新报楼上,令改写盟书,补行同盟会入会典礼,众无异言。第一次加盟者为曾长福、梁海、雷官进、黄堃、许棠、许直臣、温熊飞、程就、邝良、林光、谭逵、古柏荃、孙科、卢冠等二十余人,公推梁海为会长,曾长福为司库,卢信为书记,继以同志商人中有不便公开入党者,特另设同盟会秘密团,使不致为清领事所罗织构陷。复在锺宇住宅开秘密会,与会者有锺宇、杨广达、李烈、谭逵、谭亮、黄亮、雷官进、卢信诸人,众如式加盟后,由总理委任杨广达为团长,李烈为司库,卢信为书记,谭奎、雷官进、黄亮、锺宇为值理。其后茂宜及希炉两岛兴中会亦继续改为同盟会,茂宜埠加盟者有邓明三、陆进、谭进、刘聘、谭

贵福等。希炉加盟者,有黎协、林弼南、李成功、刘安、李社银、郑功、袁僚、谭惠金、古鹏、古贺等。

冯自由《革命逸史》第4集,中华书局1981年版,第169~170页

清朝驻檀香山总领事梁国英于11月1日(九月十三日)密禀外务部,内称:

春间闻逆首孙文来檀,林云、许发、谭亮、曾长福、卢逊、梁海、梁子、谭逵、梁长、雷官晋、温雄飞等接纳,借华人戏园设席唱戏欢迎,每人收银五元,亲自签名入会,据戏园人约计满座三四千人之多。自由新报特书革命总统孙文某日在某处戏园演说。

《历史档案》1985年第1期《清政府镇压孙中山革命活动史料选》

△ 黄兴偕同志胡汉民、赵声由香港赴新加坡筹款善后,再谋起义。随后接胡毅生电报,黄兴与赵声先后返港,处理孙中山从檀香山发电报委托之事。

黄兴在1910年5月13日复孙中山书称:

二月十八与展兄、伯先同赴新加坡,欲运动小款以接济港中目前之危困。适先生此函至,毅生兄电弟等返港。弟与伯先兄先后返港,展兄稍留,少得款后,亦当归也。

刘泱泱编《黄兴集》(1),湖南人民出版社2008年版,第36页

3月31日(二月二十一日)　南京城内饥民抢米。

△ 日报《雄风报》创刊于武汉,由共进会员杨玉如集资创办,为共进会机关报,年内停刊。

4月2日(二月二十三日)　革命党人喻培伦、黄复生、汪精卫在北京谋炸摄政王载沣,事泄。16日,黄复生、汪精卫被捕。

谭人凤《石叟牌词》:

是时也,汪精卫君偕其夫人陈璧君来东京,寓于桃源后面,慨党事式微,难成大事,连日与克强密议,决计牺牲一己,惊醒国民。克强比亦存此思想,故未梗议。惟福建林君时爽则极力谏阻之。拒不纳,遂于十二月(1910年1月)偕夫人,邀同黄君复生、喻君培伦、黎君仲实北上。及次年二月(1910年3月)间,其夫人偕喻、黎两人返东,添购药品。汪与黄闻摄政王莅朝,必由什刹海经过,乃将炸弹潜运桥下安好。一夜黄君往安火线,忽一犬惊吠,黄君驰去。一东洋车夫见之疑鬼疑神,邀人往看,发现,报告步军衙门,探悉颠末。越五日,两被逮捕,直认排满不讳。摄政王不敢杀,用怀柔手段,监禁狱牢,至光复后始得出。

石芳勤编《谭人凤集》,湖南人民出版社1985年版,第355~356页

孙中山复梅培函(1910年5月4日)称:

近日吾党精卫君,身入虎口,到北京欲行大事,事败被拿。昨日接到胡汉民君由港来电云"精永禁",盖定为永远监禁也。虏不杀之,想有所顾忌而不敢也。然吾党失一文武全才之能员,殊深痛惜也。今后吾党同志之尚有生命者,应各竭其能力,从种种方面以助革命之进行,以期达最终之目的,方能酬先我而牺牲者之志也。请共勉之。

中国社科院近代史所等编《孙中山全集》第1卷,中华书局1981年版,第457页

4月3日(二月二十四日)　孙中山在檀香山戏院发表演说,听众两千余人。此后每晚在自由新报馆楼上集会吸收同盟会员,因加盟者极为踊跃,原来规定手书盟书办法太慢,故改将盟书事先印好,由加盟人填写籍贯、姓名及日期。孙中山将印制盟书式样寄纽约等地同

盟会,要求各地仿照执行。

孙中山致纽约同盟会员函(1910年4月8日):

弟由金山往槟[檀],前已函达,想经入览。今抵槟[檀]埠,已逾一周。前礼拜日,同志假坐[座]埠中戏院大开欢迎会,到者二千余人,人心极为踊跃,大非昔日之比。自开欢迎会后,每晚在自由新报馆楼上开会联盟。惟地方有阻,故所请人每晚百数位,而到者皆乐于联盟,争先恐后,以足证人心之进步,可为革命前途贺也!前同盟会各地所订章程,盟书皆当亲笔填写,其不能写字者,则由介绍人代写,本人签名,或盖指模为据。今于槟[檀]埠每晚来入盟者众,人人要亲笔填写,则用数点钟之时候尚不能写完,其一二晚竟有写盟书至一两点钟,故于工商各人殊为不便。是以变更办理,将盟书印就,联盟者只填写籍贯及其姓名日子,如此则人多亦能不阻时候。此办法一槟[檀]埠为创始,以一晚过百人入会,亦为他处向来所未有也。然今后人心进步日速,风潮一日千丈,将来各处亦必有如槟[檀]地者,故槟[檀]地之法亦可推行于他方也。前寄上盟书底数处,可任便照行也。

中国社科院近代史所等编《孙中山全集》第1卷,中华书局1981年版,第453~454页

4月7日(二月二十八日)　广西巡抚张鸣岐奏报广西第三届筹办宪政情形,分别就谘议局选举、资政院议员选举、地方自治、户口调查、当年财政收支、各级审判机构设立、筹办简易识字学塾,以及筹办巡警等进展情况进行报告。

广西巡抚张鸣岐奏报广西第三届筹办宪政情形折:

窃九年筹备事宜,查照定章应以每年六月底暨十二月底各为一届,限每年三月、八月将筹办成绩各具奏咨报一次。桂省第一、第二届筹办情形,经臣遵限先后奏报在案。查第二年期督抚应办者八项:曰举行谘议局选举,各省一律开办,曰颁布资政院章程,举行该院选举,曰筹办城镇乡地方自治,设立自治研究所,曰调查各省人户总数,曰调查各省岁出入总数,曰筹办各省省城及商埠等处各级审判厅,曰颁布简易识字课本,创设厅州县简易识字学塾,曰厅州县巡警限年内粗具规模。兹值第三届奏报之期,谨将筹办情形为我皇上缕晰陈之。

谘议局为采取舆论之地,即为资政院储议员之阶,意美法良,造端宏大。自上年五月十五日举行初选后,七月十五日行复选举,九月初一日谘议局成立,先期召集全省议员投票互选,定翰林院编修陈树勋为议长,翰林院编修唐尚光、附生甘德蕃为副议长,核定一切规则,至期臣亲自莅局行开会式,宣布朝廷德意,勉以各摅忠爱,共济时艰。旋奉电传上谕,当即敬谨缮录,悬挂议场,钦遵遵守。先就臣署会议厅提出议案陆续交议,并由各议员自抒己见,草具议案,互相讨论。据呈议决各案,多属明通平正,随时公布施行,间有一二意见难免异同,情势不无窒碍,亦经照章分别劄局覆议咨院核定,务以推行无阻为归。会期延长四日,于十月十五日闭会,自开会以至闭会,会场秩序尚属严肃整齐,人民程度渐高,于此可见。此筹办谘议局选举之情形也。

查资政院章程,督抚应行选举咨送者,一各省谘议局互选议员,一硕学通儒选举议员,一纳税多额者选举议员。谘议局互选议员,遵于上年十月十一日,由臣莅局监督互选,计议员五十七人,实到投票者五十四人,选出当选人黄西昌、唐锺元、冯汝梅、吴赐龄四名,未足定额。随于十二日再选,计选出当选人黄晋蒲、李识韩二名。臣覆加选定,以举人黄西昌、陆军部主事唐锺元、举人冯汝梅为互选资政院议员。唐锺元于榜示后三日呈明辞退,又经覆选,以副贡吴赐龄接充。分别给与执照,分造名册咨送,听候召集赴京。硕学通儒,经臣遵章搜访五品卿衔孙葆田、翰林院编修衔沈同芳,行据学司李翰芬搜访礼学馆顾问官简朝亮,先后

咨送学部审查。纳税多额者,其互选非由本届举行。现据互选监督藩司魏景桐,于本年二月初十日选定当选人何治方、蒋实英二名,候补当选人陈智伟、罗振书二名,申送名册前来,亦经咨院核办。此筹办资政院选举之情形也。

自治为立宪根本,城镇乡又为自治初基,创办之初,必须条理详明,然后措施悉当。自治研究所之设,实为进行著手之方。前将本省地方画为三区,每区设一自治研究所,按属派定名额,饬于上年闰二月选送士绅入所研究,十一月三所同时毕业,共得学生三百二十余名,思恩府、宁明州、怀集、宜山、崇善县于三区之外,就地各设自治研究所,亦先后毕业,共得学生三百六十余名。自治筹办公所暨事务所,与自治研究所相为体用,先经分别贫富冲僻,定立期限,通饬筹设。现计依限设立筹办公所或事务所者二十八属,提前设立筹办公所者八属,各所学生研究毕业,足为办事之资。然自治固在人民,监督实由官吏。各地方官倘于自治法理未尝学问,冥行擿埴,办理必致乖方。臣前奉颁布城镇乡自治章程,当即通饬寅僚认真讲习,遇有新委府厅州县各员,饬司详送,由臣亲加考验,就自治章程摘要析疑,当堂问难,应对无讹,方准赴任。其不能面答或答非所问者,均予扣委。数月以来察看各员,尚知淬励,仍当随时策勉,以造吏才而端治本。临桂附省,风气较开,程督较近,地方自治,经饬提前试办,用作提倡,调查选举,次第就绪。该县与修仁县城镇乡议事会同时据报成立,开会议事,秩序井然。此筹办地方自治之情形也。

司民掌登万民之数,周官失职,斯制遂湮,后世保甲成规,专为弭盗而设,寖久复成具文。近来新政迭兴,举凡兴学、征兵、选民、榷税诸事宜,非有户口可稽,势难推行不紊。中国人民向称四万万,调查自极繁难,逐年筹备清单,于查报户口,分限四年,宽以时期,务求详确。本届为省会及外府所属各首县,并商埠地方人户总数报部之期,调任巡警道刘永滇,根据部章编就办事细则及期限清单,并白话演讲文,详定通饬遵行,以期官有率循,民无疑阻。九月据上思、郁林、临桂、平乐、马平、宜山、武缘、桂平、宣化、苍梧各厅州县查报,十月据百色、龙州、归顺、崇善、凌云、天保各厅州县查报,计共正户五十万九千一百八十二户,附户二万九千零四十六户,先后由道详经核咨在案。此外各属人户总数,提前赶办,业据查报者三十处,省会巡警成立已久,调查机关较为完备,接署道欧阳中鹄,业将查口一事提前接办,据报查得男子三万七千九百五十八口,女子二万七千六百三十八口,附查得学童六千四百一十八口,壮丁一万六千九百五十四口。惟调查户口为实行户籍法之权舆,定章调查处之设,最为紧要机关,已查户口遇有增减迁移,必须随时饬报登记,庶可征实持久,未容以一查塞责,迭经切饬遵办。此筹办调查户数之情形也。

清理财政,以确定预算为归,然非于岁出入总数详晰调查,预算何能确定。桂省以兵荒受胁之区,值庶政繁兴之会,牵萝补屋,年复一年,万绪千头,方苦棼丝难治。自清理财政设局而后,正监理官汪德溥、副监理官谢鼎庸综穷精详,总办藩司魏景桐、会办道员彭清范,督率科员悉心经理,本届为调查光绪三十四年出入总数之期,遵章画分新旧移行省外各署局,将是年出入款目造册送局,逐一钩稽,计共岁入银四百八十九万六百余两,岁出银四百九十九万二千一百余两,详经核明,先将总数电部,细数各册,亦经依限咨送。至宣统元年按季报告册,为现行案出入所关,经局拟定妥式、款别之后,兼列库名,季总之中,仍存月别,剔除抵拨,分别四柱,以别于实收、实支,摘叙沿革大概,具载说明书中,用备考核。桂省交通不便,文报稽延,款目偶讹,往复询查,动需时日。而部限又极严切,每当汇核造报,各科员伏案持筹,连宵达旦,办理尚为勤奋。春夏秋三季册,先后依限详咨。理财正辞,自以酌定公费、豁免摊款为要著,现在妥筹办理,以期一出一入,昭然共见,庶清治源。财政公所,为本省财用出入

之总枢,经饬藩司悉心规画,将派办政事处统税总局、经征总局,照章归并。本年正月初一日公所成立,收支方法,现并加意改良,以慎出纳而便稽核。此筹办调查岁出入数之情形也。

桂省商埠有三:曰梧州,曰南宁,曰龙州。按照筹备清单,应【与】省城各级审判厅同时筹办。惟查梧州为三江总汇,华洋杂处,尚称繁庶之区。南宁、龙州号称商埠,要皆有名无实,商务民居均非蕃庶,讼狱尚简。臣与臬司王芝祥及奏调京师地方审判厅推事俞澍棠、朱文劭等,体察情形,筹议变通,拟于宣统二年春间设省城高等以下各厅,秋间设梧州地方初级各厅。其南宁、龙州地方初级各厅,量为展缓,于宣统三年春间、秋间先后设立,以纾财力。乡镇初级审判,其成立当在宣统七年。惟城治乡镇情形、办法各有不同,临桂为附省首县,亟应提前办理,用资模范。且使该县审判概行设备,行政、司法从可分离,一以树各属之风声,一以验施行之利弊。拟于宣统二年秋间,先就该县乡镇设立初级厅一所,前于筹办审判请将区域期限酌量变通折内,详晰奏陈在案。至审判研究所,录事、书记、承发吏学习所,现已次第毕业,检验学习所亦已提前毕业,审判官吏尚可就地取材,监狱学堂亦经开学。省城高等厅就左营参将旧署修改,业已竣工。梧州地方厅,拟就该府考棚修改。此筹办各级审判之情形也。

教育为宪政本源,比年以来,学司李翰芬整顿提倡,不遗余力。光绪三十四年两学期各项学堂人数,比较上年增多九千九百余名,宣统元年上学期小学人数,比较上年增多一万二千八百余名。具征风气渐开,人知向学。惟是桂省地方异常贫瘠,办学、就学两者均难,非亟筹办简易识字学塾,俾年长失学及贫寒子弟得有从学之区,教育未由普及。查简易识字学塾定章,毕业分一年、二年、三年三种,前经学司分年规画,就人口多寡,财力盈绌,将各厅州县区为甲、乙、丙三类,甲类一十六属,乙类二十四属,丙类三十六属。宣统元年省城五区应设五塾,将三种分配全设;甲城须设四塾以上,三种全设;乙城须设三塾以上,丙城须设二塾以上,各酌设一二种。简易识字课本,现尚未奉颁行,暂用学部初等国文课本先行教授,以免阁待。现在据报成立者,计共五百八十一塾,倍逾定额,办理尚属认真。间有边僻地方,设塾稍迟,文报未达,亦经严切督催,一律赶设,并由教育会、劝学所组织简易识字会,凡属学界中人热心公益者,皆为会员,于通衢广众之间,将三五字义指画口诠,老幼男女,均可听受传习,不必设校,不必延师,其事尤为简易。先经学司于分年筹备教育案内详定通行,用期遍造识字国民,以促宪政进步。此筹办简易识字学塾之情形也。

巡警局务向由臬司总办,自上年三月新设巡警道缺,责成始专,调任道刘永滇、现署道欧阳中鹄,先后履任,设立警务公所,改正警区,实行警律,一切编制,悉遵部章,力图整顿,分设侦探、消防两队,认真办理。数月以来,偷窃、火警实较往年减少,冬防亦极安谧。外府所属各县及商埠地方,据报开办巡警者二十余处,惟是巡官长警多未身受教育,势难遽臻完善,非亟图作养,未由收改良进步之功。省城高等巡警学堂遵设高等、简易两科,业于九月考取学生拔校肄习。各属教练所亦经分别贫富冲僻,区为五等,按属派定名额,或分或合,共设一十四所,十月内外先后据报开学,并据镇安府于定额外分设一所,具报开学前来。诚恐各属办理或涉敷衍,复经由道委员分赴调查报告,整顿扩充,期收实效。此筹办各属巡警之情形也。

凡兹八项,皆为宪政切要之端,惟治具之张弛,全视财力之盈绌以为衡。广西凋敝情形甲于他省,要政待举,经费奇穷,剜肉医疮,捉襟见肘,兼营并骛,备极困难,微臣一介驽庸,报政深惭寡效。本届筹备,实赖两监理官和衷共济,司道僚属并力经营,得以勉赞新猷,幸无贻误。自时厥后,宪政则岁有扩张,财政则日形竭蹶,前途尚远,来日大难,中夜徬徨,罔知所届,惟有督率僚属,殚虑竭能,随事随时妥筹办理。时会正当相迫,敢忘奋迅以图功,情势容有难行,就在变通而尽利,第一篑为山之力,赞九年立宪之成,以期上副朝廷变法图强、实事

求是之至意。

故宫博物院明清档案部编《清末筹备立宪档案史料》下册，中华书局1979年版，第771～777页

4月8日(二月二十九日)　檀香山《晚间公报》(Evening Bulletin)刊出孙中山关于中国时局的谈话记录，题为《中国将发生内部冲突》。

据杨天石译《孙中山1910年在檀香山的几次谈话》，在接受《晚间公报》采访程中，孙中山表示：

只要现在的满洲政府继续存在，中国就没有希望。明智的、爱国的中国人打算推翻现在的外国政府——我指的是满洲政府——并且建立一个他们自己的政府。这意味着民有、民治、民享。

满洲政府的所有官职都可以用钱贿买。这是众所周知的事实。那些为其所追求的官职付出最高价钱的人，能如愿以偿。

现在，正酝酿一场革命以推翻满洲政府。他们意识到，进行得愈快，愈有益于人民。期待的革命即将爆发，这仅仅是一个时间问题。明智的、有思想的中国人支持这一变动，因为他们不能永远生活在现政体的腐败制度之下。

政府显然害怕在中国爆发革命起义，答应人民建立一个立宪政体。今天的中国是一个专制的君主政体，他并不真正打算给予人民一个为大众喜爱的立宪政府，却极力抵制革命运动。

中国军队今天相当强大，但是，它没有足够的能力去保卫它的领土。中国的军队有三十六镇。其中的十五个镇已经按照现代的军事制度组成。人们实际上认为，他们赞成革命的主张。士兵们被在外国受过教育和训练的人统率。他们掌握现代军事知识。

正像土耳其发生的情况那样，中国在时势发展的过程中最终将被这支军队革命化。

自从中国军事部门的这十五个镇组成以来，在中国全境内已经爆发了好几次革命。最近的一次，几星期以前发生于广州。由于同情这一运动的人民没有准备，革命党人被政府的力量打败了。……

中国应该建立共和国。……一旦共和政体建立起来，中国将焕然一新，政府事务将得到正确的管理，最终将成为世界上最繁荣的国家之一。我充分相信，革命运动将成功。

当记者问及，如果发生革命，满洲政府呼吁列强干涉时，你们革命党人怎么办？

孙中山答道：

我认为，实际上全世界赞成中国的现代化。今天世界所需要的是和平与贸易。……文明国家需要中国向世界贸易开放门户。应当承认，中国人中较好的阶级赞成这样做，但是，不幸的是，它经常被满洲政府干扰。

现在的政府不能维持中国的秩序，也不能抵御外来的攻击，保护自己。这是世界和平受到扰乱的原因，也是某些强国为了最终解决远东问题正在倡议瓜分中国的理由之一。

如果中国人民全体站起来，推翻现在的满洲政府，使局势秩序井然，它的行动可能得到世界列强的赞同。在进行过程中，中国人民无论如何必须与世界强国的政策一致。

我的看法是，列强帮助现在的政府将没有任何益处，任何国家，没有某种利益，却愿和满洲政府这样衰老而腐败的君主政体站在一起，这几乎是不可能的。

正在国外受教育的大多数年轻中国学生是被地方政府派遣的。除了那些正在美国接受教育的学生以外，中央政府没有为他们做过什么事情。长时间以来，中央政府试图干涉年轻

有为的海外学生,但是,迫于正在中国形成的公众舆论,中央政府撤回了对这些海外留学生的异议。这实际上表示它无能为力。

《民国档案》1986年第1期(总第3期),第110~115页

4月8日(二月二十九日)　宪政编查馆呈拟行政事务权限办法折,认为当时行政事务权限不明,行政权将为立法权所操纵,行政之系统及责任不明,国家行政与地方行政界限不明,行政事务中央与地方不分。拟以各部现行职掌为经,以四级机关为纬,分别部居,列为简表,纂成行政纲目一编,呈皇上御览。待皇上批示后,即由宪政编查馆先咨送各衙门逐条核酌,然后再详加厘订,会同内阁会议政务处复核具奏,请旨钦定实行。是日,该折获皇帝批示同意。

宪政编查馆呈拟行政事务权限办法折称:

窃维君主立宪政体,统治权属诸君上,而立法、司法、行政,则分权执行,是为立宪要义。谨案钦定宪法大纲:君上有统治国家之大权,凡立法、行政、司法,皆归总揽,而以议院协赞立法,以政府辅弼行政,以法院遵律司法,仰见朝廷博采成规,折衷至当,风声所树,观听一新。两年以来,业经筹备事项,如开设谘议局为各省采取舆论之所,开办资政院为上下议院之基,又法院编制法亦经钦定颁行。其京师、东三省所办各级审判厅先已成立,各直省亦次第筹设,克期施行。是司法、立法两大端,基础已具。若于行政机关不亟设法整理,匪惟不利推行,且恐滋生弊害。敬为我皇上缕析陈之:

一曰行政权将为立法权所操纵也。三权分立固为宪政之精神,而君主立宪国则以君主统治大权冠诸其上。三权之中,惟司法机关,孑然独立。其互相维系而处于对待之地位者,则立法与行政二者而已。然征诸实事,则二者对待,各不相下,必有一焉隐握运用之权,始剂于平。其在议院政治之国则议会操纵政府,其在大权政治之国则政府操纵议会。不予此则于彼,东西各国,有明征矣。我国宪法既采大权政治主义,则于议院政治绝不相容。故造端之始,三权机关必须同时设立,不可偏废。否则立法之基先具,既有以磨厉其才增进其识,而行政机关袭故蹈常,不能相副,虽有人才,无从历练,优劣相形,势必成以立法权操纵行政权之局,而君主立宪主旨将破坏而不可收拾矣。

一曰行政之系统及责任之不分明也。凡国家行政,同一之事务,必以同一官府统之,统系既明,责任自专,方能定趋向而促进行。现制有一事而分隶数部者,有一官而兼辖诸务者,互相牵制则召争,互相推诿则废事。至于宫府不分,皇室事务与国家事务混而为一。职掌未定,常设机关与特设机关动行牴牾。综此数端,是行政之机关整理愈不容缓矣。

一曰国家行政与地方行政界限不明也。行政事务,何者应归中央直辖,何者应归地方管理,究其性质,本有专司,不容牵混。现制每有应归中央直辖之重要事务而举以责诸地方者,相沿日久,遂难分析,以致政令不齐,无从画一。上年,各省谘议局开会亦以界限不明之故,动辄有侵越权限之虞。迭经各督抚以国家行政与地方行政作何区别电询,臣馆亦因标准未定,不能详析指明。本年,资政院召集在迩,若不先期详为规定,尤恐权限争执无已时矣。

一曰行政事类不分则财政无从清理也。筹备事宜既有国家财政与地方财政之分,则国家行政事类与地方行政事类必先逐一画分,然后行政经费始有所据以分配,清理财政始能措手,预算决算乃可实行。今则内而各部之计划,外而各省之措施,俱以限于财力,不能进行。遇有要政,部臣不能为谋,所需之经费或令其自行筹措,或径摊于各省。究其归也,往往以无款可筹之故,要政因以不行。此尤臣等所焦思而重虑者也。行政关系之巨若此,则整理机关实为本原,不容置为缓图也明矣。惟是治病者必察其源,治丝者先理其棼。方今行政之病,

由于职掌不清，以致权限不明，则整理之法，必先规定职掌以明权限所在，方能收整齐画一之效。是画分行政职权又为整理行政本原中之本原也。考行政之要义有二：一、区分事务之性质。二、区分执行之机关。国家行政事务，本极繁赜，必辨其类以区之而立为部以统之。行政事类，大别有五：曰内务行政，曰外务行政，曰财政，曰军政，曰司法行政。其他事务不在国家行政之列，即不属国务统系之中。至分部之法，各国多寡不同。我国现制：设有外务部掌外务行政，度支部掌财政，陆军部掌军政，法部掌司法行政。而民政部、学部、农工商部、邮传部、理藩部分掌内务行政，较之各国编制虽有异同，揆诸国情折衷已属允当。盖五类行政之机关缺一不可立国，中外固无二致也。至于执行机关约分四级：一曰直接官治，由中央政府依据法令直接管辖，或由部特设专员分赴各省办理直达于部者也。二曰间接官治，由中央政府委任各省官吏遵照法令执行，不再由部特设专员者也。三曰地方官治，由各省官吏遵照法令奉行者也。四曰地方自治，由各自治职遵照法令奉行者也。凡中央集权之国不须设地方官治一级，以事统于民部之故。凡地方分权之国不须设间接官治一级，以事分隶予地方之故。惟是我国情形不同，纯然中央集权与纯然地方分权之制均难适用。揆时度势，似以四级具备为宜。臣等再四筹维，拟以各部现行职掌为经，以四级机关为纬，分别部居，列为简表，遇有应行改并增减之处，附加按语，纂成行政纲目一编，缮具清本，恭呈御览。俟命下后，即由臣馆咨送各该衙门逐条核酌。如有尚须量为变通损益及事隶两部或数部者，由各该衙门分别会商详细签注，限两月内咨复到馆。再由臣馆详加厘订，会同内阁会议政务处复核具奏，请旨钦定实行。此后筹备事宜，如厘订官制、清理财政等项，悉据此为准的。其资政院暨谘议局权限亦即以此为范围，庶几纲举目张，有条不紊矣。如蒙俞允，即由臣馆咨行各衙门钦遵办理。所有酌拟行政事务，明定权限办法缘由，谨缮折具陈，伏乞皇上圣鉴训示。

宣统二年二月二十九日，军机大臣钦奉谕旨：

宪政编查馆奏行政事务，宜明定权限，酌拟办法一折。著依议。

中国第二历史档案馆编《中华民国史档案资料汇编》第1辑，江苏人民出版社1979年版，第125～128页

4月9日(二月三十日)　江苏吴县香山乡农民反对调查户口、摊派经费，聚众五六百人捣毁自治局办事员住宅。

4月10日(三月初一日)　浙江武康县因抽收警捐，发生暴动，毁县署，殴知县。

《东方杂志》第7卷第4期《中国大事记》：

浙江武康县因办理警察，抽收捐款，贩户不从，即请官惩办，民间积怨已久。本日因细故激动公愤，聚众多人，拥入县署，将大堂捣毁；知县洪某，被众拖出门外，欲投诸河，经众夺回，被众人戳伤数处，洪某即乘船至省请救；把总陈全松令勇丁开空枪示威，被众人殴伤；一巡官被竹刀刺伤面部。众乡民又将城内警察总局三桥埠警局及巡董邱益三房屋拆毁，损失颇巨；邱益三及绅董顾某，并被众拔去攒殴，受伤甚重；簰头镇英溪学堂门面亦被毁，堂内所有教科书，均被扯碎，又毁布店一家。

4月13日(三月初四日)　长沙发生"抢米"风潮，次日数万饥民焚毁巡抚衙门、外国洋行和教堂。旋遭官府镇压。

4月14日(三月五日)，驻湖南第廿五混成协统领杨晋致军谘处、陆军部堂宪电，报告长沙饥民焚毁官署教堂事：

初四日晚七点钟,湘省南门外群徒煽动饥民,藉口米贵聚众滋事。巡警道前往弹压,突被殴伤。随即哄入巡抚衙门,岑抚督同司道再三开导,出示平价并允开仓平粜,不忍误伤饥民。讵匪徒不知开悟,逞凶毁坏抚署头门。同时将臬署大门捣毁,大清银行、各教堂均被毁坏。英、日领事经协统护送上船,及美国教士胡美丁人护送到协司令处,初五日早护上轮船。该时匪徒乘此将日领事署捣毁,又复迫令商民罢市,聚众焚毁抚署,抗抵逞凶。不得已始开枪格退,死伤乱党数人,弁兵亦有负伤。排长一人因保护日领事,被乱党击至将毙。现正力求解散胁从,由岑抚赶办平粜,抚恤伤亡,并筹防御善后事宜。

中国第二历史档案馆编《中华民国史档案资料汇编》第1辑,江苏人民出版社1979年版,第29~30页

4月20日(三月十一日),驻湖南第廿五混成协统领杨晋再次致军谘处、陆军部堂宪电,续报长沙饥民焚毁官署教堂事:

初三日清晨,痞徒焚毁抚署,卑军开枪击退,使追踪各处格杀,尚不至十分糜烂,此至显易见之情形。惟卑军开枪后,护院庄藩司与各绅大加反对,不惟不准开枪,且出示严禁。并将拿获当场放火之痞徒多名,勒令交绅发县当时释放,以至势焰益张,先后将西门外新关各洋行、北门外天主教堂、城内外学堂数处焚毁,损失尤多。初六日清晨,乱党抢劫美孚洋行煤油,扬声夜间焚夺军装局、火药库、兵房及公共局所,经卑协统先已派兵在各处严加保护,并于兵房附近山沟内搜出洋油多箱,幸各安全。本日午前十时,复经营队于无数痞徒中拿获放火者二名,立时正法。痞徒纷纷四散,此后稍就安静。护抚庄始下格杀勿论之示,本日夜间遂无一处火起。现在痞徒分窜各乡及宁乡、益阳一带,捣毁学堂、钱局,已由各营队分途查拿。并由卑协派兵分驻宁乡、湘潭、常德、益阳等府县,认真兜缉。

中国第二历史档案馆编《中华民国史档案资料汇编》第1辑,江苏人民出版社1979年版,第30页

《东方杂志》第7卷第4期《中国大事记》报道:

湖南近年实业不振,佣值低廉,民贫益甚。上年澧州岳州常德一带,被水成灾,长沙衡州宝庆等处,亦间被旱荒。湖南本为米粮出产地,然因此而收成不如往年。复因湖北去年大荒,食米全仰给湖南,商人复时时运米往他处贩售。米之出境者过多,米价渐贵,年下已涨至每石五千,今年陡增至八千。湖南绅士禀请巡抚岑春蓂示禁谷米出口,岑巡抚始于二月初七日出示禁止。仍遵照新定约章,以出示后二十一日,即二月二十八日,为实行禁止之期。期内谷米之出口者愈多,民间不谙约章,见存米愈少,米价愈贵,遂归咎于官场。以为巡抚纵米出洋,复搜括本省之米,以接济邻省,为不顾民食,咸蠢蠢思动矣。

至初四日,省城南门外,忽有多人滋闹。其缘因说者不一,而以米价骤增,群向米肆诘问,勒令减价,米肆坚执不从,即时聚集多人,强抢米肆之说为近是。要之穷民过多,本已伏酿祸之机,适以米价日贵,触发其怨恨,遂使朴愿者不期而暴动,以求泄忿,狡黠者亦将乘机以行劫,而乱事遂莫之能御也。岑巡抚闻警,急派巡警道赖承裕出城弹压。赖警道出大言相恐吓,并拘获数人。赖亦被众殴辱,大受夷伤,奔回城中。滋事之人亦随入,沿途从之入者无算,遂群集巡抚衙门,要求平粜。岑巡抚急出示以慰之。米价初定每升六十,继减至五十,众尚不满意,告示随出随毁。众既久聚不散,拆毁辕门,卫队出为弹压,水石交下,互伤数十人。岑巡抚急召新军入卫,从人群中冲入,亦伤数十人。围署之人,亦被刺刀戳毙数人,生擒五人,喧聚竟夜不散。而城内之米肆数十家,亦被众抢劫殆尽,教堂亦有被焚劫者。

初五日,众人之围困巡抚衙门者,无虑万人。以惧新军不敢入;新军以人众故,亦不敢出。岑巡抚发令开枪,毙数人,众仍不散。会有献议者,谓宜遣退新军,以平众怒,众必自散。及新军退出,众遂一涌而入,焚毁头门二门,及大堂二堂。岑巡抚见事急,即避入臬署,称疾

不视事，以巡抚关防交布政司庄赓良护理。庄布政既接受关防，即以署理巡抚部院衔名，出示严禁军士开枪。又出示安民，谓即日开办平粜，米每升四十文。昨晚被拘之五人已释放，被枪毙者，官给恤银二百两，伤者四十两。将以拊循民人，然乱事仍未已也。

是时，以众人围困巡抚衙门，而巡抚衙门复被焚，故官吏及军队，咸以保护官署为事，不及兼顾地方。且巡警岗位，早被打毁，巡士悉数避匿，无人出而弹压。于是众人恣横，如入无人之境，到处火起，竟夜焚掠，城内外之学堂教堂，及外人商店居宅，咸被焚劫。惟侨居之外人，则以官场宣布乱事，请为暂离长沙，于是有即日乘轮避往汉口者，亦有避居轮船中，以观动静者，故尚无伤害生命之事。

初六日，庄布政始出严厉之告示，禁止暴动，许居民格杀勿论，官军亦擒斩数人。会湖北派往之军队亦到省。当事急时，英美德法日本诸国，咸调兵舰至省保护，是日亦有到者。众始慑伏不敢动。惟谣言尚多，居民惶恐如故，咸纷纷迁往他处。次日，复有湖北军队二千名到省，民心大定，商民始照常开市。

事后，官吏出示严禁米肆涨价，复平粜局四处，米价每升四十文。三四日间，集款至百万，以供购米平粜之用。是役也，滋事止一日一夜，然损失至巨。兹据西报所载焚劫之处所，列表于下，亦足见其祸之巨也。

官署公局：巡抚衙门、长沙税关，以上被焚。税关内班人员聚集所、税关华人聚集所、巡警局两所、关银号、大清银行，以上被抢。

外人署局：日本领事署、日本邮便局均被抢。

学堂：中路师范学堂、府中学堂、官立幼稚院、路矿学堂，以上被焚。师范学堂被抢。

教堂：瑙威国路得教堂、中国内地会、立朋聚尔教堂、天主教堂，以上被焚。伦敦教会，美国美以美教会、福音教会、联合传道会、七日安息会，以上被抢。

华人产业：房屋四座被焚。米店百余家被抢。

外人产业：怡和洋行趸船栈房、太古洋行趸船栈房，以上被焚。怡和洋行办事处、太古洋行办事处、瑞记洋行办事处、美孚煤油公司、亚细亚煤油公司、英美烟总公司、英美烟总公司经理处、卜内门公司经理处、日本商店三井、东信、日丰、大石、岩城、中村、盐川、小岭等十家，以上均被抢。

据别报所载，被焚及抢者，尚有附属小学堂、浏阳中学堂、信美小学堂、德宜公司、皆宜公司、湘盛纸烟公司、华昌公司、昌记洋行、和记洋行等。

附记　省城平静后，滋事者窜往他处，且风声四播，乱者群起。于是省外各州县又纷纷告警。初八日，宁乡县（长沙府属）有外来匪徒二十余人，立时啸聚二百余人，将警察局捣毁，焚教堂两所，学堂三处。益阳县（亦长沙府属）因有人运米出口，被众抢尽。官钱分局亦被劫。教堂幸无恙。平江县教堂亦被焚毁，经巡防局拘获滋事者三人正法。安乡县（属澧州）衙门被众围困，茶厂被劫。湘潭、浏阳、醴陵等县（均属长沙府），岳州、醴州、宝庆、衡州、常德等府州，颇不平靖，岳州教士及西人妇孺，已避往汉口。宝庆府之教士，已奉命离去内地。

《东方杂志》第7卷第5期转载《上海时报》所刊湖南某君来稿如下：

滋事之原因　湘省粮价素廉，至贵不过每石三四串文。光绪三十三年，贵至六串余文，已为以前所未有，致有浏醴之变。今年正月，即已涨至此价。二月初，贵至七串以外，各绅禀请禁止谷米出省。岑抚于是月初三日出示，限于二十八日阻禁。各米商趁此两旬之内，盈千累万，连樯下驶。本地之储积日空，各米店亦不免乘机抬价。及三月初，遂涨至八千二百文。湖南人民生活不高，何能堪此，咸归咎岑抚阻禁之示，不应出在数礼拜前，是明明唤令各商赶

先运出,不顾内地空虚。并相传其对于禀请平价之绅士,有"湘民享用奢华,百钱吃茶一碗,升米八九十钱,何足为奇"之语,遂益不得人心。长、善两县请早办平粜,巡警道赖承裕以时距接新尚远,仓谷无多,恐早经发尽,后更难支,力持四月中旬方可开仓。两县复乞劝业道言于岑抚,始允早办。而设局碾米造册发票之手续,非咄嗟可办。适有南城外贫户持钱七十文,向利益米店粜[籴]米一升,店以价钱不足,不肯卖给。南城外贫户甚多,咸为不平,遂于初三夜,聚集数百人,赴该处警察分局,求委员减价平粜。善化县闻警驰往弹压,许以数日后开仓平粜。随即出示平价,传谕米店首事次日照办,始行解散。时已四更。初四早,善化县往谒赖道,回明前事。赖道以岑抚对于人民聚众,意在用威,嗔其未能拿人。随同往谒岑抚,先传赖道入见,问悉未经拿人,大加申斥。次传长、善两县,甫入厅事,尚未就坐,岑抚手指善化县曰,昨夜痞徒聚众,何不拿人?你因将要交卸,就不办事耶,善化县对以"贫民只求平价,前列之人,长跪陈说,犹之小孩求食,得食则已,似非应行拿办之事。卑职昨夜闻信即往,四更回署,今早即来禀见,何谓不办事?"岑抚犹嘱务必严拿。两县回署早餐,即接赖道电话,谓南门外复又聚众,速往拿人。随一同驰出南门,至鳌山庙巡警分局,门外有数十人默立无言。因谕以现已出示,数日即开仓平粜,各米店已允减价,尔等复有何求,众遂散去。遂入警局,与委员坐谈未久,忽报门外又聚多人。正查问间,消防所长龚培林来局,言奉巡警道谕令,带缉勇四十名出城拿人,顷见一人在街诽谤抚宪,已经拿送城中。两县谓滋事者可拿,若仅口头议论,似不应拿。时长沙协杨明远亦到,遂与两县出而开导。众言所求无他,只请将此人放出。此人姓刘,木匠手艺,一经收押,其妻子无从养活,如若有罪,请提至此处责惩发落,语甚恭顺。两县乃请龚培林入城,将人要出发落,久而不至。复当众作一信缄,求将此人开释,交给团总赍投赖道,亦久无回信。时已傍晚,聚者益众,佥称此人必已杀却。人情汹汹,拥入局内。两县复向开导,此人万无杀死之理,正解说间,忽传赖大人到。两县想欲阻止,而已无及。赖道乘轿甫入庙门,从者手举篾片摇打作响,众斥丢下,并喝在坪下轿。赖道出轿入局,忿骂此等胡闹,拿几个宰了他。赖道办理巡警,素不洽舆情,至此益触众怒,遂群起而殴之。两县为众所阻,不能上前。幸平日素得民心,有多人喊称此是好官,不可无礼,四圈遮护,不令拥挤。两县乃遣丁役将赖道救出,导由后门避入近处尼庵,众亦随同拥入该庵。复请两县回城放人,随有多人为之开路,乘小轿回城。即谒庄藩,调派勇役往救赖道。赖道自入尼庵,为众所围,无可为计。其随从兵弁脱去警衣,混入众中,挤近赖道身旁,诈称此人打之无益,不如扭之去见抚台,将其背负而出,疾驰入城。行至司门口,转入臬署,闭门躲避。时已昏暮,大众追随在后,以为真是去见抚台,遂一齐拥入抚辕,而乱作矣。

滋事之情形　当其初赴抚辕也,其中真正贫民固不乏人,痞徒实居多数。加以其时各项工匠,均已散工,各处之痞党,闻风麇至,愈集愈多。或要抚台给饭我吃,或称要把抚台拖出杀死,虽扰攘不堪,其实均系徒手随声吆喝。文武官闻信,均即上院,随经牌示五日后开仓平粜,价六十钱一升,牌出即打。改牌明日平粜五十钱一升,亦被打毁。复牌示许放所拿之人,而此人已由警务公所带至南门城楼,一时无人可放。众遂汹汹,拥入头门,并打辕门,毁照壁,锯桅竿,捣石狮,哄闹不已。卫队极力抵御,均被瓦石掷伤。岑抚乃由电话调常备军巡防队入署自卫。善化县言:"昨日贫民求减价平粜,可不拿办,今日殴辱大员,哄闹衙署,即是乱民,非杀数人,不能定乱。"岑抚不从。庄藩于上院之时,痞众为之让道,有庄大人是好官之语。庄向众拱手而入,亦无一言开导。军队以空枪恐吓,反被掷石殴打,任其在抚署吵嚷终宵,一筹莫展。只望更深人倦,自然转回。谁知不惟不散,且其党类到处蜂起,一夜之中,将

城厢内外各碓坊堆栈之米，抢劫罄空，警兵站岗之木栅，打毁净尽，并分派多人，至各街道鸣锣，勒令各铺户每家悬灯门首，以便来往，次日不准开市，倘有一家不遵，即行打抢等语。迨初五日早，城厢内外各铺户一同罢市，镇日不敢开门。然其时犹未烧毁也。是日早九点钟时候，各痞益加猖獗，驯至拥入抚署大堂，肆行打毁。岑抚不得已，吩咐开枪。常备军官试放一枪，击毙二人，伤者数人。于是痞徒益得有辞，谓不应击毙良民，非将抚署烧毁，不能泄忿，势更汹汹。两司道府束手无策，传集绅士，至席少保祠商议办法。向使各绅士中有能通晓公事之人，请将强悍最甚者拿获数人，立置重典，使余党不敢复逞，犹可解围，则死者不过乱党数人，可以保全无算。乃各绅士一味主抚，反归咎岑抚不宜开枪所致。议定死者，每人恤银二百两，伤者恤银四十两，由岑抚悬牌晓示。并写四言告示，用高脚牌游街晓谕，中有众绅公议，平粜伸冤，藩台担任，诸君请退之语。夫聚众殴官，打毁衙署，逼勒罢市，恃强抢掠，无一不干大辟，而反给银抚恤，其告示犹慰之曰伸冤，尊之曰诸君。到会之各绅，绝无一知顺逆之人，各大员亦即奉行惟谨，诚为咄咄怪事，百思不得其解。然使其果能因此解散，犹可说也。谁知痞徒，不可情感，此牌一出，知岑抚不敢放枪，其胆益壮，竟敢抢夺洋油多箱，放火焚烧。抚署之房屋高宏，岂能容易烧著，当其先烧署外赉奏厅及头门一带之时，事机至急，无可挽回，非斩杀不能已乱。向使岑抚赫然震怒，发令开枪，将其抬抢洋油者击毙数人，余众不敢向前，何敢再烧大堂以内。果系安分之人，此等大乱，何敢从场附和，固万不至有误毙良民之虞。乃迟疑不决，莫知所为。常备军官某见事势已迫，急放一枪，死伤数人，余众稍却。而岑抚吩咐只击上屋之人，遂亦不敢放手。于是各军队执枪环立，作壁上观。两小时间，竟将我湖南数百年来最高无上之大衙门，付之一炬，仅留后面之上房一层。末后有痞徒五人闯入上房打抢，为军队所执，竟被其徒党要挟，派员交出，众始退尽。抚台之威严，至此扫地尽矣！当署中火起之时，岑抚仓皇将其家眷寄送一堆口袁道台公馆，而自携其印信，避入又一村之别院。两司入谒无计，默坐良久，望火叹息。盐道朱劝业道谭厘金局沈道等继至，或谓可以开枪，或谓必不可开，或谓应请电奏奉旨方可开枪，议论不一，坐误机宜。痞已分途四出，将北门外之天主福音教堂三所，南正街学院街西长安街之福音教堂三所，中和街之蒙养院模范小学堂，三府坪之府中学堂二所，一共八处，先后放火焚烧。而在抚署受枪死伤之痞徒共二十余人，纷纷抬至长善两署，且派委首府亲督两县为之相验，照数给于恤银，否则不肯领尸安埋。此皆是日午后一二点钟时之事也。迨署中火息之后，岑抚无所措手，电奏请以庄藩署理巡抚事务，即时交卸，并为代写署理巡抚之官衔告示多张。庄藩逊谢再三，然后承任。岑抚此举，盖以绅士交称庄藩之民望尚好，自顾既失人心，不如俯顺舆情，或可已乱也。庄藩受印之后，各痞徒将附近各爆竹店之爆竹，抢夺燃放，道喜欢迎。庄藩负此重担，趁此民望尚孚之时，理宜立即晓谕，此刻我既署理巡抚，粮价已允平减，凡属良民，别无他求。如果再行烧抢，即是乱民，格杀勿论。一面分派军队营兵，保护现存之教堂领事府，及新关一带之洋行公司，救一处，是一处；一面督同各司道，带领差勇，分途巡查。遇有烧抢，即行格杀。各乱民均系徒手，只要杀两三人示众，其祸立平，城外皆可保全。乃庄藩狃于民情爱戴，其所出告示，仍以收拾人心为事，任其扰害一日一夜之久，不派一官一弁一差一勇在外弹压。巡警消防兵弁，岁费数万金，此日全无踪影。民间平日救火之洋龙水龙，亦裹足不前。使空拳赤手之徒，烧抢打毁，左冲右突，随心所欲。计自是日七点钟焚烧抚署起，接烧以上各教堂学堂，至傍晚时，焰犹未熄。烧新关洋行一带，时交二鼓，庄藩朱关道，均入睡乡。差官来署报警，其家人吩咐：老头子劳顿一天，甫经歇息，不要惊动。岑抚则于是夜躲入臬署借宿，是夜复将南门外之铁道学堂，中路师范学堂，立茂巷教堂，西门外之怡和洋行及其趸船，太古堆栈及其趸船，

美孚洋行,长沙新关及其趸船,并华商之昌记德宜公司,暨其左近一带之铺店居民二十余家,一并抢用洋油烧毁净尽。终夜火光烛天。其烧各趸船,已在初六日早晨,至日中焰犹未熄。其余东牌楼浏阳门两处教堂,樊西巷洋设女学堂,社坛街华商生肉公司,以及西门外日商之邮便局,暨三井、日丰、中村、盐川、岩城、大石、小岭、东信各洋行,英商之太古、亚西亚两洋行,卜内门公司,德商之瑞记公司,美商之英美烟公司,华商之湘盛、皆宜各公司,官设之巡捕、发审、查河、官银各局,凡二十四处,所有房屋货物银钱什物行李,均于此一日一夜之中,概被打抢一空,仅存墙壁。其北正街之圣公会,黎家坡之日本领事府,碧湘街之洋人布鲁特住宅,西湖桥之华商公司,因街邻伏地哀求,虽被打毁,情形较轻。惟英国领事府系长沙协杨明远自往保护,向各痞徒磕头打拱,苦求此处万不可伤。岳麓山之高等学堂,痞已定于初六日早往烧,监督黎承礼,先日向兼署学司周臬台告急,付之不理。幸有常备军管带李保元不候长官之令,自带一队驰往,痞望风四散。故此二处尚能保全。益可见各处之烧毁,皆由无人防护之所致也。自初四日以来,几成无法治无政府之国。至初六日八点钟,抢夺未已,城门昼闭,居民纷纷迁徙,如避大兵。不惟无轿可雇,平日满街之东洋车,亦皆匿迹销声,人心惶惶。迟至九点钟后,始经当道议决出示,准将放火抢劫之犯,格杀勿论。一面派兵备处胡道长沙府江守,以王命出城,当街拿斩两人,长沙协长沙县亦各斩杀两三人,痞党散匿,而后其乱略定。呜呼晚已[矣]。

……

又一稿言:

此次放火乱党,泥木工为多,放火者不到三十人。推其蓄愤之由,则始于与湖北木工争承建谘议局,岑抚未予全胜。加以刘木匠被拘,彼乘饥众求食之际,复经顽梗痞首孔宪教耸恿,谓当此饥民待毙,抚台何不将建筑谘议局巨资,并谘议局经费,及铁路股款,各学堂耗费,移缓就急?下等社会闻之,鼓掌欢迎,赞美之声,填街塞巷。于是有官有庄青天绅有孔青天之谣。孔于初五日抚署未焚之顷,假饥众胁要岑抚六事:一、停修铁路。二、停办学堂。三、撤警察,复保甲(警察素不利于游民,为此言者,迎合其意也)。四、平粜。五、开皇仓。六、撤常备军。无知辈传为美论。孔所倚为爪牙者,则有已革四川涪州牧杨巩。巩在籍武断公家建筑权,历年多所延揽,泥木匠多任指挥,故焚毁各处,消防队不出水龙救护。以消防队之组织,每组必有泥木工四名也。府中学堂之毁,孔痞首之子孔三者,竟敢明目张胆,率众堆集几案门窗于堂内各室,首将汗衣濡洋油燃掷其中。各匪合力并举,目击者众,闻犹有称其英雄者。初七八日,连获匪犯数名,中有戏子名谢六者,为王杨痞党之娈童(尚有戏子二名,经叶德辉保释)。孔杨之必欲演成此剧者,其宗旨在反对新政耳。惟此次放火,匪徒无多,其焚各学堂教堂,必先喊知街邻,街邻亦嘱其勿延烧。该匪以泥木工故,善于拆断火道,而各学堂教堂,无敢与之抗拒者。

附记湖南乱后省外情形　湖南省城,虽渐平靖,而各府州县会匪,四乡痞党,相继而起,经大吏分别拨兵,前往镇压。奈该痞匪等行踪飘忽,兵来则去,兵去复来,居民流离迁徙,莫知所往。至于沿湖一带,匪类纵横,白日抢杀,行人裹足。加以湖北灾民潜来湖南者,日以数百计,相率附和,始则劫抢米行米船,继则逢人即抢,遇船即掳,并声称约期起事。各府州县纷纷电达省垣,请拨重兵前往弹压。大吏以省城空虚,无兵可拨,只得续电湖北,别派常备新军,分驻湖南沿湖各埠,每埠以五百人为率。并饬速派巡防队兵勇,暨选锋水军,在两省接境各地,堵截灾民,不准入境,以免相聚为匪,无从解散。

当省城乱后,前湖南巡抚岑春蓂会同湖广总督瑞澂,电达军机处,略言据宁乡县知县张

致安禀称，拿获周财运一名，讯系湖北人，二月间在湘阴县虾蟆港地方，晤山东义和团匪罗蜈蚣，纠邀入伙。该匪等共有二十四人，伊只认得罗蜈蚣，山东人；张侠客，江西人；吴虾蟆，安徽人；孙鸡公、高宝同湖北人，并胡退三步等六人。该匪等均著青衣青裤，名曰青兵，于二月来湘，观隙而动。适值贫民聚众，求减米价，乘机窃发，将省城抚署教堂烧毁后，分赴各州厅县，以图烧堂滋事。至该县者，即系罗蜈蚣等六人。现赴益阳及西路各处。已于审明后，将该匪周财运正法。查省城前被焚署烧堂时，现查实有穿青衣裤之人在内，证以该县所禀，是此次匪徒滋闹，系山东义和团匪勾结所致。但该匪等既来湖南，难保不往他省，除分电外，相应请旨敕下山东巡抚，饬查该匪党与隐匿地方，速拿严办，务绝根株。并请敕令各督抚，一体饬属严密稽查防维，遇有形迹可疑之人，立拿研审惩办云云。按据此，则是湖南省城之乱，除饥民痞匪外，又有团匪余孽矣。

法国驻华公使马士理致其国外交部长报告湖南骚乱：

骚乱的偶然原因正是米价上涨，十分不正常的、完全是因为投机倒把而引起的上涨。实际上，该省年成不错，还余有相当多的粮食。4月13日，在几小时里，大米每斤上涨了好几文钱。晚上，群众聚集，试图抢劫一家米店。警察局竭力要恢复秩序，逮捕了几名示威者，这一措施使众怒更盛，他们要解救被捕者。巡警道台赖承裕受了致命伤，警方顶不住了。人数剧增的群众在凌晨三点许涌向总督衙门，进行谈判。总督的答复未能令他们满意，群情更为激愤，卫队的抵御软弱无力，各门被攻破，衙门被占，几名最冲动的带头闹事者浇上几桶煤油，火烧外衙。巡抚逃走。

自这一蠢举后，一部分闹事者分散在城里，动手抢劫粮商，另一部分，但也只是少数，怪罪外国产业，抢劫、洗劫和焚烧传教士住地、外国商号和商店，他们在绝对安全的情况下完成这种破坏行为，无人出来制止。……

不过，外国人全都平安无事。因为他们中的大多数都已在夜间逃到停泊在港口的船舰上躲避起来了。闹事者向船舰抛掷了不少火把，但都未丢到这些船上。

……

我们曾有一时担心骚乱会蔓及全省。幸亏后来一点也没有出现这种情况。湘潭附近曾爆发过一些骚动，官兵立即被派往当地予以弹压，三名煽动者被捕和砍头。益阳群氓试图抢劫政府银行分行，当局抓住了主要肇事者，并立即执行了死刑。这一果断行动便足以恢复秩序。然而，该省还远不是平静的，一个月来，不断流传着各种凶险的传闻，人们总在担心哪一天会在某一点上爆发骚动。

……

第一天，饥民闹事，他们没有一定的计划，受感情的驱使行事。我们感到那是一场已过去了的愤怒的运动。受到攻击的传教士住处门窗被砸破了，这里那里放上把火，并非要它烧掉什么，不着也就算了。

第二天它便使人感到是有计划和有领导的了。他们的行动并不简单地随怒气的爆发和平息而起落，而是出于破坏的目的。烧便烧个彻底，只有受得住的墙壁没垮。

而且，值得注意的是，破坏产业时区分得十分清楚。由欧洲人建造的建筑遭到完全的破坏，对租来的房屋他们满足于使之受些损坏，中国人的产业则保留下来。例如他们对日本轮船公司便只是轻微触及，做个样子，因为富裕的中国显要与这家公司有利害关系。

章开沅、罗福惠、严昌洪主编《辛亥革命史资料新编》第7册，湖北人民出版社2006年版，第177~178页

△ 河南密县绅民抗议知县借筹备地方自治等新政加捐,聚众一千七百余人进城,拆毁县署,知县携印逃往省城。

4 月 14 日(三月初五日)　长沙发生抢米风潮后,湖北共进会员黄申芗、查光佛、李六如、杜邦俊等极为重视,认为是乘机起义的"千载一时之机",议定 4 月 24 日夜十二时发难,先强夺三十一标弹药库,继而各标营响应,攻占楚望台。同时,约定京山刘英派人至武胜关,拆毁铁道,扼守要隘,阻击清军增援,派人至田家镇,强占炮台,起义计划就绪。随后听说长沙骚乱已被平定,黄申芗、郭抚宸等遂按兵不动,加以搬运枪弹之事败露,全城戒严,宪警抓捕黄申芗,黄越垣逃走上海。

查光佛《武汉阳秋》:

至庚戌夏,湘省有闹米案发生,而汉口亦有争路风潮。清鄂当道调新军入湘协助弹压,党人拟乘此时机举事,由刘尧澂、查光佛在四十一标与黄申芗等计划发难,命陆军特别学堂孙昌复自汉口潜运炸弹入省城,拟从四十一标发动。机泄,黄申芗走沪,林兆栋、黄孝霖走川,旋《商务报》亦停闭,群治学社乃渐停顿。于是刘尧澂复投四十一标为兵士,蒋翊武、杨王鹏、蔡大辅、唐牺支、李抱良等改组为振武社。

武汉大学历史系中国近代史教研室编《辛亥革命在湖北史料选辑》,湖北人民出版社 1981 年版,第 541 页

李西屏《武昌首义纪事》:

五月(四月),湖南因饥荒滋事,时传言湘中已全为革命党所有。清调鄂军入湘弹压,鄂中空虚。党人黄申芗、查光佛、刘复基、郭抚宸等,以第四十一标应,使陆军学生孙昌复密运爆弹藏之黄申芗榻下。时申芗为陆军第三十二标兵士,随营肄业于陆军特别学堂,朝入学而夕归营也。未几,风声渐露,所藏爆弹发觉,其长官以电话召申芗归营,欲使其不意拘禁之也。申芗固机警,逆知事败,亦欲使其不疑逃之,佯应曰:"诺"。遂乘间走上海。林兆栋、黄孝霖、贺公侠亡走川,《商务报》被封。群治学社亦遭顿挫。

武昌辛亥革命研究中心编《李西屏文集》,湖北人民出版社 2010 年版,第 12 页

杨玉如《辛亥革命先著记》:

庚戌(1910 年)三月,长沙饥民抢米风潮起,湘抚电请张之洞(应为瑞澂,编者)派遣步队第二十九标及炮队一营驰往弹压。时焦达峰在浏阳,以为有机可乘,电鄂相约举事。黄申芗等遂议定于三月十五(4 月 24 日)夜十二时发难。一面由郭抚宸至京山刘英处约同派人至武胜关拆毁铁道,扼守要隘;一面由黄金龙、胡得胜至田家镇运动,夺取炮台,并商由潘祝一、涂寿卿担任汉口联络,保护商教。规划甫就绪,忽湘事已平,焦亦中止。武昌机关亦因孙昌复、朱道源等运弹事泄,朱且受伤,遂至破坏。黄申芗因系担任指挥官,名列首要,清步兵三十一标统带曾广大奉命查缉,幸曾阴纵之,得免逮捕。遂由黄元吉、江炳灵、曾省三、梁维亚、潘鼎新等资助走赣。彭汉遗、黄孝霖、林兆栋、江炳灵、贺公侠等亦走川。黄元吉、梁维亚、李建中、罗定维等纷纷离营,查光佛旋亦走皖,于是共进会革命事业因之暂时停顿。

杨玉如《辛亥革命先著记》,科学出版社 1957 年版,第 17 页

编者按:在以上所录三者记载中,关于长沙抢米风潮发生的时间,只有杨玉如《辛亥革命先著记》是对的。

4 月 15 日(三月初六日)　湖广总督瑞澂派遣湖北新军十五协统领王得胜率领步队三营、炮队一队赶到湖南,湖北新军李襄邻率新军一营乘楚豫兵舰赴长沙镇压抢米群众。

编者按:韩信夫、姜克夫主编《中华民国大事记》(中国文史出版社 1997 年版)作 4 月 16 日。

△ **上谕命湖南巡抚岑春蓂认真弹压长沙抢米事件，责其未能先事预防，著交部议处。**

宣统二年三月初六日军机处寄湖南巡抚岑春蓂电旨：

岑春蓂电奏，湖南省城米价陡涨，有痞徒煽惑贫民，聚众滋扰，殴伤官长，打毁衙署，并烧毁教堂。实属藐法已极。著岑春蓂认真弹压，切实保护，速即解散胁从，严拿首要，从重惩办，勿稍疏纵。岑春蓂未能先事预防，著交部议处。其该管地方官亦有应得之咎，著该抚查明参办。并将嗣后办理情形随时电奏。

中国史学会主编，中国近代史资料丛刊《辛亥革命》(3)，上海人民出版社1957年版，第513页

4月16日(三月初七日)　江苏东台县米价高涨，县城罢市，农民捣毁学堂及绅董住宅多处。

4月17日(三月初八日)　江苏清江浦饥民两千多人哄抢大丰面粉厂。次日，饥民又拦截海丰公司采买杂粮船只。

△ **清廷在长沙饥民暴动后，应两江总督张人骏请求，命海军速派兵轮驰往长江一带，归两江总督张人骏暂行调遣。**

宣统二年三月初八日，军机处寄两江总督张人骏电旨：

张人骏电奏，湘省饥民滋事，长江一带请派兵轮相机保护等语。著海军处速为酌派兵轮，多配炮码，刻日驰往长江一带，归张人骏暂行调遣。

中国史学会主编，中国近代史资料丛刊《辛亥革命》(3)，上海人民出版社1957年版，第515页

△ **清廷命将湖南巡抚岑春蓂先行开缺，听候查办，著湖北布政使杨文鼎暂行署理湖南巡抚，迅速驰往湖南省城长沙，平息暴乱。**

宣统二年三月初八日军机处寄开缺湖南巡抚岑春蓂及署抚杨文鼎电旨：

岑春蓂初六两次电奏称，痞徒放火滋闹，其势更凶，当经击毙数名，并拏获五名正法，现正赶办平粜，市面已照常贸易，并自请从重治罪，派员署理抚篆各等语。此次饥民藉端滋事，胆敢焚毁衙署学堂，波及教堂，势甚猖獗，实属目无法纪。岑春蓂办理失当，昨已有旨交部议处，著先行开缺听候查办。湖南巡抚著杨文鼎暂行署理，迅速驰往湖南省城，督同文武员弁严拿倡乱之徒，尽法惩治，以儆刁顽。至一切善后事宜，会同瑞澂妥速筹画，随时电奏。其办理不善之该管地方各官，著一并会同查明参办。

中国史学会主编，中国近代史资料丛刊《辛亥革命》(3)，上海人民出版社1957年版，第515页

△ **外务部电告出使美、俄、日等国大臣，长沙饥民暴动并非仇洋，各国官商教士均经保护无恙。**

4月18日(三月初九日)　湖广总督瑞澂、湖南巡抚岑春蓂就弹压长沙饥民暴动，会衔电奏事情起因及处理经过。

电文曰：

初五日电、初六日电计邀钧览。湘省痞徒滋事，烧拆教堂、学堂，春蓂歌、鱼两电已约略陈明。先后饬派鄂军赴湘弹压，亦经澂陈请代奏在案。兹据布政使庄赓良等查得，城内北门

正街圣公会、道门口信义会、北门外两天主堂、大西门外太古码头趸船、傍栈、怡和趸船均被焚毁。城区西长街东牌楼两福音堂、黎家坡女医院、日本领事住屋、学院街内地会、北门外湘春街南门外社坛街两福音堂各被拆毁。西长街教堂木料被拆后,连他件一并焚毁。大西门外长沙新关蒙养院、城内府中学、南门外中路师范及铁道各学堂亦被烧毁。西门街大清银行门扇玻璃窗格打坏,银钱并无损失。美商美孚、英商怡和、德商瑞记、日本商东信三井各洋行、日本邮便局、长沙关官银号、工程巡捕各局,皆被打毁。各洋行什物,多有抢失。宝剂街、福庆街、天心阁各教堂并西牌楼玺礼学堂医院、南正街雅礼医院、晏家塘医院均经弁兵竭力保护,并无损伤。各国官商教士眷属共六十余人,一律保护上轮,乘坐民船赴汉。伏查此次该痞等怀挟私忿,胆敢藉口米贵饥荒,聚众殴官焚署,烧毁各教堂学堂,实属不法已极。亟应严拿首要,尽数惩办,以昭炯戒。先是该痞等日夜间在善化县南门外鳌山庙警察分局围闹。经该局警察官周腾开导,旋聚旋散。初三日下午,复聚千余人,地方营县标消防所长闻信驰往,在当场拿获刘永福一名送巡警公所审讯。巡警道赖承裕前往解散,该痞等不服理论,逞凶将该道殴伤,遂与城内各匪,合通一气,分至抚臬各署前滋闹。先行焚毁各教堂,致成交涉巨案,实堪痛恨。刘永福素在群匪徒中构煽,已于初六日正法。善化县郭中广、警察委员知县周腾于该痞等初闹时,但称业已解散,并将凶狠情形,切实禀报预防。郭中广及长沙县余屏垣于平粜事宜毫无筹划,迨至初四日,聚人愈多,而临时又不能善为开导解散,均属咎无可辞。相应请旨将郭中广、余屏垣、周腾、长沙协都司贵龄、抚标左营守备周赞泰、消防所所长游击龚培林一并革职。巡警道赖承裕、长沙关道朱延熙、长沙府江凤瀛均有地方之责,不能先事预防,应请分别交部议处。署长沙协副将杨明远缉捕向称认真,此次保护各国官商,异常出力,功过尚足相抵。抚标中军参将连升先期即赴岳州查禁米谷出口,均请免议。仍责令杨明远赶紧拿获惩办,以策后效。赖承裕先行撤任,委试用道张鸿年署理。除檄饬遵照并仍督饬文武各员严拿首要各犯,务获惩办,并派员将各教堂洋行毁拆房屋,损失财物,详细查勘估计,以备议偿外,谨乞代奏。再英国现到小兵轮一艘前来保护商务,闻尚有兵舰续来,已饬长沙关道朱延熙与候补道胡得立、卢守孟往拜英国兵船管带,慰劳道歉。一面出示晓谕居民,告以新兵轮专为保护洋商财产而来,毋庸惊慌疑惑。衡州、湘潭等处痞徒,狃因米谷价贵,打毁砻坊生事,诚恐各属闻风滋生事端,迭经电饬各属严密防范,将教堂及游历洋人切实保护,合并声明。

中国第二历史档案馆编《中华民国史档案资料汇编》第1辑,江苏人民出版社1979年版,第31~33页

4月19日(三月初十日)　浙江慈溪县农民抗学堂捐,聚众捣毁学堂。

△ 安徽宿州李欢孜因与同族人寻仇,杀人放火,竖旗起事,聚众数百人与官军抗拒。两天后失败,李欢孜被杀。

安徽巡抚朱家宝6月21日(宣统二年五月十五日)奏称:

查此次起事匪首李欢孜又名李振玉,宿州杨家集人,上年夏间,前署该州知州李铭楚任内,该匪族人李化正、李怀功等禀控,李欢孜弟兄六人为匪不法各情。经州谕饬同族缚送,一面签差协拿,闻风远飏未获。十二月间,该匪等潜回本集,携带枪炮烧香祭祷,族众恐酿巨祸,累邀团练乡保围捕,将匪党李新孜、李三孜、李四孜、李洛孜等四名当场格毙,李宽孜一名格伤送案,讯明纠劫各情。旋因伤重毙命。惟李欢孜一犯只身窜逸邻境,仍由该州随时购缉具报。该匪在逃数月,伏匿无恒,挟仇时思报复。本年春间,纠约党徒约四五十人,于三月初

九日夜分时候,一同持械潜赴弓弦李庄,初十日清晨撞入庄内,庄人已望风逃避。该匪复追至庄后,将李怀功、李振魁、李振东、李振方、李大利、李小利、李兴安、李化来、李怀远、李张氏捉获杀死,放火焚烧房屋,竖旗起事。由宿州窜扰怀远县北乡之看疃集,分投掳掠勒索,维时已啸聚至六七十人,抢夺枪械,沿途裹胁,次日顿增至二三百人。该州知州萧仁丙闻报驰往李庄,验勘详报,一面悬赏严缉首要各犯。怀远县知县李维源一闻警报,立即电禀到臣,适由省派出巡防营亦梭巡至怀,李维源即知照管带王宏钰,率同哨官徐明福带队星夜迎剿……王宏钰等十一日驰抵北淝河,瞥见匪徒数百人,蜂拥而来,纷纷争渡。该管带传令先行试放空枪,以验虚实。匪众闻声胆敢还击,抵御官兵。查知属实,立即开枪轰击,散队兜拿,当场格毙七匪,擒获十九匪,中枪落水者及凫水溺毙者不计其数,夺获黄边红尖旗一杆,并枪械数十件。该匪纷纷溃挫,势难支持,仍挟众飞趋龙亢镇一带,以图焚掠,该管带等乘胜尾追。十二日,李维源会同巡防营管带宋学堂驰往截杀,又复擒获七匪,并由皖北道毓秀派出马队赶到助剿,余匪四散,溃逃无踪,地方一律安谧。

中国第一历史档案馆等编选《辛亥革命前十年间民变档案史料》上册,中华书局1985年版,第261~262页

△ 湖北同志会汉口支部(简称汉口同志会)成立。先是由演说自治戒烟会、公益救患会、夏口教育分会、夏口自治公所、四官殿至堤口商防保安会、汉阳教育分会、汉阳自治公所等三十一个社会团体,推派七十名代表齐集于汉口商业学堂讨论,决定发起组织湖北同志会汉口支部(简称汉口同志会)。是日成立大会在汉口黄陂街瞿家巷举行,到会五百多人。会议通过简章,推选张国溶为干事长,邱志岳、李世勋为书记,关少尧、戴伸华为会计,李养和、马中骥为庶务,萧必润等为招待,会上还"仿北京总部式",签名请愿,并电告湖北赴京代表团及湖北省同志会。从此以后,汉口同志会成为武汉三镇、湖北全省鼓吹立宪的重要机构,并且宣称:"本会为组织政党之预备",模仿西方资产阶级政党的组织程序,有选举,有章程,有宣言书,组织严密。该会设立宪政研究所,创办机关刊物《宪政白话报》,加强宣传鼓动,扩大社会影响。

4月20日(三月十一日) 已革原湖南巡抚岑春蓂就湖南宁乡县民众闹事致外务部、军谘处、陆军部、海军部、民政部,及湖广总督瑞澂、署理湖南巡抚杨文鼎等电,报告事情起因及处理经过。

电文称:

初九日电,计邀鉴。顷据代理宁乡县〈长〉张致安禀称,初三日午刻,闻善化西乡有痞徒滋扰情事。该县与之毗连,即督警勇并谕都团严密防范,一面分派差役保护教堂。讵傍晚南门外陡聚三百余人,该县据报后,立即前往弹压。该痞等将南门外信义会堂及震东学堂,放火焚烧。该县到堂救护,势已燎原,即往北门保护福音教堂,痞徒已将福音堂门窗器具打毁,并及崇实、玉潭两小学堂,巡管局房屋亦被烧毁。幸该教士并眷属先已派兵保护出险,其余堂中人等亦已逃避,尚无伤损。该乱等内有多人,头扎白巾,称系由省城赶来,变起仓卒,该县兵勇无多,力难堵御,致被滋扰。但于烧毁教堂学堂外,尚无抢劫财物害及商民情事。此时匪毒虽散,扬言有赴益阳毁堂之谣,请派队赴县协拿。等情。当经春蓂派拨陆军三队,以一队前赴该县,二队驰往益阳,会同各该县协力兜拿。凡有捕获审明立即正法。倘敢逞凶抗拒,即行相机迎击,勿使蔓延。正在电奏间,续据该县禀,拿获周财运一名,讯系湖北人,二月间,在湘阴县虾蟆港地方,晤山东义和团匪罗蜈蚣,纠邀入伙。该匪等共有二十四人。伊只

认得罗蜈蚣,山东人;张侠客,江西人;吴虾蟆,安徽人;孙鸡公、高宝同,湖北人,并胡退三步等六人。该匪均著青衣青裤,名曰青押[兵]。于二月来湘观隙而动,适值贫民聚众求减米价,乘机窃发,将省城抚署教堂烧后,分赴各州厅县,以图烧堂滋事。至该县者即系罗蜈蚣等六人,现赴益阳及西路各处。已于审明后将该匪周财运正法。并据署长沙协副将杨明远转据驻扎益阳县地方水师前营管带刘德芳报:初八日,该县官钱分局兑钱之人甚挤。是日傍晚,派往陆军尚未到县,适局邻蒙育米店无故运米下河,地方痞棍群相争运,将米抢散,乘势放火,抢劫钱局铜元银钱各票。先后禀报前来。伏查省城前被焚署烧堂时,现查实有穿青衣裤之人在内。证以该县所禀,是此次匪徒滋闹系山东义和团匪勾引所致。但该匪等既来湖南,难保不往他省。除分电外,相应请旨敕下山东巡抚饬查该匪党与隐匿他[地]方,速拿严办,务绝根株,并请敕令各督抚一面饬属严密稽查防维,遇有形迹可疑之人,立拿研审惩办。省外常德府城为西路巨埠,五方杂处,良莠不齐。安化县茶庄最盛,每届开市,做茶人等常聚数万人,宜尤当防范。已分派陆军驰往,会同各地方官及原驻营队认真巡防。一面分别电饬各属督率团绅,加意稽查巡防,缉拿前项匪徒,务获严办。如有煽惑不法情事,准予格杀勿论。并将各教堂教士及游历经商洋人财产,随时认真保护,不准稍有疏虞。乞代奏。再,鄂军第十五协统领官王得胜,所带步队三营、炮队一队,均已到湘,以一营分驻内外海军处。楚豫兵缋[舰]装送鄂省兵队来湘,电商海军处暂留该舰在湘,俾资镇慑。

中国第二历史档案馆编《中华民国史档案资料汇编》第1辑,江苏人民出版社1979年版,第33~35页

△ 长沙饥民抢米风潮发生后,寿勋与荫昌在来往函中谈及对时局的担忧。

是日,寿勋在给荫昌来函中称:

顷闻湘省饥民藉端肇事,焚毁抚、臬署并教堂四,学堂二,领事馆、银行各一,警道被殴,商民罢市。鄂督已派兵三营入湘策应,江督亦电调兵轮巡护,相机镇抚,或当不致燎原。惟粤、苏两省,兵变甫息,近日江西萍乡又获革党,骈戮多名。甚至辇毂重地,亦出有安设地雷发觉被捕之案。上年各省灾荒迭见,哀鸿遍野,匪党繁滋,杞人之忧,能无惴惴。我辈身膺重寄,责有专归。究应如何防范维持,共支危局,统俟公归,从长计议耳。

5月7日(三月廿八日)荫昌在回函中称:

饥民肇事,军队变乱,理所必然。公道二字不讲,诸事不行。至防范一节,非仅军部之责成,亦非仅由军部所能办到者。文官当差,武官混事,只顾目前之威福,不管将来之祸患,一味敷衍塞责,所谓过了一天是一天,如此何国不衰,何民不朽。打官话则声韵调和,平平仄仄,有条不紊。办实事则畏首畏尾,怕难苟安。随用半空盖房之手段,以求维新自强之名,而期暗获其利。如此,欲治国欲平天下可乎。内外臣工不乏忠勇之士,而杯水车薪将奈何。我国目下正在崎岖泥泞危险路上,非大众和衷共济努力前进不可。倘竟火烧眉毛顾眼前,遇事缩头,不担沉重,则我国之前途,不堪想矣。就目下而论,最可怜者上是摄政王,下是百姓。

中国第二历史档案馆编《中华民国史档案资料汇编》第1辑,江苏人民出版社1979年版,第36~37页

4月21日(三月十二日)　檀香山《广告者》(Advertiser)刊出该报记者访问孙中山的报道,称孙中山表示,革命时机已经成熟,在几年内将推翻清王朝,建立共和政体。

据杨天石译《孙中山1910年在檀香山的几次谈话》,该报道称:

孙博士相信,彻底改变庞大的中华帝国政体的时机已近成熟。他判定,并且明确地指出,满洲王朝正在削弱,在几年——很有限的几年内,他意味深长地补充说——汉族将要奋

起,将满洲人赶出帝国。在王朝宝座的废墟上,孙博士希望看到,建立一个共和政体。

“你是否相信,中国人能在政体方面实行这样一个激进的政策——从一个皇帝到一个总统?”他被询问。

“中国人认为,满洲人是篡位者,我们的征服者。”他回答。“满洲人从来未能臣服中国人,但是后者因为某些原因也从来未能站起来并推翻他们。如果向他们指示推翻这些外国人——满洲人的方法,我相信他们将会接受任何一种提供给他们的新政体,如果它是中国人的政府。”

孙博士可以被有些人称之为梦想家和理想主义者,不过,他是注重实际的。他提到土耳其的少年土耳其运动,并且说,他在中国领导的运动在精神和计划方面和它完全相同。这一运动,导致推翻阿布都·哈米德(Abdul Hamid),并且建立了一个现代化的政府,它没有倒台的苏丹一度拥有的专制弊病。

“你的党对满洲政权有威胁吗?”他被询问。

“有。不过,超过摄政王想象的更大危险来自王朝自身的弊病。”他说。“又要发生一次义和团起义。正如第一次起义时,帝国的军队援助排外运动一样,现在的政府将是起义的幕后操纵者。满洲人经常反对外国——欧洲人和美洲人。中国人也反对外国人,不过,对于我们来说,外国人仅仅意味着满洲人,而不是欧洲人和美洲人。”

在谈到清政府计划在六年内拥有三百万现役军人之后,又说:“但是,这支军队不可能全是满洲人。他们可以任命许多满洲军官,但是,军队的大部分将是中国人。当满洲王朝指望使用这支军队去使政府为人民接受时,这支军队能够颠覆篡位者并压碎他们。在我看来,这样的事即将发生,因为在这段时间内,我们不会睡觉。只要一种思想感情在中国军队中鼓动起来,它将使这支巨大的武装力量去反对政府而不是为它服务。无论如何,义和团起义可能已经开始,这场攻击如果不是由于满洲政府的直接煽动,它也将是一种诡计,满洲政府利用它,将攻击矛头指向那里的外国人。

“当篡位者被赶走并被压倒的时候,我赞成中国建立共和政体,赞成选举人民的总统,赞成在这个伟大国家的发展中进行根本变革。

“我已经在进行反对政府的军事行动吗?是的。主要是在中国南部,紧靠中法边境。我们的部队常常与政府军交战。我们已经投身于战斗中。是的,我和部队在一起。但是,我们没有力量保持赢得的土地,因为财力有限,获得武器很困难。”

“帝国政府的庞大军队将援助还是阻止你的运动?”

“我相信,它将有益于我们。我们很高兴,他们正在建立这样一支庞大的军队。因为我们能以这种感情在军队中工作。当伟大的高潮来临时,军队将成为我们的军队。

“至于摄政王周围的官员,现在主要是他的亲属。摄政王解除才智出众的中国人的职务,排挤他们,将满洲贵族提拔到高位上。他们中的一个,他的兄弟载涛上星期为了一项使命经过这里。他遣他们出使,为了让中国人感到,他关注国家的现代化。”

《民国档案》1986 年第 1 期,第 110 ~ 115 页

△ 浙江长兴县官吏勒索柴、炭及船费,激起民愤。农民聚众捣毁厘局、巡船、警局和商会。

△ 江苏阜宁县民众捣毁县署,拘困知县,商人罢市。

4月22日(三月十三日)　江苏海州饥民两万余人哄抢海丰面粉公司,公司洋匠、勇丁开枪,打死打伤民众三十多名,其中包括打死两名过路人。

据江苏海州知州施焕查报饥民暴动上督抚提各宪禀称:

知州州境上年大水为灾,小民困苦。幸蒙拨帑购粟,贩粜兼施,今春又加挑河工赈并义赈,各项同举,赖以全活者固属不少。惟今春青黄不接,为日过远,虽经招来商粮与粜粮,互相接济,而粮价仍贵,谋食维艰。城绅发起捐集款项,请设粥厂,以救饥饿待毙之人,三月初三日,电奉宪台督宪歌电允准。知州以城内有此义举,四乡亦应仿行,即令各镇董事一律筹设,同时并举。城厂设在南门外碧霞宫,专顾城厢内外,早已示谕分明。其新浦、板浦、大伊、张店、新安、铁牛、湖坊、南城等镇,亦均开设,惟其余各镇,尚未办齐。讵匪徒希图乘机起事,四路布散谣言,谓城厂系属普济,煽惑各乡饥民,蜂拥来城就食,邻境安东、沭阳一带,亦闻风而至。初十日,开厂放票,即至挤毙小孩六名、妇女二口,各尸亲均请免验,当经酌给抚恤棺殓领埋。次日及十二两昼夜,突来数万之多,其间即多匪徒夹杂,不但粥厂被围,西南城外遍地皆满。十三日早晨,将已发票者暂散粟粉,未给票者,委员设局分三路资遣,谕令各回本镇,即饬未经开办各镇董事赶紧速放粥,俾得就近领食,饥民本已乐从,已经设立资遣局。殊匪徒等怂恿饥民,忽拥往新浦。此本匪徒恐饥民解散后,无从起事之恫喝。该饥民等受匪愚弄,遂同声前去,爬抢海丰面粉公司。知州闻知,立即派州署前后营两哨驰往保护。俄闻公司被围,复商海州营李参将带领全队,并调东海营兵赶去救援。知州同吏目带差在厂。旋闻饥民欲趋进城,恐城内出事,只得赶回城来。适聚[据]探报,匪等率饥民毁越公司墙垣,经公司用枪格毙数人,众始暂退,尚欲进城,不得【已】暂闭城门,电请宪台督提宪派兵保护,发电后,即驰往新浦,在路海丰公司函报略称:本日巳刻,突有饥民无数,并有匪徒溷迹其间,来围面粉厂,扬言烧抢,立时将厂门关闭。幸荷派来营队,并参府带队弹压开导。讵匪徒之扒墙者,陡然开枪,向内施放,弹伤公司勇丁蒋长胜一名,楼上司机洋匠目睹危险,还放数枪。时正值匪等在后厂门纵火,幸厂中水龙人众齐救,立时扑息,而海厂院墙,已被冲倒三段,栅栏门被搬拆,务请调兵弹压等语。当至该处,众犹退聚左近,即经知州会同营员,竭力驱逐解散。查点被格受伤者二十二人,因伤身死者七人,误伤致死者二人,公司勇丁受伤一名,天晚不及相验,留队保护。回署后,即据平明镇人胡春三呈称:身胞兄元三本日往新浦买粟,适饥民在河南寻萧善士求赈。讵有海丰公司领事许四,即许鼎馨,恐饥民入伊公司,手执拐[枪]乱放,致将身兄轰伤殒命,叩乞验究。又据申明亭镇民人李树楼呈称:身胞兄树梁在新浦后街刘振塍家教读。本日,身至树梁学堂支取学钱,晌午回归。身兄送身至街口,不料河南有许绅鼎霖之胞兄弟许四,领办海丰公司,开炮将身兄轰伤身死,报叩验究。各等情。据此。知州即于十四日清晨,带领刑仵稳婆,会同海州营房山汛千总朱秉权前往勘验。讵匪民又复麇聚,公司三面被围,遍山人满,街亦壅塞,约有二三万人。正弹压间,据报公司机器麻袋船被抢,并用洋油放火纵烧。知州立即亲督营队当场拿获数名,始渐解散。随勘得新浦街南有东西岔河一道,河南有海丰面粉公司房屋一所,四面皆有围墙,南开大门,北设后门,西面亦设大门一座。又设[该]厂后门一座,墙内平楼房屋甚多,墙外有围沟一道,沟之西北角有小桥一座,楼东有牌楼一座。

据公司执事人许鼎馨指称:

昨来饥民无数,杂有匪徒,声言烧抢,立将厂门关闭,被匪砸毁牌楼栅栏门,分撞大门未开,厂门撞穿,后门纵火焚烧,幸有水龙立时救息。匪又扒越厂门,院墙扒毁三段,匪由毁墙处拥起,开枪向内施放,并用石块掷击,勇丁蒋长胜中弹倒地。维【时】厂内人工,均往后门救

火，楼上司机洋匠见势危险，还枪抵格，匪始渐退。今日河下运到机器麻袋一船，又被烧抢。等语。查看大门、西大门均有撞损痕迹，厂门撞穿一洞，后门毁坏，内有烧毁麻袋，厂门院墙扒毁三段，栅栏门拆尽无存，牌楼有砸毁痕迹。厂北潮河南岸，泊有板船一只，量长十丈，宽九尺，船内什物，散乱岸上，有烧毁起存麻袋一堆，围圆六丈余。该处距城十二里，离汛八十里，附近并无墩防。……所有聚集粥厂一带各处饥民，十四日，添设一局分四路资遣，十五日，又添二局，今日遣完撤局。除匪类潜逃不计外，共遣去四万一千余丁口。各镇粥厂均已饬即开设。蒙拨马步营队，亦已到州，人心大定。惟此案伤毙多人，案情重大，是否先由扒墙匪徒开枪向内施放，洋匠见势危急还枪抵格，胡元三、李树梁二人是否实系事外误伤，有无随同前往事后捏报各情事，当时旁无确证。

中国第二历史档案馆编《中华民国史档案资料汇编》第1辑，江苏人民出版社1979年版，第42～45页

张人骏接到施焕调查报告后批示：

饥民非盗贼可比。此次聚众向海丰公司求食，该公司理应善为理遣，乃辄轻率放枪，致毙九人，伤廿二人，又凫水逃避被淹身死者七人。小民何辜，遭此荼毒。既据查明饥民悉系徒手，亦未翻越墙垣，洋匠罗普先仅放一枪，而厂勇刘兴贵等竟在洋楼平台连放数十枪之多。是伤毙各人，悉系勇丁所放之枪已无疑义。其蒋长胜自放转轮枪子回击伤腿，更何得谓饥民放枪伤勇。案关致毙平民多命，断难含糊了事。仰宁藩司会同苏臬司即饬海州勒限该公司速将凶犯悉数交出，讯明详办，毋得徇纵。至饥民藉端滋闹，强取万全酒坊所运豆饼，复夺该公司麻袋用火烧毁，亦属强蛮，并应由州查拿为首滋事及煽惑主使之人，一并惩究，以儆效尤。

中国第二历史档案馆编《中华民国史档案资料汇编》第1辑，江苏人民出版社1979年版，第41页

△ 英、法、德三国公使再次向外务部抗议湖北商办鄂境粤汉、川汉铁路公司，美国公使函请参与两湖兴筑铁路借款。

4月24日（三月十五日）　江苏震泽县梅堰镇农民反对调查户口，聚集千余人殴打绅董，拆毁绅董房屋。

4月25日（三月十六日）　江苏扬州城内各瓦木工匠要求增加工资，罢工三天。

△ 江苏盐城县农民反抗调查户口，殴打调查员，毁绅董住所、劝学所、学堂、教育会、自治公所。

4月26日（三月十七日）　东三省总督锡良为时局艰危，密陈救亡图存三策：实行宪法，慎选亲贵出洋，实行地方分权。

△ 云贵总督李经羲电告外务部，英人借口片马事件争夺野人山界址，请驻京英使重勘。

云贵总督李经羲本日致电外务部曰：

腾越尖高山以北，野人山界，经钧部照会英人，从尖高山起，北过之非河，至高良山脚之西，循九角塘河至扒拉大山岭脊为止，论界当扼此线。总署原案未定界前，各守现管小江边界，英国指潞江大金沙江分水岭为界，历年未认。兹茶山片马各夷寨，距扒拉大山远，如小江内附高黎山贡山，为登埂土司辖地，纳粮征税，有道光时案卷可稽。即英萨朗曾代印度政府

声明,登埂向收所,拟交界以西,各野夷头目礼物税银,该政府愿为补偿。该夷寨属华,确无疑义。去岁九月,登埂土司因征片马各寨税银互斗,控宝山县在案,奸民辄往腾越英娄领处投票,该领竟称土司带兵过界,烧抢英民,请饬赔偿。当以土司斗案,应由地方官自理,毋得干涉驳覆。并电宝山陈令驰往查办,娄以游历为名,先赴片马,电致驻省额领,请阻陈令勿往。又云此案听候北京核办,未于核电准先,两面官兵均不可到等语,并闻有英员在高黎贡山栽桩立界。查此段界务,英蓄谋内侵,欲达彼以高黎贡山为分水岭之目的,现藉片马出头,相争要求,官兵不得前往,仍袭英萨案故智,受其恫吓,即堕术中。除仍饬陈令亲自确查,并勘明有无栽桩,续行电咨外,请照会英使,转告缅政府,勿得在我吐司治理地,逾界干预,并派员重勘划界,盼先核示。

王彦威辑《清宣统朝外交史料》,民国22年版,第40卷,第10~11页

△ **清廷以沿江各省因年岁歉收,米价腾贵,人心浮动,上谕张人骏、瑞瀓或协筹款项,采办粮米,或迅购大宗洋米,设局平粜。**

本日电谕张人俊等:

近来沿江各省年岁歉收,米价腾贵,饥民艰于得食,以致人心浮动,伏莽潜滋。朝廷宵旰忧劳,总以先平米价为思患预防之计,而邻近产米各处,率多禁止出境,自保乡闾,恐无救济之余力。目前办法,亟应联合绅商,协筹款项,采办米粮,或迅购大宗洋米,设局平粜,以定人心而弥隐患。应如何通盘筹划分别缓急,安定办法之处,著张人骏、瑞瀓、宝棻、增韫、朱家宝、杨鼎文迅即会同商榷,详晰电奏,以慰廑念。

《清实录·宣统政纪》第33卷,中华书局1987年影印本,第596页

△ **法国驻华机构摘录《顺天时报》所刊1910年前三个月中国发生的大型"动乱",报告本国外交部,其中反映了当时全国各地社会的动荡不安。**

该材料如下:

1. 广东新军暴动。2. 苏州新军骚动。3. 贵州叛乱。4. 浙江叛乱。5. 福建革命者发的宣传。6. 安徽庐州骚乱。7. 贵州兴义府骚乱。8. 江苏宜兴县骚乱。9. 贵州土著部落暴动。10. 清江浦(江苏)两营新军哗变,开炮平定。11. 浙江因鸦片问题引起骚乱。12. 江苏各米店被抢。13. 广东的革命阴谋。14. 福建的革命阴谋。15. 高邮因盐税引起的骚乱(江苏)。16. 江西青红帮抢劫。17. 四川土著部落暴动,镇压无效。18. 巡防队对红胡子之战(满洲)。19. 广州哗变,三标新军遭到巡防营屠戮(广东)。20. 贵州毁校。21. 黑龙江畔兴华县暴乱。22. 江苏被遣散的士兵行劫。23. 杭州骚乱(浙江)。24. 清江浦(江苏)因盐税叛乱,被军队镇压。25. 山西因鸦片问题叛乱。26. 泰州(江苏)因清查问题叛乱。27. 江西革命阴谋。28. 云南革命阴谋。29. 吉林红胡子入侵(满洲)。30. 长沙和整个湖南的骚动。

章开沅、罗福惠、严昌洪主编《辛亥革命史资料新编》第7册,湖北人民出版社2006年版,第174页

4月27日(三月十八日)　江西抚州府因春季粮荒,乡民要求禁运米粮出境,聚众万余人包围县署,抢劫米行十三家。其他各属民众也自发要求府县下令阻止当地米粮外运。

《东方杂志》第7卷第4期第63页报道:

江西抚州产米之富,为全省冠。近因运出太多,米价渐贵,十五六等日,米价一日三涨,人情惶骇。十七日,河东湾地方,复运米下船,不下百十余艘,附近乡民,力求米船停运,米商

不理。十八日，知府李某，因事往城外，为乡民数千人所围，要求禁运，李知府急回城，将为首之九人拘押。乡民复集数千人，拥至县署，逼迫知县，将被拘之九人释出，旋又运劫米行十三家。

另据1910年《东方杂志》第7卷第5期追踪报道：

兹悉当时乡民（指抚州府河东湾，编者）聚集千余人，将诸商所装之米，轰抢罄尽。次日又鸣锣聚至万人，将河东湾一带米店，概行捣毁。声势汹汹，全城震动。当经警局官兵拿获数名，送县惩押，乡民蜂拥随之至县，李令惧激众怒，立时释出，围者始散。地方商户因哗传县令纵匪云。

其后乡民因谣传官吏须严办滋事之人，仍聚不散，愈聚愈众，不下万人。知府李某深恐风潮酿大，当会绅极力解散。并闻该郡米价，自滋闹之后，已稍平减云。

临江府属樟树镇及新喻县，亦均有聚众抢毁米店之事，惟风潮尚未重大。

九江府湖口县颇有抢米之谣，当由绅民禀恳知县电省，暂由九江赈米拨用五千石以资平粜。

吉安府现因有人将米贩运囤积，价值奇昂，乡民遂聚众把守河干，凡有米谷下河者，概行抢劫。该郡绅士，已禀县请求开仓平粜，并严禁米店涨价居奇。

4月28日（三月十九日）　清廷裁撤奉天巡抚一缺，以东三省总督锡良兼管奉天巡抚事。

△ 江苏宿迁饥民万余人焚烧哄抢永丰面粉公司，洋匠及厂勇开枪伤亡多人。其事件起因及经过详见本年5月1日（三月二十二日）条目下所系江苏徐海道道台黎经诰回禀两江总督张人骏事件调查。

4月29日（三月二十日）　清廷命将谋刺摄政王载沣之汪精卫、黄复生交法部永远监禁。

4月30日（三月二十一日）　两江总督张人骏等致电军机处称，江苏海州饥民向海丰面粉公司滋闹，致有伤毙人命之事，宿迁亦有贫民与永丰面粉厂为难，均已饬令文武弹压解散。

△ 湖北请愿国会同志会成立，借用宪政筹备会会所为会场，由张国溶介绍同志会简章，推选张国溶为干事长，设立宪政研究所，创办机关刊物《宪政白话报》，进行立宪宣传。

△ 湖北崇阳县饥民拦抢商人贩运之米，知县将为首之人拘押，众人围哄县署，打毁二堂，夺回被拘之人。

是月，湖北崇阳县民聚众数百，将商人贩运之米拦抢一空。知县将为首之人拘押，众人即围哄县署，打毁二堂，夺回被拘之人，并捉去练勇司事各一名，凶殴几毙。县署帐房内所存铜元钱票攫抢净尽。

中国史学会主编，中国近代史资料丛刊《辛亥革命》(3)，上海人民出版社1957年版，第512页

是月　江苏吴县、泰州、清江，浙江武康、嘉兴，河南密县，江西抚州等地均发生民变。

5月1日(三月二十二日)　两江总督张人骏致江苏徐海道黎经诰札,指令其就宿迁饥民焚抢永丰面粉公司情形进行调查。随后黎经诰回禀调查情况。

张人骏札称:

究竟该县贫民如何将该面厂焚抢,因何起衅,刘道果否允将存麦交县平粜,汪令是否迁延不领,营县既经到场弹压,是否坐视并不禁止抢掠,其中系何情形,亟应派员彻查核办。除札宁藩司查照外,合就札委。札到,该员即便遵照,刻日束装驰往宿迁县,按照指饬各节,详细查访,务得确情,据实禀复察夺,毋稍偏徇。

黎经诰复禀称:

窃职道于三月二十二日,在清河县奉督宪札,饬访查宿迁永丰面粉公司被毁各情形……职道遵即由海州前来宿迁,逐一细访。并至该厂踏勘,计焚毁面栈房五间、麦栈房六间、四层洋楼四十间,仅存麦栈房四间、公司房三间、锅炉房三间,毁麦及爬麦近五千余石,尚存别屋麦一百五十余石。该厂留有经理帐房江苏候补知县陈令起看守余屋。该令呈阅被毁机器房照片图,职道略问先后情形,旋至县署调阅有关该厂各案卷,又细访居民隐情,其蓄怨有不自今日始者。查该厂自禀准开办,去冬即有本地土民张希曾等数十人具禀县令,谓宿迁素以麦为养命之源,同、光以来,小麦每石仅售钱二千数百文,民生犹不堪困苦,今价涨至五六千文,推原其故,尽行运赴外洋,致粉麦两空。宿迁商务分会又照会县令,谓振兴商业,不能以个人之利,贻千万人之害云云。其祸机已伏于此。迨至今春三月,麦价又涨至每石八千数百文,无不谓该厂广为收买,以致粮价日巨,谣传该厂囤积各卖户家有数万石之多,兼有任长春、徐洪举为该厂在本地定购青苗先给半价之说,群情益形惶惑。于是城乡遍贴广告,有准定于三月廿五日在城隍庙内齐集,各携火油一瓶、洋火一匣,前赴焚毁该厂之说。其广告标目有曰除一大害者,是土民已蓄意焚毁矣。二月十七日,汪令已照会该厂请暂缓开机。自广告贴后,又向该厂恳将存麦发售,以折服居民。该厂未允。三月十八日午后,适有清江大丰面厂麦船五只计装麦四百余石,停泊宿关,饥民误认为永丰麦船,被爬一空。同时周、王二户囤麦亦被爬。祸机已动。汪令先因三堡筑堤争斗,于十五日赴洋河弹压,至是日午刻始回署,即与龚统领及绅董亲至该厂,切求刘道借麦,始允借一千石,多借仍待续商。时已夜深,汪令回署,即出示晓谕,以安人心,并派营役防范。不料十九日巳刻,忽有棍徒向宿关迤东亚细亚火油公司取去火油二听,五谷庙美孚火油公司取去火油六听,一拥而往,直达该厂,闯进厂门,将火油倾入机器房等处,加以木皮燃烧,一时火焰冲天,无可扑救。入厂之时,领首者手无一物,向弹压兵叩头请勿放枪。传闻巡兵中有与之熟识者,访无实据。该厂见来势汹汹,即喝令放枪,管带及巡兵不敢施放。携火油者约十余人,火起后拍掌一笑而散。厂设城外井龙头地方,距县城十里之遥。龚统领与汪令闻信赶到,约在未刻,而机器各屋之焚毁,已及其半。访闻巳刻纵火时,有贫民千余人随之而来,比即愈聚愈众,约有贫民万余人,乘机肆扰,取石撞破围墙,并拆毁窗户。计挖洞十余处,有由洞口入内爬麦者,亦有将所爬之麦由洞口运出者,经拿获四人,始渐星散。徐州田守抵宿后,商令该厂经理帐房陈令,将存麦一百五十余石仍交县平粜,地方遂安。查询损失数目,据该经理帐房陈令云,计毁去机器、屋、麦石等约值十余万之谱,帐目均在上海,现无实数。此职道查勘之实在情形也。据刘道禀称:事前面允汪令,将存麦七千余石发出交县平粜,该令迁延不领。今查悉三月十八日,刘道仅允借麦一千石,并未允借七千石之多。十九日巳刻肇事,则所允借之千石已不及运散,其非汪令延误可知矣。刘道又称:即至衅起时,营县到场弹压,又不禁止抢掠,以致酿此巨祸。今查悉龚统领与汪令予未巳到场,均有地方之责,皆竭力弹压。刘道比欲开枪,营县不肯轻率动手,因耀

徐玻璃公司近在咫尺,恐开枪又殃及他处。如以营县不允放枪,遂谓其弹压不力,亦未免过矣。现在汪令访拿首要,职道亦以首要亟宜严办,庶可以服商人靖地方杜后患矣。

中国第二历史档案馆编《中华民国史档案资料汇编》第1辑,江苏人民出版社1979年版,第38~40页

6月3日(四月二十六日),张人骏与护理江苏巡抚陆钟琦上《弹压徐海饥民焚抢面粉公司酌拟善后办法折》,其中称:

窃照江北一带,地瘠民贫,土人多食杂粮,向以秫麦为大宗。近年洋面进口者多,富户殷商设立公司,仿外洋制面之法,购置机器,制成面粉,贩运行销,以为抵制之计。于是海州设有海丰公司,宿迁设有永丰公司,清江设有大丰公司,扬州设有裕亨公司,泰州设有泰来公司,皆赴农工商部呈准开办。江北数百里间,公司林立,采麦既多,麦价日涨,贫民艰于购食,不免丛怨积愤。上年,海州等属被水成灾,今春粮缺价昂,迭经臣人骏督同司局筹办赈粜,加意安抚,虽海丰公司商人亦有捐助,究难餍人之求。本年三月中旬,海州饥民聚众万余,前赴海丰面粉公司求食滋闹。该公司司事人等关闭厂门,喝令厂勇放枪,击毙九人,伤二十二人,又凫水逃避被淹身死者七人。经该受[管]文武闻信驰往弹压,分别资遣抚恤,众始解散。该饥民途遇万全酒坊豆饼船只,疑为该公司所运,登船取食一空,复将该公司路运麻袋夺取烧毁,以泄愤恨。另有赣丰饼油公司豆船八艘,泊于永丰口地方,亦先被饥民爬抢净尽。又清江贫民亦聚众千余,向大丰面厂索麦,捣毁楼房机器,经营县到场解劝,并由江北提臣王士珍谕令淮扬海道奭良查明该厂存麦数目,速制成粗面,饬令尽数发出平粜,事始寝息。嗣有该厂麦船五艘,停泊宿关之前,复被饥民爬抢,并将周、王二姓囤麦,一并攫去。又宿迁贫民亦聚众万余,向永丰面粉公司纵火,焚毁楼房,爬取存麦,亦由营县驰赴救护,并经徐州府知府田庚亲往劝谕,饬令该厂司事,将存麦交县平粜,群情始服。节据各该州县电禀,均经臣人骏分别调营派员前往弹压抚辑。兹据委员查明实在情形,禀复前来。臣等伏查饥民爬抢粮食,本干例究。然公司制面外运,耗麦过多,亦不免专利病民。固知中国兴商贾,为当今要务,惟五谷乃民食所关,迥非他项物产可比,私运出口,例禁綦严,且并载各国条约,原欲使民间稍有盖藏,以为凶荒之备。比岁江北洊饥,民情异常困苦,朝不保暮,方购粮接济之不暇,更何堪增此漏卮。淮扬、徐海等属,俗悍民强,其蓄恨于各公司者非伊朝夕。此次连日滋闹,尚幸弹压迅速,未酿大变。然惩前毖后,亟宜妥为消弭,以免再生事端。迭据绅民禀请勒令各公司停机,如能一律停办,固足以顺人心而重民食,但各公司成本较巨,骤令歇业,亏损必多,亦不得不体恤商情,通融办理。拟请明定限制,嗣后各公司制成面粉,只准行销内地,不准贩运出洋。如遇荒年,则无论购存之麦及已制之面粉、面麸,悉尽本地售卖不许出境。一面责成各关稽察,如有偷运出口者即行扣留,分别充公充赏,俾示惩劝。相应请旨敕下农工商部札行各公司一体遵照。至海丰公司虽因饥民麇聚,防卫情急,惟轻率放枪,伤毙多人,实属咎无可辞,仍应饬行该管地方官勒令交凶究办。其焚抢公司及豆麦船只为首滋事之犯,亦应严拿惩治,以儆效尤。所有饥民滋闹面粉公司,弹压息事,酌拟善后办法缘由,谨合词恭折具奏,伏乞皇上圣鉴训示。

6月25日(五月十九日)奉朱批:

著止所请,该部知道。钦此。

中国第二历史档案馆编《中华民国史档案资料汇编》第1辑,江苏人民出版社1979年版,第45~47页

5月1—2日(三月二十二—二十三日)　湖北广济县武穴镇饥民连续抢劫米店,6日,垅坪地方饥民抢米店数家。

《东方杂志》第7卷第5期《中国大事记补遗》报道:

湖北武穴饥民,于三月二十二三日,连抢米店。闻系因商会总理郑惠臣发卖米谷不善处置所致。旋由学商两界电禀鄂督,略谓近今米贵,武镇市面安堵。兹因商会总理郑惠臣追缴各家升斗,登台发卖,以致舆情大为不服,云云。当由鄂督电饬武穴总卡委员查覆。一面电令截留沔阳赈米一千石,开办平粜,官钱局厘金局,各出钱一万接济。

广济县所属之垅坪,与武穴仅隔三十里,向为痞匪之窟穴。近因武镇抢米事作,该处莠民接踵而起,二十七日,连抢米店数家,并伤两人。

5月4日(三月二十五日)　云南昭通府鲁甸厅、思安县农民反对调查户口,编钉门牌,征收果捐,聚众数千人捣毁主持抽捐士绅住宅。

《东方杂志》第7卷第5期《中国大事记补遗》报道:

兹据报言,该府鲁甸及恩安县地瘠民贫,因调查户口,编钉门牌,议抽果捐,以充经费。愚民因查户已滋疑窦,一闻抽捐,莫不惊惶。当有陈世清、袁秃手、彭应全等为首,聚众数千,将创议收捐之李绅世清、罗绅履中等房屋拆毁。该府即飞电省请兵剿办。当由云贵总督李经羲委知府龙文带兵驰往。愚民一闻兵到,咸纷然如鸟兽散。事后,李总督饬将创捐激变之军功李世清、武生毛占荣、从九邵登义,分别斥革监禁,贡生罗履中、文生秦有耕按名悬赏密拿,限期获案讯办。其滋事之彭应全、魏树元、谢发荣三人,亦监禁二十年十年不等。

5月5日(三月二十六日)　孙中山函复美国纽约同盟会会员,指出长沙抢米风潮有利于革命党。

孙中山是日复纽约同盟会员函称:

询长沙乱耗,此间所闻,亦由报纸所传,其未起事之前未有所闻也。此是一时暴动之事耳。然新军亦有附和,可见此等练军所蓄之志,久有反对虏廷;故无论如何,总有利于吾党。

中国社科院近代所等编《孙中山全集》第1卷,中华书局1981年版,第454页

5月8日(三月二十九日)　浙江巡抚增韫奏陈该省米价奇昂,请截留漕米二万石,接济平粜,得到朝廷允准。

本日廷谕曰:

电寄增韫:据电奏,浙省米价奇昂,请再截留漕米二万石,接济平粜等语。著照所请。

《清实录·宣统政纪》第33卷,中华书局1987年影印本,第603页

5月9日(四月初一日)　清政府命资政院于本年9月1日开院,并公布钦定宗室王公世爵各部院官及硕学通儒议员八十八人名单。

《东方杂志》第7卷第5期《谕旨》,是日上谕称:

先朝谕旨,设立资政院,以为议院之基础。圣谟宏远,薄海同钦,朕御极以来,日以继志,述事为务。叠经降旨,将该院院章暨各项选举章程,厘定颁布,责成内外臣工,切实筹办。本年九月初一日,为第一次开院之期,所有散开各项钦选议员,宗室王公世爵,著魁斌、载功、讷勒赫、载瀛、载润、全荣、寿全、载铠、载振、毓盈、载燕、盛昆、庆恕为议员。满汉世爵,著希璋、黄懋澄、志均、荣全、荣敦、延秀、曾广銮、存兴、李长禄、敬昌、刘能纪、胡祖荫为议员。外藩王公世爵,著博迪苏、贡桑诺尔布、色凌敦鲁布、色隆托济勒、勒旺诺尔布、特古吉阿勒坦呼雅克图、绷楚克车林、多尔济帕拉穆、达木党苏伦、那彦图索特那木札木柴、巴勒珠尔拉布坦、司迪克、那

木济勒错布丹为议员。宗室觉罗,著定秀、世珣、荣普、成善、景安、宜纯为议员。各部院衙门官,著奎濂、陈懋鼎、赵椿年、锡嘏、荣凯、毓善、刘道仁、文哲珲、张缉光、李经畬、林炳章、庆蕃、顾栋臣、何藻翔、陈善同、刘泽熙、魏联奎、赵炳麟、俨忠、胡骏、王璟芳、文溥、吴敬修、柯劭忞、荣厚、胡礽泰、汪荣宝、刘华、长福、曹元忠为议员。硕学通儒,著吴士鉴、劳乃宣、章宗元、陈宝琛、沈家本、严复、江翰、喻长霖、沈林一、陶葆廉为议员,自应先期召集,以备举行,著以本年八月二十日为召集之期,所有该院议员,均即遵照定期一律齐集。将开院以前应有事宜,妥行准备。

5 月 10 日(四月初二日)　皖北蒙城、凤台等地饥民在李大志、张学谦等人带领下,聚众约二千余人起事,抢劫官府军械马匹。安徽巡抚朱家宝闻报,调派巡防马步兵队会合乡团,协力弹压,将起事饥民驱散,并格杀多名,拿获二十余名,截获驴马数百余匹,刀械无算。

《东方杂志》第 7 卷第 9 期《中国大事记》:

安徽北数府,连年灾馑,今年复被大水,民情困苦。匪徒从而诱之,遂时有乱耗。初二日,有李大志、张学谦等,在蒙城、凤台二县交界之双涧集,纠众起事,窜扰怀远、凤台等县。沿途裹胁饥民,约二千余人,抢劫军械马匹无算。安徽巡抚朱家宝闻报,当调派官兵,分途防剿。旋据蒙城、凤台二县知县电禀,经巡防马步兵队会合乡团,协力痛击,将匪徒击散,格杀多名。拿获匪目五名,匪党四名,胁从十三名,驴马数百余匹,刀械无算。验明匪首李大志已经击伤,所获各匪,讯明正法。续据宿州电称,板桥陈集地方,有帮匪千余窜扰,又经朱巡抚飞饬各营合力剿办,众遂解散。当匪乱初平时,朱巡抚与两江总督张人骏会衔电奏。当奉旨:张人骏朱家宝电奏,皖北蒙城、凤台各县匪徒,因饥趁机起事。当经调派水陆各军,分途堵塞,业将匪首李大志枪毙,余俱窜退等语。著张人骏朱家宝饬派出各军,赶紧扑灭解散,毋任蔓延。并著将起事实在情形,确切查明,及办理赈抚各事宜,随时迅速详细电奏。

上海神州日报言皖北此次肇事,纯由饥荒而起。其始地方官未能早为安抚,临事又复震于匪势,地方绅士,亲赴府道告急,称匪至万余人,怂恿电请督抚派兵。江督所派之李道国播,率浦口防队于初十晚抵凤,次日即拔营前进,然已不见匪踪。闻已毙之李大志,似一匪首,其另一匪首张学谦及著名之匪,闻尚未就获。现在彼处官绅,复禀请派往之防军,于皖北各属扼要分驻。盖自凤阳至临淮一带,现虽匪踪已清,而抢案则随地皆见,此可以见民不聊生之实况矣。若不急加赈抚,而任墨吏冒功恣杀,则所酿之患,正未有穷矣。

5 月初　黄兴自新加坡返香港,会晤由东京抵港了解中国革命党情况的儿玉右二、宫崎寅藏。

黄兴复孙中山书(1910 年 5 月 13 日)称:

弟在新加【坡】时,宫崎由日来电约弟来港相晤。及弟来港,伊偕儿玉右二来,此人与寺内正毅有关系,大约日政府见满洲交涉无大进步,而清军队之表同情于吾党者日多,或一旦吾党势力可成,伊既无要求于满政府,而又不见好于吾党,两无所据;又恐他国与吾党密近,将来排斥己国,于东亚殊难立足。有此隐情,故宫崎乘间运动长谷川大将名好道者,由长谷川将宫崎所铺张吾党之势力绍介于寺内,故寺内密派儿玉与宫崎来调查吾党势力,不过证实宫崎之前言耳。在港不过一礼拜,弟稍夸张出之,略言法、美国民皆表同情,或能怂恿之,亦未可知也。

刘泱泱编《黄兴集》(1),湖南人民出版社 2008 年版,第 37 页

编者按:此条时间据毛注青《黄兴年谱长编》151 页,及刘泱泱编《黄兴集》(1)第 31 页注(1);陈锡祺主编《孙中山年谱长编》501 页作 4 月下旬。

5 月 12 日(四月初四日)　黄兴作七律一首,书赠由香港返回日本的好友宫崎寅藏。

妖云弥漫岭南天,凄绝燕塘碧血鲜。庚子正月广州之役,倪□死于此。穷图又见荆卿苦,北京炸弹案,精卫、复生被陷。脱剑今逢季札贤。君与萱南君南来。七日泣秦终有救,十年兴越岂徒然。会须劫到金蛇日,百万雄师直抵燕。滔天先生别半载矣,今复偕萱南君南游,晤于香江,欢聚数日,临行书此以志离踪。即乞哂正。

刘泱泱编《黄兴集》(1),湖南人民出版社 2008 年版,第 31 页

△ 同盟会海外财务代表、美国人布思(chules B. Boothe)致函孙中山,希望孙嘱部属加强组织,勿急于行动,以俟时机成熟。因每一次失败在美国报纸刊登,都令人失望,影响借款计划。

5 月 13 日(四月初五日)　黄兴由香港致函檀香山,向孙中山报告国内革命形势与今后起义计划。此报告书背景是,1910 年 3 月,孙中山在美国洛杉矶时,曾与荷马李(Homer Lca)等商议大规模反清起义方略,并委托布思(chules B. Boothe)在美接洽贷款。因陶成章、章炳麟等在同盟会内部煽动纠纷,外间谣传孙、黄各树一帜,荷马李等提出要有正式文件证明孙中山为公认领袖,才能借款。为此,孙中山于是年 3 月 14 日及 28 日先后以电函通知黄兴,请为其办理证明文件。黄兴和赵声等研究后,在复书中陈述了起义计划,并办理了委任状。

黄兴复孙中山书称:

三月十四号之电及廿八号之详函均前后收到。各同志读之,有此极大希望,靡不欢跃之至。兹委任状已办妥,同日由邮挂号寄上,乞查察施行为是。再将弟与伯先兄之意见略陈之,以备采择焉。

(一)先生与军人(指荷马李,编者)所议之方略,与此间所已得手运动之情形略有不同。弟与伯先意,以为广东必可由省城下手,且必能由军队下手。此次新军之败,解散者虽有一标及炮(二营)、工、辎四营之多,然二标及三标之一营皆未变动。现虽有议移高州之说,恐一时尚不能实行。而巡防队兵卒之表同情于此次反正者甚众。现总督、水陆提【督】皆以巡防队可靠(可断定多会党,运动必易,以湘人运动尤易),闻往招湘人约千人,北江一带约数百人,将来专为省防之用。李准原有之亲兵队约千余人(内同志甚多)。总共巡防计有三千之谱。若此兵数一能运动,则外无反对者。其方法俟大款得手,先刺杀李准一人,使其部下将校自相混乱(因皆李私人,多不得兵心,若易统领,则必更换其管带、哨弁等,而兵卒之心更离矣)。变更于此变更之时,广用金钱(兵卒皆不丰足,负债者甚多,益以嫖赌,其势更岌岌),不一月可悉收其众,前次之失,立可恢复。省城一得,兵众械足,无事不可为。至广西一隅,同志之在陆军者约数千人(李书城、孙棨、杨源浚均在此),以刻尚未招兵训练,无可假手。至秋期则兵数想亦可招足,此方面不必顾虑,自能联合也。外会党一面,刻虽清乡,其人众稍为所慑,然兵去则聚,自成常例,至时亦可号召之。前所运动之基础固未摧坏,再扩张之,自易易也。总之,广东之事,视款为难易。以普通一般之军队多贪鄙嗜利,况有义字以激发之,富贵功名,唾手可得,何乐而不为此!此弟与伯先兄观察广东巡防军队之心理,而可以断定者也。故图广东之事,不必于边远,而可于省会。边远虽起易败(以我不能交通而彼得交通故),省会一得必成。事大相悬,不可不择(此次新军之败,乃在例外),倘先生与军人已决议择一地点,为训练兵卒、接收器械之处,亦不难图之,为省城之外援。现广州湾已查得一地(此李应生与甄吉亭到该处查获者),可向法人批租。其地为旧公园。目下有一法人垦之不

利，该处之公使亟欲弃之，价不过三千余金，又有房屋多间（有一大洋楼），另给千余元均可得。又李应生亦有地在该处，伊祖父给之使其自营者，亦可为之开辟。又张静皆（江?）兄亦有意在该处垦地。如一得款，可由李、张、甄等出名至该处领地，藏数千人，势亦不难。且新军中之高州人散归者，颇能团结一气，不为少馁。其该处之来联盟者日进无已（前新军之头目为之主盟，巡防、会党皆有），若二标移往该处，则势更好（闻五月间其在茂名、化州之营房可起）。此处可决定为之，一便于接械，二便于出西江，扼上游（南宁）之冲，收服巡防各队，略定西省南服，将来其有助于省军必大也。郭人漳处，自弟出后，弟曾通信一次，乃言王德润事，未见其复。今袁督之子与伊至交，且兼有戚谊，若与商约，恐必举发其阴谋。惟有至时降服之，否亦杀之不足惜。至其所部之众，其新军一营驻廉州者为伯先旧部，今正闻广州之事，已跃跃欲试。余一营为湖南老营，多不满意于伊。他则皆巡防耳。一朝有变，反侧随之，无他虑也。然弟当试以他术，嗜利之徒或能可动，亦未可知，然总以不告以秘密为是。

（一）联络他省之军队及会党，此最宜注意者。今满洲之马杰及渤海之海贼，去岁萱野返日已带有二三人来，均有势力者。伊等只要求费用，即可活动。至少可集合三五千之众，扰乱满洲方面，趋近杀虎口、张家口一带（口外无兵，可随意越过），以惊撼北京，此则为出奇者也。势虽不成，牵制北清之兵力有余。又北清之新军，同志在其间者亦不少。前岁西挪拉氏之变，伊等欲乘机运动，虽无大效力，然种子已播，兹更图之，亦不难也。长江一带之会党，久已倾心于吾党，一有号召至，可助其威焰。尤以浙江一部为可用，王金发君等可得主动之。至三江之陆军，其将校半多同志，今岁闻伯先兄在粤举事，皆有握拳透爪之势，若事前与之联络，择其缜密者为之枢纽，势不难与两粤并。湖北之陆军虽腐败，然开通者亦不少。去岁有孙武者（湖北人）竭力运动，闻成绩亦好。湘中之新军虽不及万人，然有数同志为管带、队官等，又督练公所及参谋等多同志人，较他处亦不弱。云南同志亦多得力，其经营有不俟他处彼亦为之之势。此次巨款若成，择其紧要、办其缓急以图之，必有谷中一鸣，众山皆应之象，而吾党散漫之态，亦从而精神活动可无疑也。

（一）军人拟聘武员及各种技师前来，预备充组织及教练之用。此事弟等思之，颇有难处。无论难得地点，即有地点（譬如已得广州湾言），恐集合多人，耳目众多，流言四起，外人或不注意，满吏则必为之枕席不安也。况多数外人来此，尤易招目。此事可否婉曲商之，云吾党初期之预备，虽稍宽以时日，然后招聘人员（俟初期预备完全，由此间报告后，然后招聘方为妥当）。在伊等视之，以为此事必非速速可成，而吾等于稍宽之时日中得完全成功，出伊意外，想伊亦不见忌，必乐为我用也。我等于事起后，伊等之来，自是有益，此两无妨害之事，伊亦必允从。否则伊来，如事前败坏或放逐之类，皆于大局有关，且于教练实际上断不能施行。此种情形，想先生亦知之深矣。

（一）组织总机关之人才，弟意必多求之各省同志中，以为将来调和省界之计。一有款，弟拟去日本招求已归内地之同志（有胆识者），来日会议后，分遣担任赴内地运动各事。其智识卓绝或不能回内地者，则留驻日本，或招来港中，为组织总机关之人员。但目今不能详举其人名，以近二三年来未与共办一事，而为外间浮言所中者居多。必须开诚布公、推心置腹以感之，彼方见信。如孙少侯君其人也。杨笃生君在英专志科学，有款先生必要之归。此人思想缜密，有类精卫，文采、人品亦如之，美材也。蔡孑民君在德，此人虽无阔达之度，而办事精细有余，亦难得多。吴稚晖君甚属人望，惟偏于理想，若办事稍低减其手腕，自亦当行出色。他如在东山西之景定成君，湖北之黄运甓君，四川之李肇甫，湖南之左仲远、龚超（已出狱）、张百莼（三君皆有才，可办事，惟宜一方面）、刘揆一、宋教仁，山东之商启予、丁惟汾，陕

西之于右任,江苏之章梓等,皆能办事。此不过举其一二。至其能在内地实行运动者亦不乏人,想可招之使来。若我辈能虚怀咨商,不存意见,人未有不乐与共事者也。赵伯先兄于军事甚踊跃担任,此次款项若成,可委广东发难之军事于伊,命弟为之参谋以补其短,庶于事有济。伯兄刻虽不能入内地,以军界多属望于伊,为之自亦易易。若能得一次大会议,分担责任,各尽其才,事无不成矣。

刘泱泱编《黄兴集》(1),湖南人民出版社2008年版,第32~36页

5月15日(四月初七日)　清廷颁布《大清现行刑律》。

本日,清廷颁布现行刑律,令内外问刑各衙门依法听断。上谕曰:

上年据修律大臣奏进编定现行律,当经谕令宪政编查馆复核准奏。兹据该馆及该大臣,将现行律黄册并按照新章修改各条,缮具进呈。朕详加披览,尚属妥协,著即刻成书,颁行京外,一体遵守。国家律令,因时损益,此项刑律为改用新律之预备,内外问刑各衙门,务当悉心讲求,依法听断,毋得任意出入,致滋枉纵,以副朝廷慎刑协中之至意!

《政治官报》《谕旨》,宣统二年四月初八日,第九百十三号,见《清末官报汇编》第75册,全国图书馆文献缩微复制中心2006年版,第37391页

△ 清廷以山西文水、交城两县反抗禁种烟苗酿成巨案,命将山西巡抚丁宝铨交部察议,在事文武官员分别革职撤差。

《东方杂志》第7卷第5期《中国大事记》:

山西文水县因抗拒禁烟之令,省台派兵前往,杀伤多人。事后,经御史胡思敬专折劾奏,奉旨令直隶总督陈夔龙查办。旋由陈总督查明覆奏,略言此案由武树福、宫九户二人,藉要求种烟为名,广布传单,敛钱聚众,甚至订立合同稿据,为之迫协入约者,竟有二十一社之多,似此顽梗之尤,委属法无可贷。惟当其立约之始,该地方官果早为觉察,劝导有方,当不难立时解散,即武树福等怙终不悟,亦须早日拿办一二人,其事自平。乃革文水县知县刘彤光,事前既已疏忽,临时又甚张皇,仓促请兵,致酿重案,仅予革职,尚觉稍轻。抑犯事虽在文水,而起端实由交城,署交城县知县徐星朗,于本邑种烟,查禁敷衍,复坐任部民勾结邻境,聚众滋事,毫无阻遏之方。平心而论,岂能无咎。至派兵之初,丁宝铨三令五申,专备弹压,乃夏学津鲁莽图功,轻于一发,且于武树福已获之后,大索不休,误伤多命。嗣复多方诿卸,以掩其过。无怪为众怨所归。李逢春身为管带,竟惟夏学津之命是听,又纵令所部兵队骚扰闾阎,平日之毫无纪律,于此可见。以上各员,均属咎无可辞。至山西抚臣丁宝铨,严禁种烟,分别当为,迨事起之后,叠据地方官绅电禀交驰,甫行派员弹压,且谆嘱毋得轻发,未尝不慎重出之,其饬将武树福就地正法,亦属诛当其罪。是该抚臣于此案措置尚无不合。惟其两次陈奏,但就各文武等所禀情形,据以入告,未能详细确查,且仅将刘彤光参革,而于此外办理不善之文武,概未议及,亦不无疏忽云云。当奉旨:丁宝铨交部议,文水县知县刘彤光革职,永不叙用,署交城县知县徐星朗革职,陆军教练处帮办夏学津、陆军步队第一营管带李逢春褫革。

5月15日(四月初七日)　湖北沔阳州因连年水灾,十室九空。本年入春屡降大雨,农业生产春收不及三分。5月15日,饥民抢夺富户,驻防官军罗管带派士兵十余人前往弹压,饥民被迫反抗自卫,殴毙清军副目一人,罗管带又派全营士兵缉捕,饥民执械与清军格斗,被

伤十余人，战死五六人。湖广总督瑞澂闻报后，即饬二十一混成旅协统黎元洪率四十二标精壮目兵一队前往驻防，以便镇慑。

5月16日(四月初八日)　孙中山在夏威夷岛希炉演说，并宣布成立同盟会分会，宣誓入会者三百八十五人。

△ 同盟会员胡鄂公、熊得山等在保定成立共和会，京、津、保各学堂学生和第六镇士兵纷纷加入，发展会员三千余人。

5月18日(四月初十日)　清廷以各省添设巡警、劝业两道缺，皆属新政要图，命各省督抚细心考核该两道已补人员。

5月19日(四月十一日)　清廷以沿江地方不靖，讹言繁兴，各国咸有戒心，命两江总督张人骏调营兵弹压劝业场，严密梭巡，加意侦缉。倘发现有人相互勾结，造谣惑众，或者用邪术扰乱社会秩序，一经讯实，即行就地正法。

宣统二年四月十一日军机处寄两江总督张人骏电旨：

现在长江一带春雨过多，米价腾贵。又值江宁省城开办劝业会，中外商民陆续麇集。迭据英美德等国使臣向外务部声称，该处于长沙乱事后人心浮动，匪党潜滋。近复有剪发辫、割鸡尾、小孩身佩符录[箓]、学生怀挟枪弹等事。外人性命财产在在堪虞。各拟商派兵轮前往观会，藉可隐为保护等语。沿江地方不靖，讹言繁兴，各国咸有戒心，伏莽时虞蠢动，亟应切实防范，预遏乱萌。该督前调两营弹压会场，如果不敷分布，仍著酌添水陆数营，随时严密梭巡，加意侦缉。如有不法匪徒勾结煽惑，以至施行邪术扰乱闾阎，务当协力查拿，一经讯实，即行就地正法，勿稍轻纵，以弭事变而保治安。并将办理情形详晰电奏，是为至要。

中国史学会主编，中国近代史资料丛刊《辛亥革命》(3)，上海人民出版社1957年版，第410页

5月19—22日(四月十一—十四日)　安徽南陵县乡民抵制官府户口调查，索要调查登记册，焚烧拆毁调查员宅屋，围困打毁警察局。

《东方杂志》第7卷第5期《中国大事记》：

南陵县月初调查户口，北乡忽来一游方医生王某，口称伊从江苏泰兴一带而来，目见该处调查户口人名册，一经报送到官，其家即全家死亡。盖此调查册系修造铁路所用，或填枕木，或顶桥梁，尔等速将册取回，云云。一时愚民轻信其言，咸至调查员处索回草册。经调查员报县，往拿未获。十一日，下东乡宣南接壤之西河镇，有数百人轰至调查员某君家，索取草册，并将其家围住，声称如不将册交出，定行纵火焚屋。某君专人报县，适知县程荫堂奉委赴宣城，遂便道往该镇解散。闻当场拿获为首两人，交地保看管。虽经官府出示晓谕，调查员百端解说，终无效力。十二日夜，上东乡浦桥地方，又有客民雷某啸聚愚民数百人，将调查员李开基、研究所教员潘崇基一家，肆行拆毁。李母年已八旬，闻警奔避，几乎淹死塘内。该客民自恃人众，复哄至地保某甲家，捣毁一空。是夜，西乡工山坊某调查员家，亦被乡民围住，幸将草册立刻交出，始免扰害。十四晚，东乡清弋江镇又有愚民千余人，一面将警局围住，一面往各调查员家勒令退册。一时人声鼎沸，砖石如雨，警员臧某乘机逸出，未遭危险，而局中器具已打毁一空。又是晚浦桥地方愚民余怒未息，复将教员秦良楷、叶维桢、叶书有三家拆

毁，片瓦无存。又刀伤叶君左臂。自治公所时以知县出境未回，特函请巡官陈某、典史阴某，分途往东北两乡弹压解散，城内居民亦被动摇，遂将调查户口事暂行停止。

5月20日(四月十二日)　同盟会通告驻北京各外交使团，呼吁各国在中国人民即将推翻清王朝的斗争中保持中立。

△ 安徽南陵县再起禁米外运风潮。安徽南陵县乡民风闻有官府采办平粜委员前来采购米谷，造成该县粮价日益昂贵，遂联合十三图乡民昼夜防守河干，阻止米船出境，甚至散布匿名揭帖，揭露某绅士包庇米商偷运出境。是日，县令拟在县署大堂开会研究粮食问题，不料乡民闻讯赶来县城探听消息者达数千人，会议被迫中止。县令应乡民要求，一方面答应全力保障民众吃粮供应，同时澄清外来委员到县采购粮食的谣言。

5月21日(四月十三日)　山东莱阳农民不堪新政苛捐重税，聚众万余人进城并包围县署，要求减免捐税钱粮。

《东方杂志》第7卷第6期《中国大事记》刊《山东莱阳县乡民将乡董房屋焚毁》报道：

先是四月十三、十四等日，莱阳县乡民因知县藉辞办理新政，苛政重税，不堪其苦，又侦知仓中积谷，已无余存。当纠集万余人，至县署喧扰，要求数端：一、将抽收人口税免去(闻私收丁税每人一口铜元三枚)。一、将戏捐减去(此则奉官抽收已二三年)。一、征收钱粮，铜元不折不扣。一、不肖门丁，各班衙役，以及绅董乡长，有鱼肉乡民者，即速撤换。一、往年仓谷，无论何人侵吞，非从速垫出不可。

经某庄长竭力劝解，官亦一一允许，始散。十五日，又有僧道一千数百人，麇集县署，要求免提庙捐。知县朱某不得已，亦许之。十六日，朱知县即邀请巡防队到县防守。十七日，遂拘拿僧道二十余名，施以非刑。至本月初，乡民因知县所许诸事，始终未见实行，征收苛捐如故，遂又于初六日将署围住。朱知县诿咎诸绅，众民即拥赴诸绅家，先将巡警局董王景岳房屋器具焚毁一空，又赴鱼池头村，将高玉峰之宅焚毁。初七日，众民又拟进城拆毁诸绅房屋。迨至城下，见城门已闭，遂退至城西九里河地方屯驻。旋经连庄会(初朱令勒逼各捐，城北八社连络一气，拟图抵制，名曰连庄会)会长曲诗文查知，诸劣绅于捐款虽不免从中染指，然主动者实朱知县。众遂声言翌日非攻城杀官不可。朱知县大恐，请城守王凤苞及阖邑商界，赴九里河与民议和。众民要求数事：一、征收地丁，宜按章每两作大钱二千四百文，以外分文不准浮收，且无论制钱、铜元，不准折扣。一、官绅盗卖积谷若干，宜全数包赔，急速发放，以济贫民。一、各种杂捐，嗣后不准抽收分文。一、自治局教育会，宜公举公正绅士办理，倘不得人，暂即停办。一、巡警不准随便下乡，恣意骚扰。一、阖城绅商，宜全体出保曲诗文不死。一、所有陋绅劣董，一律斥退，不准干预地方公事。

当有富商姜菊平一力承当照准。至初十日，官民之和约始成。朱知县立即出示，略谓昨经姜菊平等说妥，因曲诗文与前积谷局绅董滋闹，致动众惑，现绅董避匿不归，急须饬革，另择人员充当等语。其革条如下：一、革除局董张尚谟、于赞扬，因犯众怒。一、革除劝学董王圻、教育会长葛桂星、巡警局董王景岳，均因犯众怒。

又定议数件如下：一、裁撤教育会。一、裁免戏捐。一、铜元不作折扣。一、巡警不得下乡。民见谕后，遂即解散。

△ **河南伊阳、西平两县发生劫狱释囚事件。次日，河南汜水发生劫狱释囚事件。**

5月22日(四月十四日)　上海预备立宪公会等十五个团体开会，欢送第二次国会请愿代表赴京。次日，请愿代表沈缦云离沪北上。

5月23日(四月十五日)　英、法、德、美组成四国银行团，订立铁路协定，共同对粤汉、川汉铁路借款六百万英镑，四国银行各摊四分之一，随后与清廷达成铁路借款协议。

△ **奉天、安东、凤凰、宽甸连日发生抢米风潮。**

5月24日(四月十六日)　宫崎寅藏所撰黄兴访问记在日本《万朝报》连载，其中反映了黄兴对当时中国革命形势的看法。

文章称：

湖南志士唐才常起事失败后，黄兴在长沙举起反清旗帜，密谋起事，也遭到挫折。之后他到广西和孙中山一起策划军事行动，一举攻克了镇南关。在遭到官兵的反击而撤退时，他一个人带着二百个士兵，辗转战斗于广西各地达一年之久；接着又转到云南，指挥革命军夺取河口，在几次起义都遭失败以后，黄兴有较长一段时间潜居在日本。北京发生炸弹事件后，传说他匆匆离开了日本不知去向。笔者漫游南洋时，偶尔在某地和他相遇。我们很久不见，真不易得此促膝畅谈的机会。遗憾的是，由于对他们承担了保密的义务，我不能将所谈情况全部无遗地公布出来以飨读者；只能在不失密的范围内简述如下几节，如多少能为了解当时情况起参考作用，就足以自慰了。

暴徒和革命党

湖南暴徒与革命党有无关系，一般成为疑问，没有定论。笔者向黄兴提出这个问题，并问及革命党究有多大势力？他说：我党现有势力如何，这是个实际问题，不是现在应该拿出来谈的。若说我们有多大势力，却没有取得天下，就证明我们没有足够的势力。若是真正有了势力，能这样说的时候，那就是天下已经得到了。所以现在你如何自夸都没有用，还是说自己没有多大势力比较好。事实也是如此。象湖南的饥民一类的暴动，与我党是根本无关的。有些人以为我党急于起事而不择手段，把什么样的人都吸收进来，这是不了解我党宗旨而作的猜测。我党在开始建党和进行革命的时候，处事是很慎重的，这是我党主义所决定，是理所当然的。我们最怕引起外人的误解，因为我们认识到纵然不象义和团那样，如有一点排外思想表现出来而招致误解，对于我党都是非常不利的。为了避免这一点，我们把许多好的机会都放弃了这是很可惜的。当某些事件发生时，并不是我们没有想到这是一次好机会，尽管想到了还是没有动手干。湖南长沙是我的故乡，因为有前年那一次事件，我们的声望，影响很大，有些参加革命的人，很想乘那次机会急于发动，好不容易才制止下来。现在对江苏发生的暴动，我们采用了同样的方针。目前国内接连发生饥荒，对革命来说，是有利条件；加以近年来我党日益发展壮大，到处都潜伏有同志，在伺机而动。可是我们必须慎重，不能轻举妄动。当前最大的问题是：有的人忍耐不住，又悲又叹，有的人想用俄国的办法发动农民起义。他们不仅是这样说，而且有所行动。对于这种作法，必须加以制止。在如此炎热的远方，我现在是淌着汗水担心这件事情。现在不是我吹号子他们不跳的时代，那个时代已经过去了。我现在担心的是另一种情况，比起那个时代来，这种担心又含有愉快的成分。贵国

的由井民部、元辅飞雪的谋叛也是相同的，准备工作已做好百分之九十九，只因差了一分之故，就失败了。所以我认为，宁可痛苦，也要忍耐。因为那不仅仅是一次行动的失败，如因而引起列强的干涉，从而导致国家灭亡之祸，这就不是一般的担忧了。我们的担忧因时期的变化而有所不同，但担忧是始终存在的。人的一生中总会有各种各样的忧虑，我们企求的是愉快的忧虑。现在距离我们这种愿望的实现已经为时不远了，请你为我们高兴吧。

北京炸弹事件

笔者回转来问北京炸弹事件，他叹息地说，如果在有神权和皇权坚强统治着的俄国，人民在迫不得已时这样做，是可以的。但在我们中国，只有一个儿皇帝（宣统帝溥仪）和一个懦弱无能的政府，我们完全不必搞这类无谓的暗杀行为，要采取等待时机一举推翻清政府的方针。我们做梦也没有想到在党内起重要作用、向来沉着稳重的汪（兆铭）、黄（复生）二君竟然做出那种唐突之事。他们根本没有同大家商量过。但清政府也没有杀他们，只作了终身监禁的处罚。这对于双方都是有利的。如果杀了他们，就会闹出大乱子来，那些崇拜他们的血气方刚的青年会以血还血地进行报复。汪兆铭在日本留过学。你也清楚，他的号叫精卫，还是《民报》的主编，写的文章颇有特色，在青年中有很大的影响，吸引着一部分青年靠拢革命。可是现在看不到他那些好文章了，真是遗憾啊！黄兴说罢，眼泪滴滴流了下来，我也情不自禁地低下头来。

广东新军事件

笔者又提到本年（明治四十三年）元旦广东新军骚乱的问题，黄兴说，十分遗憾，我们失策了。仅仅只六天之差，本来有希望取胜的，结果完全失败了。尤其是牺牲了极其重要的革命党人倪炳章，令人十分惋惜。本来约好在正月初六，由三千个三合会员与新军同时起事，倪队长为了商定起义计划的细节，元旦那天，就外出某地，与同志联系密议。不料心怀愤懑的新军士兵，于当天大喝其酒，以致与巡防营的士兵发生冲突。飞毛腿跑来报讯，说大事不好，士兵和平时的死对头巡防营打起来了，倪飞奔前去制止，但已制止不住。在不得已的情况下，他只得提前举事。由于缺乏弹药，每人仅有四发子弹，倪命令他们不要随便开枪，他自己站在最前面，带领部队慢慢向前走去。这时，水师提督李准已把机关枪运来，瞄准倪首先射击，倪当场中弹倒下，部队跟着就四散了。他们又在另一个地点集合起来，等待为倪报仇的时机到来。应该说促使这一时机的到来是我们的责任和义务。这件事，李准先发制人，倪炳章殉难，固属可惜，但却使革命方面避免了一场更大的牺牲。当时，一般人都揣测新军中潜伏有革命党人，官吏中也不少人持这种怀疑。总督则极力掩饰实情，说军队与革命党全然无关。可是在他们的战利品中已发现了很多炸弹和革命党的旗帜，这就戳穿了他的谎言。尽管如此，总督还是采取掩耳盗铃的办法，矢口否认。他们这样做，看来用心良苦，真是可笑之极。

革命党和军队的关系

笔者借广东新军骚动一事，进一步问革命党和军队的关系如何？黄兴缓缓地说：几年前萍乡之乱发生时，清政府派来讨伐的军队有把枪丢弃给"乱党"的。在广西、云南等地，亦复如此。这是因为军队中有革命党人在作内应。也有军队因受革命的影响而自行发动的，如安徽事件和早一个月的江苏事件，就是这样。从这些现象也可以看到整个的趋势，革命的潮流是在向前发展，胜利愈来愈近了。我们在广东虽然失败了，但我们并不悲观，而是非常乐观，所以一点都不急躁。对我们革命党人来说，几次的失败，使我们吸取了教训，提高了觉悟，懂得了在准备工作上必须十分慎重、周密。从此以后，不致再发生那种仓促冒险的行动了。

革命党人对列强的看法

笔者知道中国革命党人在日本逗留期间，对侦探的盯梢非常讨厌，所以就问他们在英国

殖民地和法属领土逗留时,当地政府对他们的态度如何?黄兴笑着说,贵国的警察有世界第一之称,尤其是当今的桂内阁比以前的西园寺内阁更为厉害,什么事都做得十分严密,这恐怕要多作无用之花费。英法殖民地虽然在某些方面是极严厉的,而在有些方面却是采取放任的态度,象我们这些带"危险性"的人到他们那里去,也可以成为自由之民。在法属安南,我们如被错看是贵国的人,是会发生麻烦的;如晓得是中国人,尤其是革命党人的话,那就会受到特别优待,使你感到十分愉快。在英国殖民地,如果知道我们是革命党人的话,也会受到优待。英国和贵国是同盟国,贵国人在英国,不会象在法国属地那样受到猜疑,而会受到友好的对待;对我们,如盯梢之类的事,也是不会有的。这就是所谓大国的风度。我这么讲,决不是视贵国为小国。可是,因为贵国把我们看得太重要了,对我们的一举一动都很注目,使人产生应该"感谢"的心理。但过分的关心就可能使人感觉不愉快,而且相互之间可能发生麻烦。不过人的感情是一种微妙的东西,相处时间一长,就会增进了解,加深感情,我们同文字、同肤色的人,总还是有些亲切之感的。您回国后,恳请转告贵国的仁人志士,万一我们革命党不能一举推倒清廷,清政府要想长久地统治下去,也是不可能的。因此我认为,应该从长远的观点考虑,来确定贵国的国策。作为日本政府,当然不可能把清政府置之度外,而作为日本人民,就可以权衡轻重,另作选择。如果不是这样,就可能造成百年遗恨。这些话,似乎是杞人忧天,却是我的由衷之言。

毛注青《黄兴年谱长编》,中华书局1991年版,第155~160页

5月27日(四月十九日)　清廷命湖广总督瑞澂、湖南巡抚杨文鼎,照其会奏办法筹办湖南一切善后事宜,相机妥速办理。同日,又以湖南肇乱,分别革职议处办理不善之文武官员,对挟私酿乱绅士亦分别革职议处。

《东方杂志》第7卷第5期《谕旨》载上谕:

瑞澂、杨文鼎奏遵旨查明湘省痞匪藉饥饿扰乱地方文武办理不善分别参办一折,此次湘民群乱,该省文武各员事前疏于防范,临时又因应失宜,均属咎有应得,除开缺湖南巡抚岑春蓂业经交部议处外,巡警道赖承裕操切偏执肇衅酿患,盐法长宝道朱延熙遇事庸懦、应变无方,长沙协都司贵龄、左营守备周长泰、消防所所长游击培林、警务委员知县周腾,均保护不力,著一并革职。布政使庄庚良措置失当,开缺交部议处,按察使周儒臣、长沙知府汪凤瀛、长沙知县余屏垣、善化县知县郭中广,身任地方,亦难辞其咎,惟平日官声尚好,办理善后亦颇敏慎,周儒臣、汪凤瀛均著交部察议,余屏垣、郭中广均革职留任,署长沙协副将杨明远查拿匪犯尚能认真,著摘去顶戴勒令捕匪,以观后效,余著照所议办理。

上谕:

瑞澂、杨文鼎会同筹办湘省善后事宜一折,此次湘省变生仓促,虽因米价昂贵要求平粜而起,实有莠民痞棍从中擅乱,自非严惩不足以昭炯戒,除业经格毙及正法各匪外,所有续获匪徒,仍著悉心严鞫分别首从,尽法惩办,以警刁顽,其安分良民务须妥为赈抚,毋任失所。至所陈一切善后事宜,著相机妥速办理,用弥后患。

△ 御史赵炳麟为新政费用浩繁,人民负担沉重,加剧民众生活穷困和社会动乱,请旨以民力大小,分别轻重缓急,先将九年筹备立宪清单拟办新政,预算行政经费,制订年度实施计划,确定实施先后次序。否则,在上多一虚文,在下增一实祸,保民不足,扰民有余,后果令人担忧。赵炳麟同时提出,将湖北湖南等内地流民迁东三省安插。

掌京畿道监察御史赵炳麟奏称：

臣于宣统元年五月十五日请确定行政经费，未蒙朝廷交议。今年长沙民变，臣省亲至湘，目睹湖北流民，不下二十余万。湖南省城，人心粗定，而乡间乏食十室九空，抢米之案，日数十起。又闻江南、海州等处饥民围城，人心摇动。兼之南方久雨，又将为灾。湖南之茶损伤殆尽，湖北之麦收获无期，不知明年是何景况。百姓困穷至此，若不度量财力，以定新政次序，在上多一虚文，在下增一实祸，保民不足，扰民有余，良可虑也。拟请谕令军机大臣检出宣统元年五月十五日臣请算定行政经费一折，饬交王公、大学士、尚书、侍郎、翰林、给事中、御史、各省督抚将军，将九年筹备单内所开各条，某年某事，需款若干，从何筹定，分年列表，详议具奏。俟今年资政院开会，即将此表交该院议员核议，视民力能否担任，分别缓急轻重，次第施行。抑臣尤有请者：大学言：所好好之，所恶恶之。孟子言：所欲与聚，所恶勿施。实为立宪之精意，萃万国宪法学说，莫能外范围焉。夫民之所好孰切于生，民之所恶孰甚于死。无食则饥，无衣则寒，生死所关，正治民者所当加意也。现在湘、鄂等省，流民众多，老弱转于沟壑，强暴流为盗贼，不可不预筹安插之策。臣闻东三省土旷人稀，可兴垦牧，火车便捷，移民不难，并请饬令京外诸臣，筹拨款项，详议移民之法，务使少壮有地可迁，藉收实边大利，老弱有食可给，不致饿殍塞途。此尤我国家无疆之福也。

中国第二历史档案馆编《中华民国史档案资料汇编》第1辑，江苏人民出版社1979年版，第112～113页

附宣统元年五月十五日(1909年7月2日)赵炳麟请旨确定行政经费，以免误国事而促乱机折：

臣于五月初八日召见养心殿，监国摄政王询及九年筹备事宜，臣对以应从预算逐年经费下手。惟臣言语过拙，土音太重，恐面对尚未详明，谨具折为朝廷沥陈之。夫立宪国之贵有议院者，贵其以人民而协赞立法审察岁用也。法律财用必许人民参预者，盖君主行一政，出一令，必度民力察民财，法出能顺舆情，令行斯如流水。故西国政治家谓财政为无形之道路舟车，以其非此虽有良法美意，亦不能行也。九年筹备若不量度财力，逐年算定，京外官吏文牍往还，顾炎武云，明之亡国，由于法制纷扰，上下相朦，臣实惧之。臣谨将筹备单内所开需款较繁者约略计算。如巡警一项单内所开，在宣统七年厅、州、县、乡、镇一律完备。厅、州、县土地不齐，且以百里为率，每厅、州、县非练巡士五百人，不敷分布。京师巡士薪水，自八元至十元不等，犹未完备。外省薪水至少每人亦需五元，每厅、州、县，月需二千五百元，岁需三万元。小省岁略需银二百余万，大省岁略需银三百余万，而建局购器警官书记各薪俸，尚不在其内。司法一项单内所开，在宣统七年各直省、府、厅、州、县一律成立。查司法为三审制度，各省应设高等审判厅一，各府、厅应设高等审判分厅一，各州、县应设地方审判厅一，各乡至少亦必设东西南北四初级审判厅。考地方审判以上称合议制，厅分民刑两庭，每庭至少设推事三人。初级虽云单独制，然推事有不止置一员者，而各级检察官，数又半之。略计每厅、州、县，应设司法官二十余员，凡附属于司法官厅之员役，不与焉。至小省份应设司法官一千五百余员，每员薪水至少以月三十元平均算之，岁略需银五十余万，合之建造衙署、改良监狱及书记执事各人役薪水，必在百余万以外。教育一项单内所开，在宣统八年国民识字义者须得二十分之一。查现在各州、县仅设一两等小学堂，生徒多者百人，少者数十人，常年经费至少者需银三千元，而所教人数不过百余，以四万万人核算，欲得受教者二十分之一，每省非百余万之教育经费，必不敷用。自治一项单内所开，在宣统六年厅、州、县地方自治一律成立。查民政部奏颁地方自治章程，除城、镇、乡议事会为名誉员不支薪水外，其城镇董事会乡董、乡佐并文牍、庶务等员皆支薪水。且自治范围广大，需款尤繁。此外，如调查户口、改行官

制、清理财政,在在非款不行。倘不分年算定,预筹的款,臣恐纸片上之政治,与事实上之政治,全不相符。从纸片上观之则百废具举,从事实上核之则百举具废。官吏之巧黠者,装袭虚文,张皇门面,以欺陛下之爵禄,而剥民间之膏血。浮薄之士从而标榜之曰:某也才,某也能。其实皆虚应故事而已。臣每言念及此,未尝不抚膺太息而继之以泣也。拟请旨饬下亲王、贝勒、贝子、大学士、尚书、侍郎、翰林、给事中、各省督抚,将九年筹备单内所开各条某年某事,需款若干,从何处筹定,在何项指拨,分年列表,详议具奏。俟明年资政院开会,即将此交该院议员核议,视民力能否担任,分别轻重缓急,次第施行。如此,方有实事可为,不致以空文误国,一言丧邦,大局幸甚……甲午、庚子以来,新旧赔款,不下十余万万。洋货侵入,土货不销,商务漏出者,十年以来,不下二十万万。此皆输诸外国者也。近年度支所入岁逾一万万两,一切练兵之经费、新政之诛求、铜元之损失,何一非取给于民。八口之家不聊其生者,比比皆是也。孟子曰:此惟救死而恐不赡。臣不禁为中国前途悲矣。国取诸民,民取诸土。今欲为国家筹经费,尤宜先为民人谋生计,方不致竭泽而渔。

中国第二历史档案馆编《中华民国史档案资料汇编》第1辑,江苏人民出版社1979年版,第110~112页

5月28日(四月二十日) 清廷批准宪政编查馆派员赴各省考察宪政筹备情形,宪政考察拟分二期,直隶等十四省为第一期,于暑期分别考核;陕西、甘肃、新疆、四川、广西、云南、贵州等边远省份,及刚发生骚乱的湖南,筹办宪政展缓三月,均作为第二期于秋季派人考察。

宪政编查馆请派员分赴各省考察筹备宪政情形,本日奉旨依议。原折略曰:

查各省筹备宪政成绩,第一年下届及第二年上届,业经臣馆考核具奏,其第二年下届,现亦各据陆续奏报前来,一俟到齐,即当照章考核,分别殿最,汇案具奏。惟专就奏章考核,则各省所陈,故无不井井有条、言之成理,究竟实际如何,殊难遥度。其中成效昭著,语无虚饰者,故应多有,而因循敷衍,徒托空言者,恐亦在所不免,非遵照奏案,派员亲往各省考察,不足以昭核实。但二十二省道路有远近之殊,交通有便否之别。其道路较近、交通较便利之处,一两月即可竣事。若边远省份,铁路轮船未通之区,往返即须数月,瞬届暑雨之期,行路既多艰阻,且值暑期内,有关于学堂之事,亦即无从察视。臣等公同商酌,拟分两期办理,第一期为四路:直隶东三省为一路,派臣馆编制局科员候补四品京堂陆宗舆;山东、山西、河南、湖北为一路,派臣馆考核专科帮办掌安徽道监察御史黄瑞麒;江西、安徽、江苏为一路,派臣馆编制局科员翰林院秘书郎刘福姚;浙江、福建、广东为一路,派臣馆考核专科科员候补四品京堂林炳章,分途前往各该省切实考察。应请旨饬下各该省督抚,转饬所属,于该员等到该省考查时,如须前赴各衙门局所学堂稽查办法,询问情形,调阅案卷,务各妥为接待,据实详细检示,不得敷衍回护,俾得认真稽考,察知底蕴。……俟该员等查竣回京,将所查情形详细报告,由臣等核明具奏,其办理核实,卓有成效者,请旨褒奖。其逾期不办,或阳奉阴违,或有名无实,与所奏不符者,请旨严加惩处,庶足以昭劝惩而重宪政。至陕西、甘肃、新疆、四川、广西、云南、贵州等省,道途较远,湖南一省,乱事甫平,经该抚奏明,筹办宪政展缓三月有案,均请作为第二期,于秋季再派员前往考察。

《政治官报》,折奏类,宣统二年四月二十五日,第930号,见《清末官报汇编》第75册,全国图书馆文献缩微复制中心2006年版,第37459页

5月30日(四月二十二日) 孙中山由檀香山搭乘蒙古号轮船启程赴日本。

孙中山于1910年5月24日致美国友人布思函称:

我拟于本月三十日乘“蒙古”轮离此赴日本。

中国社科院近代史所等编《孙中山全集》第1卷，中华书局1981年版，第460页

孙中山于1910年5月25日致纽约同盟会员函称：

近复接东方来信，知中国内地各情更急，遂决于西五月三十号由槟[檀]往日本以会同志，商办善后事宜。

中国社科院近代史所等编《孙中山全集》第1卷，中华书局1981年版，第461页

△ **清廷以广东新军滋事，该管官措置失当，饬将协统张哲培、一标统带刘雨沛拿解大理院治罪，两广总督袁树勋交部议处。**

上谕：

前据给事中陈庆桂奏，广东新军滋事恐有冤滥情事，请派员查办一折，当经谕令张人骏彻底究查，兹据覆奏，查明当日滋乱情形，始由新军二标与警兵口角起衅，继因统带官不准放假，一标营兵首先哄闹。革党倪映典藉端煽惑各兵，希图起事，倡言于众，语极悖逆，业经防军当时格毙，共击死乱兵二十八人，正法十一名，先拿获乱党四十余名。事虽敉平，而该管官等措置失当，几至良莠不分，宜于舆情不洽，前协统张哲培平日抚驭无方，临事弃营逃避，一标统带刘雨沛，于标兵喧闹之时，即已避匿，次日又复私逃。即著袁树勋拿解大理院治罪，前充广东老城巡警第一分局巡官、试用巡检陈庆焘纵容警兵，锁殴新军兵士，酿成巨案，实为厉阶，著即行革职。督练公所参议、道员吴锡永疏于筹划，临事张皇，统领水师亲军保升道员、候补知府吴宗禹，纪律不严，失察兵丁剽窃，均著交部议处。署两广总督袁树勋，于兵勇交哄，弹压剿抚，两失其宜。且据查当时新军，畏避出外者多，在场滋事者少，事后归来，悉被遣散，以致数年训练、克期成镇之兵，一旦决裂败坏，实属咎有难辞，前据自请议处，案经查明，袁树勋著交部议处。其当日殉难之炮队一营管带汝汉，著照协参领阵亡例，从优议恤，一标一营队官胡思深，一标二营队官宋殿魁，二标二营前队官李铮，均著照正军校阵亡例，从优议恤。至增祺、袁树勋前奏参一标一营管带胡照琼，一标二营管带于如周，一标三营管带杨长卿，炮队二营管带林金镜，工程营管带陈宏萼，辎重营管带许嘉澍，均著交部分别议处。寻部议，袁树勋革职留任。吴锡永、吴宗禹降一级调用，不准抵销。

《清实录·宣统政纪》第35卷，中华书局1987年影印本，第624~625页

是月　奉天安东县赵氏沟乡民抢购粮米。

《东方杂志》第7卷第5期《中国大事记补遗》：

奉天安东县赵氏沟乡民，因某帆船在该处购米二百余石，运往山东售卖，破坏米禁，群起为难，勒令卸岸。区官无法，遂报知警局，极力调停，每斗作价一元二角，留向本地转卖，船主不允。乡民已聚有三百余人，遂扬言每斗作价洋六角，不问情由，哄然将米抢尽。闻该帆船先已得区官之许可，保其无事，至是愧忿交集，遂于当晚自尽。并闻乡民经此次抢米后，大为得意。现且将照此价格以均分该处各商店及各粮户存粮。风声甚恶，故附近存粮者，颇觉自危云。

△ **两江总督端方调任直隶总督，拟经汉口转乘京汉铁路火车北上。革命党人曹忠恕、喻培伦等闻讯，谋划在汉口击杀端方，通知湖北共进会预为准备，并派女同志李复权、汪玉协助其事。后由于端方改道，所谋未遂。（一说此事是在1909年8月，待考。）**

6月1日(四月二十四日)　湖南省湘潭县花市乡民四五千人要求团总出粜,并抢地主米店多家。

6月5日(四月二十八日)　南洋劝业会在南京开幕。

《东方杂志》第7卷第5期《中国大事记》:

南洋劝业会本定是月初一开会,旋因布置未毕,故改于二十八日午前八时开会。先由审查总长侍郎杨士琦恭绎旨意,次由正会长两江总督张人骏述开会词,次由董事会严义彬报告本会经费工程概略,次由坐办陈琪报告筹备执行概略,次由代表致祝词,旋即散会。

是日,因布置尚未完全,故仅开教育、工艺、器械、武备、卫生、农业等六馆及直隶陈列馆,其余各馆,须俟至五月间方能开齐。

是日第一号入场券,由南洋侨商梁炳农承买,出银一万元。

6月6日(四月二十九日)　山东海阳因新政勒索杂捐,激起民众反抗风潮。宋煊文邀集多人进城请减钱粮,知县方奎将其以抗粮罪名下狱。宋煊文之次子宋埙吉为父讼冤,又被一并监禁。引起社会公愤。宋埙吉之弟宋增吉因父兄被逮,聚众入城。一时乡民附从者数千人,声言救护宋氏父子。守城警兵枪杀乡民四人。

1910年10月30日(宣统二年九月二十八日)山东巡抚孙宝琦奏遵旨覆查莱阳民变实在情形折:

至海阳之乱,已革前县方奎,于办理新政诸多勒派,其征收钱粮,铜元折扣原非浮收可比,惟不将理由明白宣示,所办铁路股票又不按期发息,失信于民,此怨言之所由来。四月十三日,宋煊文以请减钱粮,邀集多人理论,方奎目为抗粮,遽下之狱,众情已愤;迨正任登州府知府文淇下属宋煊文之次子宋埙吉为父讼冤,文淇不察原委,饬县一并监禁,舆论益哗。于是宋埙吉之弟宋增吉因父兄被逮情急,聚众入城。一时乡民附从者数千人,声言救护宋氏父子,遂有四月廿九日闹署哄堂之举,将宋煊文父子要求放出。而土匪恶棍相继乘间窃发,借口于乡社耆办事不公,专与为难,纠众至千余人,分向各村庄肆行劫掠,逼勒钱财,拆损房屋。投县报案者共二十九起,乡社耆实居多数。调阅卷宗,其为首者有高起望、王令即王林、高付仁即高付荫、其弟高卓荫即高二花脸等。方奎已得撤任之信,概置弗理,乡众衔怨愈深。该土恶等惟恐将来祸及,反逼令被抢各户呈递免究,以为狡脱之计。此次余则连、石金声到海查办,传集乡社耆来城商议善后,一面调兵弹压,一面购觅眼线,密饬巡勇缉拿首要,获到高起望、王令即王林、张明举等犯,讯据供认不讳,禀准就地正法。一时人心大快,办善后甫有转机。其被抢及续报各户,会同亲往查勘,分别轻重量为赈恤,并拨兵分扎城乡,借资镇慑。

中国第一历史档案馆等编选《辛亥革命前十年民变档案史料》上册,中华书局1985年版,第184~185页

另据《东方杂志》第7卷第6期《中国大事记》:

海阳县亦因知县方奎私行加赋,纵役骚扰,藉口新政,勒索杂捐,以致激起风潮。先是方知县于今春开征时,陡然加捐,每正供一两,加大钱三百六十文,铜元犹按六折扣算。绅士宋煊文等即要求改除,方知县不允。三月间,筹办自治事宜,方知县又百方搜括,房捐亩捐丁口捐等,层出不穷。甚至花生一亩,勒捐大钱四千文,瓜一亩勒捐大钱一千文。宋绅等又率众上禀,要求裁免。书凡十上,方知县仍置之不理。催捐之票役,更日赴乡间骚扰,民不堪命。遂纷纷会议,拟起而反抗。方知县疑必宋绅所唆使,遂将宋煊文拘至狱中。适值登州府知府文某查学至县,宋之子埙吉拦舆喊控,被文知府申斥逐出。文知府去后,方知县恨宋埙吉之

控己，又拘至署，处以极刑，亦置之狱。乡民大愤，遂立刊传单，约每村出十余人，初一日起事。至四月二十九日，众会集于望石山，谣闻宋父子已瘐毙狱中，遂蜂拥而起。及至城下，城门已闭，有拟越城而入者，爬至城腰，城上警兵等即开枪轰击，当毙四名。民愈愤，极力攻城，旋将西门挤开，一拥而入。方知县匿于某绅家，不敢露面。众民直赴狱，将宋父子劫出。宋煊文大呼，令速扃狱门，勿逃脱凶犯。宋素为民信重，故闻其言，即将狱门严扃，未有脱逃者。出狱后，宋跪于堂前，放声痛哭，请众解散，勿任意滋闹。众曰可。其子埙吉亦跪于狱门之外，向众谓诸君既爱吾父子，宜禀请方令释放，不可擅自劫狱。众不听，负之而逃，仍回至望石山相候。至初一日，众见宋父子性命无恙，怒略息。宋劝归农，众以各捐豁免为要求。宋乃遣人晋城请诸绅速觅方知县下落。初二日，诸绅将方知县寻获，乃禀请将宋煊文父子释放归家，以安众心，藉以弥缝劫狱一案。又力劝方知县亲赴望石山开导解劝。方知县对众宣言，归咎绅者，先将宋父子释放，令乡民可速解散。众又要求数件：一、本县积谷，共八千石，今岁荒，请即开放，以济贫民。二、钱粮每两浮收大钱三百六十文，请即蠲免，并求不再折扣铜元。三、研究所巡警局勒捐八千两，请著经手人即行缴纳。四、马差奉上裁免，不准再勒供费。五、各乡庙产，应归各乡自办小学，不准官学提拨。六、戏捐铺捐，累年征收数目及其开支，请明白宣示。七、一切新政用款，中多弊窦，请公举公正绅士办理。八、税契浮收之例，应即裁免。九、小民来城，自谓无罪，当被兵丁枪毙四名，请即按例办理，为民雪冤。方知县即一一应允。众又请将宋氏父子被诬案卷抽出。方知县旋即批示，谓宋某父子监禁，系奉本府面谕，并无案卷。已经开释，应毋庸议。又出示晓谕，谓尔等求保之宋煊文父子，既已当堂释放，尔等合同该乡速具切实保状，以凭上禀。至新政等款，事系奉旨饬办之件，暂缓办理；或听邻县如何，再行集议办理。其余所说之调查户口，及生幼死老皆索款一节，实无其事，尔等不得听信讹传，致滋疑虑，云云。众民见各捐已免，宋父子亦无恙，遂即解散。

当海阳县知县方奎向众劝解时，尽卸其责于诸绅。谓盗卖仓谷，及借口新政勒收各捐，皆诸绅所为。又谕令民众均分各富绅之钱谷，致东乡富绅树德堂、仁术堂二家，被众索去大钱三千五百吊，徽村富绅赵世德被索大钱二千五百吊，此外秋连头村绅士刘顺田、蒿底村绅士苗珍、磐石店绅士王文宣等，均闻风预逃，房屋什物，均被抢毁。

6月7日(五月初一日)　黄兴按事先约定，由香港秘密往日本会晤孙中山，面商革命计划，是日抵达东京，先与宫崎寅藏会面。

△ 两江总督张人骏奏称，长江上下为匪党所注意，必须严加防范，长江巡防军万难裁撤，请将南洋协解北洋淮军饷银全部留作长江巡防军饷需。

张人骏致军机处请代奏电称：

查谣诼之兴，始由调查户口，询取居民姓名年籍，小民无知，因疑滋惑，各属传讹，屡次生事，日前渐及省中。居民间有用红布妄书符箓俚语，缝缀儿童臂袖，以资压胜。外人不无疑忌。适湘变猝起，鄂督误传湘抚被难，长江一带因而震动。湘事息而谣传未已，外人奔走相告，颇涉张皇，以宁省会场为指目。鄂督先未电询实情，遽行通电各省防范。风声所至，危疑几不可终日。贝勒载涛远在欧州，阅报不免忧虑。人骏事前布置，所有调拨防营，联络水陆防护，并二十八日劝业会开幕一律安谧各情形，均经电奏在案。至前调淞沪巡防两营，因上海地方亦关紧要，现仅调一营。另于扬州添调陆师两队来省。察看现有兵力，足资镇慑。第二镇军队系拱卫畿疆，似可暂不调用。惟长江上下为匪党所注意，即非开办此会亦应严防。

数年来所恃以无恐者,则赖沿江巡防一军。该军饷项向由北洋岁解二十余万两,上年十二月前护直隶总督崔永安忽奏请截留,至今数月,应付无从。以江南财力而论,只可酌量撤回。但地方多故,又值劝业开会之时,该军既防护会场,又保卫沿江各省,实为万难裁撤。而兵饷系计口授食,不能稍有欠缺,宁省罗掘一空,实难筹款接济,万一饷绌哗溃,东南大局何堪设想。思维再四,拟将南洋协解北洋淮军饷银尽数留拨江防饷需,如此,既毋容借重客军,亦不必另募新营,于防务似较得力。

中国史学会主编,中国近代史资料丛刊《辛亥革命》(3),上海人民出版社1957年版,第411~412页

△ **江苏丹阳县农民反对抽捐和调查户口,聚众打伤知县。**

6月8日(五月初二日)　**两广总督袁树勋奏报办理广东三点会等会党情形,对广东会党势力发展表示担忧。**

袁树勋奏折附片称:

粤东会匪,向止三点会,系于洪逆乱平之后,其遗党暗用洪字偏旁,互相勾结,踪迹甚为诡秘。近年此风日炽,胆敢设立堂名,分派头目,到处纠邀,不从者肆行逼胁,开台拜会,夜聚晓散,习以为常。为首坐台者,曰东主,曰老母。转纠伙党者,曰保母,【曰】保舅。赞助谋画者,曰白扇。供奔走者,曰铁棍,曰草鞋。其资格转深者,曰金花,曰双金花。名目不一。大抵初则惑众敛钱,继则纠党抢劫,劫财不足,复虏人勒赎。计一省之中,勾结日广,几于无处蔑有,而以惠、潮、高、廉各属为最多。近来附省之顺德、东莞、新会等县,亦蔓延遍地。此外,有小刀会、剑仔会诸名目,皆与三点会联成一气。小刀会系各携一小刀以为记号,十余年前,惟惠、潮等府有之。剑仔会系以东洋小剑为记,近于数年,始行发见。并有革党从中勾串,恃港、澳为逋逃薮,一经劫得巨资,购买洋枪,甚为便捷。是以粤中盗匪,无不身藏利器,徒党日繁,一呼麇集。从前劫案伙党,不过一二十人,近年劫匪动逾数百,缉捕之难已较他省迥别,捕获之后讯办稍迟,往往乘机纠党越狱。盖别省之盗不过劫财,粤东之盗多属会匪,实有滋蔓难图之忧。现在省城外堤岸修筑完竣,商贾云集,会匪亦多溷迹其中。本年春间,乘机聚众,纵火掷石,不止一次。业经捕获数人,酌拟监禁,以示薄惩。惟会匪日多,若不及早剪除,为患实非浅鲜。除饬广东按察司、营务处遵照法部奏准通行边省盗匪凡系会匪马贼攻扑城池,抗拒官兵仍准就地正法章程,审系实在会匪即行正法,以杜后患外,并饬巡警道及地方文武各员,在堤岸一带严密稽查,实力侦缉。并一面出示晓谕,准已经入会并未从劫者至[自]首注册免罪,以期解散胁从。

7月6日(五月三十日)奉朱批:

览。钦此。

中国第二历史档案馆编《中华民国史档案资料汇编》第1辑,江苏人民出版社1979年版,第47~48页

6月9日(五月初三日)　**湖北请愿国会同志会、湖北谘议局、汉口商务总会、汉口各自治保安会、教育会等三十余团体,集会欢迎赴京请愿的南洋侨商梁祖禄一行七人,到会五千余人,一致要求速开国会。**

6月10日(五月初四日)　**早晨,孙中山抵达日本横滨,化名离船上岸。日本政府碍于清政府驱逐孙中山的要求,遂劝孙中山离境。孙于次日转赴东京,准备在东京设立秘密机**

关。为此,六月中旬孙中山致函檀香山同盟会员,请筹集革命经费。

函称:

弟由檀正埠乘"蒙古"船,已于六月十号早平安抵日本,登岸无阻,可为告慰。……此次日政府如此委曲优待,真出意料之外,诚为日本政府向来待革命党未有之奇典也。今后吾人在日本办事,必得种种之利便。故弟欲即行设立秘密机关于东京,以为联络及统一各省团体之行动,使归一致,免再有长沙等处排外无识之举,则他日大举必能收无量之效果也。惟设此机关,并派员入各省,每月至少需经费数千元。今欲檀埠同志每月至少接济美金壹千元,能多则更妙。檀岛现有会员千余人,每月每人捐费壹元,有力者多捐,想不难集合此款以为急用。此款必供应一年之久。如在一年之内大事已举,则不必再供;如过一年外尚未举事,则下年再办此机关与否,到时另议。而檀同志愿否继续再供接济,亦由檀同志自行决之。惟此时则在青黄不接之交,而遇此好机,不乘时开办此事,则恐有误机失事。想檀同志者,皆热心担任革命之事业,则此每月一元之区区,必能尽厥义务也。并望由檀同志发起,通告金山、纽约、芝加古三埠之同志协力相助、多多益善。每月所捐之款,可汇寄来檀,由檀按月一起转寄前来弟收,以济急用。接信之后,请集同志公议,能否照数接济,或现时尽各同志之能力不过只能任若干,即望将款寄来,并示明以后每月接济若干,以便弟通盘算数。

中国社科院近代史所等编《孙中山全集》第1卷,中华书局1981年版,第462~464页

△ 黄兴化名李经田由东京赴横滨,迎接孙中山。

萱野长知《中华民国革命秘笈》:

孙逸仙抵达横滨前一天,我坐一辆双人拉的人力车……到了旅馆。……次日,黄兴和我乘人力车到国府津,在那儿,我们悄悄地溜进一家旅馆。……孙逸仙坐的美国轮船刚刚靠岸,黄兴就跳上船去。两人久别重逢,极少谈论私事,很快转入对革命形势的讨论。……我们来到孙逸仙所住的旅馆。在那里,大约有两小时之久,孙、黄就各种重要问题交换了意见,并对未来的若干方针大计取得了一致看法。

毛注青《黄兴年谱长编》,中华书局1991年版,第160~161页

6月11—24日(五月初五—十八日)　孙中山与黄兴、赵声、宋教仁、谭人凤等在东京会商革命方略,此间在同盟会组织上与宋、谭发生争执。

谭人凤称:

七月(应为阴历五月,阳历6月,编者),适中山闻桂太郎入阁之说,潜与克强来东,赵伯先亦相继至。余晤中山,责改良党务,中山颔之。不意钝初往商,乃曰:"同盟会已取消矣,有能力者尽可独树一帜"。钝初问故,则曰:"党员攻击总理,无总理安有同盟会?经费由我筹集,党员无过问之权,何得执以抨击?"钝初未与辩,返告余,余颇愤。次日,复同钝初往,仍持此种论调。余驳之曰:"同盟会由全国志士结合组织,何得一人言取消?总理无处罚党员之规条。陶成章所持理由,东京亦无人附合,何得怪党人?款项即系直接运动,然用公家名义筹来,有所开销,应使全体与知,何云不得过问?"中山语塞,乃曰:"可容日约各分会长再议"。不意越数日,暗地而来者,又暗地而去,置党务于不议不论。余于是亦遂大不慊于中山矣。

石芳勤编《谭人凤集》,湖南人民出版社1985年版,第359~360页

6月12日(五月初六日)　山东莱阳县乡民因知县朱槐之未践诺言，征收杂捐如故，聚众万余人，以联庄会会长曲诗文为首，冲入县城，包围县署。候补道杨耀林与知县奎保派兵镇压，乡民奋起抵抗，死伤惨重。其伤亡人数，官方称百人左右，报纸称五六百人。

《东方杂志》第7卷第7期《中国大事记》报道：

莱阳县乡民，五月间暴动，实因知县征收钱粮，浮收勒折，无所不至。近又藉口新政，勒收亩捐房捐人口捐等。民不堪其苦，因起而与官为难。经县官与之议和，业经安靖无事。至二十日，新任知县奎保接印后，将前任所许免杂捐免折扣各款，一例取消，仍照旧科收各捐。又出示拿捕倡首抗官之连庄会会长曲诗文。适候补道杨耀林率马步兵六十名，奉札至县查办，二十六日，奎知县遂加派兵役，协同杨道之兵，赴乡拘曲诗文。乡人以曲为民受祸，大动公愤，遂群起阻抗，被官兵枪毙数人。乡人大哄，与兵格斗，伤官兵数人，乡人死者二三十人，伤者约倍之。二十七日，乡民散布传单，传集村民。曲诗文杀妻女以誓众，示无反顾意。二十八日，遂聚集数万人，屯马山埠，又分众为四路，驻守要害。杨道与奎知县率兵往剿，枪毙数十人，乡民愈聚愈多，抵死不散。薄暮官兵回城，乡民即随至城下。三十日，遂将城围困。时登莱青胶道徐世光，方派员偕同旅居烟台之莱阳民人修振邦等，回籍劝导。乡人见修等至，痛哭陈诉，愿听调和。适登州镇总兵李安堂、第五镇第十协统领叶长盛，率兵抵境。杨道及奎知县乘乡民不设备，密属李总兵叶统领乘夜进兵。六月初八日，遂在城外与乡民大战，施放大炮，轰毙四五百人，伤者千余人。乡民退踞白林庄，又被官兵攻破。曲诗文见势不敌，率其党逃去。初九日官兵又将附城村庄焚毁一空，余众遂散。

记者曰：闻当初六日李总兵叶统领之兵未抵莱阳之前，山东巡抚孙宝琦有电致军机处。略言据东海关道电，有寓烟莱绅禀称，愚民被胁，实非甘心叛逆，已电饬该绅等速回籍劝散，但能悔悟，决不株连。并派招远县王荩臣越境劝谕。顷又派前署莱阳县张学宽间道往觅绅耆，广为传谕，解其胁从，以孤曲逆之势。传闻莱境男女声言官绅逼纳杂捐故变，操之过急，恐各处响应，愈难收拾，已电饬将领等，一面宣抚，如无抗阻甘犯情事，不得妄行搜剿，必先解散胁从，方可密拿首要。顷又派前任海阳县道员陈公亮，前往查办，劝抚兼施，免与曲党勾结。据协统叶长胜、登州镇李安堂歌电，各队先後均抵莱境姜山，距城百里。现据绅民求缓进兵，愿认劝解。出示限初七日一律解散，庶可矜全被胁愚民，首要仍当严拿。若至限不散，初八日准即进剿等语。又据东海关道徐世光电，寓烟商学界十二万人，已分班回籍劝散。并遴委崔令龄续偕同往，专注解散，以孤曲匪之势。又据警局赴莱探回称：初三日，有众集城下旋散，众口深盼委员调停等语。查莱民聚众，多系被胁乡愚，大兵压境，争求解散，已可概见。遽加剿捕，诚有不忍。果能悔过输诚，自当仰体皇仁，宽其既往；若如期不散，只得迎剿。云云。似孙巡抚初时亦深知莱阳乡民必有冤屈难伸之隐，本无必欲纵兵剿杀之意，其后莱阳县奎保及查办委员张学宽之禀，则极言乡民攻城之猛烈，邀截官兵之猖狂。李总兵叶统领之电，历言乡民之围攻城池，焚掠地面，抗拒军队，戕害兵丁，罪若不容于死。官之言可信欤？为乡民呼吁者之言可信欤(南北各报纸均为莱民呼冤，并极言官兵之不法)？不得而知矣！惟初八之役，即言兵民交战至烈，然官兵止阵亡一人，伤一人(据禀报)，而乡民之死者，据报言约有五六百人，即官自言亦有百名左右。

△ 广东省香山县僧道集合抗捐，毁烧承办捐费绅士住宅，焚烧当地盐埠，哄抢食盐，殴伤前来弹压的巡警护勇。

《东方杂志》第7卷第6期《中国大事记》：

广东香山县民王进,前具禀县署,请承办县署巫道僧尼捐,经县核准,给示开办,设局抽收。是月初一日,各僧道等即联同罢业抵制,复连日派人分赴各乡,筹议对待之策。初六晚八点钟,聚集多人,将该局拆毁。九点钟,该区巡警弹压不住,副将马某,率勇数十人,驰往弹压,被众用砖石乱击,伤面部及肩际。护勇放空枪示威,众愈愤激,汹涌上前,将马副将坐舆毁碎,巡警正局巡佐张某亦被砖石掷破头颅。至十点钟时方拆毕,各人复拥至前承办屠捐现承海防经费及甑捐之陈善余住宅,毁墙而入,将该宅拆毁,复放火焚烧,衣服器具,概付一炬。十二点钟复拥众到上基盐埠,毁墙入内,埠中人命巡丁放枪抵拒,轰伤数人(闻有一人回家后,因伤毙命)。群情愈愤,冒险前进,放火将该埠烧毁,夺取食盐罄尽。次日上基一带商店均闭门罢市。

△ 清廷实授瑞澂为湖广总督,杨文鼎为湖南巡抚。

6月16日(五月初十日)　各省请愿同志会和澳洲、南洋华侨请愿代表向都察院递送十份请愿书,发动第二次请愿,要求速开国会。各团体及其领衔代表为:直省谘议局议员代表孙洪伊,直省商会代表沈懋昭,苏州及上海商会代表杭祖良,南洋二十六埠中华商会代表、澳洲华侨代表陆乃翔,直省教育会代表雷奋,江苏教育总会代表姚文枏、直省政治团体代表余德元,直省绅民、旗籍绅民代表李长生、文耀,东三省绅民代表乔占九。

6月17日(五月十一日)　孙洪伊等又上政府书,论列速开国会两大理由:若不速开国会,则一切现行法律皆无根据不能推行也;若不速开国会,则政府一切政策皆不能确定也。

上书称:

敬肃者,窃中国今日之国势,其忧患危迫可谓极矣。政府棼乱于上,士民怨讟于下,各国协商协约于外。以国内之棼乱怨讟言之,则无时无事不可以亡国。以各国之协商协约言之,则无时无事不可促我以亡国。譬如孤舟遇风,生死呼吸,同舟者既束手待毙,而四面又皆敌人,安有幸存之理。观近来外人之评论吾国也,曰财政紊乱,可以亡国,吾侪当监督其财政。饥民流寇,可以亡国,吾侪当派遣舰队,以资镇压。夫外国人谓吾国之必亡,犹可言也。乃吾国人士,亦终日皇骇,奔走呼吁,若皆有汲汲顾影不可终日之概。懦者明知国之将亡,而始终存一灰冷之心,健者日求所以救亡,而遇事挫折,不获一逞,亦时萌灰冷之念。哀莫大于心死,今吾国人之于国事,其心未死者有几。呜呼。国家将亡,必有妖孽。人之将死,其言也哀。此代表等今日所以万难含默,而披鳞触忌,剖心泣血,欲与我执政诸公一痛陈之也。

窃谓吾国致亡之途虽多,然其总因则首在国家政体不定。代表等所谓政体者维何,即立宪政体也。立宪政体与专制政体之区别,即首在宪法之有无,而国会者又为宪法上之最重要机关。无国会即无宪政之可言,此非代表等之私言,实世界各国极平常之见解也。此中理论,万言难宣。代表等昨呈都察院代奏之请愿书,将吾国速开国会之利益与吾国有决可速开国会之理由,一一论列,兹更无烦复述。代表等今只就政府一面之危急情形,非速开国会不能挽救者略言两事可也。

一曰吾国若不速开国会,则一切现行法律皆无根据不能推行也。

夫国家所恃以存立者,在有法律以维系一切秩序。各立宪国之所以尊重国会,与国会之所以能维持国家者,首在国会之握有立法权以编纂一切法律法规也。今吾国无此立法机关,故政务日益繁乱,官民毫无遵守。近来宪政编查馆与各部院所颁布之现行法律规章非无妥

惬者，司员中非无明达者，然颁布之后，不独无甚效力，且多置若罔闻。若因此即谓人民无研究法律之程度耶，则民间号称法政淹通之士，平日素喜研求各国法律者，今对于国中之现行法，亦多不经意。且非独在野者如此也，即主持立法之各部院与各省行政官吏，又何尝有信奉此种法律之心乎。甚成[或]本身行事显犯本身所订之法律，亦悍然不顾。推此原因，则由于此种法律非协赞于国会之中，无论其优劣不足以耸朝野之观听，人民必鄙屑之。此世界人类普通之性情，非独吾国为然。倘非人民所信仰之法律，而可使人民尊重耶。则欧美各国又何不召集国中人才于行政部院之中，命其编纂法律，而必斤斤设立国会畀以立法之全权耶。此其故可深长思矣。夫人民之所以要求国会者，必因目前极厌恶此种专制政体，极不信任此种官僚，故必欲参与立法，使立之独立于行政部之外。若人民所要求者在立法权，而政府则曰：我亦能立法。是人民所要求之物在此，政府所畀与之物在彼，所答非所问，其根本上已与人民之心理相反。人民走于狂热，其物之美恶不暇辨，必不任受，无怪其然，况国会既开之后，经多数之讨论，其编纂之法律，必与少数司员之讨论者较为详备乎。故吾国若一日不开国会，法律必无效力，则国家可谓为无法律之国家，官吏为无法律之官吏，人民为无法律之人民。上无道揆，下无法守，国家安得不亡，此最可痛心者。故吾国今日人民只知要求国会，对于一切不完善之法律皆可视若弁髦。政府既不授人民以立法之权利，人民即无遵守法律之义务。日后人民虽酿成大变，虽仇视政府，虽显有不法之举动，代表等亦无力可以导喻之，惟有束手以坐视宗社之墟耳。虽然，谁无祖宗庐墓，谁无室家，岂有不思患预防之理，【此】代表等今日要求速开国会之一大理由也。

一曰吾国若不速开国会，则政府一切政策皆不能确定也。夫国家之所以能日即于强盛者，其行政上一时有一时之政策。政策不确定，则政务不能酌别先后缓急之序，虽如何励精图治，必无裨予国福民利。甚或求治日般，反以益国政之棼乱，促国运于危亡。此各国政府所以必有一定之政策以为行政之纲领也。政策既决定之后，则内阁各部大臣皆加入此连带责任之中，兼程并进，故百政具举，国势日隆。今吾国则不然，事事无一定之政策。全国官吏，西突东奔，渺无意识。军机按日入值，不知所值者为何事。各部堂宪、各省大吏，掌握行政，不知所行者为何事。其因循苟且不负责任者，固为溺职殃民，即恪恭尽瘁夙夜勤劳者，亦无一政绩可睹。均之无益于救亡也。此非苛论，按之现在事实，即可瞭然。例如枢府欲取中央集权政策，则各省督抚联衔电争以挠之。督抚欲取地方分权政策，则枢府可奏陈圣听以扼之。海陆军大臣欲取扩张军备政策，则度支部与各督抚皆不协筹军需。农工商部欲取整顿实业政策，则度支部既不拨给经费，而海军处又到处争拨巨款，致无余力可以经营实业。度支部欲取财政统一政策，则地方长官暗中梗议，虽清理财政一事，亦受把持。他如筹一的款，拟办一事，则各部或奏请拨充，各省或奏请截留，函电纷驰，辗转请托，竞争国帑，如攘私利，令人骇然。全国政务如乱麻，全国政策如飘蓬，扰扰纷纷，徒以召乱。夫吾国何以毫无政策一至此耶，则亦因无国会之故。盖无国会，其始也，则责任内阁无所倚重，不能成立，各部政务无连带责任之关系，故行政上各不相谋，必至各部有各部之政策，或各部均无所谓政策。其继也，因无国会以公共讨论，则所谓政策者必系政府一面之理想，不能惬予国势民情，合于世界大势。其终也，则所取之政策，无论是否，不能得全国人之信用而遇事阻挠，甚或惹起民间之激争，足以隳非常之大业，灰当国者之热心，此祸之最显著者。若既经开会之后，而共同讨论其政策，则朝野联为一气，政府始能贯彻其主张。虽一时国会程度或有不逮，然政府与国会常相接洽，出以大公，则议员亦不至轻予反对，可提携牖导，以跻于中正。且政府之苦心，亦可邀人民之共谅。国家者，为全国人之国家，其政治又何不可与国人共之也。乃吾国

执政诸公,因近来国中舆论混淆,以为纵开国会恐亦无裨于国家大政,殊不知吾国今日何尝有正当之舆论乎。凡国中一大事之发生也,则民间所倡之言论,不过少数人之意见,一时一事之感触,故甲说与乙说相反,前说与后说相违,是非难于决择。盖吾国宪政未成,既无国会,复无政党,不能集合数百千人讨论国事,其舆论原难悉当,无足深怪。而国中人才虽有卓识远见者,不能遽显其清议于社会,故其理终湮,国事易败耳。若速开国会之后,则必有伟大稳健之舆论腾布国中,而异说必见渐消,纳于一轨,政府乃可借重此等舆论,以为施政之方针。夫国会既赞成之于前,自能协助之于后。考各国历史,当未开国会之时,则舆论散布社会,辄与政府为敌,既开国会之后,则舆论集中于国会,遇事可资协赞。故代表等窃计此时若能上下一心,共趋于国利民福之一途,纵议论或有参差,情势并无隔膜,亦正不难调和之也。此代表等今日要求速开国会之一大理由也。

以上所论,吾国若不速开国会,其害之大,至易明瞭。代表等深察查国中情形,朝不保夕,觉即从速召集国会尚恐不能救亡,况并此国会亦靳而不予。窃恐人心一散,危局更难支持。观近来各省兵变民变之事,数月之间,已数十起,为前此所未闻。虽幸扑灭,未即蔓延,而祸机隐伏,有触必发。汉唐元明末造之祸,必将复见于今日。盗贼蜂起,人民涂炭,宗社邱墟,思之良可寒心。何则?各省民穷财尽,今已无可为讳,况复加之以饥馑,激之以外患,煽之以革党,而政令纷歧,官吏贪婪,又无时无事不可以速乱乎。代表等鳃鳃过计,与其俟大难已作,同遭玉石俱焚之惨,何不及今力持大体,俯顺民情,速开国会,以弭乱于无形乎。此非代表等丧心病狂,故作危耸之词,以荧执政诸公之听也。诚上迫宗社之危亡,下逼人民之委托,惶恐陈情,势难中止,故语无忌讳,不及选择。惟原其心而宽其罪,幸甚。除胪列情形,呈由都察院代奏外,合再泣陈愚悃,仰候钧裁,不胜悲悚待命之至。

中国第二历史档案馆编《中华民国史档案资料汇编》第1辑,江苏人民出版社1979年版,第131~135页

6月中旬　直隶良乡、涿县之间西山一带,有饥民约百余人,沿村乞食,强讨恶索。社会上以讹传讹,有谓系庚子义和拳余绪者,有谓系关东胡匪窜入内地者。省府地方官闻讯,调淮军巡防营前往良、涿一带相机剿办,饥民作鸟兽散。

《东方杂志》第7卷第7期《中国时事汇录》第197页:

顺天五月中良乡涿县之间,西山一带,忽发生一种饥民,约百余人,沿村乞食,并无器械军火。惟每到一村,必强讨恶索。事为地方官所闻,以未悉真像,遂张大其词,上禀请兵。更复以讹传讹,有谓系庚子拳匪余孽者,有谓系关东胡匪窜入内地者。直隶陈制军,遂会同顺天府尹,饬调淮军巡防营统领李天保,督带马步两营,前往良涿一带,相机剿办。大兵一到,百余饥民,即鸟兽散。惟有少数莠民,四处煽惑,谓义和团复出,有端庄诸老祖师默佑,可以杀尽贪官污吏等语。

6月20日(五月十四日)　湖北房县饥民打毁县署。

△ 山东巡抚孙宝琦等几次请派兵弹压山东莱、海两地抗捐活动,军谘处、陆军部接报后于7月4日及5日照准派军队前往。

孙宝琦是日折片称:

登州府属之莱阳、海阳等县,地近海滨,民情强悍。近来筹备各项新政,非财莫举。地方官绅,自不得不酌取之于民。乡曲愚氓,罔知公益,每多误会,致结怨于官绅者甚深。本年四

月间，莱阳县民以清算积谷为词，拥众入城，并有僧道多人，要求免提庙产。又海阳县宋煊文父子倡言钱粮及戏捐等项，有浮收滥支等弊，纠集无赖，鼓动四乡愚民，至县署滋闹，要挟多端，均经地方文武先后弹压解散。正在查拿首要筹办善后间，讵莱阳旌旗乡土棍又于本月初五六等日，胁迫多人，肆行无忌，将王景岳等家房屋拆毁焚烧。虽现已一律解散，而绅富惎不自安。迭据省城绅士禀诉前来。臣闻信后，当即派委道员杨耀林前往莱阳、海阳两县查办，示以机宜，饬令妥办。并分电该镇道府县相机妥为防范，以遏乱萌。至该县令等究竟有无苛扰，酿成民变情事，必须确查。其蛊惑乡愚之地方土棍尤应严拿胁[首]要惩办，以儆将来。

中国第二历史档案馆编《中华民国史档案资料汇编》第1辑，江苏人民出版社1979年版，第48～49页

7月5日军谘处、陆军部会奏折称：

窃臣处臣部于五月二十八日，接准山东巡抚孙宝琦电称：登州府属莱阳、海阳两县，先后民变，时聚时散，抢掠频闻。东省巡防各营不敷匀拨，拟将陆军第五镇原驻潍县之步队，就近调拨一营，并由省拨马队二队、炮队一队，酌配工程、辎重迅往择要填扎，以资镇慑等因。并据该镇统制张永成电请核饬前来。臣等伏查莱、海一带地近胶州，既据称有民变抢掠情形，自应迅派得力营队前往弹压，以冀克期底定。当经会商电复照准，并饬该镇统制将所调营队妥为编配。派由第十协统领叶长胜充支队司令官，即日开拔，暂归山东巡抚节制调遣。二十九日，复准该抚电商，以莱阳匪势甚炽，拟多调步队一营，以厚兵力等因。并经会商即日复准饬镇遵照。

中国第二历史档案馆编《中华民国史档案资料汇编》第1辑，江苏人民出版社1979年版，第49页

6月21日（五月十五日）　湖北沔阳卢林湖（一作卢棱湖）乡民闹事，其起因，一说饥民抢劫富户，一说上下垸为泄洪发生械斗。官兵前往弹压，民众持土炮抬枪抵抗，兵民互有杀伤。

《京津时报》庚戌五月十七日报道：

湖北沔阳州前、去两年水灾惨重，十室九空，饥民屡思蠢动。当道为保卫治安起见，特派陆军四十一标二营罗管带鸿胜率所部驻扎该州卢棱湖，以资镇慑，地方尚称安靖。本年因入春以来，屡次大雨，江、襄并涨，所有麦豆概行糜烂，全州春收不及三分，民情之苦，较上年尤甚。虽经查放春赈，而此时平粜义赈已一律停止，堤工又以告竣，人民生活毫无。其强梁者遂逼而为匪。闻本月十五日有饥民千余人围集街市，劫抢某富户，驻防该处罗管带当即派兵十余名前往弹压，而饥民竟敢抵抗，殴毙某队副目一名。罗管带又遣全营兵士缉捕，众饥民遂各执枪械与官兵开仗。罗管带再三开导，不散，乃令兵士先放空枪吓之。讵新军以空枪去，饥民竟以子弹实枪还击，致新军受伤者数人。罗管带当令各兵上刺刀与之格斗，始将饥民击伤数人，毙五六人，众始解散。然沔阳全境及附近之天门、潜江等县，闻信均已震动矣。

武汉大学历史系中国近代史教研室编《辛亥革命在湖北史料选辑》，湖北人民出版社1981年版，第437页

《东方杂志》第7卷第6期《中国大事记》：

湖北沔阳州，迭遭水灾，饥民困苦。十五日忽有饥民千余人，将本地某富户围抢一空。驻扎沔阳庐陵湖之陆军四十一标二营管带罗某闻警，派兵十余人，前往弹压。饥民竟敢与抗，格毙副目一名。罗管带遂带全营兵士前往，饥民等又各执土枪鸟枪列队对抗，新军伤者数人，饥民死伤者亦十余人。湖广总督瑞澂接到警报后，当饬二十一混成协协统黎元洪率带四十二标精锐目兵一队，赴该处帮助防守。

据1910年《东方杂志》第7卷第7期报道：

沔阳州卢林湖有上下三垸,为旱涝之机关。每值栽种秋禾之时,争夺水利,莠民从中煽惑,屡酿烧杀巨案。前知州李某,为筹两全之法,督绅踏勘地势,禀明另开下查埠河道,俾上下垸永息争端。工未及半,李知州卸任,事遂停止。今年因建筑二堤,承办之委员未将深宽预筹合度,蓄水过多,上垸之人欲挖垸以泄水,下垸之人为自卫计,阻之甚力,遂至械斗。五月十五日,某武员率兵前往弹压,上垸之人竟向官军放大炮,击毙副目一名,兵士四名。湖广总督瑞澂闻报,当电饬督办天潜汉沔赈务候补道盛春颐驰往,督同文武各官,先将聚集之人设法解散,一面妥筹办理,倘敢抗拒,即格杀勿论。盛观察即于五月十七日驰赴下查埠,即刻谕令区董至沿湖一带劝解,尚无抗拒者。十八日清晨,有区董派出劝导之彭炳三,身受重伤而回。据称各垸已经劝允,情愿具结,不往附和。惟中湾、上湾仍不服劝,中湾彭改换、彭元洲、彭发二等三人,纠众凶殴,致受重伤。傍晚据罗管带面禀,业已接仗,伤毙目兵一人,湖民伤者数人。嗣又续据罗管带转据后队李队官荣升报称:本日下午一点钟,上垸突来飞划二只,载十余人,将前修葺之横堤挖掘丈余。随率兵至该处弹压,不意该众即行抵敌,随续到飞划三十余只,约二百余人,炮声隆隆,蜂拥而来。当即开枪射击,相持三时,该船始退。十九日,据谍者报告,该众仍在鸣鼓聚众,施放号炮。又据探报,湖内各口已经设卡,盘诘来往之人,并于要道架设大炮云云。

当事亟时,盛道禀陈瑞总督,拟定办法四条:一抄查枪炮;一勒交头目;一安抚胁从;一移建教堂。略言该处铜炮铁炮,迭据前获首犯彭兴洲供认,上垸共有十三尊,下垸共三十六尊,已失九尊;又抬枪二十杆,小枪二十余杆。光绪三十四年案内,土人佥谓攻打三昼夜,炮火连天。自宜一律抄查,俾失所恃。头目李兴葛,上年越狱脱逃,并艾定邦、陈角儿等名,均应悬给重赏兜拿,并同监禁。彭兴洲明正典刑,枭首卢林湖示众,以寒余党之胆,胁从小丑,或行稍加斥责,免遭骈戮,予以自新。该众平时以教堂为护符,要挟官长,动称焚毁,所以大军却步,往往碍于进剿。尤当先与教士约法,代为择地建筑,互相签字,听其如何。然后统率水陆全军,调雇划船,排队进围,照前各事分别举办。如敢抗拒,格杀勿论,亦必俯首就擒。从此正本清源,再将下查埠河道,疏阔疏深。瑞总督甚然之。

其后前往弹压之协统黎元洪,亦具禀瑞总督,略言:据所属各处绅董云,该处人心劣迹甚多,择其最重数则,开呈查核。一前年挖堤伤毙多命,掳去妇女,烧毁房屋百余家,并抢去财帛物件,及谷数千石。一湖中遇有客船,常被抢劫,并杀毙弃尸。一附近该处田户,遇有耕牛经过,多被夺去。一各处有犯案及著名巨盗,均在该处藏匿。虽犯以上各条,差役等不敢一履巢穴。现经州牧及附近绅董开导,亦不敢亲临,恐遭毒手。兼之天主教堂设立该处,官军不敢深入,迄未大受惩创,以致年复一年,肆无忌惮。兹拟办法数条:(一)所有枪炮必令悉数缴出;(二)该处并非城镇,似不应设立天主教堂,请饬江汉关道,照会法领事,给价迁移,以免后患;(三)该处匪人,须悉数拿办,否则兵来党散,兵去党结,贻害匪浅;(四)事毕之后,该处天主教堂应驻扎数十人,水面再有舢板数只在湖梭巡,以资镇慑,可保无虞云云。

△ 日俄两国在彼得堡签订第二次协定及密约,规定彼此承认各自势力范围内的权利,必要时可以采取保护此种利益的措置。

王芸生《六十年来中国与日本》录第二次日俄协定如下:

日本帝国政府及俄罗斯帝国政府,兹因诚实维持一九〇七年七月三十日,即俄历十七日所订协定所含之主义,且为维持远东和平计,希望扩张协定之效果,同意以下列条款补充该协定:

第一条　两缔约国以发展列国之交通及商业为目的，相约互为友谊的协力，以便改良各自在满洲所筑铁路及整理此项铁路之联络，并不得为一切于实行此项目的有害之竞争。

第二条　两缔约国相约维持尊重迄今日本国与俄国及两国与中国所订之一切条约及其他协定所发生之满洲现状。上述各协定之抄本，业经日本国与俄国交换。

第三条　如有侵害上述现状性质之事件发生，两缔约国协商于维持现状认为必要之措置，应随时互相商议之。

下列署名人员，各受政府相当委任，签字盖印于本协定。

明治四十三年七月四日，一九一〇年六月二十一日，在圣彼得堡。

本野一郎　伊司佛尔斯基

又录第二次日俄密约如下：

俄罗斯帝国政府及日本帝国政府，兹为巩固及增进一九〇七年七月三十日（俄历十七日）所签密约之性质，同意缔结下列之条款：

第一条　俄国与日本承认一九〇七年密约附属条款所划定两国在满洲特殊利益范围之分界线为疆界。

第二条　两缔约国担任相互注意在上述范围内之特殊利益。因此彼此承认各自（势力）范围内之权利，必要时采取保护此种利益之措置。

第三条　两缔约国各自担任，不以任何方法阻碍他缔约国在其（势力）范围内巩固及发展特殊利益。

第四条　两缔约国各自担任，禁止在他缔约国满洲特殊利益范围内之一切政治活动。更经谅解，俄国不在日本范围内——及日本不在俄国范围内——觅取足以损害彼此特殊利益之任何特惠及让与权，俄日两国政府尊重本日所订公开条约第二条所述根据条约及其他协定所获得各自【势力】范围内之一切权利。

第五条　为保证互相约定之工作，两缔约国对于一切与彼此满洲特殊利益范围有共同关系之事，应随时和衷诚意商议之。

特殊利益如感受到威胁时，两缔约国同意采取防卫此种利益之办法。

第六条　两缔约国对本约严守秘密。

下列署名人员各受政府相当委任，签字盖印于本约。

一九一〇年六月二十一日，明治四十三年七月四日，在圣彼得堡。　伊司佛尔斯基　本野【一郎】

王芸生《六十年来中国与日本》第5卷，三联书店1980年版，第289～291页

6月22日（五月十六日）　孙中山复函布思，告以抵日本与同盟会部分领导人会晤，已将布思建议转告各省，今年冬季前停止举事。

6月23日（五月十七日）　广东罗定县乡绅陈世珍等以抗查户口为名，聚众数千人围困下乡验枪烙号的知州陈模。

《东方杂志》第7卷第7期《中国时事汇录》报道：

广东广韶罗道前委陈知州模，至罗定县，督同城工局诸绅，调查户口，并饬各乡村局所，将前领及私购未存案各枪，呈验烙号。本为严杜接济匪党计。劣绅陈世珍、陈标国、黄浚等，恐事败获罪（陈黄等前充素龙十一堡练局董事。因光绪二十四年，盗风猖獗，该局禀请知县

李象辰,转电两广总督,请领枪枝,该劣绅等藉局名冒领甚多。后缘枪价昂贵,转售已罄,故近闻道台呈验之谕,惶恐异常),造谣煽惑,冀遂其营私破坏之计。于五月初九日,冒称自治局告白,偏贴通衢。内云:国库支绌,罗掘已穷,今日调查户口,实为将来抽人税之张本云云。无知愚民,被其鼓惑,迭次暴动,与调查员绅为难。其凶焰以五月十七日为甚。是日陈委员至素龙十一堡,邀同黄绅达瀚、梁绅应鸿,劝谕各乡烙枪。陈世珍等见事迫,阴率族内子弟,沿途鸣锣,纠合数千人,将抵素龙。黄梁二绅知势成汹汹,即会见陈委员请兵弹压,言未毕,乡人已蜂拥至,将二绅及陈委员围困,声称必置之死地。后该二绅族人闻耗,邀集数百人奔赴,将二绅及陈委员翼护而出。因众寡悬殊,二绅受伤颇重。陈委员器物,亦被劫掠一空。

6 月 24 日(五月十八日)　陆军部遵旨议复陈夔龙为时局阽危敬陈管见折,认为不宜借口近年新军闹事、经费拮据而减少陆军编练数量。

陆军部奏折称:

四月初七日准军机处钞交直隶总督陈夔龙奏敬陈管见一折,奉朱批:各该部按照所陈查核情形具奏,候朕裁酌。钦此。钦遵钞交到部。原奏内称:各省编练新军原以整军经武,乃军人既难合格,将领又复乏才,于是干城腹心之任,半以出洋学生承其乏。其中品地不齐,其不肖者无论矣,即有一二贤者,亦于军事毫无历练。坐此弊端百出,不可胜言。自前年安庆兵变后,曾几何时,而新军滋闹之案,见于粤,见于苏,又见于江北。虽肇事轻重不同,而军心不靖,其象显然。不有以整齐之,恐祸乱之萌,正有未已。窃谓目下兵学未兴,将才尤少。兼之各省饷力,大都勉强支持。与其多养冗兵酿不戢自焚之患,不如精练劲旅收以一当百之功。应请就各省已有兵队,加意训练。其尚未照章编足之处,暂勿迫以所难。至约束各营士卒,责在营官。督率各营官长,责在协镇。拟请饬由陆军部申明定章,会同督抚,切实考核,随时奏请劝惩,持之以信赏必罚,而戎行肃然矣。此军纪之亟宜整顿者。等语。伏查近年防营练军渐就窳败,旗绿营伍徒具空名。自非精练陆军,无以振兴戎备。而用人筹饷,尤为军队命脉所关。现在新政待兴,度支竭蹶,练兵经费,筹措为难。各省编练新军,更以人才缺乏,委用不免迁就,诚有如该督所虑者。臣等以该督奏陈各节,关系国防计划。当经咨行军谘处查核。嗣准酌定咨复与臣等意见相同,敬为我皇上陈之。如原奏内称各省饷力,勉强支持一节。查军谘处前于议复九年筹备折内,业经声明:宣统四年全国三十六镇一律成立,如届时各省未能依限办理,果须展限再行奏明请旨。于议复署两广总督袁树勋奏遵办新军善后事宜折内,准于奏定五年限期应编之两镇,仅练一镇。均先后奏奉允准在案。又自上年以来,各省陆军,只奉天改编一混成协,福建添练步队两营,其余各省均未照章增练。是军谘处与臣部于练兵一事,原属体察各省情形办理,并未迫以所难。嗣后各省如果奏明有筹饷为难情形,军谘处暨臣部,自当查照前奏,酌核请旨。此似毋庸过虑者也。如原奏内称考核镇协营官一节。查各省编练军队,首在将领得人。际兹竞修武备之时,非学识与经验俱优,任事断难得力。现在各省所派陆军人员,或用毕业学生,或用旧日将领,取材既不拘于一格,臣部亦从未绳以专章。向来委任迭更,皆由各督抚自行遴选有人,分别奏咨立案。至原奏所陈皖、粤已事,一由于抚驭之不善,一由于兵习之浮嚣。苟使教育得法,将士任用得当,又何致蹈不戢自焚之悔,贻养兵酿乱之讥。窃谓时局阽危,国防最关紧要。陆军势难减练,用人不可不益致慎详。练兵所以卫民,岂宜以军心不靖,授人口实。各省军事行政之权,督抚固有专责。若非平日再三审慎,将何以悉成劲旅,弭隐患于无形。相应请旨饬下各督抚臣,按照定章,力任责成,认真考核。于遴委陆军各级官长务取诚朴,严戒嚣张,以祛弊端而昭慎重。

如各省拣任，一时难得其人，即由各督抚咨商臣部妥为选派，庶几内外相维，军事日有进步。此尤应严切申明者也。所有遵旨查核具奏缘由，谨缮折具陈。

中国第二历史档案馆编《中华民国史档案资料汇编》第1辑，江苏人民出版社1979年版，第50~51页

6月25日（五月十九日）　孙中山离东京赴新加坡。

6月26日（五月二十日）　孙洪伊等各省代表向王公、大学士呈文，再次请求速开国会。

呈文称：

夫今日朝廷之厉行宪政，取舍原无成心，惟视左右辅弼之陈议何如耳。在洪伊等既各膺代表之重任，势难中止。且近日各省督促洪伊等请愿之函电极多，皆力陈大局危迫，乱机四伏，非速开国会不能挽救，读之动魄。倘朝廷此次而不能速定大计，哀恤舆情，则洪伊等真进退两难。若再作第三次之请愿耶，则恐上触君父之严谴，若即畏难苟安耶，则下受人民之抨击。洪伊等虽死不足惜，然国事人心，从此必更难收拾。故今日疏狂无状，沥陈下情，敬恳王爷、公爷、中堂大人俯察刍荛，力持速开国会之议，则不独宗社民生之大幸，亦洪伊等身受生死肉骨之恩也。

中国第二历史档案馆编《中华民国史档案资料汇编》第1辑，江苏人民出版社1979年版，第130页

编者按：所引《中华民国史档案资料汇编》第129页，将此呈文系在宣统二年十月（1910年11月），恐有误。因为该呈文开头就称："洪伊等于本月初十日呈递国会请愿呈词于察院后，现已浃旬。"查孙洪伊等于本年阴历五月初十日向都察院呈递国会请愿书，浃旬即十日后，当为五月二十日。

6月27日（五月二十一日）　直隶易州乡民焚毁自治局与中学堂。直隶易州因办理学堂、警务、自治等事，加捐筹款，民情久已愤恨。6月上旬，局绅张某等又借调查户口为名，按户敛钱，乡民坚不肯纳。张某大言恐吓，谓顽民阻挠新政，非送官究办不可。各乡民既愤且惧，遂托词求雨，聚众进城，要求州官免摊自治经费。27日，民众又集体进城，唐知州仍不出面接见，乡民遂焚烧自治局并该州中学堂等。

《东方杂志》第7卷第8期《中国大事记》报道：

直隶易州近年因办理学堂、警务、自治等事，加捐筹款，民情久已愤恨。知州唐则瑀，近更患病，时常不省人事，省中即以唐之堂侄尚未引见之双月知州唐鸿猷代理。鸿猷贪劣素著，不恤民隐，专知搜括民财，一切新政，全凭三五劣绅把持，民怨愈沸。而该州自治局开办后，局绅张某、祖某，竟将义仓积谷，尽行出售，共得金钱三万余吊，又陆续勒捐两万余吊，藉口措充自治经费，实则分饱私囊。五月初旬，局绅张某等又借调查户口为名，按户敛钱，乡民以天久不雨，秋收无望，坚不肯纳。张某因大言恐吓，谓顽民阻挠新政，非送官究办不可。各乡民既愤且惧，遂托词求雨，纠众进城，向州署要求免再摊派自治经费。唐知州匿不见面，相持数日之久，无人出而调停，众怒愈激。二十一日，又纠众进城，唐知州仍不出署解散，乡民适见城中开元寺佛像，尽被自治局消毁，以为久旱不雨，皆自治员警董等之毁弃像所致，遂蜂拥至自治局哄闹。局绅均闻风逃窜，乡民怒不可遏，遂焚烧自治局，并该州中学堂等，广厦百间，尽付一炬。当乡民之进城哄闹也，城内居民，惊慌无措，纷纷逃避，因而失弃财物者甚多。而代理知州唐鸿猷，前数日一闻消息，即将印信交还则瑀接管。以故事起时，鸿猷置身事外，则瑀又病不能支，不能出署弹压，乡民遂得肆行无忌。后则瑀知事急，因急电省垣请兵。直隶总督陈夔龙接电后，即电饬李天保带部队一营，驰往相机剿抚。藩司凌福彭又派知州王缙带兵巡警百名，前往弹压。王知州于廿三日拔队驰往，乡民正又啸

聚,遂率队追捕。乡民竞拥至梁格庄行宫,打破宫门,群聚其中(该乱民中尚有旗人百余名),以为避枪拒捕之计。并用全体名义,电呈枢府,声明此次公愤,系为绅学界以强制手段,轻薄言词,阻挠祈雨所激成。绝不敢损害教堂,牵动交涉,云云。当经枢府以民变毁宫,情节重大,电致陈总督查办。陈总督当即饬凌藩司札派正任西路同知惠年,前往查办。适其时已得透雨,各农民均纷纷回家耕田。仍留代表百余人,要求八款,如能办到,则立时解散,否则宁死不散。闻所要求之八款:(一)归还义仓积谷。(二)不再派敛钱文。(三)将自治员警务董治以死罪。(四)永不许若辈再办学堂警务等事。(五)速将开元寺佛像归还原位。(六)地方官须速速为民请命,虔诚祈雨,以渥沛甘霖为率。(七)各劣绅所吞学款、自治款,均须加倍吐出。(其八未详)当由藩委同知惠年、知州王缙、及臬委该州发审之知县许桐阳,接见该代表,磋商一切。

7月30日(六月二十四日)军机处寄直隶总督陈夔龙电旨:

陈夔龙电奏,查明易州绅民因调查户口藉端滋闹,当经即时解散,并就近派兵弹压等语。现在该州合境既得透雨,人心安谧如常,著即随时妥为防范,毋令再生事端。此次滋闹,有无莠民倡首?并著查明,酌量惩办。

中国史学会主编,中国近代史资料丛刊《辛亥革命》(3),上海人民出版社1957年版,第529页

6月27日(五月二十一日)　清廷就都察院代递谘议局议员孙洪伊等呈文,请速开国会事,降旨仍俟九年筹备完全,再行定期召集议院,并命孙洪伊等毋得再行渎请。第二次国会请愿运动又遭失败。

是日内阁奉上谕:

据都察院奏,代递谘议局议员孙洪伊等并直省旗籍各代表等呈请速开国会一折,披览均悉。速开议院一事,上年十二月间,据直隶各省谘议局议员等联名呈请,已经明白宣谕,俟九年预备完全,国民程度普及,必毅然降旨定期召集,朝廷慎重图维之意,无非愿我臣民勿骛虚名而隳实效。本年复经宪政编查馆奏派妥员分起前赴各省,按照筹备清单认真考核,并饬各省将军将筹备事宜应需之款,详加预算。本日复面询各衙门行政大臣,亦皆奏称按期次第筹备,一切尚未完全等语。朕仰承先朝付托之重,俯念臣民呼吁之殷,夙夜孜孜,深望宪政早一日成立,即早纾一日忧劳,亦何所靳于议院耶。惟思国家至重,宪政至繁,缓急先后之间为治乱安危所系,壮往则有悔,虑深则获全。论议院之地位在宪法中只为参预立法之一机关耳,其与议院相辅相成之事,何一不关重要,非尽议院所能参预,而谓议院一开,即足致全功而臻郅治,古今中外亦无此理。况以我国幅员之广,近今财政之艰,屡值地方偏灾,兼虞匪徒滋事,皆于宪政前途不无阻碍,而朝廷按期责效,并未尝稍任松懈,宵旰急切图治之心,当为薄海臣民所共谅。本年九月即届资政院开院之期,业已降旨选定议员先期集会,如能上下一心,共图治理,不惟立议院之基础,兼以养议院之精神。朕缵述前谟,定以仍俟九年筹备完全,再行降旨定期召集议院。尔等忠爱之忱,朕所深悉,惟兹事体大,宜有秩序,宣谕甚明,毋得再行渎请。

故宫博物院明清档案部编《清末筹备立宪档案史料》下册,中华书局1979年版,第644~645页

6月28日(五月二十二日)　山东巡抚孙宝琦派候补道杨耀林率兵数营镇压莱阳农民暴动,莱阳联庄会闻讯广散揭帖,号召乡民揭竿而起。数日间聚集乡民四五万人。

△ 山东巡抚孙宝琦专折奏报莱阳、海阳两县民众抗捐案，为地方官绅借新政浮收滥支开脱，指称抗捐民众为无赖、土棍。

《东方杂志》第7卷第6期《中国大事记》刊山东巡抚孙宝琦专折，略言：

本年四月间，莱阳县民以清算积谷为词，拥众入城，并有僧道多人，要求免提庙产。又海阳县宋煊文父子，倡言钱粮及戏捐等项有浮收滥支等弊，纠集无赖，鼓动四乡愚民，至县署滋闹，要挟多端。均经地方文武先后弹压解散。正在查拿首要筹办善后间，讵莱阳旌旗乡土棍又于本月初五六等日，胁迫多人，肆行无忌，将王景岳等家房屋折毁焚烧。

6月29日(五月二十三日)　速开国会请愿代表商议另行办法，改组请愿代表团。

是月　湖北共进会孙武等用军事编制部勒会党，将襄阳会党编为第一镇，归袁菊山率领，安陆会党编为第二镇，归刘英率领；武汉会党为第三镇，归刘玉堂率领；兴国会党为第四镇，归黄申芗率领；黄州会党为第五镇，归彭汉遗率领。另设总机关于汉口鸿顺里三十四号，作为指挥联络与重要会议之专用。

△ 第二次国会请愿失败后，湖北国会请愿同志会召开全体会议，决定响应各省国会请愿代表发出的“再作第三次请愿之举”，同时在省城发起请愿，恳请湖广总督瑞澂代奏朝廷。

△ 甘肃省兰州知府张炳华下乡督促拔除烟苗，遭到皋兰、金县民众围殴。陪同张炳华下乡的署皋兰县知县万钟騄见状，惊恐无策，先自奔回县署。

宣统二年五月二十三日军机处寄陕甘总督长庚电旨：

长庚电奏，兰州府知府张炳华赴乡督拔烟苗，被皋、金二县刁民聚众殴伤。署金县知县余重寅平时禁种不力，又复酿成殴官巨案，实属溺职。署皋兰县知县万钟騄随同本府赴乡，一闻长官被殴，先自奔回，亦属恇怯无能，请分别惩处。等语。署金县知县补用知县余重寅著即行革职。署皋兰县知县大通县知县万钟騄著开缺另补。所有拿获各犯，著该督督饬讯办，以示惩儆。并著严饬各该地方官员妥为弹压开导，勿令再滋事端。余著照所议办理。该衙门知道。

中国史学会主编，中国近代史资料丛刊《辛亥革命》(3)，上海人民出版社1957年版，第482页

夏　共进会负责人刘公、潘光复自襄阳返汉，即与孙武商议，以刘公家所汇款五千元为会务费用，并通知各标、营革命党人加紧活动。

6月底7月初(五月下旬)　奉天省各属发生抢米风潮。

《东方杂志》第7卷第7期《中国时事汇录》：

奉省安东四区汤池子，贫民滋闹，经司法巡弁弹压，劝令粮户捐赀补助，敷衍了结。然彼时粮户，虽经认可，究非其心之所愿，故事后又复迁延。乡董隋忠，知久必生变，日前遂先至县署禀诉，谓各粮户认捐之赀，靳不交付，实属为富不仁，应请传案严惩云云。县中尚未批示，而贫民果于上月二十五日，复纠众四起，倡言虽有现洋粮石散放，我辈亦不领受，惟愿率众挨户传餐，至粮尽为止云。

五道沟林维翰、梁春发二人，前聚众三四十名，至富户张姓家滋闹时，意图酿成变故，乘

机劫掠。议员会董等,驰往排解,纷扰尤甚,胆敢喝众动手逞殴。幸该贫民尚有天良,未肯听其指挥,乃复扬言张某为富不仁,当罚洋百元,粮若干石,方能归去,不然,将同归于尽。横行谩骂,恫吓万端。该议员等恐激他变,不敢与较。遂潜行至县,请示办法。陈大令乃再派司法巡弁刘盛,前往劝谕,谓如不听,即将该首领拘系来县,尽法惩办。嗣刘盛驰抵该宅,劝其领洋解散,该首领仍一味凶蛮,非重罚张某不满厥意。刘无奈,转以好言安慰,给其自行到署申诉,必助尔臂力。该首领果听其言,相随至县,甫进县廨,刘即饬兵役看管。一面由县备文,送交审判厅,严行讯办。该处贫民等闻悉消息,危惧异常,立刻解散。

附郭之六道沟,五月二十八日,又有贫民领袖赵李二人,煽惑各民,蜂起滋事。一时集有六十余名,悉聚于富户逢姓之门,分其积粮,势将下手。幸逢某闻风,已先避匿于本街商店。贫民见其家中无主,恐乘便攫取,类于抢劫,故亦未敢强分。遂即盘踞其家,恣意食宿。后因逢某不归,众贫民遂决意迫胁该处议员,偕同往分。议员闻风,亦即夤夜潜遁,以避其锋。

凤凰厅界龙王庙贫民,分粮滋事,经该厅朱司马驰往劝导,终不相下。而贫民又愈聚愈众,无可理喻。事急计生,遂出调停之策。压令商店将存粮尽数分给贫民,价格仍照前议。无奈粮少人众,不足分布,仍是哗噪。不得已乃谕饬未领者,暂回乡里,每屯各举一二人,随之回城,另筹补助之法。

东盟喀拉沁右旗地方,有教民石孝顺(又名史耀顺)者,藉教为护符,前月曾在四十家子,号召奸民,抢分粮谷。只因未惩其首祸之罪,该教民愈觉胆大,复于五月二十三四等日,鸠合流民,不下五六百名,齐至大牛蒙村富民陈凤翼家,硬将存粮抢出,变买鸦片酒肉,即在门外埋锅造饭,哄饮大嚼。声言将陈破产,再食某某之粮,并云我辈分粮,尚有财发,即人聚千万,亦例无办法。由是互相煽惑,势益猖獗,蒙民之无知者,亦接踵附和。正厮闹剧烈之际,幸该旗护印协理袁光甫闻信,恐酿巨患,照会驻防队官,派兵弹压,该奸民仍挺抗不遵。嗣会同乡约,将首犯捕送王府,连夜备文,解交热河都统惩办,人心略静。

7月1日(五月二十五日)　日本东京中国留学生举行会议,援助北京国会请愿团。

《东方杂志》第7卷第7期《记载第三》载:

本日,东京留学生界千余人,在锦辉馆开会,讨论第三次请愿团国会办法,以为北京代表团之后援,并促各省同志会之进步。议定联合全国军学绅商各界团体,结成一大团体,合力为第三次之请求,并决定由东京留学界分电各省,坚持勿懈。

△ 广西岑溪县已革监生陈荣安父子因不满官府调查户口、征收契税,聚众二千余人,据堡筑城抗官,与署梧州知府志琮所率进剿军队作战月余。本月27日(六月二十一日),基地炮楼被官军攻破,陈荣安父子死难。

7月2日(五月二十六日)　山东莱阳县知县奎保派兵协同候补道员杨耀林赴乡拘捕带头抗捐的联庄会会长曲诗文,乡民群起阻挠,与官兵格斗,伤官兵数人,乡民死二十三人,伤者倍之。

《东方杂志》第7卷第8期《中国大事记补遗》刊《山东莱阳县官民交战事续闻》:

山东莱阳县之役,谤言至今未已。综言之,则官绅勒捐激变,武员滥杀邀功。乡民之死于枪炮,死于骚扰,及妇女之死于奸淫者,不可胜计,盖为人心所同忿。御史王宝田据实劾奏,奉旨令直隶总督陈夔龙派员查明具奏。旋经陈总督覆奏言,查莱阳幅员辽阔,俗尚强悍,

绅民交恶，已非一日。近年举办新政，假手乡绅，更不理于众口，积怨已深，久思寻衅。该邑永庄社社长于祝三，素倡反对新政抗不纳捐之议，村民多归附之。曲士文即曲诗文，乃其同志，向居邑之西北旌旗乡柏林庄，与伊弟曲桂舟，平日皆不安分，在县缠讼有案。本年正月间，曾在唐家庵地方，纠众五十余人，拜盟立会，蓄意与官僚为难。适知县朱槐之办理调查户口一事，曲士文遂乘间布散谣言，谓人口物畜，均须纳税，并捏造各种税章，到处传播。又谓仓谷被官绅变价侵吞，于是远近村民，咸为煽惑。四月十三日，以索仓谷为名，聚众数千人，拥入县署滋闹。更要多款，迫令当堂写给示谕，始各散去。又春间朱槐之筹办地方自治研究所，以庙产年捐不及十分之一，议捐三成，以免另向民间筹款，乃各僧道闻曲士文滋事，亦复生心效尤，聚众千余人，于十五日入城，接踵滋闹，殴伤县署厨役，自携免提庙产谕稿，逼官照钞用印。异日，朱槐之调附近防兵数棚，捉拿僧道十余名，拟办首要以示儆。曲士文闻之，复啸聚土棍赌徒，及沿海胡匪，阴相结合煽乱。官既无备，亦无术以解散之，乱党益肆无忌惮。初仅聚集二三百人，嗣以到处威胁，不数日间，数既逾万。五月初五六日，复焚毁所怨绅富王景岳、高玉峰、陈玉德数家，火光烛天，四境骚动，旋经乡长姜而绶、营汛王凤苞率同合城铺商，往返调停，力保此事，官不深究。并允其挟制，停办地方自治，清算仓谷及各庙捐，停免戏捐，革除绅董各款，给与盖印执据，始勉将大众遣散。而曲士文之死党百余人，仍复聚集各村，意存观望。其时抚臣孙宝琦，已将朱槐之撤任，另委知县奎保接署，并派道员杨耀林驰往查办，该二员相继至县，于二十二日出示，解散胁从，严拿首要。曲士文恨官之反复，祸将及身也，遂复各处传帖纠众。并以奎保所出解散告示，指为仍索各种苛捐。愚民无知，群相疑忌，计先后被胁者，不下二万余人，抬运枪炮，预备大举。二十六日，曲士文赴马连庄吕保璜家，令其帮招乡民，并索供应。吕保璜潜赴县署报信，派兵掩捕，该匪党当场格拒，开枪邀击，并虏去马弁一名。自是声势日盛，以九里河为巢穴，分途设卡，昼夜攻城。击毙守城警兵炮役，并惨杀侦探马兵四名。初四日，协统叶长盛登州镇总兵李安堂率大队驻扎委山，出示解散。旋据水沟头绅商请兵弹压，乃先发枝队前进，行抵水沟头庄外沙河边，适遇余匪先行开枪，该队亦即还击，伤匪一名，旋散。初六日，大队行抵水沟头，即于是夜赴援县城。黎明行至距城十余里，遇匪率众万余，分路来扑，先被击毙官兵一名。遂在马山埠地方，开炮还击，轰毙匪党二三百名，始向西北方向窜散。官兵尾追，沿途搜剿，焚毁匪巢六七处，搜出曲士文伪檄，及大小土炮子弹熔炉生铁无算。城围遂解。惟首犯曲士文，迄今逃匿未获。（中略）查肇事缘由，实因绅民相仇，积嫌生变。虽各项杂捐，及侵吞仓谷，详查尚无其事；而承办新政经手款项之绅董，假公济私，擅作威福，诚有结怨于民之处。曲士文以一乡曲无赖，竟敢假托公义，暗报私仇，迹其威胁乡愚，私置枪弹，劫杀官兵，围困城池，种种情形，实属罪不容诛。然使地方官早为觉察，撤绅董于物议沸腾之时，惩匪党于插[歃]盟要约之日，消患未萌，其祸当不至此。办理不善之咎，诚无可辞。至匪众乌合虽多，除死党百余人外，余皆乡愚无知，被其裹胁，一经慑以兵威，俱各瓦散，当非甘心从逆。其夺获器械，仅有洋枪二十余杆，余均旧时土式枪炮，或系平时购置，或系胡匪携带，查无接济实据。至山东抚臣孙宝琦调兵弹压，系出于万不得已。设当时不派兵队，则莱阳之变，将有不堪设想者，似不得以轻听张皇责之。现在莱阳县知县朱槐之，业经孙宝琦附片奏参，奉旨先行革职。登州府知府文淇，并经该府奏明开缺另补各在案。而莱阳一案，半由绅董敛怨而起，亦非择尤惩办，不足以昭平允而服群情。曲士文与其弟曲桂舟，均非善类，而曲士文尤为此案罪魁。且该处愚民，惑于该犯捏造苛捐之说，方阴感其仗义而倾心响之。尤宜一面责成营县，严拿务获，按律惩办，以免漏网贻患。一面饬由地方官亲赴各乡，明白晓谕，务释群疑。被胁愚民，应一概免其株连。沿海胡匪，则须会同奉省，设法

防剿。云云。疏入,奉旨令山东巡抚孙宝琦按照所奏,体察情形,分别妥筹办理。然山东绅民,及其为京官者,旅居邻近各省者,与夫报馆之论议,则对于陈总督之覆奏,固尚未能满意也。

△ 广西巡抚张鸣岐致军机处、外务部请代奏电,报告镇压广西各地民变情形。

电文称:

桂省归顺、镇边、天保等属,地处极边,风气锢蔽,因查户口钉门牌,本年春夏间,有奸匪煽惑愚民,谓将仿越南加抽身税,屡谋起事,均经随时拿办解散。本月二十四、二十六等日,据归顺镇边地方官禀报,先后被匪徒纠众围攻城厢。并据龙州镇道电禀,匪党广张伪示,纠人入会,大意以安国灭洋,先杀学生,后杀官吏为名,等语。查此股匪徒,系仓卒集合,边防兵力尚厚,鸣岐闻警后立即飞电就近营队,驰往剿办,擒渠散胁。揣度情形,当可迅速平定。惟归顺镇边均与越南接壤,除饬该文武将沿边隘口认真堵截,毋使外窜,致滋借口,并饬边道照章知会法汛,暨将剿办情形续报外,谨先摘要电陈。

次日,军机处寄张鸣岐电旨:

著张鸣岐督率文武各员赶紧扑灭,勿任蔓延滋扰,并将剿办情形随时电奏。

8月7日(七月初三日),军机处寄张鸣岐电旨:

张鸣岐电奏,归顺镇边乱匪业经派营扑灭,边界一律安谧等语。办理尚属妥速。所有沿边一带,仍著随时严密防范,伤亡兵民及被害各户,查明妥为抚恤。并将善后事宜责成地方官认真办理。

中国史学会主编,中国近代史资料丛刊《辛亥革命》(3),上海人民出版社1957年版,第379~380页

△ 清廷命山东巡抚孙宝琦妥善处理莱阳乡民聚众滋事案。

是月8日,军机处寄山东巡抚孙宝琦电旨:

著孙宝琦督饬各队赶紧扑灭,毋任蔓延,并将办理情形随时电奏。

13日,军机处寄山东巡抚孙宝琦电旨:

孙宝琦两电均悉。莱阳乡民聚众滋事,自以解散胁从,密拿首要为主义。既据绅民求缓进兵,愿认劝解,应即速饬解散被胁愚民;一面仍饬派出营队严拿首要,毋任再事滋扰蔓延。至此案究竟因何酿起?亦应查明。各该地方文武官员,奏明参处,毋稍回护。仍将办理一切情形随时详晰电奏。

18日,军机处寄山东巡抚孙宝琦电旨:

孙宝琦电奏,官军与逆匪接仗,匪势大败,剿破巢穴,曲逆率党入山等语。莱阳城围已解,匪首逃窜,人心当少安定。除首要各犯仍饬缉拿惩办外,其余被胁愚民,务须切实开导,设法解散。并著妥筹善后办法,派员分投安抚流亡,毋任失所,以靖地方。

中国史学会主编,中国近代史资料丛刊《辛亥革命》(3),上海人民出版社1957年版,第479页

7月7日(六月初一日)　安徽宣城饥民抢劫砻坊。宣城县6月间连降大雨,田圩被冲溃决,夏粮无收,饥民被迫掠食。7月7日午刻,有灾民千余乘划船二百余只至距城八里之双桥镇,蜂拥上岸。先抢去裕泰砻坊米二百数十石,继又拥至查姓磬坊撞门,巡防营巡逻队哨勇放空枪禁阻。灾民毫不畏惧,手持刀棍将哨勇打伤,抢去洋枪三支。巡防营哨勇开枪,击毙一人,伤二人,逮捕二人。

《东方杂志》第7卷第7期《中国大事记》:

安徽宁国府属宣城县，近年迭遭水患，民不聊生。今年五月初六至初九日，大雨四日夜，平地水深数尺，去年已破之三十余圩，均被冲决。十八日至二十五日，又复大雨八昼夜，山洪暴发，东西北三乡大小数圩，接续溃决。幸未决者，大圩四，小圩十余而已。灾民饥不得食，匪徒从而煽之，数日之中，四乡抢劫之事，不下数十起。二十七日，距城二十五里之油榨镇，有居民聚众抢劫。二十九日，北乡新河庄（距城五十里），东乡沈村镇（距城四十里），先后报告，均有滋闹情事。三十日，双桥镇（距城八里）有饥民千余，到镇滋扰，均经官弹压遣散。至本月初一日午刻，有匪徒勾结灾民千余，乘划船至该镇（约二百余只），蜂拥上岸。先到裕泰砻坊，抢去米二百数十石，继又拥至查姓磬坊，撞门时，巡防营巡逻队哨勇等向阻，并放空枪。该灾民等毫不畏惧，手持刀棍，将哨勇乱打，伤及哨弁沈锦文，暨勇丁多名，抢去洋枪三支，哨勇等乃开放实枪数响，毙一人，伤二人，获二人，余乃解散。

△ 锡良奏陈东三省铁路计划，以日、俄近来邦交密切，俄国对我国西北居心叵测，请及早将东北锦瑷铁路、西北张洽铁路同时提前开筑。

7月9日（六月初三日）　陕西同盟会首领和哥老会头目在西安歃血为盟，密谋起义。

7月上旬　广西南宁农民六万余人反抗新增苛捐。

7月11日（六月初五日）　孙中山被迫于6月25日乘船离日本，经香港于是日抵达新加坡，居张永福花园。

孙中山致南洋各埠同盟会员函（一九一〇年七月十四日）称：

弟于七月十一号从日本抵星坡。自离此地一年有二月，适绕地球一周，所经五六国，所图之件尚未达最终之目的，惟进步较前甚多，将来总有大希望也。弟至美洲，颇蒙华侨欢迎，该地之保党已多归化革命。弟本欲久留该地一年半载，以经营团体之事，无如祖国情势日急，又遇精卫兄等失事于北京，故亟欲东回，就近亲筹一切。到日本住有两礼拜后，遇清政府大与日政府交涉，谅难久居，遂南来此地，殊非本意也。惟既来此，则欲从新整顿团体，以求吾党势力之进步，则于革命前途必有所补。贵埠同志热血过人，想有良策以匡不逮，望为赐教。

弟现暂寓张君永福花园，不日当另觅屋而居。

中国社科院近代史所等编《孙中山全集》第1卷，中华书局1981年版，第466页

7月12日（六月初六日）　湖北谘议局、湖北国会请愿同志会及绅商学界数百人集会，决定响应各省请愿代表号召，再作第三次请愿，提出“不开国会，不承认新捐税”的口号。

△ 贵州古泥地方群众要求免征人头税，数千人毁学堂、自治公所及教民住宅。

7月14日（六月初八日）　山东官兵在莱阳城外与数万暴动民众激战，炮轰柏林庄等十三村，击毙乡民四五百人，伤数千人，曲诗文率残部退走。次日，官兵又将附郭村庄焚毁一空，余众解散。

7月18日(六月十二日)　广东新安妇女数千人包围县署,抗钉门牌。

据《东方杂志》第7卷第8期《中国时事汇录》:

五六月间,广东广州府属新安县,有乡村妇女抗钉门牌之风潮,以妇女而与官绅抗争,且起绝大风潮,亦各省鲜有之事也。新安县调查户口,共分五区,西乡、固戍、上川等村,均属第二区。有生员郑文贯者,西乡人也,与调查员郑善均,挟有私嫌,遂捏造谣言,谓该绅等系缴饷承充此事,伪造门牌之后,毕抽收户口人丁税,煽动妇女,群起抗阻。五月十五日早,固戍村即有妇女数百人,乘调查员姜宜集祠议办时,拥入其家,辱骂喧闹。其时西乡甫编门牌之一百零三号,闻信恐致波及,遂即停止。十六早,郑善均与调查长冯润霖赴城,妇女忽鸣锣聚众,先后拥至各绅家滋扰,掷毁屋宇,并图扰警局。十八日八点钟,纠合西乡、上川、固戍等村妇女千余人,闯进县署,勒令该县出示,撤退调查员,始行解散。连日沿门敛钱,自一元至五毫不等,势甚汹汹。六月初三日晚,复起风潮,鸣锣反抗,适闻尖岗山等处,有匪结拜会,又有文南之妻名安南婆者,由香港潜回鼓动各乡,于初六晚纠聚妇女一千余人,在北帝庙及沙坑地方联盟抗官,竖立七星旗一面,焚香千余枝,一老妇当众演说,指挥妇女入庙取香而出,齐到沙坑拜旗,勒令每人缴银二毛,存储备用。营县派发差勇赴乡,拿获温冯氏、郑姜氏、郑袁氏、吴范氏、温黄氏五口,各讯认纠众联盟抗钉门牌不讳,押候复讯。不意诸妇女竟纠合西乡、固戍、上川等村数千人,于十二日拥至县城外,意欲闯入县署,将温黄氏等出脱,幸先已闻信,即将城门关闭,诸妇女环城喧嚷。至十四日,闻已电省派营拿办,始行逃散,而北路大鹏一区,已闻风而起,纠集男女,驰械聚众抗查,毁抢绅民房屋数间,事起一隅,影响及于全属,现惟西乡编画门牌一百余号,尚有数十家,并其余各乡,一律停办。

7月中旬　河南长葛县因筹办巡警,增加亩捐,农民万余人捣毁县署。

7月21日(六月十五日)　外务部照会日俄驻华公使并通告各国,声明中国政府仍按日俄朴茨茅斯条约,及中日北京条约,应维持中国主权及在华机会均等主义。

日俄协定公布之后,中国外务部于六月十五日(西历七月二十一日)照会日俄两使及各国驻京公使,声明按照日俄朴资茅斯条约及中日北京条约,维持中国主权及机会均等主义。可视为中国对此协定之态度。当日外务部电出使各国大臣曰:

前准日俄两使面交协约,本部现于本日照会该两使,略言:此协约日俄既相约重视中日、中俄、日俄各约,则于一千九百五年日俄和约所承认中国在东三省主权,顾全列国机会均等,并赞同中国设法振兴东三省工商实业各节,及光绪三十一年中日议订东三省条约开放东三省主义,均相符合,且更确定。中政府自应按日俄和约之宗旨,实行中日条约之主义,凡关于中国主权内之行动,各国之机会均等及开发东三省之工商实业等事,益当切实维持,期于大局均有裨益等语。除通照驻京各使并通电外,希告外部。

王芸生《六十年来中国与日本》第5卷,三联书店1981年版,第291~292页

△ 河南长葛县苛捐繁重,又拟增收巡警捐,激起各村抗捐,哄抢县署内财物,事件发生后,官府所派查办委员又随意罗织,勒索钱财。

掌新疆道监察御史陈善同奏称:

长葛地瘠民贫,知县江湘到任以来,横征暴敛,如税契原系八分,加至十二分六厘;上号

费每次原系五十文,加至一百文;粮票费每纸原系三文,加至八文;呈词费每次原系一百五十文,加至三百文;戏捐每台原系二千四百文,加至三千四百文;陈公祠公产及陉山书院每亩稞[课]租原系六百文,加至九百文;酒捐每家每月原系三百五十文,加至八百文,并缴酒百斤;烟税每家每月原系一千六百文,加至二千四百文,并缴烟三百斤;十二保之产行,每月每保捐钱四十千文。层层剥削,外托举办新政之名,其实尽饱私囊。典史杨梦鲜,终日在署狎妓赌牌,同恶相济,从中分肥,民力已不堪矣。此次筹办巡警,江湘拟每年加捐一万七千余串,于原捐每亩五文外加捐每亩二十五文,本年六月十二日邀各村长会商未允,经绅士司先登、郭毓瑗劝从缓议各散。十四日,江湘忽遍张告示,勒令每亩每年加捐一麦二秋,即以一合麦二合秋,按时价计算,已加至三十文以上,而又不注明合升斗之名以疑之,是趣之乱也。至十五日而变作。

先是江湘莅任时,外政皆其妻主持。去年冬,曾由稿案李福手贿卖总役,家人周任索分贿银不得,持刀逐江湘,至上房凶斗,劝息。其内队丁役等利江湘之昏懦,而又艳其赃私也,人有叛心。是日,各乡村长等全行进城,均皆长服草帽,并无一人持械者。适遇江湘行香归,村长等环绕数匝,哀求免捐。江湘左右尽散,有礼生樊继宗者,随赞行香礼,适值其变,继宗一面护卫江湘,一面劝谕各村长。江湘随即令取笔墨亲写免捐手谕,众乃解去。方江湘被围时,别有小队一人在署门外大呼曰随我来,遂有丁役及匪徒随之入,将署内银物强抢一空,惟仓库、监狱无恙。此由肇衅至滋闹之实在情形也。

抚臣宝棻闻报后,即派巡防兵前往弹压,委候补知府吕耀卿率同马队管带包炳耀到该邑查办。拿获匪徒陈国田、刘得胜、朱昭玉、孙得胜、程秀东等六人,搜有金镯银物等赃,讯之皆系江湘内队,又获署内司茶炉李姓,及火夫、扫地夫,均取有赃证,该委员等一并放之,别发无名之票,四出抄掠,随意罗织,择肥而噬,其可指名者,如宗寨村被逮者四十余家,皆纳贿开释,又王保成贿银五十两,魏灿星贿银五十两,魏凤舞贿银二百两,均由江湘家人刘兰亭、余绍棠过付。又票传绅士孟继云既到,见其贫释之,而以姓名相近之孟升吉代之。复传谕城乡,令筹银一万二千两作为赔偿江湘之款。指拿樊继宗、司先登、郭毓瑗以为祸首,沿门大索,远近骚动。此委员办理此案之实在情形也。……相应请旨饬下河南抚臣宝棻,迅将该委员吕耀卿撤回,按照以上各节切实查明,从严参办,江湘苛敛酿变,杨梦鲜、包炳耀并助虐渔利,均应确查严惩,以肃法纪。

中国第一历史档案馆等编选《辛亥革命前十年间民变档案史料》上册,中华书局1985年版,第236~238页

《东方杂志》第7卷第8期《中国大事记补遗》刊《河南长葛县乡民滋事详记》载:

河南长葛县知县江湘,因办乡村巡警,出示通谕各乡,随缴粮款。闻定章每粮银一两,饬加巡警经费钱三百文。并召集绅士,筹议办法。次日各绅进见,江知县手出谕单,饬即遵办。各绅士见系加赋添徭之举,未敢答应。江知县言此乃前任所禀定者,非本县之意见。现在本县已将此事通禀各宪,难以挽回。各绅见势不佳,诺诺而退。回至乡中,即行宣布。讵知该县乡民,因江知县借口新政,设法敛钱,不止一次,向已恨之切齿。今见此谕,立即鸣锣四乡,传告此事。十四日早,各乡传起,至午后,业已到齐。均至县城东门五里园地方,会议此事。各绅士恐肇大事,立即往劝,并允为代求县官,免缴此款。次日早,江知县已闻风而至,意欲先发制人。时各乡民已到五千七百余人。江知县出城时,又复手谕一牌,通示乡民,内中仍谓非办加赋不可。各乡人见此情形,即排队入城,追江知县至县署,江知县恐乡民劫署,又派队勇多人,整队大堂,百计威吓。无如乡人因官屡次设法敛钱,含恨已深,致将性命置之度外。不问情由,纷纷挤入署内,以为要挟之计。及至入署,内中怨毒深者,一齐动手毁物。闻

自大堂起,至宅门内上房为止,所有各物,均被毁尽。独账房印室仓库监狱,丝毫不动。江知县此时一无计术,仅牵其妻子至厕内藏匿。幸由营汛捕厅前往弹压,始为散去。然各乡愈聚愈多,聚有一万人之谱,仍又刊印传单。许州知州徐某因事关重大,立即电禀各上台请兵,河南巡抚宝棻谕饬陆军前往镇慑,不准用武。而巡警道蒋楙熙因距火车甚近,又派警兵一队保护路政。十八日,闻又复毁署一次,又将其幕友之物一毁而空,至其所刊之传单,附录于下:

各乡传单各村各堡父老兄弟同看。江官到任,即科派差钱,一年共派七次。吾民之力,实不能支。刻下江官又派加丁地钱,吾民性命必不保。屡次呈恳免缴,屡遭重责。官比差,差比民,吾民身家,行为贪官所食。刻为筹抵制之计,务望速至五里囤会议,不来者群起而反对之。(查田地一亩现已缴正赋差钱新政钱七百文,另差在外,刻如再加,将及一千四百文矣。)

事后省中上台查明江知县此举,实系前任知县潘某所禀定而未办者。江知县不知其详,即为照办。且江令到任后,所筹各款,亦皆潘知县在任时所议定。不意仿办之后,事事招怨。至滋事后江知县署中之物,无一存者,当时愤欲自经。经同僚救活,不得已到省泣求撤任。宝巡抚见其可悯,已将江知县调署睢州,而调睢州潘知县接署长葛,以了此事。

7月23日(六月十七日)　山东巡抚孙宝琦以莱阳民变请旨开缺,听候查办;后又于9月4日(八月一日)自请罢黜,另简贤员接替。上谕令毋庸议。

7月31日(六月二十五日)　湖北大冶县红灯会首领柯玉山率会众拒捕,与官兵作战,因武器落后及寡不敌众,战败被俘,于是日押解湖北省会武昌关押,遭受严刑拷打。

《京津时报》1910年8月7日报道:

湖北大冶县保安镇有著名哥老会匪柯玉山,开堂放票,积案如鳞。该匪出则四人大轿,前后拥卫,鸣金放炮,毫无顾忌。历任县令见其势盛,均不敢过问。只王令士卫宰该邑时,曾派差往缉,被其率众拒捕,毙差数名,而王令旋即调任,继之者遂驰[弛]缉捕之令。柯匪逍遥法外,逾[愈]敢肆其凶残,人民遭其荼毒,莫不切齿。瑞制军到任后,访悉其情,始派曾辕下卫队兵丁六十人乘轮驰赴该等县,会同县令赖汝骥所派差捕往擒党,将拿获柯匪及其党柯青山、柯益俊。孟讵尚未解至县城审讯,半途即被其党将柯玉山劫去。从此该匪倡乱之志弥坚。挖地道,备军械,昼伏夜聚,计划开始。嗣经瑞督添派辎重八营督队官安祯华率兵一中队驰往驻扎协缉。柯匪逃,知畏惧,匿于武昌县胡进祠堂。后被逻者所知,前往围捕。该匪又由地洞内险遁,窜入咸宁、通山、崇阳三县交界之雷家村(一作卢家冲),恃柏树山之陡峻,聚集徒党,以与官军相抗。县中差备左立生陶顺等前往侦其动静,被匪获,浸入洋油,用火烧毙,并挖深坑预备活埋续获之人。安督队率兵往剿,众匪竟敢放枪拒敌,兵匪互战三小时,各有损伤,官兵乃退。安督队见其势正盛,兵少不敷抵敌,星夜回省,禀请瑞制军率提台请兵。故于二十三日添派步队【三】十一标标统曾广大、三营管带肖国斌兵一营,携带子弹,分向咸宁、大冶、崇阳等县进发合攻。不料二十日匪众又下山与驻扎该处之官军接战,开土炮向军队轰击。官军见来势太猛,连放排枪抵御,约数小时,共发百余弹,毙匪五六人,伤十余人,始丧胆退避。而前经军队拿获之从匪柯青山、柯益俊二匪,原监禁于大冶县监,兹因有劫狱之说,特将该二匪交楚安兵轮解送省垣,发交首县模范监监禁,俟获柯玉山后一并正法。至续派往之三十一标三营军队已抵该处,四面合围,该匪首柯玉山虽悍,终不敌官军之枪炮灵便,一战即溃,比经某营队官安永年带兵挡住要隘,立将该匪拿获。昨电禀到省后,瑞制军即复电饬派军队妥慎押解来省,尽法惩办。并饬曾标统广大相度情形,分途追缉余孽以防死灰复

燃。闻柯匪之党,有伪东王即胡五、伪南王即陈金山、伪西王即金巴子、伪北王即李云干,均系长江著匪,各有党羽千余人。此次与官军抗拒,该匪等均率党羽前来助战,现事败亡,已由崇阳县窜入江西境内矣。

《京津时报》1910年8月9日报道:

该匪已于二十五日午刻解省,由提台张军门讯供后,即发交首县收禁模范监狱。闻柯匪在提署供出党羽中之最有名者五六十人,均盘踞于大冶、通山、崇阳等县。张军门恐其中有该匪挟嫌诬陷之人,始列名单送呈督署。……闻柯玉山供称:大冶卢家集人,现年四十二岁,与督办土药统税大臣柯逢时为未出服弟兄。柯大臣是上流社会,悭吝克薄,丝毫不惠及乡里。我等贫贱流而为下流社会,无术赡养家口,于光绪二十一年入哥老会,二十八年八月改入红灯会。会所设有六处,均在大冶、武昌、通山、崇阳各县集镇。伊系总会头目,手下有七百余人,其余伪东西南北四王,手下有千余人、数百人不等。

《京津时报》1910年8月10日报道:

间昨首府赵太守复督同谳员提讯,闻柯匪实有党羽若干人,头目若干人,系何姓名,驻扎何处,有无绰号,拒捕官军系何人主使,使用军火运至何处,谕令从实招认,当为代求制台开恩。比据柯玉山供称:匪众有三千余名,头目二十四人,大哥名方汉臣,多年不知踪迹。伊在会内称二哥,人戏称之曰二元帅或九千岁。卢家集上饭馆主人卢春和,即前报所纪之卢某,系会内老三,其余匪目亦据逐一供出,俱有绰号,如白面虎、铁头太岁之类,其实皆市井相称之混名,并无谋反之举动。各大小头目内,多各标营被革军人及失业流民,咸以劫富济贫为宗旨。伊流落江湖有年,故遇事假其名为声威,此次拒捕非其本意,实由在会被革军人不甘束手受缚,逼而出此。所用军火,系卢家集与各同会党羽带来,伊匿于卢春和饭店楼上,实不知情。再三究诘所供如前。

武汉大学历史系中国近代史教研室编《辛亥革命在湖北史料选辑》,湖北人民出版社1981年版,第424~427页

△ 日本驻华公使伊集院报本国外务省称,北京盛传黄兴及多数党员潜入京城,恐慌异常,各军机大臣私邸均派巡警警戒。

△ 清廷以各省督抚劳于行政,亟于筹款,疏于察吏,吏治不修,则劳民伤财,乱端由此产生,传谕各督抚慎选州牧,以修明吏治,绥靖地方。

7月　长江流域各省籍同盟会员在日本支持并拥护宋教仁的倡议,发起召开十一省区同盟会分会长会议,商讨成立领导长江流域的革命机关。

居正《辛亥札记》记述道:

其时总理在北美,克强在南洋,东京本部无人主持,形势非常涣散。迄六月,赵伯先自新加坡来,会谭石屏、宋钝初、林时爽、张简亭诸兄,日商革命进行事宜。宋钝初主张长江革命,有组织中部同盟会之必要。谭石屏力韪其议。谈次结果,由谭石屏年长发起,约定时日,邀集在日本十一省区同盟会分会长开会于小石川区左宗远寓所。钝初指划方略,分几步作法,从长江结合,以次推进河北,为严密之组织,期以三年,养丰毛羽,然后实行,庶几一举而成。赵伯先性急,谓太迂慢。与会同志,群认革命为牺牲品,想不到及身而可以收功食报,故咸主急进。最后由谭石屏提出"事权统一,责任分担",以不限时期为原则。就此决议,分途进行,所谓中部同盟会者由此发端。其实当时并未组织任何机关,亦未举出任何干事,只有此一

会,向长江突进耳。厥后纷纷回国,石屏、钝初亦先后抵沪,乃与英士、木良、赞丞诸人谋长江革命益急。

武汉大学历史系中国近代史教研室编《辛亥革命在湖北史料选辑》,湖北人民出版社1981年版,第112~113页

谭人凤《石叟牌词》:

因与赵伯先等商改组,以长江为进行地点。伯先极端赞成,于是约张懋隆(四川人)、林时爽(福建人)、李伯中(四川人)、陈勤宣(安徽人)、周瑟铿、邹永成、刘承烈、张斗枢(湘人)会议于宋钝初所寓之寒香园,盖钝初亦倡议之一人也。同盟会初成立时,本有五都名义,乃议作中部同盟会办理……惟议虽决,苦无款进行,故尚须与南部磋商也。时伯先偕患难同志佃渔于香港对岸之九龙,须归照料,旋即返。余以代克强担负债务,月需百余金纳息,力不胜,亦于九月间往商,兼向克强索款。及晤时,克强别无意见,惟谓须有款项方可。

石芳勤编《谭人凤集》,湖南人民出版社1985年版,第360页

是月　贵州王有义聚众数万人企图起事,省城戒严。

△ 广西藤县、怀远县、镇边县以及平乐府等地,因吏治败坏,苛捐繁重,民众生计艰难,乡民纷纷起事与官军抗拒。

《东方杂志》第7卷第7期《中国时事汇录》刊《记广西匪乱近状》报道:

梧州藤县匪炽,大吏改委候补知县王为毅接署。该邑民风剽悍,向称盗薮,再经官之激成民变,附匪者众。成股成帮之悍寇,已日增月盛。藤县上界苍梧,下界平南,左界容县,右界武宣、昭平,所界各县,皆匪炽之区。因藤县官吏贪酷虐民,民心浮动,全境骚然。各县之匪,半入藤县胁煽,增其羽翼矣。永宁州怀远县石署令家鉴,因加抽油捐,激成乡民之变。署右江道沈秉炎,亲临办理,力请将石令撤省,以息众怒,然后设法劝谕。于是激变之一百二十一村,遵谕解散者,百零三村。尚有县属古宜甲附近十八村,仍抗捐滋闹。沈道由县城进驻古宜,而接署怀远县知县刘壬滨,因村民殴毙其亲兵一名,力请派营洗村。沈道初不允,刘令力请不已,沈道乃电禀请示,张抚允之。于是刘令由古宜甲会督右江巡防队,以炮火向十八村轰击。

归顺直隶州镇边县,近日亦有匪耗。据陆镇李道电称,扑攻归顺直隶州之匪,经杨守玉衔,率兵团抵御,邓管带大谟,督营夹击溃散。旋又纠合,围州属镇边县城,黄管带培桂登陴拒战,邓大谟率营驰援,接仗一日,各有伤亡。龙州新军炮兵营赶到,用格鲁森炮轰击,毙不少,城围立解。惟匪尚散遍县境,及下雷土州界内,杨守分派各营侦捕。其邓大谟黄培桂等营,与匪股交锋,转战数次,各有伤夷。署镇边县许克襄,带亲兵一哨,团练数百人,击匪失利,被困深山,几至遇害。后经邓军救援出险,遗失枪械不少。

平乐府属,近日匪氛日炽,勾煽愈多。近获要匪数名讯究,供出府署总役王某,县署总役刘某,皆已入会,专作党中侦探,将官军举动,随时报知。遇有劫夺银物,坐地分赃。张抚据禀,立将平乐府知府在任记名道徐宗荫撤回,另委试用知府廖廷铨接署。饬克日整饬营队,大加剿捕。

近日匪党肆扰,各路水师船艇,或因卫送商船,或因缉巡汛地,遇匪接仗,无不败挫。甚至孤泊之炮船,匪必围逼,勒献枪码。一时水师之声威大损。大吏以水师屡报失事,亟须妥为保存船械,莫妙于水路联络,互相援应。特饬自阳朔县起,经平乐、昭平、苍梧、藤县、贵县、桂平、武宣、平南、横州、永淳、宣化、隆安、新宁、崇善、龙州、百色、恩隆、迁江、象州、雒容、马

平、宜山等数十州县，于所辖滨河地方，筑小炮台，酌量情形，每若干里设一座，拨防勇团练驻守。遇有附近水师船只被匪围攻，或与匪战，即迅驰援助；如水师败挫，即驶泊炮台下，互相凭依，以免再有船械毁失，弁勇伤亡之案。

又据别报言，广西民情横悍，素称难治。有今日为民，明日即匪，明日为匪，后日仍当兵者。以故三者混合，无法整理。叛变之事，时有所闻。现闻驻扎滇边南溪驻防第三营之中后右三哨勇丁，同日谋变，而滇桂二省之土匪，复闻风响应，由河阳三圻等处进行，与安南革命党联合一气，冀图大举，声势极盛。迨广西右江道龚心湛闻警，派兵追剿，势已不及。现又有由越境窜回广西之耗，与官兵接仗，互有胜负。盖因叛兵等所携火药子弹，一概俱全之故。南宁府属居民，因抵抗新捐，有六万余人，附入匪党，各携枪械，与官军抵敌。龙镇军遣某统领星夜督率大军，驰往该处，攻战历数昼夜之久，匪始稍退。毙匪党十余人，受伤而生擒者一百六十余人。同时柳州百色等处，亦有匪徒起事。

△ 河南开封各界接连召开大会，反对邮传部借款开筑徐济铁路。

△ 清廷公布全国人口调查结果，共计三亿两千零六十一万人。

8月1日（六月二十六日）　清廷谕各部院堂官、各省督抚严治贪官污吏，并饬自贵族以下及内外各大臣敦品砺行，以身作则。

本日上谕曰：

朝廷设官分职，所重惟廉，考诸往古，类皆订有坐赃专律，贪人败类，久为法所不容，诚以蠹国病民，莫此为甚也。我朝仁厚开基，一切务从宽大，钦颁大清律，独受赃一门，制刑特重。伏读列朝圣训，复于惩戒贪墨叠次加严，不少宽假，仰见执中定法，具有深意存乎其间，降及今日，人心愈幻，作弊愈工，宠赂官邪，比比皆是，或假新政为名，肆行侵蚀，或以官缺为市，巧试奸欺，或夤缘荐引，藉博高官，或营谋开复，代陈冤抑，似此廉隅之不饬，非上亏国帑，即下刦民财，倘非峻法相绳，后患何堪设想，亟宜申明典章，颁示中外，嗣后著责成各部院堂官，各值省督抚，加意严查，遇有贪官污吏，及办理新政或承办要工人员，查有贪款入己等弊，务即罗列款目，据实奏参，一面追赃，一面按律从重治罪。至奉旨查办事件、内外大臣于交查案件，有关赃款者，必须秉公彻究，以期水落石出，倘有瞻徇宽纵情事，一经发觉，立予严惩，并著言路诸臣随时严密访查，详确纠参，请旨办理，总之形端而后表正，大法乃能小廉。凡自贵戚以下及内外各大臣，尤须敦品砺行，整躬率属，以袪痼习而正人心。自此次申儆之后，无论内外大小臣工，有犯必惩，决不姑宽，其各凛遵毋违，用副朝廷激浊扬清，实事求是之至意，将此通谕知。

《政治官报》，谕旨，宣统二年六月二十七日，第九百九十一号，见《清末官报汇编》第75册，全国图书馆文献缩微复制中心2006年版，第37729页

△ 中、英两国在北京签署《京汉赎路公债票售与敦菲色尔公司合同》，清廷向英国伦敦敦菲色尔公司订立借款四十五万英镑，收赎京汉铁路。

8月3日（六月二十七日）　英、美、法、德公使照会清朝外务部，催请批准宣统元年所订湖广境内粤汉、川汉铁路借款合同。

英、美、法、德驻京公使照会外务部，催请批准宣统元年所订湖广境内粤汉、川汉铁路借

款合同,其内容分别如下:

一、英法德各使致外务部照会

为照会事,查宣统元年四月十九日英法德各银行代表人等,与奉旨授权代中国政府行事之张中堂订立合同借款,铸造湖广境内粤汉及湖北境内川汉各铁路。该合同由两造签字,视同正式合同,只须候降上谕批准施行,同时且达知该银行等,即日具折上奏,约十日期内可奉上谕批准等因,正在恭候谕旨间,英法德各银行等知悉美国政府向中国政府提及前议,美国应有列入此项借款合同内之理由,故外务部请该银行等设法,俾将美国公司列入,嗣有英法德各银行等会同中国政府与美国公司代表人开议,旋订续合同将美国公司列入借款之内议决各节,在事各造尽行满意。查去年四月十九日,订立合同,迄今已一载有余,本年正月初三、三月十三,本署大臣曾两次照会贵亲王提明贵国政府照定合同,所应允者至今未准复文,兹遵本国政府命令,照请贵亲王请旨批准以上所提议之合同书,画押施行,以资振兴中国商务而敦邦交,实本国政府之所深愿。为此请贵亲王迅速照复,俾得转报本国政府,是所感荷,须至照会者。

二、英法德各使致外务部照会

为照会事,粤汉铁路湖北湖南一段,并川汉铁路湖北一段借款一事,本日另文照请贵政府允准。德英法银行所立之约在案,本署大臣相应提及一千九百零三年九月间,以川汉铁路贵亲王所许英美两使臣之语,此后不独专属原许之二国,兼推及德法两国,须致照会者。

三、美使致外务部照会

为照会事,查宣统元年四月十九日英法德各银行代表人等,与奉旨授权代中国政府行事之张中堂订立合同借款,铸造湖广境内粤汉及湖北境内川汉各铁路。该合同由两造签字,视同正式合同,只须候降上谕批准施行,同时且达知该银行等,即日具折上奏,约十日期内可奉上谕批准等因,正在恭候谕旨间,英法德各银行等知悉美国政府向中国政府提及前议,美国应有列入此项借款合同内之理由,故外务部请该银行等设法,俾将美国公司列入,嗣有英法德各银行等会同中国政府与美国公司代表人开议,旋订续合同将美国公司列入借款之内议决各节,在事各造尽行满意。查去年四月十九日,订立合同,迄今已一载有余,本年正月初七,本使馆曾函达贵亲王,提明贵国政府照定合同,所应允者至今未蒙见覆。兹遵本国政府命令,照请贵亲王请旨批准以上所提议之合同书,画押施行,以资振兴中国商务而敦邦交,实本国政府之所深愿。为此请贵亲王迅速照复,俾得转报本国政府,是所感荷,须至照会者。

四、美使致外务部照会

为照会事,粤汉铁路湖北湖南一段,并川汉铁路湖北一段借款一事,本日另文照请贵政府允准。德英法银行所立之约在案,本大臣相应提及一千九百零三年九月间,以川汉铁路贵亲王所许英美两使臣之语,兼推及德法两国,须致照会者。

王彦威辑《清宣统朝外交史料》第15卷,故宫博物院文献馆1933年编印,第45~47页

8月4日(六月二十九日)　华东之江苏、浙江、安徽发生特大水灾。

△ 黑龙江省谘议局致函各省谘议局国会请愿代表团,表示将联合多数绅民鼓吹速开国会,以为第三次请愿的后盾。

8月5日(七月初一日)　邮传部奏陈江苏铁路公司私向外国借款,请饬下两江总督、江苏巡抚迅速查禁。

8月6日(七月初二日)　福建绍安会党数千人起事,树“奉天命明朝军”大旗,该省派新军三路会剿,击毙会首一人,会众六人,官兵亦有伤亡。

《东方杂志》第7卷第8期《中国时事汇录》:

福建绍安县有山一座,名冬瓜山,与粤之黄冈,赣之饶平,三省交界。该山周围数百里,形势为险,向为盗贼出没之巢穴。近日不知何来匪人,煽惑土匪数千人,啸聚山内。七月初二日,省派新军到此,三路会剿。该匪胆敢竖旗接战,旗上大书“奉天命明朝军”六字,而绍安杨管带率常备军二百名,见匪众则逃逸。幸黄冈林都司带勇一营,与匪大战半日之久,当杀匪首一人,轰毙六人,受伤之匪,不计其数,官兵亦互有损伤。该匪乃退缩入山内巢穴,官军不敢上逼,无如之何,乃将山下匪人眼线数村,尽行焚烧,立电禀松督,请兵会剿。

8月8日(七月初四日)　中俄订立《中俄松花江自由行船章程》,应允开放松花江。

《中俄松花江自由行船章程》:

按照光绪七年中俄两国所订森彼得堡条约第十八条,大清国外务部与大俄国驻札北京使署商订下开各节:

第一节　本节略后附之稽查松花江往来船只进出口货物暂行试办章程,兹经核准,该章程系缮成华俄英三国文字,由华俄专员签押证明无错,将来如有疑惑之处,应以英文为主。

注:凡章程内所载,华界或俄界百里,即五十俄里字句,系专指华俄两国交界线而言,合并声明。

第二节　第一节所言之章程于本节略签押后,不得过三礼拜,由哈尔滨税务司出示施行。

第三节　该章程于实行期内如有增改之处,暨颁布各项专章或新订者,或推行于松花江者,将来中俄两国商订办理。

第四节　华关在哈埠东清铁路界内办事,彼此声明,将来若有相商关系主义事宜,不得援引。

第五节　凡东清铁路所需建造修理料件,松花江各关,免纳各项税厘,该路军所需物件,亦在此例。

第六节　凡由松花江各处,由船运至哈尔滨直运出洋粮食或装载于袋者,或碎运者,无论到哈后,即由船过载火车,或暂存华关暨东清铁路所管之栈房,将经过满洲里或绥芬河分关,均免重完出口正税。其详细办法,于本年年内,由哈关税务司与东清铁路公司会订。凡粮食由江直运出洋,不寄存栈房者,所有关税,应在哈埠上岸完纳。

凡由松花江各处运来货物,有直运提单由满洲里或绥芬河出洋,无论过哈暂存与否,其按照满绥关章所多完之出口税,如数找还。惟查目前并无此项货物,故所有详细章程,自应一旦确查实情,苟有此项货物,方由哈关税务司与东清铁路公司会订。

第七节　光绪七年,彼得堡条约后附之陆路通商章程第十四条所载之各物,松花江各关,仿照满绥两关暂行办法,不完关税。

第八节　至本届航期停行之日止,船钞仍旧施行,然由江关颁发,按月短期钞单以敷本届行船之用,至江捐表则将由哈关税务会同东清铁路轮船股股长商订。应订之总数,即按自宣统元年五月十四日,即俄历一千九百零九年六月十八号,至宣统二年五月二十四日,即俄历一千九百十年六月十七号,航期之间实收船钞数目,其加增之数,不得逾原数四分之一。

第九节　凡粮食由松花江往来于本章程施行期内,即按照现行办法,均暂免所定粮食就

地往来运输之押款保单。

第十节　所有松花江各关,由关办之日起,至宣统二年四月初四日,即俄历一千九百十年四月二十九号止,华关已收及未收之各项税钞账目,作为结清。惟自是日起,至该章程颁布之日止。所有逾于新章程所定数目,或与新章程不符所收之数,准各货主来关呈明,于交还江关原发收条之日起,三个礼拜内,如数发回。接收请将发还逾数之呈词,限于本年十一月二十七日,即俄历十二月二十五号为止。至投呈内所言之收条,须在明年六月初六日即俄历六月十八号之前,至本年四月初四日即俄历四月二十九号后,所有另款暂存华俄银行。各项税银,均于新章程后如数交与海关查收。

第十一节　俄国船只呈递舱口及货单,如用俄文,江关亦允接收,惟该各单,均须遵照江关款式等项办理。

《清末对外交涉条约辑》(3),宣统条约,第66~67页

△ **湖广总督瑞澂、湖南巡抚杨文鼎所上会筹湖南清乡办法折,是日获得皇帝朱批,命其按所奏办法切实办理。**

瑞澂、杨文鼎奏称:

伏念湖南自咸同间军兴以来,将材辈出,湘军踪迹遍天下。近年各省改练征兵,客勇渐次淘汰,撤遣回籍,游手失业者太多,而湖南亦遂为会匪之渊薮。光绪三十二年冬,洪江会匪首姜守旦等纠合浏阳、醴陵、萍乡各处匪党,揭竿倡乱,攻扑城地[池]。当时虽经鄂、湘两省军队合力剿平,而首逆潜逃,祸根未拔,伺隙思【逞】,时有蠢动之虞。本年三月,省城乱民暴动后,余波所及,宁乡、益阳、湘潭、湘阴、沅江等属匪徒,以官兵不足畏,相继犯事。前此犹仅有刀矛、旗帜、猎枪、木炮等器,至沅江之匪,竟持有鸟枪、抬枪,列陈[阵?]轰击,明目张胆,猖獗异常。臣文鼎于到任后,严密布置,多派侦探,时刻防范,一闻警报,立即派兵剿捕解散。迭次办理情形,均先后电奏有案。虽幸发觉尚早,气势未成,兵力所加,旋即冰消瓦解,而东拿西窜,首要未尽歼除,此仆彼兴,羽党互相呼应。其勾结皆由土棍地痞,其窝藏率在交界遇[边]区。兵到则散而为民,兵去又聚而为匪。军队闻警驰剿,疲于奔命,防不胜防。地方绅富团总畏其报复,不敢举发,伏莽遍地,良民几不能安枕。此等匪徒,其始尚不过放飘敛钱,肆行抢劫,近则公然谋叛,倡言作乱,搜获伪檄,语极悖逆。若再不大加惩创,一律肃清,诚恐煽诱日多,蔓延日广,将来酿成心腹大患,更难收拾。且值连年饥馑之余,穷民生计日艰,裹胁最易。自来匪乱大率由灾荒而起,防微杜渐,实不敢粉饰因循,苟安【旦】夕。湘省兵力单薄,借调之鄂军势难久驻,不于此时相机防遏,一旦乘机猝发,滋蔓难图,深可焦虑。因与臣瑞澂往复筹议,计惟有实力清乡一策。臣瑞澂昔在江苏藩司任内,剿办枭匪,亦系先从清乡入手。彼此商酌,意见相同。办理之法,拟分别首从。如系积匪渠魁,则责成团族确查交案,就地严惩,不稍宽贷。如系被胁勉从,尚非积恶首要,则责成团族保管约束,予以自新,准免究治。但使奸宄无容留之所,庶闾阎得安靖之时。惟有鄂、湘军队防营,分路赴援,扼要屯扎,不免零星散漫,一经抽调,又虞防地空虚。因由臣瑞澂续派湖北常备军步队三十标二三两营来湘,一营驻省地之南,控澧<三十>浏来路,一营驻省城之北,扼宁、益要冲。共[其]原调鄂军及本省新军之分扎各处者,则酌量归并,收散为整。以鄂军一营驻浏、澧交界之处,一营驻宁、益之区。另以湘军一营驻扎宝庆府,一营驻扎常德府,为南路之屏蔽。并于湘潭、株州分扎一营,沅江、龙阳分扎两队,以壮声援,而资策应。然后腾出平江、湘阴、巴陵等处为东路,宁乡、益阳,湘潭、安化、沅江、龙阳等处为西路,各派明干牧令数人为清乡委员,而择胆

识兼优之道员各一人为清乡总办,假以事权,并派公正绅士会同办理。所有驻扎各该路之常备军、巡防队、水师营各管带员弁,悉听其节制调遣。仍各随带巡防两队,镇慑地方,指挥搜捕。每到一县,画分区域,挨乡清厘,由近及远,务使团清其团,族清其族,匪类无可匿迹,愚民不受株连,咸与维新,一劳永逸。其湘河港汊,则责成湘省飞翰、选锋水师两营及岳州长江水师营会同巡缉搜捕。俟以上各县办竣,此外各属,如遇乱于初萌,小惩足资为大戒,治乱用重典,除莠乃所以安良。兹将酌拟清乡简要章程,另缮清单,恭呈御览。此次举办清乡,在事文武各员绅果能擒渠弭乱,操纵得宜,任怨任劳,始终勤奋,应于事竣后,仰恳天恩俯准援照江苏清乡之案,择尤保奖,以资鼓励。

本日奉朱批:

准其择尤酌保,不准冒滥。余著照所筹办法,切实办理,该部知道,单并发。钦此。

中国第二历史档案馆编《中华民国史档案资料汇编》第1辑,江苏人民出版社1979年版,第66~68页

8月9日(七月初五日)　各省谘议局联合会在北京举行第一次会议,公推湖北谘议局议长汤化龙为会长,四川谘议局议长蒲殿俊为副会长,孙洪伊、杨廷栋、刘崇佑、雷奋、周树标、孟森、王法勤为审查员。通过请开国会案,议决发动新的请愿。

8月10日(七月初六日)　新疆兵民变乱,大肆焚掠。

《东方杂志》第7卷第9期《中国大事记补遗》:

新省自上年民变后,气焰嚣张,不可向迩,动辄聚众鼓噪,与陆军通同一气,官吏除忍受外无他法。日前马队第一营管带田熙年,直隶人,因建筑房屋等事,与兵丁结怨,队官遂聚众上控,后以所控不实,将队官革退。时有陕西某兵,怀刃入刺田管带,被捉获送县,不知如何,竟将此兵释放。七月初四,田管带由营门出,路遇此兵,问以何往。答曰:寻人讨债。田疑其复行刺,搜之果有兵器,当命杀之。陕甘人即大哗,聚众赴抚藩臬署,及蒋标统公馆各处,要挟杀田偿命,新疆巡抚联魁,亦怒田擅杀,欲徇众意,藩司未允,当将田撤职查办。陕甘人终汹汹聚议,至初六日,又到巡抚署要挟,多方劝解不能止,最后众即拥至大堂,将鼓捣毁,幸卫队严护,未能入内,藩臬均由后门潜走,乱民呼嚷万状,并出短兵棍棒之类,以行威赫。至黄昏,联巡抚令巡捕出,云今已晚,不能办,俟田将经手事件了清,必照办,为众人出气。时有散者,有未散者,乃乱民有一队,竟在街放火,将蒋标统公馆焚毁。臬署县署,本在一街,学署则在蒋公馆后。时火势极盛,各官署及巡警均闭门自守,无敢过问者,乱民遂如县署,将囚犯六十余名释出,至邻近铁匠店,令将锁铐捣开,其驽弱者即窜去,桀骜者仍在市横行。乱民数十人,因围攻官钱局未得入,过某当铺,抢得马刀数柄,至切面铺抢得切刀数柄,更在各街以柴草浇油放火,时北梁火先起,东南二大街继之。该处为商务中心,商店栉比,最难施救,然亦无人敢救也。事后乱民捣开新东门,欲勾引城外陆军前营,幸李管带在营墙上放枪一排击退,复入东门,往围藩署放火,意在抢库,护兵开枪保护,幸火未起。乱民数十人欲出北门,门兵不许,乃杀门兵一人,遂出城逃去。是日,蒋公馆之火,幸未牵连他处,北梁之火,焚二十余家,惟官茶号所失最重,东街之火最烈,举东街全然无存,延及南街蔚丰厚汇兑庄。津商之在新者,有复泉涌、庆春和、和玉成等号,谓之津帮八大家,现只剩南街公聚成、公盛和二家而已。初七日晨,有骑马出视东街者,在街口一望,见烟尘甚盛。时街市游民,随意抢掠,已成乱象,津商以损失过巨,在公聚成会议,同上抚署陈诉,联巡抚始传首三县等官司上院会议。

△ 广西全州署知州周登岸借办新政、敲诈勒索,任用劣吏曹骏作清乡委员,下乡扰害百姓。该州万乡亭子江各村乡民集合二千余人,先将曹骏置猪笼中游乡示众,后押送曹骏到省城,控告官吏扰民罪行,并要求严惩周登岸。府、省当局为平息乡民激愤,只得将曹骏扣押,将周登岸撤任。

《东方杂志》第7卷第8期《中国时事汇录》:

全州署牧周登岸,权篆一年有余,酿成民变案三次。日前又禀办清乡,派一试用巡检曹骏,带兵勇数十人,会绅办理。曹骏与各劣绅通同作弊,所至骚扰勒诈需索,纵兵淫掠。迭起风潮,周牧均以专制力压之。七月初六日,曹骏行抵万乡亭子江地方,因勒索诬害,激动公愤,乡民将其围困。周牧带队前往,欲以威力捕人。亭子江各村民二千余人,声言将周牧及曹骏捆送至省。周牧大恐,命亲兵放枪,吓退乡民,奔返州城,闭城两日。初八日,乡民遂将曹骏置猪笼中抬之游墟示众。初九日,集千余人,将曹骏及绅士某禁置竹轿内,拥送上省。初十日,抵大榕江。因人数太多,沿途伙店不敷住宿,每晚大半露宿田野间,众以为苦。遂散归九百余人,仅百余人执曹骏及绅某至省。十二日下午,抵桂林。各乡民之首,均插一竹片,上写"官逼民变绅逼民死"字样,送至桂林府署呈诉。欧阳太守命将曹骏暂行看管,一面谕令乡民退出,缮具禀词再究。斯时各大吏已接周电,诬该乡以叛变之罪,请派营队在北门外分扎,一俟乡民抵省,即全数押解下州,归伊讯办,以儆将来。各大吏以所请太过,未允照办。周遂星夜上省,十三日赶到,进谒各大吏,更申派兵之请。大吏斥之。十五日,大吏委前任平乐府知府降用通判贺源清往查,贺以亭子江乡民聚而未散,若单骑驰往,虑遭不测;若带弁勇同去,又滋乡愚疑虑,转有意外之事,尚逡巡未往云。

《东方杂志》第7卷第10期《中国时事汇录》刊《广西民变余闻二则》:

全州民变一事,全由知州周登岸激动民怒而起。事后办理失宜,愈激愈愤。州属六乡,连合响应,宣言不重惩周登岸,及清乡委员曹骏,誓不甘休。派往查案委员董令王令,初尚袒周。继见民愤日甚,虑有不测,乃将周牧办理不合底蕴,全行揭禀魏护院,当将该牧撤任,改委廖令葆真前往接署。全州乡民闻耗称快。九月初九日,纠聚二千余人,将向助周岸登剥削民膏之劣绅二十六家,全数焚掠,火其庐舍,抢取财物,各绅仅以身免。并宣言派人分伏由州上省各路,候周牧携眷回省,截而杀之。廖署牧以民人聚而不散,势极汹汹,电请省台指示方略。周登岸亦以性命危在旦夕,难以突出重围,电求大吏援手。省台据报,颇为骇异。某大员以前次民人暴动,毁抢绅士唐维翰蒋介臣等各家,捆送清乡委员曹骏上省,均未究治其罪。今周牧已撤任,该乡民尚聚众焚掠,形同叛逆,非剿不可,力主用兵剿办。魏护院急止之。旋得廖葆真连电云:民众不散,欲得周牧而甘心,劝谕不听。幸众虽数千,手无寸铁,皆冥顽之民,无匪在内等语。魏护院特札委候补知府高忠藩于十三日驰往劝解,以期和平了结。高太守仅带防勇一哨,配足枪码,俾资护卫,以防不测云。

8月11日(七月初七日)　清廷谕令兴办矿业,著农工商部会同各省督抚调查详悉,熟筹办法,集股筹款;华股不足,亦可附入外股,惟须咨商外务、度支两部会同办理。

上谕曰:

朕维货藏于地,富国之道,矿政为先。我国地大物博,矿产富饶,近年各省渐有开采,而成效总未昭著者,或以财力未充,或以运售不易,甚有欺诈之徒,藉集股意图诓骗,遂至殷实绅商,亏折不前,不复踊跃于后,有利不兴,殊为可惜。现在百事待举,总以开浚利源为第一要义,凡有产矿之区,该都统督抚等当于平日派员查勘,设法兴办,无使利弃于地。其风气未

开者，多方以劝导之，资本富有者，竭力以鼓舞之，动议歆羡，破其疑虑，果能盛集华股，固属甚善，设力有不足，亦可附入外股，惟须妥拟条款，慎防流弊，随时咨送外务部详覆，方准实行。凡兹兴利大端，亟应设法提倡，著农工商部会同各都统督抚等调查详悉，熟筹办法，将来有关于集股筹款等事，并著咨商外务部、度支部会同办理，将此通谕知之。

《清实录·宣统政纪》第38卷，中华书局1987年影印本，第367页

8月13日（七月初九日） 清廷命农工商部查明复奏各督抚查造官民荒田及气候土宜图册，并共举工艺实业的进展情形。

《东方杂志》第7卷第8期《谕旨》载：

七月初九日，内阁奉上谕：农林要政，前奉先朝谕旨，著各省督抚饬属详查所管地方官民荒田并气候土宜，限一年内绘图造册报部，并迭次饬令各省兴办工艺实业。上年五月因时阅两年奏报无几，复经饬部严催，现又一年之久，各省是否报齐办理情形如何，著农工商部查明复奏。

8月14日（七月初十日） 浙江天台县会党何元旺和嵊县会党竺绍康联合起事，攻击卡勇、防营。

8月15日（七月十一日） 国会请愿代表团决议在资政院开会时，上书请愿速开国会，并致书摄政王载沣及政务处王大臣；同时通知各省谘议局，如不达目的，即不承认新捐税，各局同时解散。

据《东方杂志》第7卷第8期《中国时事汇录》报道：

国会请愿代表团于本日开评议会，议决于资政院开会时上书请愿，另通告谘议局，如不达目的，即不承认新租税，各局同时解散。其议决案件如下：

（甲）代表团自办事件：（一）原议决案定本年九月，代表团对于资政院上书，请开国会，兹拟扩张其范围，迅速函催各团体之代表，至迟须八月以前来京。（二）日俄新协约，关系中国存亡，代表团应上书政府，质问对待方法，并通告一般国民，征求意见。

（乙）对于联合会提出之条件：（一）国会不开，应实行提倡不纳税主义，各省谘议局于未开国会以前，不得承认新租税，并须由各该局，限制各该省之民选资政院议员，均不得承认新租税。（二）各省谘议局，今年通常会，应只限要求速开国会一议案，如不能达此目的，各局即同时解散。

（丙）对于联合国民公报预算决算，及一切经过情形，并援章请该会担任筹款。

△ 清廷同日本正金银行签订《京汉赎路公债票售与正金银行合同》，得日金二百二十万元，用于赎回京汉铁路。

8月16日（七月十二日） 湖南浏阳县大仙洞一带饥民暴动。

8月18日（七月十四日） 清廷以新疆省城兵变，甘肃新疆巡抚联魁未能先事预防，命交部议处。

宣统二年七月十四日军机处寄甘肃新疆巡抚联魁电旨：

联魁电奏,陆军马队第一营试署管带田熙年,因已革护兵蒋兴奎言语顶撞,气忿杀毙,致匪徒勾结无赖多人,藉端煽乱,相率至巡抚衙门,哄堂要挟,不服理喻。复打毁押所,放出押犯多名,放火抢劫,形同叛逆。当即调集营兵弹压救护,将匪首王高升格毙,并枪毙拿获正法十余名,余匪窜逸。田熙年身为军官,逞忿擅杀,业已讯明正法,并自请议处等语。此次祸端实因田熙年妄杀所致,自应从严惩治。匪首虽已格毙,余匪著即督饬严拿。所有教堂洋行加意保护。被害商民妥筹抚恤。联魁未能先事预防,咎无可辞,著交部议处。嗣后办理情形,著随时电奏。

中国史学会主编,中国近代史资料丛刊《辛亥革命》(3),上海人民出版社1957年版,第483页

△ 广东大埔县乡民因反对官府调查户口、钉门牌,聚集一千余人用土枪与官兵对阵,双方各有死伤。

《东方杂志》第7卷第8期《中国大事记》报道:

广东潮州大埔县属高陂内山乡民,前曾抗查户口,聚众焚毁仰文学堂。其后知县胡某见民情渐就平帖,十四日,遂率差勇数十名,亲诣该处督钉门牌。行进内山,忽前面土垒内砰然枪响,中胡知县所乘之轿。因弃轿乘马,率差勇奔回。是晚九时,暂停息中途,探报出路已绝,均经倒树塞道,知久驻不利,遂爬越小路而出。天明至高陂,朝食未毕,乡民聚集千余人,与官兵接仗至午。官兵毙四名,乡民毙者甚多。乡民所用之土枪,远不敌官兵之枪,几欲散退。突四山拥出二三千人,官兵势几不支。幸大雨倾注,土枪药受湿不能燃,遂散走。

△ 浙江长兴县农民反对查户口,发生暴动,打毁学堂、教堂,围困知县。事件持续十余日。

《东方杂志》第7卷第8期《中国大事记》报道:

浙江湖州府长兴县调查户口,办理不善,适有巫觋造言惑众,略言查去之户口,卖于洋人做海塘打桩之用。若不从速收回,准于三十日解省,八月初二日必将死尽等谣,兼之知县文海所订调查须知,内有一百户给洋元一元之条。因此愚民误会,而于卖与洋人之说,益深信不疑。七月十三日,白阜埠一带,鸣锣聚众。十四日晚,拆毁李家村乡董张礼门房屋。文知县并不先筹办法,仓促诣勘,被乡民拥至三官庙,逼勒笔据,始得脱身回衙。至十七日,合溪镇乡民因挟该处学堂抽收屠户山货牙行规费之嫌,遂乘势纠众,掳去调查员金松桥,波及两等小学,捣毁一空。十八日,文知县往勘被困。愚民又捣毁诚正小学暨简易识字学塾。匪徒遂乘机蠢动,连日毁民房、店铺十余家,且每至一村,必挨户派人,逼勒共事,以图至城毁掠。当晚西乡附城一带,锣声不绝。十九日,离城五六里姚家桥附近,调查员虞道全家内,先被毁掠,下午乡董姚登瀛家亦如之。其时,大西门及小西门两处,聚合三百余人。文知县又被困未归,合城惶恐。及晚,湖防兵船到,次早统领周树森到,人心始略定。然北乡之车渚里,南乡之虹星桥、邱家村、柏家村等乡之警告迭至。统领即往虹星桥弹压。时邑城戒严,又即回城。匪徒乘隙将该处朱祖徽家焚掠一空,林城桥张姓家又被毁掠,绅董潘林泉被掳。统领因兵弁单薄,不能往援,匪势愈张,蔓延四乡。二十一日,又有匪徒多人溷迹城内。当日西乡泗安镇警局、教堂及警董许之柏家房屋,尽被毁坏,即乘势毁该镇两等小学并两等小学堂校长严守铭、学董宋辅元等家,共十余处。二十二日晚,湖州府知府李前泮莅长,城内各校,虽尚无恙,四乡仍谣言蜂起。东乡冯家湾、夏家滨,复有鸣锣聚众集掳人等事,人心更形惶恐。而四乡巫觋尚谣言有阴兵相助,无须畏惧。匪徒益有恃无恐,致成不可收拾之势。二十三、二

十四两日，鸿桥、莘桥、鼎中桥、邱家村等处，亦异常吃紧。先是六月二十三日，有天台、嵊县匪徒百余人，窜入绍兴府属新昌县之小东乡，乘防营未到之先，焚毁乡间之公立高等知新小学堂，又至大市聚镇，盘踞日新学堂中，意在勒诈乡民。防营闻报赶拿，该匪连夜逃窜。二十四日下午，复至乡村勒索村民银元，一面乘势掳掠衣物。又经防营赶往擒拿，始于二十五日出境。

8 月 19 日（七月十五日）　清廷依据锡良奏请，批准东三省实业订立借款合同，借外债银两千万两，以一千万两设立东三省银行，以五百万两为移民开垦之需，以五百万两为开矿筑路之用。

△ 江苏丹徒县东乡上党地方农民聚众拆毁清荒局。

8 月 22 日（七月十八日）　各省谘议局联合会第五次会议通过速开国会案，并通过拟定请开国会公呈人选。

8 月 24 日（七月二十日）　孙中山致函邓泽如，称为避免南洋各殖民地政府之干涉，指示重新改订中国同盟会盟书，将以前之中国同盟会会员字样，改为中华革命党党员。

孙中山是日复函邓泽如称：

至于盟书之改良，则殊非舍重就轻，乃再加严密耳。其前之中间四语，今改为三语，各包一主义，以完其说。其前之"中国同盟会会员"字样，今改为"中华革命党党员"，以得名实相符，且可避南洋各殖民地政府之干涉。盖各殖民地有例严禁私会，而法英两殖民地前年已公认革命党为政治之团体，法安南送党人出境，而英殖民地收纳之是也。若同盟会之名，在各殖民地皆未注册，彼官吏可视为私会，非如革命党之名有案可稽也，故盟书用之为宜（美洲、檀岛已一律用之矣）。至团体与团体之往还，两者俱可并用，随人择之。并付上盟书底稿一张，祈为察照施行。

又，照新订分会总章，以后免收入会费，而多举主盟人，以广招徕。至地方会所之费，由会员均分担任。而本部及各地支部，前者办法多未妥善，今拟重新组织之。重要办事之员，议给一定薪水，俟将来组织妥当时，当定预算表。其本部每年经费若干，由各地分会分任，向各会员捐助至足数为度。其支部经费若干，则由所属地之分会如前法捐助。

中国社科院近代史所等编《孙中山全集》第 1 卷，中华书局 1981 年版，第 476～477 页

△ 清廷为山东莱阳、海阳两县民变事，将莱阳知县朱槐之、海阳知县方奎革职，将登州府知府文淇开缺另补，并命山东巡抚孙宝琦严拿两县民变首领曲诗文等人，按律惩办。

8 月 25 日（七月二十一日）　清廷命各省按察使改为提法使。

△ 清廷命甘肃新疆巡抚联魁到京另候简用，以甘肃布政使何彦升接任。

8 月 28 日（七月二十四日）　河南巡抚宝棻奏陈，当今新政，不外增税、加价、募集公债，恐利未见而害丛生，宜变通办理或从缓办理。

8 月 29 日(七月二十五日)　日本正式吞并朝鲜。

△ 孙中山致函檀香山同盟会会员,请筹款维持香港支部及营救汪精卫。

孙中山《致檀香山同盟会员函》称:

近日内地党势进步之速,大有一日千丈之概。省城军界之破坏,今亦已恢复如初,而彼中同志近且从事运动巡防营及警察两敌军,将来机局必更胜于未失败以前也。如是则前途之望势不为不佳矣。惟财政之困难较前倍甚,香港之支部已难支持矣。此地甚为握要,为南方各省之总交通地,派员运动、同志往来各等所需,用款甚巨。弟前在日本已有公函,请各埠同志合力筹款一笔为长年经费,以设秘密机关于东京,为交通北【方】各省之用,未知已举行否?惟以现下情形计之,南省更紧要于北省,香港更紧要于东京。今南省已不能顾,奚暇及于北省?盖行事先当从其所急也。前请筹款以为东京机关之用,今请改归香港之用。如已筹就,请从速汇回香港胡展堂君收(英文详列另纸);如尚未筹,请即从速开办,以救目前之急。不能稍缓,否则各事因之阻滞,而前途大有窒碍矣。倘公等能暂救此困局于一时,则迟迟弟当另有法以解决吾党一切财政问题也。公等团体新成,朝气方锐,非似南洋、香港之同志已成强弩之末可比,故望之独殷也。务期各尽义务,惟力是视,无论集就多少,即行电汇,方无迟误也。

……

再:香港、南洋各埠同志现已竭力捐资营救精卫君,檀地同志如有表同情于此事者,亦请竭力相助。盖此事非数万金不办,现在尚欠甚巨,然事已开手进行矣。无论捐得多少,须声明为营救精卫君之款,亦汇展堂君收。

中国社科院近代史所等编《孙中山全集》第 1 卷,中华书局 1981 年版,第 477 ~ 478 页

△ 广西思恩府都阳土司辖境内农民数万人起事,冲进土司衙门,杀死土官。

8 月 31 日(七月二十七日)　各省谘议局联合会第八次会议通过请速开国会及国会未开前不得收商办铁路为官有案等十四件议案。

是月,吉林西南各属盗贼蜂起,大股数百人,小股数十人。吉林巡抚陈昭常派官兵分五路追剿,历时八个月,至次年 2 月方将其镇压下去。

陈昭常 1911 年 12 月 14 日(十月二十四日)奏称:

迨去年夏、秋之际,西南各属,复有大股马贼,啸聚山林,滋扰地面。其著名巨匪徐长胜、天容、高当家等各大股,或六七百人,或三四百人,其余小股亦皆数十成群,东窜西匿,深恐各股勾合麇聚为患。经臣昭常当饬陆军统制官会同民政司督练处参议等,妥筹五路分剿之策;督令各路军队,协同地方巡警,处处堵击,节节搜剿。自去年七月起至本年二月间,始将大小悍匪十余股先后扑灭,尽绝根株,地方赖以安谧……惟查此次军警剿匪,历时有八月之久。陆军所派步队两标及马炮各队,共有十数营之多;巡警则分路各派监查员一员,联合长春、农安、榆树、双城、新城、阿城、德惠各府县警兵协力助剿,亦有二三千名。实因巨匪三大股,猖獗异常,几扰全省之半,不得不厚集兵力,分头扑击。其高当家一股,窜至深山穷谷之中,时经三月,始获剿灭。天容一股,出入于长、农之间,勾结蒙匪,往返扰乱,搜逐半年,始得诛戮净尽。至徐长胜本为积年巨寇,伙匪尤多,扰及十余州县,屡被击散,旋复纠集,直至今春,该

匪更自江省结合余党，潜来吉境，我军计诱截击，幸于阵前将该匪擒获伏诛，始克扫除巨患。

中国第一历史档案馆等编选《辛亥革命前十年间民变档案史料》上册，中华书局 1985 年版，第 113 ~ 114 页

△ 群治学社在蛇山抱冰堂召开各标营代表大会，决定更名为振武学社。

杨玉如《辛亥革命先著记》：

庚戌(1910 年)秋，分驻各县之四十一标军队均撤回武昌原防。李抱良乃向各同志报告处置杨度经过及社务受挫情形，佥谓群治学社之名既为外间所注目，不如另改新名。乃召集会议，决定改群治学社为振武学社，推杨王鹏起草简章，其组织与群治学社同，惟外加各标营队各设代表一人，每月开常会一次，由标代表出席。

杨玉如《辛亥革命先著记》，科学出版社 1957 年版，第 20 页

查光佛《武汉阳秋》：

夏历七月间，在蛇山抱冰堂开各标营代表大会，到者十余人，决议继续进行，订定简章规则数条。各标营士兵运动，由各标营代表同志负责。各方联络及筹款事宜，由查光佛负责总其成。以本部总理及本省总理名义委任大都尉十二人，计任大都尉者有丁人杰、陈孝芬、黄驾白三同志。未几振武社一部秘密泄漏，杨王鹏被嫌他走，社事遂因之稍停顿，而其他在鄂军中同志积极进行如故。

武汉大学历史系中国近代史教研室编《辛亥革命在湖北史料选辑》，湖北人民出版社 1981 年版，第 542 页

居正《辛亥札记》：

庚戌秋七月，新军振武社同志以团体日趋扩大，不可无严密之组织。乃利用星期放假，约集同志等二十余人，在蛇山抱冰堂开一秘密会，制定标、营、队、排代表负责公约规程。大旨以排为单位，负一排之责者为排代表，负一队之责者为队代表。营标以上，其代表责任綦重，由同志审查确实，公推一人负责，重行制定简单口号以为志。有此一集会，而部勒完整，进行益猛。

武汉大学历史系中国近代史教研室编《辛亥革命在湖北史料选辑》，湖北人民出版社 1981 年版，第 120 页

是年暑假　湖北革命党人刘公、杨时杰由日本东京回国，准备在武汉开展反清活动。

杨玉如《辛亥革命先著记》：

是年(庚戌)夏暑假期间，刘公、杨时杰由日本东京回国，察看长江革命动静，欲有所图。因刘公为共进会会长，负有长江革命任务；杨时杰又是在东京极力提倡集中全力于长江革命之人。两人相约回鄂，对于武汉革命实怀有推动雄心。抵武汉时，仲文(刘公字)因病，径回襄阳原籍暂时休养；舒武(时杰字)乃访玉如于汉口笃安里公论报馆。……

舒武说："革命潮流，一日千里，进步甚速，中国革命似有成功的希望。但是这几年孙总理、黄克强等专在沿海几省，靠几处会党，携少数器械，东突西击，总是难达到目的。我们长江的党人都想从腹地着手。尤其是我们湖北人，就想在湖北干起来，孙、黄总不大相信，所以我先约刘仲文回来做准备工作。居觉生(居正字)、彭汉遗、吴寿田(吴崑字)、田梓琴(桐)等，他们都是要陆续回来的。我们这次自告奋勇，总要做点事业给孙、黄看看，所以我先邀你出来参加，同我们切切实实干一下。"玉如说："不入虎穴，焉得虎子？革命本是件危险事，还是要从危险处去干。我们湖北据长江形胜，有枪炮厂，有官钱局，饷充械足，新军的知识又高，易受运动。你们想就在此地干起来，我是极端赞成的，当然加入。"

是时两人通宵密谈，决定在武昌另组织秘密机关，参加革命事宜。

杨玉如《辛亥革命先著记》，科学出版社 1957 年版，第 25 页

编者按:关于刘公与杨时杰回国时间,各家记载不一,李廉方《辛亥武昌首义记》记为是年冬天。李西屏《武昌首义纪事》记作当年十一月,与李廉方所记大体吻合。

9月2日(七月二十九日)　四川总督赵尔巽奏陈,川省财政困绌,请先练陆军一镇,其余一镇暂从缓办。清廷不允。

△ 山东籍京官所派莱阳民变调查员于是日回京,在山东会馆向山东京官团暨山东旅京同乡会报告调查情况,认为事变起因是官逼民变,事变发生后当事地方官吏又诬良为匪,邀功滥杀。

《东方杂志》第7卷第9期《中国大事补遗》报道:

山东京官于莱阳事起之后,特派员前往调查确实情由。旋于七月二十九日回京,在山东会馆,告于山东京官团暨山东旅京同乡会。据云:初,该县因办理新政,于本地筹款,议准按地亩捐钱,禀经府院允准。及实行之时,乡镇愚民,莫知所以,谓官家只知捐民,绝不体谅民力,拟设法抵抗。而该县恃已请准,于是大施压力,劝捐不成,继以强捐,以致民间大与官家冲突。城乡镇集,不约而同,群起抵抗。公举曲诗文为首领,齐集入城,闹到县衙大堂。该县以为民变,避不敢出,当时人多势大,乱中即将大堂拆毁而散。该县知曲诗文为首领,遂电告登州府知府暨登莱青道,及巡抚孙宝琦各处。杨道闻变,即往莱阳,并从烟台随带兵五百名,系杨道之甥为管带。杨道到莱以后,即命人严捕曲诗文,而曲已避于村外李祺家内。李与曲素有交谊,时杨道捕曲甚急,李恐日久受累,因之入城,投杨道处告发。杨即遣其甥带领本部兵卒三百名,前往缉捕。及到李家,曲早不在矣。曲与李家仆人素善,当曲匿李家时,李久欲告发,屡为仆人阻止。及李入城告曲,为其仆人所知,即以李入城之实情告曲。李出门时,已将曲锁于屋内,而李之仆人暗将锁开去,放曲走出,复将门原样锁好。及杨道所派之兵到李家,既不见曲,既[即]以李为有意儿戏,当将李祺乱棍打死。杨道之甥带领兵众,借端拿曲诗文,遂将该村人家逐门查抄。以至奸淫妇女,抢掠财物,无所不至。此村尚不足尽其意,又往彼村,照样抄查,民不堪其苦,于是各持棍棒,势欲动手。杨道之甥遂命兵开炮,轰毙三十余名。民大怒,数村齐起,拼命攻击,遂将杨道之甥打死。三百兵殆无生还者。所有枪炮子弹,尽为民间所得。民以为酿成如许巨案,众即邀曲为首领,欲入城杀贪酷之知县及杨道,以泄民间之恨。及至城,而城门已早闭矣。众遂退于某山。有某国人来见曲诗文,谓可助曲以成大事。曲谓众不过迫于贪官之害民,只欲拿此官以谢斯民耳,至于作乱之事,非曲诗文所敢知也。某国人见曲不从,乃去。不意大兵又至,而后玉石俱焚矣。又云:此次调查莱阳之事,吾东人查之最详,亦最确。并从本地人向在该县署内当差之书吏手中,得抄出历年莱阳加赋、加税之案卷,以为莱阳人民历年困苦铁证。并有本地绅学董之修县志者,其有心人将历年官家贴出之紧要告示,全行记下。故此次之调查报告书甚多,姑略言其大概,已可为莱阳官逼民变,官场轻于动兵之确证矣。

9月3日(七月三十日)　直隶遵化县杨渠源(杨六)聚众万人抗收警捐、学捐,包围县城三天。

△ 江苏溧阳县代埠镇因军队开枪打死打伤民众数人,全镇商人罢市。

9月4日(八月初一日)　孙中山自槟榔屿致函同盟会财务代表、美国人布思，促其先寄五万美元，以便进行起义准备工作。

六月二十五日纽约来函刚于昨日收到。得悉你东部之行结果非常满意，甚喜。你日前寄往夏威夷信札，我在日本时已曾收到并一一作复。此外，我于离日前曾致一二函给你或将军(指咸马里，编者)，其中谈到你所提到之传闻。

在前函中，我曾奉告你或将军，谓我在日期间已对长江流域及华南所有不成熟的起事及时加以制止。中国各地领导人皆赞同我的意见，即待我党在美计划完成后，再行活动。

我所允诺收集的签名录，已自横滨挂号寄上，料必早已收到无疑。

诸事想现已解决，最后的结果究竟如何？无论成败与否，我均望尽早得悉结果，以便日后自行采取措施。

你如认为筹款之事必成，最终解决仅为时间问题，则请在贵账户内先汇五万美元以助我党筹备事宜。因为此笔款项将使我得以从事准备工作，若延至数月之后，则以十倍于此的金钱恐亦无法做成同等数量的工作。如认为此事可行，则在筹款完成之后，加倍奉还所预付之数，以补偿你担当的风险。

今冬之前，长江流域及华南将无骚动。请相信，此期间将不扰及你的筹款计划。

今后两三个月我仍留在槟榔屿，此期间内即使我们的募款计划成功，我亦将无法前往与你会晤，除非上述五万美元能于事前汇到此处。

中国社科院近代史所等编《孙中山全集》第1卷，中华书局1981年版，第479页

△ 中国报界俱进会在南京劝业会召开成立大会。该会举郭定森(宝书)为主席。列名会议的有全国十二省的包括北京、天津、奉天、长春、营口、哈尔滨、广州、香港、南昌、赣州、汉口、杭州、南京、福州、成都、重庆、贵阳、芜湖、汕头、无锡等二十一市中的四十三家报馆。

9月5日(八月初二日)　清政府谕令东三省借外债，设立垦务局。

度支部外务部奏，为遵旨妥速议奏，恭折会陈仰祈圣鉴事。东三省都督锡良奏，东省大局益危，密陈管见一折，宣统二年七月十五日奉朱批，外务部度支部妥速议奏，钦此。钦遵由军机处钞交到部，原奏内称：窃维东省大局，久成日俄分据之势，叠经臣将威迫情形及筹划事宜，先后奏陈在案，近自两国协约成立，而大局益岌岌可危。伏惟东省积弱之故，首在土广人稀，吉江两省荒凉尤甚，东南东北延边数千里，毗连俄韩，有土地而无人民，犹自弃也。俄人于沿海州县岁移民数十万，分屯开垦，市尘栉比，千里相望，以荒废之区，经营十余年，遂成繁盛部落。一入我境，荒芜满目，弱肉强食，何以图存。近者日俄两国皆设拓殖局，一以内阁总理大臣领之，一以户部大臣领之，隆重其事权，增厚其魄力，统一其殖民政策，实逼处此，以与我争。朝廷苟为保存东省计，非通筹利害，大展设施，不足以挽救于万一。拟请于东省设立垦务局，敕下度支部，或特简公忠素著之大员，督办其事，派员前往内地招垦移民，岁以若干万人为率，分段垦辟，按年进行，内力渐充，方可抵制外力。惟兹事体大，既非数百万金能济事，亦非一二年内所能奏功。现在内外同一艰窘，无款可筹，惟有议借外债之一法。该两国以全国力量逼我疆土，我亦必须以全国精神奋迅经营，力图进步，断非东省一隅之地所能撑持，应即请敕部臣统筹全局，贷款速办，内外相杂，庶可补救，如责令东省担待筹借，时势至此，亦不敢有所推诿，坐失机宜。查东省地大物博，应办实业甚多，即仅以矿产论，如江省之甘河煤矿、吉省之蜂蜜山煤矿，蕴蓄宏富，外人垂涎已久，均为绝大利源，只因交通未便，以致

货弃于地。如甘河煤矿须铸铁路六百余里，蜂蜜山煤矿须筑路二百余里，至少非有大款五六百万金，不能开办。此外，如森林畜牧，出产丰盈，但使厚积本金，均可徐兴大利。拟请商借外款二千万两，以一千万两设立东三省实业银行，以五百万两为移民兴垦之需，以五百万两为开矿筑路之用。此等借款，用之于生利之途，不嫌其多，本为各国所习惯，且厚积洋债，互均势力，尤为与钦奉上年七月初四日谕旨相符。臣拟即用商借洋款，俟借妥议定合同后，再行具奏，惟款由东省商借，非经政府承认，则各国银行未必乐从，应请准于合同内声明中国政府担任字样，以期见信外人。以上办法奏效虽迂，赴机宜速。现在锦瑷路虽未议定，若有修锦洮一段，俄国当无异议，葫芦岛开辟，商港主权在我，亦与他国无干，一俟筹款有着，同时并举，得寸得尺，固未始非图存之策等语。臣等伏查上年八月间，该督奏借款筑路，臣部于会陈折内，即首以振兴实业为言，嗣该督妥筹办法，于是有筑路兴业二者兼营并进之说，然该督原奏仍称，兴办实业在先营铁路，故臣部会同议复，即先准借款筑路，其借款兴办实业一节，暂从缓议。诚以殖业银行例准商民集资开设，可由该督设法招徕，亦以借款修路，该省筹还本息，担负业已不轻，次第设施，办法固应如是也。现锦瑷铁路久未定议，而时艰日迫，经营实业，自不能再事迁延，故图必先，实边既庶，方可致富。以东省地大物博，倘经理得法，富强可待，何止图存。该督此次拟借外债二千万两，以一千万两设立东三省实业银行，以五百万两为移民兴垦之需，以五百万两为开矿筑路之用，外资过巨，虽非良图，然用之生利之途，非藉为消耗之用，既为各国所习见，亦符均势之本谋。臣部再四商酌，拟即照该督所请，准由东省商借妥订合同，先行分咨臣部核定，再为签押。惟前项借款如何筹抵，原奏未及声明，查该省前次拟借路款，所有筹还本息，系由该省自行筹定，此次原奏称如责令东省担待筹借，不敢有所推诿，自系早经设筹，不致无着。至原奏请于东省设立垦务局，特简大员督办一节，应俟借款定议，由该督奏明请旨办理。所有遵议原由，理合恭折会陈，伏乞皇上圣鉴训示。再此折系度支部主稿，会同外务部具奏，合并声明，谨奏。宣统二年八月初二日奉朱批依议，钦此。

王彦威辑《清宣统朝外交史料》第16卷，故宫博物院1933年编印，第32～34页

△ **安徽涡阳、蒙城、怀远、凤台数千饥民，在李大志带领下聚众抢米。12日，增至四万多人。**

陆军第二十九混成协统领官马增福10月12日(九月初十日)报告称：

查八月初间，皖省电告豫抚：水灾过广，饥民甚众。本月初二日，匪首李大志纠众起事，已派营追剿，恐防旁窜，嘱派队堵截。等因。当由归德镇拨马步队各一哨前往永城驻扎。旋奉抚院札饬派步队一营开赴陈属之沈邱驻防，兼巡鹿邑一带。当即禀派步队五十八标第一营，于十三日拔队起身，业经电禀钧鉴，并拨带马兵十六名，以备侦探之用。当因连日阴雨，路途泥泞，至二十日始行到防。现接来信，地方尚属平静。同时派马队教练委员王毓秀随带学生二人，赴皖北涡、蒙、怀、凤一带，探防实情，该员等昨已回汴。据禀：匪首李大志，起自蒙城，仅百余人，逾二日聚众数千，行至凤境徐家寨即被该寨民人擒获。其党匪赵怀珍行至蒙境枣木桥，亦被圩长捆获送县。又东北移村之匪首张化朋、北路匪首胡号头并怀远、宿州等处之匪，均先后被团练官兵击散。各处正办善后事宜，谅不至窜入豫境，等语。所有八月份调查情形，除申报军谘处外，理合备文申请宪台鉴核施行。

中国第二历史档案馆编《中华民国史档案资料汇编》第1辑，江苏人民出版社1979年版，第70页

9月7日(八月初四日)　江宁将军清锐因病解职,清廷以前陆军部尚书铁良为江宁将军。

9月8日(八月初五日)　云贵总督李经羲致电各省督抚,谓近日大病在无人,大难在无主脑,改革不从简单入手,请于维新根本,各贡条陈。

9月9日(八月初六日)　湖北商办铁路公司于八月初四在蛇山南麓抱冰堂开会,选举柯逢时为名誉总理,黎大钧为总理。以非正式推举,舆论咸不谓然。八月初六日,遂在汉口四官殿铁路协会事务所开正式大会,选举董事、查账人,初十日复选总理、协理。公举札凤池为总理,刘歆生为协理。旋札凤池以无款辞,刘歆生亦坚辞不就。遂仍改举黎大钧为总理,于十月十八日,开公司成立欢迎总理大会,并呈请湖广总督咨报邮传部。

据《东方杂志》第7卷第12期《中国时事汇录》报道:

湖北铁路公司最先举柯巽庵侍郎为名誉总理,黎玉屏京卿为总理。以非正式推举,舆论咸不谓然。八月初六日,遂开正式大会,公举札凤池观察为总理,刘君歆生为协理。旋札观察以无款辞,刘亦坚持不就。遂仍改举黎京卿为总理,于十月十八日,开公司成立欢迎总理大会,并呈请湖广总督咨报邮传部。讵十一月同乡京官忽公举农工商部员外郎万际卿、翰林院编修王会厘、法部主事吕联乙等三人回鄂,不与公司董事及股东商酌,亲谒黎京卿说以利害,逼令辞职,并为代拟辞职呈稿,代缮代递,议欲仍举札观察为总理,刘歆生为协理。事为董事及股东所知,特于二十二日开大会,诘问此事之理由。先由黎京卿报告原委,次由王编修报告:因札观察之子文和言,如仍举札观察为总理,多则二百万两,少则一百五十万两,必可担任。故先劝黎京卿辞去总理,再问明札观察能否担任款项,如札观察不能担任,仍可请黎京卿为总理。众股东闻言大哗,争相诘责。三代表无辞可对,自认错误,立时具呈督部堂,取消黎京卿辞职呈文。然黎京卿已决计不肯出而任事。众股东情急,遂将三代表拘留,派陶勋臣看管,并拟电京代为辞差。一面仍挽留黎京卿,必得其承认而后已云。

《京津时报》庚戌八月十九日报道:

湖北商办铁路公司于八月初六日选举董事、查帐人,初十日复选总、协理,两次在汉口四官殿铁路协会事务所开会。股东之有权投票者共到五百零四人,计发出选举票五百零六张。兹将选定各项职员名单列下:

总理:札勒哈理(荆州驻防旗人,有资产约三百万;前以道员历署鄂臬、江汉关道各缺,现在告老家居,年七十余矣)。

名誉总理:柯逢时。

协理:刘人祥、刘心源。

董事:黎大钧、万昭度、吕超伯、刘鹄臣、蔡辅卿、苏善夫、李紫云、胡渠农、刘敦五、黄翰丞、刘子敬、毛树棠、殷尔彝。

查帐人:汪志庵、徐荣廷、夏寿康。

名誉稽查:宓昌墀。

候补董事:张仲忻、喜仲泉、王用宾、周秉宜、张子霖、田昊治、邓同源。

候补查帐:刘秀山、同孚。

武汉大学历史系中国近代史教研室编《辛亥革命在湖北史料选辑》,湖北人民出版社1981年版,第488~489页

9月10日(八月初七日)　浙江铁路维持会在上海开成立会,到两千余人,举朱桂卿为会长。

9月11日(八月初八日)　清廷严饬两江总督张人骏、安徽巡抚朱家宝派出军队,赶紧扑灭皖北蒙城、凤台各县饥民暴动。

△ 浙江铁路股东在上海开会,到一千二百余人,议决要求清廷收回浙路总理汤寿潜革职成命。13日,浙路诸股东到杭州面谒浙江巡抚增韫,要求代奏。16日,清廷以增韫代奏不合,传旨申饬,并严禁该省人民聚众纷扰。

《东方杂志》第7卷第9期《中国大事记补遗》刊《浙路总理汤寿潜革职后余闻》称:

浙江铁路总理汤寿潜,自七月十九日被清廷革职不准干预路事后,浙江全体铁路股东于本月八、九日及本日连次开会,决议即日面求浙江巡抚增韫奏恳销去"不准干预路事"字样,其经过情形约略如左:

浙江铁路总理汤寿潜,自被清廷革职不准干预路事后,物议纷然,谤言日起,浙江谘议局因呈请浙江巡抚部院,准许特开临时会,以便集议此事。增巡抚以时间距常年会期不远,未允所请,谘议局复具呈力争,增巡抚仍不允。

浙路董事局先时接到邮传部来文,令尊奉上谕,另举总理,董事遂具呈巡抚部院,略言:"副理等恭奉上谕后,即传告董事局集议。据董事局声称,遵查钦定大清商律公司律第七十条,公司总办或总理人司事人等均由董事局选派,如有不胜任及舞弊者,亦由董事局开除等语。浙路公司,商股筹办,所有总理副理,均由股东开会公选,经董事局派定,原系遵商律办理,由来已久。汤总理任职未满,股东信用素孚,朝廷黜陟,自有权衡,惟董事局派定股东公选之总理,并无不胜任及舞弊等情,股东血本所在,路事为重。今遵公司律第四十九条,公司遇有紧要事件,董事局可随时召集众股东,举行特别会议,由董事局登报通告各股东。定于八月初八日,在上海开会,特别集议,将来取决多数公论。此时董事局虽为各股东代表,未敢擅便,惟汤总理办路,成效卓著,甬绍工程,正在吃紧,尤不便遽易生手,应请贵抚部院奏恳销去'不准干预路事'字样,以洽商情而维路政"前来,相应备文咨复,仰祈查照,据情代奏,并咨复邮传部查核……

浙路股东于八月八日,在上海开临时会,到者一千二百余人,当日议定,全体股东于次日乘专车至杭,面求浙江巡抚代奏,请收回成命。初九日诸股东到杭州,初十日续开临时会,即日全体进谒增巡抚。面递公呈,略言:"伏读宣统二年七月十九日上谕云云,钦此钦遵。二十三日,汤寿潜遵旨出公司,卸去总理之职。二十八日,承邮传部饬公司另选总理之命。董事局遵公司律第四十九条,公举汤寿潜为总理。先帝俯顺舆情,特赐汤寿潜卿衔,以资鼓励。汤寿潜承朝庙特达之知,重两浙人民之托,受任以来,刻苦经营,不辞劳怨,不支薪水,至于今日,造成杭嘉铁路三百数十里,集股已达千万,上年邮传部考核成绩,许为全国商路之冠,不仅全体股东所信仰也。自盛宣怀回邮传部侍郎任,汤寿潜以言辞激切,骤遭严谴,全浙人民及各埠华侨,函电纷驰,惶恐万状。以事实言之,浙路已集款而强迫借款,人民集款数千万,而借款不及此数,拨款逾期,浙江两公司仅领款一百八十万,此合同当废不当废,洋工程师当撤不当撤,无非仰体时艰。浙路不渴饮鸩,既承借款之害,不得不归咎于缔结草议之盛宣怀。此次汤寿潜电达枢府,称盛宣怀为罪魁祸首,自系代表股东,在路言路。朝廷责以率尔妄陈,似以此为汤寿潜个人之意,非浙路总理代表股东之意。虽黜陟大权,属于行政作用,非臣民

所敢推测，惟就法律言之，商律、公司律公司总理规定任期、选举及开除，由股东全体同意之公决，朝廷绝无制限之明文。今商律、公司律正在施行之中，未有废止全部或一部之命令，不应使浙路股东所享有法律之权利，独行剥夺，诚以法律最为神圣，若未经变更手续，任意歧异，深恐颁行全国之商律，其信用之效力，自是而失。况各国素笑中国为无法律之国，尤宜上下共相维持，股东为血本计，为宪政前途计，故不得不披沥上陈……准予据情代奏，仍令汤寿潜总理路事，不任藉此脱卸，以顺舆情而维实业。

增巡抚受呈后，允为代奏，其文如下：

北京军机处王大臣均鉴：窃准全浙铁路公司副理、候补五品京堂刘锦藻、翰林院编修盛炳纬咨称，接到邮传部恭录七月十九日谕旨，转饬公司公选总理，锦藻等即传告董事局集议。据董事局声称，遵查钦定大清商律公司律第七十七条，公司总办或总理人司事人，均由董事局选派，如有不胜任者，及舞弊者，亦由董事局开除等语。浙路公司，商股筹办，所有总理副理，均由股东开会公选，经董事局派定，原系恪遵商律办理。今汤寿潜获谴革职，朝廷黜陟，自有权衡，惟股东血本所在，路事为重，工程正在吃紧，尤不便遽易生手。应请代奏，重予恩施，以洽商情而维路政。又准各股东丁忧御史徐定超等呈称，遂照公司律，由董事局招集各股东于八月初六日在上海开会集议，取决多数公论，仍以汤寿潜信用素孚，即遵照部咨公选，亦属全体一致，恳代奏俯顺舆情，仍责成汤寿潜办理等情，理合陈请代奏。增韫印。

再汤寿潜此次危辞耸听，无非为藉此脱卸路事，上谕已明斥其非。盖各股东已认未缴之款尚巨，路事亟亟，汤幸得去，各股东将藉此推诿，独一般忠爱士民，小本股东，纷纷扰扰，今日开会，明日请求，如宁波府之集聚万人，全省谘议局之请开临时会议，迭经开导阻止，而函电交驰，民情若狂，稍恐措置失当，致伤民气而乖皇仁。惟汤寿潜闻旨，辄即交卸，反得置身其外，不与利害。查大员获咎，黄河工程与军营统兵将领，有革职勒令在工在营自赎之例，今汤寿潜率意妄陈，情事岁异，可否责令在路自效之处，出自圣裁，合并密陈。

奏入，旋奉旨：

增韫电奏悉。汤寿潜业经降旨革职，不准干预路事，该抚复妄为比例，率请在路自效，殊属不合，增韫著传旨申饬。该省人民，如有聚众情事，应由该抚妥为开导，并行禁止。倘或滋生事端，定惟该抚是问。钦此。

邮传部复于八月二十一日附片奏称：

铁路之敷设，为利便交通起见，而以关于转输军务，巩固国防，最为重要，故各国办法，属于国有者居多。吾国幅员辽阔，亟谋实业，特许设立公司商办，惟其性质，既与国家有特别之关系，即应受国家特别之监督，决非寻常商业公司可比。所以商部前订公司律载总协理应由股东选派开除，独于各路公司之总协理，则有公举后由部札派者，有由部奏派者，有奏请特加京秩、派办路局者，委任显有攸分，且于奏设浙赣皖闽各路折内，均声明如集股造路，逾越期限，由部奏请撤消差使等语。可见选举虽由股董，而任免仍操之国家，公司律第七十七条所称总办或总经理人等，由董事局选派，及由董事局开除，系专指商业性质，无关官治公司而言，路政关系国权，何得妄为比附。此次浙路总理汤寿潜，业奉明降，谕旨豁职，不准干预路事，而浙省公司尚复牵引该律，妄请增韫代奏，其为误会，已可概见。相应请旨饬下各督抚，转饬各公司，以办路虽属公司，仍为国家关系，不能将普通公司律附会牵合，藉滋口实。在臣部路律未经颁布以前，应遵照历次奏案办理，以免分歧，云云。奉旨依议。

9 月 14 日(八月十一日)　清廷谕准邮传部派员查勘云南铁路。

9 月 15 日(八月十二日)　山东籍京官联合京内著名鲁商三千余家,公举代表至都察院公呈莱阳县民变调查报告,称曲诗文毫无劣迹,又官兵炮击村庄死伤四万余人,巡抚孙宝琦所奏,与官绅所见全出两歧,恳代奏请旨另派公正大员,再往彻底查实,惩办涉案地方官吏,罢黜巡抚孙宝琦。

《东方杂志》第 7 卷第 9 期《中国大事补遗》称:

旅京各官绅得调查员报告后,于十二日联合京内著名商三千余家,公举代表,至都察院递公呈。其内容略谓:鲁抚孙宝琦,前奏复莱阳民变,并查办情形,将曲诗文兄弟认为祸首匪党,声明俟拿获后立地正法。但据调查员于召南来京报告,曲诗文毫无劣迹,实由该县知县并劣绅朋比为奸,致激民怨,酿成祸乱。是当归咎于贪官劣绅,不得专罪曲诗文也。孙宝琦所奏,与官绅所见,全出两歧。况当时官兵炮击之村庄,大村四处,小村极多,民间财产,付之一空。莱阳县民死伤者,数约四万余人之多。老幼男女,嗷嗷如鸿,饿殍蔽野,其生存者流离失所。桑梓父老,日在水深火热中,翘首望救。恳恩代奏请旨,另派公正大员,再往彻底查办。务期水落石出,以伸冤抑,而惩残暴。云云。张都御史接呈后,以呈词内有请罢黜孙抚字样,深为不然。谓前此孙抚自请开缺,已蒙温谕慰留,此举实近违抗。朝廷用舍,自有权衡,又非臣下所得拟议,本院未便代奏。该代表环求不已,张不获已,始勉强收进。并谕各绅商先退,当俟与陈副都御史商定,再行上达。

△ 广东连州农民因反抗调查户口、钉门牌,聚众捣毁学堂、总捐公司、屠捐公司以及美国教堂、教会女校等。官府派兵弹压,后演变成为声势浩大、连绵数月的农民抗官起事。

《东方杂志》第 7 卷第 11 期《中国大事记补遗》刊《粤东连州乡民滋事》:

广东连州乡民,因抗钉门牌,于八月十二日,毁拆学堂公局公司及绅士房屋后,二十日,又焚毁调查员潘凤怡及其堂兄弟凤阳家。并将潘凤怡掳去,勒索银一百圆。又掳去李涂两姓数人,并焚抢龙岩头黄涂两姓,北湖洞叶姓。又纠集三千余人,各持军械,在四方营地方驻扎。旋复四处标红,掳捉绅士。凡酒甑屠木各捐,亦勒令一律停抽,情势汹汹。九月初四日,欲毁拆三江高等小学堂。嗣以官兵有备而止。初十日,又毁拆保安学堂。十五日,并在附近州城之大庙,备酒百余席,邀请各村居民,买领竹牌,以为抗钉门牌符号。并勒令各拆本处学堂,及驱逐绅士。其不附从者,即指为内奸。声称必惩治之,以除后患。风声所播,合属披靡。二十一日,有乡民李亚炳、徐六斤二人,以嫌疑之故,同被捆殴。二十二日,并即焚毁其家。又绅士叶其森、叶其芬,及曾为李亚炳、徐六斤缓颊之黄兰广、黄阳寿等,所有房舍,同日亦俱被焚毁。二十三日,复有乡民二三千人,各持枪械,分队游行于九陂上水下水各堡,及河西下半堡等处。查各乡民自滋事之初,即已纷纷然在九陂之桑塘平、水井平、黄牛带等处,日夜赶造枪械,惟恐不及。至二十九日,离城三十里之三江城,复被乱民攻破。当时焚毁美国男女医局男女学堂礼拜堂共四间,公立学堂三间,绅士房屋四间。翌日复蜂拥出州,欲将城西菜园坝洋楼教士焚杀,幸地方绅民率众极力保护,未及于难。各洋人于是日晨刻雇船赴省远避。

《东方杂志》第 7 卷第 12 期《中国大事记补遗》刊《粤东连州乡民滋事余闻》:

连州乡民滋事后,省台派知府吴宗禹带兵到连州。初尚安静无事。十一月初六七日,乡民忽大会于对河小水堡地方,宰猪聚饮,约千数百人,在小水堡举出头人李观梅,要吴知府过河相见。吴令雷弁过河相会,雷见其声势甚盛,不敢带李回营。吴知府遂于初八日,亲统兵渡河。乡民闻声,关闭门户,联走入山。有等乡愚,相率鼓噪,打洋油罐,作鸣锣状。随捉获

乡民十三人。初九日早饭后,众又哄闹,云将拆洋楼。因之派兵保护。城外铺户,亦一律关门。下午四句钟,忽然闭城,旋又复开。

12 月 17 日(十一月十六日) **广州将军兼署两广总督增祺就镇压广东连州抗钉门牌民众,致电民政部、外务部、军谘处、陆军部报告情况。**

电文称:

前因八、九月间连州匪徒抗钉门牌聚众滋事一案。祺接任复据该州告急,经饬催知府吴宗禹率队三营兼程驰往,督同该州确切查明,相机妥办,前已将一切情形电闻。吴宗禹十月篠日抵连,查明绅民防务,学堂被匪焚拆多间,并毁福音堂、美国女学堂、礼拜堂计十一间,尚未伤及洋人,亦经电达在案。嗣经吴宗禹传见耆绅,反复劝谕,渐知怀畏,并拿获匪犯多名。乃旋据阳日电禀:河西堡、回万营各村,本日复聚二三千人,各携枪械,筑垒土山,暗藉火炮,游击雷镇縠单骑往谕解散。该匪首李观妹(上文为李观梅,编者)、李亚星等竟敢要求速释已获匪犯,不钉门牌,并倡言拟焚烧绅士房屋与官军决战,并有纠邀西匪入伙等情。查连州僻在西北一隅,与湖南、广西接壤。该处民情顽悍,匪盗滋多。从前即酿有焚毁教堂伤毙教士之案,近因广西办理清乡,匪徒不免窜集连境,希图乘机作乱。据报前后聚众数千人,不止一次,其为愚民听匪煽惑,已可概见。倘办理宽严倘有未当,隐患堪虞。该处距省窎远,电线不通,消息极为迟滞。现已电饬南韶连道左绍佐就近驰往查明确实情由,秉公办理,详切开导,务使一律解散。如或始终顽抗,或实有匪徒勾结,意图肇乱,万不得已,亦不能任其蔓延猖獗,专事姑息。即由该道相机会同吴宗禹一面妥为保护教堂,一面督队分别惩办。总以严拿首要,解散胁从,安抚良民,以靖地方为要义。

中国第二历史档案馆编《中华民国史档案资料汇编》第 1 辑,江苏人民出版社 1979 年版,第 71~72 页

12 月 19 日(十一月十八日) **增祺再次致电军机处、军谘处、陆军部、外务部、民政部,报告镇压连州民众情行。**

电文称:

连匪截塞河道,势愈猖獗。篠日,据连州文武吴守宗禹等绕道韶州真电称:蒸辰,商船被劫,营官往巡至深洞口,被伏匪先放枪炮,伤勇三人,对岸匪亦断旗要击。我军派队接应并保护教堂。相持至申,我军冲占炮垒,斩匪八名,伤匪甚众,夺获枪炮多件,我军复伤四人。除获悍匪孔亚胜等六名,据供听从李观妹等纠劫拒捕,并供匪首欧金生伤逃,该匪与李亚石等四帮,在西省由李观妹约来,有道士徐士娇自言可避枪子,预备攻城起事,只假抗钉门牌为名等语,证诸侦探亦符。当提该犯等正法,其徒手胁从各给浅白告示释回,劝导解散。据探报及商会均称匪仍百十成群,分聚龙湫潭一带,凿石炮击商船截抢。又搜获匪函,有共扶疆土剿绝兵勇之语。现已飞报阳山水军,严防下窜。一面示谕胁从,回家安业,必不株连。俟其势孤,然后剿匪,庶免附从日众,伏候示遵。等情。又据连州绅民陈松年等来电,以连匪树旗,踞山塞河,放枪拒敌。吴守仍不严剿,声势甚炽,危在旦夕,乞电饬实力剿办前来。查此案先经电饬南韶连道左绍佐前往查办,计程该道尚未抵连。现据续报,匪势愈炽。该文武各员所拟办法,尚协机宜。已电饬吴守等即行相机剿捕,严拿首要,解散胁从,安抚良善,保护教堂,妥慎办理。并商李水提续拨何靖一营,刻日开赴阳山,以顾连州后路,兼扼下窜。仍由祺分电湘、桂两抚,严防边界,以杜窜扰。

中国第二历史档案馆编《中华民国史档案资料汇编》第 1 辑,江苏人民出版社 1979 年版,第 72 页

次年2月20日(正月二十二日)署两广总督张鸣岐奏称：

查连州距省一千余里，路遥滩浅，电线不通。该州民气犷悍，盗匪素多。附城绅士邓焕桢、祝嵩仁、黄庭孺、黄志伊等，或管仓谷，或充校长，经手款项均有弊混，迭经乡民控追。又城绅陈松年、黄福熙、叶其森、莫辉勋等，刁健庸劣，乡间切齿。该前署州谈国政，奉文查户，调查人员并未按乡选派，遽令邓焕桢等充任，分赴星子、东坡所属各乡调查户数，遍钉门牌，亦未先期出示晓谕。乡愚无知，疑为邓焕桢等弁官查户，为抽收人税地步。所属各乡首先抗查，星子、东坡随声附和。邓焕桢等亦复意气凌轹，致相冲突。盐枭李观妹久蓄异谋，乘机煽惑，制派竹牌，号召党徒，裹胁良懦。宣统二年八月十二日，借抗钉门牌为名，纠众数千入城，赴邓焕桢等家，暨中、小学堂，总捐、屠捐各公司，肆行毁掠。署连阳营游击雷镇谷及谈国政，竭力抵御，报经前署督臣袁树勋电饬南韶连镇杨发贵、南韶连道左绍佐，派营弹压查办。兵单不敷分布，匪焰益张。九月二十九日，三江城外学堂、私塾，及美国教堂、女校又被毁掠。三江协副将吴次汉防卫不及，报经增祺由省抽调巡防队三营，饬委补用知府吴宗禹督带，赴州确查妥办。时值广西怀集等县办理清乡，匪徒东窜响应，声势愈大，筑垒置炮，揭竿抗拒。十月初十日，公然扑犯官军。雷镇谷督同管带祝寿椿、朱得财、王玉麟等，分队背山冲占匪垒，阵斩悍匪八名，阵擒匪孔亚胜、潘亚林、黄亚有、蔡神自、陈亚茂、刘亚春等六名，讯实军前正法。是役我军伤亡四人。李观妹复与著匪李亚星，分道拦抢商船，拒杀驾弁，谋截粮运，图攻州城。复经增祺电饬左绍佐，驰赴该州，会同吴宗禹相机办理。并将办理情形电请军机大臣代奏，旋奉电旨钦遵转行。李观妹等未经痛加惩创，势益披猖。左绍佐、吴宗禹会同统带马英苹，体察情形，督兵进剿。十一月二十一、二、四、六等日，管带李景濂、祝寿椿、朱得财、王玉麟等，在下水堡、沙子圈、青龙头等处地方，与匪接仗，哨弁洪升冲锋阵亡。我军奋勇继上，毁垒夺抢，先后擒获匪犯蔡亚荣、庄观连、彭子祥、聂曹生、朱亚顺、戴猪仔安、黄亚衔、廖福、廖彬、陈二、潘更城、罗贵等十二名，毙匪多名，余众窜散。十二月初四日，由招安匪犯李亚石等作线，拿获著匪李亚星。臣抵任据报，立饬军前正法，并饬安良解胁，一面严拿首要以绝根株。初六日，管带朱廷栋、李景濂，复由李亚石引往连山厅属大龙山匪巢，协练围捕，鏖战半日，巢破，毙匪十七名，夺获毛瑟枪十九枝，线勇黄麟阵亡。首匪李观妹在逃，饬县重赏购缉。二十七日，王玉麟会同雷镇谷，在猺山地方将李观妹擒获，报经电饬军前正法。匪犯蔡亚荣等解州讯明，分别究办。

中国第一历史档案馆等编选《辛亥革命前十年间民变档案史料》下册，中华书局1985年版，第479～481页

△ 驻京英、美、德、法四国公使分别照会外务部，请催邮传部与四国银行团直接开议粤汉、川汉铁路借款事。

9月18日(八月十五日)　湖北革命团体群治学社更名为振武学社，在武昌黄土坡举行成立大会，杨王鹏任社长，制定了严密的制度。即各标、营、队分别设有代表；凡干部会议非标代表不得参与；各营接受代表的命令而行动。还推出各标、营、队代表人：三十一标江国光为代表，三十二标单道康为代表，四十一标廖湘芸为代表，四十二标祝制六为代表，炮队八营李慕尧为代表，并以武昌蕲春学社为振武学社机关。

9月19日(八月十六日)　安徽巡抚朱家宝遵旨奏报安徽第四届筹办宪政情形。

安徽巡抚朱家宝在安徽第四届筹办宪政情形折中称：

伏查逐年筹备清单，第三年即宣统二年，各省应办事宜，其目有九：后（凡）为赓续筹备者六，经始筹备者三。

一曰续办城镇乡地方自治。查地方自治，所有划分区域，调查人口，核定甲乙两级选民名册，分配议、董两会职员额数，并拟定投票通则、筹款条例，前经通饬遵办。嗣各属于二月间举行董事会，选举投票，遵章将正陪总董覆选一名，加札任用，城厢自治一律办齐。其镇乡自治，按照清单，本属分年筹办。惟皖省少满五万口以上之镇，则宣统三年无镇之州县，事将中辍，由谘议局议请镇乡自治提前办理。当饬司道折衷定议，拟自本年六月起至明年六月止，将镇乡自治一并筹办。其偏僻之乡，或因事未能依限，准由绅董呈明展缓，统限宣统三年年底一律告成，业经分饬遵办。至官立自治研究所二班毕业，现招三班，此外省城公立之自治研究所，及公立法政学堂附设之自治研究所陆续毕业，足敷传习之用。各属禀报设立者，已有三十余处，其未报设立之各州县，均勒限严催，迅速设立。

一曰汇报人户总数。查皖省第一次人户总数，已于年前列表咨部，其未经报到之望江等六州县人户，现已一律报齐。惟查上年曾经报部之户数，时经数月，不无迁移，据今表列户数，较上年颇有增减，仍饬随时覆查汇报，以符定章。

一曰覆查岁出入总数。查皖省宣统元年岁出入总数，业经清理财政局按季编报详咨。惟其中间有缺漏，数目恐致参差，当饬分行各署局，重造全年总册，送局覆核。一面按照预算表册，分类分款逐细详查，计编成全省岁出入各款简明总数册一本、岁出入详细总数册二本、删除重款册二本，另编三关详细总数册三本。凡元年款目与三年预算不同之处，另单开列，加注按语，依限造报，业经咨部查核。

一曰省城及商埠各级审判厅年内一律成立。查省设高等地方初级审判厅各一所，芜湖商埠设地方初级审判厅各一所，所有估工建筑情形，业经奏咨在案。现省城各厅工程告竣，经筹办处委员验收，核明详报。其芜湖两厅工程，月内亦可蒇事，应俟工程委员造报核明，一并咨部。刻就新建厅内派员练习，并将开厅事宜，妥为布置。至模范监狱，拟就城北习艺所改良建造，现正购地扩充，预算经费，计建筑费需银一万五千两，开办费二千两，常年费四千七百六十余两，临时费六千一百九十余两。惟因经费支绌，仍拟量减。其考试法官员生，早经咨送，统俟试竣，分别委用，即行正式开庭。

一曰推广简易识字学塾。查此项学塾，于上年十二月间准学部咨到章程，即饬司通行各属，先由官立，以资倡率，一面将部颁课本，饬属购领遵用。上届筹画，仅具端倪，现届由司于省城半日学堂内附设两塾，嗣据怀宁县禀设二处，又公立、私立者二处，合计六塾，学生五百余人。其外各属州县，后先禀办，计共五十余处，仍饬司严饬各属，未办者赶速举办，已办者逐渐增设，俾人人尽识字义，以蕲普及。

一曰厅州县巡警一律完备。查各属办理巡警，上届略有基础。现省城暨芜湖巡警规模较备，惟高等巡警学堂去秋开办，毕业为期尚远，筹办镇乡巡警，人不敷用。因择定北门内庙宇为校舍，另开简易一科，由道招取学生三百三十余名，并附取客籍生四十名，分为三班，于本年三月开学，一年毕业。开办费一千元，由绅捐助，常年费即以所收学费尽数开支。此外各州县巡警，视地方之繁简，经费之盈绌，量为酌定。其市镇较巨，如铜陵之大通、和悦洲，休宁之屯溪镇，寿州之正阳关，既经提前办理，仍饬认真整顿，俾臻完全。至巡警教练所，各属次第设立，惟需材孔亟，请先设速成一科，一学期毕业，再招二班，准予变通办理，以应急需。

其经始筹画者：一曰筹备厅州县地方自治。查厅州县自治选举章程，前经宪政编查馆颁行到皖，即饬筹办处详订施行细则，通饬各属依限办理。惟按厅州县自治选举章程，选举区

以本府厅州县所属城镇乡之区域为率。现既镇乡并办，应俟各属查报镇乡居民选民竣事，即将厅州县自治一律成立。

一曰厘订地方税章程。查清理财政第九条，有分别国家税、地方税性质，编订说明书送部等语。现值厘订之期，即分饬主管财政之司关道局，悉心调查划分，何项应属国家行政，何项应属地方行政，依类列表，妥速议覆，总期勿误期限，以备编查之用。

一曰试办预算决算。查清厘[理]财政局章程，自宣统二年起，预算次年出入款项，汇编列册，嗣复颁发册表各式，经饬局拟定表式、册式，开具凡例，通饬各处依限照填，并由局遵式分门、分款、分项，编成总分册二十本，先行咨部查核。计岁出入差数及明年筹备经费不敷银二百一十五万七千八百四十余两。其各州县预算表册，一俟编造齐全，一并咨部。

故宫博物院明清档案部编《清末筹备立宪档案史料》下册，中华书局1979年版，第782~784页

9月19日(八月十六日)　学部丞参上行走柯劭忞等数十名山东籍京官联名呈文都察院请求代奏，沥陈莱阳民众抗捐真相，指斥地方官绅浮收钱粮、婪索私捐，候补道员杨耀林纵兵邀功滥杀乡民。

呈文称：

窃维莱阳之变，始起于已革知县朱槐之，实成于现署任知县奎保及带兵之道员杨耀林。朱槐之因浮收钱粮，婪索私捐，致愚民激而生变，已经抚臣孙宝琦奏参，尽在圣明洞鉴之内，无俟职等缕陈。至奎保、杨耀林之办事操切，酿成重案，且滥杀良民以图保举，实尤出情理之外，敢一一为圣主言之。

查奎保接署莱阳县事，在五月二十日，候补道杨耀林带先锋队到莱，在二十二日。奎保到任，即出示严拿曲士文兄弟。二十六日，曲士文逃往马连村，该村长吕明令其子吕保璜驰请派兵往捕。杨耀林派帮带陈忠训，带领马步队一百六十名，会同该县差役七八十人，连夜驰往，而曲士文已闻风远飏。该弁意无所逞，反将吕保璜用枪击毙，乘势纵兵淫掠。时夜方半，村民惊为寇至，鸣锣聚众防御，兵役即开枪轰毙多人，纵火延烧房屋，沿途大掠回城。于是阖境皆扰，聚众屯九里河，不敢复散，由是曲士文之声势始盛。

杨耀林闻报，旋即电请调兵。六月初二日，协统叶长盛、登州镇总兵李安堂各带营队至莱之西境，探报水沟头有乡民屯聚，李安堂拟即派兵往剿。时有常备军参谋丁某、十九标第三营营官潘某请于叶长盛，先往解谕，晓以利害，众即散去。六月初四日，李、叶两军遂进扎水沟头。其屯聚九里河者，闻知水沟头事，相约兵至不得持寸铁迎拒，静候招抚，其势已将解散。初六日，李、叶二镇连接杨耀林警报，谓匪众攻城甚急，遂于初七日自水沟头发营，向九里河一带进剿，乡民死亡约数千人，余皆逃散。

先是官绅惧民众入城，城门久闭。城北十三社村民闻大兵将至，群往城下，声言聚众止向城绅理论，并非叛逆，求官与之作主。杨耀林遽令开枪，民负门版呼冤，置若罔闻，反指为攻城罪案。此初六日攻城警报之所由来也。杨耀林、奎保闻李、叶两军进兵消息，带兵接应，所过附城村镇，淫杀焚掠，至于戕及妇孺，种种惨状，不胜缕述。共毁于家店、柏林庄、刘家疃、马山埠、褚家疃、杨家疃、台子村、藏家疃、小埠顶、南李家疃、北李家疃、周家疃、大王家疃等村民房数千余间，所掠钱财、粮米装十余大车，遇铜、铁器具即指为私铸炮弹原料，碎而载之，以修房木梯目为攻城器具，捏报战功，据以上察。实则曲某等早已逃亡，而罹其惨者，皆附城居民倚官为命者也。

莱民经此巨创，不敢复聚。叶长盛即带所部常备军十九标三营开往城内驻扎，每日操

练，营规颇肃。李安堂所部分驻四乡，则漫无纪律，借搜查曲党为名，勒索财物，乘机抢掠，邻邑皆被其殃。至城内军需局逼令四乡供给粮草等物，侵吞饷需，勒不发价，有不应者即指为曲党，送官惩办。贫民呼吁，军士亦为不平，竟无敢向该局索价者。兵死之家，丁壮在逃，妇孺并不敢领尸成服。尤可骇者，杨耀林等向民间索取军律严明、并无骚扰之禀结，并德政牌、伞等件，有不遵者，概以曲党论。此莱阳五月后被兵之实在情形也。

中国第一历史档案馆等编选《辛亥革命前十年间民变档案史料》下册，中华书局1985年版，第179～180页

关于莱阳民变情形，另见1910年10月30日（宣统二年九月二十八日）山东巡抚孙宝琦奏遵旨覆查莱阳民变实在情形折：

窃臣承准军机大臣字寄，八月十六日奉上谕：都察院奏，代递学部丞参上行走柯劭忞等，以官激民变，复借口剿匪，纵兵焚掠，戕毙无辜，请饬山东巡抚认真覆查，以彰国纪，而雪民冤呈一件。又代递举人张春海等以莱阳官绅激变，滥杀无辜呈一件。著孙宝琦按照所陈各节认真覆查，应如何招辑安抚、切实整顿、分别办理之处，据实迅速具奏，不得稍事回护。原呈均著抄给阅看。钦此。遵旨寄信前来。承准此恭绎圣训，感悚莫名。

伏查莱、海滋事一案，臣已将酿事调兵善后二端奏陈大概，并声明加派候补道余则达、在籍绅士度支部主事石金声会同驰往该两县再加确查，究明真正是非，期于措置悉当。该二员出省后尚未查竣覆到，旋又恭奉寄谕前因，并由军机处抄交柯劭忞等、张春海等各原呈，遂复密饬钦遵，按照两呈胪列各节，逐一认真覆查，并将如何招辑安抚、切实整顿，分别妥为筹办，连同海阳滋事案情，一并详覆。该二员以一再札饬，益加详慎，现已分案彻底查明，谨据实为我皇上分晰陈之。

查莱阳肇乱之原，由于已革前县朱槐之颟顸性成，信任劣绅。城内董事如王圻、王墀、王景岳、于赞扬、张相谟、葛桂星、宋维坤本皆不孚乡望。近年新政繁兴，朱槐之系倚诸绅为心腹，诸绅遂出入衙署，甚且借以牟利，为众所侧目，以此丛为怨府。曲士文一无赖博徒，结党散谣，谓今春调查户口，将实行抽收丁口、牲畜等捐，实则并无其事。一时乡愚受惑，附和聚众者不过百余人，四月十三日进城参见县令，以清算仓谷为名，朱槐之允为邀齐绅董清算，及众退而未实行，是以失信于民。王景岳与曲士文同村，素有嫌怨。王景岳充当警董，经管帐目未能核实，民间颇滋烦言；又常令巡警下乡拿赌，倚势凌人。曲士文初意仇绅，欲假此泄忿，故于五月初复聚众千余人，先将王景岳房屋折平烧毁，继又折烧陈玉德、高幼墀两家房屋，至声言县官清算仓谷，久未宣示，显有不实不尽，于是以仇绅者仇官，率众进城到县，仍以仓谷为言，并要求县官革除绅董，免缴捐款，铜元纳粮不加折扣各条。朱槐之见来势汹汹，允将绅董五人革退，曲众始散。五月廿日，署任知县奎保接印，首先出示悬赏严拿曲士文，其余概免株连。越日候补道杨耀林亦带兵前来查办，奎保往谒，商请出队严拿，杨耀林始犹不允。二十五日，适有马连庄人吕七即吕端璜（上文作吕保璜，编者）来城报信，言曲士文逃匿伊家。二十六日，杨耀林饬帮带陈忠训带领兵队及奎保添派县役若干名，直赴马连庄吕家往捕，而曲士文已闻风逃窜，误将吕七枪毙。访问曲士文踪迹，乡民称在山后，误以为在招远县境之银山后，行数十里搜捕不得，又有误伤原姓之事。马连庄人见吕七之死，心多不平，纠众堵截，各村响应，沿途开枪抗拒，被兵击退，擒数十人带城，并有夺获器械。曲士文探知兵役已去，率党复回，闻大兵将到，恐祸及己，遂起意大举，遍下传单，令各乡村按户出人，备办粮草，整治军器。不数日间，附集者数万人，四路设卡盘诘行人，并截杀马队兵勇四名。至六月初四日，合众攻城。叶长盛、李安堂各军队于初四日至姜山驻扎，正拟进兵，有于廷惠等四人求见，请缓进兵，谓现经有人调说，不妨暂候。叶长盛等许之，颁给劝散之告示。至初六日而杨

耀林告急函到,请速往剿,叶长盛等两军即日前进,晚宿水沟头,初七黎明,至城西五里之马山埠。曲党见大兵已来,抵死力抗,势甚猖獗。官兵中枪阵亡一名,于是枪炮齐施,将曲众击散,分赴姚格庄、于家店、周家疃、李家疃、刘家疃、台子庄,并至曲士文所住之柏林庄,严行搜捕,焚毁房屋,而曲士文遂从此远扬,不知踪迹。余则达、石金声亲往各村履勘,除王景岳、陈玉德、高幼峰三家房屋系曲党焚烧外,其余兵焚民房计有四百余间,实无数千间之多。至死亡人数,询据士人云,约有三百余人,亦实无数千人之多。遍访舆论,第五镇军队与中路巡防第一营所至,皆称纪律严明。惟左路巡防营本系分驻各处,仓猝调集,未能恪守军律,初七日各村搜捕焚烧房屋,颇滋物议,不能为讳。至原呈所云到处奸淫掳掠,数十里内村落无一幸免,甚至掠卖妇女,运售衣物,则是形同盗贼,如果属实,岂能掩人耳目。至事之初起,曲党聚众无多;当要求各款之际,使朱槐之能开诚布公,宣示理由,众民未必不服。复密遣勇役前往撵捕,曲逆亦不难就擒。署知县奎保、道员杨耀林相继到莱,彼时匪焰方张,正宜随机应变,设法急为招抚,以定众心,即使缉拿,亦宜严密,使迅雷不及掩耳。乃迟至二十六日始派兵役多名前往,时曲逆之羽翼已成,首逆未获,击毙平民,致激众变,办理均有不合。绅士王圻、王墀罔利营私,请托贿赂,王景岳恃势敛怨,实为此案激乱之厉阶。葛桂星、于赞扬、张相谟、宋维坤把持武断,均不理于众口。曲士文与其弟曲桂舟迭次纠众围攻城池,要挟官府,驯至戕害官兵,实持有仇视新政抗捐得名之于祝三阴为谋主,以致恶胆益张。于祝三于二三月间在唐家庵屡次结会,居心叵测,尤属罪不容诛。

至应办善后事宜,如积谷变价交当生息,查核历年案卷帐簿,经手人等尚无侵蚀。学堂、巡警、自治各项经费,向以油房捐、铺捐、戏捐、庙产捐为的款,每年约收油房捐大钱四百余千,铺捐四百千,戏捐一千串,庙产捐实提三成,以地方之款办地方之事,揆情度理,不得谓之苛捐,此外并无他项杂捐名目。钱粮正供向以铜元制钱各半完纳,原属权宜之计,现在新币制尚未实行,自应率由旧章,传集城绅乡长当众宣议,均各签约承认。被焚各民户前已派员查明赈恤,逃亡各户均已陆续归还。此系查明莱阳起乱始末情由,暨咨委筹善后办法之实在情形也。……

臣查莱阳乱事,京外传说不外官绅勾串,私收苛捐,以致激变,兵队肆意淫掠,戕害生灵,柯劭忞等各原呈与报纸所载若合符节,固皆系得之传闻,不免言之过当。而每为曲逆洗刷罪状,如称大兵到莱,相戒不持寸铁,不审闻之何人,殊堪诧异。此次臣派道员余则达、主事石金声前往确实调查,决不敢稍有偏袒。臣复参访官绅之公论,密派亲信之干员汇核所覆情词,均属可信,自应将官绅文武各员据实请旨分别惩处:已革莱阳县知县朱槐之与已革海阳县知县方奎昏庸贪劣,激成变端,应请一体永不叙用。候补道杨耀林、署莱阳县知县奎保张皇操切,办理乖方,厥罪惟均。杨耀林应请革职,奎保于事后颇能尽心民事,尚知愧奋,应请革职留任,以观后效。都司衔、留直隶补用守备陈忠训,驭兵不严,误毙平民,应请革职永不叙用。绅士王圻与其弟王墀,放利而行,不恤人言;王景岳假公济私,贪鄙无耻;葛桂星、于赞扬、张相谟、宋维坤等声名甚劣,均难姑容。候选县丞王圻应请革职,增生王景岳、岁贡生葛桂星一并褫革,王墀、于赞扬、张相谟、宋维坤等仍俟查取职名另行咨革。该绅等七人并剥夺其公民权,不准干预地方公事,仍由官严加管束,以示惩儆。开缺登州府知府文淇,巡视两县,接受呈词,未能秉公审理,亦为激变之由,应请即行革职。登州镇总兵李安堂,统领军队约束不严;臣督率无方,均难辞咎,应请旨饬部一并议处。

至莱匪曲士文、曲桂舟、于祝三均属罪魁,与海阳匪犯高付仁、高卓荫应一体通缉,务获严惩。宋煊文呈请减收制钱,本与抗粮有别,宋埙吉均情殷救父,尚属可原,应由海阳县严加

管束，如再有遇事生非情节，即行按律惩办。现在莱、海两县地方均已安谧，秋收丰稔。第五镇及左路军队均已陆续撤回，仅留中路巡防步队一营、马队二哨分扎弹压，可保无虞，堪以仰慰宸廑。所有复查莱阳民变情形，请将办理不善之官绅分别参处，并同海阳县善后事宜妥筹办法缘由，除咨军机处并吏部、陆军部外，谨恭折具陈，伏乞皇上圣鉴，训示。

宣统二年十月初六日奉朱批：另有旨。钦此。

中国第一历史档案馆等编选《辛亥革命前十年间民变档案史料》上册，中华书局1985年版，第181～186页

9月20日（八月十七日）　安徽芜湖万顷湖佃户抗租，数百人在湖内杨青渡夺取布政使余诚格屡丰公司所收稻谷，捣毁装运稻谷船只。

9月22日（八月十九日）　吉林巡抚陈昭常奏请拟援均势主义输入外资，除日俄两国外，欧美列强均可投资合办。拟借外债两千万两，专为兴办各项实业之用。

△ 李经羲电各省督抚，主张先设内阁国会，再行借款筑路。

9月23日（八月二十日）　资政院自1907年9月20日诏设以来，经过长达两年的筹备，是日正式开院。设议员二百名，内由政府钦选一百人，各省谘议局选派一百人。按照议事细则第五条，以抽签法匀分总议员为六股，每股推选股长、理事各一人。

△ 四川新军张占标带领定乡左营三哨士兵一同哗变，抢取委员公所征粮变价银共一万五千三百八十五两，逃往云南丽江府中甸厅，联合喇嘛攻占县城。经督办川滇边务大臣赵尔丰派兵围剿，张占标被捕牺牲，事件平息。

1911年2月18日（宣统三年正月二十日）督办川滇边务大臣赵尔丰奏折称：

窃定乡上年八月二十日新军左营中左右三哨一同叛乱，窜逃云南中甸厅。彼时臣在乍丫闻报，一面会同四川督臣电奏，一面飞饬统领凤山率队跟追在案。嗣经川滇边三处派兵，将叛匪等合力剿平。革犯吴保于势穷之际，投入滇军。首逆张占标逃至稻城属之通甸，被土人认识，报与川边两军协同拿获解臣行辕；革犯吴保亦由云贵督臣饬解来边，归案讯办。

当经臣亲提两犯研讯。据张占标供，因已革管带刘鸿宾性情严刻，赏罚不公，该逆初时曾入匪会，自投营后，即已改悔，而刘鸿宾犹时时以此辱詈，该匪惧罪怀恨。适值刘鸿宾欲清查枪弹，该哨从前换防调操各兵子带有破烂者，枪弹不免遗失，今见清查，皆恐短少获罪。该匪与其党羽乘兵心惶惑之际，宣言遗失子弹一颗，管带即按军法从事，不如反抗犹得保全性命，该哨兵众遂一齐听从。该逆又将中右两哨弁长，除梁从林为其同党，其余皆诱入营中，以枪拟之，不从则死。因刘鸿宾先令清查中右两哨军械，已将子弹缴呈，比及左哨起事，该两哨皆系空枪，无从抵御，弁长与兵勇等不得不听其迫胁。革犯吴保于初起时实不知情，该逆等因曾受该匪提拔，且自己与兵众皆系粗人，故请其为谋主等供。惟又据该逆供称：逆等当起事时，并无反意，只期将管带捆送巴塘统领处，诉其苛虐之事，另求更换，不意管带遽已投河。该逆商恳吴保将刘鸿宾刻待士卒，以致激变，并非反叛各情形飞禀臣辕，请速派人前来招抚。吴保谓臣将其参劾，彼绝不作此禀。又谓如此禀去，则汝等皆是死罪，不如窜往云南大理，再看机会。该逆又欲吴保暂留定乡，彼等暂住中甸，仍由吴保将情形禀臣，如肯招安，彼等即率军折回，如不招抚，即窜云南。吴保坚执不肯具禀，且谓定乡百姓恨彼甚深，留此恐为所害，

不如仍同往云南为善等语。提讯吴俣,所供大略与张逆相同,惟于不具禀求臣招抚一层不肯承认。

中国第一历史档案馆等编选《辛亥革命前十年间民变档案史料》下册,中华书局1985年版,第801~802页

同日,赵尔丰在奏定乡兵变失去粮价银两缘由片中称:

此次定乡兵变,抢劫委员公所存储征粮变价银两,并将该委员姜孟侯迫胁通行。姜孟侯行至半途始得逃走,迂道回至定乡。查点存银共一万五千三百八十五两五钱零四厘七毫五丝,已被劫掠一空。

中国第一历史档案馆等编选《辛亥革命前十年间民变档案史料》下册,中华书局1985年版,第803页

9月25日(八月二十二日)　清廷据熊希龄奏陈,朝鲜既并,满洲益危,非大变政策无以图存,密陈管见四条,著锡良照所陈各节逐一复陈。11月17日,锡良奏称熊希龄所陈四端,皆以满洲为开放主义,所见远大,请列入颁定之政策,依此实行。

9月26日(八月二十三日)　清廷令所有近畿陆军第一、二、三、四、五、六镇均归陆军部直接管辖,裁撤近畿督练公所,第三、五两镇仍驻扎山东,第二、四两镇仍在直隶驻扎。

9月28日(八月二十五日)　开缺新疆巡抚联魁会同陕甘总督长庚,奏报新疆第三年第一届筹办宪政情形,分别就地方自治、调查户口、复查财政收支、厘订地方税章程、试办豫算决算、设立各级审判厅、推广简易识字学塾、添办巡警等开展情况作系统陈述。

《开缺新疆巡抚联魁奏新疆第三年第一届筹办宪政情形折》(宣统二年八月二十五日):

兹值八月奏报届期,据该管司道将筹办成绩分别详报前来。臣覆加查察,应即按照清单详晰胪陈,以资考核。

一、续办城镇乡地方自治。新省谘议局筹办处,附设自治研究所,选送听讲员入所研究,自上年七月开办,至本年三月为八个月毕业之期,当经臣亲临考试,均平分数,择程度较优者先行毕业。其次补习三个月,期满覆试,一体毕业,仿照学堂章程,发给文凭,派充各属讲员,现已先后赴差。由司遵将部颁关于自治一切章程,刷印多本,分发各属,俾资讲演,并饬接续选送听讲员入所研究,期利推行。至议事、董事各会,迪化为省会首县,自应酌量试办。其余各属亦宜逐渐推广。惟边地僻陋,用人筹款,在在维艰,若不预事图维,临时恐为滞碍。已并饬将外府所属各首县提前筹设,以资导率,现在陆续禀报设法筹备。其城镇乡自治区域,前据各属就原有境界划分区段,仅列村庄地名,未免简略,已通饬将相距里数、山脉、河流,逐段详验,俟民政部颁到通行表式,当饬照式分别绘图,造册送部,以凭核定。

一、筹办厅州县地方自治。查自治为宪政根本,厅州县与城镇乡实有互相维系之势。第按照定章,要必城镇乡办有端绪,厅州县乃能筹设,现惟饬令将划分区域及宣讲章程规则各事宜,切实办理,以备基础。

一、汇报各省人户总数。上年调查人户,业经遵章列表,送部备查。惟事属创办,难免遗漏,时阅一年,不无迁徙,已饬各属监督,将上年查过正附各户以及尚未清查之处,分别抽查明确,以征实在,俟第二次汇报之期,当即详细造报。

一、覆查各省岁出入总数。查光绪三十四年全年通省岁出入总数,业准度支部电咨查覆,开单汇奏。惟款目纷繁,初次调查,不无漏误,前因覆查届期,已饬清理财政局,将宣统元年岁出入总数,按照部颁豫算册式,分类分款详晰填注赍送。现据详称,正在督饬员司逐详

勾稽，遵章赶速造册，期免贻误。

一、厘订地方税章程。新省地居荒瘠，兵燹迭经，自置省后，物力未充，朝廷轸念民依，轻徭薄赋，正供以外，就地抽捐之款无多。近办新政需款浩繁，地方官无从措注，赔贴维艰，喀什噶尔道属，始量办亩捐，阿克苏道属，始酌收草捐。镇迪、伊塔两道，地更瘠苦。各府厅州县，亦察酌情形，量为筹措，以弥补新政要需。业经分别准驳，务期于公有济，于民无损。现又由司移道，饬属将现行各项地方税章覆加妥议，送司覆核，呈请分别厘订。

一、试办各省豫算决算。豫算为清理财政初基，实为筹备立宪要素。上年十月经清理财政局遵章酌拟办法，通行文武大小衙门局所，将应造表册，限期造齐送局汇编。而各府厅州县距省窎远者，冬雪夏水，有碍交通，文册在途，常多阻滞，未能一律依限赍局。只得先就已到者逐款稽核，不合格者分别驳更，款目不符者一再行查，未到者文电交催。嗣于本年四月，准度支部颁到试办豫算例言、总册、比较分表各式，当即饬由藩司王树枏会商监理官，督同员司，遵将本省收支各项银两，凡关于国家地方行政经费者，均分别岁入、岁出，经常、临时两门，每门分类款项目，逐细填造总分表册，均附加说明。有应行比较者，以宣统元年或光绪三十四年实收、实支之数比较增减，其无从比较者，均于说明格内声叙。其款项子目应说明者，均注于摘要格内。各属征收本色粮草，出入细数，另编总分清册，随文附赍。其该各属局所分册内列造出入各款，均已严加审核，切实删减，凡有可裁可并之款，一律认真裁节，期符部臣量入为出、收支适合之义。又由局遵照部章，分别门类编订详细说明书，共十七本，凡表册不能曲达者，俱为发明参考，藉资印证，已于本年五月二十日随同豫算表册一并详赍咨部。

一、省城及商埠等处各级审判厅，限年内一律成立。新省地广人稀，词讼尚简。镇迪以省城兼商埠，其余伊犁、塔城、喀什噶尔各埠，亦均附近城治。除高等一厅，照章设立，省城毋庸分设外，所有商埠诉讼，拟仿湖南、金陵下关各处办法，暂饬迪化及塔城与伊犁之宁远县、喀什噶尔之疏附县，暂设地方一厅、初级一厅，将商埠并入厅县审判办理，均不另设专厅。至案件之管辖，悉遵照法院编制法，参酌新省情形，变通妥办。惟成立必须组织，而筹备首重储才。本年三月已于兼臬司衙门设立审判厅筹备处，遴员分科任事，以挈纲领。又法政学堂附设审判研究所，业经招考候补正佐各员入所练习，限一学期卒业，照章考试，分别任用。至建筑厅署，系司法独立之要端，业由审判筹备处给具图说，分饬各该属按照部章，将法庭及办公处所从新建造，或就旧有闲废公所改修，务于八月一律告竣。现据详称，均已克日兴工，当于成立期限，不致有误。第改良司法，需款浩繁，新省困难，倍蓰他省，现拟将前项应设厅署建筑、开办经常临时各费，暂由藩库挪垫动用，实系一时权宜之计，业经按款咨部汇核办理。

一、推广厅州县简易识字学塾。简易识字以普及为要义，前经学司于拟订分年筹备教育表内声明。此项学塾，第三年各府厅州县应酌量推广，业经先行通饬，并详晰指示办法。上年因期限迫促，北路各属均于治城设立一处，南路附设汉语学堂者，多寡不一。现据具报，增设者已有十数州县，其余均经札催，设法增添，以期无误定限。至本年关于学务，尚有各省所应办者，如学部分年筹备事宜清单内开：初级师范教员编订教授细目，检定两等小学教员及优待教员等项章程，因城镇乡已定之界域，分划学区，估计逐年经费，设立存古学堂，开办图书馆，省域初级师范学堂及中小学堂兼学官话。又学司拟订筹备教育表内，续办初级师范，推广汉语学堂，设立官话讲习所，实行省城私塾，改良调查风俗，改良宣讲所，一律成立。繁庶之区，开办初等实业，省城设立实业教员讲习所，法政学堂开办讲习科各项，均经署学司杜彤通饬遵办，并察度情形，或能依限办到，或应量筹变通，已分晰详咨学部查核。

一、厅州县巡警，限年内一律完备。新省警务，省城开办较早，各属虽经陆续举办，究未

齐全。自前年设法抽拨巡防队饷项编练警兵,全省警制始渐一致。现计省城共设官警四百六十六员名,各府厅州县官警共一千五百四十员名,前已饬取详细表册报部备查。至各属应设之巡警教练所,前已师资缺乏,猝难筹设。现值高等巡警学堂简易科将届毕业,已饬巡警总办兼臬司荣霈,查照定章,体察各府厅州县情形,各就户口繁简,地方冲僻,区分五等,酌定学生额数:一等每年招生六十名,二等五十名,三等三十名,四等二十名或十六名,五等十名,均一年毕业,以次推广,务期足敷各该乡镇巡警之用。计通省府厅州县县丞直辖人民者共三十九属,每属各设一所。惟简僻州县,有愿附入府厅或两属合办者,听其自便。其学生因北路土客杂处,迁徙靡常,南疆缠回错居,语言各异,本难选举合格。惟巡警重在联络村乡,互相保卫,应照章就本地人民酌量考选教练,俾渐知服从义务,共保治安。容俟简易科考毕业,当即分派开办。

故宫博物院明清档案部编《清末筹备立宪档案史料》下册,中华书局1979年版,第777~781页

△ **督办津浦铁路大臣徐世昌、帮办津浦铁路大臣沈云沛与上海德华银行代表人柯士达及伦敦华中铁路有限公司代表人梅尔思在北京订立《津浦铁路续借款合同》,款额四百八十万镑。**

《津浦铁路续借款合同》:

一九一〇年九月二十八日,宣统二年八月二十五日,北京。

兹以光绪三十三年十二月初十日,即西历一千九百零八年正月十三日,经前署外务部右侍郎梁敦彦,奉旨代中国国家,与上海德华银行、伦敦华中铁路有限公司(此后名为公司)在北京订立合同,准公司发售五厘利息金镑借款五百万镑,以为建造津浦铁路及装配一切之用,其发售该款债票,业经公司照办在案。该合同以后即名为原借款合同。其第十五款内载明,为免延误建造工程,仍由公司发售续借款债票,其利息并别项条款及应交中国国家之价值仿照原借款合同办法办理。该原借款合同,现仍一律照行。今于宣统二年八月二十五日,即西历一千九百十年九月二十八日,在北京订立此合同。其订立之人:一面为督办津浦铁路大臣军机大臣协办大学士徐世昌、帮办津浦铁路大臣兼署邮传部尚书署邮传部左侍郎沈云沛,奉旨代中国国家订立合同;一面为上海德华银行、伦敦华中铁路有限公司(此后名为公司)。兹议订条款如左:

第一款　中国国家准公司办五厘利息金镑借款,数目英金四百八十万镑,此借款应自第一次出售债票之日起算,名为:中国国家天津浦口铁路五厘利息续借款。

第二款　此借款指明系为续备建造官铁路之资本,其路由天津或附近天津连接京奉官铁路,经过德州、济南府,至附近山东南界之峄县,此后条款均称天津浦口铁路北段;再由峄县至、或附近扬子江南京对岸之浦口,此后条款均称天津浦口铁路南段;此二段共长约一千八十五启罗迈当,当合中国约二千一百七十里。

第三款　所备之资本专为建造铁路,购办地段、车辆及一切应用物料,并经营行车,又于造路期内付还借款利息,均在其内。其建路工程,自此合同签订之日起,估计约需二年造竣。

第四款　此借款利息按票面数目虚数常年五厘,自出售债票之日起算,由中国国家每半年交付一次。当造路期内,或由借款进项或由别款交付。嗣后先由该铁路进款交付,次由中国国家以为合宜之别项进款交付。按西历自出售债票之日起算,每半年按照此合同附表数目、日期,于十四日前,交付一次。

第五款　此借款除后开之第六款详载外,以三十年为期,自订定借款之日起,至第十一

年起还本。每年应付还银数，由该铁路进项，或由中国国家以为合宜之别项进款交付。按西历自出售债票之日起算，每届一年，按照此合同附表数目、日期，于十四日前，交付德华、汇丰银行等一次。

第六款　由订定借款之日起至第十年后，无论何时，若中国国家欲将借款全数清还，或欲选还合同附表所载未到期之数若干，均可照办。至第二十年内，照债票上数目，每百镑加价二镑半，第二十年后，无须加价。惟每次预还若干，中国国家应于六个月之前，用公文知会公司。其预还之数照借款招帖内载拈阄日期多加拈阄次数。

第七款　德华银行、汇丰银行既经德、英两公司派为经理借款代表，其每年应还本利，除第四款、第五款详载外，照此合同附表数目、日期，由督办大臣或在上海，或在天津，以上海或天津纹银交付该银行，足敷在泰西交还金镑。其镑价与该银行等同日订定，又可于还本利期前六个月内，无论何时皆可随便订定。此所还之本利可以交付金镑，若中国国家遇有金镑实存在欧洲，欲提用交还本利，亦可用金付还，但不得为此故，由中国汇去。每年付还借款之本利，德华银行、汇丰银行，于每百两计收用银二钱五分，作为经理费用。

第八款　此借款本利，中国国家承认全还。若铁路进项及、或借款进款不敷全还本利之数，督办大臣奏明，由中国国家设法以别项款项补足，按期交付银行等，清还本利。

第九款　此借款以下列之款作保：

一、除按原借款合同第九款所开各节照办外，以该款内所开三省每年关平银三百八十万两之厘税所有余款，作为二次抵押；

二、按照续借款应还本利最多之年数目计算，另备抵押，开列于后：

直隶省厘税，每年关平银一百万两；

山东省厘税，每年关平银一百二十万两；

江宁厘金局厘金，每年关平银六十万两；

江苏省淮安关厘税，每年关平银十万两；

安徽省厘税，每年关平银七十万两。

以上厘税，除原借款合同所载头次抵押外，并无牵连他项借款。若本利照常交付，公司不得干预各该省之厘税。倘若到期，本利欠付，除展缓公道时日外，即应于各该省厘金及合宜税项内，拨足上开数目与海关办理，以保执债票人之利权。嗣后若再有抵该四省之厘税，除按照原借款合同第九款所开各节照办外，总以此次借款本银、利息尽先偿还。此款或全未还，或未清还之先，倘有用该四省厘税借抵他款用付本利一切事宜，不得订明在此次借款之前，亦不得订明与此借款平行办理，并总不得令此借款以该四省厘税逐年抵还之质保有所窒碍减色。将来若再订立抵以上所言该四省厘税之借款，务于合同内载明，所有应付还本利等事俱在此次借款之后办理等语。此借款未还清以先，不得将此铁路及其收款抵押他款。此借款未还清以前，倘遇中国国家议定修改海关税则，减免厘税，现在议明，不得因此借款系厘税抵押，而阻止修改、减免厘税。但若拟将此次所指厘税减免，则应先向公司商明，务于新增洋税内如数补足抵借款。

第十款　此续借款全数准公司印发债票。其数目，由公司酌定其式样，由公司商同督办大臣或中国驻德、英出使大臣酌定。债票用中、英文，或用中、德文刊雕，均随其便。督办大臣签字之名及其关防，均摹刻于上，以省其亲自画押之烦。现议，在伦敦办理债票，由中国驻英出使大臣于债票发售之前须逐张盖印，并其签字之名摹仿于上，以示中国国家允准及承认发售此项债票，该公司驻伦敦代表人亦在债票上签押，作为发售债票经理人。倘此续借款发

出之债票,或遗失,或被窃,或被焚毁,公司随即知会督办大臣或中国驻德、驻英出使大臣,由该大臣饬知公司,在新闻纸上刊登告白,声明已失之票不能凭以取银,并设法按各该国例章办理。倘所失之票已过公司限期仍未觅回,督办大臣或中国驻英出使大臣照原数重发副票,加盖印信,交该公司收领。所有一切费用,均由公司自备。

第十一款　所有此借款之债票、息票以及收付各款,在借款期内,不纳中国各样厘税。

第十二款　所有续借款招帖以及付利、还本一切详细办法,未经本合同详载者,由公司会商中国驻柏林或伦敦出使大臣酌定。俟此合同签字后,即准公司出此借款招帖。中国国家饬知驻柏林或伦敦出使大臣,遇有应会同办理之事,与公司协同酌办,并将此借款招帖签字。

第十三款　此续借款分两次或数次出售债票。俟此合同签字后,将头次债票三百万镑之数从速出售,不得延过六个月外。其价值系按照售出债票之实数,交付中国国家,公司于每百分扣留用银五分半(即每一百镑债票扣留用银五镑半)。公司在欧洲及在中国招人购卖,中国人与欧洲人一律照章办理。若中国国家定购,自应尽先照给,但须于未发出借款招帖之前定购。倘债票尚未售完,造路期内所有第三款应备资本业已敷用,督办大臣有权可以随时停止售票。

第十四款　此续借款进项,或在中国,或在英国,或在德国,交付德华银行暨汇丰银行收存,归入天津浦口官铁路续借款帐项下。至交付此款,系按照购票章程所载购票人交付银两之日期办理。其在伦敦、在柏林所存之铁路款项,按常年四厘发给利息。在中国所存之铁路款项,或作来往,或作定期存放,其利息嗣后酌定。借款进项暨生发之利息,除造路期内交付借款利息并经手用银外,银行等将此款存放,听候督办大臣提用。督办大臣提用款项,若过二万镑之数,应于用款前十日知会银行等。借款进项,按照建造铁路工程所需,随时提用,由铁路总办或其代办出支取凭单,向汇丰银行暨德华银行支取,并须将提用之款另单声明缘由及给发工程所需之价值。在中国所需款项开支费用,可由总办自定,向汇丰银行暨德华银行汇至上海。所汇之款存放该银行,听候为铁路事提用。铁路帐目用中、英文字登记,按照妥善新法办理,并佐以收支单为据。于造路期内,该帐目并收支凭单随时任由公司自给薪水雇用之稽查帐目人查看。该稽查帐目人之职只专为公司查察此项借款是否按照本合同第三款所载提用开支,并为公司查明按照第十八款内载铁路总局每月所购外洋材料帐目而已。该查帐人可与铁路总局商订验看账目日期,以便办理上开职事。铁路总局每年年终结帐后将铁路支收帐目及行车进款,用中、英文刊印,以便任人取阅。

第十五款　设若建造铁路时,借款进项并生发之利息,除付借款利息外,不敷修造铁路以及装配所需,其不敷之数先由中国款项提付,以免延误建造工程。如仍有不敷之数,则向公司续借洋款,其利息并条款仍按现时之合同办理,其价值,则照此次借款合同订定。若铁路造成后,铁路续借款项下尚有存款,将此未用之款移入后详第二十款内载借款利息公积项下,以备中国国家拨还此合同承认应还之款。

第十六款　此续借款出售债票招帖未发之先,如有关关系大局或银市格外之事,致中国国家现在市面之债票价值有碍,以致此次续借款未能按章办理,准公司展期缓办。惟所展之期,由立此合同之日起,不得超过九个月。若在限内第一次债票尚未售出,将此合同作废。

第十七款　此铁路建造工程以及一切管理之权全归中国国家办理。其因建造南北段工程,中国国家既经选用公司认可之德、英总工程司各一人,自应仍旧接办。若公司将来以所选之总工程司为不合宜,须将其不合之缘由声明。此两总工程司须听命于总办或其代办。

所有绘图、造路各事须遵照总局之意办理。其平日行为须敬重督办大臣与总办，其聘用该两工程司合同由督办大臣自行独订。至铁路上派用专门人员、分派各该员应办各事以及辞退各该员，总办或其代办与该段总工程司商酌办理。遇有彼此意见不合，禀请督办大臣判断。判定后，彼此均不得异言。工程造竣后，中国国家即将南北两段合为一官办铁路，派一总工程司料理。此总工程司款期内须用欧洲人，但不须与公司商酌。

第十八款　此铁路南北两段，于造路期内，德华银行暨华中铁路有限公司作为此铁路经理购由外洋运来各材料、机器、什物之人。所有购买此项紧要材料由总办招人投票。若所购之材料、货物系购由外洋者，该经理须以铁路最合宜之价购买，按照原买实价每百两加用银五两。惟定购材料及支取费用非经总办核准，不能照行。德华银行暨华中铁路有限公司暨得上文所详之用银，自应各在其段内代表监购铁路所需建造、装配各外洋材料。此等材料须在于公共市场择价值最廉而质料最佳者购买。若材料运至中国有与原单不符者，铁路总局有权退收。德、英所制货物若质料及价值与他国所制者相同，南北段应先尽由德、英购买。铁路总局如欲在中国或在外国招他人经理购买各项外洋材料以为更觉合宜者，可以有权照办，惟用银仍照上文所详给该经理人。所有买货单及验单均呈总办查核。所有各项回用、扣头均归还入铁路项下。所有该经理人购买各材料，须有制造厂原卖单并验单为据。该经理人除得上文所详用银外，不再给用银。惟遇有雇用工程顾问人员，总局须由铁路项下提给薪水。中国材料及经在中国制造之货物若质料、价值与德、英或外洋材料相同，自应先尽购买，以鼓励中国工艺。购买中国材料，不给用银。全路造竣后，铁路总局若为南北段内购买外洋材料，应先尽向德华银行暨华中铁路有限公司经理购买。其办法章程，嗣后彼此商酌办理。

第十九款　本合同内所言之铁路，将来或以为有益，或以为必需建造枝路，由中国国家以中国款项自行修造。如用外国资本，则先尽公司商办。

第二十款　历年除付续借款本利外，铁路总局将本年铁路净进款盈余足敷交付来年到期借款利息之数，在天津，或在上海，存放银行等。所存放之款，按照市面情形，给发最优之利息。

第二十一款　德华银行暨华中铁路有限公司可将本合同应有之权利及责任，全行或分别，交与他德国公司或他英国公司接办，或再交代理人代办。其接办、代办应请督办大臣核准。

第二十二款　本合同系遵宣统二年八月十九日，即西历一千九百十年九月二十二日，上谕签定，已由外务部用公文照会英、德驻北京出使大臣。

第二十三款　本合同缮写华、英文各五份，中国国家存三份，公司存二份，如有翻译文字可疑之处，以英文为准。

梁为楫、郑则民主编《中国近代不平等条约选编与介绍》，中国广播电视出版社1993年版，第658～663页

9月29日（八月二十六日）　孙中山复函荷马李，表示如布思筹款计划未能成功，其同盟会财政代表之委任不得不予以撤销。

△ 各省谘议局国会请愿代表团举行特别会议，商讨第三次请开国会办法，由孙洪伊提议，议决五项上书办法。

是月　湖北当局在新军四十一标内查抄到振武学社章程、文件，协统黎元洪不愿扩大事态，仅将杨王鹏等撤差开除了结。

10月1日(八月二十八日)　湖南巡抚杨文鼎奏报湖南第四届筹办宪政进展情形。

《湖南巡抚杨文鼎奏湖南第四届筹办宪政情形折》(宣统二年八月二十八日)：

查宪政分年筹备单内，第三年由督抚筹办者计分九项：

一、续办城镇乡地方自治。湘省各属自治公所，业经成立。省城自治研究所毕业一次，派赴各属充当讲员。并据各厅州县先后报告设所，虽长期短期办法不同，要皆具有规模，逐渐毕业。自治经费或提拨公款、公产，或兴办附捐、特捐，均经斟酌再三，量为准驳。现查各厅州县已筹定的款者，十居六七，其偏僻瘠苦之区，亦在设法筹措，以立始基。至调查户口区域，举行各会选举，均按照自治筹办处原定期限，次第办理。固有团体则设法改善，公款、公产则逐渐清厘。推及宣讲所、白话报各事，各属类能照章兴办。此遵章筹备者一也。

一、【筹办】厅州县地方自治。前准宪政编查馆颁行府厅州县地方自治，暨选举章程，本年三月间始行奉到，当即札饬自治筹办处通行各属，一体遵办。惟湘省中经灾乱，各属办赈办匪兼顾为难。经臣奏明将本年指定繁盛地方，及省会首善筹设议董各会，暂行展缓。其他各厅州县应办调查户口区域、选民资格，以及设立自治研究所、宣讲所等事，仍遵定限切实奉行。户口一项，原定五月起调查城厢，六月竣事，以次递推。现在各属城乡多已查竣，自当接办复查，划分区域，以便编订名册，选举自治职员。其自治研究所、宣讲所，各属举办城自治时，业已次第设立。厅州县地方自治章程，与城镇乡章程原属相辅而行，现在湘省秋收丰稔，民情尚属安谧，自当将厅州县及城镇乡自治事宜并力赶办，按序程功。此遵章筹备者二也。

一、汇报人户总数。湘省调查户口办法，已由巡警道督饬各属划分区域，分别查填。将宣统二年应行报齐之总数，提前赶办。统计全省七十八厅州县正户、附户数目，均经汇齐造册咨部。其人口实数，现正饬属按照查口细则，赓续办理。此遵章筹备者三也。

一、覆查岁出入总数。本年五月间准度支部咨，饬清理财政局将宣统元年岁出入总数，按照部颁预算册式，分类分款，详晰填注，限七月内送部，当即札行清理财政局依限详咨。嗣据该局覆查宣统元年岁入之款，经常、临时共库平银八百二十六万零，岁出之款，经常、临时共库平银六百四十九万零，又地方行政经费，经常、临时共库平银二百八十五万五千零。湘省历年积亏，结至本年六月底止，几及三百万两，出入相抵不敷甚巨。覆查总数自当据实奏报。此遵章筹办者四也。

一、厘订地方税章程。查清理财政章程第十条，由清理财政局将国家税、地方税分别性质，酌拟办法，编订详细说明书送部候核。此项业经通行各属造赍财政说明书，由该局汇齐编造，详候核咨。其地方税章程，应俟宪政编查馆暨度支部会同厘订奏定颁行后，再行照办。此遵章筹办者五也。

一、试办预算、决算。查清理财政章程第十四条，由清理财政局汇编全省预算报告册，呈由督抚于五月内咨送到部。湘省因乱展限一月，由各司道会同监理官督率局员，删其浮靡，正其舛误，按照部颁分册式，将预算宣统三年岁出、岁入各款，切实厘定，并分别宣统三年以前已办之事，已有之款，宣统三年应办之事，未筹之款，综计不敷若干，参以湘省现筹办法，冀合部章量入为出、收支适合之宗旨，预算报告册，已于七月间咨送度支部核办，并专案奏明。其决算一项，仍候部文办理。此遵章筹办者六也。

一、省城及商埠审判厅年内成立。湘省审判厅筹办处开办数月，筹备事项次第进行，而建筑各厅，最为繁重。原奏省城设高等审判检察厅，长沙善化两县各设地方审判检查厅，商埠审判即归并办理，继改定由长沙府设地方审判、检察厅各一处，长、善两县无庸分设，于司法、行政上既有统一之效，且可节省经费。勘定省城内古稻田地址，估计经费，与部臣往复电

商，适值本年三月省垣之乱，民心浮动，建筑难以刻期，当经奏准展缓三个月办理。嗣复勘得长沙协副将衙门，并毗连之箭道，足敷该厅建筑之用，无须筹给地价。现已勘量明确，赶紧兴工，以备开庭。其司法研究所，经前抚臣奏明就长沙府署设立，旋以修理房屋及用人一切经费较多，改由官立法政学堂附设，考选合格员绅入所研究，以预储司法人材。此遵章筹办者七也。

一、推广厅州县简易识字学塾。湘省奉到部颁此项章程课本，当经札行提学使刊发各属遵章办理，并于省城先行创设，以为倡导。现据各厅州县禀报设立者已有三百五十六所，学生五千七百六十五名。其未经禀官立案者尚不在内。此遵章筹办者八也。

一、厅州县巡警年内完备。湘省警察事项，前经巡警道列表详咨到部，臣莅任后递[迭?]经督饬认真办理，并随时派员考查各属，设法整顿。现据该道赍呈本年上半年成绩表，并改良警察各章程规则，臣逐加审察，各属巡警名数比照上年已数增加，如湘乡、新化、衡阳、巴陵、武陵、永顺等县，巡警均在百名以上，余亦逐渐扩充。省城高等巡警学堂，按照部章讲授，已毕业者有五百六十一名，未毕业者一百名。巡警教练所各属次第设立，巡士均由毕业生充当，另派印委各员充各厅州县警务长，以专责成。凡近河滨江繁盛地方，水面警察尤关紧要，省城及湘阴、湘潭、醴陵、湘乡、安化、株州、沅江、安乡、靖州等属，均已设立。其消防所、卫生队各项，有业已成立者，有正在筹办者，臣督同该道严催各属照章举办，以冀如期完备。此遵章筹办者九也。

此外有为宪政清单所未备者，如农工商部奏定筹备宪政第三年事宜，有各省筹设农业学堂、农事试验场，举办农务分会，推广蚕业茶务讲习所，调查商品及商务衰旺诸大端，湘省均由劝业道遵照办理。四项教育分年筹备，湘省业经提学使开单详咨，按期办理。本届成绩，若师范、专门均有推广，普通一项各属小学增设者共一百七十六所，实业一项省城农、工、商各设中学，并筹设农工教育讲习所，此盖举其荦荦大者。夫宪政条理繁密，必先之调查，而筹备期限紧严，尤必有所总汇。省城调查局综揽统计，类能按序程功。宪政筹备处规画大纲，亦经遵章设立。惟湘省当灾乱之后，元气未复，财用益绌，捉襟见肘，在在堪虞。臣忝绾疆符，责无旁贷，自当懔遵宸训，力任其难。

故宫博物院明清档案部编《清末筹备立宪档案史料》下册，中华书局1979年版，第789～792页

△ **四川总督赵尔巽奏报四川第四届筹办宪政进展情形。**

《四川总督赵尔巽奏四川第四届筹办宪政情形折》（宣统二年八月二十八日）：

兹届续报成绩之期，除地方税章程应由馆部厘定会商办理外，所有第四届筹办情形，谨为我皇上缕晰陈之。

一、续办城镇乡地方自治。查照民政部清单，本年应考核繁盛城镇议事会、董事会办理成绩，指定中等城镇筹设该城镇议事、董事等会。川省繁盛城镇，业于上年分别指定筹备自治，本年夏间，成都、华阳两县首将城议事会、董事会合并设立，并照章将成都驻防加入办理。其江北厅、简州、彭县等三十余厅州县城会，暨繁盛各镇会，均一律依限告成。而原属中等之巴州等八州县及属于偏僻之盐亭一县，岳池等属之石垭各镇，简州等属之石桥各乡，均已提前办竣。综计成立者，城会四十九处，镇会一十四处，乡会一十七处，复一面指定中等城六十余处并各镇会督饬赶办，期于年内次第组织，仍随时核其成绩，促其进行，以符实力推行之指。

一、筹办厅州县地方自治。部单本年应就省会地方首县，筹设议事、参事等会。川省自奉到章程，即酌定日程单、议员分配表等件，饬成都、华阳两县先后筹办，复以江北厅、泸州、巴县三处地面冲繁，开通较早，饬令一体举行，通限本年九月成立。现据各属禀报，于分区调

查预备选举等事,均已办有眉目,当可即时成立,树之风声。

一、汇报人口总数。部章本年十月以前,应将人户总数一律报齐,其人户总数业已查明地方,应将查口事宜提前办理。川省前经奏明,查户之时,兼查口数,故至本年五月,已将全省人户总数一律报齐,并将成都等一百二十五属人口总数及清江之绵州等三十五属船户口数,先后咨部在案。此外未报人口总数及未报船户口数之十余厅州县,业经飞檄严催,年内定限报齐。惟户口变动靡常,自非按期编定不足以昭核实,应饬巡警道妥拟办法,通饬各属,责成自治职员及未设之地方绅董,认真稽查,将所属境内迁徙生殁等事,分期造报,以为编定之资。

一、复查各省岁出入总数。宣统元年川省出入款项,早经清理财政局照章编纂,依限送部,并查照部电,饬照预算册式,汇编年报,咨部核办,以觇全年出入盈亏,未尝稍涉迁延。

一、试办预算、决算。前准馆咨,预算、决算不能同时举办,本年试办预算表册,限于五月送部。川省自本年三月奉到部颁表册,并准度支部电咨,裁节浮靡,期于收支适合。又准电开,如有删减,于七月内专案送部。当饬清理财政局据各该署局送到预算草册,查照部定册式,编成总分各册并比较各表,先行遵限送部。复饬司局公同协议,切实核减,另编册表,亦于七月初旬咨部,以便通筹而昭核实。

一、省城商埠各级审判厅限年内一律成立。前奉到法院编制法及暂行各项章程,当即督同司处,将一切筹备事宜悉心措画,酌拟省城、重庆两处审判、检察各厅员缺,并定本年开庭日期暨开办经常等费表册,先后咨部。两处厅署暨看守所,早经兴工建筑,准于冬初竣工。需用推检、书记各项人员,应俟照章考试,届时量才分别奏咨试署。其承发吏、检验吏、庭丁人等,现正饬司预筹考选,藉资器使。至省城审判各厅既于年内成立,模范监狱并应同时筹办,经臣饬司委员择地绘图,估工兴修,造具经费出入清册,送部查核,不久亦可竣事。

一、推广厅州县简易识字学塾。前准部咨此项学塾章程,即饬提学司转行各属,责成地方官劝学所实力筹设。当即通饬筹备,略具初基,嗣于本年正月部颁课本始行到川,复经刊行各属,督令开塾教课,并由司将各属具报设塾之数,汇编为表,详咨查核。共计就原有小学附设者二千零二十处,就祠庙公所创设者六百零六处。其预为规画,应俟逐年筹设者九千零一十七处,仍一面注重养成师资,认真改良私塾,期臻周溥。

一、厅州县巡警,限年内一律完备。部单本年督催各省,将上年未经筹办之各厅州县巡警一律办齐。川省各厅州县巡警,上年咨报粗具规模者一百三十七属,旋据古宋、盐源、西昌三县补报开办,合计一百四十属。其余彭水、秀山两县,理番、懋功两厅,亦据禀办有基础,秋冬定可成立。惟未办者固应督催,已办者尤当考核。前经巡警道派员分路调查,其堪称完备者共计一百一十一厅州县,昨已由道汇填表册,作为本年一律完备第一次报告,详经咨部查核,应饬其余各属,切实筹备,以竟全模。至乡镇巡警,虽未届筹办之期,亦据成都等属次第提前开办。现查成、华两县境内,年内均可办齐。合之其余各属,已报开办者,共得二十五处。川江水道巡警,缔造年余,亦已具有规模,刻正就省城、重庆两处添练司法巡警,养成侦缉人材,为审判开庭之预备。

故宫博物院明清档案部编《清末筹备立宪档案史料》下册,中华书局1979年版,第793~795页

△ **陕甘总督长庚奏报甘肃设立地方自治筹办处及地方自治研究所情形。**

奏折称:

查宪政编查馆奏定筹备事宜限期清单内开:第一年筹办城镇乡地方自治,设立自治研究所,定限极严,自应及时办理。臣于上年十月到任,一切事项尚付阙如。且谘议局成立后,该

筹办处即应裁撤，不能不另设自治筹办处，以为提纲挈领之区，爰一面切饬属遵章赶办，一面于臣署东偏厅舍，克期设立，檄委藩学臬三司、兰州道为总办，刊发关防，俾资信守。该处分设总务、调查、选举、庶务四科，均以通晓新政人员分任其事，并仿照浙省自治筹办处章程，添设参议二员，以本地明达事理乡望素孚之士绅充之，已于本年春间开办。嗣因房舍不能敷用，另移于省城北街宽敞之区。所有城镇乡应分区域设立自治公所，清查户口，调查选民，选举议事、董事会职员，并筹办厅州县地方自治各事，均由该处拟定章程细则及办事期限表，严饬各属依限举办，分期报明成绩，以便分届奏陈。

惟是办理自治，事属创举，必先造成自治之人才，而后可收自治之效果。随于筹办处成立后，即遵设通省自治研究所，遴选熟悉法政之员，充当讲员、所长。复因开办较迟，缩短学期，改为六个月毕业，讲授课程，悉遵照奏定各项科目，详晰指示，并以恪守定章，不越范围为要义。其听讲员先于省城法政学堂绅班内挑取三十人入所研究，一面分行各厅州县，按格选送，每处至少以二人为率。俟第一届听讲员毕业，即派往各属充当研究所讲员、所长，俾各以其所得，广为传习，庶几因势利导，可收事半功倍之效。至该所功课勤惰及应办事宜，统由自治筹办处稽察管理，以一事权。应需开办暨常年经费，已饬藩司照数筹拨，拟请作正开销。据自治筹办处司道详请具奏前来。

臣查甘省僻处边隅，民智锢蔽，语以自治名称、选举资格，多茫然不解所谓，即读书明理之人，亦仅知硁硁自守，或反以公益共谋，诮为多事。故筹办自治，较之东南各省，实属难之又难。今既有筹办处以握自治之枢纽，复有研究所以培自治之人材，臣与各司道等身膺地方，责无旁贷。惟有督率员绅认真筹备，由城镇乡而推之厅州县，务使事无丛脞，户尽可封，以期仰副朝廷孜孜求治、好恶同民之至意。

故宫博物院明清档案部编《清末筹备立宪档案史料》下册，中华书局1979年版，第750～752页

△ **广州至九龙铁路通车，全长一百八十二公里。**

10月2日（八月二十九日）　直隶张家口蒙民数百人捣毁盐局。

10月3日（九月初一日）　上谕两江总督张人骏、安徽巡抚朱家宝，迅速查明皖北灾荒情形，妥筹赈济办法。

宣统二年九月初一日军机处寄两江总督张人骏、安徽巡抚朱家宝电旨：

据袁励准奏称，皖北灾乱相寻，凤颍一带饥民为会匪煽惑，聚众抢掠，其势渐及燎原，欲戢乱源，不在兵而在赈等语。皖北灾区甚广，饥民众多，亟宜妥筹赈济。著张人骏朱家宝迅速查明现在情形，并妥拟办法，详细电奏。

中国史学会主编，中国近代史资料丛刊《辛亥革命》(3)，上海人民出版社1957年版，第526页

△ **资政院举行开院第一次会议，由监国摄政王载沣代皇帝到会。**

10月5日（九月初三日）　李经羲、瑞澂以"旧政轮廓难存，新政支离日甚"，主张先设内阁以立首脑，开国会以定人心，电各省督抚征求意见。

《东方杂志》第7卷第10期《中国时事汇录》刊《各省督抚会商要政电》：

宪政九年预定，十一部同时进行，洞见维新症结者，每深忧叹，朝旨议复赵御史折，似欲

言发于外,藉以折衷。近日旧政轮廓难存,新政支离日甚,守旧时之酝酿,维新后之造作,诸政合一,将不可救,澂、羲深虑岁不我与,驯至外人干预,群沸交腾,本藉宪政以固人心,转因宪政以速国祸。澂、羲等叠经电商,下手当先立主脑、定人心。定主脑先设立内阁,定人心先开国会,秩序明,方针定,然后行坚牢主意,举事方有依据。内阁初设,组织者未必即干济国难之才,但部臣既同组织内阁,缓急先后,协统审择,可无目前政出多门、彼此矛盾之事,兼有国会监察,欲不负责,势有不能。至国会遽开,议员无政治经验,嚣议纷扰,不可无虑,抑知士绅经验虽不及老成,可资参助。开明专制,时会难望,困厄如斯,士气莫遏,既不能禁局外雌黄,不如置之局中,俾知困难曲折,数年后经验渐增,可望与政府休戚相关,双方演进。澂、羲不敢谓阁会一成,即臻郅治,而敢谓阁会相维,犹之定医乃可议方,对镜方能辨影,施救未定之天,终不能袖手待绝,规远局者,讵可畏当前棘手,遂不图日后补苴,此事在十年前,澂、羲诚不敢浪议,今者无可再缓,欲求筹备实际,非有阁会不可,欲救先行先著,尤非有阁会不可。盖朝廷所处,深入难境,进中求决,困而可通,退中求解,困而益殆,审之时势,更易明也。前以滋事体大,未敢遽渎,适澂与清帅主张借款办路急策,经羲电复,谓必归本阁会,澂极表同情。现十数省来电,意均赞成,谬推经羲主稿,联衔入告,羲才薄识浅,惧不克任。此乃国之大计,仍仗诸帅荩筹,公同裁决。卓见如何,敬乞迅示。

△ **天津召开国会请愿大会,到二百余人,大会举定入京请愿代表,随后列队前往督署面见直隶总督陈夔龙,陈允向朝廷代奏国会请愿书。**

10月6日(九月初四日)　清政府命所有东三省借款仍由度支部向美国议借。

△ **护理广西巡抚魏景桐报告岑溪县乡绅陈荣安聚众抗税拒官情事。**

护理广西巡抚魏景桐奏称:

窃岑溪县属六山、七山地方,地险民悍,伏莽素多,动辄滋事,治理最难。宣统元年九月间,署岑溪县知县尹晸举,遵章调查户口,征收契税多款。有崇正团已革监生陈荣安及其子陈绳、陈经等借端煽惑,纠众抗阻,人心摇动。经署梧州府知府志琮前往督县劝谕,设法解散,取具陈荣安父子不敢阻挠甘结,从宽了案。

讵本年二月间,陈荣安父子又聚众集会,敛钱结盟,希图滋事,各村愚民附和甚多。迭经府县访闻示禁,并谕饬绅士陈丽生等前往开导,晓以利害,冀其悔过自新,乃陈荣安等竟敢抗拒不纳。正在调营前往弹压,旋据该府县禀报,陈荣安父子所属崇正团堡本甚坚固,现又筑修木城炮垒,私造枪械,集有死党二千余人,勾结广东罗定、西宁匪徒,及藤县匪首廖贵传等,率党入上化乡黄沙埇,俟各股匪到齐,先由永业乡起事,廖贵传一股直扑县城。警报叠传,人心惶恐,请派兵防捕以重地方。并称,陈荣安与谘议局议长陈树勋同族,如能驰书告诫,劝令投首,于地方实多保全等语。当经抚臣张鸣岐会商议长陈树勋,据称,陈荣安父子性情暴戾,此次起事,竟称先将议长全家杀害,断难理喻,为保全地方计,非使兵力严办不可等语。似此情形,实难冀其悔悟。即经电饬督带莫荣新率队驰往查办,并抽调梧、浔等处防队分路进扎,均归署梧州府知府志琮督饬调度,以一事权。

该处与东省罗定、西宁,西省苍梧、藤县、容县交界,均为多盗之区,深恐匪徒勾结蔓延,为害最烈。电商督臣袁树勋,预派东军管带贺蕴珊率队先赴罗定交界驻扎,旋进岑溪属之筋竹墟访缉;并饬署苍梧县知县金开祥、署藤县知县王为毅各率营团,分扎苍梧属之广平墟、藤

县属之棂峒，厄要堵截，以杜勾结，且免窜扰。五月二十五日，志琮督率营属兵团抵岑溪大垭墟，见各匪已据山结寨，如临大敌。志琮仍不肯遽行攻剿，遣人前往晓以大义，劝令解众投诚。陈荣安父子横暴如故，声言愿决死战；并敢率匪先来扑营，致伤勇丁，逆形显露，非认真剿办，实不足以遏匪焰而保地方。二十七、二十八及六月初二等日，连日分队与匪接战，均有斩擒。官军派队接运药弹，匪党分股中途拦截，杀毙勇丁一名，受伤七名，旋经击退。匪又截杀官军递信勇丁一名，复使人纠邀各处股匪约期来会，幸各要隘均先有兵防堵，按段巡缉，不能前进，外援既绝，匪势始孤。但匪以古万为老巢，四谏、古清两巢为犄角，均有重墙炮楼，攻坚不易，若相持过久，损伤心[必]多。志琮、莫荣新重悬赏格，激励将士，先攻四谏、古法两匪巢，历三昼夜。初十晚攻破四谏匪巢，十一晚破古法匪巢，败匪悉回窜古万老巢。此巢有炮楼六座，四面深濠，要路尽塞，更为坚险。志琮督饬营属连日筹布，二十一日，各军会齐，围攻古万老巢。志琮首申军令，严戒各队不准毒杀妄拿及私掠妇孺财物。是日自晨至酉，击堕炮楼四座。匪党开栅扑出，经官军奋力击回，再扑再击，匪党死伤甚多，仍极力抵拒。直至夜间，密遣精兵潜入逆巢，纵火焚栅，外军接应，立破古万老巢，生擒逆首陈荣安及悍匪多名，逆子陈维当场击死，余匪四散，逆巢一律荡平。随即出示安抚，凡良民房屋一概不准侵损；其有被匪胁从者，限十日内赴各团局报名缴械，准予免究，不准团绅借端索罚保金极多。

综计前后生擒首要逆匪六十名，毙匪百余名，阵斩首级二百零九颗，夺获大炮三尊，抬枪二十余杆，各色枪一百三十余枝，旗帜、刀械无算。官军阵亡二名，受伤四十余名，均经妥为赏恤。所获逆首陈荣安及要匪蔡典等六十名，经饬府县提讯。据陈荣安供认：伪号崇正王，勾结股匪，煽胁愚民，借词抗阻新政，实系图举大事，语多悖逆。据要匪蔡典等五十九名，均各供认听从谋逆，抗敌官兵不讳。各匪皆系阵擒，异常凶悍，未便稽诛，讯供后，经批饬照惩办土匪章程就地正法，以昭炯戒。逆子陈绳逃经罗定交界地方，又纠匪拜会，行劫横山、山柏两村。经官兵往捕，生擒陈绳及匪党多名，讯明惩办。

中国第一历史档案馆等编选《辛亥革命前十年间民变档案史料》下册，中华书局1985年版，第625～627页

《东方杂志》第7卷第8期《中国时事汇录》刊《广西民变近闻二则》：

广西梧州府志守前曾一再电禀到粤，报告岑溪县崇正团民变之耗。旋有人接该处附近商人来函，言官绅所称为大逆不道之陈荣安，现年八十余岁，平日极为仗义，素为乡人钦敬。当咸同乱时，曾招集乡团，守御地方，始终平靖，乡人德之。此番因知县尹令联合地方绅士，藉办地方新政，遇物加抽，则贻祸无穷，于是陈荣安抱不平之气，起而力争。尹令以其违抗命令，即电禀大吏，谓其立心不轨，意图聚众起事，欲置陈于死地。该县巨绅陈某及甘某，均与陈有隙，遂乘机捏陈造反面禀，志守带兵三百，前往剿办。陈固守寨门，亦未开仗。志守嗣又电请开花炮数尊前往，破寨而入，兵勇乘机劫掠。乡人死者以千计；生擒者亦数百人，情形极惨。其后广西军官，已分电梧州府志守，及地方自治研究所，电云：岑溪因捐激变，宜速解散，切勿痛剿，请力维持。自治研究所覆电云：岑溪民变事，寨已打破，荣安就戮，志守保举已开，无从挽救。细绎电文，可以知其概略矣。

《东方杂志》第7卷第10期《中国时事汇录》刊《广西民变余闻二则》：

梧州岑溪怀集两县之乡民，前多附入古万村崇正团，以为结团体抗捐之意。自梧州府指崇正团为叛匪，派军剿洗，团众星散。于是在该团者，及附该团者，均畏株连，铤而走险，结帮成股，窜身山谷，伺机抢劫绅富，苟延时日。岑溪怀集各乡墟，骤添匪类万余人之多，皆地方官办理失宜所致。怀集尤甚，几于遍地皆匪。自叶令嗣淇到任，不及半载，已出劫抢掠之案六百余起，破获者仅二十分之一。近日匪首夏模生放台散票，入其会者无算，在金鸡山点名

一次,到者四千余人,可见该县之危状矣。

10月7日(九月初五日)　直隶代表孙洪伊会同各地代表共二十人前往监国摄政王载沣府上请愿书,是为第三次国会请愿运动。

1910年10月16日《民立报》以《请愿团上书监国》为题,刊发请愿团直省谘议局议员代表孙洪伊、直省绅民代表李长生、东三省绅民代表乔占九、旗籍绅民代表文耀、直省教育会代表姚文枏、直省商会代表沈懋昭、直省政治团体代表余德元、南洋雪兰莪澳洲等埠华侨代表陆乃翔、美洲纽约华侨代表伍宪子、日本华商代表汤觉顿等上载沣书:

敬肃者。前所上书度蒙省览,岁月不居,邈焉已秋。洪伊等慨念时局,奔走呼吁,希望国会,惄如朝饥,一再陈请,矢志不忒[贰],私谓世界玄[立]宪,皆经铁血,吾国当圣君贤王临轩出治,顺民之欲,期以九年,膺福安念实为至幸。顾当饥而思食,迫寒而求衣,期之旦暮,虽欢欣鼓舞,犹虑饥寒之不及待,况九年之久乎。窃计洪伊等自去年至今,慶国势之阽危,痛外患之亟迫,思救国亡惟有国会。既两次奔叩帝阍,未邀俞允,抱忠怀愚,不敢谓见屏于君父,辄自退阻。方欲与全国人民为三续请命之举,而海内外父老昆弟亦复函电交驰,迫不令去。洪伊等滞羁京师,其所以奔走号呼,不敢告劳者,欲以款款之愚,诚冀幸君父之一悟也。乃者东三省人民以日本并韩而后,势力渐趋于南满,北部则迫于强俄,介居两大,协谋来侵。约章既成,风云益剧,东省人民寝不贴席。既合全省士绅会议数四,乃公推特派员数人到京,佥谓及今不开国会,国家必无幸存。东三省有变,则全局瓦解,宗社人民将置何地,虽欲从容立宪不可得矣,时势迫促不能再缓须臾。嗟!吾王,期年之间,时变如此。吾贤王受先朝遗命,监辅冲主,身膺国家之重,傥亦有震憾于中不能自已者乎。夫鉴往以知今,即今以察来,有远虑,而后免近忧。人民生长草野,刁审时变,私冀奋然图治,转弱为强,转危为安者,非贤王莫属。徒以天泽之分,不能旦夕面王,痛陈国家之大计,变革之大纲,为可痛耳。方今之病患在壅隔,以贤王求治之殷,吾人民望治之切,两相需于冥漠之中,而迄不能豁然大解者,则以上下不交通之弊也。顾上下交通,则机关之设首在国会。国会者,所以通上下之情,为宪法上立法最高之机关,有国会而后可言立宪,无国会而言立宪,人民生其疑阻,政事日即惰偷。虽日日言筹备,而财用之耗蠹,人才之濈寙,民生之凋敝,恐即在此筹备之中,而祸乱之至,且无日矣。王试思列强之国,皆有一日千里之势,而吾国至今犹在纷纷棼扰中。庶政孔多,而财政奇绌。官僚充斥,而责任无人。非不日言筹备也,而局处衙门,凡号称新政机关者,率皆东涂西抹,举一遗二。而其间犹复新旧杂糅,有举无废,循节敷末,百孔千疮。以如此之政治,当列强之竞争,其有幸乎,且无暇与列强絜短较长也。凡事不从根本解决,而徒爬枝搔叶,鲜克有济。王试观两年以来,宪政筹备之际实,行不可谓之不密矣,督促进行之诏旨不可谓不勤矣。以言财政,而财政之紊乱如故。以言教育,而教育之腐败如故。以言警察,而警察之疲玩如故。其他军事、实业凡关于国家大计者,更无一足餍人心焉。外人之觇吾国者,以为吾国之治政如灭烛夜行,无一线光明,几不足与于国家之数。故其在吾国之行动,皆不以平等相待。值此内外交迫之际,若非有大举动,大变革,则孰若速开国会与天下以更始,令四海万国耳目一新。知吾国家真实立宪,见日月之明,而奸谋自阻。以中国幅员之广,人民之众,必不信开国会后不能自强也。凡百事功皆发乎机,机之一发,则群耳易听,万目改视,腾为舆论,亦遂朝黄暮绿,南北易位。开国会即其机也,我能行之,安知不足以震慑列强。闻卧虎之啸,则猎者骇走,莫之敢攖,国家危亟,北锁告警,猎人在前,当复何谋。洪伊等分属国民,有俱烬之痛,义不忍复偷瞬息之安,所以昧死一言,冀吾王之投袂而起也。伏愿吾王上为皇上,

下为人民,巩固我国家亿万年长治久安之基,当机立断,即日请旨速开国会,上以付[副]先朝付托之重,下以慰亿兆人民望治之心,俄顷之间立新朝局。但令国会早开一日,即人民早享一日之太平,洪伊等归耕垄亩,歌咏衢壤,于愿足矣。所有披沥下情,吁请速开国会缘由,除陈请资政院议决代奏,并呈由政务处代奏外,谨合词笺状以闻,惟冀垂鉴。抑更有言者,资政院性质本与国会不同,其组织亦与国会迥别,万不足以代国会,前由都察院代奏书中已缕晰言之,幸王少留意,毋惑于叶公之龙也。迫切陈请,语不及检,无任惶恐待命之至。秋风迅厉,伏惟万福。

马鸿谟编《民呼民吁民立报选辑》第1辑,河南人民出版社1982年版,第376~379页

△ 请愿团临行前,奉天旅京学生赵振清、牛广志等十七人集体向请愿代表致书,激励各代表誓死请开国会。随后赵、牛忽各持利刃欲剖腹自杀,以明心迹。经人夺刀制止后,赵、牛又趁人不备各从自己身上割肉一块,将血涂擦在致代表书上,表达强烈要求速开国会以挽救国家危亡的血诚和决心。

1910年10月14日《民立报》刊登赵振清、牛广志血书如下:

世界进化一如潮流卷地拍天,无能遏止,二十世纪立宪之规模渐备,专制之轮廓难存。欧美前尘,东瀛继轨,天演公例,日演其活剧于立舞台而未有已。我国民受甲午、庚子、甲辰诸战役之刺激,宜致睡狮之醒,而消虎视之萌,庶黄帝子孙,或不至效奴隶马牛于文明之世□。乃起视我政府,狃于积弊,醉生梦死,其不足以与列强较优劣,比强弱也,稍有识者所共知之。所赖者我同胞激发热诚,以爱种爱国之心,出而理天下事,庶有豸乎!独是旷□观东西洋强国之原因在立宪,宪法之机关在国会,国会一日不开,我同胞议政一日无根据地。幸我代表诸君,出以热心,持以毅力,一再请求未获效力,是正我同胞痛心疾首,鼓血轮于最高最热之度,而见以诚之时也。现当第三次请愿国会之团结力已坚,进行心已定,似无庸有所勖勉,自见万众一心。然国会之开与否,系于我种族之存亡、国家之盛衰两大问题。日韩合邦,日俄协约,南北满无故增兵,要皆亡国之材料。国会一开,全球之耳目一新,全国之精神大振,或足消窥伺而弥祸端。重要宝贵既如[?],须要有最大最重之代价,始能购得而发现于一朝。今我代表诸君,热血潮涌,不惮牺牲一切,为同胞博莫大之幸福。吾侪具有天良,何惜此少数之血液,洒书数字,以表示此次将以血购国会,决不似前之以文字购国会者之不足动我政府也。血潮上涌,语多失序,愿我代表诸君谅之,愿我四万万同胞思之。临书不胜急切翘盼之至。

马鸿谟编《民呼民吁民立报选辑》第1辑,河南人民出版社1982年版,第369~370页

10月8日(九月初六日)　孙洪伊等再赴资政院呈递请愿书,请于明年召开国会,设立责任内阁。

10月9日(九月初七日)　上海商务总会召集各业领袖开临时特别会议,随后致电军机处等,请大清、交通两银行迅速筹款五百万两,交由商会散放,以挽金融危局。

10月10日(九月初八日)　当日下午至午夜,杭州饥民借故购米纠纷,聚众捣毁米铺四十七家,巡警派出所及巡所七处,殴伤弹压官员、兵警六十多名。官方先后逮捕闹事民众一百零二名。

据本月14日浙江巡抚增韫致陆军等部电称:

八日下午,省城东街居民偶因购米起衅,哄聚捣毁米铺。一唱百和,由一隅以及全城,由

午后以至夜半。巡警道及地方文武,闻报督率巡警兵役,分投弹压,无如人数愈聚愈众,不服理喻,一味恃蛮,竟至打毁米铺四十七家,各区巡警派出所及巡所七处,劫去指挥刀十一把,殴伤区官三员,巡官一员,巡警四十余人,地方审判厅大门内亦被打毁,陆军警察抢去军刀二柄,巡防队抢去洋枪二杆,可谓不法已极。当肇事时,不过一般机户、箔匠、染匠借端起哄,迨至殴官毁署,已有痞匪混迹其间。是时巡警力难压服,当派陆军、警察及巡防队协同弹压,仍主和平解散,不必轻用军械。乃该痞匪等竟分头骚扰,殴伤巡防哨官一人,勇丁十七名,仍遍索米店,肆行捣毁,并将拘留所围绕,逼要拘留人犯。若不慑以重兵,恐酿大事,一面饬令拘留所晓谕,倘敢劫所抢犯,照例准予格杀勿论;一面调派八十二标新军六队入城弹压,始各纷纷逃散。

综计巡警、巡防队、新军先后拿获滋事人犯一百二名,饬送地方审判厅办理。将被诱胁从及因疑拟被拘者酌予保释外,尚有三十余名再行详讯,分别情罪轻重,按律核办。

中国第一历史档案馆等编选《辛亥革命前十年间民变档案史料》上册,中华书局1985年版,第386页

10月11日(九月初九日)　中国同盟会会员于右任在上海筹办之《民立报》创刊,主笔为宋教仁、吕志伊、范鸿仙、徐血儿、叶楚伧、邵力子等人。同盟会员来往日本、香港、广州、汉口等地,大多以《民立报》为联络中心。《民立报》后于1913年停刊。

于右任以笔名骚心为该报撰写发刊词《中国万岁民立万岁》,其中宣称:

民立之际此时会,此佳节之中而产民立。天之厚民立,民立敢不自重。……

秋高马肥,记者当整顿全神以为国民效驰驱,使吾国民之义声驰于列国,使吾国民之愁声达于政府;使吾国民之亲爱声,相接相近于散漫之同胞,而团体日固;使吾国民之叹息声,日消日灭于恐慌之市面,而实业日昌;并修吾先圣先贤闻人巨子自立之学说,以提倡吾国民自立之精神;搜吾军事实业、辟地殖民、英雄豪杰独立之历史,以培植吾国民独立之思想。重以世界之智识,世界之实业,世界之学理,以辅助吾国民进立于世界之眼光。此则记者之所深赖,而愿为同胞尽力驰驱于无已者也,虽然,未已也。

内忧外患相逼而来,东海愁云浸及满洲原野,插[歃]血之约,恐又使马首欲东者转而西图。新亡国民之臭名,岂独戴高帽子之族,含无穷之痛乎?嗟嗟!将不远矣。迎秋一叶,已先零矣,恐此后切切凄凄之声难断也。本报同人之生此时,自痛其智之仅能如此,自信其政见之亦足以济此,所补助于国民者,则此后对外当如何有一定之方针,对内当如何有一定之改革,对经济恐慌当如何有一定之补救法,对人心卑下当如何有一定之救济法,容他日分析言之。不敢以讹言乱国是,不敢以浮言伤国交,不敢以妄言愚弄国民。所自期者,力求为正确之言论机关而已,力虽不逮,不敢不勉。

黄季陆主编《中华民国史料丛编·民立报》,台北中央文物供应社1969年影印版,第0002页

△ 振武学社于本日在武昌风度楼(又名奥略楼)召开第一次代表会议,杨王鹏任主席,到会者有:李抱良、章裕昆、廖湘芸、祝制六、江国光、单道康、李慕尧、孙长福、黄驾白等各标代表,讨论扩充社务,要求社员每月必须介绍新社员一名,但不得滥收。据与会各代表统计,社员已发展到二百四十名。

杨玉如《辛亥革命先著记》:

并定九月重阳节(10月11日)在黄鹤楼开代表会议。届期李抱良、杨王鹏、章裕昆、廖湘云、祝制六、江国光、单道康、李慕尧、孙长福、黄驾白等均齐集,先由各代表报告社员人数,共得二百四十余人。其决议案:以扩充社务为最要,但资格务严,不可滥征;至社员月捐,由

代表于放饷时收集，汇集庶务李抱良收管，存储银行。至每开常会时，务将收支账目及银行存折交会审查，以示公开。刘尧澂亦于此时正式入伍参加，至詹大悲、何海鸣等又集资创办《大江报》于汉口，继《商务》之后为本社言论机关。

杨玉如《辛亥革命先著记》，科学出版社1957年版，第20页

△ 浙江黄岩县数百人暴动，抢富户。同日，广西全州农民两千余人焚劣绅二十六家庐舍。

10月16日（九月十四日）　河南国会请愿同志会在开封游梁祠开会，各界绅民三千余人与会，签名后游行前往巡抚衙门，请求代奏速开国会。巡抚宝棻大惊，电话请各司道前去劝慰，同时接见其中十名代表，并同意代奏请愿书。

1910年10月27日《民立报》刊登《动地惊天之国会热》，报道称：

十四日，河南国会请愿同志会假游梁祠开会，各界坤[绅]民到者三千余人。当场签名，即时同赴抚院，要求请代奏速开国会，抚署门前为之壅塞，呼吁之声喧天震地。宝抚大骇，即以电话请各司道前来劝慰，并一面请举代表会话。公推杨源懋、王敬芳、李国华、漆树人、张嘉谋、杨治清、段纪勋、岳九华、刘莲青等十人入见。宝抚允即代奏，众始退出。即往谘议局，请其陈请于资政院。谘议局一面提前议决，一面电达资政院，缕述要求情状。各坤[绅]民又云，如此次请愿无效，学则停课，商则罢市，工则休作，谘议局亦不许开会，群起以死力争之云云。

马鸿谟编《民呼民吁民立报选辑》第1辑，河南人民出版社1982年版，第414~415页

△ 锡良以日俄订立协约告成，吞噬东三省之心日炽，东省兵力仅二镇两协，不足以言战守，奏陈亟宜练兵造械，倾全国之力以保东三省。

△ 孙中山函促檀香山同盟会会员筹集起义经费。

孙中山函称：

敬启者，前上一函，请各同志筹款接济香港机关为长流经费，以得办事无滞，想已达览施行矣。

乃者时机日逼：外而高丽既灭，满洲亦分，中国命运悬于一线；内而有钉门牌，收粱税，民心大变，时有反抗。吾等新军之运动，已普及于云南、广西、三江、两湖，机局已算成熟。加之党中财政日困，虽香港一隅或得檀埠同志之接济，而他方则仍无法可设也。且长贫难顾，久待非策。弟今承内地各地同志之催促，并有办事领袖人员到此商议，已决策定计，不久再举。此次机局较前尤佳，且有弟就近指挥策划，一举必可成功，决无疑义也。

惟预备之费当要十万元，乃足布置周密，而出万全。今欲合南洋、檀、美各地同志之力，在此一两月之内筹足此数。但南洋各埠华人虽多，而风气闭塞，所有之同志前曾屡次尽力，几成强弩之末。此次之款，总望檀、美同志担任一大分也。弟提倡革命以来，至今日为第一好机，民心归向，军士倒戈，所缺乏者只此区区之财力十万元，不过檀银四五万耳。若檀山同志出钱能似内地同志舍命之勇，则此区区之数，檀地同志亦能独力任之而有余，无待弟更向他求也。

见信之日，务望向众宣布，即日举行开捐，事前预备军费。无论会员、非会员，凡我汉人，皆当助成此事。有力者多尽力，无力者亦尽其所能，众志成城，众擎易举。如能筹足此数，则决无失败之虞也。故此次事之利钝，则全视乎海外同志之尽力与否耳！内地同志既不惜身

命,苦心焦虑,竭尽其力,乃能达至此地步。今只待海外同志一臂之助,则大功立可告成,如葡萄牙近日之伟业矣。望为勉力以竟全功,幸甚幸甚。

信到之日,限两个月期内筹集收齐。汇出大埠支部理财员彙汇弟收。暂由理财员发给收条,俟汇到弟处,弟即着筹饷局人员发给凭据收执,以昭大信。

中国社科院近代史所等编《孙中山全集》第1卷,中华书局1981年版,第486~487页

10月18日(九月十六日)　第一次全国运动会在南京举行。

《东方杂志》第30卷第20期《全国运动会之历史的回顾》记载:

中国第一届全国运动会,系一九一〇年十月十八日至二十二日开于南京劝业会,当时分全国为五区,每区由青年会派一干练职员充运动委员长。该委员长委派该区之委员而组织委员会。各区委员会之任务,为唤起人民对于运动之兴趣,主持运动预赛,以便决定选手,并筹措队员旅费等。更由五区委员会共同组织全国委员会,选任爱克斯那博士为会长,而上海一区任执行部。全国运动员与赛者一百五十名。运动项目分:(一)全国田径赛;(二)中学田径赛;(三)大学田径赛;(四)全国网球赛;(五)全国足球赛;(六)全国篮球赛。

10月19日(九月十七日)　直隶保定各学堂学生罢课,请开国会,并争东三省路矿权。20日、21日,京津学生响应。

10月中旬　广西泗城一带哥老会有号称明永历王后裔者,聚众六千人起事。

10月20日(九月十八日)　吉林省谘议局上书东三省总督锡良及吉林省巡抚陈昭常,吁请代奏朝廷速开国会。旋得总督、巡抚批示,请其举代表入都,或自行呈请,或赴都察院呈请代奏,以分途呼吁,俾见全国一心。

谘议局上书曰:

窃关外三省壤接日俄,吉林适介其中。近自协约发生后,外人兼营并进,一日千里,而都人士,目睹宗国之危亡即在旦夕,相与号呼奔走,痛不欲生。议员等处代表舆论之地位,受全体人民之督促,统筹全局,窃以为舍速开国会外,不止别无补救之方,尤恐人心一去,大势瓦解。三省危殆,全局随之。此议员等哀痛迫切,虽刀锯在前,而不能已于言者也。

夫时至今日,国之所恃以仅存者,要惟此区区团结之人心,与强大之民气而已。乃历经两次请愿,但蒙朝旨慰勉,并未见诸实行。夫以吾国目前之时局,人心尚可涣散耶?溯自本年以来,各直省兵变、民变、闹荒、闹漕之案,接踵而起,最后遂有日俄协约之事。以两强之狡诈,协约之订,不自我先,不自我后,而在筹备之第三年,谓非鉴于人心之涣散,其孰信之。以筹备之三年,效果遂已如是,窃恐不待九年,协约之订尚不知继起者更有几国。而日俄此次之约,其进行正不知如何矣。翻云覆雨,三省既膺其冲;剖豆分瓜,全局遂蒙其惨。当此之时,再欲召集国会,收拾人心,借重民气,既叹其不可得,且恐全国之大,人类不齐,同时操戈,适有贻人口实,而自速其亡者。以吾皇上之英明,谋国之诚挚,讵不见及此耶?抑亦当国诸臣,尚别有所见耶?总之,祸变之乘,三省既膺其冲,而足以亡吾国者,三省亦实发其难,即三省人民爱国之心,实有所未忍。惟有仰乞我皇上早定大计,毅然降旨,即行召集国会。登高一呼,万山响应,即三省人民亦各出其性命、财产,以作政府之后盾。大局幸全,并受其福,否则肝脑涂地,与国俱烬,吾民之分,夫复何言?至国会之可救危亡,与夫舍开国会无以言筹备

各情形,两次请愿,各折业经详陈,早在圣明洞鉴之中,固已无庸赘及。所有东省危亡,悬于眉睫,吁请即开国会,以期号召人心,挽回大局各缘由,理合具文,呈请督部堂、抚部院鉴核代奏,不胜迫切哀泣之至。

该呈文送达后,吉林行省于宣统二年九月二十七日批示:

来呈阅悉。列强环伺,时事多艰,欲团结全国人民,各竭智能,共相挽救,自非速开国会,无从着手。吉林逼处日俄,协约既成,三韩遂覆,眉睫之祸,将在腹心。该议员等,身履危机,慨然恳请代奏,缩短期限,立开国会,爱国热忱,匡时伟论,本大臣、部院披览之下,佩慰实深。惟近日各省督抚,联衔奏请,实居多数,已不啻共表同情地方人民要求,似应伏阙自陈,分途呼吁,方见全国一心。该议员等洞彻事机,深明大体,应仍举代表入都,自行呈请,或赴都察院呈请代奏,庶符体制,希即知照。

章开沅、罗福惠、严昌洪主编《辛亥革命史资料新编》第4册,湖北人民出版社2006年版,第396~397页

10月22日(九月二十日)　吉林商务总会具文呈请巡抚陈昭常,恳请代奏朝廷速开国会。

其文曰:

前因时局艰危,民心涣散,亟应召集国会,以联民气,而挽大局,曾经本会会同各商务分会、分所,联衔详请宪台专折代奏,以顺商情,迄今多日,未蒙批示。刻值日俄协约发现,时势益艰。俄则许日经营朝鲜,日则许俄取缔蒙古,并保护黄河以北,监督中国财政。定约不数日,日人即施其阴险之手段,吞并韩国。是东三省危亡之祸,已延眉睫,若再不亟图挽救,将不免为朝鲜之续。商等集众公议,忧愤殊深,惟有仰恳宪台,垂念东省大局,即日据情代奏,速开国会,以救危亡。

章开沅、罗福惠、严昌洪主编《辛亥革命史资料新编》第4册,湖北人民出版社2006年版,第397页

△ 因国会请愿代表团迭向资政院及监国摄政王载沣上书,请求速开国会,并遍谒庆亲王奕劻、肃亲王善耆、镇国公载泽和军机大臣那桐、徐世昌等亲贵大臣,陈述国会必须速开理由。资政院遂于本日一致议决,将请愿代表团第三次请愿书,连同资政院通过的恳请朝廷准允国会请愿代表要求的专折,一并上奏朝廷。

△ 英、美、德、法四国公使分别照会外务部,请按照宣统元年五月十九日(1909年6月6日)张之洞原订粤汉、川汉铁路借款合同办理。

湖广铁路借款一事,宣统二年九月初一日接准来文,内称邮传部已函知四国银行代表,定于九月初一日在本署接晤等因前来。本大臣兹据银行代表人禀报是日接晤之情形。诧悉据署理邮传部尚书沈大臣及右侍郎盛宫保辨称,因在宣统元年五月十九日,张中堂与英、德、法各银行代表人,商订签字之正合同草稿汉文后,多载有须俟奉谕旨,并度支部核准,如度支部有驳改之处,即再行商办等语字样,故该合同文义不算决定等词。

本大臣查当日正合同草稿,甫签字后,即有美国政府出头证明,愿列入借款合同之内,遂由外务部请英、法、德各银行代表人设法,令美国列入。此事系在外务部署内提议,有外务部尚书敦彦当面指示,且在粤汉川汉各铁路公所及张中堂宅内,均常议此事,有周参议员自齐代外务部指示,主持此项会议,经阅几及四个月之久。其议竣之时,距张中堂薨期仅数日。迨前会议之期,均订以宣统元年五月十九日签字之正合同草稿为基础,在事各造均应允,而

张中堂特为切要声明,该合同之文不能易改,且有如美国列入致有应改之处,须列在另议之合同内为要之语。

关于此事,外务部系明遵谕旨办理者,其于会议此事之际,并未预告在约诸银行,在已签字之合同内有应改之处,故以本大臣之意,此即切实证明,当时无更改之意,且系外务部代表中国政府,以该合同各条为决断而应办者。是以本大臣不能将署邮传部尚书及右侍郎九月初一日与各银行代表人等接晤时辩驳之处为然。应请贵国政府饬令邮传部,按照该正合同签字之草稿各条遵办,并与各银行代表人会同协办,俾得迅速告成批准是荷。

宓汝成:《中国近代铁路史料》第3册,中华书局1963年版,第1219~1220页

10月25日(九月二十三日)　东三省总督锡良与湖广总督瑞澂、两广总督袁树勋、云贵总督李经羲、江苏巡抚程德全、安徽巡抚朱家宝、山东巡抚孙宝琦、山西巡抚丁宝铨、新疆巡抚联魁、黑龙江巡抚周树模、吉林巡抚陈昭常、浙江巡抚增韫、湖南巡抚杨文鼎、广西巡抚张鸣岐、贵州巡抚庞鸿书、江西巡抚冯汝骙、四川巡抚赵尔巽、伊犁将军广福、察哈尔都统溥良等二十余人,联衔致电军机处,要求即设责任内阁,一二年内召开国会。

电文称:

内阁、国会为宪政根本,计已定于先朝,事无待予末议。顾造端宏大,不易图维,老成过为持重,必求谋出万全,政府首当其冲,不敢轻于一发。其争执不过期限之迟早,其关系乃在目前国势之存亡。锡良等疆寄忝膺,忧危共切,忍视朝廷为孤注,独举中央以责难?第外觇世变,内审国情,立宪既无反汗之理,则国会决无不成立之理。与其迟设而失事机,不如速设以维邦本。用敢推求利弊,力破群疑,共竭愚忱,披沥陈之。

今之致疑于内阁者,必曰权责太重。权盛则恐挟震主之威,责专则虑启营私之渐。不知自古权奸窃国,非因在位日久,即由兵柄下移。今阁臣但代行政,本无统驭军队之权,而责望所归,易兴易仆,一身进退,利害较轻。既不有擅作之福威,更不必为要津之盘踞。况有国会以监察财政,出纳末由自专;有审判以拥护法权,生杀无从任意。不必虑者一。或有疑内阁既设,君主徒拥虚名。岂知不负责任,实由神圣不可侵犯之义而生。至大权之载诸宪法者,立法、行政、司法悉归总揽,不过无内阁则职务分之下臣,而担负仍在朝廷;有内阁则统治属诸一人,而功过必归枢府。巩固君权,尊崇王极,无逾于此。不必虑者二。或又疑内阁初立,组织者未必皆干济之才,任非其人,终虞复餗。不知世变人才,互相陶冶,但使部臣同为阁臣,应行政纲协同审择,已无目前政出多门、彼此矛盾之事。益以国会监察,权限明则责成专,虽欲诿卸而不能。才力薄则应付穷,虽欲把持而不得。数经更易以后,求才者知非破格不为功,饱尝忧患之余,任事者亦必审量而后进。相磨相激,自有一二非常之选,因时会构造而成。不必虑者三。其致疑于国会者,或谓议员程度不一,言论易涉嚣张。比年争路争矿,迭肆要求,允之则政策益纷,抑之则风潮更烈。一虑也。抑知士论沸腾,实多激于忧愤。与其强为迫[遏]制,徒滋事外猜疑,何若引就范围,俾知局中曲折。及其经验渐深,疑误尽解,尚望与政府相扶相励,力拯艰危。今世立宪较久之国,内阁、国会往往鲜纷争而多匡正,其明验也。或谓国会有弹劾大臣之权,议员将挟私排击,贤者避谤求去,不肖者转得结党自固。二虑也。不知国会弹劾与台谏异。言官风闻入告,动机发自一人,议员据事直陈,同意必谋之多数。如果大臣当国,众望交孚,则数人对抗之私,何能敌全国舆论之公?黜陟进退,权操君主,宪法自有明文,国会何能干预?至论党派之发生,要以政见为标准。内阁政见与议院合,利用适资其交济,内阁政见与议院不合,全党岂听其转移乎?或谓国会当幼稚时代,仅有

要求,而无担负,财政问题,仍难解决。三虑也。不知国会初设,不必急谋财政之扩张,先求巩固财政之信用。议员来自田间,深知疾苦,果财政计划悉经协赞,蠲除扰累,力戒虚糜,人民共谅政府之无他,迨至行政克坚民信,措施深入人心,议员目睹计臣挹注之穷,外界竞争之烈,凡各国通行之租赋,中朝未有之税章,未尝不可审势因时,徐图兴举。即欲广募国债,立应急需,恃此枢纽以为沟通,国民既休戚相关,何能置国难于不顾?日本国会未开,岁入仅八千万元;国会既开,不及廿载已逾六万万元,可为借证。以上阁、会利弊,均无可疑。

而持议者犹谓军机处主持行政,略同内阁;资政院采集舆论,可代国会。此又不可不辨也。就军机处言之,枢部未能联合,主义难免背驰,且日赞万几,取决俄顷,合谋不及,详究为难。在昔制度因仍尚可权宜应付,今则政务繁棘,遂觉筹措艰虞,时势岌岌焉,可不变?就资政院言之,各国下院议员必由民选,所以重人民之责,立政府之监。今资政院议员互选者,由议局发生,与人民非直接关系;钦选者,以朝官充任,与政府有统属嫌疑。藉为引导议院之机关,自无不可;谓可替代国会之作用,而国会遂可迟设数年,则理解疏误。

总之,权责所关,不容假借。舍此则主脑不立,宪政别无著手之方;缺一则辅车无依,阁、会均有输[踰]辙之害。程度不足,官与民共之,不相磨励,虽百年亦无可进,法律难定,情与俗碍之,互相参考,历数载可望实行。此非锡良等之私言,实天下臣民所共认者也。今日大患,在于政务太繁,财用日绌。有内阁统一政策,国帑始可酌盈剂虚;有国会博[协]赞岁用,要政始不因噎废食。比者日俄协约成后,一举亡韩,列强均势政策,皆将一变方针,猛厉并进,时局危险,已远【过】于德宗在位之日,缓无可缓,待无可待。此即阁、会克期成立,上下合力,犹恐后时,奈何以区区数年期限争执不决乎?锡良等【知】而不言,无以对我皇上,更无以对我先帝。伏恳圣明独断,亲简大臣,立即组织内阁,特颁明诏,定于一二年内开设国会,敕宪政编查馆克期拟呈议院选举各法,钦定施行,大局幸甚。

吴剑杰主编《湖北谘议局文献资料汇编》,武汉大学出版社1991年版,第629~632页

△ **直隶总督陈夔龙奏陈,时事艰难,宜先组织内阁为行政枢纽。**

《东方杂志》第7卷第11期《中国大事记》第156页:

直隶总督陈夔龙复有电致军机处请为代奏,略言近来各省士绅,伏阙陈言,无不以内阁国会同时并举为请,忠爱之忱,良可嘉佩。惟夔龙以为国会与内阁,双方并进,虽有辅车相依之势,然事有先后,必宜循序渐进,非可一蹴而几,日本明治维新,号称锐进,而设立内阁与召集国会,亦尚相距数年,良以宪法成立,必须各项机关预备完全,人人知立宪之实益,然后国会召集,自收上下相维之效。现在内阁未设,无行政统一机关,弼德院未设,无要政顾问机关,审计院未立,无岁入岁出综核之机关,行政裁判院未成,无裁判行政争议之机关。举凡宪法上应有之预备,未全设施,而欲内阁与国会同时并举,是不啻治丝而先使之棼也。为今之计,宜于行政院机关,先求统一,俾责任既专,政见无从歧出,是内阁为行政枢纽,必宜先行组织,方足以策进行,既有内阁,一切宪政预备,自可依次程功,一面遴派通达治体大员,拟议宪法议院选举法各草案,呈候钦定颁布,数年之后,各项机关完备,国会可一集而成,较之同时并进,其难易利钝,何待烦言。夔龙愚见,窃愿我皇上宸衷独断,明鉴天下,先于明年设立内阁,将各项机关次第筹设。或虑国会未开,内阁有专擅之弊,不知资政院已经成立,代议协赞之职,已具规模,自可以资政院代举其职。俟宣统五年资政院议员任满,彼时内阁早设三年,行政诸端,均已从容整理,代议之职,国民亦已熟悉,即以是年为国会召集之期,是较原定期限,尚已缩短三年,如此一为转移,既收相辅为用之功,复免凌节而施之弊,实于大局裨益良多。

上谕：

陈夔龙电奏，时事艰难，臣民望治，内阁为行政枢纽，宜先行组织等语。著该衙门知道。

《清实录·宣统政纪》第42卷，中华书局1987年影印本，第764页

10月27日(九月二十五日)　陕西巡抚恩寿奏请先立责任内阁，再定召集国会日期。

10月28日(九月二十六日)　下午三点，孙中山在新加坡槟榔屿马克亚里斯特路的华人俱乐部作反清革命演讲。

1910年11月1日《槟榔屿新报》报道：

孙先生首先说他很高兴接受这项邀请，接着对革命作一番详细的论说。他说，革命是古代的圣贤和英雄所重视的；汤武革命在易经上有所记载，这显然表示孔子对同时代两位革命家完全的同情。革命不但为中国人所重视，英国人亦于四百年前革命获得成功。日本、土耳其亦皆有革命运动发生。最近则是葡萄牙求独立的革命运动。这些民族都已转弱为强。还有其它民族也是通过革命，而达到独立和兴盛。因此我们不应该害怕革命，而应该立刻起来支持革命，效仿强国，然后我们才能期望有光明的一天。

孙先生提到目前中国人在爪哇被歧视的原因。在乾隆皇帝时代，爪哇的荷兰人与华人在一次争执后，几万名华人被杀害，结果荷兰人惊慌了，便派官员到中国，以便了解中国政府会对该事件采取什么对策。乾隆皇帝不但不要求保护他的属民，而且还说，到外国去的华人都是为中国政府所弃绝的坏人。从此，荷兰人便毫无戒惧，随心所欲地对待华人。在爪哇的华人居民，地位连日本妓女都不如。孙先生举一个例子说，不久前他在搭乘的汽船上，遇见一个住在爪哇的富有的华人，向他叙述了华人在当地的艰苦情况。当地华人要离家到一两里远的地方去，必须携带着灯和通行证，否则会被逮捕而当奴隶对待。这位富人就曾有一次，在朋友家停留得太晚了，结果不能回家，只得雇请日本妓女护送他回家。你们可以想象，如果一个富有的商人都被如此对待，那其它人又将如何呢？原因在于满清政府不关心自己的人民，中国本身又衰弱而没有能力保护人民。中国的革命始于二十年前，已发生过十五次起义。今年阴历一月一日(1910年2月10日)，广州又有一次起义，但由于价值一万元的火药未及时送到，革命军缺乏弹药，只好半途放弃。六日(1910年2月15日)，清廷的新军由于一件小事与警察争执，结果变为叛军，但事情为袁总督发现，立刻命令军队交还武器，起义又失败了。孙先生又说，在庚子年一次战役中，只有两万人的外国军便把十万中国军打败，这种失败可比为热汤化冰，显示中国军队多么薄弱无力。传说满清训练了三十六团新部队，但事实上仅有十五团是有效率的，而且其中有许多革命分子。许多省份的高级官员也都同情反清革命，如果海内外华人能团结一心，将有一万匹马的力量，推翻满清将易如反掌。因此中国人不应退缩。中国已被满清统治二百多年，满清现在正因衰弱而遭厄运，如果我们不抓住此机会造反，那么恐怕我们的国家将被瓜分，如同朝鲜被日本占有一样，将永远无法复兴，而后悔来不及。孙先生又说：我们看看目前世界上富有的人，如罗斯福、洛克菲勒、摩根等人，他们的财富是得自贸易吗？不是的，是得自他们间接援助各国的革命分子。但反观华侨却不关心祖国，他们投资大量的金钱，购田出租，却不热心求国家独立。如果他们能支持革命使其成功，他们可能要得到一百倍于出租田地所得的利益。他们没有想到中国是个物产丰富的国家。光只谈煤矿，据某位地质专家报道，中国的煤矿若加以开采，将足够供应全世界两千年的消费量。人们已发现美国的煤矿足够世界二百年

的消费，而美国是世界最富有的国家，当中国能生产十倍于美国的煤，那更是多么大的产量啊！此外，还有许多金矿、银矿，现在说不完。中国人不指望这些，相反地，却争先恐后去投资一些危险的生意。就在日俄战争时，他们为旅顺港供应物资，被日本人发现而拦截了四十艘以上的船，当时中国商人蒙受的损失约达一千万元。这显然证明，他们根本没有想到自己的国家。英国商人则与中国商人大不相同。他们虽也在外国作生意，心里总是想到自己政府的利益，因此英国人能获得这么多殖民地。中国人比英国人更早向外移民，却还未得到一英寸的土地。假如海外华人能协助革命者得到成功，他们将获得比贸易多一百倍的利益。

章开沅、罗福惠、严昌洪主编《辛亥革命史资料新编》第8册，湖北人民出版社2006年版，第64～65页

△ 清廷以顺直各省谘议局及人民代表等陈请速开国会，锡良等电奏组织内阁，钦颁宪法，开设议院，是日命将折电交会议政务处王大臣公同阅看，预备召见。

△ 资政院总裁溥伦将资政院请速开国会奏稿连同各省谘议局联合会提案、孙洪伊等请愿书、汤觉顿代表海外华侨请愿书三个附件，一并上奏朝廷。

10月29日（九月二十七日） 四川成都国会请愿同志会召集开会，到会三千人，通过请愿书，旋列队游行至督署，请总督赵尔巽代奏。

△ 朝廷批准度支部与美国财团订立借款草合同，借款不超过五千万美元，即东三省币制实业借款。

度支部奏：

与北京花旗银行会议借款，总数不逾美金五千万元，利息照周年五厘，每一百元准扣五元，已由美国资本家摩根公司、昆勒贝公司、第一国立银行、国立城市银行四家，联合承办，先议草合同六条。该公司等公派在京花旗银行总办梅诺克，臣部即派左丞陈宗妫等，于九月二十五日签字。应请饬下外务部迅速照会美使，以便循照合同所订各事宜，赓续妥议详细条款。从之。

《清实录·宣统政纪》第42卷，中华书局1987年影印本，第766页

10月30日（九月二十八日） 福建省九府二州各界代表三四千人在省城开会，要求一年以内即开国会，会后游行请愿，总督松寿允代奏请愿书。

10月31日（九月二十九日） 广东连州三江城民众因抵制地方政府钉门牌起事，毁坏抢劫基督教堂及学堂、民房，联络湖南、广西民众应援，人数超过万人。州城戒严，广东省派统领吴宗禹带兵一千人前往剿办。

1910年11月12日《民立报》刊登《连州大乱之传闻》报道：

去月二十九日，连州离城三十里之三江城地方，因钉门牌起事。有劣绅唆动士民，毁抢基督会堂教学堂三间及民房无算。连日乱民复勾串湖南、广西乱民，肇乱已逾万人。州城戒严，电省请兵，省吏已派出统领吴宗禹带兵三营，合一千人，前往剿办矣。

马鸿谟编《民呼民吁民立报选辑》第1辑，河南人民出版社1982年版，第469页

1910年11月16日《民立报》刊登《连州乱中之官场》报道,连州商界致报界公会函称:

州属乱党于本月二十九日攻破三江城,经将情形略陈一二,想登藻鉴查。当日美国男女医局、男女学堂、礼拜堂共四间,该处公立学堂三间,绅士房屋四间,概被抢掠焚毁。至翌日复蜂拥出州,欲将城西菜园坝洋楼教士焚杀,幸地方绅民率众极力保护未及于难,各洋人于是日晨刻雇船赴远避。此次乱事本由地方文武酿成,州牧谈国政老年昏聩,疏于防虞,游击雷镇毅素性柔儒[懦],日以义[叉?]麻雀为事。初尚闻警到场,向乱党磕头求情,继则徘徊观望,至乱党呼啸去后,始逡巡前往勘验,近更置若罔闻,专任乱党横行无忌,惟屡饬兵弁持己名刺,求乱党暂缓起事。而乱党益利用其名刺为诱胁之具,声称雷大人已暗助我等。以故愈逞愈凶,附从日众,不可收拾。现在州地惨遭破坏,损失甚巨,公产则以燕喜学堂为最,约值八千金,绅界则以北湖洞叶绅为最,约值八千余两,三江莫绅现未报案,闻亦不赀,至洋人损失若干,尚未调查确实。日间乱党仍四出焚掠,时见各村落烟火烛天,炮声隆隆,被害者多不敢报案,遍地萑苻,朝不保夕,但未知能及早平定否耳。

马鸿谟编《民呼民吁民立报选辑》第1辑,河南人民出版社1982年版,第486页

10月　邮传部就湘鄂两省商办铁路集资状况进行核查,上奏朝廷,认为认股集资数量与修路实需资金相差甚远,民办铁路不易观成。

宣统二年九月《邮传部奏陈湘鄂股款路工略》称:

据查账委员禀复实数,湘省除收租股、米盐各捐外,实在股款只一百七十余万元。而湘境粤汉路线长一千二百余里,则需工费四千万元。鄂省劝股协会据报缴股银元九十六万四千二百余元,其存于汉口大清、交通银行者只六十三万余元,而鄂境粤汉铁路长五百余里,则需工费一千六百万元,鄂境川汉路线长一千七百余里,则需工费六千万元。两省筹款,仅得此数,而路长工巨,不易观成。

武汉大学历史系中国近代史教研室编《辛亥革命在湖北史料选辑》,湖北人民出版社1981年版,第447页

11月1日(九月三十日)　锡良领衔再次联合各省督抚致电军机处,辩明不可先立内阁后开国会,重申内阁国会同时并立。

《东方杂志》第7卷第11期《中国大事记》:

军机处钧鉴:锡良等前奏请开内阁国会以救危急,近闻有主张仍欲先立内阁,俟宣统五年乃行召集国会,区区愚忱,窃抱过虑。说者谓日本维新,亦先立内阁,后开国会,遂欲取以为法,不知日本改革幕府之后,长萨二藩,握权专政,其基未固,故专用压力,缓开国会,民间积愤不平,第二次倒幕之声,已闻于全国。幸经党人继起,国会旋开,仅保未乱,此日本之内容,固无可隐讳者也。全中国民气奋发,视日本当年,不啻过之,而朝中大臣,勋业才望,较之长萨二党,相去何如,岂可复袭其危险之政策哉。且国会既开,人心拥戴,皇室愈固,一切颠危倾侧意外之变,无自而生,所谓周虽旧邦,其命维新,自有上下相维之气象。若又迟以三年,则三年之内,风潮万状,奸佞之人,皆欲趁此三年,夤缘援援,以据要津,贪利之臣,亦皆乘此三年,黩货营私,以肥囊橐,失败之政,仍归咎于君上,监督之力,终难及于当权。朝廷宜防官邪,不宜徒防民气,此锡良等所谓内阁国会不能不同时并立者也。如谓机关未备,则凡弼德院、审计院、行政裁判院,均有各国成案,取以仿行,似非甚难。此次阻开国会者,或有新进之辈,欲遏其后起,而自居其功,故饰为进行有序之说,以惑上聪,又必谓国会早开,则政府权柄,将有不能完全之患,以慑在位。不知宪法大纲,业已规定,新学良士,未尽登庸,朝廷一视

大公，天下自无偏党，在位者不必亲，在野者不必疏，其崇戴我大清则一也。先后举措之间，安危关系所在。谨披沥再陈，请仍将内阁国会，同时并举，以慰民望，不胜惶竦待命之至。

11月3日（十月初二日） 浙江遂昌县农民千余人暴动，捣毁学堂、监狱及巡警总局。

△ 监国摄政王载沣召见军机、会议政务处王大臣等，询问讨论速开国会与组织内阁问题。

11月4日（十月初三日） 清政府宣布缩短预备立宪期限，于宣统五年召开国会，国会未开以前，先厘定官制、设立内阁。同时下令各省请愿代表"即日散归，各安职业"，不得再行请愿。次日，国会请愿代表团解散。

是日谕内阁：

前据各省督抚等先后电奏，以钦颁宪法，组织内阁，开设议院为请。又据资政院奏称：据顺、直各省谘议局及各省人民代表等，陈请速开国会等语。当将原折电交内阁会议政务处王大臣公同阅看。旋据该王大臣等各抒所见，具说呈进。又于本月初二日，召见王大臣等，详细垂询，切实讨论，意见大致相同。

溯自分年筹备立宪期限，定自先朝。朕仰承付托之重，夙夜兢惕，无时不以继志述事为心，既不敢少事迟回，亦不敢过形急切。前经都察院两次代奏呈请速开国会，均即明白剀切宣谕。彼时为郑重要政起见，诚有不得不一再审慎者。乃揆度时势，瞬息不同，危迫情形，日甚一日，朝廷宵旰焦思，亟图挽救，惟有促行宪政，俾日进而有功，不待臣庶请求亦已计及于此。第恐民智尚未尽开通，财力又不敷分布，操之过蹙，或有欲速不达之虞，故不能不验向背于舆情，决是非于廷议。

今者，人民代表吁恳既出于至诚，内外臣工强半皆主张急进，民气奋发，众论佥同，自必于人民应担之义务，确有把握，应即俯顺臣民之请，用协好恶之公。惟是召集议院以前，应行筹备各大端，事体重要，头绪纷繁，计非一二年所能蒇事，著缩改于宣统五年，实行开设议院。先将官制厘订，提前颁布试办，预即组织内阁。迅速遵照钦定宪法大纲，编订宪法条款，并议院法、上下议院议员选举法，及有关于宪法范围以内必须提前赶办事项，均著同时并举，于召集议院之前，一律完备，奏请钦定颁行，不得少有延误。

总之，决疑定计，惟断乃成。此次缩定期限，系采取各督抚等奏章，又由王大臣等悉心谋议，请旨定夺，洵属斟酌妥协，折衷至当，缓之固无可缓，急亦无可再急，应即作为确定年限，一经宣布，万不能再议更张。尔内外各大臣，务当协力进行，时艰共济。各省督抚，领治疆圻，责任尤重，凡地方应行筹备各事宜，更当淬厉精神，督饬所属，妥速筹办，勿再有名无实，空言搪塞，必使一事有一事之成绩，一时有一时之进步，无论如何为难，总当力副委任，如或因循误事，粉饰邀功，定即严惩，不少宽假。

顾官吏有应顾之考成，国民亦有应循之秩序。此后，倘有无知愚氓，或希图破坏，或逾越范围，均足扰害治安，必即按法惩办，断不使于宪政前途，稍有窒碍，以期计时收效，克日观成，上慰先帝在天之灵，下慰海内喁喁之望。将此通谕知之。

故宫博物院明清档案部编《清末筹备立宪档案史料》上册，中华书局1979年版，第78～79页

同日谕内阁：

现经降旨，以宣统五年为开设议院之期，所有各省代表人等，著民政部及各省督抚，剀切

晓谕,令其即日散归,各安职业,静候朝廷详定一切,次第施行。

故宫博物院明清档案部编《清末筹备立宪档案史料》下册,中华书局1979年版,第646页

11月5日(十月初四日)　清廷派资政院总裁溥伦、度支部尚书载泽充纂拟宪法大臣。

△ 清廷批准湖广总督瑞澂电奏,同意将湖北房县反狱戕官犯刘金亭等人斩决。

宣统二年十月初四日军机处寄湖广总督瑞澂电旨:

瑞澂电奏,房县监犯反狱戕杀狱官一案,当经批饬陨阳府伍铨萃提审,兹据审明,刘金亭等结伙反狱,执持器械,拒杀典史刘树桢及禁卒军牢差役身死,并拒伤书役多人,俱罪干斩决,请将刘金亭、刘长青、林寿堂、王福生、袁得美、李培珍先行正法等语。著照所请,该部知道。

中国史学会主编,中国近代史资料丛刊《辛亥革命》(3),上海人民出版社1957年版,第517~518页

11月7日(十月初六日)　清廷据山东巡抚孙宝琦奏复莱阳、海阳民变情形,谕令将各涉案官绅分别革职,孙宝琦免议。

宣统二年十月初六日内阁奉上谕:

前据都察院代奏学部丞参上行走柯劭忞等、举人张春海等各呈,称官绅激变、滥杀无辜等语,当经谕令孙宝琦确查。兹据查明复奏,山东莱阳、海阳肇乱之初,实由官绅办理不善,继则派出文武各员措置亦未尽合宜,自应分别惩处。已革山东莱阳县知县朱槐之,已革海阳县知县方奎,昏庸贪劣,激成变端,均著永不叙用。候补道杨耀林、署莱阳县知县奎保张皇操切,厥罪惟均,杨耀林、奎保均著即行革职,都司衔留直隶补用守备陈忠训驭兵不严,误毙平民,著革职永不叙用,绅士王圻、王墀放利而行,不恤人言,王景岳假公济私,贪鄙无耻,葛贵星、于赞扬、张相谟、宋维坤等声名甚劣。候选县丞王圻著即行革职,增生王景岳、岁贡生葛贵星均著褫革,葛贵星、于赞扬、张相谟、宋维坤等著查取职名一并咨革,均不准干预地方公事,并交地方官严加管束。开缺登州知府文淇巡视两县,接受呈词,未能秉公审理,亦为激变之由,著即行革职。登州镇总兵李安堂统领军队,约束不严,著即开缺。山东巡抚孙宝琦仍著免其置议,余著照所议办理。该部知道。

《政治官报》,谕旨,宣统二年十月初七日,第1890号,《清末官报汇编》第76册,全国图书馆文献缩微复制中心2006年版,第38191页

11月8日(十月初七日)　资政院以军机大臣侵夺权限,讨论对其进行弹劾。

11月9日(十月初八日)　广东省谘议局因开议禁赌案被否决,发生风潮,议长易学清、副议长邱逢甲及议员陈炯明等四十三人愤而辞职。

11月10日(十月初九日)　英、美、法、德四国银行团关于中国铁路借款协定在伦敦成立。

据记载:

锦瑷铁路计划失败之后,美国之活动仍未停止。盖唐绍仪与司戴德之计划,修铁路与开银行二者并进。修路计划虽失败,东三省银行之计划仍在进行,因此而变成单纯的借款问题。司戴德在圣彼得堡碰壁之后,逗留于欧洲,旋奉命于(一九一〇年)八月初旬归抵纽约,

乃知彼将另有工作于中国也。九月一日美国银团开会于纽约,参加银团之四银行,第一国家银行及花旗银行表示退出,坤洛公司及摩根公司则愿继续进行。经长时间讨论之后,决定一致进行。经与国务卿诺克司面商之后,乃倾向于组织一国际银团,免蹈以前之覆辙。适此时英美法德四国银团对于湖广铁路借款已告妥协,此天然为一国际银团,因有组织为永久团体之意。

美银团代表晤诺克司后之数星期,中国政府于九月二十三日向美政府要求借款,改革币制,是即唐绍仪计划之复活也。中国首先要求借银五千万两,嗣又增额;要求借五千万美金,因其用途除改革币制外,尚欲振兴东省实业。因称币制实业借款。此事为双方所愿,故交涉甚易,十月二十七日即在北京签订草合同。此时司戴德不在北京,由其代表孟诺柯尔(Menocal)与度支部签字。嗣美银团鉴于以往之失败,以为由国际合作为佳。因此司戴德复有中国之行。司戴德照例先至伦敦、巴黎,彼与欧洲银行家洽商之后,决定不仅币制借款,所有以后中国铁路等借款亦均合作,四国银团之交涉乃缘是开始。司戴德十月三十一日抵伦敦,迄十一月十日四国银团关于中国铁路借款之协定成立,规定将来对于中国借款合作,惟对锦瑷路之投资,美国得占独立地位。司戴德此时颇欲借四国银团之力,使锦瑷路计划复活,将币制借款作为四国银团共同投资。

十二月二十七日司戴德抵北京,中国政府初甚反对英法德三国加入币制借款,并不赞成四国银团之伦敦协定,以其有"协以谋我"之意味。司戴德则以此为抵制日俄侵略,保持中国完整之要着。至一九一一年四月十五日(宣统三年三月十七日)中国承认三国加入,度支部与四国银团代表签订最后合同,计二十一条,其内容重点如下:一、四国银团共同贷款一千万镑,以改革币制振兴东三省实业。利息五厘,债票价格九五,期限四十五年;二、以东三省烟酒税,产销税——及新盐斤加价为担保,并宣言以上进款不得再作其他借款之担保;三、本借款所兴办之事业,如因款项不足而续借外债时,四国银团有优先权。

王芸生编著《六十年来中国与日本》第5卷,三联书店1981年版,第320~321页

△ 孙中山复函波赖埠同盟会分会负责人王月洲,承认近期在南洋将同盟会改称中华革命党,同时"改订新章,免收入会费,及更改盟书"。随信附上新章程和新盟书格式。

孙中山复函称:

得接来书已数日,以事忙,致稽还答,幸为原谅。近日确系改订新章,免收入会费,及更改盟书。兹付上新章一分,并盟书格式如下:

联盟人　省　府　县　(名),当天发誓:同心协力,废灭鞑虏清朝,创立中华民国,实行民生主义。矢信矢忠,有始有卒。如或渝此,任众处罚。

中华革命党党员　　押

主盟人　　介绍人

天运　年　月　日立

中国社科院近代史所等编《孙中山全集》第1卷,中华书局1981年版,第492页

△ 11月上旬,中国同盟会员邝佐治在美国旧金山谋刺考察宪政的清朝海军大臣贝勒载洵,事泄被捕入狱,被美国当局判刑14年,辛亥革命后出狱。

冯自由《邝佐治事略》:

十月初旬清海军大臣载洵贝勒赴美考察军政,将道经旧金山。旅美中华总商会及中华

会馆得讯,特预备开会欢迎。佐治闻之,以若辈忘亲事仇,异常愤激,遂约同志香山人朱卓文各挟手枪,拟伺载洵过屋伦码头狙击之。盖谓载洵此来,名虽考察军政,实则归国后将颁行伪立宪,以笼络汉人,大足为革命前途障碍,非先除之不足以绝后患也。先是清贝勒载涛尝于六月前游美,道经此埠唐人街时,被儿童掷以爆竹,受一虚惊,故此次载洵来此,清领事预求当地警长严密保护。以是美警署分派侦探多人,预伏屋伦车站四面,伺伺观众,以备不虞。及载洵从美秉[乘]车抵屋伦站,佐治与朱卓文同厕身人丛中预备行事。讵佐治形迹早为美探所疑,当其以手向裤囊欲拔枪时,即被美探马佛麦缅等以强力制止。朱卓文知事机已泄,乃乘间逸去。时清领事及华商多人群集车站鞠躬迎迓,均未知载洵遭逢此险。迨美探查觉佐治所怀者为实弹手枪,遂拘解至总警署,控以蓄意杀人之罪。方佐治拘至法院时,美检察长讯以是否有意暗杀载洵及其暗杀之理由。佐治侃侃而谈,直认不讳。……佐治此次仅有身怀凶器之嫌疑,尚无拔枪在手之行动,若矢口否认,则按律只受身怀凶器之轻罪处分。今佐治乃慷慨供招,惟恐不尽,虽由华利斯律师多方辩护,卒无能为力,经屋伦埠第四高等法院数度研讯之后,陪审员十二人根据佐治供辞,竟判处有期徒刑十四年,移送山坤顿狱监禁。

冯自由《革命逸史》第2集,中华书局1981年版,第264~265页

△ **云南全省学堂罢课,抗议清政府出卖本省矿产。**

11月12日(十月十一日) 清廷谕饬各部将宣统五年召集议院以前必须完备各事宜,分别最要次要,奏明请旨办理。又谕令各省督抚,凡开设议院以前应提前赶办事项,速即切实进行。

本日谕旨:

前经明降谕旨,缩改于宣统五年开设议院并谕令迅速纂拟宪法及议院法、上下议院议员选举法暨关于宪法范围以内必须提前赶办事项,均于召集议员之前一律完备,奏请钦定颁行所有关于宪法之各项法令及一切机关,应责成该主管衙门切实筹备。其民政部调查户口、筹设巡警等项,度支部清理财政、厘定税法等项以及法部应筹设各级审判厅等项,学部应筹办教育普及等项,均属关系重要,不容置为缓图。各该管衙门俱有应担之责任,著即迅将提前办法通盘筹划。凡召集议员以前,必须完备各事宜,分别最要次要,详细奏明,请旨办理。总期通力合作,一意进行,俾克早日观成,免致临时贻误。

同日奉上谕:

前据各省督抚先后电奏请开国会,业经降旨俯如所请,缩改于宣统五年开设议院,其地方应行筹备事宜,并饬令各督抚淬厉精神,督饬所属妥速筹办。年来财力竭蹶,办事艰难。朝廷素所深悉,既经该督抚等联衔奏请,必于地方情形确有体验,当不至徒托空言,第恐论事有奋勉勇往之诚,而任事有审顾迟回之虑,且奉行官吏或因事体繁重、费巨期迫,又存一畏难之心,藉词延宕,用特再申告诫。举凡开设议院以前,地方应行提前赶办事项,即懔遵前旨,切实进行,毋再因循、推诿,致误限期,其有边远省份,未经设治及甫经设治,人民稀少,地方与腹地情形显有不同,应办各事有不得不分别先后缓急者,准由该督抚等据实奏明,请旨裁夺。总不使于宪政前途少有窒碍。该督抚等受恩深重,务当殚竭血诚,勉为其难,毋负委任,倘或乞请于前而敷衍塞责于后,以致名不副实,贻误事机,定惟该督抚等是问。

《政治官报》,谕旨,宣统二年十月十二日,第1940号,《清末官报汇编》,第76册,全国图书馆文献缩微复制中心2006年版,第38213页

△ 武汉国会请愿同志会、武昌商会等团体四千余人,高举旗帜与"请愿速开国会"标语,前往湖广总督辕门,请求代奏朝廷于宣统三年召开国会。

1910年11月14日《民立报》报道:

十二日,武汉各团体上院请愿宣统三年速开国会,于十一句钟以前至武昌谘议局聚集,二时半出发。武汉同志会先行,……继之为武昌商会,共约四千余人。各团除本团旗帜外,复有红字黄质之"请愿速开国会"旗二面。至督辕后,即排队于大堂廊下,由各团代表内推举十人,着衣冠,面谒瑞督。十人内除吕逵先、张国溶二人领衔外,尚有戴仲华、黄少尧、杨鸿阶、任汉臣、周振成、吴继觉、吕叔咸、邓正茂八人。当蒙瑞督接见领衔吕逵先,呈上陈请愿书。高藩司、张提督以下各司道均在坐,与十代表茗谈,民气奋发,无不赞成云云。瑞督乃出大堂前,嘱代表宣布意旨,即高声言曰,制军既咨资政院,并电东、滇二督联衔上奏续请,高藩则云所以电东、滇二督者,因锡清帅、李仲帅与莘帅均为各督抚中最为主速开国会之人。若能联衔再奏始有效力故也,诸君且静候之。各团体均高呼"中国万岁"、"国会万岁"三声而散。观者咸谓督辕中自张文襄七十寿辰后,未有如此之热闹也。

武汉大学历史系中国近代史教研室编《辛亥革命在湖北史料选辑》,湖北人民出版社1981年版,第380页

编者按:复查当日《民立报》,未见此则报道。

11月13日(十月十二日) 孙中山、黄兴、赵声、胡汉民以及槟榔屿、怡保、芙蓉和国内东南各省代表在槟榔屿柑仔园四百零四号召开同盟会骨干秘密会议,决定在广州再次发动新军起义。为筹措起义经费,决定以中国教育义捐名义发起捐款。计划占领广州后,黄兴率一军出湖南趋湖北,赵声率一军出江西趋南京,长江流域各省举兵响应,会师北伐。会后赵声潜往香港联络新军,黄兴、胡汉民、邓泽如分赴南洋各埠筹款。

孙中山在会议上讲话:

现在因新军之失败,清吏自以为吾党必不敢轻于再试,可以高枕无忧,防御必疏。至新军之失败虽属不幸,然因此影响于军界最巨。吾党同志果能鼓其勇气,乘此良机重谋大举,则克复广州易于反掌。如广州已得,吾党既有此绝好之根据地,以后发展更不难着着进行矣。且此次再举亦远非前此历次之失败可比,因曩者多未有充分之筹备,每于仓卒起事所致;今既有先事之计划,当然较有把握,可操胜算。但诸同志疑虑莫决者,乃在于饷械之无着。不知现在因吾党历次之举义,与海外各埠同志竭力之宣传,革命精神早已弥漫南洋群岛中。只怕吾人无勇气,无方法以避免居留政府之干涉,以致贻误事机。今吾人则以"教捐[育]义捐"之名目出之,可保无虞也。

中国社科院近代史所等编《孙中山全集》第1卷,中华书局1981年版,第493页

孙中山后来在《建国方略》第八章《有志竟成》回忆道:

由横滨渡槟榔屿,约伯先、克强、汉民等来会,以商卷土重来之计划。时各同志以新败之余,破坏最精锐之机关,失却最利便之地盘;加之新军同志亡命南来者实繁有徒,招待安插,为力已穷;而吾人住食行动之资,将虞不继。举目前途,众有忧色。询及将来计划,莫不唏嘘太息,相视无言。予乃慰以:"一败何足馁?吾曩之失败,几为举世所弃,比之今日,其困难实百倍。今日吾辈虽穷,而革命之风潮已盛,华侨之思想已开,从今而后,只虑吾人之无计划、无勇气耳!如果众志不衰,则财用一层,予当力任设法。"时各人亲见槟城同志之穷,吾等亡命境地之困,日常之费每有不给,顾安得余资以为活动。予再三言必可设法。伯先乃言:"如果欲再举,必当立速遣人携资数千金回国,以接济某处之同志,免彼散去。然后图集合,而再

设机关以谋进行。吾等亦当继续回香港与各方接洽。如是日内即需川资五千元;如事有可为,则又非数十万大款不可。"予乃招集当地华侨同志会议,勖以大义,一夕之间,则醵资八千有奇。再令各同志担任到各埠分头劝募,数日之内,已达五六万元,而远地更所不计。既有头批的款,已可分头进行。计划既定,予本拟遍游南洋英荷各属,乃荷属则拒绝不许予往,而英属及暹逻亦先后逐予出境。如是则东亚大陆之广,南洋岛屿之多,竟无一寸为予立足之地,予遂不得不远赴欧美矣。

中国社科院近代史所等编《孙中山全集》第6卷,中华书局1981年版,第241~242页

11月15日(十月十四日)　孙中山在槟榔屿打铜街一百二十号召开同盟会分会紧急会议,在会上作筹款演讲,与会同志深受感动,当场收到捐款八千余元。

孙中山在演讲中称:

余每次会晤同志诸君,别无他故,辄以劝诸同志捐钱为事。诸同志虽始终热心党务,竭力勷助,或不以余为多事。第余以吾党屡起屡蹶,深不自安,故对诸同志甚觉抱歉。惟念际此列强环伺、满廷昏庸之秋,苟不及早图之,将恐国亡无日。时机之急迫,大有朝不保夕之概。且吾党春初广州新军之失败,虽属不幸之事,然革命种子早已藉此而布满于南北军界。因新军中不乏深明世界潮流之同志,业极端赞成吾党之主义。在今日表面上视之,固为满廷之军队;若于实际察之,诚无异吾党之劲旅。一待时机成熟,当然倒戈相向,而为吾党效力。是以诸同志咸认为绝好良机,光复大业在此一举,固将尽倾吾党人材物力以赴之也。

吾适间所云,每晤同志诸君辄以劝捐为事,虽予亦极不愿对同志诸君每有斯求,但念此等责任,除我明达之同志外,又将向谁人求之?是以虽欲避免,实不可得。盖海外同志捐钱,国内同志捐命,共肩救国之责任是也。总而言之,捐款之义务,诸同志责无旁贷。此应请同志诸君原谅予勤[劝]勉之苦衷,仍当踊跃输将,以助成此最后之一着者也。设天不祚汉,吾党此举复遭失败,则予当无下次再扰诸同志,再向诸同志捐钱矣;倘或仍能生存,亦无面目见江东父老矣!是则此后之未竟革命事业,亦惟有赖之同志诸君一肩担起矣!总之,吾党无论如何险阻,破釜沉舟,成败利钝,实在此一举。而予言亦尽于此。

中国社科院近代史所等编《孙中山全集》第1卷,中华书局1981年版,第494~495页

11月16日(十月十五日)　上海《民立报》刊登安徽省谘议局常驻议员关于皖北九州县灾情调查报告书,从中可以窥知当时长江流域民变频繁的社会根源。

是日《民立报》以《皖北陆沉之浩灾》为题,刊登安徽省谘议局常驻议员郑灿章调查皖北九州县水灾报告书如下:

(一)宿州灵璧之水灾,几于全境陆沉,无论冈洼无水之地,无不灾本[之]区。水虽有深浅之不同,究之淹没秋禾,颗粒无收则一也,既一律皆系沉灾,本自无可轩轻。然于无可分之中强为分之,宿灵二处均以州县治之南一半受灾为尤惨,当洪涛汹涌奔流下注,实有平地水深丈余者,其禾稼全数漂没固无论,即村镇房舍人畜以及上季所收之粮皆为波涛席卷而去。目下宿灵南境一半,难民死者半,逃者半,间有存在者,现在扎缉草庵席棚而居,亦将奄奄待毙。满目萧条,过者下泪,此宿灵南境之大概情形也。北境一半,目下平地之水仍深数尺,一望无涯,前既无补种秋禾之可言,后又无播种二麦之可望。推其停水之由有三:一则由于濉河上承苏豫汇灌,下为浓[洪]泗壅塞,以致有来源而无去路。一则由本年六七八三月,连发大水五六次,尤以六月八月之大雨为最害,每次倾盆下注皆数日夜不

息，以致地已灌足无可津渍。一则由于津浦铁路南北直亘其间，且地洼路高，北水尽为所杜，平日苏豫所来客水普地而来者，尚可普地而去，今为铁路所阻，以故滔滔而来者涓涓而下，是以宿州护城堤冲决数十段，城垣冲倒数百丈之多，房屋衙署庙宇倒塌者不计其数，至今北境沃壤尽成潴水之乡，盖以此也。据宿灵全境本年之灾而论，尤谓北一半略轻于南一半者，以北境一半人口尚未漂没，上季所收之粮犹未尽漂去也。其房舍半斜半倾，目下犹在水中者触目皆是，此北境一半之大概情形也。刻下伏莽不靖，警告时闻，非弹压【恤】抚二者兼施，诚恐不堪设想矣。

（一）涡阳蒙城二县之灾相等，而蒙之幅员大于涡，不过较宿灵微轻耳。受雨同受，雨之暴与时间之长、次数之多均同，所微不同者，受客水汇灌宿灵适当其冲，而涡蒙居波及之地耳。以涡之全境而论，东北之二十六堡与宿毗连，一律系极惨之巨灾，其余稍轻者，亦以比之本年之重灾见轻，较之向年之灾则亦重不可言矣。虽间有一垄一冈尚收秋禾者，然数亦微矣。至于蒙亦以东北二方为极重，其余虽稍轻而收获全无，即二三次补种之荞麦菜子，亦皆陆续被淹。涡河岸高丈余，水涨出岸，即缘河之禾稼亦无幸存者，此涡蒙之大概情形也。

（一）亳州之灾稍差于涡蒙，以其稍偏于西也。然以数百里之大州几于遍灾，补种之子种又皆弃诸泥沙，所谓少轻于宿灵涡蒙者，以平地之水尚浅，所漂没之人畜尚无多耳。然丈余之水与数尺之水，其害禾稼则一也。城垣灌倒数十段，与涡蒙大概略同。以商务繁盛人烟辏杂之区，饥民遍野，帮匪土匪时虞窃发，其势如此，亦云危矣，此亳州之大概情形也。

（一）怀远北与宿州毗连，其受灾以北一面为最重。皖北本年之十数州县同时被此暴雨，而兼受北来之客水直灌者，愈北则愈烈也。所以本年之灾，宿灵居皖省北边，其受水为特重。其西则溢于涡蒙，再西则溢于亳州，其南则横溢于怀远、五河二县也。怀远南半，灾熟相间，此怀远之大概情形也。

（一）凤台受天雨及淮涨之灾，凡沿河之村庄受灾较重，其余尚灾熟相间也。然去年之水大于本年，连歉之后民力尽矣，此凤台之大概情形也。

（一）寿州西至阳关菱角嘴一带为最重，正南则沿河一带为最重，东北则百露桥一带为最重，其余均系轻灾，凡未被灾者，闻收成尚倍于往年，以灿章所调查之九州县比之，须列于次重，以全境平均计之，可列为中年。以水尚小于去年，灾处少而不灾之处尚多也，此寿州大概之情形也。

（一）五河素称洼下之区，为五河汇聚之所，一值北来客水过猛，河流即至涨溢。本年既受大雨之害，又受北水下灌之灾，所以东南一带至今仍一片汪洋。北乡、西乡地势高低不一，高者尚收琐屑，低处依然潴水。所以漂没人畜房舍无宿灵之惨，以津浦铁路之障其西也，此五河大概之情形也。

本年皖南北大水共计二十余州县，兹将灿章所谓［调］查之九州县胪列轻重，先为敷陈，余容续报。

马鸿谟编《民呼民吁民立报选辑》第1辑，河南人民出版社1982年版，第487～489页

11月17日（十月十六日）　江苏巡抚程德全奏请于开设议院前，应即从速钦派总理，预设内阁，修改筹备清单。

11月20日（十月十九日）　孙中山致函南洋坝罗同盟会分会负责人李源水，以法、美民族英雄喻劝当地华侨捐款，资助国内起义。

孙中山函称：

源水盟兄足下：

启者，泽如、梦生两兄来函，知我兄于此次之计划极力赞助，并允出叻亲为劝捐，尤所深感。兄等既肯效包胥之苦计，弟敢不决鲁连之志以酬公等乎？

抑有进者：此番决心，系由得力各同人默察时机已熟，咸愿牺牲身命，以与虏拼；军界之人更为激烈。前岁土耳其之革命，上月葡萄牙之成功，主动力皆原于此。我今既具有此雄力，安忍听其躯肉相搏，不为预备，以丧我志士？此泽如兄等所为发慈悲、施愿力以为之者也。我兄洞明时局，尤切大义，知交既广，贸易亦隆，必能设法筹措巨款，以成此破釜沉舟之事。今试游法之巴黎，美之纽约、华盛顿等处，其铜像峨峨，高出云表，受后世国民之崇拜者，岂尽当日之疆场战士耶？当知其中为破弃财产以充军实者，居其大半。古语云："不有行者，谁扞社稷？不有居者，谁资糗粮？"今弟等为行者，自愿身当枪剑，惟赖兄等为居者有以提携之，则中国事大可为矣！千祈鼎力为幸。

中国社科院近代史所等编《孙中山全集》第1卷，中华书局1981年版，第496页

11月中下旬　孙中山致函美洲同盟总会，再次敦请筹集革命经费电汇国内。

孙中山《致美洲同盟总会同志函》称：

前函所云需十万元，乃能布置周到而实收成功之效者，非待十万到齐而后发。刻下已开始陆续布置，在在需款矣。

此次之动，乃因日俄协约，时势甚急，岌岌不可终日；而内地革命风潮亦已普及，军心民心皆同归向；加以吾党久困奇穷，不能稍待。有此三者相迫而来，不得不发。故主动各人，决意为破釜沉舟之举，誓不反顾，与虏一搏。有十万元为事前之布置，固起；无之，亦必冒险而起也。况精位[卫]君已去，吾辈何忍徒生？若事不成，则宁为玉碎，不为瓦全也！弟亦决意到时潜入内地，亲与其事。故今日若得十万元，则出以安全；不得十万，则必出以冒险耳。此十万元不过一安全冒险之问题，非为起不起之问题也。今内地同志既有决死之心，亦何暇计其安险？但念海外同志必不忍内地同志独出冒险而不一援手，而拯之于安全之地也。故欲各尽所能，以相有济。内地同志舍命，海外同志出财，庶免内地同志有轻掷宝贵性命如精位[卫]君者，则诚莫大之幸矣。弟望美洲各埠同志，各尽义务，惟力是视，能筹足十万元固佳，否则多少亦望速速电汇，以应急需，是为至祷。中国与[兴]亡，在此一举，革命军尽此一役也。

中国社科院近代史所等编《孙中山全集》第1卷，中华书局1981年版，第497~498页

11月25日(十月二十四日)　资政院因政府将云南盐斤加价及广西学堂是否限制外籍学生两案交盐政大臣及民政部察核，全院议员大为愤怒，指为"蹂躏院章，违法侵权，显系军机大臣辅弼无状"所致。是日开会讨论弹劾军机大臣，议决举定起草员上折弹劾。

△ 河南叶县筹办自治等新政，绅士下乡筹款，增收酒税杂捐。农民一二万人进城示威，要求取消自治。河南巡抚宝棻得禀后，即日派兵前往弹压。

△ 浙江巡抚增韫奏谘议局改进办法，提出两项建议：一是谘议局于每次开会前，由各省选举通晓政治人员，集中讨论各省共同性事务，将讨论纪要一面呈由各省督抚臣联衔奏报，一面携回本省作为本年共同提议之议案；二是每年由各省督抚选派人员与谘议局推举常驻

议员各四五人，将地方兴革事项开列调查表格，分赴各国地方议会考察。三月回国后刊印发布考察报告，委员则就督抚会议厅逐项报告，逐项演说，议员则就谘议局议场逐项报告，逐项演说，介绍考察各国地方议会的见闻。

《浙江巡抚增韫奏谘议局宜研究全国共同之利弊并调查各国地方事业之成绩折》（宣统二年十月二十四日）：

窃维谘议局之设，固隐然仿各国地方议会之制，为全省政务之合议机关，立法善矣。然开办已一年，而成绩卒鲜。一由于上下互相敷衍，在官府为采取舆论，而能剖别舆论之是非实行采取者鲜焉。在议员为指陈利弊，而能知利弊之所在确切言之者亦鲜焉。意见纷歧，空言相争，否则唯诺无所短长耳。以互相敷衍之谋，积而成互相厌恶之意，此大可虑也。一由于我国向无此制，议员胸中茫然，尚不知何者为应议之事，间有涉猎外人法律政治者，又苦于一知半解，择焉不精，语焉不详，且一智众愚，沟通不易，故议事虽取决多数，然所赞成所反对者未能适当。甚有开会三四十日，议员不发一言者居半数焉。夫立法之始，本欲藉此以通官民之情，第恐长此不变，官民之间将益隔阂，甚将背道而舛驰焉，此尤可虑也。谨就臣管见所及，略筹救弊二法，为我皇上陈之。

一、宜研究全国共同之利弊，以期政治之统一也。中国土地之大，虽划分二十余行省，然数千年来在统一政体之下，其所受利弊必有全国共同者矣。然调查各省所议事件，有同一弊也，在此省则主张严禁，在彼省则任其通行。同一利也，在此省则力求振兴，在彼省则安之若故。同一国家之民，乃因省分不同而所受利害大相悬殊。窃恐政治与风俗积久遂成习惯，数年之后，二十余行省将成为政俗不同之二十余国矣。臣愚以为宜自宣统三年始，于开会前，由各省选举通晓政治人员，择适中之地，开讨论地方政务委员会，将地方范围以内之事务，各省共同之弊，应革者有几，议具大纲，编成筹办要略，呈由各省督抚臣联衔奏报，一面携回本省作为本年共同提议之议案。其详细办法则由局会议议决施行以后，至次年开会之先，各自会议如初，并报告施行之成绩，以定次年进行之方针。其有特别利弊不相同者，仍由各省自行提议，其各省谘议局亦可组织全国连合会议共同之利弊，以补助其间，行之三四年，全国共同之利弊一律兴革，是不啻合二十余行省之谘议局为一大国会也。然止限于地方事务，其地方以上之事务属于国家，非谘议局可得议者，仍须有国会以联络之。全国上下，合为一气，而政无不举。在议员有重大之事可议，足以激奋其精神，在官府有共同之事务可行，足以竞争其政绩，计无过于此也。

一、调查各国地方事业之成绩，以助政务之进行也。吾国谘议局之性质，实介乎各国国会与地方议会之间，故所包事务较各国为大，办理得宜，其利益所及当亦甚宏。然以今日实际考之，其地方利弊应兴应革者，未必皆知提议，提议者未必皆通过，通过者未必皆施行，施行者未必能收效果。间有一二收实效者，其能与各国地方事务相抗衡乎，必不能也。何也？以其才力智识所规画者不逮人耳。国家者由地方团体集合而成，地方团体之事务既不足以敌人，而求国家势力足与列强相抗，虽愚者亦知其不可。臣愚以为宜于每年由各省督抚选派精明干练之员四五人，谘议局推举常驻议员四五人，共同讨论地方政务，凡拟举办者为何事，已举办而待推广者为何事，因有阻力而求通行者为何事，因发见弊端必须改良者又为何事，分别开列调查表格，分赴各国地方议会，将历年办理成绩及现在一切情形实行调查，详细编订，以他人已有之成规，为吾国进行之模范，其有各国应兴应革为吾国所未筹及者，亦分别调查，其期以三月为限，回国后刊印分布。委员则就督抚会议厅逐项报告，逐项演说，议员则就谘议局议场逐项报告，逐项演说。如此有新入之知识，有实地之考验，有可取之材料，有推行

之方法,则官绅上下对于地方事务自觉亲切有味,而不以举办为难。三五年后,行政人才日以增多,地方事务日益发达,每岁所费计不过数千金,而获利至为宏远,此一举数利之策也。

故宫博物院明清档案部编《清末筹备立宪档案史料》下册,中华书局1979年版,第707~709页

11月26日(十月二十五日)　孙中山致函坝罗同盟会分会负责人李源水、郑螺生,告以日间即须动身亲往欧美,已电召胡汉民到坝罗协办一切。

孙中山函称:

前者本约弟到星洲与兄共为运动筹款之事,兹因有紧要问题,日间即须动程亲往欧美,故弟不能分身到星洲。前已电招汉民兄来此,已至槟埠,当令到坝罗,同出星坡协办一切。至弟往欧美,行动甚速,可及期返来。

今幸南洋筹款之事已有头绪,兄等力任其难,则成效必大。总之,光复之举在此时机,多一分经济,即能多一分预备。南洋人士,不乏热心,而普通人情必有感始动,精诚所至,即金石为开,纵有前兹曾经出力、今次不无弩末之虞者,然告以方今之事势既难缓图,内外同志宜作破釜沉舟之计,当亦为之奋然起也。

中国社科院近代史所等编《孙中山全集》第1卷,中华书局1981年版,第499页

△ 孙中山致函邓泽如、李梦生,指出大举时机既近,决为破釜沉舟之计,望加紧筹款。

孙中山函称:

时机既近,吾人决为破釜沉舟之计,经济多得一分,既预备多好一分。大局情形,洞若观火,个中得失,不烦赘述。吾党不乏热心之士,前此以力分而薄,且未能先事为备,每有临时筹款、掘井无以止渴之患。今此举全力以经营,正是鉴于前车。故事之济否,在于经济问题;然此问题之能解决与否,则在兄等之运动。负此仔肩,勉为其难,此海外贤者对于祖国第一之责任也。

中国社科院近代史所等编《孙中山全集》第1卷,中华书局1981年版,第500页

11月27日(十月二十六日)　云南省大姚县乡民反抗拔除烟苗,聚众数千人造反,举陈可培为大元帅,李竹九为军师,攻入县城,毁警局,杀绅士,知县潜逃,旋与官兵接战。越三日,官兵破城,乡民始散。

《东方杂志》第7卷第12期《中国大事记》:

云南楚雄府大姚县人陈可培,曾充乡约,被知县郑兆年当堂责比,可培衔之。又有同县人李竹九者,以抗粮不缴故,郑知县又严行追比,结怨愈甚。乃与其舅童某(系四川匪党)同谋起事,举陈可培为伪大元帅,李竹九为伪军师,并刊有伪印一方,内有革命字样。并印就伪大元帅告示数纸,号召党徒数千,于十月二十六日,攻入县城。其党羽有在城内者,遂拔关而入,遍贴伪示,内外应合。郑知县仓卒无备,遂与典史潜逃,借口赴东乡招集团勇,而城失狱失,竟莫之顾。当匪党攻城时,先毁警局,旋杀绅士段金培等。转入县署,知郑知县已去,乃攒殴其家属,逼献财物。旋有人从中排解,乃释之。巡防营管带董超闻变,驰兵赴援,与匪接战。匪以枪械不备,董军攻之甚急。二十九日城破,获陈可培之子,并其党羽印信,匪乃骇散。郑知县闻信始回城。

11月下旬　云南华坪县知县袒护教民,农民数千人围困县城。

10—11 月　湖北省谘议局召开常年例会，由议长汤化龙主持，共议决提案三十八件，其内容涉及学务、实业、税政、吏治、民政等方面。其中包括呈请代奏速开国会建议案。

请代奏速开国会建议案

宣统二年九月二十四日呈

为呈请代奏事，窃维立宪预备之时期，必有预备立宪之事实。立宪政体渊源于三权分立，故预备立宪而议决、执行两机关仍混淆而为一，则庶政不能公之舆论，而责任无所于归。中国以预备立宪号召海内外者，盖数年矣。始也国步艰难，犹未若此之甚。今何时乎？始也逐年筹备，冀以渐臻上理。今何如乎？时变纷乘，宪政错迕，一日立宪不确定，则国家一日不能安存；一日国会不开设，则立宪一日不能预备；立宪不能预备，则各省筹办宪政不能实行，而谘议局之议决亦苦无根据。谨就其大者陈之。

我国自通商以来，着着失败，列强竞噬，国权日非，向之庞然帝国者，今早列为三等。此无他，各国有国会以谋国家，而我国沿专制之政体，至今而惮于改革也。以专制立国者，圣明不世出，则一二人之心意，可以乱天下而丧邦。立宪之国，不必君主尽圣明，不必政府尽贤能，而萃全国人民之心思才力于国会之中，从容而议一国之政，故政策无纷歧，而推行有进步。夫议论与事实尝相违者也，而有国会则以经历为锻炼，而舆论乃健全，以众思广忠益，而朝野无废举。故预备立宪而不开设国会，则一般人民无所发展其学识，而一致其精神。故爱国之心不生，而离贰滋起。国家者，积合人民而成者也。向者人民无知识，仇视教民，仇视洋人，屡酿交涉，大兴偿款。继也人民稍稍知爱国家矣，排外债，抵洋货，阛喧而巷议，政府固不敢纵之，而外人因以不敢遽呈其野心者，赖有此人心耳。通商之权利，变而为瓜分之计划，经济之吸收，渐成为财政之监督，彼方俱[惧?]吾立宪之成，而祈吾人心之丧，不因而用之，博预备之美名，而无立宪之实际，帛裂东陲，并吞朝鲜，狼逼蜂肆，言之痛心。使果一二政府者而足康济时艰也，而何至于此！使果吾全国人民竭忠尽智，群策群力，以谋国家也，必尚不至于此。瞬息万变，危发千钧，若不速开国会，则政策何由而巩固？若不速开国会，各国竞进，时不我与，后虽欲开国会而国非其国，即欲立宪而无其时矣。匪敢为危言也，大势之所趣有如此也。此证之今日外患之来而不得不请求即开国会者一也。返而观之，吾国筹备已及三年，宪政成绩岁有报最，羌无故实，靡可讳言。不知者以为筹备清单为事实上所不能举，且有欲以变乱清单之计为破坏立宪之谋。夫国家政事，何年不应筹备？以九年为限，则年限已非。以此筹备为立宪则根本已误于此。而欲事之可行，大不可得之量也。预备立宪自一事，筹备宪政自一事。筹备宪政者，行政机关之责任。条举其本末先后，即可程序以计功。预备立宪者，政体根本之变易。必先植立其各种机关，而后可分担而并进。今日所谓军政、外交、民政、实业、交通、教育诸大端，何一非行政范围？即何一非属执行机关？官制不早定，则责任无专属，而庶政不克举。司法不独立，则审判上种种之牵制，波及于行政上之能力。故就执行机关言之，则行政机关设立之完备，不当后于司法，而就立宪之根本言之，则与执行相对待之，议决机关尤不容后于司法、行政。今解释筹备清单者，以为官制之实行与国会之设立，均在第九年，不知此九年中以资政院为议院之预备，而资政院非议会之性质之组织之权限。名为预备，至设立国会时，已立之资政院一律皆当改造。以筹备宪政为行政上之预备，而以旧日一般行政机关之权限之心理，而责之以新政，而其机关又待至第九年而消灭或变更，则在位者，方且明知其地位之不可保，而又安能责望其收成？况执行者无立法之权。而立宪为法制之国，法律不经一般人民之协赞，不足成为立宪国之法律；法律不经一般人民所研究而制定，不足以臻于完全。今以各部行政之官，而使之立各该部之法律，以各国内阁中之一法制

局之制度,如宪政编查馆者,而使之核定一般法律,是谓执行、议决两机关相混淆而不分,与昔日中国之政体原无区别,不得谓为预备立宪。以经宪政编查馆核定之各项法律,交资政院议决,而资政院又非议会之性质之组织之权限,必终收不完全之结果,则不得谓为议会基础。故不立宪则已,欲立宪,则必确立三种机关;不预备则已,欲预备立宪,则必先确立议决机关。议决在执行之先,故议决机关之成立,不可在执行机关之后也。再就事实上推论之,国会一方面为参与立法机关,一方面为监督行政机关,财政上之解决,各有司之违反,势处于极危,习尚于不觉,国会承诺、弹劾种种之权不发生,则执行者必多纠方,趋避迁就,而遁于不负责任之地,而贻君上一人之忧,今日议加赋,明日议借债,今日守官司,明日已传舍,纷纷扰扰,漫无纪极。故证之今日立国之道而不得不请求即开国会者一也。今之议者,怵于各省财政之现象,冀百废之具举,或且彷徨无措,不知此自行政内容之研究而无国会以解决之,故终不得解决之方法。又或谓人民程度不划一,惧国会之滋扰,不知国会者,取决多数之谓,因程度划一而始有此制,非谓立宪国家人人皆为圣贤也。矧今日一般之程度,官与民等。已往之官吏不能立完全之法律者,正坐二三人之意力有限而不能毕举。三占从二,有道不议,正宜同心协力,共期国会之速成,以全国之筹划,责之全国人民也。督部深明此旨,主持国会不开宪政不能进行,洞鉴本原,实事求是。请愿国会之举,去年发起于各省谘议局之议员,今二次陈请早奉明谕,言路已绝,而时局颠沛,日益一日,本局为鄂省筹治安,不得不谋立宪之确定,特缕举国会不可不即开之理由,呈请督部堂代奏,以定预备立宪之基。业经本局会议决定,呈请督部堂俯赐察核,速予代奏施行。

吴剑杰主编《湖北谘议局文献资料汇编》,武汉大学出版社 1991 年版,第 626 ~ 629 页

12 月 2 日(十一月初一日)　奉天学界发动第 4 次国会请愿运动,清政府令出动军警镇压。

12 月 3 日(十一月初二日)　庆亲王奕劻遇刺未中。

《东方杂志》第 7 卷第 12 期《中国大事记》报道:

是日上午十一点钟时,庆亲王自清宫出,由地安门迤西回府第,循城根行,甫过十刹海地方,忽闻道旁有施放手枪声,左右急警视,见一弹飞至,猝避不及,该弹直向庆王马车射来,穿过玻璃窗,在庆王头上飞过,复自车顶板中穿出。向来庆王出门,护从人等多至数十人,是时一闻枪声,人心已乱,前后左右之拥护者,猝不及备,马亦惊跃,群人均紧集车旁保护,无暇他顾,而凶手遂于此逃脱。至二点钟时,始由邸第传谕步军统领,严密饬缉,一面又由民政部通饬内外城各警厅,踪迹凶手,惟穷索一日之久,尚无下落。

12 月 4 日(十一月初三日)　清政府改筹办海军处为海军部,改陆军部尚书为陆军大臣。

△ 是日及 6 日,奉天全省各界绅民万余人,手执请开国会旗帜,聚集总督公署之前,由谘议局议长吴景濂面递公呈,请求东三省总督锡良代奏明年八九月召集国会,以救危亡。锡良循请于 12 月 7 日代奏,12 月 11 日遭上谕批驳。

东三省总督锡良奏称:

窃本月初三、初五等日,有各界绅民一万余人,手执请开国会旗帜,伏泣于公署之前,求

为代奏。先经各司道婉加劝慰，仍不肯散。当由臣传见各代表，将宪政应如何预备，国会应如何组织，反覆晓谕，以朝廷所定宣统五年，时间已极缩短，不必再生异议。当据代表谘议局议长吴景濂等面递公呈，大意则以东省大势，较三次上书时日俄协约、日韩合邦情形，更有迫不容待者。日则安奉宽轨日夜并工，闻于明年即拟告成，沿路线内移民日多，且以协剿胡匪挟我外部。俄则以侵蚀瓯脱扩张交通为政策，移民之谋更亟于日，不惟航权界约狡执无方，且阴以诱我边民，藉窥蒙古，是危机之伏已岌岌不可终日。诚俟至宣统五年，而此土尚为我有与否已不可知。现今朝野上下，无不公认国会为救亡之良药。果无此良药则已，既有此良药，则早服一日即早救一日之亡。乃犹纡徐以待，坐使良药不能即时收效，以致三省坐亡，牵及全国，此所由焦心沸血而不能已于再请缩短者也。况筹备之事，如官制、内阁、议院法、选举法、宪法，缓图之即三年未必完全，急图之虽数月亦可蒇事。仍恳奏请明年八九月召集议院，以系人心而维大局。其情词迫切，出于至诚。万余人伏地悲泣，至有搏颡流血，声嘶力竭不能自已者。

臣维东三省自甲午、甲辰以后，受强邻之激刺，生国家之思想，人民知身家性命非合群不能自保，复目睹朝鲜亡国惨状，甚恐三省版图首沦异域，即万劫不能自拔。其切肤之痛，较之各行省有特别之危险，不能不有特别之请求。臣莅东以来，默察今日大势，欲求所以捍三省之危亡者，一无可恃，所恃者民心不死，皆知崇戴朝廷耳。夫以万余里朝纵夕横仅余此残缺不完之土地，与三百年深仁厚泽得来固结不解之民心，忍令转瞬之间拱手授之他人，为朝鲜之续乎？总之，时危势迫，为民人之大患，亦朝廷所深恫，何必靳此区区二年之时间，不与万姓更始耶？

臣待罪边陲，奉职无状，上无以匡国是，下无以慰舆情。伏乞圣明俯允所请，再降谕旨，定于明年召集国会，大局幸甚。如以臣言为欺饰，请先褫臣职，另简贤能大员，以纾边祸，臣不胜迫切待命之至。伏乞皇上圣鉴。谨代奏。

本月 11 日(十一月初十日)，内阁奉朱批：

缩改开设议院年限，前经廷议详酌，已降旨明白宣示，不应再奏。东三省地方重要，该督有治事安民之责任，值此时艰，尤应力任其难，毋许藉词诿卸，致负委任。

故宫博物院明清档案部编《清末筹备立宪档案史料》下册，中华书局 1979 年版，第 648 ~ 649 页

△ 山东巡抚孙宝琦奏陈建筑胶沂铁路，拟借公债八百万两。清廷谕由该抚向大清德华银行商明办理。

12 月 6 日(十一月初五日)　孙中山被南洋英殖民当局勒令出境，是日离槟榔屿转赴欧美筹款。行前致信暹罗同志，一则要求将筹款汇往香港，二则申明将南洋筹款事务委托胡汉民。

孙函称：

前已有函，请尊处存款不必汇滇，统请寄于香港。因吾党此次大举，其主要之目的地系在两粤，而粤东尤为重要，合内外之全力以谋之也。

兹弟赶赴美洲，南洋筹款之事则专托之汉民兄。其军事各情，汉民到埠时必能为兄等面述。吾党成败，在此一举，深望鼎力相助，于存款之外更为提倡协济，幸甚。

中国社科院近代史所等编《孙中山全集》第 1 卷，中华书局 1981 年版，第 503 页

△ 清廷命宪政编查馆将预备立宪逐年筹备事宜,缩短年限切实进行。

前因缩改,于宣统五年,开设议院,业经降旨,将应行提前赶办事项,责成该主管衙门,迅将提前办法,通盘筹画,分别奏明办理,查预备立宪,逐年筹备清单所开事宜,宪政编查馆有专办同办及遵章考核之责,现在开设议院已提前,所有筹备清单各项事宜,自应将原定年限分别缩短,切实推行。著宪政编查馆妥速修正,奏明请旨办理。

《政治官报》,谕旨,宣统二年十一月初六日,第1118号;《清末官报汇编》,第76册,全国图书馆文献缩微复制中心2006年版,第38324页

12月7日(十一月初六日)　李经羲奏报,大姚县起义事经派令巡防各队赴援,击毙会众百余人,生擒数十人,县城收复。

12月10日(十一月初九日)　孙中山致邓泽如等函,通报其离开槟榔屿前往欧洲行踪。

孙中山函称:

弟以十二月六号发槟城,十号晚抵高浪堡埠(今译科伦坡。编者),寄泊数时,既又动程西向。此后与南洋相隔以日而远,中途或未便致书,必俟抵美或回华后,方能再通音问也。

弟之此行,以有特别之外交须往英京。及预计南洋之款恐难足十万,有误大举之期,故顺此赶速赴美,向华侨筹足此数,以应要需。此行想可达目的,因近半年来美之华侨开通颇众,而所筹之款为数不多,当易集事也。

此间之事,望兄等竭力图之,以收分途并进之效。汉民兄此时想已会面详筹一切矣。

中国社科院近代史所等编《孙中山全集》第1卷,中华书局1981年版,第504页

12月11日(十一月初十日)　奉天省派出第四次请愿代表进京,各界群众集会送行,多人写血书鼓励代表。学生组织下乡进行国会请愿宣传。

12月12日(十一月十一日)　浙江巡抚增韫条陈内阁、国会事宜,提出四条主张:内阁总理大臣只设一人,不设副职;各省督抚为地方行政长官,不应隶属内阁之民政部;采取直接选举法选举国会议员;以人口作标准确定国会议员总数及各省名额。

条陈称:

窃臣于九月二十四日奏陈审判各项事宜,分列九折陆续进呈,其宗旨在谋各政之统一,其办法在助各政之进行。欲各政之统一,必先有负完全之责任者,内阁是已。欲各政之进行,必更有具监督之能力者,国会是已。夫内阁、国会之有利而无弊,前经东三省督臣锡良等两次联衔电奏,披沥上陈,仰荷天恩俯允诸臣之请,缩短国会年限,预即组织内阁,薄海臣民驩舞跳跃。伏读十月初二日上谕:迅速遵照钦定宪法大纲,编订宪法条款,并将议院法、上下议员选举法,及有关于宪法范围以内必须提前赶办,均著同时并举,于召集议院以前,一律完备等因。钦此。是朝廷于内阁、国会事宜,已有确切之预备。惟是造端宏大,政体攸关,万一立法之初稍未研究,将来一切之施设,必致障碍滋多。谨就所知,略陈愚虑,上备圣明采择。

其关于内阁者有二:　一则总理大臣宜设一人也。查各国内阁制度,皆设总理大臣一人以为领袖,谓之首相。其组织内阁,各国务大臣之政见,率与首相趋于同一,故首相一有更动,则各国务大臣亦皆相率易人,虽政界不免呈一时纷更之象,然必使同政见之人共同组织,以保持行政上一定之方针,此所以为美制也。我国各部长官,等于各国之国务大臣,而军机

为之领袖，亦略同总理大臣之职。今欲组织内阁，议者率拘牵旧制，以军机处有四人，拟即于总理大臣一人外，再设副总理大臣一二人以辅助之。此大误也。若副总理大臣之政见与总理大臣相同也，于政治上固无碍进行，然不免有伴食之诮，反是则各欲自树一帜，必至内阁随时底于溃败。臣愚以为内阁总理大臣，只宜仿照各国成例设置一人，不宜有副总理大臣之制，庶免外则统一、内实纷歧之弊。一【则】各省督抚与国务大臣之地位宜确定也。查各国地方官治制度，除联邦之国外，率皆受成于内务大臣，非殖民地及边远地方，皆无督抚之制。我国幅员辽阔，交通机关亦未发达，省制既不能破除，则督抚对于行政上之地位，即不能不特定范围。今议者谓内阁设立后，各督抚均应受成于民政部，仿日本府县知事直辖于内务省之制。其立论虽有根据，然按诸我国现势，极为不合。督抚既属中央之官，即应预议全国重大事务，与内阁连带负责。无论交通不便，势不可行，电报往来，亦稽时日，且内阁一有变更，各省督抚亦必相率辞职，我国政界尚未巩固，危险孰大。于是臣愚以为各省督抚，宜为地方行政长官，对于各该省行政事宜负完全之责任，庶免利害不相共，名实不相副之弊。

其关于国会者亦有二：一则选举法宜规定也。查选举法有直选、复选之别。直选者以合格之选举人直接投票，选出国会议员是也。复选者以合格之有选举权者选出选举人，再由选举人复行投票，选出国会议员是也。英、法、德、美、日本诸国，现皆采用直选法，诚以直接投票，易表示人民共同之意识。无论选举区域之大小，则人口代表主义莫不与地方团体相结合。我国谘议局议员采用复选法选出之议员，往往与人民共同之意识相反，徒滋纷扰，无益治理。臣愚以为选举国会议员，宜仿照各国成规，采用直选法，庶有一气相衔共同维持之益。一则宜定议员名额之标准也。查各国议员之名额，无不以人口比例为标准，最多之比例为美利坚，十九万人得选一议员，最少之比例为瑞士，二万人即得选一议员。我国人口号称四万万，试以每五十万人选一议员之比例，则议员之名额当为八百人，而各国议员名额，英则六百七十人，法则五百八十四人，若以我国之人庶与之较，则议员八百之名额，似不能再行缩减，即宜以各省之人数分配之，行直接之选举。我国谘议局议员名额，系参酌各省取进学额及漕粮之数以定多寡，诚当时不得已之办法。现在各省户数既已调查明确，口数当可得其大略，臣愚以为国会议员之名额，必以人口比例为标准，始不失代议之原则，且可得各省均平无稍偏畸之益。以上所陈，应请敕下内阁会议政务处王大臣等，于编定法制之先，详加核议，似于宪政不无裨益。

抑臣更有陈者，法制之国以法为本，其于各种法典非常审慎，盖非此无以操驭世之大柄，而纳人民于轨范之中也。现在国会既经缩短年限，若民律、商律、刑事民事诉讼律等法典不能先期编订，恐旧法既不适用，新法又无可实施，纲纪荡然，秩序凌乱，立宪前途，何堪设想。应请敕下宪政编查馆，将各种法典提前赶办，早日颁布。如有以立法之初须调查本国习惯，不能悉合外国立法例为请者，此则老成持重之见。新进理想之谈，按诸近世文明各国之法律，有世界统一之渐，实有不能不强我就彼者。况领事裁判权尚未收回，尤宜与各国法律有相因而无相背，方足以昭大信而巩法权，并恳皇上宸衷独断，不为众论所淆，天下臣民曷胜大幸。

故宫博物院明清档案部编《清末筹备立宪档案史料》下册，中华书局1979年版，第649～652页

△ 吉林巡抚陈昭常会同东三省总督锡良，奏报吉林筹办府厅州县地方自治情形，请求根据吉林省情，因地制宜，酌量变通。

奏折称：

窃臣于宣统二年二月准宪政编查馆咨，将钦定府厅州县地方自治章程暨选举章程，颁行到吉，当经饬由吉林地方自治筹办处，遵照章程，分别筹办在案。惟查民政部奏定逐年筹办事宜清单，所列筹办府厅州县地方自治顺序，以等级言，则先之以省会首县，次外府首县，次冲繁厅州县，次指定偏僻厅州县，次其余偏僻厅州县。以年限言，则自宣统二年至宣统六年，凡各省厅州县之议事会、董事会，均依所定等级，分年照章成立。在部臣统筹全局，证之关内各省情形，自为不易之办法。而吉林地处遥陲，事皆草创，审时度势，似有不能不因地制宜者，谨约举大概，为我皇上分别陈之。

一、地方等级之宜略事变通也。查吉省原设府厅州县，均有直辖地方，比年因幅员广廓，治理难周，复经增改府厅州县，各治概依新章，不相统辖。论职官品级虽有尊卑，而行政区划实无差别。故筹办上级地方自治，在关内各省，次别府于厅州县，而于吉林则须合府厅州县同时并举。现拟仍仿前定城镇乡自治办法，就各府厅州县，分为繁盛、中等、偏僻三项名目，以部定省会首县、外府首县及冲繁厅州县。须分三年举办者，均纳之于繁盛一级之中，统归一年筹办。其中等一级，则凡次于繁盛，而不得称为偏僻者属之。至偏僻一级，吉省于东南、东北各属，均系区域初分，人民未集，部章于各省偏僻之府厅州县，复区为指定偏僻与其余偏僻两级，所议本极详备，而揆之吉省情形，属于部定之其余偏僻者较多，故与部分等级，实难一致。

一、筹办次第之宜预定限期也。查各府厅州县，既依繁盛、中等、偏僻划分等级，自应按照等级之次第，以定筹办时期之先后。拟以宣统二年十月至宣统三年九月，筹办繁盛各府厅州县为第一期，以宣统三年十月至宣统四年九月，筹办中等各府厅州县为第二期，以宣统四年十月至宣统五年九月，筹办指定偏僻各府厅州县为第三期，以宣统五年十月至宣统六年九月，筹办其余偏僻各府厅州县为第四期。如此则分期筹办，虽与部定略异，而依限成立，仍与部章适符。

一、选举机关之宜另行组织也。查府厅州县，在国法上为上级自治团体，其区域视城镇乡为大，其选举事务自较城镇乡为繁。现设地方自治筹办处，系全省自治之总机关，自能专一筹画。若各属则地方官事务殷繁，百端待理，以之兼任，难保无贻误事机，似须另立机关，以专责任。拟饬各属遴选公正明达士绅，组立自治筹办公所，专理全属自治事务。至府厅州县选举事宜，按照定章，城镇由总董，乡由乡董管理。当此筹办伊始，除城自治职已先期成立外，其镇乡自治，或正在筹措，或尚未举行，是镇总董及乡董并未发生，而镇乡区域势不能不另有管理选举之人。拟于城区仍照章以总董为选举管理员，其余未经成立之镇乡各区，则另设镇乡选举事务，专管该区选举事宜，以期上下机关承接灵敏，藉收臂指之效。

以上三端，皆于遵照定章之中，参酌吉省情形，分别筹拟。其详细办法，仍饬由地方自治筹办处妥列表式，咨部查核办理。

再，吉省府厅州县自治，虽拟分四期筹办，惟现定繁盛各属，实不及内省之中等。其中等以下地方，或设治未久，或甫经设治，地远人稀，民贫财困。仅此三五年间，欲责其一例成功，虽有贤智，恐难为力。伏查宪政编查馆奏覆山东巡抚奏陈地方自治请变通章程一折内称：各省地方果有实在窒碍情形，应经该省督抚将一省中之何府厅州县，一府厅州县中之何城镇乡，胪陈实在情事，并缓办自治缘由，请旨办理等因。将来吉省筹办自治，此等情形在所不免，届时再当胪陈实在情形，援案奏请办理。

故宫博物院明清档案部编《清末筹备立宪档案史料》下册，中华书局1979年版，第754～756页

12 月 13 日(十一月十二日)　奉天商务总会致函各城商务分会,通报组织第四次请愿国会同志会,一面由各团体公举代表,赴京上书,一面由同志会遴委各城会员,各回本城劝导联合,请各分会共同支持,一致再次要求清廷速开国会。

奉天商务总会为请愿速开国会事致各城商务分会函稿:

敬启者:近以东三省风云日急,瞬息千变,断指割股之事,迭起环生,经绅、学、商、农暨自治各界团体同心合力,亟图补救方针。于本月初五日联合各界同志一万余人请愿速开国会,齐赴公署跪求督宪专折代奏,并由各界代表泣陈三省危险情形,业蒙督宪俯鉴万众血诚,批示准即代奏在案。惟以此次请愿速开国会,系专为挽救三省大局起见,吉、黑两省业由谘议局公推代表前往联络,深恐我奉省各府、厅、州、县同胞未及一体周知,现经各界代表组织第四次请愿国会同志会努力进行。一面由各团体公举代表,赴京上书;一面由同志会遴委各城会员,各回本城劝导联合,务期各城各界诸同胞共矢血忱,同支危局,以为将来开国会之基础。俟各城会员旋里及晋谒台端,即希贵会诸君推心置腹,共表同情,勿令我商界诸同胞致落人后。敝会有厚望焉。

章开沅、罗福惠、严昌洪主编《辛亥革命史资料新编》第 3 册,湖北人民出版社 2006 年版,第 9 页

△ 宪政编查馆大臣奕劻等奏报,派员赴东三省、直隶、山东、山西、河南、湖北、江西、安徽、江苏、浙江、福建、广东等十四省,视察筹办宪政进展情形。

《宪政编查馆大臣奕劻等奏报各省筹办宪政情形折》(宣统二年十一月十三日):

窃臣馆于本年四月二十日,奏派馆员候补四品京堂陆宗舆、候补四品京堂林炳章、掌安徽道监察御史黄瑞麒、翰林院秘书郎刘福姚,分赴各省,考察筹备宪政事宜,当经奉旨:依议。钦此。该员等遵即束装起程,分赴东三省、直隶、山东、山西、河南、湖北、江西、安徽、江苏、浙江、福建、广东等省,察视一切。凡省会、商埠,暨经过繁盛城镇,一一调查案卷,博采舆论,汇录成册。兹据该员等先后查竣回京,将各省实在情形呈报到馆。……谨就考察各省实情,为皇上缕晰陈之。

一、谘议局。查各省谘议局,上年一律成立,所具议案,于民生休戚,地方利弊,颇能详晰无遗。各省督抚于议案或准或否,亦尚能和衷相商,不致徒争意气。间有两相争执不能解决之案,随时由臣馆照章解释,总期官绅两面力去隔阂,以谋行政之便利。据此次调查山东、河南、江苏等省,官绅意见尚不免参差,其余尚称浃洽。现在局舍,均由公家拨款建筑,江苏、浙江、湖北、广东,均已落成,余省正在建筑,明年春间,当可一律竣工。

一、筹办地方自治。照章先办城镇乡,再推及于厅州县。直隶创办最早,天津于光绪三十二年已设有自治局,各州县陆续开办,实具有厅州县自治规模,现计自治预备会设有八十一处,自治研究所设有一百二十八处,学员三千四百余名。浙江亦取同时并进,筹备处拟定清单,限宣统三年三月全省厅州县、城镇乡议事会一律成立。江苏苏属开通最先,办理亦极迅速,现计四府一州城议事会、董事会均已一律成立。山东、江西、安徽、福建、广东城议事会,均限本年内成立,乡镇限明年成立。此外,东三省、山西、河南、湖北,亦经拟定期限,提前办理。所有划分区域,调查选民,筹集经费,均由官绅合衷商办。

一、推广巡警。查直隶巡警开办最先,天津、保定两处,巡士程度尚高。东三省屡经整顿,组织亦颇完善。辽阳、锦州、铁岭、长春等处,均已开办。江西力求进步,办理亦有精神。广东经费雄富,筹画周详,凡属巡警应有之机关,颇称完备,惟城内旗界,复有满巡警局,骈拇枝指,难收整齐划一之效。浙江则水巡暨巡警学堂,另派专员,不归警道管理,亦蹈纷歧之

弊。湖北、江苏警务，窳败已久，尚须大加改革。江苏省城巡警教练所，至今并未开办。河南则略有规模，亟待扩张。拟请饬下各该督抚，斟酌改并，切实整顿，以收实效而专责成。其余各省，循序布置，亦尚可观。惟各省办理警政，已历年所，现惟省会、商埠规模尚有可观，至外州县，呈报大率因陋就简，名不副实，皆以经费无著之故，推至荒僻之乡村，畸零之住户，尤难遍设。应由民政部咨行各省，准其参酌情况，随地变通，庶经费较省，而成功亦易。

一、调查户口。凡百新政，皆以调查户口为始基。各省办理此项，有专用巡警者，有兼任士绅者。东三省清查户籍，尚属认真，奉天尤称详密。其余各省户数，大致均已查竣，现正接续办理查口。惟江苏向分苏、宁两属，巡警道辖地仅及苏属，责任不专，现在只有省会已经查竣，较各省办理稍迟，而通州一属户数、口数早经查齐，极为精密，则士绅之力居多。惟各地因调查滋事，时有所闻。广东之大埔、新安两处，则其肇衅尤甚者。固由委任之非人，亦由民智之不进。现在各省自治筹办处，或撰拟白话告示、白话公报、自治浅说，以期开通愚氓，办法甚为得宜。

一、筹办各级审判厅。按照筹备清单，各省会及商埠审判厅，今年应一律成立。除东三省业已次第开办外，直隶则天津早经成立，保定正在筹设。山西则本年四月，业经开庭试办。湖北、福建，暂就地方官署附设各级审判厅，殊非司法独立本意，现在另行组织，改良办法。而福建因财政困难，关于法庭建筑，司法经费，不能不因陋就简，此则该省特别之情形也。司法研究馆，广东课程最为美善，浙江亦在刻意筹备，力求完全，江苏则不免敷衍矣。其余各省，依次进行，尚可不误期限。至各级审判厅，除奉天、吉林、山西业经建筑完竣外，直隶、山东、河南、湖北、浙江、广东，约计年内均可一律竣工。江苏、福建，正在赶办，不免稍后时日。

一、调查岁出入总数，及试办预算。各省财政，纷乱无纪，自设监理官后，爬梳整理，渐有眉目。各省清查上两年出入总数，均已告竣。惟河南于比较总数，尚未算结。核计各省财赋，盈绌相差过巨。江苏苏属、宁属，岁入各二千万。广东至二千六百万，调查所筹画各捐款，如酒捐、膏捐，尚未列入预算。

逆计他日决算，当可企及三千万。湖北亦在一千八九百万。江西、安徽、山西、福建等省，率不过六百余万。以故举办新政，恒以财力之丰啬为差。现各省预算册，均经达部，用款名目，各分门类，收支弊混，逐渐清厘。将来统一财政，酌剂盈虚，自不难以此为基础。

一、创设简易识字学塾。上年由学部编定课本，颁发各省，责成提学使，依限设立。查此项学塾，以直隶、河南为最优，直隶已设立一千八百二十六处。此外湖北设立八百一十五处。山东设立六百五十处。山西设立三百四十一处。所授课程，学童尚能领悟。浙江则据所规画进行之度，且能超过清单。其余各省，多寡不同，尚在次第推广。惟江西以奉到课本甚迟，仅于省城设立十处，外州县尚未开办。惟此项学塾，专为造就贫寒子弟及年长失学之人，课程简单，无取完备。察阅各省塾中学童，往往有已入初等小学一二学期者，愚民为惜费起见，当事以多收为功，于教育前途，不无妨碍。应由学部通饬各提学使，随时察看，分别办理。

故宫博物院明清档案部编《清末筹备立宪档案史料》下册，中华书局1979年版，第796～799页

△ 清廷据宪政编查馆派员考察各省筹备宪政情形好坏，谕令分别奖惩各省筹备宪政主管人员。

12月15日（十一月十四日）　军机处代呈陆军大臣荫昌、副大臣寿勋说帖，内称资政院开院以来，所议殊多逾越，若不及时预为限制，将来国会成立，必至与政府冲突无已，因以酿乱召亡。

12 月 18 日（十一月十七日）　直隶总督陈夔龙奏请划分中央与地方行政权限，建议各省分设六司，留府裁县，以便上下通达，事权明确。

直隶总督陈夔龙奏请划分中央与地方行政权限并议各省分设六司留府裁县折称：

窃查十月初三日内阁奉上谕：著缩改于宣统五年实行开设议院，先将官制厘订，提前颁行试办，预即组织内阁等因。钦此。仰见我皇上慎重官制，励行宪政之至意，钦佩莫名。惟直省官制与中央官制相为表里，措置非尽得宜，即于内阁政策不能收指臂相联之效。臣荷恩慈，叠膺疆寄，阅历所得，粗有所知，敢略陈以备采择。

中国疆域之广，交通不便，行省政策向任自为，必采府厅直隶中央制度，恐于情形尚多隔阂。然国家与地方权限不分，督抚自为风气，或于内阁政策互相歧出，倘内阁之信用不立，斯责任之名实不符。窃以为宜将国家行政、地方行政速为划分，督抚虽为疆吏，但于中央政策亦应随时接洽，拟仿从前兼部院衔旧制，悉兼参预政务大臣衔，遇有阁议，由阁臣通告督抚，俾得陈述意见，以通各省之情，但不列于议决之数。其属于国家行政事务，由内阁分任督抚办理，督抚但得咨达各部，仍由各部具奏。其属于地方行政事务，则由督抚监督下级官厅执行，凡在范围以内之事，皆得自为规画，直行具奏，各部亦不得侵越。如此则中央与行省有互相维系之功，而无各自背驰之弊矣。

司道各官，藩司兼筦吏治、财赋，宜分为度支、民政两司，裁巡警道，更升劝业道为劝业司，合交涉、提学、提法凡为六司，皆责成于督抚。其盐、河、粮、关应设专官，暂仍其旧，仍略仿会议厅制，督抚、司道及督抚幕职按期集议。至地方应办公事，何者应由各司履行，按月详报督抚，何者应由督抚主政，随时分别奏咨，并应订入官规，以专责成，而省繁牍。

其尤要者，此次厘定官制原以促行宪政，顾立宪政体三权必当分立，官制既定，议院复开，立法、行政已不相紊。惟司法一事，欲期各厅州县于两年之间悉将各级审判厅克期成立，不独无此人才，抑先无此经费。臣愚以为行政区域不妨稍广，俾施措易于见功，而行法区域必宜从小，庶诉讼得以便利。查各省府厅州县向分二级，今宜留知府以统各属，专办行政事宜，裁厅州县之员缺，仍留厅州县之治名，每属设地方审判分厅，并附设初等审判厅于其内，即以厅州县之衙署为之。其行政各事，于每属分设主计、劝学、劝业、警务各员，即名某厅州县某佐治员，以统隶于知府，而由府径达于院司。府辖区域较广者，距府较远之处，酌升州县为府，划疆分治，大约每三五州县即设一知府，而直隶州厅悉从并省分辖，以昭划一。循此以行，得有数利：督抚上承内阁，下任地方，权限既明，政令不致枘凿。一利也。督抚各司皆有责任，文牍既省，稽核易周。二利也。以府统辖县事，行政区域视前恢张，权力既雄，要政自无不举。三利也。仍留厅州县之名，百姓忘于改制之繁，而庶事已奏灵通之效。四利也。以厅州县之衙署为审判各厅，以厅州县之公费为推检及佐治各员薪俸，一转移间，行政、司法各已独立，经费不假另筹。五利也。

要之今日之弊，各省对于中央，病在情形壅隔，必使督抚预闻乎阁议，斯法令利于推行而政策亦归于画一。民权对于地方，病在权轻责重，必使庶事悉归于知府，斯事权足以相副，而职务自易于举行。但使办事者情有毕通，权无牵掣，于地方政务实多裨益。至直隶行政以区域分隶热河、顺天，应如何力图统一，亦须折衷定制，以便施行，并请饬下宪政编查馆、会议政务处，于厘定官制案内一并核议。

故宫博物院明清档案部编《清末筹备立宪档案史料》上册，中华书局 1979 年版，第 545 ~ 547 页

△ 资政院奏劾军机大臣奉职无状，不负责任，有参预之名，无辅弼行政之实，持禄保位，

背公营私、蹈常袭故,请迅即组织内阁,并于内阁未成立以前,明旨宣示军机大臣必应担负之责任。清廷以黜陟百司为朝廷大权,非该院所得擅预,命所请毋庸议。

是日内阁奉上谕:

资政院奏,大臣责任不明难资辅弼折,朕已览悉。朕维设官制禄,及黜陟百司之权,为朝廷大权,载在先朝钦定宪法大纲,是军机大臣负责任与不负责任暨设立责任内阁事宜,朝廷自有权衡,非该院总裁等所得擅预,所请著毋庸议。

故宫博物院明清档案部编《清末筹备立宪档案史料》上册,中华书局1979年版,第547页

12月19日(十一月十八日)　资政院就弹劾军机大臣奉旨不准进行讨论,议决第二次弹劾,遂指定六人起草,从速具奏。

△ 陕甘总督长庚奏报,甘肃铁路由归化至兰州两千余里,需银二千数百万两,请暂借洋款修筑。另又奏请借洋款接筑归化至新疆铁路,期以十年告成。

陕甘总督长庚奏:

甘肃铁路计由归化至兰州省城,为程二千余里,约需银二千数百万两,请暂借洋款修筑并规画路线,计分南北二道,北路由灵州至山西之包头镇,取其赴京便捷;南路则俟西潼铁路修通之后,由西安而达凤翔府之宝鸡县,地皆平坦易修。由宝鸡顺渭河溯流而上,先开纤路以利舟行,继之以疏凿平治,俾通轨道,由甘肃之三岔厅入境而至秦州,由秦州沿渭河而上,经伏羌宁远而至巩昌府。由巩昌而至狄道州,则距兰州省城仅二百一十里。论商务,则北路由兰州而达包头与归张铁路接轨而商货流通。由巩昌经秦州而达西安省水陆皆便。论征伐,则设遇有事,燕晋之兵由北路计日可以至固原,陕豫之师,由西路克期可以抵狄道,炮械糇粮朝发夕至,庶几诘奸禁暴声威可以迅达,纵有盗贼,亦将有所惮而不敢发。是修路虽费,较临事兴师所省尤多,至于南北两路,由巩昌至兰州四百里原有可通车道,若由兰州而达甘凉,以迄出关而抵安西州,赓续为之,于势亦顺而易矣。此为将来计画,亦一并谨先密陈。又奏新疆关系紧要,拟请借款筑归新铁路,应就归化城赴新疆商路,定为归新路线。其中略可分为七段。由归化至包头镇,计程三百二十里。该处滨临黄河,上通宁夏,水陆绾毂,商运甚繁。包头产煤亦产木料,先仅此段修起,作为始基。自包头一千一百里至扎克苏吉作为第二段,又一千三十里至土布齐,该处附近即固勒班赛罕,水草丰美,可以屯田,北行可达库伦,南行可达阿拉善旗之定远营,不难即成市镇,应作为第三段,又七百八十五里至苏吉,该处作为第四段,又一千二十五里至嘉会,该处亦有沃壤可资屯垦,即作为第五段。又九百九十里至三塘湖,为新疆镇西厅之属境,向有户民种地,出产煤铁,天山森林亦茂,足供枕木之用,可作为第六段。又九百三十里至新疆之古城,该处四达冲衢,为商贾荟萃之区,应即作为第七段。由此西至新疆省城仅止六站,其北则通科布多、乌里雅苏台,西北经布伦托海可达阿勒台山,东接哈密,为嘉峪关驿路,南通吐鲁番,为入南疆大道,将来添造支路,皆可以此为中心点,计自归化至古城,共长六千一百七十里,所经为喀尔喀土谢图汗、三音诺颜、札萨克图汗三部之南境,及天山之北路。论者或疑关外荒寒,养路无费。殊不知铁道经过之处,即人烟趋集之方。于此兴修约有五便。草地、沙石地质坚实,垫筑之费可省,一也。道途平直,无高山大岭,不劳开凿,二也。又无洪流巨浸阻隔,可免建造桥梁,三也。地尽闲旷,不需价购,四也。无绕越城郭、桥梁、庐墓之事,五也。有此五者,路工必可事半功倍。光绪十八年臣与新疆抚臣陶模会奏边防事宜,曾有展筑铁路之议,迄今二十年,筹之甚熟,只因集款维艰,不敢遽申

前请。近则事机危急，更无闲暇光阴待我从容缓步。若犹筑室道谋，恐他人必有起而争我路权者，后虽悔之，噬脐何及。前见邮传部奏定筹划全国轨线一折，亦列有新疆在内，且谓东南尚可集股于绅商，西北必须借资于外债，实为洞悉情形之论。果能酌借外债数千万金以充归新铁路经费，分段赶筑，期以十年告成，则西陲之事犹可为也。并下部议。

随后邮传部等会奏：

铁路性质约分为二，内地则计懋迁，边地则重征调。臣部前经奏定中国轨线全图，西干自京城历潼关、兰州以至伊犁，北干自京城历张家口、库伦以达恰克图，北支自库伦抵科布多，西支自太原、大同至张家口，与北干相接，是西北等路。臣部业经筹及，原奏于归新一路所谓五便，仅就省路工而言，究竟修养之资，有无把握，应俟筹有的款，实行开办，至所议甘肃西线，一绕灵州，一绕宝鸡，似不如臣部奏定两干较省纡折，总之，目下造路，必资借款，将来如何筹还本利，如何防守路线，应俟筹有办法后再行妥酌办理。

从之。

《清实录·宣统政纪》第45卷，中华书局1987年影印本，第804~806页

12月19日（十一月十八日）　军机处寄兼署两广总督增祺电旨，要求将连州民众抗钉门牌事件，迅即严拿首要，解散胁从，毋任蔓延。

电旨称：

增祺电奏，连州匪徒抗钉门牌，聚众滋事，已饬员确查开导等语。著该署督迅即严拿首要，解散胁从，相机因应，毋任蔓延。并将教堂教士加意保护。所有办理情形，随即电奏。

中国史学会主编，中国近代史资料丛刊《辛亥革命》(3)，上海人民出版社1957年版，第380页

12月20日（十一月十九日）　直隶、奉天学界联合谘议局、商会、县董会，在天津召开三千多人的请愿大会，要求再次缩短期限，提前召开国会。23日，清政府密令进行弹压，查拿严办。

12月21日（十一月二十日）　直隶总督陈夔龙奏陈，顺直谘议局议长呈请定明年即开国会，清廷不准。

△ 农工商部奏报，京外宣传剪发易服，清廷谕令应恪遵定制，不得轻听浮言。

12月22日（十一月二十一日）　天津学生不顾朝廷禁令，继续进行请愿活动。陈夔龙派总兵张怀芝率队以武力驱散学生。

12月23日（十一月二十二日）　直隶总督陈夔龙出示晓喻，不准聚众集议，解散请愿同志会。清廷命严饬各员对请愿运动开导弹压，如有不服劝谕，纠众违抗，即查拿严办。

《东方杂志》第7卷第12期《中国大事记》：

直隶总督陈夔龙奉到上谕后，连夜出示，宣布谕旨，并谓倘再聚众请求，则将认为藉国会为名，意存扰乱，惟有凛遵十月初三日上谕，查拿严办。各学堂学生复于二十一晨，各举代表，齐集自治研究总所会议进行方法，陈夔龙立即令天津镇调练军二百名，巡警道拨警兵百名，又派督辕卫队管带带卫队百名，会同前往解散。各司道等退出，即齐集警道署内会议办

法,警道乃飞派委员杨卓家、吴超等五人驰往解散,风潮始平。

另据军机处寄直隶总督陈夔龙电旨:

二十日谕旨遵即恭录,出示晓谕,并饬巡警道侦查,不准聚众集议请愿,同志会亦饬解散等语。办理尚属认真。著陈夔龙严饬各员开导弹压,如有不服劝谕,纠众违抗,著仍即懔遵十月初三日谕旨,查拿严办,以保治安。

《清实录·宣统政纪》第45卷,中华书局1987年影印本,第809页

△ 清廷以镶红旗蒙古副都统、湖北云梦籍革命党人吴禄贞为第六镇统制官。

12月24日(十一月二十三日)　上谕开设议院年限不能再议,饬令民政部、步军统领衙门,派员将各省在京速开国会请愿代表押送回籍。立宪派速开国会请愿运动至此完全失败。

是日内阁奉上谕:

前据锡良代奏,奉天绅民呈请明年即开国会,当经批示缩改开设议院年限,前经廷议详酌,已降旨明白宣示,不应再奏。嗣据陈夔龙电奏,顺直谘议局议长等又以速开国会为请,复经电饬剀切宣示,不准再行联名要求渎奏,并严饬开导弹压,如不服劝谕纠众违抗,即行查拿严办。兹又据军机大臣据情面奏,亦属不合。开设议院缩改于宣统五年,乃系廷臣协议请旨定夺,并申明一经宣示万不能再议更张。诚以事繁期迫,一切均须提前筹备,已不免种种为难,各省督抚陈奏,亦多见及于此,乃无识之徒,不察此意,仍肆要求,往往聚集多人,挟制官长。今又有以东三省代表名词来京递呈,一再渎扰,实属不成事体,著民政部、步军统领衙门立即派员将此项人等迅速送回原籍,各安生业,不准在京逗留。

朝廷于无知愚民因迫于时艰,妄行陈说,已屡从宽宥,然岂有国民而不循理法者,深恐奸人暗中鼓动,藉词煽惑,希图扰害治安,若不及早防维,认真弹压惩办,久必至于酿乱。此后倘有续行来京,藉端滋扰者,定惟民政部、步军统领衙门是问,各省如再有聚众滋闹情事,即非安分良民,该督抚等均有地方之责,著即懔遵十月初三日谕旨,查拿严办,毋稍纵容,以安民生而防隐患。

故宫博物院明清档案部编《清末筹备立宪档案史料》下册,中华书局1979年版,第652~653页

12月25日(十一月二十四日)　军机处致电东三省总督锡良,传达将东三省在京请求速开国会请愿代表押送回籍之旨意。

是日军机处致东三省总督锡良电:

东三省来京要求国会人等,昨已奉旨饬民政部、步军统领衙门派员送回原籍,希即妥为安置,俾各安生业,毋令滋生事端,是为至要。

中国史学会主编,中国近代史资料丛刊《辛亥革命》(3),上海人民出版社1957年版,第533页

△ 署广西省安化厅抚民同知黄玉森外出查学,厅署遭人抢劫,失去铜质关防一颗,钱粮公款银七百余两,枪三十多支,放走监犯三人。

署庆远府知府唐祖澍禀称:

安化同知厅治即五十二峒地方,孤悬黔边,向为匪穴。近虽奏设抚民同知,尚未建筑城垣。该厅向有亲兵百名,除分扎各隘外,留署无多。十一月二十二日,黄玉森赴花峒查学,土

匪蓝扶兰、覃扶扒等纠党四五十人,各藏军火,于二十三日趁墟之期,假扮土人嚷斗,扭入厅署,即开短炮喊劫,反将留署亲兵堵截在头门以外。计劫去同知铜质关防一颗,钱粮公款银七百余两,存署抬枪二枝,快枪三十三枝,放出监犯刘六、潘善周、莫善讲三名,责令挑负,并格伤亲兵三人,连放枪炮呼啸而去。黄玉森闻警赶回,调集亲兵跟追,一面飞关邻封截击。随由该员各营县先后缉获匪党黄有台、韦火成、蓝和、韦扶生、黄富保等五名,又击毙匪首蓝扶兰、匪党蓝老鱼二名,并缉获监犯刘六、潘善周二名,共得回抬枪一枝,快枪十六枝。其铜质关防一颗,亦经右江镇所派营队搜获。

中国第一历史档案馆等编选《辛亥革命前十年间民变档案史料》下册,中华书局1985年版,第629~630页

12月26日(十一月二十五日)　河南叶县乡民聚众一二万人,抗拒知县举办新政集款,加重捐税负担。

《东方杂志》第7卷第12期《中国大事记》报道:

河南巡抚宝棻得叶县知县及裕州知州禀称:叶县因新政无款,自治亟宜兴办,初时议定由各乡集款,绅士赴乡劝导,并演说自治之利益,愚民不知,群起反对。适有人宣言,谓自治乃害民之举,从前不办新政,百姓尚可安身,今办自治巡警学堂,无一不在百姓身上设法。从前车马差事,连正项每亩钱百三十文,今则每亩加至三百二十文,新政又要百姓花钱,花钱事小,将来自治办好,国家洋债无一不在百姓身上归还,此时万不可答应,官绅串通来逼民反云云。当演说时,听者甚多,及闻此语,咸表同情。二十五日,两县绅士议加酒税六陈税,乡人大哗,绅士无法,回县禀明请示。知县正在无可如何之时,各乡乡民均已纷纷聚众,倡言造反,半日之间,聚有乡民一二万人,人心惶恐,纷纷逃难,并闻有即日至县中围城之说,事起仓促,特为请兵云云。宝棻巡抚得禀后,即日饬陆军开拔一营,前往弹压。

△《民立报》发表社论,抨击12月24日(十一月二十三日)不准再请速开国会、驱赶各省在京请愿代表的上谕,斥清廷为假立宪行为。

社论称:

自近世国家学者之说既昌,国家之资待于国民者其息息关连之理,已为三尺之童所共见,故今立宪诸邦,惟恐其民之不爱国也,多为法政以驱迫之,为教育以奖掖之,诚以国民而不爱国,则在国家又何赖有此国民乎。故国民之爱国,而视国事之利害得失,如一身之利害得失也,实为国家振兴之机,隆盛之事,否则民弃其上,而生内溃,正春秋所以书梁亡也。

吾国民之程度以数千年专制之厄梏,今虽不能上比隆古,远比欧美诸国,然自近年敌国外祸之逼迫,剥肤灭足已至极地,吾民皆知非得强固之国家庇赖,则必不免受他类之侮。故爱国之心潜滋暗长,遇有激砺而辄勃发者,诚不得谓为无进步。今东西之观国者,方每以吾民爱国之热,在友固为吾幸,在敌亦因之生畏,而有猛虎在山之惧,侵略之心为之稍熄,此皆历历见诸事实者。吾民诚何负于国,而今竟视爱国之举动,等于扰害治安之匪徒,而欲查拿严办乎?以前古恣君所不敢骤出者,今竟见于实行立宪之世,且以对待请愿之国民。吾观于此,颇觉前此当路所为琅琅而作声口者,终为粉饰涂附,不过欲用以欺蔽吾民耳目,而其本心终觉离逖,终不免因机暴露,一朝触发,假面尽去,其肺肠遂不可掩也。

夫使朝廷不欲再更敕令,免失诏旨之威信也,讵无圆满之理论以解说于人民之前,而何必挟此雷霆万钧之势,以争胜于人民请愿之代表。况在东三省之人民,方迫切于敌国外患之痛,实有朝不保夕之势,而又重以发祥之地,与夫祖宗陵寝种种之观念,故其哀痛惨怛,情不

自禁，乃有此次最后之请愿。此种举动非由忠爱所郁结，又胡为舍逸即劳，以干不测之威严乎。呜呼！吾今观于朝廷最后之对待，乃觉其言外之意，殆已弃东三省如敝屣。此意久为敌国所窥知，故彼敢于公然侵略，浸思收入版图者，实以灼见朝廷之隐，久见陵寝发祥为不甚爱惜，尤视吾民无足轻重之土芥，故敢公然侵略，利用此隙以图占为己有也。

顾吾独有不解者，请愿之权利，其赋于吾国民者，早有千年根柢甚深之历史。诚使朝廷果不欲以暴戾之见，虐视吾民如奴隶，则不应于吾民之对于国事发言之权而亦剥夺之也。况请愿虽出于民，而其准许与否，固犹任诸高高在上之裁可，则又何必对于发抒忠爱之众，而亦滥用威严，查拿严办乎。故观于此，不特令人无端而觉秦政腹诽偶语之暴禁，有复活于今之感，且既以忠为仇，以爱国为罪戾，则后此吾民相率杜口结舌，以秦越肥瘠之观念视国家之危急存亡，此在朝廷不知究何所利。呜呼！訑訑之音声颜色，乃竟拒人于千里之外，孔子所谓一言丧邦，不是过也，时至今日，安得更容此不祥之言，以促国运之倾颓，得非俚谚所谓，一姓不再兴者，其例终可易耶。

吾思及此，诚欲破涕为笑而无从。吾尤觉小人之长国家，其拒谏饰非，以酿无穷之险，而为敌国所利用，乃真无所不用其极矣。吾固知吾号称贤明之监国，对于吾民忠爱之举，决不致使吾民大生暗投按剑之感慨也。所可疑者，则在老奸巨猾之某邸，平居既以反对立宪乘间辄发，而惟恐立宪一成，至有损及彼人一身之货贿。距今数日方挟威权以临资政院，今犹用其余锋以加诸请愿之代表，其事固肉贯连翩，如出一揆，而其必[心]尤可诛者，则欲以朝廷为怨府，巧于自谋。观于此谕之署名，乃偏临时告假，欲以涂人耳目，彼其用心诡诈，固为知者所共测，故吾虽欲逭之，亦无从矣。

马鸿谟编《民呼民吁民立报选辑》第1辑，河南人民出版社1982年版，第627～628页

12月27日(十一月二十六日)　广西思恩、宜山等县农民起义，次日攻入安化厅治，焚同知衙署。

12月28日(十一月二十七日)　孙中山抵巴黎，当晚会晤革命同志张继、王宠惠、伍朝枢等。

12月29日(十一月二十八日)　云贵总督李经羲奏报云南第四届筹办宪政开展情形。

《云贵总督李经羲奏云南第四届筹办宪政情形折》(宣统二年十一月二十八日)：

查筹备清单，本年各省应办事宜计分九端，除厘订地方税章程经度支部奏准，以本年为调查期限，前宪政编查馆电取说明书及宣统三年预算报告总册比较表暨常洋各关预算册，当饬清理财政局赶缮咨送外，其余八端：

一为续办城镇乡地方自治。查民政部奏定逐年筹备未尽事宜清单，本年应指定中等城镇地方照章筹设议事会、董事会，滇自上年指定繁盛之昆明一城提前筹办，旋即指定中等之昆阳州等二十九城，饬设议事、董事各会，通限本年先后成立，当于第三届奏明在案。嗣据安宁、云南两州县禀报，调查选民事竣，复经核准，将该两城自治各会，比照昆阳各城，一律限期筹设。所有各城应行筹备事宜，饬由全省自治筹办处妥定办事日期清单，分期饬办，按单考核，并将选举、投票、开票各细则，及议事、董事各会开会规则，逐一详晰拟订通行饬遵。现在昆明城议事会、董事会业经依限成立，其余各城叠据陆续禀报，尚能依限筹办。其禀报稍迟及办理违章之属，复经分别指示电札饬催，似可渐次就绪。照章应备木质图记，已饬处依式

拟定,先期刊发,俾资钤用。此续办城镇乡自治之大概情形也。

一为筹办厅州县地方自治。查厅州县自治章程,于本年三月内奉颁到滇,按照馆部清单,除省会首县应于本年成立议事会、参事会外,其余均在筹备时期,原可暂缓成立。惟就法制原理言之,城镇乡为下级自治,诚宜先期筹设,以立厅州县之基础。而就滇省情形言之,人才既属凋乏,财政尤形艰窘,非先设厅州县自治机关以统筹规画,则多数之城镇乡团体,必难以次组织,爰定变通办法,饬将各厅州县议事会、参事会一律提前筹设,所有新兴、通海、太和、蒙自四州县,限于本年内与昆明县自治各会一体成立。此外八十四属之厅州县自治,通限宣统三年成立,已由臣专案陈奏,并经先后饬拟分期办事清单及调查选民,投票所、开票所、议事会、参事会各细则,详经核准分饬妥办。其昆明、新兴各州县,均限本年十一月成立议事会,十二月成立参事会,现据陆续申报,均经如期筹备。至各该州县议事会、参事会应用钤记,亦经遵照部定式样,篆刻颁发。此筹办厅州县自治之大概情形也。

一为汇报人户总数。查部颁调查户口章程,本年为第二次汇报之期。滇处边峤,幅员辽阔,僻远州县距省率数十日程,屡经文电交催,始陆续据报到省,其有填注错误未能悉符部章者,亦经驳饬更正。计全省正户之数凡一百三十二万八千三百二十二,附户之数凡二十一万九千七百一十二,业由臣遵章汇列表册,另案咨部。此筹办汇报人户总数之大概情形也。

一为覆查岁出入总数。查光绪三十四年岁出入总数,业于上年十二月汇册咨部,由部具奏有案。其宣统元年全省岁出入总数,前准部咨饬由清理财政局按照部颁预算册式,分类分款,详晰填注造册送部。当经饬局将元年分各处报告分册,及该局汇造四季总册,互相核对,漏者补之,重者删之,应列甲类而误列乙类者移之,凡增删移改之处,均于各类之后附以说明,并将覆查总数与宣统三年预算表所列元年总数未能符合之处,附加案语,以资考证。汇成查覆宣统元年岁出、岁入总数各一册,于八月内咨部备核。此覆查岁出入总数之大概情形也。

一为试办预算、决算。查度支部奏试办预算大概情形原折内开:准宪政编查馆咨称,预算、决算虽在一年,然必先有预算方有决算,不能同年举办等语。是筹备清单内虽预算、决算并举,本年所能办到者只有预算,而无决算。滇自上年即经饬由清理财政局拟定预算表式,分别国家行政经费、地方行政经费,并附各衙门经费表于后,颁发各署局处所照式查填,本年三月准部颁册式例言,随即排印,专丁飞递各属,饬从部式依限赶办。嗣据各署局处所暨各府厅州县陆续将预算分册造送到局,由局分别核汇编成总册,于五月依限咨部。综计全年出入不敷银二百五十余万两,内除预备费约六十余万两不能据为额亏外,实不敷银一百九十余万两,旋准部电另造加估核减册,当即饬局照办,于八月咨部。计共加估入款银二十三万二千六百余两,核减出款银二万九千八百余两。此试办预算之大概情形也。

一为筹设省城及商埠各级审判厅。滇因自开商埠紧接会垣南门,实无异与省城同在一处,爰照奏定编制大纲,就省城设立高等、地方、初级各一厅,当经奏咨有案。本年以来,迭经饬据审判厅筹办处,先后拟定各厅员役缺额暨常年经费,并各项诉讼费用表、承发吏职务章程,驻厅司法警察、昆明四乡司法警察各办法,均经核准分别咨部。此外如检察厅调度司法警察章程施行细则、看守所章程、审判检查各厅办事章程、庭丁职务章程,现正饬速拟订。高等厅署亦经建筑完竣,地方初级两厅,不日并可落成。惟是边荒僻远,求材綦难,滇省原设司法讲习科,本系储备审检人才之用,嗣准法部咨到法官考试任用章程,则非在法律学堂三年毕业者不得与考,讲习科毕业各员遂为考格所限,遴才愈艰,当经咨准法部,将来滇省考取法官如不敷用,应临时咨请拣发。现在各厅尚未开庭,拟俟法部奏简高等厅丞、高等检察长后,

再由臣督同提法司查酌滇中人员是否足用,分别咨部拣发。此筹设省城商埠各级审判厅之大概情形也。

一为推广厅州县简易识字学塾。查此项学塾,滇省未奉部章以前,业就永昌、顺宁、普洱、镇边各属土司地面,先行试办,本年正月接准部章,即由臣饬司印行各属,一体遵章筹设。现据昆明各属陆续禀报,计设学凡五十九所,学生共一千九百余人,复据沿边学务局禀报,先后成立土塾计一百三十五所,学生共四千一百八十余人,余悉饬由提学司严催举办,并饬将堂教地址、学生姓名、年籍、入塾年月、教员姓名、学科钟点、毕业年限,一一详晰造报。查此项学塾,欲谋推广,自以附设为便,迭经通饬各厅州县于城内所办两等小学,或高等小学及繁盛乡镇所办高等小学堂内,先行附设,次则于城乡初等小学附设,又次则于各项学堂附设,其于户口稀少向无学堂者,或人民程度较低不能遽设初等小学者,均酌量地方情形,借地另行开办。此推广厅州县简易识字学塾之大概情形也。

一为筹办厅州县巡警。滇省各属巡警,上年已粗具规模,业经第三届奏陈在案。本年因滇越铁路直达省城,绵亘千余里,全省普通巡警固宜加意整顿,而铁路所经之十余厅州县,尤宜特别经营。当由臣奏派蒙自关道龚心湛督理其事,于蒙自设路警公所,于昆明、阿迷、河口三处,设正局各一所,另于沿路设分局三十一所,并一面饬由巡警道将各府直隶州教练所第一班毕业生,分派全省各厅州县服务,各属警政较之从前,均觉渐有起色。现在省城巡警学堂添设高等完全科,业经开学,教练所第三班学生亦将毕业,省外教练所除毕业生已足敷用,及经费异常支绌者暂准缓开二班外,余如曲靖、临安、广南、东川等府,均经赓续办理,计至本年年底,厅州县巡警当可渐期完备。惟初设县治之彝良、华坪,著名荒瘠之镇边、邱北,上届未及筹办,本年严札督催,并由道派员往查,据报地僻财竭,实难与各属一律兴举,现仍饬设法规画,因地制宜,赶速筹设,将来应否稍予变通,俟随时体察酌办,统于下届奏陈。此筹办厅州县巡警之大概情形也。

以上各端,或筹备既经竣事,或期限业已提前,或办法因部咨而变通,或规模已及时而粗具,从兹始终不懈,或有成效可期。惟此后事既逐年而递增,款即随时而加巨,滇省民生凋敝,帑储空虚,欲量力以经营,势必贻敷衍迟延之弊,欲按期而推广,又苦无搜罗发掘之方,若不亟谋变通,诚恐愈形竭蹶。

故宫博物院明清档案部编《清末筹备立宪档案史料》下册,中华书局1979年版,第801~805页

△ 四川全省学界罢课,要求速开国会。

12月31日(十一月三十日)　东三省民众代表第四次赴京请愿速开国会被押解回籍后,《民立报》于是日以《劫后余生之泪言》为题,刊登东三省各界代表董之威等上监国摄政王载沣请愿书,意在表达对清廷不顾民意、一意孤行的不满。

上书云:

窃以中国今日之情势,舍即开国会组织责任内阁,谋政治之统一,不足以救危亡。前经各省人民两次请愿速开国会,本年复经资政院提作议案议决上奏,及各省督抚先后电奏速开国会。当于十月初三日钦奉上谕,俯顺臣民之请,缩改于宣统五年实行开设议院。在我皇上审机观变,好恶同民,贤王力辅圣猷,主持大计。属在臣民畴不感激涕零,仰承高厚,尽心于实行筹备,以期早日观成,孰敢再事请求,意存尝试,而自取罪戾。顾之威等默窥时局,近察事机,家国危亡实有刻不容缓之势,而东三省危险万状,尤为不可思议。之威等身受目击,刺

激尤深。知而不言，非臣子之道，言而不切，非事君之忠。用敢推心泣血披沥陈之。今日之东三省乃名存实亡之东三省也，统览三省大势，为日俄南满东清铁道及安奉吉宁诸铁道所包围，步步处人肘腋之下，屯兵要隘，蹂躏主权。不与之争，安忍以祖宗发祥之地，人民身家性命财产所托之区，任人行动自由？与之争，则空言适足以速祸，奴隶牛马之惨剧，不待三省舆图变色而已身受，可为恸哭。此犹我国朝野上下所已知者。据近日情形，则并吞之概又相逼而来，安奉路工原期二年竣事，今则缩短于一年半竣工，且日夕从事工作。似此亟亟，则日人将欲迁都朝鲜之说，不难实行。近又藉口于铁道沿线胡匪之滋扰，要我外部允许会剿，如是则我无警察权。南满铁路日本移民日渐增多，如入无人之境，如是则我无土地权。俄国亦运用日俄协约之作用，野心勃勃，唆使胡匪扰我边境，并进窥蒙古。近以哈尔滨发生鼠疫，竟藉口查疫侵我主权，如是则我无行政权。因防疫之故竟断吾国行人，如是则我无通行之自由权。种种举动，无非急欲揽我主权，并东三省名义而去之，置我于朝鲜之列，而此数事又皆发生于近数月间。莽莽浩劫无术以避之，故数月之内，农不安于耕，商不安于市，士不安于诵读，工不安于制作，人心惶迫，盼望国会，不惜断指割股以表示其哀恳迫切之诚。不十日间，已至五千余人，其可惊可哭状况，诚知前途岌岌，朝不保夕，几有风中残烛之象。一旦有变，则三省人民，父不能保其子，兄不能保其弟，夫不能保其妻。哭之于天，而苍苍者无语，哭之于我皇上，我皇上亦无如此丰镐之孑遗何。而谓宣统五年开设议院，延颈以待，能乎不能？近世之政治家、外交家论中国者，恒谓欲解决中国问题，当先解决东三省问题，东三省存则中国存，东三省亡则中国亡。我贤王不为东三省计，亦当为全国计，不为全国计，亦当为祖宗陵寝计。欲救东三省之危亡，舍即开国会谋政治之统一，实无他善策。恭读上谕，所谓缓之固无可缓，具见圣明。以今日时局之危险，急起直追即开国会能容我补救于万一，而得免危亡与否尚不敢必，若待至宣统五年始开国会，则我国必不能免于灭亡。我方审慎迟回，人已急不我待，至其时虽有良法亦无所用，虽欲开国会而必不能，与其追悔于事后，不如补救于未然。若以为既确定于宣统五年召集国会，不能再议更张，之威等以为事贵求实，而不骛名。不再议更张，不过体制上稍有虚誉，而国亡家破丝毫无补于事实，朝廷又何必求虚名而速实祸。先朝之谕旨尚能因时制宜，我皇上必能俯顺舆情再缩年限，以活三省而拯大局。至议院选举诸法，各国具有成规，并力编纂则数月亦可蒇事，资政院议案本系主张速开国会，徒以不负责任之军机大臣，不能赞襄圣谟，致收此不痛不痒之结果。然而之威等经庚子之乱、日俄之战，劫后余生，已成两番未亡之人民。今兹苟延残喘，痛定思痛，实不能再忍须臾，重见东都板荡之祸。为此联合各界公举代表，沥陈东三省危急情形于贤王之前。请于明年七八月间开设议院，俾得政治统一，力救危亡。伏乞贤王俯采刍荛，不必交由会议政务处会议，毅然独断，以宗庙社稷为重，则之威等虽膏斧钺之诛，亦将含笑而赴。

马鸿谟编《民呼民吁民立报选辑》第1辑，河南人民出版社1982年版，第654～656页

是年秋冬　湖广总督瑞澂整编湖北巡江舰队。

《时报》辛亥正月二十三日报道湖北重编巡江舰队之详情：

湖北襟江带河，水广于陆。自去岁将楚泰、楚同、湖鹗、湖鹰等十二艘浅水舰艇拨归海军部，编作长江防舰后，本省遇有事故，无权直接征调，已嫌呼应不灵。而长江防舰虽常开往巡缉，又只有一、二艘，于保卫水面治安，并不十分注意，致商船屡被拦劫。客秋，瑞制军踌躇再四，乃将荆襄水师七营、沿江水师一营，改委前苏省已革协统陈得龙统领，责令切实整顿。于是遂将各水师舢板、炮船，改名为水路巡防队，营制饷章均有所更。但舢板水师积习已深，有

良统将亦难振作。且水道宽阔，舢板笨重，实有诸多不便。故瑞督于客腊又将度支公所之楚材、楚安、江清、江泰四官轮改隶陈统领，俾遇事得资策应。陈接统四轮后，即以军法部勒，拟改编成巡江舰队，期以供差之舰，渐成有用之师。正筹改间，现陈又奉委统领驻汉口之右路巡防队。因水陆不能兼顾，乃自将四官轮禀归荆襄水路巡防队帮统袁祖瑛接办，重行规划。照海军制度，将各轮略事修改，正名曰舰。楚材较大，改为旗舰，各轮隶属听其指挥。所有大副以上改为官弁；水手以次改为兵夫，辛工改为薪饷，一律装置快炮。至各舰人数，则按船身大小，斟酌匀配。楚材原额五十九员名，兹裁去副电灯司机一名，即以起锚机匠兼之。楚安原额二十四名，裁去水手一名，计二十三员名。江清原额二十员名，兹因添装炮位，添副炮弁一名，又添水手一名，共二十二员名。江泰船身窄小，照旧仍设十八员名。管带之公费均按船之大小规定，员弁兵夫服装则参照海军及本省水路防队式样，由各舰自行制备，以归一式。其各舰从前供差大副、大车人等惯于舞弊，刻已酌量更换，并严禁水手兼充杂役，一洗从前积弊。又由袁统领预定有各轮实施造课表，按日督率各管带实力训练，精神形式俨有兵舰之气象焉。

武汉大学历史系中国近代史教研室编《辛亥革命在湖北史料选辑》，湖北人民出版社 1981 年版，第 346 ~ 347 页

是年　湖北商办铁路集资困难，与修路所需资金及邮传部集资要求相去甚远。

《民立报》1911 年 1 月 16 日报道：

当铁路协会开办之初，人人咸抱一路存鄂存、路亡鄂亡之心，所以一时认股如风发潮涌，不数月间已获百万。讵意去岁大水为灾，市面日非，金融机关十分阻滞，认股者甚是寥寥。今年又因争让总理，人心多存疑虑，缴股又咸观望不前，以致改设公司以来，所有股款实在仅有一百六十万两。刻下邮部验款在即，该公司异常焦急。日来开会多次，均为筹商派股办法，讵到会者每次不过十余人而已。

黄季陆主编《中华民国史料丛编 · 民立报》第 3 册，台北中央文物供应社 1969 年版影印本。第 0652 页

△ 革命党人在柬埔寨成立同盟会分会。

△ 美国在南京设立金陵大学，在成都设立华西协和大学。

1911 年(清宣统三年・辛亥)

1 月 1 日—11 日(庚戌年十二月初一—十一日)　广州新军起义失败后,黄兴在南洋各地募集起义经费,再次策划大规模广州起义。

11 日,黄兴致暹罗同志书称:

启者,日并高丽,而与强俄协约,满洲、蒙古势已不保。英窥其隙,今已进兵卫藏,置防缅边,西鄙之亡,又可日计。德之于山东,法之于云南,铁路所过,蹂躏无完土。美于中国土地无所侵占,不能恣虐,特倡保护领土之美名,包揽其公债。而满洲政府方醉生梦死,昏不知觉,于日、俄、英、德、法则默认之,于美则欢迎之。对于国民,诡名立宪,以为欺饰,其实则剥夺国民种种权利,以行其中央集权之实。是中国目前状态,不亡于有形土地之瓜分,即亡于无形财政之监督。呜呼!是可忍也,孰不可忍也!今秋,中山先生特召集内地各部代表南来,相与确定计画,急起实行,破釜沉舟,拼此一举。预算发难费用十万金,向南洋、欧、美各分会筹措。前月中山先生已起程西去。今英属之地,得邓泽如兄等起而提倡,已大有眉目。汉民兄则由安南而至贵埠,望各同志尽情商榷,竭力捐助,少毁其家,以纾国难,则大款易集,而大业亦可成矣。故内地同志既破其家,又牺牲其身者,所在多有。海外同志为地所限,不能亲身冒其锋,今能掷金钱以偿其热血,亦义之至正。诸君慷慨豪侠,多不让人,弟知必有以集巨资以成斯举者。又贵埠常时储有大款,以备实行之用。前中山先生以滇事紧急,请拨助滇部,当时弟在仰光,得预闻其事。兹滇部得其乡人寸君(指寸尊福,编者)之助,已得三万元,势可不必需此。弟又与天民(滇籍同盟会会员吕志伊字,编者)相约,同时并发,以张声势。而弟仍归粤襄助其事,以该地紧要,一发即能制虏之死命也。其一切详情,汉民兄当为面陈。乞各同志赞成,于各尽力捐助外,将储款尽数提出,以助公用,俾能多得一分之财,即能多得一分之预备。时机迫促,急于星火,务恳于年内汇归港部,尤为得用。且腊杪于运动一节,费省而效著,想各同志必能洞察也。

刘泱泱编《黄兴集》(1),湖南人民出版社第 2008 年版,第 46 ~ 47 页

1 月 2 日(十二月初二日)　清廷以奉天、直隶、四川等省学生曾罢学停课,要求速开国会,本日上谕军机大臣等,严禁学生干预国政,要求各省提学使及监督、提调、堂长、监学等,随时开导查禁,防患于未然。

是日上谕军机大臣等:

前经降旨,缩改于宣统五年开设议院,已明白宣示作为确定年限,不能再议更张。乃不安本分之徒,藉速开国会为名,仍复到处鼓惑。各学堂学生多系年幼无知,血气未定,往往被其愚弄,轻发传单,纷纷停课,聚众要求。闻奉天、直隶、四川等省均有此项情事,恐他省亦在所不免。似此无端荒弃正业,奔走呼号,日久恐酿生他变,贻害民生。学堂学生历练未深,本不准干预国家政治,曾奉先朝严谕,刊入文凭,悬为厉禁。乃历时未久,复染嚣张之习。是皆由办学人员管教不严所致。前已面谕学部尚书唐景崇通饬各省严行禁止。著各省督抚再行剀切晓谕,随时弹压,严饬提学使及监督、提调、堂长、监学等,按照定章,随时开导查禁,防范未然。倘再有前项情事,立即从严惩办,并将办学人员一并重处,以儆其余。如或仍前玩愒,以致滋生事端,定惟该督抚等是问。

故宫博物院明清档案部编《清末筹备立宪档案史料》下册,中华书局 1979 年版,第 653 页

1月3日(十二月初三日)　孙中山自巴黎赴比利时。

△ 汉口《大江白话报》发刊,社址在汉口新马路五十二号。起初胡为霖为经理(后由詹大悲接任经理),聘詹大悲、何海鸣分任正副编辑。后改名《大江报》,因刊发反清激烈时评,造成轰动一时的《大江报》案。

居正《辛亥札记》:

初,黄冈胡为霖斥资创办《大江白话报》于汉口,聘詹大悲、何海鸣为正、副主笔。未几,汉口英国水兵殴毙车夫,群情愤急(激)。《大江白话报》尽力攻击,英领事极表不满。胡为霖之父畏祸,召为霖归家,詹大悲乃筹资接办,删去"白话"二字,是为《大江报》。

武汉大学历史系中国近代史教研室编《辛亥革命在湖北史料选辑》,湖北人民出版社1981年版,第121页

李西屏《武昌首义纪事》记詹大悲创办《大江报》时说:

大悲主笔,特与军营兵士结纳。时张彪部下多用粗犷充下级军官,其驭兵士严酷及克扣不法等事,士兵密告大悲,一一披露报纸。制府阅报,即诘责张彪惩罚。故兵士咸乐与大悲共图革命。

武昌辛亥革命研究中心编《李西屏文集》,湖北人民出版社2010年版,第14页

据上海《民立报》1911年1月13日所刊《汉口大江报已出版》广告云:

本报定名为《大江白话报》,专以灌输国民常识,提倡社会真理为宗旨,开设汉口新马路五十二号,特聘前汉口《商务报》馆主笔诸君担任编辑,已予十二月初三日出版。

黄季陆主编《中华民国史料丛编·民立报》第3册,台北中央文物供应社1969年版影印本,第0628页

1月4日(十二月初四日)　奉天省宁远州数千乡民抗捐,数百人进城围哄州署。巡警向人群开枪,致两人毙命,多人受伤。关于事件起因及经过,当地官、民说法各不相同。

奉天候补知府程学恂查复:

该州警款每地一日,每月收捐钱五百文,嗣加收学款二百五十文,共收东钱七百五十文,按照铜元一枚合东钱一成,嗣遵宪台呈准警务通则,以亩计捐,统收银元,遂改为每亩月收小银元一厘五毫,以一厘为警款,以五毫为学款,计地六亩,月缴小银元九分。而该州现银元缺乏,收捐之时仍系以东钱折合银元,该州银价甚昂,每小银元一圆,约合钱八吊四五,故捐虽只九分,当以省城银价核算,实合一角有奇,民间遂觉捐项过重。又前署牧慕昌治任内,因民间地亩不无隐瞒漏匿,遂定为每地一日酌加二亩,民间始亦遵从。至六月间,西乡三、四两区人民遂谓担负太重,希图轻减。该乡向有五会之名,系连合各屯抵御外来胡匪,闻警则聚,无事则散。六月间,该处民人乃复聚会商议此事,在乡民本无意识,不过欲求捐项减轻,而一二匪徒乘势煽惑,倡为抗拒,致有赴巡警区所攘夺枪械之事。知府详访民间舆论,有谓须将以前警务余款彻底清查者;有谓巡警不能卫民者;有谓学堂办理腐败者。虽属乡民希冀减捐以此借口,然使为地方官者,果能将警学各政,实力整顿,款不虚糜,而款项收支若干,又为决算榜示,以昭大信,则民间自然翕服。乃查王前牧崇阊于警学两端,向不甚过问,至巡官有兼办学务者,收捐绅董有挟款不交者,办理种种失当,无怪疑谤丛生,遂以酿成六月间聚众之事,事后于确系为首之人,又未遵督宪批饬立时查拿,示以可玩,仅为呈请酌改亩捐,凡地不及三日者,议免二亩捐款,嗣奉宪台会同提学宪呈复,令该牧查明此项民地不及三日者共有若干家数,该牧又延不即办。旋交卸去,致民间观望,希冀之心,日甚一日,遂以酿成今日之事。此查明该州乡民所由聚会滋事之实在情形也。

史牧到任后，访闻芥花台、下碱厂等处，仍有聚众吃会之事，遂于本月初七日亲赴乡间开导，当将赵洛忠即赵长恩暨康德利、戴永凌三人拘带进城。初九日即有乡民百余人入城。至初十日陆续进城者，约数百人。其尚未进城行至半途者，共约有五千人。群称见官，将请减捐并求将会首赵洛忠等保释等语。是日，史牧正坐堂皇，提该会首等讯问，即有乡民数百人至州署前，口称须进内见官恳求。警兵见其人众势大，恐生意外，即于西辕门前拦阻，不许入署。史牧闻信，立饬警务长出外弹压，并传告众人谓：尔有事面求，可举乡老数人入内代表众情。讵乡民置之不理。正在抵拒喧嚷之际，乡民各执石块向内奋击，警兵始而用枪杆抵格，后见警兵苏福山等受伤倒地，一时情急，遂放枪恐吓，共放有十余枪，据当场之警兵称，均系望空开放，不意误伤乡民岳洛荣、薛永才二人，当场复拿获杨洛柏、周德宽、王恩祥等三名。当时，史牧见外面吵嚷不休，此即退堂，意欲出署向众开导。行至堂下，已闻枪声，民众见已酿祸，乃渐渐退去，防营闻警弹压，城绅复出城开导，将尚未进城之乡众中途拦回，遂即解散，当由史牧饬吏验明岳洛荣、薛永才二人所受伤痕，均系钢子所伤。而警兵中惟刘德纯、朱得胜、马万春、谢秉俭四名枪用钢子，即将该警兵看管。讯据该警兵等均称，人众势乱，仓猝之中实不知何人放伤等情。是役，计警兵受伤者三人，乡民受伤者二人，岳洛荣一名业于十一日因伤殒命，薛永才亦于二十四日身死。此案详询本地绅商劝学所总董李晋云、三乡议长李国华、四乡议长徐尚志等，佥谓乡民抛石在先，警兵放枪在后，此查明乡民聚众闹署，投石伤人，致警兵开枪镇压误毙人命之实在情形也。

至警学亩捐一项，知府抵州后查知，各会首人等均已散归各屯，势难家喻户晓，因往访各该区议、董两会人等，连日切实开导，晓以利害，使之分头劝谕。据该议长等回称，乡民均知悔悟，已认赶紧措款，不致仍前违抗等语，并由该会议长等出具切结。

知府复查此案乡民聚众入城滋事，大半乡愚无知被胁而来，现在既经解散，自应免予株连。惟会首赵洛忠等屡次纠众抗捐，并敢攘夺巡警枪械，实非安分之徒，应请饬该州牧照例惩办，以儆效尤。西乡土地瘠薄，加以银价踊贵，民间苦累，亦系实情，宜如何量予减缓之处，应由该牧会同该处议会通盘筹画，以善其后。

章开沅、罗福惠、严昌洪主编《辛亥革命史资料新编》第3册，湖北人民出版社2006年版，第11～12页

宁远州民人王俊山等则称：

窃小民等于本年七八月间因青黄不接，无力缴纳亩捐，哀恳前任王州尊求其暂缓。彼时，王州尊不察小民等之心，误以聚众抗捐，上禀列宪。嗣察民情，实属无力，当蒙允诺缓至秋后交纳。八月初旬，曾赴收捐处纳款，有账可查。迨至十一月间，饬事甫毕，正拟措办尾欠赴局输将，适值史州尊到任伊始，新旧交替之际，不知当日情形，并未发给夏季饷票，既然饷票未发，饷何由纳于初八日，史州尊赴下碱厂，随带区官陈振宗等拘缉乡民赵长恩、戴永龄、康德利等，拴在马项之下，飞奔到城，踵趾决裂，惨不忍言，未经堂讯，随即带刑拘押。次晨于粮店内，又将卖粮赶集之人刘百年、杨连甲、杨连举、王臣等四名饬巡警拘缉到署内，仍复监押看守所。

小民等既属乡谊，焉能坐视。于初十日约集合会人等进城保释被押诸人，所来者，俱是赤手空拳，寸铁未带。行至署前西辕门以外，警务长喝令警兵放枪轰击，药弹飞穿岳福之项，登时死于西辕门以外垣墙之下，随时又来一弹，飞穿薛永才之臂，遂及于胁，史州尊饬差抬至张乡约家养伤，因伤过重，于本月二十二日夜间因伤毙命，其余受伤者，尚有十余名，生死尚难预料。乃史州尊不拿凶手，返[反]以小民聚众哄堂塞署，警兵因枪走火伤毙人命蒙禀，次日又将张福、杨白田、周大宽并王臣之子等四名仍复饬押。

章开沅、罗福惠、严昌洪主编《辛亥革命史资料新编》第3册，湖北人民出版社2006年版，第13～14页

1月6日(十二月初六日)　清廷命署邮传部尚书唐绍仪开缺,补授盛宣怀为邮传部尚书。

1月7日(十二月初七日)　同盟会员温朝钟、黄明星在四川黔江组织铁血英雄会,于是日起义,称国民军,一度攻占黔江县城。不久遭清军优势兵力围攻,1月12日失败,温、黄先后壮烈牺牲。

1月12日(宣统二年十二月十二日)陆军部一等谘议官湖北参谋处总办吴鸿昌申报陆军部,内称:

窃照湖北督练公所兵备处奉督宪瑞函开:准四川赵次帅急电内开:据黔江县王令炽昌急电称:该县已革生温朝钟潜通革命逆党,在川边诱众千人,扬声三路扑城,知县已集数百人,分堵要害,禀调西军未至,事在危急,乞速电鄂军就近驰援,余另报等情。乞公飞饬就近营队驰往协剿为叩。盼复。巽。庚。印。等因。查黔江县与施南府属连界,应请电饬驻施属之兵队前往协剿,一面会商张统制。如何调兵填扎并预备防剿,以免窜入鄂、湘境界之处,即祈见复等因。奉此。比经会同该处禀明督宪,一面先行电请施鹤道曾道暨驻宜昌后路巡防营崇统领,酌派驻施防营先往,并派驻宜一营继往协剿去后。一面会同第八镇张统制派饬陆军步队第三十二标第一营官兵四百六十员名,携带真子弹二万颗,于本月初十日,乘轮径赴宜昌填扎,以资策应。旋接宜昌复电称:已派驻宜后路巡防第二营准十三日开拔施南,继向黔江进发。其驻宜之第一营仍扎原地。其驻施后路巡防第三营,已拔队向黔江进发等语。又接湘抚电,知已电饬湖南西路巡防统领谢澍泉,酌派营队前往黔江协剿。各等因。除俟剿办有如何情形另文申报外,所有此次川电起事及鄂军开拔各情形,理合先行申报,为此申请堂宪俯赐察核,伏乞照验施行。

中国第二历史档案馆编《中华民国史档案资料汇编》第1辑,江苏人民出版社1979年版,第73页

另据1911年1月13日(宣统二年十二月十三日)军机处寄四川总督赵尔巽电旨:

赵尔巽两次电奏,据称贼首温朝钟潜通革党,啸聚千人,分三路扑犯黔江县,当即抽调防营并分电鄂湘黔各督抚就近驰援。嗣因兵远莫及,黔江县知县王炽昌急招三百余人分扎六隘,贼匪三路来犯,众寡不敌,于七日晨失险溃陷。复又飞调各营驰往剿办,并续电鄂湘飞速会剿。等语。贼首温朝钟潜谋不轨,率众突犯黔江县,以无城无兵,遂致失陷。著赵尔巽迅速调拨就近营队,并著电催鄂湘黔各督抚调派邻近队伍,即速认真合力兜剿,务将该县克日克复,所有匪众迅即扑灭,毋任蔓延为患。

中国史学会主编,中国近代史资料丛刊《辛亥革命》(3),上海人民出版社1957年版,第495页

1月19日(十二月十九日)吴鸿昌向陆军部申报称:

窃照川电黔江革生温朝钟聚众扑城各因,比经鄂、湘派饬军营填扎协剿及黔江县城已于初七日失陷各情形,业经报电钧鉴在案。伏查四川督部堂真电:匪首温朝钟初七日扑黔江,县本无城,登时失陷等语。暨嗣接施南曾道、张守电,据咸丰县令探悉电称:温匪初七日入黔江城,毁监狱及教堂,现踞凤凰山,恐其窜扰等语。前派王管带带兵四棚即日可到咸丰,宜昌一营二十日可到施南。咸丰无城,恐人心摇动。倭[?]协镇另遣守备派兵四棚驻咸策应,俟宜昌兵到,再进剿。等语。又接驻扎宜昌后路巡防营统领崇欢元电称:奉督宪电欢赴援,惟战地路远,子弹宜富,请派员速解二万颗,免欢派人往返迟延,随即补呈领文,如有新式手枪,请借二枝,事竣奉缴等语。比经兵备处禀明督宪,另派王都司开甲解送七密里九快枪子弹二万颗及机关枪二杆、枪子一万颗并新式手枪二枝,已于十四日乘楚安兵轮,径赴宜昌,交欢领

用矣。惟黔江失陷后，敌情如何，尚无确耗，一俟有闻，再当飞报。

中国第二历史档案馆编《中华民国史档案资料汇编》第1辑，江苏人民出版社1979年版，第74页

护理四川总督王人文1911年5月2日（宣统三年四月初四日）奏折：

查黔江县属隶酉阳州，东北与湖北咸丰县界连，西北与酉阳、彭水接壤，县治处万山之中，并非修建城郭，僻在一隅。此次倡乱逆首温朝钟，系属该县附生，素行狂悖，因案斥革，与同邑增生王克明倡言革命，私立社会，到处演说诱惑愚民，从者日众，遂潜谋不轨。宣统二年十二月初，在彭水县凤池山聚议约期起事，经该县知县王炽昌访闻侦捕。该逆知密谋已泄，即率众下山，沿途裹胁，众至千余。初七日早，分三路扑犯县治。王炽昌已仓猝招募乡勇三百余名，分扎六隘抵御。武举孙常礼率乡勇驻防大哑口，匪等蜂涌攻扑，乡勇未经训练，交绥即溃，武举孙常礼身受百余伤，力战阵亡，勇丁钱敏箸五人死之，随陷县治。王炽昌带印退保南路，集团堵截。该匪入城，意在要结人心，施其故智，仅焚毁衙署、监狱，并毁掠教堂。维时教士已闻警迁避，损失无多。狱内也只待质、外结、羁禁十余被其纵逸。此外仓廒民居均未骚扰。匪等虽陷县治，以无城可守，仍分驻险要以遏援师，并日迫团民派丁供粮。胁从越众，匪势越张。

前督臣赵尔巽接到警电，当经飞电酉阳州防军就近星驰剿办，并饬川东各营前往应援。一面分电连界湘、鄂、黔三省派兵会剿防堵。十二月，川军左路巡防第二营管带刘舒锦，督率弁兵，会同王炽昌团练由南路进攻。适署酉阳州知州杨兆龙亦率兵继至。匪等于沙子坝分三路为犄角以拒我军，我军放枪还击，毙匪百余名，匪遂不支，弃城溃围逃逸，复追斩数十匪，生擒悍匪施云山等八名，讯明正法。夺获贼马二匹，大炮九尊，枪弹、旗帜无算，遂收复县治。王炽昌留县清整安抚，杨兆龙、刘舒锦仍率兵团跟追。值鄂军巡防管带王泽吾领兵来援，会同川军追匪于学堂湾、蛇盘溪等处，斩获甚多，匪党星散，贼势穷促。十六日，窜至咸丰县属破水坪，逆首温朝钟率死党踞八角庙，负隅固守。是夜川、鄂两军追至，三面围攻，匪等然炮抵拒。黎明，各军奋勇猛击，枪炮齐施，毙匪三十余名，生擒逆首温朝钟等二十五名，夺获枪炮、旗帜多件。杨兆龙提验温朝钟，受伤甚重，不能讯供，当与其死党白美廷等七名一并正法，以快人心。逆党王克明窜匿，亦旋经乡团搜得击毙。谋逆首要次第歼除，漏网余孽亦先后获办。其被逼胁乡愚，并非甘心从逆，免予深究，以安反侧。黔、咸两县人民当各照常安业。黔江县知县王炽昌先已撤任，善后事宜饬令接署县文极妥筹办理。刻已查明教堂损失，就地筹款，与被害民人分别抚恤，立约了结。被焚之衙署、监狱，责成王炽昌赔修。乘间逃逸监犯，按名饬缉。

中国第一历史档案馆等编选《辛亥革命前十年间民变档案史料》下册，中华书局1985年版，第804～806页

徐大煜《温朝钟、黄明星二烈士合传》：

温烈士名朝钟，字静澄，一字果斋，邑西信乎里大路坝人。……于时，黔邑程君芝轩，归自东瀛，夙识其衷，介入同盟会。乃与咸、黔二邑诸同志，翻印《灭汉八策》，激动人心。旋倡风俗改良会，由一乡至各乡，到处演说，人多悟焉。邑绅黄玉山富于资，愿竭家相助；黔士王克明、谈茂林，各倾囊恣其所为。势渐厚，乃暗购军火土炮，又结铁血英雄会，隐以兵法布列［勒］其同党，继此三四年内，而近邑不入其党者盖亦少矣。既而革命风潮，腾于各行省，湖北施鹤道，出示通缉。烈士时赴西北各乡，广事联络。邑令徐培，亦学自东瀛者，与烈士彻夜谈，谓时尚未可，勿徒取祸。烈士心卑其言，迫于时势，改名孔保华，潜归往江津、永川，访同盟友谋起兵。……

是年，日俄协约，报纸喧腾。黔令王炽昌，又借名苛征，烈士欲借以起义。冬十一月下

旬,约同志聚议于彭水县之凤池山。其仇温百川,飞告咸、黔两邑。咸令不为动,而黔令集附城权绅议防剿,遣武举孙常礼,率三百人防大垭口;外委许瀛州,率三千人防八面山;余分扎四隘,声势汹涌。烈士左右仅二百余人,不得已多方激励,誓同一死,乃剃发下山,别檄志士裴从之,集数十人,越八面山顶,扬旗放炮,牵制许军。自统所部二百人,直夺大垭口,与众约曰:"吾等倡义扫除暴君污吏,救民水火,所过地方,口食外无丝毫犯。官兵抵敌,非有令不得妄开炮"。官军据要害,窥其至,炮毙温军三人。烈士从山顶旁击,飞剑取其统带首级,官军如鸟兽散。整队入城,大呼"我同胞父老子弟诸姑姐妹,幸勿惊惶!我原为同胞定大计,谋大业,驱除丑虏,光复汉业"。城内亦多知烈士者,义旗所指,申明约束,阛阓无惊,县令及权绅则闻风早遁,盖十二月初七日也。

或劝烈士设军政府,撄城固守,驰檄四方,以待响应。答曰:"邑城小而粮乏,持久非计。且仅得一邑,遽立政府以自大,非吾辈素志。今莫如先大破坏,使彼无可收拾,然后我所入,易得志。"故城内一无布置,只与父老子弟,演说满、汉种界,及专制政体之暴横,与各处官吏之贪污,人民之苦楚,凡有血气者,皆宜起而自强自治,闻者泪下。如是一日,复亲至四乡,集同志,应者约七八千人,聚于两会场。人数既多,器械尤缺。略为部署,令军人剪去发辫,载白袖章,外衣前后,一律粉书国民军。各军长官,斜挂白带于肩,标明职衔等级。每十人一棚,十棚一队,五队一营,两营一标,四标一师,各有长〈长〉,以施云山,庞耀廷、谈会元、陶绳武等为最勇敢。众拥烈士任军司令总长,王克明次长,黄玉山任后勤主饷运,仓卒成军。于十二日行抵城西五里之上沙坝,暮雪漫天,人马俱饥寒持[特]甚。突来酉阳防军及酉黔乡团数百,阵于西门外万柳堤,轰毙温军数人。烈士率劲旅缘武陵山行,后至,伏剑奋呼,期于一死,相持久之。官军器精能击远,温军徒以义烈相感激,鏖战至二三更时,前仆后继,莫有退志。烈士见事不济,徒薄死无益,思退扼险要自固。转行至破水坪,而电调川、黔、湘、鄂大兵踵至,四面合围。或劝其逃匿图再举,烈士曰:"首其事者当其难,何逃之有?"焚其会名册,只身趋官军前大叱曰:"我温某也,一切皆我所为,不与他人事"。酉阳州牧杨兆龙,欲加拷讯。烈士骂曰:"尔等皆汉人,不知雪祖宗之耻,反为仇尽力,真没天理良心。问我何为,欲杀则杀耳!"官军分裂之,蜀军得其头,楚、黔分执其手足。时距入城才十日耳。报由川、湖两督,奏奖官职者二十余人。烈士遇害,时年三十二岁,无子仅二女。

黄烈士名明星,字玉山,邑西信孚里蛇盘溪人。……

岁丙午,其戚温朝钟游锦城,遇程君芝轩,得革命秘书归家,倡风俗改良会。烈士首赞成之,随延温至其家,纵谈时势,预闻革党秘谋。未几,又倡铁血英雄会,烈士即捐资数百缗,暗购军火器械;又助旅费,遣其侄黄盛湘、甥王治安,游川、湘演说,联络同志。而附近同志谈作林、谈茂林、王克明、王云笠、裴从之、施云山、杨松柏、陶绳五、韦万顺、黎美全、何顺臣、谢国昌、温梦九、温子泉、黎焕光、邹前三,及其族人黄海山、黄敦五、黄凌云等,皆各输财出力,尤以烈士一门为济乏内府。

岁庚戌,革命风潮日益剧烈,鄂督飞檄上游道府,通缉党人。烈士等相语,谓时期已至,北美十二[三]州同日独立,转瞬可卜,当不止如隋、元末造,揭竽[竿]崇[而]起者之纷纷见告也。加以黔令王炽昌,方借新政筹款,以苛虐困良民,遂偕温、王诸烈士,聚议于彭水县之凤池山,约日起兵。不意温百川赴官告讦。咸令徐培怒置百川于狱,黔令则集团勇,议防剿事宜。温军不得已,于十二月初七,仓卒统众,过蛇盘溪,越大垭口破黔江城,王令潜逃,斩武举孙常礼。革军入城后,因兵力单薄,回本里号召壮士,图进取。义兵八千人,军需火器,胥于黄宅取给。甫入城,遇酉阳大队兵团,相持未决,而鄂、湘、蜀各官军踵至合围。革军败北,

温烈士及施云山等数十人死之。烈士素有德乡里，竟为庇护隐匿。既闻首要诸人皆殉义，且三省官弁，争以搜杀余党要功，为乡民累，乃挺身诣警务长陈锡光，请解赴黔。邑令王炽昌、州牧杨兆龙亲鞫之，皆直供不讳。杨牧以事平，又奉蜀督不许诛连之电谕，欲曲为解脱，发署令文掹[丞]复讯，仍始终执一词。乃于辛亥年四月初四日，在黔城西关外，与杨松柏同遇害，时年六十有二也。

中国人民政治协商会议湖北省暨武汉市委员会等编《武昌起义档案资料选编》中卷，湖北人民出版社1982年版，第157～161页

1月9日(十二月初九日)　直隶总督陈夔龙奏陈，天津请愿国会同志会会长、天津普育女学堂校长温世霖，通电各省同时罢课，意图煽惑，请严行惩儆。清廷令发往新疆，交地方官严加管束。

1月11日(十二月十一日)　资政院奏，议决修筑蒙古铁路三条：一、张恰铁路；二、张锦铁路；三、库伊铁路。请饬邮传部先将张恰、张锦二路，从速筹办，一面测量库伊路线，俟明年开院，再交会议。

1月12日(十二月十二日)　黄兴从新加坡搭乘日本邮船返香港。

△ 四川、湖北宜昌间民众拆毁川汉铁路局，焚烧教堂。

△ 清廷命四川总督赵尔巽来京陛见，以布政使王人文暂行护理四川总督。

1月13日(十二月十三日)　清廷就四川黔江县温朝钟起事一案，命四川总督赵尔巽迅拔就近营队，并电催鄂、湘、黔各督抚派队合力兜剿，迅即扑灭。

△ 湖北省崇阳县已革生员骆寿南带领二百余人，手执火器刀矛拥入县署哄闹，强行提走人犯，砸抢差役家什衣物，然后放枪离去。湖北军事当局应崇阳县令电请，派兵前往弹压。

据1月19日(十二月十九日)陆军部一等谘议官湖北参谋处总办吴鸿昌向陆军部申报称：

湖北武昌府属崇阳县连令炳寒急电称：崇阳革生骆寿南，……在押潜逃，往拿拒捕未获。今秋纠众行抢陈其祥家，详奉批饬勒拿，骆族大而悍，负隅不出，迄未就获。更于昨初八夜，暗带多人，入城围陈其祥所寓之天主堂，喊称拿捉，居民大哗。知县访闻，力疾会营督役前往，拿获骆志堂等三人，并夺获尖刀一柄，其余散逸，教堂幸未稍损。提讯志堂供称，向祥索兑票钱，再三研究，实为捉虏勒挟地步，饬祥离寓，以免波及教堂。次日，会营亲往查拿，寿南避匿不出。十三日午，又同渠叔骆生香驳带二百余人，执持火器刀矛，半扎城门半进门，突拥入署，肆行凶闹，立将骆志堂等三人提出，并将原差家杂物打毁，带抢衣物，始放枪扬长而去。幸监卡别案人犯，均未敢动。窃崇民野蛮，尤以骆寿南所居之雷骆坑为最，拒捕夺犯，叠有旧案。今则公然纠众持械，入城捉人提犯，尤为猖獗，行同土匪。拟请先行拨兵百名，下县驻扎弹压，以免再生巨祸。因差役皆畏其凶势，不得不多求拨兵，以资镇慑，地方幸甚。等因。比

奉督宪急致驻扎新堤右路巡防步队第二营王管带锡林删电开:崇阳连令炳寒来电,革生骆寿南胆敢聚众执持火器,拥入县署,将押犯骆志堂等三人抢回,实属藐法,应由该管带速带防营八棚,飞往镇慑,即行勿缓等因去后。并奉函饬督练公所兵备处内开:顷接崇阳县连令炳寒电,有革生骆寿南胆敢聚众执持火器,拥入县署,将押犯骆志堂等三人抢回等情。此等举动,几同土匪。除电饬王管带锡林刻日带兵前往弹压外,所有来往电文特即录送尊览,祈即飞移右路陈统领并加饬王管带照办为要。等因。奉此。遵即会同照办在案。

中国第二历史档案馆编《中华民国史档案资料汇编》第1辑,江苏人民出版社1979年版,第74～75页

1月17日(十二月十七日)　清廷颁行宪政编查馆大臣奕劻等拟呈“修正逐年筹备事宜清单”。

宪政编查馆大臣奕劻等拟呈修正宪政逐年筹备事宜折称:

十一月初五日奉上谕:前因缩改于宣统五年开设议院,业经降旨,将应行提前赶办事项,责成该主管衙门,迅将提前办法,通盘筹画,分别奏明办理。查预备立宪,逐年筹备清单所开事宜,宪政编查馆有专办同办及遵章考核之责。现在开设议院既已提前,所有筹备清单各项事宜,自应将原定年限,分别缩短,切实进行,著宪政编查馆妥速修正奏明,请旨办理等因。钦此。二十四日奉上谕:前经降旨,饬令宪政编查馆修正筹备清单,著即迅速拟订,并将内阁官制一律详填纂拟具奏,候朕披览详酌。钦此。仰见朝廷郑重宪政,刻期进行之至意。

当即督饬在事人员,悉心研究,详加酌核,谨拟修正办法,约有数端:一为提前各项,如颁布施行内外官制及宣布宪法、皇室大典之类是也。一为增入各项,如设立内阁,颁布行政审判法之类是也。一为变通各项,如续办地方自治,续筹八旗生计之类是也。现在钦奉谕旨,确定召集议院期限,凡于未开议院以前,关系紧要,必应办齐,而原单列在第六年以后者,兹均拟酌改年限,一律提前,以期无误。至组织内阁,特奉明谕,实为施行宪政之枢机,自应钦遵增入。其续办地方自治各条,循序渐进,计非旦夕所能观成,兹酌改为按年续办,以求实际而免阻碍。此外巡警、教育等项,皆属普通行政事务,故此次单内未经列入,仍应责成主管各衙门,按照原定清单,分别最要次要,妥筹办理。

总之,时局阽危,至今已极,朝廷宵旰忧劳于上,国民迫切呼吁于下,臣工之筹策,士庶之论列,佥谓非立宪无以救亡,而清单修正各条,皆实行立宪之要领。溯自预备立宪,业经数期,中外奉行成绩如何,亦未一律。今又举第六年以后应办要政,责观成于五年以前,自不得不遵筹修正,以期纲领之振举,免名实之乖违。窃查列邦立宪之初,大都叠经波折,惟德意志、日本,其在上者有英断特出之才,在下者有忠爱不移之志,故宪政之成,敏速而无流弊。若其他诸国,往往予权者有所悔,争权者多所私,遂致事变环生,重烦镇定,久之始克收效。至土耳其、波斯则又敷衍粉饰,慕立宪之虚名,而无尺寸之成绩者也。

臣等窃谓单内修正事项,皆为预备开设议院大端,必须勉赴期限,不容稍懈。而尤要者,则在内外臣工协力同心,共襄盛举,庶几宪政成立,克期可竣。至原单各项,均注明某衙门办,或同办,以寓明定责成,无误期限之旨。现拟修正各项,其在未设内阁以前,承办同办之各衙门,均仍照原单办理。惟皇室经费,除照原单由内务府、宪政编查馆同办外,应兼会同度支部办理。一俟新内阁已设,官制已定之后,所有承办同办之各衙门,如何酌定之处,届时应由新内阁奏明,请旨遵行。除内阁官制,遵即详填纂拟另行具奏外,谨将修正逐年筹备事宜,加具按语,缮列清单,恭候钦定施行。是否有当,伏乞皇上圣鉴训示。谨奏。

附修正逐年筹备事宜清单

宣统二年

一厘定内阁官制；一厘定弼德院官制；一颁布新刑律；一续办地方自治；一续办各级审判厅；一续筹八旗生计。

宣统三年

一颁布内阁官制，设立内阁；一颁布弼德院官制，设立弼德院；一颁布施行内外官制；一颁布施行各项官规；一颁布会计法；一厘定国家税、地方税各项章程；一厘定皇室经费；一颁布行政审判院法，设立行政审判院；一颁布审计院法；一颁布民律、商律、刑事民事诉讼律；一颁布户籍法；一汇报各省户口总数；一续办地方自治；一续办各级审判厅；一续筹八旗生计。

宣统四年

一颁布宪法；一颁布皇室大典；一颁布议院法；一颁布上下议院议员选举法；一举行上下议院议员选举；一确定预算决算；一设立审计院；一实行新刑律、民律、商律、刑事民事诉讼律；一续办地方自治；一直省府厅州县城治各级审判厅一律成立；一续筹八旗生计。

宣统五年

一颁布召集议员之诏；一实行开设议院。

同日上谕：

宪政编查馆奏遵拟修正逐年筹备事宜开单呈览一折，著依议。钦此。

故宫博物院明清档案部编《清末筹备立宪档案史料》上册，中华书局1979年版，第88～92页

△ **民政部奏报第二次调查人户总数。**

民政部奏报第二次调查人户总数，其奏折如下：

奏为遵章调查各省人户，报明第二次总数，谨缮清单，恭折仰祈圣鉴事。窃查原定筹备事宜清单，内开汇报各省人户总数为臣部第三年与各省督抚同办之件。宣统元年闰二月二十三日，臣部复经具奏遵旨，妥拟筹备未尽事宜清单，内开宣统二年督催各省将上年未经清查各地方之人户总数，照章调查，一律报齐等语，奉旨依议，钦此。钦遵通行在案。所有本年应行调查第二次人户总数，迭据京外各处陆续填送到部，经臣等督饬司员详加复核，其有造报不符或办理未协者，即分别驳回或指令更正。现据依限报部者，则有京师内外城、顺天府及奉天、吉林、黑龙江、直隶、江宁、江苏、安徽、山东、山西、河南、陕西、甘肃、新疆、福建、浙江、江西、湖北、湖南、四川、广东、广西、云南、贵州等省，京城八旗、内务府、京营四郊、左右翼，东陵、西陵、马兰、泰宁两镇，热河、察哈尔、密云、山海关、福州、青州、绥远城、西安、凉州、伊犁、成都、广州、科布多、西宁、库伦、乌里雅苏台、塔尔巴哈台、川滇边务等处。其江宁、京口、杭州、宁夏、荆州、各驻防，尚未报到，业经部咨催赶办。至山东、安徽、浙江、新疆、湖北、广东、云南等省及右翼所管雄县驻防，经部臣驳回复查更正，统俟造送到部，即汇造各省第二次查报户数清册，通咨京外各衙门备案，以符定章。其提前查户填表送部者，除吉林、黑龙江、四川、江西、贵州等省及正蓝旗汉军内务府右翼五处，均驳回复查更正外，其京师内外城、顺天府、山西、浙江及内务府左右翼，东陵、西陵、马兰、泰宁两镇，伊犁、绥远城、江宁、福州、广州、凉州、西宁、塔尔巴哈台等处驻防，均经补到部或加入第一次汇造户数清册，或并归第二次查户办理。务期循名符实，不厌求详，一洗敷衍之风，庶少疏漏之弊。现届年底统计之期，谨将京外咨到人户数，另缮清单，先行奏报，所有遵章调查第二次人户总数缘由，理合恭折具陈，伏乞皇上圣鉴。

本日奉旨：

知道。此项奏报,其清册未齐,至提前调查报部各省,一并缮单具奏。

《政治官报》,折奏类,宣统三年正月二十九日,《清末官报汇编》,全国图书馆文献缩微复制中心2006年版,第38653页

《东方杂志》第8卷第1号《中国大事记》载:

民政部奏报第二次调查人口户数,……清单列下:

人户总数清单

地方	正户	附户
京师内外城	68561	70009
顺天院所属	600797	91899
奉天二十八属	549910	249926
吉林全省	422781	316680
黑龙江全省	145929	95082
直隶全省	3606936	557153
江宁各首县	807909	170097
江苏全省	1697499	472629
安徽全省	2486896	654288
山东全省	5143699	234173
山西全省	1520031	470004
河南全省	3969308	692258
陕西全省	1319210	282234
甘肃全省	711000	195639
新疆全省	385845	67632
福建全省	1699067	677788
浙江全省	2524635	1363677
江西全省	2287421	1098907
江西商埠	20509	16316
江西本籍船户	9023	
江西客籍船户	7697	
湖北全省	3783179	749352
湖南全省	2574128	1714036
四川五十属	2321725	937992
广东全省	4358473	683307
广西全省	1097539	77005
云南全省	1328292	219722
贵州全省	1634782	136751
京城八旗	118783	无
内务府三旗	4571	无
京营四郊	56536	17656
左翼四处	486	368
右翼五处	538	240

东陵各旗营	2981	1225
西陵各旗营	908	138
马兰镇所属	586	340
泰宁镇所属	2209	766
热河各蒙旗	54994	2764
察哈尔所属	12938	无
密云驻防	1917	无
山海关驻防	1949	无
青州驻防	2405	无
绥远城驻防	2765	无
西安驻防	2525	1373
凉州驻防	794	无
伊利驻防	13214	无
福州驻防	1783	546
成都驻防	2516	1341
广州驻防	6885	3753
乌里雅苏台所属	13516	无
塔尔巴哈台所属	3887	无
科布多所属	17108	无
西宁所属	1221	811
库伦所属	40105	无
川滇边务所属	46362	251

人口总数清单：

地方	男	女	学童	壮丁
京师内外城	508019	256638	47653	104899
顺天府所属	1991096	1743620	327895	191608
吉林全省	2685066	2096700	567521	844267
黑龙江各府所属	810042	637496	104716	468107
直隶全省	11531067	9624647	1814940	3944867
山西八十九所属	4528445	3400719	493707	1587191
浙江各府所属	7004082	5909227	1030336	3057912
江西全省	8033752	6246391		
江西商埠	138052	73226		
江西本籍船户	44340(男女合计)			
江西客籍船户	36918(男女合计)			
四川一百二十五属	7121359	5299174	1338330	2595479
四川船户	11731	2806		
贵州全省	4636965	3866998	862951	1987836
镶黄旗汉军	7319	7513	1872	2943

镶白旗汉军		6006	5778		
正蓝旗汉军		5532	5121	1461	2311
密云驻防		4170	3650	675	1025
山海关驻防		3691	3233		
广州驻防		24033	24061	2827	9595
科布多所属	38355	喇嘛 1952	29007	569	17454

1月18日(十二月十八日)　午后,黄兴由新加坡乘日本邮船抵达香港,接受孙中山委托负责筹备广州起义,寄信南洋各地催汇起义款项。随即分派专人负责联络新军、会党和绿林。

黄兴1月21日致李源水、郑螺生等书称:

十二日弟由星附日邮返港。十八日午后抵埠,握晤各同志,将此次列兄筹款苦状及毁家纾难之义举,尽情宣告,无不奋励激发,勇气百倍。办事诸人,复矢以小心,力图完善,想无有败者。天下事所谓不爱钱、不要命,无不成者也。惟是时期迫促,所应预备之事至夥,专待外款到来方能着手。……能得一分,即多得一分之力,切不可视为少数而不为之。

刘泱泱编《黄兴集》(1),湖南人民出版社2008年版,第50~51页

△ 四川总督赵尔巽奏陈官军光复黔江县治。清廷命严饬各军认真搜捕革命党。

1月19日(十二月十九日)　孙中山由比利时抵美国纽约,随后往旧金山和加拿大温哥华。

1月20日(十二月二十日)　浙江石门县西南乡地主向佃户增加租额,农民数千人进城请愿,要求减租。

1月21日(十二月二十一日)　孙中山致信法国巴黎张继,请其出面积极发展该地同盟会员。

孙函称:

弟已于正月十九号行抵纽约。廿三号动程往金山。此间机局颇佳,筹款想可达目的也。有成当再报闻也。

欧洲学界,兄宜出头收罗之入盟,不必计其精粗美恶,久之必能同化为精美也。此为革命党增长势力之第一法门,若不倡行之,则人人放弃责任,中国前途更无可为矣。望兄当仁不让,奋勇进前,则欧洲学界一臂之力,将必大有造于革命事业也,幸为勉之。

中国社科院近代所等编《孙中山全集》第1卷,中华书局1981年版,第507页

△ 因相传汉口英租界巡捕踢死人力车夫吴一狗,次日,汉口人力车夫和后湖填土工人等一千多人涌至巡捕房质问,并在街市喧闹,引起社会秩序混乱,英兵向人群开枪,造成死伤二十多人的中外交涉事件。

1911年2月2日《时报》报道:

汉口英租界一码头江边,于去年腊月念一日薄暮时,有人力车一辆拖载西人到该处下

车。洋人去后，车夫忽倒地不起。适有英捕房西探路经该处见之，询称患病。该西探急召一印捕、一华捕将其抬往捕房附设病院医治。时有数车夫见此事，误为西捕踢伤，故畀入施诊，一时谣传殆遍。讵该车夫到捕房未及服药，即以毙命。西医见其猝毙，疑系白斯笃疫症传来，极为注意。当验明病源，属于气厥，乃命人抬往英租界外后城马路，嘱华警察召人认领，缘汉上业拖车者均住于后城外也。不料各拖车夫暨推土填筑后湖之土工人等，已为前谣所惑，众口一词，谓为踢伤毙命，咸叹华人性命不值一钱云。……

已死之车夫名吴一狗，乃湖北应城县人，其家属现住后湖，闻信前来抚尸大痛。时值昏夜，苦力华人围而观者不下数百人，而痞徒又从中煽动尸亲。当夜即将尸抬返捕房，初意无非欲敲诈恤金。孰意围观之人愈聚愈众，人声鼎沸，滋闹颇甚。印华各捕不能禁制，反被击伤。乃由捕头电请夏口厅丞王国铎派防营勇丁百余人前来弹压。一面带同刑仵驰来相验，委系病死，毫无伤痕。特赏薄棺一具，装殓钉封，命差勇押送出界。于是一班苦力人等大愤，谓官袒洋人，我辈此后在租界谋生，性命殊属危险。遂倡租界车夫于明日一律罢业之议，如违众者必撵殴之。此议既定，时已深夜，众遂暂散。夏口厅及弹压各文武见众已散去，以为从此当可无事，均各分途而归。讵二十二日辰刻，后湖一带有人鸣锣聚众，召集各车夫一律罢业停工。

……于上午十钟之际，蜂拥至捕房前，石如雨下，各码头夫又因礼拜，进出口轮船稀少，无货上下，且因平日与印捕积怨已深，亦群起附和，呼喝之声如叛乱。各印捕闻变畏打，均散归捕房守卫各马路，遂无一捕弹压。华界之人闻呼喝声，均入租界旁观，道路拥塞不通，十里洋场盖无非华人足迹矣。……英领法磊斯君因风潮甚大，华官弹压不下，又闻店铺被抢，深以本界中外人生命财产可危，特调停泊汉江之英国兵舰各舰兵登岸防守领署、银行，并请该舰司令官率兵一队（约五六十人）鼓角负抢，巡缉弹压，不料走至一码头，华人阻其前进，掷石乱击，大声呐喊。英舰司令官即令各兵站立，先放一排空枪。各华人贤愚不齐，有滋事者，有随观者，闻枪声吓而返奔，英兵见之大笑，乃前行。未数武，各华人又阻其进，掷石乱击。英兵遂装弹开枪，一响应声而仆者二十一人，伤十四人（已毙之七人，惟二人系商界中人，余均苦力。其受伤之人，抬至医院，次日又毙三人，是共毙十人。尚有二人伤势甚重，命亦难保），余人遂若战败之军，如潮而退。

武汉大学历史系中国近代史教研室编《辛亥革命在湖北史料选辑》，湖北人民出版社1981年版，第410～412页

1911年2月2日上海《民立报》报道：

二十一日有人力车夫吴一狗，拖车自英界汉舞台向怡园进行，路遇英保正（即巡捕），吴即询其要坐车否，保正用棍向其车一击，吴疑保正欲坐车，遂将车放下。不意车轮误触保正之足，保正怒，即击吴一棍，吴即倒地，方欲挣起，又被保正足踢数下，旋即毙命。有四华人见之，颇为不平，保正又将此四人拘送捕房管押。

吴之家属禀请夏口厅相验，讵王木斋（夏口厅）遽云无伤，实系因病身死。

大智门至一码头，共有车夫三千余人。闻吴被捕头击毙，而地方官又不为申诉，于是咸抱不平。遂于二十一日晚在华景街一带鸣锣，约定次日一齐向捕头论理，至次晨，有四百余人大声呼喊，至江沿拾碎石向各印捕抛弃，各印捕均在江汉关内藏匿。时有一太平洋行英人在场观看，被石擦破头皮，旋即入内，取枪击毙一人。时观者愈集愈多，英领恐骤难解散，遂调齐水兵一队，在二码头列枪以俟。英兵见人众不肯即散，而砖石交加，遂装上真弹，放一排枪，击毙十三人，伤者十余人。

武汉大学历史系中国近代史教研室编《辛亥革命在湖北史料选辑》，湖北人民出版社1981年版，第422～423页

△ 清廷以东三省鼠疫盛行,关内命外务、民政、邮传各部随时会商,切实稽查。天津一带,如有传染,即将京津火车一律停开。

1 月 24 日(十二月二十四日)　四川总督赵尔巽奏报,温朝钟在破水坪生擒正法,清廷命护理四川总督王人文会同瑞澂弹压搜捕,以清黔江起事余党。

1 月 25 日(十二月二十五日)　清廷致电湖广总督瑞澂,加意防范弹压汉口人力车夫罢工事件,并将闹事原因和伤亡情形查明电奏。

宣统二年十二月二十四日军机处寄湖广总督瑞澂电旨:

瑞澂电奏,汉口英租界人力车夫因病在车上,拘至捕房,医治身死,各车夫误为殴毙,聚众暴动,甚至不服开导,击伤官长,幸而解散尚速,现仍派兵防护等语。此次车夫虽系误会生衅,难保无匪徒从中煽惑,乘机滋扰。著仍督饬加意防范弹压,毋令再生事端。其究竟因何滋事及毙伤各情形,一并查明电奏。

中国史学会主编,中国近代史资料丛刊《辛亥革命》(3),上海人民出版社 1957 年版,第 518 页

1 月 28 日(十二月二十八日)　清廷颁布宣统三年预算案。

本日颁布谕旨如下:

试办宣统三年岁入岁出总预算案,由度支部拟定,奏交会议政务处会同集议,旋经该处王大臣奏交资政院照章办理。兹据该院奏称,此项总预算案,业经斟酌损益,公同议决,尊章会同会议政务处具奏,并缮具清单,请旨裁夺等语。现在国用浩繁,财力支绌,该院核定宣统三年预算案,朕详加披览,尚属核实。如确系浮滥之款,即应极力削减,若实有窒碍难行之处,准由京外各衙门将实用不敷各款,缮呈详细表册,叙明确当理由,径行具奏,候旨办理。至裁汰绿防各营,于各省现在地方情形有无妨碍,著陆军部会同各省督抚,悉心体察,熟权厉害,从长计议,详晰具奏。

资政院会奏议决试办宣统三年预算案之奏折内容如下:

奏为议决试办宣统三年岁入岁出总预算案,遵旨会奏,请旨裁夺,恭折仰祈圣鉴事。窃查资政院院章第十四条,内载资政院应行议决事件,一国家岁入岁出预算事件,又第十五条内载前条所列第一至第四各款议案,应由军机处大臣或各部行政大臣先期拟定具奏,请旨于开会时交议,又第十六条内载资政院于第十四条所列事件议决后,由总裁副总裁,分别会同军机处大臣或各部行政大臣具奏,请旨裁夺。试办宣统三年岁入岁出总预算案,系由度支部拟定,于本年八月二十七日具奏,请饬内阁会议处会同集议。于本月复于九月二十日,由内阁会议政务处具奏,请旨交资政院照章办理,并将原奏复奏各一件,原送总表四十册、分表八十一册、法部修正表一册、陆军部咨文清单一件,咨送到资政院,当经照章先交预算股股员会审查。审查之期,此地收到各衙门追加预算二十三册,一并送付该股。旋据该股员会审查完竣,具书报告,称本股于九月三十日开始审查,悉意钩稽,昕夕从事。查此次预算,本系遵照筹备清单试办各省预算,故内阁会议政务处奏交原案,一省为一统系,而本院分股细则,又系以事分科,是预算之组织与分科之方法,不免冲突。欲由分离之预算,求为统系之预算,洵属非常困难,加以办理预算,本系中国创举,前此既无预算案援照比较,欲逐项丝丝入扣,又属非常困难。经股员会叠次讨论,佥以为审查预算,固贵有精严之考核,尤贵有确当之方针,诚以预算一事,全国政治财政,概系包括在内,以政治论,则中国现在情势,自应注重教育实业

交通等项，以培养国家之元气，以财政论，则预算案内不敷五千余万，追加预算又二千余万，自应节糜费去冗员，以巩固国帑之现状。本此方针，其审查结果，于国家新政，仍敦促进行，而于浮滥经费，则大有削减，或以之弥补亏空，或拨充军事要需。现计原预算案、追加预算案，岁出总共三万七千六百三十五万五千六百五十七两，经本股审查，总共核减七千七百九十万零七千二百九十二两，所余宣统三年岁出二万九千八百四十四万八千三百六十五两，合之岁入三万零一百九十一万零二百九十六两，出入两抵，尚盈三百四十六万一千九百三十一两，作为宣统三年预算案预备费，应由本院会同会议政务处具奏，请旨饬下京外各衙门，遵照宣统三年岁出岁入预算案，切实收支，有可撙节之款项，仍需随时核减，如实有不敷应用，必须稍予变通之处，应由京外各衙门，缮具详细表册，说明确当理由，径行具奏，请旨办理。决算年度，由各主管衙门另缮此项表册，咨送本院追认，本股股员叠次开会，多数意见相同等情，嗣经资政院会讨论，逐项表决，多数议员赞成无异。会议之时，并由各该主管衙门到场发议，悉心斟酌，彼此均归一致，总计预算，全国岁入，共库平银三万零一百九十一万零二百九十六两八钱七分七厘，全国岁出共库平银二万九千八百四十四万八千三百六十五两二钱三分八厘，以入较出，尚盈三百四十六万一千九百三十一两六钱三分九厘，除将各项详细表册，汇送内阁会议政务处查照外，谨缮具总预算案及说明书清单，遵照院章，会同具奏，请旨裁夺。一俟命下，即由内阁会议政务处，知照京外各衙门，钦遵办理。所有议决试办宣统三年岁入岁出总预算案，遵章会奏缘由，谨恭折具陈，伏祈皇上圣鉴。再此折系资政院主稿，会同内阁会议政务处办理，合并声明，谨奏。

《政治官报》，折奏类，宣统三年正月初九日，《清末官报汇编》，第77册，全国图书馆文献缩微复制中心2006年版，第38574页

据《东方杂志》第8卷第1期《中国大事记》：

清廷颁宣统三年预算案……宣统三年岁出岁入预算案，由资政院议决后，会同政务处具奏。计政府提出预算案，岁出共3 6537 5657两（应为376355657两，编者）。议决预算案，岁出2 9844 8365两，岁入共3 0191 0296两，尚盈346 1931两，作为宣统三年预备费。兹将资政院决定预算案清单列后。

岁入部

田赋　4966 9858.273两　盐茶课税　4762 1920.285两

关税　4213 9287.931两　正杂各税　2616 3842.177两

厘捐　4417 6541.466两　官业收入　4722 8036.410两

捐输各款　565 2333.117两　杂收入　3569 8477.248两

公债　356 0000.000两

岁出部

（甲）国家行政经费共2 6074 5003.068两

（一）外务部所管

外务部经费　278 3287.720两　各省交涉经费　34 3726.732两

（二）民政部所管

民政部经费　184 6686.405两　步军统领衙门　35 9949.115两

禁烟公所　5 9179.783两　各省民政费　116 1748.465两

典礼经费　42 4476.578两

（三）度支部所管及其他支拨之款

度支部经费　328 0356.247 两　税务处盐政处等　85 0629.161 两
各省经费　1356 9264.603 两　各洋关经费　575 7400.544 两
各省关经费　150 0908.901 两　宗人府内务府等　614 4877.170 两
军机处等署　110 4613.894 两　各省行政总费　1637 0460.904 两
资政院经费　78 6666.666 两　赔款洋款公债　5641 3576.498 两
各省官业支出　547 0560.520 两
(四)学部所管
学部经费　173 2669.929 两　各省教育经费　101 4807.416 两
(五)陆军部所管
陆军部经费　87 0431.007 两　军咨处　95 0000.000 两
禁卫军　216 6060.470 两　旗营　879 2618.670 两
总营　386 2202.916 两　防营　931 0571.888 两
绿防营裁遣费　658 6387.402 两　武卫左军　50 2952.863 两
新军　2869 2680.321 两　筹备军装　400 0000.000 两
军事教育　321 2086.503 两　扩充军事教育　221 5900.000 两
制造局所　478 6814.446 两　扩充兵工厂　490 4600.000 两
牧厂　65 4078.093 两　炮台　25 0708.521 两
(六)海军部所管
海军部经费　568 0212.740 两　各省海军经费　431 7734.054 两
(七)法部所管
法部经费　76 4673.481 两　大理院经费　12 5544.149 两
各省司法经费　557 3610.767 两
(八)农工商部
农工商部经费　84 0458.532 两　各省实业费　54 9185.882 两
各省工程费　406 4188.844 两
(九)邮传部
邮传部经费　3690 7794.261 两　各省交通费　66 1402.746 两
(十)理藩部所管
理藩部经费　38 4392.977 两　西藏　130 4166.960 两
(乙)地方行政经费共　3770 3362.170 两

△ 黑龙江呼兰县城贫民三千余人抢劫富户,袭击知府衙门。

1 月 29 日(十二月二十九日)　清廷颁布报律。

《东方杂志》第 8 卷第 1 期《中国大事记》报道:

报律由民政部修整后,经宪政编查馆复核,交资政院决议,旋经资政院修正议决,咨请军机大臣及民政部会奏。军机大臣以该律第十一、十二两条,有与现行法律抵触,并施行窒碍之处,仍提出修正案,交资政院复议。当由资政院将该律修正之处,逐条议决。惟第十二条仍与军机大臣意见不合。照院章分别具奏。奉谕将第十二条之其他政治上秘密事件,改为其他政务字样。余依议。律文列下:

第一条　凡开设报馆发行报纸者，应由发行人开具左列各款，于发行二十日前，呈由该管官署申报民政部或本省督抚咨部存案。

一、名称；二、体例；三、发行时期；四、发行人、编辑人及印刷人之姓名履历及住址；五、发行所及印刷所之名称及地址。

第二条　凡本国人民，年满二十岁以上，无左列情事者得充报纸发行人、编辑人、印刷人。

一、精神病者；二褫夺公权或现在停止公权者。

第三条　编辑人、印刷人不得以一人兼充。

第四条　发行人应于呈报时分别附缴保押费如左：

一、每月发行四回以上者，银三百圆。

一、每月发行三回以下者，银一百五十圆。

在京师省会及商埠以外地方发行者，前项工保押费得酌量情形减少三分之一及至三分之二，其宣讲及白话报专以开通民智为目的，经官鉴定者，得全免保押费。若专载学术、艺事、章程、图表及物件者，毋庸附缴保押费。

第五条　所列各款，呈报后如有更易，应于二十日内重行呈报。发行人有更易时，在未经呈报更易以前，以假定发行人之名义行之。

第六条　每号报纸应载明发行人、编辑人及印刷人之姓名及住址。

第七条　每号报纸应于发行日递送该管官署及本省督抚或民政部各一分存查。

第八条　报纸登载错误，若本人或关系人请求更正或将更正辩驳书请求登载者，应即于次回或第三回发行之报纸更正或将更正书辩驳书照登。更正书辩驳书字数逾原文二倍者，得计所逾字数，照该报登载告白定例收费，若更正辩驳词意有背法律或不署姓名及住址者，毋庸登载。

第九条　登载错误事项由他报抄袭而来者，虽无本人或关系人之请求，若见该报更正或登载更正书辩驳书，应即于次回或第三回发行之报纸分别照办，但不得收费。

第十条　左列各款，报纸不得登载。

一、冒渎乘舆之语；二、淆乱政体之语；三、妨害治安之语；四、败坏风俗之语。

第十一条　损害他人名誉之语，报纸不得登载，但专为公益不涉阴私者不在此限。

第十二条　外交、陆、海军事件及其他政务，经管官署禁止登载者，报纸不得登载。

第十三条　诉讼或会议事件，按照法令禁止旁听者，报纸不得登载。

第十四条　在外国发行之报纸，有登载第十条所列各款者，不得在中国发卖或散布。

第十五条　论说译者系该报纸有注明不许转登字样者，他报不得抄袭。

第十六条　不照第一条、第五条第一项呈报发行者，处该发行人五十元以下、五元以上之罚金，呈报不实者处发行人以一百元以下、十元以上之罚金。

第十七条　不具第二条所定资格充发行人编辑人或印刷人者，处该发行人以五十元以下、五元以上之罚金，其编辑人、印刷人诈称者，罚同。

第十八条　违第四条第一项者，以未经呈报论。

第十九条　第四条第四项所指各报，其登载有出于范围以外者，处编辑人以五十元以下、五元以上之罚金。

第二十条　违第六条、第七条者，处发行人以三十元以下、三元以上之罚金。

第二十一条　违第一条、第八条第一项、第二项或第九条者，处编辑人以三十元以下、三元以上之罚金。遇有前项情形，若所登载系属私事者，须被害人告诉乃论其罪。

第二十二条　违第十条登载第一、第二款者,处该发行人、编辑人、印刷人以二年以下、二月以上之监禁,并科二百元以下、二十元以上之罚金,其印刷人实不知情者,免其处罚。

第二十三条　违第十条登载第三、第四款者,处该发行人、编辑人以二百元以下、二十元以上之罚金。

第二十四条　违第十一条者,处该编辑人以二百元以下、二十元以上之罚金。遇有前项情形,须被害人告诉乃论其罪。本条第一项之罪,若编辑人系受人嘱托者,该嘱托人罚与编辑人同,其有贿赂情事者,得按贿赂之数,各处十倍以下之罚金,若十倍之数不满二百元,仍处二百元以下之罚金,并将贿赂没收。

第二十五条　违第十二条、第十三条者,处该编辑人以二百元以下、二十元以上之罚金。

第二十六条　违第十四条者,处该发行人、散布人以二百元以上[下]、二十元以上之罚金,并将报纸没收。

第二十七条　违第十五条者,处该编辑人以三十元以下、三元以上之罚金。遇有前项情形,须被害人告诉乃论其罪。

第二十八条　犯第十六条第一项之罪者,至呈报之日止,该管官署得以命令禁止发行。

第二十九条　犯第十八条之罪者,至缴足保押费之日止,该管官署得以命令禁止发行。

第三十条　犯第二十二条之罪者,审判衙门得判决永远禁止发行。

第三十一条　犯第二十三条之罪者,审判衙门得按情节判决停止发行。前项停止发行日报,以七日为率,其他各报每月发行四回以上者,以四期为率,三回以下者,以三期为率。

第三十二条　呈报后延不发行,或发行后至应发行之期中止逾二月者,若不声明原由,作为自行停办。

第三十三条　犯本律各条之罪,所有讼费罚金及应行没收之款,自判决确定之日起,逾十日不缴者,将保押费抵充,不足者仍行追缴。保押费已被抵充者,该发行人应于接到通知后,十日以内将保押费如数补足。违者至补足之日止,该管官署得以命令禁止发行。

第三十四条　永远禁止发行或自行停办者,得将保押费领还注销存案。

第三十五条　凡于报纸内撰登论说记事填注名号者,其责任与编辑人同。

第三十六条　假定发行人之责任与发行人同。

第三十七条　刑律自首减轻,再犯加重,数罪俱发从重之规定,于犯本律各条之罪者不适用之。

第三十八条　关于本律之公诉期限,以六个月为断。

附录

第一条　本律自颁行文到日起,一律施行。

第二条　关于本律之诉讼,由审判衙门按照法院编制法及其他法令审理。

第三条　本律施行以后,所有光绪三十四年二月十二日颁行之报律即行作废。

第四条　在本律施行以前发行之报纸所缴保押费数目,与本律规定不符者应于本律施行后三个月以内,按照本律更正。

1月30日(辛亥年正月初一日)　振武学社借春节团拜之机,在武昌蛇山风度楼(通常称奥略楼)召开会议,宣布改振武学社为文学社,讨论通过文学社简章。蒋翊武任社长,詹大悲为文书部长,刘复基为评议部长,并决定扩展会务,发展社员。

居正《辛亥札记》:

辛亥正月元旦，蒋翊武、孙昌复约集同志团拜于黄鹤楼头（黄鹤楼已于光绪十年，即1884年焚毁，辛亥革命前后记载中的黄鹤楼，实即1908年为纪念张之洞而建的奥略楼，又称风度楼。编者），发起一文学社。盖继振武社之后，而以研究文学为名，实振武社中之党团组织也。因是产生汉口《大江报》。时胡瑛在狱与闻其事，暗中为文学社之指导者。

武汉大学历史系中国近代史教研室编《辛亥革命在湖北史料选辑》，湖北人民出版社1981年版，第121页

张难先《湖北革命知之录》：

乃决议改组为文学社，推詹大悲起草简章。辛亥元旦，假新军团拜名义，开成立大会于黄鹤楼之风度楼，到【会】蒋翊武、章裕昆、詹大悲、刘尧澂、王守愚、邹毓琳、蔡大辅及各标代表等，推蒋翊武主席，报告改名文学社之意义及简章，均无异议。旋提议选举职员。章裕昆动议："此时暂不设副社长，俟范围扩充至相当程度时增设。再，各标代表无须改选。"众赞成。当推蒋翊武为正社长，詹大悲为文书部长，蔡大辅、王守愚为文书员，刘尧澂为评议部长，邹毓琳为会计兼庶务，胡瑛则在狱策画。改组后，加入本社者，计有三十标之王宪章、张鹏程、钟仲衡、张廷辅等，二十九标有蔡济民、张喆夫、李达五、李济臣等，四十一标有阙龙、李必胜、杨再雄、柳涤凡、梁栋、顾鸿、胡培才、王世龙、萧国斌、邹栋等，第八镇工程第八营马云、马骥云等，二十一混成协炮队十一营晏柏青、符玉龙等，辎重十一营余凤斋，宪兵营彭楚藩等。旋推张喆夫、张鹏程为本标代表，余凤斋为本协炮工缁［辎］总代表，阙龙为四十一标三营代表，晏柏青、马荣、彭楚藩均为各本营营代表。此一月中，加入本社者极踊跃。

严昌洪等编《张难先文集》，华中师范大学出版社2005年版，第174页

杨玉如《辛亥革命先著记》：

辛亥正月元旦（1911年1月30日），文学社同志在黄鹤楼开成立大会。先是去年年底，蒋翊武、刘尧澂、章裕昆、詹大悲等在阅马场之集贤酒馆会议；决定改振武学社为文学社，推詹大悲起草简章，其组织较振武稍扩大，除正社长外加设副社长一人；将文书、评议两股改为部，各设部长一人；文书部设文书四人，管理一切文书及度支事项；评议部设评议员无定额，管理军事及其他一切交际事项；又设纠察员若干人，其余各项均与振武学社无异。至是日正式开成立会，组织诸人及各标代表均齐集。由蒋翊武主席，首先审议简章，章裕昆以此时社务尚未发达，副社长一席可暂悬不设，至庶务一职亦可暂由会计兼任，并力主将社员月捐取消，均赞成通过。当推蒋翊武为社长，詹大悲为文书部长，刘尧澂为评议部长，蔡大辅、王守愚为文书员，邹毓琳为会计兼庶务。会议既竣，遂各专责任，分途进行。一月之间，加入社员达四百余人。

杨玉如《辛亥革命先著记》，科学出版社1957年版，第21页

文学社简章

一、名称　本社以联合同志研究文学，故名曰文学社。

二、组织　本社设社长一人，副社长一人，文书部长一人，评议部长一人，均由社员推举之。

甲、文书部：文书四人，会计一人，庶务一人。

乙、评议部：评议员若干人，纠察员若干人。

三、职责　社长管理本社一切事项，督同社员，发展本社社务。副社长协助社长发展社务，如社长有事他往时，副社长得代行社长职权。文书部长管理本社一切文件册籍保管事项，会计、庶务等属之。评议部长，专司指导本社社员，研究学识，纠正错误。文书协助文书部长，办理本社一切文件，保管册籍等事项。会计专司本社员捐款收入、支出保管事项，庶务专司关于本社一切事务事项。评议员协助评议部长，专司指导本社社员研究学识之责。纠

察员专司联络本社社员感情,及纠正社员错误。标代表管全标一切进行事宜,营代表亦如之。

四、经济　本社社员缴入社金一元,每月按月薪缴纳月捐十分之一。各队代表收集,于放饷二日内,送交营代表。营代表于放饷三日内收集送交标代表。标代表五日内,集全标捐款送本社会计点收,存放银行。开会时,会计师须将簿折交会审查。

五、入社　凡愿为本社社员者,须得本社社员三人以上之介绍,经本社派员调查,认为与本社宗旨相合者,方得为本社社员。

六、附则　本简章如有未尽之处,得临时更改之。

见张难先《湖北革命知之录》,严昌洪等编《张难先文集》,华中师范大学出版社2005年版,第175～176页;杨玉如《辛亥革命先著记》,科学出版社1957年版,第29～30页

△ 东三省鼠疫蔓延。

谕军机大臣等,现在东三省鼠疫流行,著预于山海关一带,设局严防,认真经理,毋任传染内地,以卫民生。又谕电寄锡良,据电奏添设医院检疫所,经费浩繁,请饬度支部在大连税关拨发十五万两,解应急需等语。著照所请,并著迅速认真筹办,俾得早日消除,毋任传染。

近代中国史料丛刊第3辑《宣统政纪》第46卷,第24页

谕军机大臣等,电寄陈夔龙,据电奏,鼠疫蔓延为患甚厉。现议由奉天至山海关间只开头等客车,其余暂停开行,并分段节节查验,所需经费,拟由津海关税项下,拨银十万两应用等语。著照所请。

近代中国史料丛刊第3辑《宣统政纪》第47卷,第1页

1月31日(正月初二日)　广西南宁新军谋划起义,事泄失败。

《东方杂志》第8卷第1号《中国大事记》:

广西南宁府兵谋叛……桂省宁府城,驻有新军数营,又向有旧军数营。本日忽约同谋叛。旧军驻离城三十里之青山塔地方,时有一哨官及两什长,因不允同谋被枪毙,当即起事。幸另有一什长闻之,逃往府城,谒提督龙济光,言各军谋同反叛,请即往剿捕。龙提督随即派亲军擒获叛兵五名,带回营中。余皆望风逃走。是日龙提督会同道府,在署会审。该叛兵直认欲于是夜四时,先劫军械局,后劫宣化县监,救出刘瑞棠刘捷三两人,然后一起起事等情。盖刘捷三系去年劫云南茶帮,拥有巨资,由龙提督悬赏捉获者。刘瑞棠系龙提督部下为管带,因知龙提督欲往捉刘捷三,飞信与刘,令其逃走。被龙提督查知,将其收监,尚未斩决者。至初三日,即该五犯及刘捷三、刘瑞棠共七名,赴北门外处斩。事后查点新旧二军,各逃走数十名,其余各军枪械,尽行缴回。

1月底　同盟会为筹备黄花岗起义,设统筹部于香港跑马地三十五号,以黄兴、赵声为正、副部长。下设出纳、秘书、储备、调度、交通、编制、调查、总务八课,并陆续在广州设立办事处,作为统筹联络革命起义的秘密据点。

2月3日(正月初五日)　孙中山致函宫崎寅藏,探问日本政府对他居留日本的态度,同时希望宫崎随时通报日本的时事政情。

孙函称:

弟于去夏到贵国，既不能居留，不得已而往南洋；然彼中无大可为，故再往米国，为革命之运动。此地甚自由，可以为所欲为也；惟有所不便者，则去中国太远，交通甚费时日耳。倘先生能设法向陆军大臣处运动，能得许我到日本居留，则于交通北洋陆军甚为利便，弟必即时回日本居住也。但恐贵国政策已变，既吞高丽，方欲并支那，自不愿留一革命党在国中也。如其不然，则陆相之运动必能有效也，弟将以此而占贵国之政策焉。接信望即赐回示，并时时将贵邦时事政情详示，俾知东方时局之变迁，幸甚。

中国社科院近代史所等编《孙中山全集》第1卷，中华书局1981年版，第508页

2月4日(正月初六日)　黄兴电邀谭人凤至香港，共商联络中部各省策应广州起义。次日，谭即按照与黄兴商定的起义方略，带二千金返湖北、湖南进行联络活动。

谭人凤《石叟牌词》：

余则于辛亥正月六日(一九一一年二月四日)抵香港。是夜询问各情，得悉所拟计划，先由同志召集敢死士八百，负发难责任，而以新军、防营应之。得手后，黄率一军入桂，赵率一军入赣，余率一军入湘。向各处联络，则仅南京九镇派有郑赞丞驻沪，设机关从事运动。余以两湖当冲要，非先示机宜不可，黄、赵韪之，乃于次日带二千金返。

石芳勤编《谭人凤集》，湖南人民出版社1985年版，第364页

△长春以北鼠疫蔓延数十州县，死者近万人，是日，东三省总督锡良奏请饬大清、交通两银行各拨银五十万以应急需。清廷允之。

2月8日(正月初十日)　宋教仁针对当时英国、俄国对中国的要挟恫吓，开始在上海《民立报》连载时事评论《东亚最近二十年时局论》，对甲午战争二十多年来日本、俄国对中国的觊觎、侵略及亚东局势发表看法。

文章开头交代写作缘起时称：

顷者道路相传，英人进兵云南，以窥川藏，俄人因改订商约，派西蒙古领事问题，有下战书据外蒙古之势，虽其事之真伪未可知，然英、俄、德、法、美、日各国近益张目怒齿，挟其武力金力，以狡焉思启，几令人有应接不暇之势，则现今吾国之危状也。虽然，此其事非始自今日，盖自庚子战后，各国易用变相的侵略政策以来，已成此政局者也。更溯而上之，则自甲午战后，各国用正相的侵略政策之反动力也。夫天下事必有其始作俑而后其结果乃见，则前此各国所以群起用正相的侵略政策以临吾国者，其最初之原因与事实，吾人可不研究之乎？作东亚最近二十年时局论。

郭汉民编《宋教仁集》上册，湖南人民出版社2008年版，第161～162页

2月10日(正月十二日)　孙中山致函美国旧金山致公总堂，请在报纸上公告他往加拿大各埠演讲的消息，以扩大他在该地活动的影响。

孙中山称：

弟已于初八晚到云埠，蒙各手足非常欢迎，连日在公堂及戏院演说，听者二三千人，虽大雨淋漓，亦极踊跃，实为云埠未有之盛会。人心如此，革命成功可必矣。现加拿大公堂纷纷电邀弟在此数日，当即往各埠一游后，自满地好出美境周游各埠，以冀振兴我洪门党势力。不日当拟一告白寄上，请由总堂出名登报，布告各埠洪门手足，以便陆续前往演说运动。届

时自当寄上也。

中国社科院近代史所等编《孙中山全集》第1卷,中华书局1981年版,第510页

△ **黄兴于此间及2月24日先后致书邓泽如,通报筹款情况,恳请火速再设法汇款,以救燃眉之急。**

电文称:

昨由港呈上之函,并催款之电,想早已入览矣。英属之款,计去腊至本日止,所收得者约三万五千之谱(惟内有槟榔五千元。顷接美洲函云,汇有美金二千至该处,不知此款内有美款否,俟黄金庆君详函来方得明晰),而五万之数,尚差一万余元。现各方面皆开手运动,需用甚急。除前电恳火急催收外,用再函求拨冗驰往怡保埠,与源水、螺生、孝章、应章各兄筹措,以竟五万一篑之功。如能逾额多筹,则更为感激。缘此间选锋效死之士甚多,专备发动时之冲锋陷阵,非有多少利器以资之,不足致胜,且不忍让其血肉相搏,致损锐气而多失我人才也。故此项之款,亦属不赀(预算约在五万以外)。美款尚无确实消息,将来能达半数与否,不可得知。荷属亦未见其汇来。汉民兄之于暹、越两处,据函称,所得亦不过万金左右。是各处之款,多属希望,而可靠用者亦无几,近日弟与伯先兄等颇用焦灼。此刻专望兄等筹足五万之数,以为基本之用。乞兄等鉴弟等苦忱,其有以速救之为幸。

刘泱泱编《黄兴集》(1),湖南人民出版社2008年版,第54页

△ **针对外国报纸纷传俄国借与中国修改《伊犁条约》之际,欲在蒙古西部各地设立领事,并下最后通牒,声称将派兵攻占伊犁、库伦,宋教仁以渔父笔名在上海《民立报》发表时评《蒙古之祸源篇》,分析俄国侵占蒙古的国内国际政治背景。**

1911年2月10日《民立报》刊登渔父《蒙古之祸源篇》写道:

近日法报、德报皆记俄人因与中国改订商约,议设西蒙古各地领事,势将决裂,有下最后通牒,并发兵攻入伊犁、库伦之说。以常理论之,其事固所必无。然俄人近日因改约事,要挟百端,欲大伸其对蒙古之政策,则固不可掩之事实。此等风说,实非无因而起也。

俄人之窥伺蒙古,不自近日始也,而其谋之专,行之急,则于近今为尤甚。此次商约问题之要挟,不过乘机动作之一端,今而后其步步逼紧之势,当更未有艾也。

盖自近东问题解决以来,俄人南下以出黑海之策不行,而彼得大帝遗传之帝国主义政策,又不能息,乃不得不肆其东封之志,而东方侵略政策于焉以立。东方侵略之方面有三:一曰中亚;一曰蒙古;一曰满洲。中亚方面,自波斯问题与英人冲突一时不能得势,乃专其力于满洲;日俄之战,满洲又为日人所阻,东出太平洋之政策,又不能实现,乃更不得不转其锋于蒙古,是固事有必至,理有固然者也。

至于近日,则更有不得不尔者焉。日俄媾和以来,俄人保守北满,有东清铁道以联络欧亚,有海参崴以吞吐海陆。其对于日本复仇之念甚炽,故犹有根据北满南下,必与日本再战之志。数年之间,谋修黑龙江铁道,设海参崴保护贸易制度,盛移欧俄人民于东部西伯里亚,各种举动,皆其预备也。至近日则因美人势力侵入满洲之故,与日本共其利害,非释前怨以同谋防御不可。前次美人倡满洲铁道中立之议,两国瞿然惊惧,以有第二次协约,且更进而谋交通产业等种种之同盟,于是俄人在北满之势力,因以固定,而不能再图进取;且也日本既得南满,尚犹以为未足,时有窥伺东蒙古之心,尤为俄人所忌,故俄人苟攫蒙古而有之,则东可以抗制日本,南可越长城而席卷中原,极东政策,可期大成矣。此其最近原因一也。

自英、俄二国冲突于中央亚细亚,俄人有西举波斯、阿富汗,东掠新疆、西藏,以控制印度之势,虽屡为英人所遏,然俄人开拓土耳其斯坦,修筑中亚铁道,怀抚波斯,因而利用之,英人亦不能得优势。此日俄战役以前之现象也。至近日则俄人因战败之余,不能复与英竞,乃悉举中亚方面诸问题,与英和协。光绪三十三年,英俄协约成立,划定波斯、阿富汗之势力范围,协定两国皆不干与西藏之事,于是俄人对于中亚方面之政策,乃不得不暂藏其锋。中亚方面既无可为,则不得不再求尾闾之地。又其对于英人之疑虑未能泯灭(近日因德俄协商尤甚),窥伺印度、西藏之心犹炽,尤不得不豫植其势力于西蒙古、新疆各处,以为将来之地。故乘此改约问题以力图扩张者,亦其宜也。此其最近原因二也。

要而论之,俄人之志,固不仅在蒙古,而必得蒙古势力,方可以实施其中亚政策与近东政策,此莫斯科诸政治家所日夜绞脑筋呕心血者也。是故其所计划与施行者,无一不可为其政策之左证:反对锦瑷铁道也,擅设洮南领事,以拓东蒙古商业也,谋筑张恰铁道也,暗贷巨金于蒙王,以怀柔蒙人也,皆其极东政策系统中之方略,以为侵入北中国之地步者也;谋设科布多、迪化、哈密诸领事也,开通叶尼塞、额尔齐斯诸河航路,以便西蒙古国境贸易也,延长中亚铁道,以近新疆境上也,派遣乌梁海、科布多等处之远征队也,笼络蒙古、新疆等处喇嘛僧、回教徒也,皆其近东政策系统中之方略,以为席卷中亚各国属地,控制印度之地步者也。凡此悉彼国近年逐渐进行不已,且或大睹功效者。惟以战后国力未充,且以日英两国监于其旁,尚未敢露骨行之耳。

夫最近东亚之国际政局,以各种同盟协约为机轴,其对于中国,无不以领土保全、机会均等为言者。俄人之在北方,更有日俄、英俄二协约,固不敢显然用强力于今日明矣。然正惟其不用强力,故汲汲焉用变相的政策。二协约者,即所以确定两国政策接触之范围,以互相尊重者也。正惟其不用强力于今日,故汲汲焉用豫备的政策。二协约者,即所以确定两国政策将来实施之约束,以互相信守,而姑维持现状以待者也。此盖今日列强墟人国屋人社之最新法,而俄人尤号称神乎其用焉耳。抑日内道路传闻日、俄、德三国同盟之事,德国者,向为极东问题侵略派之中坚,而以黄河流域为势力范围者也,使其事果不虚(记者固揣此事未必真),则扬子江以北之局势,将为此三国所均分支配。而俄人之对蒙古,因此国际协定之确认,当益肆行无忌。今而后,大漠南北行见哥萨克马蹄之蹂躏不远矣。

郭汉民编《宋教仁集》上册,湖南人民出版社2008年版,第176~179页

2月上旬　黄兴致书居正,告之不久将在广州发动起义,请其在武汉发动新军速起响应。

该书称:

吾党举事,须先取得海岸交通线,以供输入武器之便。现钦、廉虽失败,而广州大有可为,不久发动,望兄在武汉主持,结合新军,速起响应。

刘泱泱编《黄兴集》(1),湖南人民出版社2008年版,第55页

2月11日(正月十三日)　胡汉民函告孙中山在南洋为广州起义筹款进行情况,称英属、安南、暹罗三地筹款在五万港银之谱,同时询问美洲作为起义经费一大来源地,经费筹集情况如何。

胡函称:

弟以去腊初二离星往西贡,濒行已有书略述英、荷属筹款情状。其时英属除庇能、日厘外,所认定之款不满星银万六七千。弟此时甚为焦虑,迨克兄(指黄克强,即黄兴。编者)由

仰光出,因共商令再往芙蓉等埠。及克往,果然泽如等加倍出力,谭扬一人出款五千,于是萝[螺]生、源水亦极动。芙蓉一带因得款万余,坝罗一带得款万余,庇能、日厘亦复续续加进。现时汇返香港者已有三万四千港银之数,尚有小数数千未收齐,亦可谓南洋之大进步矣!

弟到西贡,以极神密之方法而见锡周(曾锡周,西贡同盟会会员。编者)。初时招待甚殷,继见先生言筹巨款之事,则诿以力不能办,且不欲闻人之尽言。本约以晚间叙会畅谈,而待之三日不见。复往觅之,则辞气益沮。弟不得已入堤岸,一面运动普通同志,一面再使景南(黄景南,堤岸同盟会会员。编者)。觅得卓峰(李卓峰,堤岸同盟会分会副会长。编者)来。卓峰与谈有两点钟,意甚动。于是再约培生(马培生,堤岸同盟会会员。编者),共使重找锡周,彼三人乃约于酒店畅谈。其夜,弟详述近事之进步,纤细靡遗,而锡周久久不作一语。卓峰询其意见,伊乃云:近日无力,故今夕不敢作一言;前之因公欠项,至今未清,吾等担负尚在,今兹之事甚难为力。于是卓峰、培生亦各起述其艰难。弟再三进言,终竟无效。弟只得仍返堤岸。在堤数日,同志认有三千余元。因往暹船期参差,不能久待,遂以腊月十三日离西、堤。临行,重托景南与李竹痴、邱德松(即叔元[菽园]之弟)二人,使帮助运动。

及弟到暹罗,而暹地该处之同志又别有意见,盖内部互相攻击,团体不和也。查核实业公司本来贮积办法甚好,然收银二三期,有发起人不依章程交款银行,事遂瓦解。因营云南事,客人叶定仕等已用去数千铢。又先生第一次书到暹罗,实业公司尚有存法银行款二千铢,亦已汇去,弟到之时,实业公司存银行者已无,其在客人手收得尚存千六百铢,而叶广新已用去(私借挪用)。另广新(即定仕)为会长,收会底银应存二千数百铢,亦迄未清算,同志所以攻击之者因此,而定仕于前抗不交数清算,他同志攻之亦太力。如王斧军、周道生亦非伊素所心服之人,徒水火而已。弟至后力为调和,且大以名誉奖励定仕。定仕本有热心,亦尚好名誉,其挪用公款,因生计之不得已。经此内外梭通,乃始承认,并答认予正月十五交出,二十统行汇港。计实业公司及会底共存叶处者四千铢,会底及可收之实业公司款存他人处者千铢。另再行特别捐,则弟在暹时已得千余铢(千六七百),然系对于少数资本家捐者,不过二十许人,尚有客人一方团体千余。叶定仕、余次彭、罗弼明等言,于彼帮尚可捐二千铢。经数番研究,而已过两礼拜,弟不能久留以待,遂为之严定约束以行。以正月初四离暹返星(初十到)。到星得西贡书,言弟行后又捐得三千余元,是合为七千元矣。又言有数大资本家热心涌涌,如弟再往,数万之款不难筹云。弟乃拟礼拜一动程由贡返港,果有好景,则为贡留一礼拜。所以不往荷属者,因秋露既累迁延,而良牧与其乡同志数人亦已再往,良牧初运动之允出款者,闻其中道反复后,又由港中同志再往运动稍妥。然此时尚不能入算内也。

据港来函,于各界布置已有条理,着着进行。惟星洲及英属之三万余款,则现已因进行各方面用者已二万余。计现时综合英属、安南、暹罗三者筹款,当在五万港银之谱。不知美洲一大方面如何?惟察港之情形,恐十万预算尚有不足耳。军事本难预算,即亦不能不多为之备,若良牧之说虚,则此时全望美洲之大力矣。

黄彦、李伯新编著《孙中山藏档选编》,中华书局1986年版,第13页

△ 宋教仁以渔父笔名在《民立报》撰文,抨击清廷编拟宪法是模拟日本钦定宪法。

1911年2月11日《民立报》发表署名渔父的《钦定宪法问题》,文称:

朝廷编定宪法,皆模拟日本之钦定主义,以为日本皇统万世一家,天下最有利安全之宪法,莫日本若也。

虽然,近日日本亦有幸德秋水等,谋以炸弹危其皇室,则又何以称焉,甚矣,日货之不中用也。

郭汉民编《宋教仁集》上册,湖南人民出版社 2008 年版,第 179 页

2 月 12 日(正月十四日)　孙中山致函时在英国伦敦的吴稚晖,请其来美国旧金山就任《少年中国报》主笔,宣传革命道理。

孙函称:

弟自离纽约入美西,以急于筹款接济军用之故,日不暇给,不能致书。前礼拜抵云哥华,则事更匆忙,至今日始有片时执笔。

兹有要事欲对先生言者:弟到金山大埠,此间少年之士多以《新世纪》为金科玉律,殷殷存问先生,弟以在英杜门著书对。而《少年中国报》切欲延致先生为之主笔,彼等想早已有信来请矣,而更托致书,必期先生之惠临。弟思南、北、中美三地有华侨不下数十万人,近皆思想初开,多欢迎革命之理者,若得先生之笔以发挥之,必可一华侨之志也。此事关系于中国前途甚大,弟切望先生为大局一来美洲,千万勿却。《少年中国报》愿奉月修六十元美金,只欲先生主"论说"一门,日不过千余字,以先生顺手挥来,大约不过一打钟之时,其余尚有暇时以致力于著作也。此间居住于华人亦颇便,贵眷可以同来,于世兄等入学读书亦有适宜之地。先生何时能来?并需旅费若干?请详细示悉,《少年中国报》当为设法早日奉寄也。

中国社科院近代史所等编《孙中山全集》第 1 卷,中华书局 1981 年版,第 510 ~ 511 页

2 月 13 日(正月十五日)　孙中山在加拿大温哥华华侨集会上,介绍国内运动新军大有成效,揭露清政府施行宪政、开设国会,毫无诚意,即使实行,亦无效果。

孙中山说:

我党之志谋固已早定,而着着进行。中国今日之陆军编成者十八镇,其中八镇以北京为中心,而散布于直隶。此等军人尝经袁世凯之训练,当时所称为"新式兵"者也。共一镇则全系满人,有皇室之卫兵。此等军人若尽入吾党,则兵不血刃,而大功可成。

我党既有步兵三四万、炮兵七八千,而某处某处更有兵百万。地方人士勇而好战,我党为之供给武器,则大功之成可以操券。所恐者,则外国之干涉耳。今满洲政府之对于施行宪政、开设国会,无一毫之诚意,故到底不能见诸实事;即见诸实事,亦决无效果也。政府无统辖之力,以愚蒙人民为政治之秘诀。此虚伪之政治,必当去其根柢而一新之也。

中国社科院近代史所等编《孙中山全集》第 1 卷,中华书局 1981 年版,第 511 ~ 512 页

2 月 15 日(正月十七日)　孙中山致函宫崎寅藏,请托宫崎、犬养毅、头山满等人设法与日本政府疏通,允许他来日本居留。

孙函称:

弟甚欲再到横滨驻足,如能有法与政府交涉,得其允许,实为至幸。望先生及犬养、头山两翁(指犬养毅、头山满。编者)代为竭力图之,无限切祷。

弟在米所谋机局甚佳,不日当可达目的也。

中国社科院近代史所等编《孙中山全集》第 1 卷,中华书局 1981 年版,第 512 页

△ 宋教仁在《民立报》发表署名渔父的《滇西之祸源篇》,针对英国派兵侵占中国云南片马地区发表时评,提醒清朝当局猛然深省。

△ 御史胡思敬奏称,新官不可滥设,旧官不可尽裁,拟请严饬宪政编查馆臣,不得援引日本法规,扰乱大局。

2月16日(正月十八日)　俄国驻北京公使廓索维慈向清廷外务部提出六条要求,并以战争相威胁。

《东方杂志》第8卷第1号《中国大事记》记载:

驻京俄使照会外务部要求六款……其照会云。俄政府以近时中俄交涉,中政府颇不以一千八百八十一年商约为然。中政府及各地方官,毫不注意条约之细则,且有时任意违背条约内原文。然俄政府以中政府对待此约之行为,实有不能交好之情。故俄国政府应详细辨明,并请中政府,将愿否遵照一千八百八十一年条约内容及中俄各条约之总纲办理等意见。作速复答。

第一　一千八百八十一年条约,以各项国际协约,除华俄交界五十俄里外,并未限制俄政府在中俄交界贸易纳税之自由。凡在两国陆路边界五十俄里内,中俄两国彼此运出输入物品,一概无税。

第二　俄人在中国境内有领事裁判权。故吏治裁判交涉,专属于俄员。若遇民事讼事,如华俄人之交涉,须由中俄会审解决。

第三　蒙古及中国长城之外,以及天山左右,俄人有权自由往来居留,及贸易货品。一概无税。亦不得以专利或禁止限制其通商自由。

第四　俄政府除已设之领事外,有权在科布多哈密古城设立领事。虽云此权须经中政府认可,惟现在各该城华俄商人,每有兴讼之事,显然不能不实行此权。

第五　凡设领事之处,中国地方官声明承认,遇有华俄争辨之事,不得推辞与俄员公同裁判。

第六　蒙古及长城以外各城,俄政府有权设领事署。即库里得日楚古查克、库伦乌里雅苏台、喀什噶尔、乌鲁木齐、科布多、哈密古城以及张家口等处,俄人有权置地建筑。为此俄国政府特照会中国政府,若不承认以上六款,或一款不欲,即可谓之中国不欲遵守前约,敦固善邻。如此俄政府即可自由进行,以便申明条约权限。

2月17日(正月十九日)　俄国恫吓清廷接受其无理要求,中俄关系趋于紧张。

上海《民立报》辛亥正月二十日新闻专电:

伦敦电云:据俄京圣彼得堡来电言,俄国官报载,俄陆军省已开重要会议,讨论中俄交涉事,并言中国向来藐视约章之举动,已令俄国不可容忍,故吾人于数日内可望外务省之活动宣告文。……据俄京来电谓:俄国近来已颇愤恨中国,闻其故系因中国对于防疫多阻挠,致疫得传染而起,故决定以强权对待中国,将重占新疆省之伊犁地方。按该地系俄人千八百七十九年立约时退还中国者,俄国此次只举动,不欲施行千八百七十九年之约,惟决定逼中国守千八百十一年约章。俾俄国得享约中所载权利,及蒙古自由贸易,治外法权,暨在蒙古科布多设立领事等,此次俄人之举动,当视中国状态若何为定。

黄季陆主编《中华民国史料丛编・民立报》第4册,台北中央文物供应社1969年影印版,第0842页

2 月 18 日(正月二十日)　外务部照复俄国公使,拒绝俄国无理要求。

《东方杂志》第 8 卷第 1 号《中国大事记》,外务部照复俄使:

谓中国并非不守条约,实俄人时欲扩张原议而已。末端又谓中国素持和平,固守友谊,俄国此次不应以强硬之辞相逼云云。

△ 陆军大臣荫昌奏陈,时局阽危,宜早定军国大计,胪举筹办征兵、购制军械、修筑铁路、急筹开矿、奖劝工商、注重外交等十端,请饬廷臣协议。

2 月 19 日(正月二十一日)　清廷命东三省总督锡良筹备在奉天举行的各国防疫会议,并派外务部右丞施肇基代表参加。

上谕军机大臣等:

电寄锡良,东三省时疫流行,前经外务部照会各国,选派医生前往奉天,定于三月初五日开会研究,所有会中筹备接待事宜甚关紧要,著东三省总督会同外务部妥速布置,并派施肇基届期赴奉莅会。

近代中国史料丛刊第 3 辑《宣统政纪》第 48 卷,第 19 页

2 月 20 日(正月二十二日)　署两广总督张鸣岐为镇压广东会党,奏请严定赏罚、宽筹经费、分五路举办清乡。

奏折称:

窃广东盗匪猖獗,斗祸惨酷,迭经历任督臣奏请严办有案。臣去年在京,奉命督粤,宦京粤人多以严办斗盗两事相告。抵任后接阅文报,访查情形,近来盗劫之案日多,杀人据[掳]生,或焚毙全家,掳及学生稚【子】,资[恣]意勒索,由百千以至巨万,不遂所欲,即行杀毙。纠伙每至数百,劫掠动辄全村。加以三合、三点、小刀、剑仔等会匪,勾结革党,暗立师团,设堂打单,明目张胆,啸聚村乡,四通八达,兵多则逃散,兵少则抗拒,竟敢抢劫兵船营房,戕毙弁勇。屡于获盗讯供,佥称劫资置械,约期起事。每遇民间械斗,各匪闻风麇集,焚杀劫据[掳],惨不忍闻。营县穷于捕治,绅民呼吁频闻。现在新政待举,阻碍实多。且禁赌有期,无业游手之徒更恐流而为匪。与在省司道筹商,必须分路严办清乡,方能兜缉著要之剧匪,铲除啸聚之窟穴,并设法解散胁从,俾以自新,筹兴农公[工]实业,安插游惰。现拟于多汇[匪]之区,划分五路。除前路琼崖及北路连州甫经用兵另行办理外,查中路以顺德为最,南海、番禺、香山、新会、增城、东莞、新宁、三水、开平次之。右路以罗定、信宜、阳江、阳春、恩平为最,东安、西宁、鹤山、高明次之,茂名、化州、合浦、灵山、钦州又次之。中北两路交界之匪,以英德为最,清远次之。左路之匪,以归善、博罗为最,龙川、河源、永安及潮州高属次之。体察情形,详审地势,划定区域,派委得力之员,予以特权,严办清乡,或一县一员,或一县数员,或数县一员,同时并举。防营不另添募,陆路各处,即以现有营队分别拨派。沿海及内河各属,遴拨兵轮、扒船,协同缉捕,以防窜越。广州府属咨请水师提督臣李准督办。惠州府属咨请陆路提督臣秦炳直督办。此外各属即责成该管镇道厅州随时督饬查察,以辅微臣耳目所不及。并视各属匪患之轻重,酌定限期,务须计日程功,免致老师糜饷。缉获盗匪,责成各印委详讯确供。如系土匪、会匪、游勇,有杀掳焚劫、啸聚抗拒重情,即在军前惩办。其寻常盗案各匪仍解交各州县归案讯明,照例勘转。倘仅止胁从及初犯之匪,准予缴呈会飘,出具悔结,觅保存案,或拨习工艺,或谕族量为资遣,俾其自新。此办理清乡之情形也。惟缉拿著

匪,必须重悬赏格。从前缉匪花红,已经前督臣袁树勋奏请革所[矿],议由官岁储一万,而无论匪多赏薄不能敷用,且支用赏款之多寡,当视获匪多寡为衡,实难预为限制。现拟先查匪名,分别等差,由官悬赏,不限定岁支一万,以期获除一巨匪,胜杀从匪百千。既为除暴安良一劳永逸起见,势难吝惜帑项。至此次大举清乡,不许骚扰绅民,苛派牧令,清乡委员责其限日图功,不能不优给薪资,加以防营长夫之费、委员舟车之费、驻乡赁屋赁舟之劳[费]、获匪解省饭食之费,约略计算,为数不赀。臣忝膺疆寄,目睹广东财政困难,又值奏请禁赌,益觉入不敷出,何敢稍涉糜费。但体察情形,若不从治盗入手,一切新政,均无从措置。与其酿成巨患,贻焦头烂额之忧,不如亟遏乱萌,收曲突徙薪之效。此不能不宽筹经费情形。至从前历办清乡,往往老师糜饷,委员视为例差,毫无振作。此次遴派委员,必选历练已深明于鞫盗之员,并饬将每日驻扎巡历之处如何,获匪讯供如何,清查筹办,按日填表呈核,不许稍涉敷衍。如果办有成效,匪戢民安,拟恳天恩俯准臣从优保奖,以资激劝。倘或日久无功,扰及良民,纵逸著匪,有一于此,即予严参。已通饬各委员及地方文武防营,轮扒各弁,奋勉图功,信赏必罚,以观厥成。此严定赏罚之情形也。所有办事章程已由司局公同议定,通饬遵守。至此项清乡经费,保[系]特别用款,未列常年预算,按照清理财政章程遇有特别重要事件,例得许其进加。拟恳天恩敕部准在本省预备金项下开支,以资藉手。

宣统三年二月二十日,奉朱批:

该部知道。钦此。

中国第二历史档案馆编《中华民国史档案资料汇编》第1辑,江苏人民出版社1979年版,第76~78页

△ **宋教仁自本日起在《民立报》连载《二百年来之俄患篇》,“据国际法之理以论断俄人要索之不当,并以发其对于蒙古之政策之狡谋,以警告国人。”**

△ **清廷命民政部及东三省、直隶、山东各督抚,早日消灭鼠疫。**

《东方杂志》第8卷第1号《中国大事记》报道:

此次鼠疫发现于东三省,蔓延于关内直隶山东两省,先后传染,日毙多人。朝廷为之恻然。迭经严饬民政部暨各该省督抚,设法消弭。至是哈尔滨等处成效渐著,日见减轻。故又谕令赶速清理。务期早日扑灭。综计此次鼠疫发现以来,吾国所损失者,盖有四端:以疫而死者约一万九千余人,是人口上之损失;以疫而断交通,致京奉铁路亏耗五六百万,是商业上之损失;以疫设防范,如东三省报告防疫经费,共计四百余万,京津两处,已用五六十万,是财政上之损失;以疫而受邻国之诘责,甚且被其侵压,是政权上之损失。至鼠疫之影响所及于各方面者,亦有三端。吾国葬礼,夙以入土为重。此次东三省以疫死者众,特从权用火葬。上年十二月二十九日,东三省总督锡良致电吉林巡抚陈昭常、黑龙江巡抚周树谟,略谓准外务部勘电开:据哈埠伍医官等电禀,该处抛弃未葬之柩,罗列二千具之多。材木脆薄,恶气熏蒸,非掘坑汇集火葬,流毒不可胜言。现于六里外择地掘大坑十处,雇役百二十名。以天寒地冻,兼用机器炸药,工作一旬,仅成四处。请速核准照办等语。疫气蔓延,死者枕藉,仅事掩埋,绝不足消灭余毒。况现在疫气并未见减,日毙百数十人,势不能不从速设法。斟酌再四,恐非从权暂准火葬,殊别无应急之法,并希迅饬地方官剀切晓谕,免滋谣惑等因。查死欲速朽,古有明训,佛法慈悲,本崇火化。特习俗所在,孝子慈孙,不忍出此。今疫染日厉,与其积尸酿疫,染及全家,祖宗不祀,未能全生者孝,愈以伤死者之心。况流毒社会,无所底止。部电亦万不得已,良已径电各属遵照实行,并苦口演说,请再通饬知之云云。是影响于风俗

上者。德国太子前拟游历远东各国，嗣以吾国东北部患疫，故至印度后即折回。所有中国、日本、暹罗之游，概作罢论。是影响于外交上者。民政部前以鼠疫为吾国医学所未究，特商政府，由外务部通电各国，请各派疫科专门医士到东。研究治法，协助中国，并定期开一大会，以研究所得，宣布世界，其经费悉由我担任。现德、美、英、奥、法、俄、日诸国，已派医士前来，是影响于学术上者。鼠疫之影响如此，而吾国因鼠疫所受之损失如彼，则鼠疫之势力，不其伟乎。兹为汇记于此，亦历史上一大故实也。

2月21日(正月二十三日)　因与俄国关系紧张，清廷准军谘处奏请，命军机大臣、外务部、度支部、陆军部、海军部、邮传部，会同军咨处通盘筹划国防。

军谘处奏边事亟宜筹备：

本月十八、二十等日，先后奉旨交到荫昌、寿勋、吴禄贞条陈军事折两件。俯查现今时局，自日俄协约定后，日形紧迫。上年臣载涛，由外洋回国，取道西伯利亚，目睹俄国沿边增兵运械各情形，叠经面奏在案。近日俄德又订协约，俄无西顾之忧，遂得专意东注，连日传闻其照会英法日本三国，有驻兵边界观衅而动之词，核以该国照会，外务部文中亦有本国政府自应留有自由设立可用之法，以复侵犯本国政府以及俄国人民之利益等语。自系以兵力要挟之意。此事枢臣与外务部诸臣，必能秉承庙谟，妥筹因应，而军谘处为大元帅军事顾问之地，兼掌国防，用兵之谋，虽情见势绌，孤注何敢轻掷。然臣等执掌所在，不能不于万分竭蹶之中，勉筹最后支持之策，以为外交补助。应请旨饬下军机大臣、外务部、度支部、陆军部、海军部，会同臣处，详细筹商。妥拟办法，以维大局。溯自光绪二十九年，奉旨设立练兵处，创练新军，已将十年，而限于财力，掣于群议，以致筹备计划，未尽实行。学堂不能多立，将校无所取材，枪炮不能画一，子弹无法补充，粮饷一无存储，马匹无从征发，加以交通不便，运输维艰。凡此支绌情形，外人皆深悉底蕴。故一遇事会，即施其恫吓惯技，迫我就其范围。俄事即能和平了结，而外患之来，方兴未艾。伏愿我皇上惩前毖后，饬下枢臣、部臣、疆臣协力同心，和衷共济，庶几筹款者力任其艰，同矢效忠之举，任事者力求核实，勿耗有用之财。多难兴邦，或基乎此。抑臣等尤有不能已于言者。嗣后军事计画，不仅国防要图，且为外交后盾。凡一切应行筹备事宜，仰恳圣明乾纲独断，坚定不摇，不以财力匮乏而阻远大之规，不以人言烦多而扰自强之计。至西北路将军、副都统、办事大臣，皆有边防之任，应请简任重臣，畀以事寄，其如何变通章程之处，请旨饬下一并会议。得旨：著各该衙门会同通盘筹画，妥为具奏。

《清实录·宣统政纪》第48卷，中华书局1987年影印本，第869～870页

2月23日(正月二十五日)　谭人凤自沪抵汉，晤居正、孙武等，告知黄兴正谋广州起义，两湖地区要急起响应。

居正《辛亥札记》：

正月二十五日，谭石屏先生到汉，聚商于其旅舍。谭先生谓："余奉黄先生命，督率长江革命进行。南京、九江已有联络，两湖尤关重要，因黄先生与胡展堂、赵伯先诸兄均在香港，各省同志毕集，决在广州起事。谋既定，款亦有着，最短时间当能实现，两湖宜急起响应。"并出八百元，交余为运动费。复次，谈及中部同盟会之结合力渐次弥满，南京主任为郑赞成、章木良等。九江新军自南京开来五十三标，亦由南京主任通声息，各应其成熟时机而定响应之先后，武汉宜加倍努力。言次甚激昂，在座均服其矍铄。……余既受克强之命，复由石屏面授方略及资金，乃与舒武、尧卿诸人商分配进行工作。先租房屋一栋于汉口法租界长清里为

总机关;复租一室于武昌胭脂山为分机关;又开一酒馆于武昌黄土坡为招待所。此三门面撑开,而资金去其半矣。

武汉大学历史系中国近代史教研室编《辛亥革命在湖北史料选辑》,湖北人民出版社 1981 年版,第 114 页

谭人凤《石叟牌词》:

余遂溯江上,由沪抵汉,因克强谓湖北方面居正可负责任,乃以六百金与之。孙武前办共进会,武汉江湖士多在其团体中,于军界亦稍有接洽,势力远胜居正,惟所带经费无几,故仅与以二百金。因入湘,……余到时,约与密议,均颇热心。……时焦达峰不在省,留候数日未至,即行,盖因来时黄、赵约余二月中旬必返也。到沪时,钝初因无信到,尚未行,乃促之,因同往。至则重要人物由东先后到者,已有林时爽、林尹民、林觉民、陈与新、喻培伦、李恢、周来苏、熊越山、何晓柳诸人。……以外由上海至者,则有熊克武、但懋辛、宋豫林、石云诸人。由南洋、越南至者,则有李燮和、陈方度、胡国梁、柳聘农、刘岐山、方汉臣诸人,文武趋跄,颇有风云际会之盛。惟因孚琦将军被炸后,省城非常戒严,故尚按住而未定发难时期也。

石芳勤编《谭人凤集》,湖南人民出版社 1985 年版,第 364 ~ 365 页

△ 俄国驻北京公使至外务部,要求中国承认其本月 18 日所发通牒要求。这是沙俄向清政府提出的第二次强硬照会,引起中国舆论强烈反对。下边是上海《民立报》所刊革命党人宋教仁的《讨俄横议》一文,从中可见当时舆论之一斑:

宋教仁《讨俄横议》:

呜呼,近日俄人之举动,其蛮横无理,盖可谓自有国际交涉以来,未见其例者哉!前月中旬之照会,既以自由行动恐喝吾政府,而吾政府亦既敬谨听命,承诺其要求条项矣,顷者乃复为第二次之照会,谓中国答复有关约章者,未满俄政府之意,显有不堪和平之态度,难免扰乱两国邦交云云。而其后面之举动,则方日日耀兵,以示威于我满、蒙、新疆。合前后观之,其蔑视国际法,蔑视条约,其玩弄我政府,侮辱我国民,已洞若观火。此次而果任其跋扈飞扬,不稍为计,是吾人直甘为亡国民,甘听其影响所及,酿成瓜分之祸而不辞矣。呜乎,是可忍也,孰不可忍也!

俄人之所以出于是者,以改订条约问题也。吾国与俄人所结之《伊犁事件条约》,今年为第三次期满之日,其已得之种种特权,恐因改约被我收回,乃为先发制人之计,于未期满之前,肆其要求。其要素之条件,大都违约背法,已不俟论,即其要索之形式,已是不法之举,欺吾太甚,足令人发指,目眦尽裂者也。夫国际条约之缔结,以双方合意为必要之条件者也,其期满改订亦无不然。前此之《伊犁事件条约》既声明十年限满后可以商议酌改,且曰如限满前六个月未请商改者,应仍照行十年。既言商议酌改,是明谓期满六月前,两国政府无论何方,皆有通告改订之权,一经通告,一方即宜与之商议新约,不能顽强不应者也。既言如未请商改,应仍照行,是明谓若一请商改,则不应仍照行者也。盖一方既通告改订,则是条约中条款必是与此一方之情事不合,不能适用,故此一方之政府不欲再照行之,而其条约之实质已失此一方之合意,不能再有效力,非再以新生之合意,另定新约不可也。此盖国际之通例,而亦《伊犁事件条约》正当之解释也。吾国政府去岁秋间既以改订《伊犁事件条约》与俄人互相通告,而俄人又无他种之异词,则是明明已承认前约期满后之当归无效。而前约期满之时日实应扣至本年八月为止,自此以后,前约条款已失效力。苟新约未成,则两方皆为无条约之国,而可以自国主权,在自国领土内施。其关于他一方之立法行政,故俄人之于我国,虽在前约期满前,不能据以为拥护期满后之权利之符明矣。苟其不然,是即俄人自违前约所谓商议酌改之精神者也,乃俄人一则曰依据条约,再则曰中国破坏条约。夫前此之条约,前此中

国皆依据之，而未尝破坏，即如俄人此次所要求之六条，亦未尝有不照行之事，亦为俄所认知者，则其所指应为将来新约，此将发生而未发生之新约，而强人以依据，责人以破坏之罪，天下岂有是国际法理乎？

然则所谓善用外交操纵之术以为因应者，何也？曰是有三策：以强硬手段为正当防卫，俨然拒绝其要求之全部，不稍退让，此上策也；择其重要条项而拒绝之，以为半部退让，此中策也；全不拒绝，惟再延约数年以为后计，此下策也。

郭汉民编《宋教仁集》上册，湖南人民出版社2008年版，第217～219页

2月24日（正月二十六日）　江苏华亭县（今松江县）千蒲镇、新桥镇商人抗捐，举行罢市，捣毁新桥自治局。

△ 清廷根据法部奏请，通谕停止刑讯，永远革除一切非刑、私刑，有关死罪人犯应行刑讯者，务须恪遵现行刑律办理。

2月25日（正月二十七日）　海军部拟派兵舰巡视南洋，农工商部以农务司员外郎赵从蕃协同前往，抚慰华侨。

《东方杂志》第8卷第1号《中国大事记》报道：

前年二月，农工商部会奏派农务司员外郎王大贞，协同海圻、海容两兵舰，前往南洋各埠，抚慰华侨。现在又届派舰巡历之期。海军部拟派海琛巡洋舰巡阅南洋，兼赴荷属各埠。于本月二十五日后，由沪放洋，商请该部派员先期赴沪，协同前往。该部以农务司员外郎赵从蕃曾赴南洋，情形熟习，拟即派令前往。因海琛舰放洋期迫，特饬该员先期赴沪，以便接洽。适该员被简为广西劝业道，因奏请俟该员差竣回京，再行饬赴新任。

2月26日（正月二十八日）　由同盟会会员刘揆一等人发起，在东京召开全体留日学生大会，反对俄国侵略新疆、蒙古，反对英国侵占片马，议决设立救亡机关"留日中国国民会"，派代表回国以省为单位组织国民军。随后，留日中国国民会提议各省设分会，上海设总机关。

2月28日（正月三十日）　中国留学生在东京撰写、印刷并散发《中国危亡警告书》小册子，内容自称"述俄、英、法三国之祸机，与政府昏庸之罪状，以及今后挽救之法"。该书署名"留日全体学生"，出版后引起日本警察关注，曾调查文章作者和日本印刷厂厂主，并收缴了印刷物。

是月　邓玉麟在武昌黄土坡二十号开办同兴酒楼作为掩护，联络新军士兵。

△ 同盟会菲律宾分会成立。

△ 清廷命军谘大臣载涛赴日、美、英、法、意、澳、俄，考察陆军事宜，梁启超于日本上书载涛，历陈立宪应如何进行之策。

梁启超上涛贝勒书，其中称：

立宪之政,唯其实不唯其名,苟实之不举,而徒袭此名以上下相蒙,未有能济者也。夫国家之有政治,犹轮船汽车之有机器也。机器事件有一不具,或虽具而稍有锈坏,则不能以运行。以甲种机器事件移置以于乙种机器,则枘凿而不相入,其究也归于两败。故古今中外之治国者,莫急于统筹全局,纲举然后目张。而我国今日之筹宪政,譬诸则用锈坏之旧机器,杂取他机器之一二事件以搀入之,而又不能具者也。

夫自筹备宪政以来,亦既若上下戮力,惟日不足,而某顾乃以此比之者何也?盖无论欲举何政,必委诸行政机关,而任之者则在司此行政机关之人。今试以我国行政机关比之东西诸立宪国,其有一相类者乎?以我国司行政机关之人,比诸东西诸立宪国,其又有一相类者乎?以行政机关论之,则京与外署不相连络,京署之中,各部与各部不相连络;外署之中,各省府、州、县互不相连络;而无论京署外署,其署内职司各不相连络。责任无所归,功过无所考,冗员充牣,糜帑而不事事,此我国现在行政机关之情状也。以司机关之人论之,则内外群僚,其乃公国家忠于职务者,千万人中不得一二焉;即有一二,又未必明于世界大势,知立宪国官吏所当有事,唯蹈常习故致谨于簿书期会之间已耳。然此已其最贤者也。其他则大率恃苞苴奔竞以进,视官职为市易之具,巧立名目,罔利自肥,一切要政,悉以敷了之,此我国现在司行政机关之人之情形也。

夫以机关则如彼,以司机【关】之人则如此,此如董仲舒所谓琴瑟不调甚者,必改弦更张,然后可鼓。苟非挈裘振领,正本清源,于整饬纲纪澄肃吏治之道,痛下一番功夫,而务举其实,则复何一事之可办者。而今也不然。旧制之弊,旧习之坏,一切因而勿革,而徒鹜新政之名,朝设一署,暮设一局,今日颁一法,明日议一章,凡他国所有新政之名目,我几尽有之矣。然人之有之,则以为国利民福之具,我之有之,则以为钻营奔竞之资,信如是也,则不如其无之,犹可以不致浪糜国帑,而断丧国民之元气也。且国家凡百庶政无一不互相连属,而其缓急先后之序,非统筹全局,则无以剂其宜。同是一要政也,往往有非先办甲事而乙事万不能着手者,一误其序,则并归于无成而已,乃今之筹备宪政,其本末倒置者不知凡几,此某之所最为寒心也。试举一端论之。

夫政无大小,其举之莫不需财,故欲办一事,必须将此事所需之财源立一计画,确有把握,然后兴作。一国财源只有此数,而应办之事太多,则权其轻重缓急而分配,务使得宜,此施政之本也。乃还观我国之财政则如何?岁入不满二万万,而偿外债本息去其六十万,所余者乃分配于中央政府及二十二行省,以为政费,即新政一事不办,夫固已竭蹶不可终日。今也朝设一署,暮颁一法令,条诰两集,责吏民以奉行。而奉行之经费,则唯挪东补西挖肉补疮,而绝未尝有一定之计划,此而欲其办有实际,安可得乎?今且勿论他事,殿下所司者军政也,请言军政。陆军三十六镇之计划,创之已数年矣。而考其所以程功之遭,则唯有分配各省而责成乎督抚,无论督抚未尝实心任事也,即有实心,而费又安从出?各省所入,其支销皆已前定,而未有一省入能敷出者。今中央政府责某省练若干镇,某省练若干镇,文告急如星火,而一语及费之所出,则不复能置词,唯日饬该省督抚,无论如何,必须先尽此款而已。督抚虽极公忠,虽极多才,而无米之炊,云何能致。陆军既客是矣,而海军则亦有然。今之筹办海军,非欲借此以自齿于东西诸强之列耶,而试观现在世界海军之趋势则何如?各国每次之扩张案,其经费动十余万万,一战舰之制造费,动数千万。今我国之筹备海军,其将以为装饰之美观耶,抑期于可以一战耶?若期于可以一战,而先不从财政着手,以现今区区之岁入,就令将大小庶政一切停止,而悉举以投诸海军,阅十年之久,而无所成就者,犹不足与欧洲第三四等之海军国比,况乃列强哉。今于陆军、海军财政一无所计划,而唯责督抚

以报数，报数者虽逾千万，而迁延年余，实缴者不及二三十万。夫恃千余万以办海军，已如九牛一毛，不知何用而可，况并此而为虚数也哉！而各督抚所认报效之款，又岂尝将该省财政通盘筹画，确见有此余闲款项可以随时提支者，不过以此买政府欢心，得为升迁之资，迨升迁他适，而前此所报数之责任，非复吾事矣。凡今日督抚之所以对付政府者，胥是术也。由此言之，则殿下与诸邸虽日夜不遑启处，以图陆海军之发达，而其效又乌可睹耶。然此固不能尽为各督抚咎也。每岁所入，仅有此数，而待支之款百出而不穷，今日陆军军谘处及陆军部曰：无论款项若何紧急，先尽陆军；明日海军筹办处曰：无论若何紧急，先尽海军；又明日则邮传部曰：先尽其铁路；又明日则民政部曰：先尽警察；学部曰：先尽教育；其他凡百庶政，莫不有然。要其结局，则无论何项皆不能尽。以其尽无可尽，且虽不尽，而政府亦无辞以相难也。各督抚亦知其然也，故唯悉置不理，一味敷衍迁延以塞责，或揣测某部某处权力较大者，则略为应酬，以谋升迁地，其他非所闻也。然则无论若何良法美意，但以财政不给之故，即阁置不能举，借欲举之，则不过京外文牍往还，涂饰了事。此实我国近数年来政界之现状，无可讳者也。

夫使其弊徒在新政之不能举办，犹可言也，而最危险者，乃在假新政之名，而日日朘人民之脂膏以自肥。数年以来，各省所兴种种杂捐，名目猥繁，为古今中外所未闻，人民之直接间接受其荼毒者，至于不可纪极。殿下特未尽知之耳。苟其知之，必将瞿然愀然而一日不能以安者。夫以各国租税所入与吾相较，则吾民之负担似不得云重。虽然此当视其国民之富力何如，未可以皮相断也。盖欧美列强，国民财产，平均每人约二千余圆，每岁收入赢息，平均每人二百余圆，故虽纳十余圆之租税于国家，毫不觉其重。今我国家财产收入未有调查，虽不能言其实数，然各种生利事业，尽为外人所夺。十年以来，入口货物所值平均过于出口者一万三千万两，合以外债本息，每年漏卮于外者，合计约二万万两，以上积十余年，为二三十万万两，民力几何？奚以堪此！故二三年来，各处城市，破产频仍，恐慌屡起，今日全国实已至民穷财尽之时，更事诛求，不出数年，悉成饿莩矣。然则国家将一切不取诸民而坐听各种新政经费无着，悉置不办乎？是又不然，苟能遵财政学之公例，以理一国之财，则自有许多新税源，可以绝不厉民，而增国帑数倍之收入者。以某之谫陋，前此曾略拟一《中国改革财政私案》，窃谓苟能实现施行，则每年得十万万元之收入，殊非难事。但非将财政机关从根本以改革之无从措手耳。今不此之务，而唯竭泽而渔，以朘削贫窭之小民，充其量，所得不能增数千百万，而举国已骚然矣。夫民不能自赡其生，则铤而走险，何所不至。无曰养兵即可以防乱，试观唐、宋、元、明之末叶，何一非由财政紊乱酿成巨变，以至于宗社为墟耶？试观英国、法国百年前之革命，何一非由赋税繁重，民不堪命，举起而与王室为难耶？夫即以财政一项论，苟非及今以霹雳手段经理之，而其祸之所极，已不堪设想，况乎今之所谓筹备宪政者，其纷纠而无纪，敷衍而无实，无一非财政之类也。夫苟非迫于时势之万不得已，则亦何取乎立宪？既曰立宪矣，苟徒袭其名，思以涂饰天下耳目，而实际乃与立宪政治之原则相反，则将来患之所中，必有视专制为更甚者。彼波斯、土耳其两国，固与我国同一年宣布立宪者也，徒以阳托其名，而阴反其实，遂以酿成大乱，两国之皇室几覆焉。殷鉴不远，此去年事耳。

今者，举国官吏见朝廷立宪明[？]三令五申也，则人人自托于筹备。其奏报之文，虽若甚美，而究其实心实力，忠于国家，忠于宪政者能有几人？大率供此为干进之阶，罔利之途，择肥而食，饱则飏去耳。彼辈视官职为传舍，精华已竭，褰裳去之，国之安危，于己无与也。故人人明知外患内忧之岌岌不可终日，顾各怀得过且过之心。若殿下则安能？殿下与国家为一体，与朝廷为一体，国家朝廷，万年有道，则殿下安富尊荣，与天无极；国家朝廷脱有不讳，

则殿下欲为长安一布衣,岂可得耶?某岂好为此不祥之言,实有见夫今日官方之颓坏如彼,民力之雕悴如此,而徒日托于筹办新政,毫不审缓急先后之序,绝不为综核名实之谋,此如久病之夫,而杂进庸医之药,不至速其死亡而不止。此某所为椎心泣血而不自觉其言之戆也。

丁文江、赵丰田编《梁启超年谱长编》,上海人民出版社1983年版,第502~507页

2月底　居正、谭人凤等先后到武昌府监狱探视胡瑛,商谈湖北革命事宜,值蒋翊武亦往探监,相互间进行洽谈。

2—3月　同盟会香港统筹部指派专人分赴江、浙、皖、赣、鄂、湘、桂等省进行联络,以策应广州起义。

曹亚伯《武昌革命真史》:

举义总计划既在会师长江,并设交通课以主任其事,则第一着江浙皖湘鄂等处不可不筹设机关,联络军人以备响应。辛亥一月六日,谭人凤至统筹部亦以此意与赵、黄诸人言,曰:"南京之事,向谋之矣,若两湖居中原中枢,得之可以震动全国,控制虏廷,不得则广东虽为我有仍不能以有为,愿加以注意,俾收响应之效。"赵、黄即询以办法,谭曰:"今居正、孙武二人日夕为武昌谋,惟缺于资,不能设立机关,以张大其势力,湖南同志甚多,以缺于资,不能为进行之部署。诚能予金以分给于两湖同志,则机关一立,势力集中,广东一动,彼即响应,中原计日可定也。"黄、赵等诺之,七日即以两千金予谭。谭乘轮北行,自上海而武昌而长沙。……事毕至上海,二月中旬也。司江浙皖之交通者为郑赞臣,设办事机关于上海。据其对谭言,下级军官及各队兵士均有接洽,苟时机一至,即可发动。谭因南下告统筹部。郑赞臣除由统筹部拨三千元外,用去赵声选锋费千余元,并储备课购械余款二千元。广西方面,则由方君瑛、曾醒、严骥、李恢往来于香港桂林间,持黄兴、赵声书,与在桂军官方声涛、耿鹤生、何叙甫、刘建藩、赵正平、杨子明等商响应,以便联成一气。

曹亚伯《武昌革命真史》上,上海书店1982年印行,第276~277页

3月1—2日(二月初一—二日)　江苏省松江府川沙厅乡民,为庙产纠纷及反对筹办自治等新政,捣毁焚烧公所、学堂、乡绅房屋多处,官绅被击受伤。经派巡防营队及太湖水师分往川沙、上海镇压防范,解散胁从,严拿首要,事件得以平息。

暂编陆军第二十三混成协统领官田中玉呈报陆军部称:

兹探闻本年二月初一、二日,有苏属松江府川沙厅乡民,为争庙产,仇视自治,勾结愚民,捣毁焚烧公所、学堂、绅屋多处,官绅被击受伤,松沪兵到未能解散。并闻上海谣言四起,将入沪境滋闹,绅商惶恐,已经苏松太道及该府厅先后电禀抚宪,蒙派巡防营队及太湖水师分往川沙、上海镇压防范并解散胁从,严拿首要。近悉川沙事已平静,地方安谧,上海谣言已息,尚不致有意外之变。

中国第二历史档案馆编《中华民国史档案资料汇编》第1辑,江苏人民出版社1979年版,第78页

△ 直隶总督陈夔龙以东三省疫疾蔓延关内,奏请在山海关、秦皇岛、天津和保定等地,实行检疫措施。

据《东方杂志》第8卷第2号《中国大事记》报道,直隶总督陈夔龙奏直省防疫情形,略称:

奉直线衔接沟帮子、山海关一带，遴派华洋医员设局查验，就车站设立临时医院。由沟帮子至北京，并节节严防，沿长城一带各口，则均驻兵查禁。关外小工，尤易传染。由奉直二省分筹安置。至秦皇岛为不冻口岸，东三省旅客自海道以达内地，咸必由之。复经派医驻岛检查。现值春融，大沽口亦经派员布置，天津近接京畿，防范尤为紧要，区分地段，由医官随时查禁，巡警随时报告。遇有疫证病亡之人，实行消弭方法，患疫人民，概由卫生局办理，并有绅商设立临时防疫会等一资辅助，保定省会，亦经特设临时防疫局，专在省城一带，切实防范。附近各府州县遇有疫患，并由该局派医前往，设法消弭，且各属设有防疫专局以臻周密。京津一带，已有医官随车查验，其畿南赴京要道，复在长辛店、卢沟桥等，切实查验。现查天津疫气已减，旬日以来，渐就削减。保定则并无染疫之人等语。

奉朱批：

仍迅速清理以卫民生。

△ 民政部编订户籍法八章一百八十四条，请饬交宪政编查馆复核。

民政部奏：

遵章编订户籍法，参考东西各国良规，折衷讨论。厘为八章，计一百八十四条，请饬交宪政编查馆复核，以利推行。

得旨：

宪政编查馆查核具奏。

近代中国史料丛刊第3辑《宣统政纪》第49卷，第2页

3月初　谭人凤由汉口赴长沙，秘密会见湖南革命党人，约与湖北同时响应广州起义。

谭人凤《石叟牌词》：

余则于辛亥正月六日（一九一一年二月四日）抵香港。……余以两湖当冲要，非先示机宜不可，黄、赵韪之，乃于次日带二千金返。……因入湘，先有谢介轩、刘承烈归，同志曾伯兴、龙铁元、龙云墀、洪春岩、文牧希、谢宅中、邹永成、唐镕、周岐及马标队长刘承烈之弟文锦，四十九标之文案吴静庵等，早已闻其事。余到时，约与密议，均颇热心。于是委彭庄仲负机关责任，辅以曾伯兴及周岐；吴静庵、刘文锦联络新军方面，辅以唐镕、谢宅中；绿林方面，拟责成焦达峰主任，辅以谢介轩、洪春岩；文牧希担任刺探官情；二龙担任补助经费；惟刘承烈颇近浮浪，则以前购备之炸药暨制造各器，嘱携归益阳赶造焉。时焦达峰不在省，留候数日未至，即行，盖因来时黄、赵约余二月中旬必返也。

石芳勤编《谭人凤集》，湖南人民出版社1985年版，第364页

杨玉如《辛亥革命先著记》：

二月初，谭人凤自汉口密赴长沙，召集中学教员彭仲庄、曾伯兴、马队排长刘文锦授以湖南革命方略，约与湖北同时响应广东。曾伯兴提出意见甚多，谭奋然曰："此时只有硬干，那里顾得许多？"曾、刘等唯唯受命。谭旋返汉乘轮下驶。曾伯兴、刘文锦因广东黄花岗之败，湖南风声紧急，均相继告假来汉。

杨玉如《辛亥革命先著记》，科学出版社1957年版，第33页

3月2日（二月初二日）　直隶遵化县农民反对官吏借办新政搜刮民脂民膏，千余人攻打县城。

3月3日(二月初三日)　清廷命民政部、步军统领衙门、顺天府早日禁绝京城鼠疫,并严饬防疫人等,务当慎审从事,毋得借端骚扰;其商民人等,亦不得轻信谣言,自生混乱。

3月5日(二月初五日)　四川护理总督王人文与前任总督赵尔巽会同奏报四川第三年筹办宪政进行情形。

《四川总督赵尔巽等奏四川第三年筹办宪政情形折》(宣统三年二月初五日):

查川省筹备宪政成绩,经臣尔巽先后依限奏咨各在案。现臣人文于宣统三年正月初一日接护督篆任事,遵即调查卷宗详称事实,所有臣尔巽上年任内赓续筹办宪政情形,谨合词为我皇上觇缕陈之。

伏查筹备清单第三年,即宣统二年,各省应办之事有九:

一、续办城镇乡地方自治。按民政部单开,应考核繁盛城镇议事会、董事会办理成绩,指实中等城镇筹设该城镇议事会、董事会。川省繁盛城会四十处,镇会十处,自府间设置以来,于地方公益事宜类能兴举,中等各城则巴州、叙永厅、郫县等五十八厅州县,均据禀报城会成立,余亦陆续竣事。各镇自治前经通饬各属不分中等偏僻,全数筹备,或先办一二镇以促进步。岳池、叙永、泸州等三十余厅州县所办镇会成立者,现已得一百三十三处。至于偏僻城厢及乡自治,虽未届筹备之期,亦多先行赶办。如盐亭、雷波等属之城会,简州、绵州、成都、新宁、梁山、资阳、绵竹、仪陇、宜宾、仁寿、荣县、大竹等州县之乡会六十七处,皆先后成立。计川省共已成立城会一百处,镇会一百四十三处,乡会六十七处。筹办厅州县地方自治,部单应就省会地方首县筹设议事、参事等会,川省除成都、华阳两首县遵照筹设外,并饬江北厅、泸州、巴县三属同时办理。绵竹一县亦请按章举办,均已告成。昨复饬自治筹办处酌令其余各厅州县预为筹备,俾本年克有多数之厅州县自治成立。

一、汇报人户总数。川省户口并查全省人户总数,及成都县等一百二十五属人口总数,绵州等三十五属船户口数,已于上年上届具报,嗣据巡警道周肇祥将崇庆州等十九属人口总数,华阳县等二十属船户口数汇详咨报,合之前报各属,全省人口总数,亦已一律报齐,衡诸部定程限,尚属提前办竣。惟此事最为繁难,日有增减,日有迁移,非比他事可以一次调查即为定断,此后赓绩调查事宜,已饬巡警道参酌定章,拟具办法,饬属遵办,以备编订而期细密。

一、复查岁出入总数。查宣统元年出入总数,前已饬由清理财政局分门别类编纂成册,咨送度支部在案。宣统二年春夏季报告亦经照章编审,依限详咨。

一、试办预算。查宣统三年预算案早经赶办送部,其属于地方行政经费者,又经查照部电,发交谘议局议决呈复,应俟审查就绪,再行咨明馆部酌核办理。至四年预算案,转瞬即届应办之期,并已饬局先期查造,免误部限。

一、厘定地方税章程。查前经度支部奏准,将国家税、地方税同时厘定,以上年为调查年限,本年为厘定年限,业已遵照部电详辨性质,划分种类,列表送部核办。

一、省城商埠各级审判厅限年内一律成立。查审判应办事宜,早经妥为筹备,推检书记各项人员均分别照章考取录用,省城高等、成都府地方及成、华两县初审判检各厅,已于上年十一月初一日开厅,重庆府地方及巴县初级审判、检察各厅亦于十二月初一日开厅,其省城模范监狱早兴工建筑,一俟工竣即当开办。

一、推广厅州县简易识字学塾。川省前经奏报,此项学塾已成立者二千六百二十六处,并声明注重改良私塾以期普及,嗣檄提学使刘嘉琛通饬各属,将上年下届办理情形详报查考,现据各厅州县先后报到八十九属,合计就原有学堂附设者一千三百一十四塾,学生二万

二千四百二十一名，就祠庙公所特设者七百六十四塾，学生一万四千二百一十三名，其改良私塾遵照三年简易科办理者，四千六百八十三塾，学生六万三千六百八十四名，遵照四年简易科办理者四千八百二十一塾，学生七万三千九百零五名，此外各厅州县原报已开办者七百五十余塾，尚未据将学生人数及改良私塾学生数目查明申复，刻已严催赶报，并分饬视学员认真考察，冀收实效。

一、厅州县巡警限年内一律完备。查川省一百四十四厅州县，前奏报巡警完备者共计一百三十余属，其宜宾县等十余属，续据调查实已一律完备，乡镇巡警提前筹办者前经奏明，有成都县等二十五处，现又据简州等十六州县将所辖乡镇巡警禀报筹办，当可次第观成。至川江水道巡警早已具备规模，刻正力加整顿，俾水陆互相维系，警务日起有功。

故宫博物院明清档案部编《清末筹备立宪档案史料》下册，中华书局1979年版，第806～808页

△ 同盟会员卢信撰写《革命真理——敬告中国人》一书在檀香山自由新报社付印，该书约三万多字，用通俗语言讲述当时中国民族危机，排满革命的道理，同盟会三民主义的内容等，呼吁人们理解支持反满革命。此书的发行曾引起日本驻火奴鲁鲁总领事馆的重视，将作者行踪及书的内容密报日本外务省。

同年5月4日，日本驻火奴鲁鲁总领事上野专一就卢信著《革命真理》一书致电外务大臣小村寿太郎：

近日卢信在当地刊发题为《革命真理》书一册，广为销售。下官已将其通览一遍，其中并无何等新奇言论。唯大肆鼓吹排满主义，倡导建立共和政治，骂现政府为满虏压制政府，以汉族振兴先驱者自任。由此可以窥见现今彼等如何竭力招揽此地支那人中少壮者，从而可以察知此等孙逸仙主义者之意向。

章开沅、罗福惠、严昌洪主编《辛亥革命史资料新编》第6册，湖北人民出版社2006年版，第272页

3月6日（二月初六日）　孙中山自洛杉矶致信美国人布思，告以将于一周内抵纽约，如届时筹款仍无所作为，则务请他退还同盟会签署之海外财政代表的任命文件。

△ 黄兴与赵声、胡汉民联名致函孙中山，报告广州起义计划。

函中称：

伯先归港，即从军界上运动组织。至克强归（十二月中），更订章程，互选职员，分科任事。以伯先不欲居部长之职，故公举克强（克强意俟临发动时仍请伯先任总指挥，庶于事体大益）。省中调度则属雨平。现时方针，一依在庇原议，惟选锋人数增多，长短器亦拟增原数两倍有奇；独运动旧营方法稍异，其费约略减。以故预算之额约要十二万数千，预备费当至少有正额四分之一，则总额为十四五万余。南洋英属州府共已汇到港银三万五千几（日厘、坤甸在内），西贡汇到四千。暹罗之款本筹得六千余铢，饬其留供毅生到彼就地购器（最近据毅电，言该地购器不得，更往他寻），然以该地会员之交哄，捐款有无变动，尚不可知。荷属除良牧运动承诺外，尚有万元之希望，嘉应同志曾伯谔兄弟亦允力助（雨平拟运动其出万金，尚未到手）。荷属已汇来五千，余款未交。曾伯谔自荷属归，言邓氏（指邓树南，泗水侨商。编者）之款甚确，古亮初日间到港云云，荷款想都有着。域多利汇来三万元，已收到。其它美洲之埠，则只今日收到金山大埠五千元耳（来电有“仍筹”二字）。芝加谷（今译芝加哥，编者）据梅培君来信言，汇了英洋二千到庇，当已请其收回汇港（因其电庇，用先生名义，即金庆亦

不能收)今尚未得报,亦不审该处究筹得款若干。檀山、纽约等处则犹未有消息也。故统计,若美洲再能得一二万,及荷属与曾氏之款一一如望,斯不至临时拮据。

选锋不专取一处人才,故最多至二百人,为毅生之路。此外或百余人,或六七十人。总数则八百余人。似此较易于支配。伯先所取旧部,于十二月小有损失,幸不致有大牵动,且虏吏从轻发落,故其人尚可收集。

现拟购驳货百五十枝,而辅以长短杂货,此项预算费要四万几。惟购器之路甚难。朱基全不可靠(已述于前函)。星洲、暹罗两无所得。在港或可得驳者数十枝,其它亦不过称是。西贡来电,言有曲尺五十,驳者须迟一月(尚未确报)。日本来电,言得有驳者三十,短货七八十(已电嘱仲实留东,设法购置)。似此尚未符所望。又于上月电比国同志,托其购买,惟数日尚未得回电。财政而外,此为最紧要之问题矣。

高州营房已成,移二标分驻之说甚紧。此标佳士最多,故尤须急发。……扬子江流域,议于沪、汉设立两机关。沪则以郑赞臣主之,联络徽、宁、浙三省,现已开办,以徽为最有势力。汉欲请居正主之,联络湘、鄂两省,已派有人去,今日又请谭人凤赴汉及长沙,亲为设立该处机关,然后返港。赣省则视沪、汉两处之便于运动者属之。滇、桂本有基础,亦有人为之联络。刻以经济不足,不能推及长江以北,至为恨事。今预算仅六千元,不过敷其开办之用,至为确切响应之事,其款仍待其自为筹措。

刘泱泱编《黄兴集》(1),湖南人民出版社2008年版,第57~59页

3月10日(二月初十日)　1911年春,旅日革命党人欲回国参加三月二十九日广州起义,因短于川资,第十四支部长林文(时爽),接受福建同志林森建议,派陈与燊、王孝总(聪?)二人赴台北,求助于台北同盟会员林薇阁,林于是日捐三千日元,作为革命同志川资及购械之用。林文、林觉民等人始能及时赶至广州。

3月12日(二月十二日)　宋教仁在上海出席全国商团联合会成立大会,对千余名与会者发表演说,详述英国侵占片马,俄国侵略新疆、蒙古情形,谓“灭亡瓜分之祸,悉系此焉。”

△ 台湾新竹厅地区大安溪上游民众千余人,袭击日本军警,展开激烈战斗,使日本军警损失惨重。

3月14日(二月十四日)　俄国驻华公使廓索维慈照复外务部,声言如不完全应允其要求,势将自由行动。20日,俄国政府声言于七日后取自由行动。27日,外务部完全允许俄国要求。

3月15日(二月十五日)　湖北革命团体文学社在武昌黄土坡招鹤酒楼召开第一次代表会议,报告社务,补选第三十标代表王宪章为副社长,研究领导成员分工,刘复基向军营请长假,在阅马场文昌阁经办社务。

张难先《湖北革命知之录》:

二月十五日,蒋翊武复于黄土坡招鹤酒楼召开代表会议,翊武主席,报告社务太繁,非一人精力所能任,提议推王宪章为副社长,众赞成。宪章隶三十标,其标多旗人,宪章才具开展,足资肆应,推为副长,不仅内部关系已也。主席又提议湖北各军,皆有本社同志,惟马队

阙如,应推同志投马队运动,决议推章裕昆前往。裕昆去后,不久即得社员四十余人。社务正突飞猛进中,忽值三月二十九广州失败,各省疆吏,群成恐怖时代,防范极严。本社常会,亦难召集,刘尧澂恐社员咸失联络,即请假出营,蛰居阅马场文昌阁,每日往各营通问,借谂内外消息。

严昌洪等编《张难先文集》,华中师范大学出版社2005年版,第174页

编者按:关于此次会议,杨玉如《辛亥革命先著记》科学出版社1957年版第29页下端叙事:

"二月十五日(3月15日)开成立会于某处,举蒋翊武为正社长,王宪章副之。"与同页标题"辛亥正月元旦黄鹤楼团拜文学社正式成立"矛盾,也和同书21页文学社条目所记"至二月某日,召开代表会议于黄土坡招鹤酒楼,又推王宪章为副社长"不符,故不取。

3月17日(二月十七日)　直隶总督陈夔龙奏报,该省鼠疫疫情渐趋平静。

3月20日(二月二十日)　清廷派度支部右侍郎陈邦瑞、学部右侍郎李家驹、民政部左参议汪荣宝协同纂拟宪法。

△ 署库伦办事大臣三多奏报,蒙地密迩俄边,亟宜筑路调营,以固国防。清廷命军谘处、会议政务处妥议具奏。

△ 出使美、墨、秘、古国大臣张荫棠奏陈设责任内阁、裁巡抚等六项文职官制。

张荫棠奏称:

窃以国家设官所以敷政执法,保邦安民,权责轻重之调剂,制度质文之递变,各当其时,原无累世不改之法,当积弊既久,以后尤责有焕发更新之谋。我先朝明定立宪纲领,我皇上又减缩预备期限,著于议院开设以前先厘定新官制,提前颁布试办,圣谕煌煌,臣虽奉使万里之外,而日夜眷念阙廷,翘首望治,未尝或已。又以各国政府向来由专制政体而变为立宪政体,俱不免有官民上下权限之相争,或政府之内因意见不同之相争,致成水火,穷于调停。我国家今当励行新政之时,岂能侥幸无此见端,全赖朝廷预制机先,明决断行,融洽党见,消弭隐患而已。熟察今日言改良国政者,不外持分权、集权两主义。夫自来政事因专擅之弊而丛脞不举者,则其权当分,因放任之弊而散乱无纪者,则其权当集。故集权与分权云者,乃各当其可之措施,而非两不相容之政策。考诸各国,若英,若美,前时地方分权太过,而今则日趋于集。若德,若佛,前日中央集权太过,而今又暂趋于分。我国向来用中央集权之治,而因权责之不明,事务之过赜,势不得不因循粉饰,欺谩取容。驯致官不治事,民不信官,上下隔膜,以成今日衰弱阽危之现象。既无治法,遂无治人,臣实痛之。不揣冒昧,参考各国之制度,按切吾国之情势,拟酌改内外文职新官制,举其六大要端,为我皇上陈之。

一、宜设责任内阁,以总司全国政纲,励精图治也。吾国自秦、汉以以来,代有丞相之职,自明初析中书省为六尚书,归权于六部,而罢丞相不设。然自后中枢之权乃不得不移于内阁大学士,虽无丞相之名,而有丞相之实。今日各国之有总理大臣,即吾国昔代立相之制也,但其规制之优美远过于昔时,即在于统各部而负责任之一事。组织责任内阁事宜,臣已另折具陈,谓当特旨派一内阁总理大臣计画组织,以现有之度支、外务、司法、海军、陆军、民政、学务、邮传、农工商九部,并改设理藩院为理蕃部共十部,均隶于内阁,各以部之长官一人入阁办事。而于内阁设编制、行政、考功三局,行政裁判、文官登用试验二部,分职任事,庶可以统筹国务,画一政策,上下相维,内外联贯,励行新政,收日起有功之效矣。

一、宜设枢密院议官之职,以广揽才俊,宣德达情也。考自来国家之安宁,不外得国中多数贤才与共图治,枢密院之制,在英国发达最早,院中各员均为国王之顾问官,迄今枢要之事,实权悉移于内阁,枢密院徒拥虚名,然则员其中者常有二百余名。凡现任及前任内阁之各部长官、代议院议长,如大总督之高等官吏,莫不兼枢密院议官,国务诸臣陈奏于国王者,即以枢密院之名义也。今我国可仿其制,亦以备朝廷顾问之名义而设立,院中议长、议官,均由特授。亲贵贤能悉集其中,凡得有专折奏事之权者,必兼枢密院一等或二等议官,如此可以消纳无数人材,上可以广圣聪,下可通民隐,党偏胥融,而郅治可期矣。

一、宜设不隶内阁之大审及会计检查两院,以完司法之独立,重财政之考核也。司法与行政官吏分职任事,不相统摄,已为立宪国之通例。设大审院为全国最高司法署,判事长当由钦派,掌审判全国重大案件及经由控诉衙门或提法使司而来之辞讼,为最后之裁判,独立司法不隶内阁。今大理院可改为京师控诉院,班于大审院之下,所司职制与各省之提法使司同。设会计检察院以稽核全国财政,院长由内阁大臣会奏任,但任职以后独立行事,不受内阁管辖。凡司大审院及会计检查院职者,在各国多为永任官,非犯罪恶不罢职,此制必须酌行,而后法权常伸,而财政不紊矣。

一、宜改并寺、院以敏事节费,消纳闲曹或分期裁撤也。既已设立内阁,集十部而组织一贯内阁,复分三局、二部以办事,则现时之军机处、会议政务处及吏部诸职权,可归并于内阁之中。礼部可裁,案卷分移于学部及拟设之文教院。都察院可裁,人才可酌纳于枢密院。翰林院可改为文教院,另设新院规。国子监改隶学部。通政使司改隶邮传部。现有之内务府当扩充职掌,司理皇室事务之不关于国家政治者。各府、寺闲曹准酌裁撤,归并一署。翰林院之所以当改为文教院而不可裁者,因朝章国史既需积学之臣,典礼风教尤关治国之本。崇儒重学,历代以为美谈,稽古考文,列强未尝或异。伏愿圣朝宏奖文教,以励鄙陋之薄俗,则臣区区之微意也。

至于直省官制,层层箝压,上下推诿,簿书多而成事少,积弊已久,而仕途混杂,尤难清理。臣悉心筹画,谓宜分两大端以统驭厘定之:

一、宜悉裁巡抚。每省设一总督总司行政,分设布政、提法、提学三使司,掌理财政、司法、学务,专责成而求治理也。明制既有巡抚复有总督者,原由控制边防经略军务而起,初设于蓟辽、保定等处地方,后习为定制。今日与总督同城之巡抚悉已裁缺,将来各省行政之长官宜悉改为巡抚乎?抑宜悉改为总督乎?制度均须画一,庶免混淆之弊。臣谓宜每省设一总督,各按省份之大小,政务之繁简,而定俸禄之厚薄,而任期之长短,官阶之高下悉同,巡抚一缺可尽裁。总督之下分设三使司。一、布政使司。掌理全省财政,奖励生业,防卫公安,故劝业、巡警二道当隶之,而布政使为长,直辖一审计局,稽核全省财政,受考成于度支部。一、提法使司。掌全省最高法权,裁制特别要案及再审以上民刑诉讼,提法使为长,各府巡判道隶之,下注各州县厅初级裁制官,受考成于法部。一、提学使司。提学使为长,管理全省兴教劝学事务,执行毕业大试验,振兴文艺,整饬礼俗,受考成于学部。此每省设一总督府、三使司之大略也。

再就总督之职掌详细言之。总督既为一省行政之长,于所治省内代表中央政府监督吏治,则宜于署中设考功一局,稽核属员功过,其局长由总督聘任,总督亲辖考功一局,而分辖交涉、兵备两使。按照公法,凡一国主权所及之地,即一国法权所及之地,在其疆域内者,除他国君主、公使及海上军舰外,无一不服属于法权之下,内外一体,有何交涉。然我国与列强有条约之相梗,治外法权未能收回,则交通事繁之省,岂可无因应之方,按切时势,交涉一使

不可不设。然不宜直隶于外务部，当属诸总督之下，使事权统一，且明示与外交事项有别。又论者之说皆知军事当别立于普通行政之外，臣考当今各国君主、总统，殆无不亲兼海陆军大元帅之职，亲掌海陆军之权。吾国情形自有不同，且吾国一省之大或过于欧美一小国，而内乱又所时有，固未可以粉饰太平，使事无常变，制无巨细，一切须听命于海陆军之措置，平时既隔膜丛脞，临时更仓皇失措。然则必于一省之中或合数省之区域而置若干提督、总兵，专掌兵权，遥受训令于总司令官，与总督无涉。军容不入国，国容不入军，极端分权，亦在调度有方，此兵制之得失，于国家安危所关极重。武官新制非臣此次献议所及，但总督既为一省行政之长，又承旧日兼管兵马粮饷之遗，粮饷一项自可专属之于藩司。至兵马一项，揆情度势，万不能全免关涉，当设一兵备使为联合文武两途之枢纽，即直受指挥于总督，同署办事，有时亦可代理出巡，其职权若何，当付详议。如此庶有指臂联使之功，而无尾大不掉之患矣。

一、宜尽裁府缺。各府只为司法、选举之分区，州县以下分治事、司法之官职为二，治事官由民选，司法官由部选，使权限分明，职守易尽，且奖励人民自治之心也。吾国民治不兴，虽立宪亦徒托虚文，地方无权，则民治又终难发达。然欲举二千年来郡县一统之官治巨变，更纯事放任，非惟于治法不可，抑亦于事势不行。惟有斟酌一适中之法，使地方治事之官吏由人民会议公举，选定之后，禀由本省总督核准就任，并咨阁部存案。其当选者要为本籍之人，有如何资格，选举之法要用如何手续，由内阁议定普通规则，请旨颁发遵行。人情莫不爱其乡土，且一州、一县、一厅、一市之内，地方既非辽远，人物易于周知，所举之人必不致过违众望，民情可通，民事易治。而地方司法、裁判之官吏，则另由法部选任，不拘定别籍、原籍，任期比任事官倍长，大约治事官三年一任，司法官六年一任。所有指省候补州县，一律著归原籍候选，则仕途可清。国家不放弃法权，既可以大畏民志，人民得参与政权，暂引其关心国事，于自治根柢培养实多，即于宪政前途收效甚巨。此改良州县厅市之官治，立以民保邦之本者又其一也。综此六大端，内外通筹，总期设一官得一官之益，行一政有一政之效。开诚布公，实心任事，则无有不治；吏隐民欺，上下相朦，则无有不乱。治乱之本虽在人事，亦由法制，得其道者则端拱无为，而庶绩咸熙，失其道者虽宵旰焦劳，而万事丛脞。

同日得朱批：

著宪政编查馆、会议政务处知道。

故宫博物院明清档案部编《清末筹备立宪档案史料》上册，中华书局 1979 年版，第 549～554 页

△ 出使美、墨、秘、古国大臣张荫棠奏内阁总理应由朝廷任命，并请早定宪法速开国会。

张荫棠奏称：

窃臣伏读十月初三日上谕：著缩于宣统五年实行开设议院，先将官制厘订，提前颁布试办，预即组织内阁等因。钦此。……又闻朝廷意旨期于明年设立宪政内阁，而内阁总理有将廷推会选之说，虽得自报纸传闻，未足深信，然事关大计，臣子管窥所及，亦不敢不言。我朝枢机之职，本由内阁而移于军机处，即一内阁也。而近年所设之会议政务处，亦一内阁也。然不能举集权施政之大效者，则以组织之法有未当，而于责任亦未明故也。夫会选之说，或有取于明代廷推首辅之法，而未审于各国宪政制度与现时吾国之情状者也。考任命内阁总理大臣之职，非独立宪之国此权悉属君主，即共和之国此权亦属于总统。法制又鉴无取立异，若必以廷推会选为公，不独使朝廷抛弃大权，无此治体。又因此而纵朋比营私之弊，开夤缘奔竞之门，巽懦者随顺若脂韦，强忮者始争成水火，一时姑息，隐祸无穷，筑室道谋，成效盖

寡,今欲立新内阁,其总理大臣之任所以必要简在帝心出自朝命者,此也。

至于组织之法又取一贯,庶可收指臂联使之效。君主以己所信任而授职权于总理大臣之一人,总理大臣又以己之所信任而推荐各部大臣请于君主登任之。若在专制之国,则此制不得谓之无弊,震主之威,跋扈之行,利少害多,势有必至。惟在今日宪政制度发明之国,既有议会以操议政之权,监督之责,民具尔瞻,舆论难欺,而海陆军大元帅之职君主自领之,所发军命无须大臣副署,则前代权臣挟兵力以抗朝廷者可无虑。司法独立,则前代权臣以严刑劫持人心者可无虑。豫算有案,则前代权臣以暴敛痡毒天下者可无虑。故为立宪国总理大臣者,虽不必人人有诸葛亮之忠,司马光之纯,然以无才而溺职者有之,不道而获罪者,殆可决其为必无之事,臣所以翘望于宸衷独断,力排浮议而定组织之法者,此也。

内阁大臣之有责任云者,乃对于议院而负责任之谓也。立宪之国君主不可侵犯,君主无责任,故君主对于国务之行为,必使大臣副署而负其责任,所以无损君主神圣之威严,而能收令顺民心之实效,法至善也。对于全般政务,则内阁大臣连带而负责任,于一部之政务,则该部大臣对行为自负责任。然则谁有能使大臣负责任之权力者乎?无他,即受宪法上之裁制是矣。若大臣有违背宪法,或有害于国利民福之行为,议院可以弹劾罢职而止其害,可以否决政府法律案、预算案,而表示其不信用。今日我国议院未开,宪法未颁,似可以资政院暂行议院之权监督大臣,以致独是今日之资政院,其性质果当为上院乎?抑当为下院乎?抑当上下两院之合体乎?固无明文。臣观美国报纸则俱目之为元老院。夫美国之有元老院者,所以代表各州,有代议院者,所以代表国民,而各国之有贵族院者,所以代表特别阶级,有代议院者,所以代表多数人民。未有无下院而可有上院之立宪国,然则美人加吾国资政院以元老院之称,非适当之名号也。要之,宪法一日未定,国会一日未成,即无从举责任内阁之实,此臣所以于叩请组织内阁之中而仍殷殷企望于国会之速开、宪法之早定,伏愿圣明督励臣子以勉力可赴之程,而不必区区以年度为限者,此也。

抑臣更有请者,规画法制不难悉臻美备,而措施政务尤贵动惬机宜。考日本设立内阁之始,亦在未召集国会以前,其国王特命伊藤博文组织成立之。内阁未立以前有太政官,略如吾国军机处、会议政务处等职。当时三条实美为太政大臣,先上表自请辞职,而尽裁太政官省缺,专以内阁为宰臣会议奏事御前之所,施政统一,因成维新之功。我国既从新组织责任内阁,则军机处、会议政务处自在裁撤之列,似应另设内廷大臣、内廷顾问官,以处亲贵耆硕、枢部旧臣、谙练国闻宣力有素者,及博识明通之士,无定员,不隶于内阁。其余各部以尚书为长官,或仍原称,或改称大臣,而裁管部之职,侍郎为次官,或仍原称,或改称副大臣,惟每部以长官一人入阁办事。内阁总理大臣似可兼一部长官,如英国内阁会议通例,总理常兼度支,如佛国大臣会议通例,议长多兼外务,但非定例,吾国可准酌行之。组织一成,枢机运用焕然更新,然后以准备改良条约责诸于外务,以完成自治制度责诸于民政,以清理财政责诸于度支,以编纂法典责诸于法部,以完备教育制度责诸于学部。至整顿海陆军务,振兴农工商业,扩充邮政,敷设铁道,诸部各专任责成。而于内阁中置法制局,分行政、法制、司法各部,掌法律、命令之起草,司行政裁判之事,设文官登用试验规则,厘定新官制,次第实行,大纲毕举,国计通筹,一切政策乃可以握定方针,而施有程效赴功之日。

故宫博物院明清档案部编《清末筹备立宪档案史料》上册,中华书局1979年版,第554～557页

3月22日(二月二十二日)　各省谘议局联合会致电各省人民团体,催请各省谘议局议长来北京讨论国事。

△ **清廷以大学士世续为资政院总裁。**

3月24日(二月二十四日) **邮传部与日本正金银行在北京签订借款合同,借款额一千万日元,用以清还铁路官款。**

《邮传部借款合同》:

一九一一年三月二十四日,宣统三年二月二十四日,明治四十四年三月二十四日,北京。现因大清国邮传部为清还铁路官款,需用日本金币一千万元,定于宣统三年二月二十四日,即明治四十四年三月二十四日,在北京订立此合同。其订立之人:一面为邮传部,代中国国家订立合同;一面为横滨正金银行(此后名为银行)。兹议订条款如左:

第一款 中国国家准银行承办五厘利息金币借款,数目日本金币一千万元。此借款应由出售债票之日起算,名为:宣统三年中国国家铁路五厘行息借款债票。

第二款 此项债票价值言明照虚数九五扣交纳,即每金一百元实付金九十五元。中国按附表还本仍照票面虚数交付,即每金一百元实付金一百元。

第三款 此次借款利息按票面数目虚数常年五厘,即每本金一百元支利金五元,每半年一次,交付银行转交执票人。此项利息须俟银行将收到债票之金元数目知照邮传部,归入邮传部存款项下之日起算,由中国国家照此合同附表数目,每半年一次,先由京汉铁路进项除光绪三十四年九月十四日,即西历一千九百零八年十月八号所定应还外债之本利,又同日所定应还收赎京汉铁路公债之本利外,按期照数交付,倘或此进项不敷应交之数,即由中国国家以合宜之别项进款交付,并于到期之十日前交付银行。此款及本合同各款所载各期限须照阳历计算。

第四款 此借款以二十五年为期限,自出售票之日起至第十一年止,每年抽签还本。其应付之数须照此合同附表数目,每年一次,先由京汉铁路进项除光绪三十四年九月十四日,即西历一千九百零八年十月八号所定应还外债之本利,又同日所定应还收赎京汉铁路公债之本利外,按期照数交付,倘或此进项不敷应交之数,即由中国国家以合宜之别项进款交付,须于到期之十日前交付银行。

第五款 此次借款由出售债票之日起至第十年后,无论何时,若中国国家欲将合同附表所载未到期之股本全还,或额外多还若干,均可照办;但须第十一年起至第二十年止,须照债票上数目每日金一百元给付日金一百零二元半,第二十年以后仍照票面之数交款。惟每次预还若干,中国国家应于六个月之前由邮传部知会银行,其预还之数在常年抽签之日期多加抽签号数。

第六款 银行为经理此借款之机关。其每年应还本利,除第三款及第四款详载外,照此合同附表数目、日期,由邮传部或在上海、或在天津以上海规银、或天津纹银交付,俟新国币通行,即以国币交付银行足敷按期应在日本交还金币之数。其汇价与银行照当日市价订定,邮传部亦可于前六个月之内任选一日或数日,与银行预行照市商订汇价。若中国国家遇有金币实在存在日本、或实在欧美,欲提用交还本利,亦可用金币付还,但不得为此故由中国汇去。每年付还借款之本利,银行每金一千元计收用[佣]金二元半,即一万分之二十五分,作为经理费用。

第七款 此借款本利,中国国家保其全还,若京汉铁路进项不敷全还本利之数,邮传部奏明,由中国国家设法以别项进款补足,按期交付银行,清还本利。

第八款 此次借款,言明以中国江苏漕粮折价度支部进款库平银一百万两作为头次抵

押,并无轇轕:如遇应付本利之期倘有不能照付,中国国家当饬该管官府应将该进项交与银行收受,以保执票人之利。此借款全未还或未还清之先,以上所指抵押之款如有续行抵押,仍须将此借款本利尽先偿还,不得在将来所订一切借款债务之后;将来若再订立抵押此项进款之借款,必须在合同内载明:所有应付还本利等事俱在此次借款之后办理等语,并于未订合同之前,须先向银行知照。

第九款　此借款全数准银行印发债票,其式样由银行商同中国驻日出使大臣酌定。债票或用中、日两文,或用中、英、日三文,均随其便。签字之名及其印信均摹刻于上。又因在日本办理债票,并由中国驻日出使大臣将其关防及其签字之名摹刻于上,以示中国国家允准及承认发售此项债票。银行代表人亦在债票上签押,作为发售此项债票经理人。倘此借款发出之债票或遗失、或被窃、或经焚毁,银行随时知照邮传部及中国驻日出使大臣。由该大臣饬知银行在新闻纸上刊发告白,声明已失之票不能凭以取金,并设法按各国例章妥为办理,所需费用由银行自备。

第十款　所有此借款之债票、息票以及收付各款,在借款期内,不纳各样厘税。

第十一款　所有借款招帖以及付利、还本一切详细办法未经本合同详载者,由银行会商中国驻日出使大臣酌定。俟此合同签字后,即准银行出此借款招帖。中国国家饬中国驻日出使大臣,遇有应会同办理之事,与银行协同酌办,并可将此项借款招帖签字。

第十二款　此借款债票俟此合同签字后,银行应允从速一律全数出售。自出售债票之日起,银行应将收到债票之金元数目知照邮传部,归入邮传部存款项下,听候邮传部提用。此款或随时汇交中国,或汇寄别国,或暂存日本生息,均听邮传部知会银行经手,随时照办。

第十三款　银行应允此合同签字之日起一月之内先备款项,以日金二百万元为度,听凭邮传部提用。自提用之日起,按周年六厘起息。俟银行第一次收到债票金元后,即先将此款连息一并扣除。若用此款汇寄存放,统照第十二款后段办理。

第十四款　此合同于宣统三年二月二十三日,即明治四十四年三月二十三日钦奉谕旨允准签字,并由外务部照会大日本驻北京出使大臣。

第十五款　本合同缮写中、日、英文各五份,中国国家存三份,银行存二份。本合同如有意义可疑之处,以英文为准。

宣统三年二月二十四日,明治四十四年三月二十四日,在北京签订。

大清国邮传部尚书盛宣怀

日本有限责任公司横滨正金银行代表董事小田切万寿之助

梁为楫、郑则民主编《中国近代不平等条约选编与介绍》,中国广播电视出版社1993年版,第665~667页

△ 上海南汇六灶乡渔民四百余人反对渔业公司垄断渔利,焚毁渔业公司、自治公所。随后大团乡民发出揭帖,约期焚毁局、所、学堂及绅董住宅,数日间,张江栅、周浦、杨家等镇渔民纷纷响应,捣毁渔业公司多处。

△ 宋教仁在《民立报》揭露清政府假立宪。

1911年3月26日《民立报》发表署名渔父的《宪政梦可醒矣》,其文称:

资政院者,宪法上机关乎? 抑行政法上机关乎?

中国今日只有宪法大纲,且尚未有施行之效力,而资政院之发生,则由于一纸之上谕,何从得云宪法上机关? 目为行政法上机关,犹觉其太新式耳。

是故其总裁之任命也，罢免也，皆与普通之奴隶大臣同一形式，固可随意招来挥去者也。

吾国人尚望其由此养成宪政，尚选举许多议员，以希协赞立法，预备许多政党，以谋监督政府，真作梦矣。

或曰：伦贝子兼为宪法纂拟大臣，恐其听民选议员之运动，编成民主共和的宪法，故易之云。噫！中国之议员果有此程度乎？

郭汉民编《宋教仁集》上册，湖南人民出版社2008年版，第225页

3月26日（二月二十六日）　直隶总督陈夔龙奏报直隶第三届筹备宪政进展情形。

奏折称：

查本届应办事宜，计分八项，除谘议局业经成立，已由前护督臣将通常会始末情形奏报外，

一为举行资政院议员选举。查满汉世爵选举，前准陆军部电查，当饬藩司分电各府州，迅即查报，嗣据复称：查无此项人员，业经电复陆军部在案。硕学通儒选举，前准部咨，即悉心搜访，并行司照章保送。纳税多额选举，当委藩司为监督，旋据详派互选管理员，并拟具办事及互选各细则，均经核饬遵办。惟以为时过促，电商资政院，准与展限一月，现已将名册宣示，一俟互选定后，即行咨送资政院办理。谘议局互选资政院议员，已由该局用记名连记投票法，互选议员十八人，呈由前护督臣将前列当选人九名复加选定，发给执照，并造册咨送资政院在案。此举行资政院议员选举之情形也。

一、筹办城镇乡地方自治，设立自治研究所。查直隶前经设立自治研究所，选送学员者一百二十余属，毕业者将近千人。惟僻远州县未经选送学员者，尚有二十余属，自应设法普及，以为传习之资。因饬于自治总局内，附设直隶自治研究所，今未送学员各属，均选送三人入所研究。此外有自费来学者，亦准选送附学，现共有学员二百五十一名。其各属自治研究所续报设立者，又有二十处，统计九十九处。其未经成立者，除朝阳、承德两府应由热河都统督催办理外，余均严饬勒限本年二月以内，一律成立。今此推行自治，必以预备为先，前虽拟订自治施行细则及预备会简章，以调查为著手办法。旋虑调查或有疏漏，复拟订各项调查表，或曰地方自治区域，曰地方公务，曰地方公款，曰地方公产，分发填注，附拟办法，以期周密。惟城镇乡自治系属创举，必须择要试办，以为先导。查清苑县为省会首善之区，已饬令组织城议事会、董事会，为各属模范，以利推行而期普及。此筹办城镇乡自治之情形也。

一、调查人户总数。查部章应于第二年十月前汇报一次。除顺天各属照章由顺天府尹查报外，业将报到之滦州等七十四州县正附户数，依限填列总散各表，咨送民政部。其未到各属，仍饬令迅速填报，务于本年十月以前，将户数一律报齐咨部。此调查人户总数之情形也。

一、调查岁出入总数。查部章调查光绪三十四年全省岁出入总数，限宣统元年年底报部。业于上年十二月间，先将司道关局各库三十四年全年出入款目，岁入计二千一百六十五万八千九百九十七两有奇，岁出计二千三百五十七万四千一百三十九两有奇，其中收款则分本省收入、部拨、协拨，支款则分本省支出、解部、协解，并将展转移解重收重支之款，概行删除，编纂总表，电咨在案。所有全省出入，大略已经编列表内。其余应编各衙门局所详细年报，亦饬分别钩稽，赶紧汇编。惟各处年报间有未齐，已严饬分投催造，一俟汇齐，即行编造咨送。此调查岁出入总数之情形也。

一、筹办省城及商埠各级审判厅。查天津各级审判厅早经奏设，惟于新颁规制间有未

符,已饬查照部章,妥拟改良办法。惟筹办审判,首重储才。查天津原设有官吏法政研究所,兼修法政,泛而难精,现为造就审判人才起见,饬令正名为司法官养成所,遴派正佐学员二百余名,专攻中律及现行法规,并各国刑名商诉讼等法,暨监狱事务,以为司法人员取材之地。又查刑事案内之检验,于罪名出入,极有关系,中国向用仵作,并无专门学术,殊非慎重之道。当饬照法部,通咨于天津高等厅内附设检验学习所,招募聪颖子弟四十人入所肄习,以一年半毕业,用备任使。又天津高等、地方两厅,为刑、民案内未定罪名,及追押债务之人,设有拘留所。惟创办之初,因陋就简,设备不完,现亦饬改良建筑,以重卫生而恤庶狱。至省城各级审判厅,业于保定城内择定地址,现正参酌京津厅式,妥绘详图,并委员鸠工购料,克期兴造,复饬将开厅事宜,妥速布置,务限本年年内一律成立。此筹办省城商埠各级审判厅之情形也。

一、创设简易识字学塾。前因未奉部章,饬由提学司拟具试办简章,交由谘议局议决,先在保定、天津各设十处,为各属倡。嗣准学部颁到章程课本,饬命试验教授,即经通饬遵行。天津近又增设六处,昌黎、沧州、宣化、平泉等处续报设立者渐多,将来计不难于推广。此创设简易识字学塾之情形也。

一、各厅州县巡警限年内粗具规模。查直隶各属巡警,创办在先,本已略具基础,要在淬厉精神,随时整饬,以期日起有功。去年通饬将传习所改设教练所,计具报成立者已有七十七处。复饬由警务处严催未设各属限期成立,并饬厘定奖赏处分等规则,以示信赏必罚,藉资整顿。计现时各属情形,虽一时未能划一,而规模粗具,进步可期。此筹办各厅州县巡警之情形也。

故宫博物院明清档案部编《清末筹备立宪档案史料》下册,中华书局1979年版,第809~811页

3月27日(二月二十七日)　本日俄使照会外务部,声称三日内不作切实答复,即下旗离京。清内阁举行紧急会议,决定对俄让步,接受俄国六条要求。

上海《民立报》辛亥年二月二十八日专电:

中俄交涉,自本年正月十八日驻京俄使廓索维慈向清外交部提出之六点通牒后,月余以来,俄人迭次以绝交诉诸武力相要挟。本日俄使照会清外务部,声称三日内不作切实答复,即下旗离京。清内阁举行紧急会议,总理大臣奕劻、协理大臣那桐等,均主对俄让步,乃决定接受俄国之要求。

兹录时电五则,以见俄人之横暴:

北京电:俄国又照会中国,要求将二月十六号(按:阴历正月十八日)来文所要求一切,从速承认,不得再有辩驳,闻中国若不立时允认,则俄将以强权从事,俄国军事一面经已预备,情形之重要可无疑义。

伦敦电:据俄京电云:俄政府又下战书于中国,限本月二十八日内将俄国一切要求如数承认答复,否则自由行动,乃中国自误云云。

北京电:中政府以俄国限三日答复,大为警措,目下俄国七河省兵队均预备候令,外务部与俄使肯商甚久,后允决定星期一允认照办,外闻均以中国并未预备开战,故惟有依从。

柏林电:俄国政界某代理,颇愤中国不允俄人在中国界内贸易。

柏林电:驻华俄使已奉有政府谕,言俄国因中国态度迟迟不决,要求速将二月十六号来文所载一切承认照复,至详细之点,必俟承认后再为磋商,否则自由行动,乃中国自误云云。

黄季陆主编《中华民国史料丛编·民立报》第4册,台北中央文物供应社1969年版影印版,第1017页

△ **河南巡抚宝棻遵旨复查河南盗匪情形，奏称河南匪患以西、南两路最为严重，提出一边添练营队认真缉捕，一边办理守望社徐筹清乡。**

宝棻奏称：

臣维豫省匪患以西、南两路为甚，匪首如张黑子、董万川、屈五妮、杨幅成、王添从、丁老八、王世葛[莒?]、王八老虎、齐宣、南锦盘、邵天木最为凶悍。上年张黑子、董万川、屈五妮、杨幅成次第歼除，齐宣、南锦盘、邵天木等亦经臣复饬缉拿，先后获案惩办。本年正月初间，又将王世莒、王八老虎两股同时扑灭，业经另折具陈。惟王添从、丁老八二人尚在避匿，现在严饬各地方官及巡防营队，将该二匪及其余著名之匪伙，悬赏购线，勒限严拿，不准一名漏网，如有搜捕不力者，即予严参。现在密查，各路防营尚无私与匪通情弊。……至于捕盗之策，欲求一劳永逸，以大举清乡为正当办法。但既需先筹巨款，又需抽调重兵，始能放手开办。设组织稍未完密，即往往扰累闾阎，未受其益，先承其害。目下财力既绌，兵力亦单，尚在通盘计划。目前之计，惟有督饬官绅，先将各乡守望社一律成立，为清源固本之谋。筹款挑练营队，入山搜剿，以为急则治标之策。

宣统三年三月初五日，奉朱批：

著认真搜捕，勿得日久生懈，以靖地方。钦此。

中国第一历史档案馆等编选《辛亥革命前十年间民变档案史料》上册，中华书局1985年版，第245～246页

3月28日(二月二十八日)　东三省总督锡良奏报奉天第三年第二届筹办宪政成绩，并第四年第一届筹备情形。

《东三省总督锡良奏奉天第三年第二届筹办宪政情形折》(宣统三年二月二十八日)：

一为续办城镇乡地方自治。奉省自治区域，计四十有六处。上年城镇乡同时举办者，业有承德、铁岭、辽阳、海城、开原、盖平、营口、昌图、西安、宁远、凤凰等十一属，八月以后赓续举办者复有抚顺、本溪、辽中、法库、复州、康平、海龙、东平、锦县、盘山、义州、安东、庄河等十三属，统计城镇乡会先后成立之处凡二十四属，比较全省自治区域，业已强半竣功。嗣因各属议员来自田间，未必皆明治理，特设自治职员研究会，并将议决各案，随时呈由自治筹办处人员逐项评论，刊发月报，以资观感。计自秋、冬两季开会以来，议董各员尚能恪遵定章，循序办理。

一为筹办厅州县地方自治。查厅州县自治系城镇乡之上级机关，尤应早日成立，以资模范。自上年九月开办以来，凡选举之调查，名册之制造，议员额数之比算，现均办有端绪。是以全省议事、参事各会，来年二月计可告成。至各属自治研究所，系宣统元年开办，统计至上年十二月为止，毕业学员已达三千七百八十五名。刻又遵章接续办理，务使法政知识普及，藉收知行并进之效。

一为汇报全省人户总数。奉省户数，业于上年遵章查竣，计全省正户一百一十一万八千五百一十三户，附户五十二万一千八百六十户，当经先后列表，咨报民政部在案。又虑迁徙并析，时有变更，节经饬令各属，随时由巡警列表稽查，按季具报，俾户数确实，将来清查口数，不致漫无凭依。至口数调查一节，虽系第四年应办之事，亦经提前赶办。业据兴京、法库、辽阳、海城、镇安、锦县、广宁、绥中、凤凰、海龙等十属造册呈报，转咨在案。其余各属均可于本年十月一律报齐。

一为厅州县巡警。查奉省巡警一项开办较早，现在厅州县巡警及镇乡巡警均已先后成立，据民政使张元奇呈报，全省警区二百一十有八，分所六百八十有七，巡警一万九千一百九

十七名,足敷平时保安之用。又查东边一带,当鸭、浑两江流域之冲,国防紧要,兼之林工麇聚,易滋事端,复添备水上巡警,设总局一,分局十五,以资巡卫。复以奉省盗风素炽,常设巡警分布实恐难周,曾于上年奏设预备巡警,以补不足,刻正赶速筹办,已有多处告成。此关于民政各项之成绩及筹办之实在情形也。

一为商埠审判厅。原单限令年内一律成立。查奉省商埠区域较多,历经提前筹设承德、抚顺、新民、营口、安东等处审判厅,上年十一月又奏设辽阳州地方初级两审判厅,并奏改抚顺为地方分厅,以裁节之经费,挹注辽阳。其余铁岭、凤凰、法库、同江各处应提前赶速设立者,已于宣统三年预算司法经费内筹定专款,本年当可次第告成。至扩充检察讲演会,筹办高等检验学习所、律师传习所,虽为原单所无,要皆补助法权独立之事。此关于司法事项之成绩及筹办之实在情形也。

一为推广厅州县简易识字学塾。查此项学塾,上届已设七十四处,学生二千九百余人。嗣后逐加增设,现共有学塾二百六十处,学生八千七百八十五人。惟以奉省人口之多,教育虑有未遍,刻拟力图扩充,普及于乡村各处,总期编氓之知识日进,庶几新政之障碍潜消。此关于教育之成绩及筹办之实在情形也。

一为复查全省岁出入总数,试办全省预算决算,厘订地方税章程三项。查奉省岁出入总数及试办预算,业于上届奏咨在案。惟预算创办伊始,与行政互有关系。奉省各府厅州县并各税局之改革办法,及预算案内规定一切公廉各费,现已一律试办,以为将来实行预算之张本。至划分国家地方两税,已饬清理财政局分类列表,拟定说明书,转咨度支部在案,一经部臣厘订,自可次第实行。此关于财政事项之成绩及筹办之实在情形也。

故宫博物院明清档案部编《清末筹备立宪档案史料》下册,中华书局1979年版,第812~814页

3月30日(三月初一日)　宋教仁在《民立报》发表时评《政府借日本债款十兆元论》,认为这一借款,其影响比俄窥蒙古、伊犁,英国强占登埂、片马,更严重十倍,直可使中国变为埃及、朝鲜。

1911年3月30—31日《民立报》发表宋教仁(署名渔父)《政府借日本债款十兆元论》,其中称:

前三日,外电忽报北京政府向日本横滨正金银行借债十兆元,已于二十五日签约,其债款之用途,则以充邮传部之行政经费及补以前之亏款。此消息之传来,始吾人犹以为未实,今则世界各国已喧传为极东之一重大事件,而竟加批评;日本朝野下上,又无不额手称庆,赞美其外交之奏功。噫嘻!此消息而竟成事实耶?噫,哀哉耗矣!

夫吾人非反对借外债者也,且极主张借外债者也,惟以管理债款之方法,使用债款之目的,与夫选定债权国之政策,皆非审慎周详,以研究其真正利害,而后逐绪行之不可。而现政府皆不足以语此,故素昔不敢主张现政府之借外债,今则已矣。彼竟借最危险之外债矣,其管理方法、使用目的,已足病国,固不俟论,而其最可恶者,则选定债权国政策,直是全昧于国际形势,开门揖盗,以断送四百余州之运命,故吾国人不可不深恶痛绝之也。

郭汉民编《宋教仁集》上册,湖南人民出版社2008年版,第231~232页

3月31日(三月初二日)　中国同盟会会员、湖南新军马队排长刘文锦等,在长沙城南天心阁秘密开会,策划武装起义。

谢介僧、文斐《湖南辛亥光复事略》载:

适同盟会会员熊光岳自日本归，相助鼓吹，乃于三月二日召开秘密会议于城南天心阁。……当由刘文锦报告开会意义及革命宗旨，略谓：清政不纲，国土日削，我辈为救亡图存光复祖国而革命，必须群策群力方克有济，幸勿稍怀疑惧等语。报告毕，旋即对江宣誓，共约死生，并由各个自行认定担任联络。由是湖南之革命武力基础，遂建筑于此天心阁之会议矣。

丘权政、杜春和选编《辛亥革命史料选辑》下册，湖南人民出版社1981年版，第2～3页

是月　湖南籍革命党人刘揆一在日本东京刊发自撰的《提倡汉满蒙回藏民党会意见书》，主张要改革清廷君主立宪，建立共和政府，必须融合汉、满、蒙、回、藏各族民党，采取一致行动。

提倡汉满蒙回藏民党会意见书

吾人欲挽救今日中国瓜分之局，非改革今日之君主立宪未获奏功；欲改革今日之君主立宪，非融合汉、满、蒙、回、藏之民党亦有缺憾。夫列强前之不实行瓜分吾国也，诚有鉴于义和拳一役，知中国野蛮民气未可遽撄其锋，而列强所得种种之权利亦未能平均耳。是故日、俄对于吾国东北之进取，以战争仇怨而多牵制；英、法对于吾国西南之进取，亦以累世积仇而多猜嫌，吾国生机得延旦夕。乃自美国有满洲铁道中立之提议，遂使日、俄迫而协约；德国日难英、法不已，遂使英、法迫而协商，四国既各以同盟而得四国协约，所得吾国种种之权利又已平均，而且后顾则欺美国对外政策之无能，乘德、奥、意同盟之不固，前进则知清政府媚外成性，计惟请和，吾国民实力未充，气亦渐馁，于是，不问德、美诸国赞成瓜分中国与否，而同时以兵占我伊犁、片马及云南路矿矣。而德、美今后之不遑计较利益平均，不能不加入四国协约，以谋瓜分我，又在意计中矣。当此国家危急之时，老成忧国者，方谓当朝野一心，速立宪政以安内攘外也；不知现今之政府不足与言君主立宪，若强而行之，则十年二十年之内，必犹是无知孺子为之君，现今军机与各部之昏庸王大臣为内阁行政长官，虽有国会以监督内政，彼亦以威权在己，利禄陷人，而纯取压制国民之主义也；虽有兵力以援助外交，彼亦以偷安禄位、惧祸身家而纯取割让土地之主义也。窃恐循是以往，倾倒政府者，非吾国人而为东西列强之人也。波斯之以君主立宪而自速灭亡，葡萄牙之革君主立宪而为民主立宪者，职是故耳。浸假吾人而能倾倒政府，建立共和国家，则新中国之民气实足震慑全球，而彼时之德、美诸国必可与之联盟，英、法、俄、日之野心亦必因而退步。吾故曰，欲挽救今日中国瓜分之局，非改革今日之君主立宪未获奏功也。虽然，吾人之主张改革君主立宪者亦久矣，何以卒未一见效果也？盖一由于吾党只思起事一隅，未有统筹全局之实力。二由于老成者流思以君主立宪，利用冥顽不灵之政府。三由于满、汉民党种族之见存，未能举国一致耳，使汉人、满人而各知爱国家爱种族也，则是现今之君主政治无论其为满人为汉人皆当排去之者也。且使满人而知断送满洲桑梓地者为满洲皇族也；知汉族不强满族亦随而亡也；知非建立共和政府满、汉种族之意见终不能融洽也。吾恐汉人虽不革命，满人犹当首先排去其皇族而倾倒其政府矣；而况汉人不达革命之目的不休耶？乃或者曰，政府之腐败倾倒宜矣，其奈未有组织共和政府之人才何？然予以为此不足虑也。试以袁世凯、孙文、黄兴、汪精卫、杨度、梁启超、良弼辈组织一共和政府，即可优胜今日之清廷，而况乎无名之真英雄正崛起未艾耶？或者又曰，强邻四逼之时，恐其乘我革命以谋瓜分我，然予以为此亦不足虑也，不观土耳其、葡萄牙二国乎？当未革命以前，其国势不与我正同乎？迨至全国革命不过十数日间大功即以告成，外人安有机会可乘以瓜分其国乎？是革命所虑者不在外人乘机瓜分而在国人不能全体一

致，此予所以望满人与吾汉人表同情也。至蒙、回、藏者与满洲同为吾国之屏藩也，满、蒙失则东北各省不易保全，回、藏失则西北各省亦难撑拄，是吾人欲保守汉人土地，尤当以保守满、蒙、回、藏之土地为先务；而且蒙、回、藏之种族、宗教、风俗与我绝异，使非先与以国家之观念，晓以种族之关系，则中国此后虽以君主立宪制度统制之，恐蒙、回、藏人或曰受外人之愚弄而终贰于我矣。况欲为民主国者，当人人稍有平等之权利义务乎？吾故曰，欲改革今日之君主立宪，非融和汉、满、蒙、回、藏之民党亦有缺憾也。为今之计，刻不容缓，先择蒙、回、藏人之有知识者与吾汉人及满人通其气谊，通其学业，然后多殖汉人满人于蒙、回、藏地以改良其政俗，多移蒙、回、藏人于腹地以联络其声援，庶内可倾倒政府而建设共和国家，外可巩固边疆而抵抗东西强敌，此予提倡汉、满、蒙、回、藏民党会之大意也，吾国人或以此举为然乎！

章开沅、罗福惠、严昌洪主编《辛亥革命史资料新编》第6册，湖北人民出版社2006年版，第237～239页

春　同盟会员田桐、井勿幕在北京创办《国光新闻》，程家柽创办《国风日报》，反对清廷假立宪，鼓吹“中央革命”。

△ 台湾革命党人罗福星与胡汉民、赵声、林时爽往来于广州、香港及南洋各岛，从事反清革命活动。

《罗福星之自叙传》：

辛亥年（一九一一）春，与胡汉民、赵声、林时爽（福建林鸿年状元之子—原档注），游历各岛。三月二十日至西印度机关部，时温生才于三月十九日刺杀孚奇将军，接电报云二十九日将于广东举事。同志四人，自西印度归省，三月二十六日抵香港，二十七日到省城。是日（当指三月二十九日，编者），百余名志士攻击总督衙门；于此举黄兴左手指遭枪伤。四月三日我与胡汉民避难香港；闻林时爽于三十日被枪杀于总督衙门，我与胡汉民同赴暹罗避难。五月杪往巴达维亚，不意与黄兴相会。

近代史资料专刊《辛亥革命资料类编》，中国社会科学出版社1981年版，第295～296页

△ 詹大悲将《大江白话报》更名《大江报》，废白话而以文言撰著，日出两大张。詹大悲自任经理兼主编，何海鸣任副主编。该报以“提倡人道主义，发明种族思想，鼓吹推倒满清罪恶政府”为主旨，先后成为振武学社和文学社言论机关。该报每日“著论攻刺时政，鼓吹革命”，揭露官厅黑幕，以敢言著称，大遭官府嫉忌。

温楚珩《辛亥革命实践记》在讲述《大江报》的渊源及风格时称：

到辛亥前一年冬末，詹大悲、宛思演、温楚珩借资顶办汉口《商务日报》，作为革命宣传机关，只月余以资尽不得已停刊。以后何海鸣办一《大江白话报》，三日出一小张，亦因经费无着，势将停办。适宛思演黄梅同乡胡雨村愿出资三千元办一日报，但须自任经理，由宛思演介绍，遂将《大江白话报》改为《大江报》。胡任经理，詹为总编辑，何副之，更由军中同志月出资少许，由各标、营代表汇送报社，以助经费。……《大江报》又遇事敢言，凡军中有克扣军饷、不合舆情之处，无不尽情暴露。军中官长畏报如虎，恨报刺骨；而士兵同志乃信仰益深，志向益坚。《大江报》之声誉因之与日俱增，销路大畅，每日到报社之士兵同志，户限为穿。

中国人民政治协商会议湖北省委员会编《辛亥首义回忆录》第1辑，湖北人民出版社1979年版，第52页

春、夏　孙中山在美国域多利、芝加哥、旧金山等地，号召华侨解囊捐资，以助革命。广大华侨积极响应，有的华侨工人慨然捐出一二个月的工薪，域多利致公总堂抵押堂址，变产赴义，各地竞相仿效。

4月1日（三月初三日）　孙中山致函日本友人宫崎寅藏慰问其病情，并寄日元一百托人转交，以表情意。

孙中山函称：

近闻先生贫而病，弟心殊为戚戚，然客途无力，爱莫能助也，故久缺音问。今仅奉寄日银百圆，托横滨永新祥商店林清泉君代交，祈为察收。知杯水车薪，莫能济事，不过聊表区区而已，幸为爱照。弟近日遍游加拿大，所到颇蒙华侨之欢迎，不日当能大达目的也，可为告慰。日本近事如何？请时时详示，俾得周知一切，幸甚。

中国社科院近代史所等编《孙中山全集》第1卷，中华书局1981年版，第514～515页

4月3日（三月初五日）　万国防疫会在奉天省奉天府举行。出席万国防疫会的有中、英、美、俄、德、法、意、荷、日等国专家，及印度之医学人员，为我国继1909年2月在上海主办万国禁烟会后，召开的又一次国际性会议。

4月5日（三月初七日）　万国防疫所在北京落成，各国医学专家及中国伍连德博士等，迁入所内开展研究工作。

4月6日（三月初八日）　清驻英公使刘玉麟、驻法公使刘式训电告清廷，俄、日、法、英等国密议瓜分中国。

上海《民立报》辛亥年三月初九日专电：

驻英法两使臣电告政府：各国在法京大开密议，商定瓜分中国之格局范围，俄国分蒙古、新疆、甘肃、伊犁、山西、直隶，日本分奉天、吉林、黑龙江、福建，德国分安徽、江北、山东，法国分广西、广东、云南、贵州，英国分江西、浙江、江苏、湖南、湖北、四川、西藏，留陕西、河南两省安置一小朝廷，美政府出而反对，事因发露，清政府中人接此电相向而哭，连夜密议未决。

黄季陆主编《中华民国史料丛编·民立报》第5册，台北中央文物供应社1969年影印版，第1087页

4月8日（三月初十日）　同盟会革命军统筹部在香港召开重要会议，制订广州起义作战计划，预定13日发难，分十路进攻。黄兴为统筹部部长，赵声任总指挥。

黄兴于1912年5月15日在南京黄花岗之役周年纪念会上的演讲中追忆：

虽议决三月二十八日发动，而军械尚未运进。此时又设统筹处，兴自任之，赵伯先先生为总指挥。事后外间传言兴为总指挥，误也。

刘泱泱编《黄兴集》(1)，湖南人民出版社2008年版，第353页

邹鲁《中国国民党史稿》：

在庇能会议，则决定招集敢死之士五百人为选锋，发难于城内，破坏满清在省之重要行政机关，占领其军械局，以延新军。然后可为完全占领省会之计划。嗣以各方应付，五百人不敷分配，加为八百余人。此八百余人由各同志分头约集可信者充之。各种统筹已有头绪，遂于纪元前一年（辛亥）三月十日开发难会议于总机关部。列席者数十人，议决十路进

攻。……此外另设放火委员,先入旗界租屋九处,以备临时放火,扰其军心。其总司令则为赵声,副之者黄兴。

邹鲁《中国国民党史稿》,商务印书馆1944年版,第822页

△ 同盟会员、华侨工人温生才在广州刺死广州将军孚琦,被捕后,两广总督张鸣岐亲率群僚审问,温慷慨陈辞,指斥清廷无道,称"杀一孚琦,固无济于事,但藉此以为天下先。"15日,温生才英勇就义。

《红花岗四烈士传》记载:

温生才者,南洋霹雳埠党员也,亦以此次举义,于纪元前一年二月集广州。知李准为党人举义之障,决心除之。但恐谋之于众,或人多事泄,因独自一人,日怀南洋携回之手枪,伺之有日矣。适三月初十日,冯如演飞机于燕塘,清大吏悉往观演,生才喜曰:"今日得所矣。"乃伪品茶候于东门外谘议局前之茶馆,盖此地燕塘进城必经之路也。直至薄暮,有喝道而来者,前后夹以军队,气甚盛,意为李准也。伺轿至,突然排夹轿军队直入,出手枪攀轿门内一击,前后军队鸟兽散,轿夫亦委轿而逃。生才从容再向轿内连发三枪,始知死者乃清将军孚琦。生才之神勇,与清末驻防兵之无用,皆足于此见之。生才击毙孚琦后,向东校场积厚坊而去,巡警郑家森尾之,沿途号集侦探队黄熙材、巡警陈金、周定祁等数人共尾之,遂为所捕。初刑讯于番禺县署,继刑讯于营务处,悉侃侃而谈主义,斥诸吏不少馁。后清督张鸣岐集群僚亲讯,问曰:"何故暗杀?"曰:"明杀。"问:"何故明杀?"曰:"满清无道,日召外侮,皆此辈官吏阶之厉耳。杀一孚琦,固无济于事,但藉此以为天下先。此举纯为救民族起见,既非与孚琦有私仇,更非有人主事。"鸣岐等为之嘿然。

中国史学会主编,中国近代史资料丛刊《辛亥革命》(4),上海人民出版社1957年版,第172页

4月10日(三月十二日)　甘肃甘州乡民要求种烟,聚众三万余人进城围署,毁坏统捐局。

4月12日(三月十四日)　湖广总督瑞澂奏报湖北第五届筹办宪政开展情形。

《湖广总督瑞澂奏湖北第五届筹办宪政情形折》(宣统三年三月十四日):

伏查筹备清单各省第三年应行筹办之事:

一曰续办城镇乡地方自治。查鄂省规定办法,条理尚觉秩然,各属循序进行,均能依期选举。现在全省城自治议事、董事各会已于年内一律成立,正饬自治筹办处司道,将各职员汇造名册咨部立案。其镇自治会之成立者,则有江陵县之沙市,京山县之永兴、吴堰岭、孙家桥,天门县之干驿、岳口、渔工、新河、皂市,襄阳县之樊城,光化县之老河口,郧县之十堰,应山县之马坪、陈家镇,麻城县之阎河、宋埠等共十五镇。乡自治会之成立者则有崇阳、麻城、蕲水、石首四县,计共二十四乡。现据筹办处司道详请,限令各属于宣统三年闰六月间将各镇乡自治会一体办竣,严加策励,似不难计日程功。此鄂省续办城镇乡自治之实在情形也。

一曰筹办厅州县地方自治。查上级自治不立,则机关终欠完全。臣体察情形,决宜提前赶办,即经一面咨部商订,一面饬属筹设各属自治公所。查全省自治研究所已属两次毕业,合之各属官立、公立各研究所自治学员,计共有四千三百余人。襄同筹办,不患无材,风气既渐开通,推行自较便捷。并经遴派妥员驻府督催,各厅州县当能益加奋勖,已限于宣统三年十月以前同时竣事。此筹办厅州县自治之实在情形也。

一曰汇报人户总数。查鄂省水患频仍,流亡未复,调查户口得实殊难,去岁秋收较丰,多归安业。经臣督饬巡警道遵照部颁表式,札饬各属确切调查,即据依限填报按册句稽,统计湖北全省正户四百十八万三千一百七十九户,附户七十四万九千三百五十四户。除将各属户数细表另行咨部外,其人口细数,业又檄饬各属接续赶查造册具报,俾版籍有所编查,则庶政便于规定。此筹办调查户数之实在情形也。

一曰复查各省岁出入总数及试办预算、决算。查鄂省全省财政,自光绪三十四年起至宣统二年春夏两季止,收支各册各项盈亏比较表暨宣统元年岁出入各报告册,先后由清理财政局造齐,详经奏明,并咨送度支部查核,兹复将宣统元年各府厅州县岁出入总册,查照调查条款审编,计分岁入为十二款,岁出为十款,造具总数各表送部。至预算、决算案内,前准度支部电,不敷过巨,须令收支适合等因。饬据前藩司王乃征核议裁减,并准度支部酌拟应增应减各款,经臣督同各主管署而按切事实,再四核商,共裁节银三十八万余两,另就原有岁入款项切实厘整,约可增银二百余万,以收抵支,所差无几,业经遵章具奏,并将追加预算各数附片陈明,一面详叙理由,分造表册,先后咨部核办。此复查岁出入总数及试办预算、决算之实在情形也。

一曰厘定地方税章程。查中国地方税与国家税向未区分,久经饬由前藩司高凌爵设立地方税调查处,详确审查。嗣经度支部奏明国家税、地方税须同时厘定,应以宣统二年为调查地方税、国家税年限,三年厘定,四年颁布。并准部电,令收税项列一简表,分别国家税、地方税,并编定财政说明书同于年底送部等因。饬清理财政局司道与监理官公同综核详考税额之现在情形,酌财政之学理,逐款分别列为沿革、利弊、性质、办法四端,编成财政说明书一帙,一面按照宣统三年预算之数,将国家行政经费若干,地方行政经费若干,分别国家税、地方税,汇为一比较表,均于年内造齐详咨送部。此调查国家税、地方税之实在情形也。

一曰省城及商埠等处各级审判厅限年内一律成立。查鄂省审判,省城应设高等、地方、初级各一厅,汉口、宜昌、沙市三商埠应设地方、初级各一厅,均经督饬提法司按照法院编制法妥为筹画,酌分庭数,配置各级检察厅,其高等厅丞、检察长由臣遴员奏保,钦奉简放。试署推检各官亦经先期咨部照额分发,嗣因分发法官一时不克到省,且员数亦未足额,复经电商法部,查照奏定试办章程用人条内所定四项资格,遴员暂派代理,陆续更换,并饬司将应设书记官及丞发吏、司法警察、庭丁人等分别考试派充募用,于十二月十六日一律开庭。虽各项机关组合粗备,惟宜昌、沙市两埠各厅,汉口地方一厅,省城、汉口初级两厅,或工程尚未落成,或建设尚须修改,不得不暂赁合式房屋先为布置。惟以经费不充,用人较少,讼狱繁重,竭蹶可虞,犹须广筹的款,添庭增员,俾巩法权而宣民隐。此各级审判厅依限成立之情形也。

一曰推广厅州县简易识字学塾。查鄂省厅州县简易识字学塾,上届奏报时惟保康一县尚未设立,其余各属已计设者,计有一千七十余所,现在全省均经遵章开办,顾以限于财力,附设两等小学者为多。近准学部改定章程,教法益趋单简,当即饬司预定推广办法,责成各地方官及学界人员设法举办,以图普及。至本年应行筹备学务事宜,尚有编订初级师范学堂教授细目。查湖北初级师范计共四所,惟两湖师范学堂规模较大,学科颇全。该堂各科教员曾编订必修科细目十四册,随意科细目三册,于去岁十二月咨送学部在案。又检定两等小学教员及优待教员,查检定两等教员,上届奏报时全省尚未完竣。现经臣督饬湖北提学司委派省视学,并另选专员分赴各属照章检定,计得初等教员六千三百八十八名,其年功加俸章程亦经酌量实行,以广师资而昭激劝。至分画学区,迭经札司饬属赶办,并颁发图表、凡例以备填注。现据赍到者三十九州县,其郧、襄、施、宜偏远各属,交通阻滞,报告稍迟,正饬勒限严

催,务使析并分明,以资支配。此筹办简易识字学塾及本年学务之实在情形也。

一曰厅州县巡警限年内一律完备。查巡警手续最属繁难,迭经臣督饬进行严定功过,各厅州县亦知关系要政,无不勉为其难。所有前招教练警生,已先后具报出勤服务,总计全省巡警共有九千三百三十二名,较第四届巡警表册计增五百六十三名,饬道派员巡视规模尚有可观。现仍严饬各属接续招生教练,以为办理乡镇巡警之预备,第经济异常支绌,推广尚费筹维,已饬巡警道督催所属,与各自治会就地妥筹,不任延误。此筹办厅州县巡警之实在情形也。

综核以上各大端,或成立如期而完密须求渐进,或基础已立而扩充尚复需时,大抵绌于经费者半,窘于人才者亦半。然湖北地处澳区,为中外观瞻之所系,而宪政事关国本,知朝廷廑念之弥殷。臣世受国恩,忝膺疆寄,自当殚竭血诚,督饬所司按照修正清单尽力筹备,总期早日观成,以仰副圣明励精图治轸念民依之至意。

故宫博物院明清档案部编《清末筹备立宪档案史料》下册,中华书局1979年版,第816~820页

4月13日(三月十五日)　广州起义因孚琦被刺,清军严加戒备,未能如期发动。

△ 根据陕甘总督长庚电奏,甘肃张掖县乡民聚众要求种烟,毁局围署,经访查系甘州守备营守备周秉钧、拔贡王九卿幕后主使。清廷于是日降旨著将周先行革职,将王斥革,十日后又依长庚电奏,将周、王从重发往极边足四千里安置。

4月14日(三月十六日)　清廷补授张鸣岐为两广总督。

4月15日(三月十七日)　清政府与英、美、德、法四国银行团订立一千万镑的币制改革及东三省实业振兴合同。

4月17日(三月十九日)　因广西各地民众抗查户口、钉门牌,屡次暴动起事,朝廷谕令广西督抚认真搜查清剿。

军机处本日奉上谕:

有人奏,广西匪势猖獗,劫案迭见,请饬该省督抚严密巡剿等语。著张鸣岐、沈秉堃按照所奏各节,确切清查,认真搜剿,以靖地方。

中国史学会主编,中国近代史资料丛刊《辛亥革命》(3),上海人民出版社1957年版,第381页

4月20日(三月二十二日)　清廷授四川总督赵尔巽为钦差大臣,调任东三省总督兼管三省将军事务。同日谕准锡良开缺回旗。

4月中旬　宋教仁、陈其美先后应邀自上海赴香港,参与发动广州黄花岗起义。

△ 湖南华容县会党联合饥民万余人抢粮,冲入县城。

△ 河南鹿邑县因阴雨连绵,粮食昂贵,饥民聚众争抢。应该县知县请求,驻河南陆军二十九混成协步队五十八标一营前往弹压。

4 月 21 日(三月二十三日)　清廷以督办川滇边务大臣赵尔丰为四川总督,调四川布政使王人文接充赵尔丰原职。

4 月 23 日(三月二十五日)　黄兴自香港潜入广州,在越华街小东营五号建立起义总指挥部,临行前写绝笔书寄孙中山、冯自由,表必死之决心。

绝笔称:

弟兴以事冗迫,未获详书以告,其大概与展兄无异。今夜拟入,成败既非所逆睹,惟望公珍卫,成则速回,败亦谋后起。弟本不才,于此次预备多有未周,厥咎殊深。奈事皆决议而行,非一人所能专断。幸各人抉有决死之志,或能补救,亦未可知。

绝笔上言

惠州之事,先任罗哲[炽]扬,以其不密,身与首事者三人带军伙[火]及银入,被搜,捉去二人,其一严姓(指严德明,广东籍同盟会会员。编者),其一陈普[甫]仁。严姓次日逃;陈普[甫]仁解省,闻认革党,词多牵连。近两礼拜另有代罗任事者,曾秀许为助,大约亦可能发动。

桂省同志亦有预备,或可先后粤东而起。

长江之交通,伯先任之。郑赞臣其人,真不足靠,今伯先知之,亦无及矣。

两湖之交通,谭胡子曾亲行,孙武与居正二人任之。在汉口纵谣,或稍有牵掣之力(湘省以彭藏仲、何弼虞、曾伯兴、龙黢原等为主,军队中亦有多人)。

此次办事,可谓经营尽力,然不甚秘密。到处筹款是一因;到外省选锋,而伯先所派有不懂事之极者,四处宣扬,是二因;选锋来太早,杂居杂出入省港,是三因。惠州之事,孚琦之事,又属例外。今倘能及期而动,不能不归功于天佑。不知我族幸福如何耳!

刘泱泱编《黄兴集》(1),湖南人民出版社 2008 年版,第 64 页

胡汉民致函孙中山、冯自由,通报广州起义筹备情况及起义方案。其函称:

计尊处得书时,此间成败如何,当已揭晓。顾以经营布画之中,百忙不暇,书虽[?]有间至,此时谨综其大略为一述之。

当弟于去腊由西贡往暹罗之时,克兄已先从南洋归。港中同人急不及待(弟因闻新军有调高州之议,亦函嘱其不必待弟,先议办事章程),即公草定办事章程,并选举办事人,分科担任。举得克兄为统筹部长,而伯先兄副之。统筹部外,则有调度处,设于省,专任运动新军者,举姚雨平长之;出纳课长为李海云,编辑课长为陈炯明;秘书课长则拟弟;交通课长亦伯先;储备科[课]长为毅生。既而伯先力辞副长,专任交通。

其实行之计画,以选锋八百人起于内,而新军自外入。选锋算额既多,即器械加增,故当时总预算必要之费为十二万元。时则南洋经泽如、源水、螺生担任,包足南洋有港银五万。而正月间再得荷属来书(加拉巴、泗水),言彼处可任六万(书发于邓树南,资本家也)。尚有嘉应州同志亦往文岛等处筹款者二三人,各云可得一二万。于是乃预算收入之费南洋五万、美洲五万、荷属共六万,因而定预算支出为十二万。又曾伯锷于其时即已答应与其弟各任一万之谱,似并不患无预备之费。(此预算定时,克兄亦深以荷属为疑,然同时任事与商者多嘉应州同志,断断然以为必获,故克亦难矫众论。弟正月返自西贡,闻此预算甚为惊讶,盖弟之意见,视荷属成数必不如是之高,而美属则必缓也。预算既定,按期支出,及知不足而后难为减缩,为势之当然。)讵其后邓处先来五千,相距月余始又来五千,直至前日乃始来万五千,且云尽矣。其他嘉应同志往荷筹归来者,交到不过数千(曾伯锷至今一钱未交)。文岛黄甲元闻要亲来带款数千,今尚未到(已交谢鲁倩带来一千四百五十元),此当度外视之。美洲幸而

足预算之额(即原拟五万)。南洋合以西贡、暹罗,亦所差无几。故十二万之预算,虽稍延时日,而尚不至竭蹶,惟预算费则无之耳。(以上款事之大略。)

统筹部外,以调度处与选锋及储备科[课]三者为最重要,其费亦最巨。调度处预算二万余,选锋三万余,储备科[课]任购械兼转运五万。本来应先办储备科[课]事,而克、伯二兄则同时着手(此着颇误,费多而风声不密也)。朱基之路既全不可靠,则同时派毅到暹罗,仲实到日本,梦生到庇能,李应生到海防。讵海防仅得短小之物二枝,暹罗须预购为期月余(当时以为缓,遂不取),庇能、星洲俱复以不能,仅剩东京一路。正月底史丹池过香港,因电比利时嘱购械,电费凡八十余元,饬其见电即复(乃张西林在彼,见电已回信,仍无确实之复报,至本月中始来一电,谓何未寄款,可谓颟顸异常,留学生真不解事)。东京驳货不可得,所有七货不过百数十,余则五六响,五六响约三百余(其中分两等,有系日本海军将校所用者为优,亦居多数),只得尽数购取。前月带货者湖南同志周来苏,因闻有要注意之说,遽于中途沉弃之于海,凡七货六十余件、六响五十余件、子四千(其荒谬殆不可解)。因令彼方设法补救平劣之五六响以充数。故此时尚有百八十件未到,到当以廿七犹须勉强转运上也。东京路外,则有西贡之路,乃弟不得志于锡周诸人,而第二次到彼无意中访求者,以李竹痴知路,而黄景南之子亚焕及何侣侠担任运带事。其已运至者,有七货百二十枝,尚有百余(其中驳货四十二或十二,余皆七货)。本约定廿五以前须到达港地,今则因货期船期,电称廿五始开身来,可谓迫极,其能转运到目的地否难言矣。除外购之货,在港零购得驳货十余、七响数件。内里由选锋人自购者,五六响约百件。早忧武力之不足,则补以炸裂弹,四川喻君与应生俱已先期入省秘密制造。更参加以放火委员,伏于旗界,租地九个(近以孚琦被刺,旗界【戒】严,遂令搬出四个,闻五个亦不甚稳,此甚可虑)。

自孚琦诛后,虏吏未尝不加意防闲,且亦稍知风声。然吾等不能不及期而发者,一则二标将于四月退伍,虏吏不告以期,而但云初几以内(大抵张鸣岐与蒋伯器之手段),二标同志最多,久经训练,若退去则难发起。二则用款幸于此时无大绌,倘久之,可望来之款无定,事又有半天吊之虞。三则选锋各人,多密布入内,久之则不保秘密。为此三因,则必定发于本月月底,至迟至四月初二,方能避害而图功。此次集合全党之财力为之固无论矣,人才之共事亦为大多数,其间多怀决拼之心,即稍有不甚干净之人,亦为大义所挟持。天下无必成之事,以此吾人之心志,精神所到,或可补物力之不充。背城借一,无所用其踌躇。若不捷者,以广州城为巨塚,而葬许多甚正当之革命党于内,后之继者,仍不患其无也。

克兄以廿五日发,伯兄由间道入。临时之举事,则以伯为总指挥,克兄副之。伯任杀李准;克任杀张鸣岐;毅以其人与陈炯明之众,堵截旗界;姚雨平任破小北门,延入新军;莫纪彭、徐为[维]扬任取督练公所;黄侠毅与其姊夫扫灭中协等衙门;李文甫结东莞之豪,取石马槽旗人军械;周醒黄取西槐二巷旗人炮营;毅生与炯明之兵,同时占据大北门与归德之城楼。此攻取之大略也。弟与仲实、璧君、君瑛及其嫂、又李应生之小姑,择地于虏兵必由之道,踞高屋而轰以炸弹,一俟储备科[课]运转事稍竣即发(大约至迟廿八入城)。仲与璧本不与吾人此次之事,其后见阿绕带子药在省渡火船提去,则大感愤,故决意与弟为此谋;不难其勇,而难其有不忍人之心也。李海云挟奇策,将以数人劫取一大兵船。李准近日少在城内,常宿天字码头侧水师行台,海云若得兵船,可胁以炮击李准,则准必无所逃矣。

大事若邀天之幸而有成,必有电报两君。先生必即返,自由兄或可暂留外国为援济。然若事成,而此间任事者或多伤死,则人才内里太乏,兄亦宜归。若不成,后此如何收拾,则非所知矣!

黄彦、李伯新编著《孙中山藏档选编》,中华书局1986年版,第16~19页

4 月 24 日(三月二十六日)　两广总督张鸣岐侦悉革命党将起事,急起调兵防范。

4 月 26 日(三月二十八日)　黄兴电召在港敢死队悉数潜入广州,准备次日发难,同时改十路进攻为四路发动。

曹亚伯《广州三月二十九日之役》:

二十八晚,胡汉民复得黄兴电云:"母病稍痊,须购通草来",盖即令党员悉来之隐语……黄兴一面电港促党员进省,时以各部未能如计划妥办,敌情亦有变化,加以发难日期之更改,党员退出省城者亦多,乃将初十决定十路进攻之计划,临时为之改变:(一)黄兴攻两广总督署;(二)姚雨平攻小北门占飞来庙并延防营及新军进城;(三)陈炯明攻巡警教练所;(四)胡毅【生】以二十余人守大南门。

曹亚伯《武昌革命真史》上册,上海书店 1982 年印行,第 304～305 页

△ 湖北各界数百人在汉口六渡桥聚会,为准备进京吁请拒外债保路权的湖北谘议局议长汤化龙饯行。会上,发言者慷慨激昂,倾听者热血沸腾。有人甚至提出,与其为向腐败政府谏言殉身,不如为推翻腐败政府而死。

1911 年 5 月 2 日《时报》报道:

此次湖北谘议局议长汤君化龙因政府输入外债六百万镑,关系国家存亡,是以与各省谘议局议长准于四月朔在北京联合会筹议挽救之法。武汉各团甚为注重,一般社会均拟整队往送,期望将来必达其目的,为吾民造幸福。……二十八日,在六渡桥宪政同志会开会,除各团代表均到外,来宾共计不下数百人。先由马君刚侯报告聚议之宗旨,继由汤君化龙陈述如此重任,恐有负众同志之希望,词颇谦谨。再由郑君云衢、关君少尧、周君元斋、詹君大悲、肖君树斋、熊君廷□、张君海若先后演说,多以国势阽危,外患频来,豆剖瓜分已在眉睫,而腐败政府尚在梦中,专持消极主义,大好山河断送若辈之手。种种丧权辱国,无不言详矣。谈者伤心,闻者堕泪。名则为汤君饯别,实则勉汤君死殉,武汉各团当为后盾,如有不测,汉口全镇闭市为汤君开追悼大会,然后相继入都接续拼之以死。忽有一不识姓名之人上台曰:"诸君均言以死殉,此最下之策也。政府向恃专横,视人民如草芥,尔之死无足轻重,纵死无量数之人,于事无济。我以有用之身拼腐败之政府,死殊不值得。如此办法,有用之人皆死,则腐败政府独存,将来国家沦亡,何可复兴?愚见如腐败政府不允人民所请,不如推翻腐败政府,则我一般有用之人皆可做事。与其死于亡国后,不如死于未亡之前;与其死于腐败政府之手而后死,曷若腐败政府死于我之手而后死。同一死也,只求死得其所"云云。鼓掌之声,如雷震耳。

武汉大学历史系中国近代史教研室编《辛亥革命在湖北史料选辑》,湖北人民出版社 1981 年版,第 501 页

4 月 27 日(三月二十九日)　胡汉民致函孙中山、冯自由,报告广州起义前夕统筹部朝令夕改、步调混乱的情况,从中流露出对起义结局的担忧。

函称:

廿五日上一函,是晚克兄即入省。廿六日发电,告以定期廿九,于是选锋陆续集城。廿七日忽三次发电,言改缓,并严止人上。是晚,选锋受令返港者数十人。廿八午间仍下令选锋退却,又百数十人早船人来。据言虏有戒备,调来外巡防营数个,分占高地;饬令电各处,求仍接济,而告以缓期。弟等以为事势不知如何缓法,城中来人亦言之不了了。廿八晚忽又

得电,则言期仍廿九,众速上。电到已十点,计止可搭早船上,而群众多已剃发者共百八九十人,势不可以同上;且料城中选锋剩者寥寥,四乡来者知经其遣归,势难骤集。乃与伯兄电告以三十早方能到齐故,今日早船上八十余人(因早船只有一个),晚船则尽上,弟亦与伯兄上。(昨晚省中人来,则言因查知调来防营多属同志,故仍决计依期,否则四月朔后不知何日可为。)临事惶扰如此,又欲以仓猝发难,危之又危,所望能延一日(即至明日),事或可挽。惟弟等都无退却之望,成败听之天,毁誉听之人,生死则付之度外可也。李海云兄亦今早上,出纳课事统交陈元英,并嘱其以此次办事出入之款数部统寄泽如处,以次转美洲各埠,盖不论成败如何亦须昭吾人信用也。

此次命出二三,自惊自扰,实非克兄之责。盖筹措久而风声颇著,侦查多而自信谣言。最失策者则令选锋之退却,而闻克兄则已力争之,并言果尔,只得持个人暗杀主义。乃卒不胜众论之纷拿(闻惧搜查之说),殊可痛恨!事局之变如何,尊处想必先此书而知之。然其内容如是,谨以奉告,亦后事者之鉴戒也。

黄彦、李伯新编著《孙中山藏档选编》,中华书局1986年版,第21~22页

△ 广州黄花岗起义爆发。黄兴、朱执信亲率“选锋”(敢死队)进攻两广总督署,总督张鸣岐事先逃走。起义军奋战一昼夜,后因孤军无援失败。方声洞、林时爽、林觉民、喻培伦等八十余人死难。事后收殓烈士遗骸七十二具,合葬于广州黄花岗,史称“黄花岗七十二烈士”。

关于黄花岗起义的经过。

黄兴1912年5月15日在南京黄花岗之役周年纪念会的演讲中追述:

二十九日上午,分发枪械与各处,然是晨城门已闭,赵君率所部自港来时已不能入城。而兴遂任指挥,部下共数十人,部署一切。至下午五时二十五分,手续尚未完毕,迟二十五分钟,始率由小东营出发。先十分钟,陈炯明君派人来问今日究竟发动与否,然来者见我等皆携弹荷枪,遂不言而去。事后始知陈因畏事之棘手,欲不发动,故派人来陈说一切。然来者并未明言,故我等并不知其不来援应,仍孤军冒险前进。

出军时,全队行走迅速,至督署门首,有卫兵数十人驻守。林时塽先生率二三人前进,用炸弹猛击,死卫兵数人,余皆逃入卫兵室内,匿不敢出。然我军此时亦死三四人。卫兵既退,兴率十余人由侧门入署,余大部分,四川喻培伦先生率之,驻门外防御。兴入署至大堂,有卫兵数人见我军至,即招手谓张在花厅,我等遂入花厅各处搜张,不获。且室内一无陈设,似久已迁移者。我军觅得床板木料等物,放火后遂出。复有卫兵一排,在大堂下用枪向我军猛击,兴立大堂柱旁,双手各持手枪还击,毙卫兵数人,余皆鼠窜,我军乃得出署。至门外见喻及所率之部皆已不在,盖当兴入署后,喻已率队往攻督练公所矣。我军行至东辕门外,时有李准之卫队与我军相遇,隔仅五十米突,卫队遂即跪击。我军林时塽君时在前列,刚欲用弹还击,而头部已中枪弹,遂倒街中。兴手指及足亦受弹伤,乃率残部十余人转行,欲往助喻君攻督练公所。至双门底,又遇巡防营一大队,距我军丈余。福建人方声洞先生猛击之,中其哨官、巡兵数人。然彼见我军人少,乃向前直扑。尔时硝烟漫空,弹如雨注,方君遂中弹而仆,存者仅数人矣。兴乃避至一民房中由板壁内放枪,毙其前进者数十人。相拒约十分钟,巡防营退去。我军复行,途遇喻君。喻以为欲攻督练公所,必先攻观音山所驻之巡兵,乃身先部下,携弹直上。至山半与巡兵激战,但部下之人多无经验,不善掷放炸弹,又见彼军势盛,遂一面竭力抵御,一面徐徐退却。巷战至十二时,我军见彼巡防营愈增,乃退至一米店,

用米袋筑墙以守,各挟利枪,一发数中。遂以十余人力御巡防营四百余人,毙敌近百数。巡防营畏势不敢复来,始放火烧店而去。

刘泱泱编《黄兴集》(1),湖南人民出版社2008年版,第354~355页

黄花岗起义的参加者谭人凤,在《石叟牌词》中追忆道:

三月中旬,黄、赵以不便再缓,乃集同人开全体会议,由黄报告自任攻总督署,赵攻提督署,胡毅生攻将军署,姚雨平攻小北门,张醁村攻龙王庙,陈竞存、朱执信、莫几彭攻旗下街及督练所警察署,列席者数十人,无异议。余以为当有一人居指挥调度地位,不应同告奋勇;八百敢死队,语言不通,街道不熟,合则势力大,分则窒碍多;将军已死,其署与督练处无关重要;往岁之败,由李准握有重大兵权,所当注意者李准而已,不如先日将李炸毙。次日合击总督署,赵率新兵由城外夹攻之,较为妥当。黄谓:"将军被炸后,搁误及月余,今若先炸李准,城内益加戒严,不又将遥遥无期乎?"余谓:"同志先时入城,随时可发,何恐他戒严?"争论者久之,黄挽余入别室曰:"此是久定之计划,同志视吾辈之勇怯为勇怯,请勿再持异议,免同志生恐怖心。"余只得默尔息,然心固大不以为然也。黄乃示期二十八(四月二十六日)发动,嘱各率所部临期前一二日入城。越数日,黄因赵识者太多,不便去,乃先往。及二十六,同志到省者已及三四百人。胡毅生、姚雨平、陈竞存称城内加紧戒严,且准备未就绪,请改期。黄无奈,乃下令将已到各同志遣返。二十八,又电催各同志往,盖因先夜有巡防兵两营入城,姚雨平谓其已经运动成熟也。伯先、汉民接到此电颇惶骇。时香港尚有薄荷枪三百余支,伯先主张率同志带往,上岸时倘被检查,即开枪攻击。汉民以彼此不接头,必误事,请余先往,谓无论如何必须压住一日。余登时起程,次日日中到,比不知黄住所,走访竞存。竞存仓皇告余曰:"不得了!毅生、雨平均无备,余亦仅有七八十人,克强人数不满百,刻将出发,奈何?"余谓:"何不谏阻?"渠云:"已极力阻之矣,其如不听何!"余即请饬人送去,则克强装束已妥,正在分发枪弹,请休息片刻接谈,不听。再据各情形劝阻之,克强顿足曰:"老先生毋乱军心,我不击人,人将击我矣。"余见其状类狂痫,乃谓林君时爽曰:"各方面均无备,香港同志与器械尚未来,何所恃而出此?"林曰:"先生知一未知二,现有防兵两营表同情,一切可不靠矣。"余曰:"防营可恃乎?"林谓:"已接头两次,决无虞。"余乃整装,向克强索枪,克强忽平心静气曰:"先生年老,后事尚须人办,此是决死队,愿毋往。"余斥之曰:"君等敢死,余独怕死耶?"克强知余志不易夺,乃以两枪与之。误触机子,发一响。克强将枪夺去,连声曰:"先生不行,先生不行!"即派人送余返竞存家。余时惭愧极,盖恐事由我败也。且因竞存云:"有七八十人冀促接应。"乃返,竞存已失所在,仅有一人持锁将锁门。余时进退失据,盲走了一刻,入一店,借笔书写,托代雇一舆,始得去。时已五时一刻矣。前闻事发时,有几处纵火助势,因伫立城外望之。及夜分,仅一点火光,不久遂熄,已知事败,心甚痛焉,然犹未知其惨状如何也。后闻整队出发时,势甚猛烈,巡警四匿,无敢抵抗者。及入总督署,该署宽敞,四散搜寻,张鸣岐杳如黄鹤。克强纵火后,匆匆率队出,多有落后者,适遇巡防兵邀击,林时爽弹中额死,克强手指亦伤,队遂分散。克强率十余人驰近南门,又遇军队围捕,几不免。方声洞掷弹毙其队长,各兵围捕方,克强乘间入一店中,店中惧株连,急检衣服使更换,并指示走路,乃出南门,买舟过河南,入某机关部得免。其它队始尚有五六十人成一队,熊克武、但懋辛、喻培伦、林尹民、林觉民等,均在焉。比拟攻督练公所,夺取器械,未觅得其处,转攻观音山,三次扑上,终以人数太少而退。由是三五分离,彻夜巷战,或饮弹,或被擒,存者遂寥寥无几。

石芳勤编《谭人凤集》,湖南人民出版社1985年版,第366~368页

关于黄花岗起义的评价。

孙中山后来在《建国方略》第八章《有志竟成》写道：

是役也，集各省革命党之精英，与彼虏为最后之一搏。事虽不成，而黄花岗七十二烈士轰轰烈烈之概已震动全球，而国内革命之时势实以之造成矣。

中国社科院近代史所等编《孙中山全集》第6卷，中华书局1985年版，第242页

孙中山为1921年12月编《黄花岗烈士事略》所写序言中称：

满清末造，革命党人历艰难险巇，以坚毅不挠之精神，与民贼相搏，踬踣者屡，死事之惨，以辛亥三月二十九日围攻两广督署之役为最，吾党菁华，付之一炬，其损失可谓大矣。然是役也，碧血横飞，浩气四塞，草木为之含悲，风云因而变色，全国久蛰之人心，乃大兴奋，怨愤所积，如怒涛排壑，不可遏抑，不半载而武昌之大革命以成，则斯役之价值，直可惊天地、泣鬼神，与武昌革命之役并寿。

中国社科院近代史所等编《孙中山全集》第6卷，中华书局1985年版，第50页

黄兴在南京黄花岗之役周年纪念会的演讲中称：

鄂省八月之起义，由广州之原动力；而广州九月之光复，又我七十二烈士之死义激而成之也。七十二烈士虽死，其价值亦无量矣。

且烈士之死义，其主义更有足钦者，则以纯粹的义务心，牺牲生命，而无一毫的权利思想存于胸中。其中如林觉民先生，科学程度极其高深，当未发动之先，即寄绝命书与其夫人，又告同人云："吾辈此举，事必败，身必死，然吾辈死事之日，距光复期必不远矣。"其眼光之远大，就义之从容，有如此者！又喻君培伦，最富于爱国思想，前在天津与汪精卫、黄复生诸人苦心经营，谋炸载沣，后因事机失败，炸弹为警兵搜去，不遂所志。来港后，日夜与李君荫生复制炸弹，不稍休息。此役所用之炸弹，多出其手制者。至方声洞，以如花之年，勇于赴战，当其与巡防营巷战时，身中数弹，犹以手枪毙多人。他如窦鸿书、李君荣诸君，虽系工人，然皆抛弃数百元之月俸，从事于革命事业，捐躯殉国，尤足钦佩。总之，此次死义诸烈士，皆吾党之翘楚，民国之栋梁。其品格之高尚，行谊之磊落，爱国之血诚，殉难之慷慨，兴亦不克言其万一。他日革命战史告成，必能表彰诸先烈之志事。

刘泱泱编《黄兴集》(1)，湖南人民出版社2008年版，第356～357页

谭人凤《石叟牌词》称：

是役也，死者七十二人，无一怯懦士。事虽未成，而其激扬慷慨之义声，惊天动地之壮举，固已碎裂官僚之胆，震醒国民之魂。武汉闻风兴起，督抚纷纷逃遁，非即因此振其气，而夺其魄耶？宜令人景仰黄花岗，而慨想无既也。

石芳勤编《谭人凤集》，湖南人民出版社1985年版，第368页

△ 浙江嘉善县农民数千人愤新政苛捐扰民，捣毁学堂、自治公所。

4月28日(三月三十日)　赵声、胡汉民闻广州起义，率留港党员二百余人到省增援，清晨登岸，始知事败。胡汉民等回港，赵声至广州河南晤黄兴，当夜亦返港。

△ 孙中山由纽约抵芝加哥，阅报获悉黄花岗起义失败，当晚致电香港胡汉民询问损失情况。

孙电云：

闻事败。各同志如何？何以善后？

中国社科院近代史所等编《孙中山全集》第1卷，中华书局1981年版，第517页

△ 广东顺德民军首领谭义等在乐从圩举旗起事，计划攻佛山以响应广州起义，不久即告失败。

曹亚伯《广州三月二十九日之役》：

三月二十九日广州举义决定后，即通令惠州及附省各队伍三十日响应。届时惠州等处悉未发动，惟顺德民军集乐从圩者，于三十日依期竖旗举事，计数百人，占乐从团练分局为兵营，夺其枪弹。乐从巡警不敌，纷纷逃匿。四月初一日占鹜溪公局，夺其枪械，声威大震。是晚，江固、江巩两舰自省河至，用探海灯照射，民军渐退。初二日下午由乐从圩河取道澜石湾，进窥佛山。方半渡，江固、江巩两舰发炮轰击，民军被击毙者百余名，纷纷落水。伤海军五名，折其无线电天线一条。卒以众寡不敌，退浅水河滘，兵舰以水浅不能前袭，我军三百人遂进佛山，分一队攻入正埠，由码头扑攻，焚毁都司署，并炸毁警卡。嗣因兵舰发炮，退出镇外，至通济桥，遇防营。初，防营驻于蜘蛛山赞冀诚善堂，方用膳，我军猝至，毙其管带马惠中及防勇二十七名，毁其善堂。防勇退缚犁嘴(即分署前)，路单而险，民军不能进，退守通济桥对面山岗。适大雨，向各店购藤笠及床板，均偿其原价。有店主某不取偿，同志云，不取偿，不敢借用，遂冒雨去。军纪之严，举止文明，佛山之人至今犹乐道其事。初三日下午，李准大军至，民军不敌，遂退，分散各处。顺属之容奇、桂州、龙江、龙山、甘竹、马宁，南海属之九江等处，亦纷起，均被即击散。

曹亚伯《武昌革命真史》上册，上海书店1982年印行，第315～316页

另据李准通电称：

省城乱平后，外匪知事泄，东窜顺德乐从圩，树旗起事，聚有数千人。准闻报迅调营勇兵轮往剿，即日接仗，伤毙匪党多名。匪党窜佛山，经防营实力迎击，管带马惠中阵亡。复击毙匪党多名，匪遂零星纷窜。同时顺属之容奇、桂州、龙江、龙山、甘竹、马宁，南海属之九江等处，有会匪扬榜招人起事，四处响应，势甚危急。初二日即派吴宗禹带队星夜驰往剿办，顷接禀报，各处响应匪徒，闻省乱大定，已窜不能成股，不至酿成巨祸。

曹亚伯《武昌革命真史》上册，上海书店1982年印行，第316页

4月29日(四月初一日)　清廷获悉广州起义被镇压消息，命两广总督张鸣岐督饬文武官员继续搜查革命党人，并将办理情形随时电奏。

军机处寄两广总督张鸣岐电旨：

广东省城猝有匪徒多人轰击督署，殊堪诧异。经该督会同李准督饬防营分头扼守围捕，擒毙多名，未致蔓延，办理尚称迅速。所有文武各员著照所请免其置议。张鸣岐事先已有防范，临时布置亦尚周妥，所请严议之处著一并宽免。广东为沿海重要地方，屡有乱党勾结滋事，实属不成事体，倘不严加防缉，诚恐酿成大变，不可收拾。著张鸣岐认真督饬文武搜捕余党，从严惩治，勿任漏网，以靖匪氛而保治安。嗣后尤须加意防维，切实清查，毋稍松懈。

中国史学会主编，中国近代史资料丛刊《辛亥革命》(4)，上海人民出版社1957年版，第324页

△ 湖广总督瑞澂闻黄花岗起义消息，加强武昌戒备，派巡警守卫督署，巡查街市，并饬提督张彪派十五、十六两协在每晚十点钟各派两营新军荷枪巡查，以防革命党人武装暴动。

1911年5月5日《时报》报道：

鄂督瑞制军于初一日闻粤省猝有革党多人轰击督署，虽于当时扑灭，未至蔓延，然其党羽甚众，难保不窜入长江各省，肆其密谋。武汉素来匪类众多，人心浮动，最易煽惑滋事，亟

应严为戒备,以遏乱萌。特于当日札饬巡警道遴派探警分途密查。所有武汉地面,夜间均派双岗巡士巡逻,不准擅离岗位。其守卫督署之特别巡警队,以一半派出巡查,一半负枪护卫,较平日严肃异常。如有往来督署东西辕人等,均细加盘诘,稍有形迹可疑,即令解衣搜索身畔。制军又以省垣地面广大,居民稠密,巡警分段侦探,势力未免薄弱,必须多派军队,沿各街衢严为梭巡,方足以寒匪胆。爰饬张提军派十五、十六两协于每夜十句钟各派两营,荷枪巡查,遇有匪人,随时拿交提督署讯办。并饬于督辕附近中和门、营防口一带,尤须特别注意。

武汉大学历史系中国近代史教研室编《辛亥革命在湖北史料选辑》,湖北人民出版社1981年版,第545页

△ 黄兴在女同志徐宗汉掩护下由广州乘船逃往香港疗伤,与先期到港的赵声、胡汉民等商议失败善后事宜。

四月初一(4月29日),购灰长衫为黄改装,由徐宗汉送赴港,乘哈德安轮。轮已无房,坐厅中梳化椅装睡,徐坐以身障之,船中固多党人也。到港,指伤不减其痛,且有一指将断未断,乃入雅丽氏医院割治。照例,割症须亲族签字,徐以妻名义签字,而黄、徐之因缘即由是结。

曹亚伯《武昌革命真史》上册,上海书店1982年印行,第325~326页

编者按:徐宗汉掩护黄兴到香港的日期,黄兴报告书及《中华民国史事纪要》,均作四月初二日(4月30日)。

是月　蒋翊武、孙武约集标营代表到洪山宝通寺开会,商议起义后都督人选,蒋翊武、刘九穗提议黎元洪任都督,未形成决定。

《万迪庥与友人论辛亥起义节要书》记载:

辛亥春三月,洪山宝通寺各标营队代表会。蒋翊武嘱刘九穗约迪庥赴会,刘对迪庥曰:革命党人均士兵或正副目,下级官不多,中级无人。前蓝天蔚任三十二标统带时,曾推渠为都督,现蓝远隔奉天;吴禄贞最为适当,但一时不能南下。党人知识不是不如黎元洪,但不够号召天下,诚恐清廷加以叛兵或土匪罪名,各省不明真象,响应困难。且黎平日待兵较厚,又属鄂籍将领,只要推翻满清,似无不可。蔡国桢同志因着排长制服,留塔下守卫。蒋翊武提推黎元洪为都督,刘九穗一如前说,各点头赞成。迪庥回答仍感不安,越日向蒋、刘提出疑问:蒋同志既为文学社首领,文学社人数又多,何不推为都督?蒋答:"在湖北举义,自以湖北人为领袖适宜。"

张国淦《辛亥革命史料》,龙门书局1958年版,第86~87页

胡祖舜:《六十谈往》

余忆首义之前,蒋翊武曾一度提议元洪为未来都督之人选问题;众议虽无任何决定,然亦无人反对。元洪之被拥为都督,非偶然也。

武汉大学历史系中国近代史教研室编《辛亥革命在湖北史料选辑》,湖北人民出版社1981年版,第81页

4月30日(四月初二日)　孙中山出席美国芝加哥同盟分会欢迎会,演说革命救国道理,与会者踊跃捐款。

5月1日(四月初三日)　湖南巡抚杨文鼎以湘省会党充斥,伏莽遍地,奏准暂缓裁撤防、绿各营。

5月2日(四月初四日)　清廷根据两广总督张鸣岐奏请,饬派广西提督龙济光率所部

精锐驰赴广东增援。广西提督由陆荣廷暂行兼署，移驻南宁，商同龙济光添募得力旧部，加强地方防务，所缺枪械子弹，命两江总督张人骏、湖广总督瑞澂速装轮船克期径解衡州，由广西派员接运。

宣统三年四月初四日军机处寄两广总督张鸣岐、广西提督龙济光、兼署提督陆荣廷、两江总督张人骏、湖广总督瑞澂电旨：

奉旨：张鸣岐电奏，粤垣匪乱渐清[靖]，省外土匪乘机蜂起，剿办尚未得手，兵力单薄，大局垂危，请饬广西提督龙济光抽调广西防勇八营亲自统率星夜赴援等语。又据沈秉堃电奏，情事相同。广东省城乱事甫定，各属匪徒又复纠合起事，该省营队不敷分布，自应厚集兵力，移缓就急。业由沈秉堃电促龙济光抽调防勇，并饬浔防督带吕春琯就近率带所部两营赴援。著龙济光迅选所部精锐克期前赴粤东。有此兵力，当可暂敷调遣。著该督督饬营队，迅赴事机，以期早净匪氛，毋令蔓延为患。广西提督著陆荣廷暂行兼署，并准其移驻南宁，居中兼顾，仍商同龙济光添募得力旧部，分别填防，至所称枪械缺乏，请饬两江湖广总督速提精利五响每枝配码五百颗派输，克期径解衡州，由桂派员接运一节，著张人骏、瑞澂迅即委解，毋误事机。

中国史学会主编，中国近代史资料丛刊《辛亥革命》(4)，上海人民出版社1957年版，第325页

5月3日(四月初五日)　广州起义失败的消息传到湖北后，共进会居正、刘公等与时在武汉的湖南革命党人焦达峰等人在武昌胭脂巷二十四号机关内开会，决定今后以两湖地区为“中国革命之主要中心”，积极筹划起义。起义主力军为武昌新军，并推刘英、宋镇华赴襄阳联络会党。如湖北首先起义，湖南即日响应，湖南首先起义，则湖北响应。同时决定和文学社实行联合。

杨玉如《辛亥革命先著记》：

四月初干部忽接粤事倾覆消息，即于初五日邀集居正、刘公、杨时杰、李作栋、胡祖舜、邓玉麟、查光佛、刘英、宋镇华、焦达峰、杨晋康、杨玉如等在胭脂巷二十四号机关内开紧急会议，详商应付方法。……决定临时方案数项如下：

(一)广东破坏，张鸣岐必密电瑞澂严防革党，或缉拿党羽，我们革命正到了低潮，宜严加戒备。本会各标营同志星期日例会，自即日起一律停开，武汉各机关亦暂时停止活动。推邓玉麟、李作栋两同志负责分途通知。

(二)本会决定中国革命以两湖为主动：如湖北首先起义，则湖南即日响应；湖南首先起义，则湖北即日响应；两湖能同时举义更好。推焦达峰、杨晋康两同志负湘省完全责任。

(三)本会起义主力本着重武昌新军。但如襄樊一带会党同志先行发动，武昌新军必继起应之；若新军先行举义，襄樊会党同志亦当即日来援。推刘英、宋镇华两同志先赴襄河一带积极准备。

(四)文学社革命团体与本会宗旨是一致的，我们向认为友党，宜将本会议决事项争取文学社同志赞助。务期同舟共济，严防两败俱伤。推杨舒武、查光佛、杨玉如各同志和文学社极力联络，与之通力合作。

杨玉如《辛亥革命先著记》，科学出版社1957年版，第35～36页

5月5日(四月初七日)　美国芝加哥同盟会分会举行会议，孙中山应会长梅乔林等的询问，就筹措起义经费问题发表了意见。

《孙中山与梅乔林的谈话》：

孙中山:筹饷方法,各处不同。南洋筹饷,多为地方政府所限制,秘密而行。美国是自由之邦,筹饷公开,做事较为容易。最好想出一个统筹办法,集合巨款,分途举义,一方得手,就地因粮筹饷,革命事业便可成功。请同志各抒所见。

梅乔林:分途举义,约须款若干?

孙:须款多少,似难预定,暂以一百万美元为目标,想一可行方法进行。

梅:设立革命公司,股份一万股,每股收美金一百元,待革命成功后加倍还之。似此一举而义利兼收,应无不乐为者。欧美、南洋华侨众多,想不难达到目标也。

孙:可。惟股份须认定半数以上,方可收款,以免流弊。

中国社科院近代史所等编《孙中山全集》第1卷,中华书局1981年版,第517~518页

5月6日(四月初八日)　杭州饥民哄抢米铺,与弹压军警对抗,拒伤巡警四十多人,打毁各区巡警派出所及巡所七处,捣毁地方审判厅。地方当局调派新军六队入城弹压,逮捕闹事民众一百零二名。

浙江巡抚增韫宣统三年四月十二日(1911年5月10日)报告称:

浙省民食向恃苏皖接济,近苏省亦因歉收,禁止商运,来源既窒,米价骤腾。业经电奏截漕备办平粜在案。初八日下午,省地东街居民偶因购米起衅,哄聚捣毁米铺,一唱百和,由一隅以及全地,由午后以及夜半。巡警道及地方文武闻报,督率巡警、兵役分投弹压。无如人数愈聚愈众,不服理喻,一味恃蛮,竟至打毁米铺四十七家、各区巡警派出所及巡所七处,劫去指挥刀十一把,殴伤区官三员、巡官一员、巡警四十余人,地方审判厅大门内亦被打毁,陆军警察,抢去军刀二柄,巡防队,抢去洋枪二杆,可谓不法已极。当肇事时,不过一般机户、箔匠恃凶藉端起哄,迨至毁官毁署,已有痞匪混迹其间。是时,巡警力难压服,当派陆军、警察及巡防队协同弹压,今[令]主和平解散,不必轻用军械。乃该痞匪等竟分投骚扰,毁伤巡防哨官一人、勇丁十七名,仍遍索米店,肆行捣毁,并将拘留所围绕,逼释拘留人犯。若不慑以重兵,恐酿大事。一面饬令拘留所晓喻,倘敢劫所抢犯,照例准予格杀勿论。一面调派八十二标新军六队入城弹压,始各纷纷逃散。综计巡警、巡防队、新军先后拿获滋事人犯一百二名,饬送地方审判厅讯理,将被诱胁从及因疑似被拘者酌予保释外,尚有三十余名再行详讯,分别情罪轻重,按律核办。查此次痞匪专与米铺为难,除拒伤兵警外,并未扰害居民。至被毁米铺,次早即由巡警劝业两道及府县同至商务总会公议,劝导开市,并令先行平减米价,以安人心。复商恳苏省查照迭次咨商,准凭护照购运米石,源源接济,以裕民食。初九日早,并调八十一标新军一营分巡城市,刻已安堵如常。

中国第二历史档案馆编《中华民国史档案资料汇编》,江苏人民出版社1979年版,第84~85页

5月7日(四月初九日)　孙中山依美国芝加哥同盟会分会会长梅乔林提议,拟在美国芝加哥建立中华实业股份公司,筹集起义经费,限额一万股,每股一百元,认购者在革命成功后享有开矿专利十年,以此办法筹集革命经费一百万元。

孙中山在复谢秋函中称:

此埠发起一中华实业公司,欲筹资本百万元,专以供充革命军费,而收成功后之利权。刻已订立章程,不日可以印就发布,望兄回经各埠,顺以此事通告同志。此公司每股百元,以一万股为限,将来革命成功后,专承办开矿,专利十年,此一为侨民求利之一大法门也,望兄鼓吹之。

中国社科院近代史所等编《孙中山全集》第1卷,中华书局1981年版,第519页

5月8日(四月初十日)　清廷颁布宪政编查馆、会议政务处所拟内阁官制并办事暂行章程。

宪政编查馆、会议政务处会奏称:

窃上年十月初三日奉上谕:著缩改于宣统五年实行开设议院,预即组织内阁等因。钦此。十一月二十四日复奉上谕:前经降旨,饬令宪政编查馆修正筹备清单,著即迅速拟订,并将内阁官制一律详慎纂拟具奏,候朕披览详酌等因。钦此。十二月十七日钦奉谕旨:宪政编查馆奏遵拟修正逐年筹备事宜开单呈览一折,著依议。钦此。查钦定修正逐年筹备事宜清单,宣统二年厘定内阁官制,宣统三年颁布内阁官制,由宪政编查馆会议政务处同办。臣等督饬在事各员懔遵迭次谕旨详慎纂拟。窃维责任内阁,在各国视为成规,在中国实为创举。溯自筹备宪政以来,凡请开议院者,皆以设责任内阁为急务。现参考各国之制,折衷我国政治之宜,骤求完备,则恐滋扞格,过分同异,又恐碍进行,酌度再三,未敢轻拟,当经督饬在事各员,反复研究,妥为纂订。谨将遵拟内阁官制,敬举要义,为我皇上详细陈之。

查各立宪国内阁之设,在负国务之责任,而对于何者应负责任,各国立法又复不同。恭绎钦定宪法大纲,统治之权属诸君上,则内阁官制自以参仿日、德两国为合宜。日本宪法,各大臣辅弼天皇任其责,以国务大臣责任关于辅弼之任务而生,故对于君主负责任,而国务大臣任免黜陟,君主皆得自由,与英、法之注重议院者不同,与德意志宰相对于其君负责任,非对于议会负责任者则相类。我国已确定为君主立宪政体,则国务大臣责任所负,自当用对于君上主义,任免进退皆在朝廷,方符君主立宪宗旨,议院有弹劾之权,而不得干黜陟之柄,庶皇极大权益臻巩固,辅弼之地愈著恪恭。此应陈明者一也。

又考各国内阁之制,总理大臣责任重在确定方针,统一政权,凡所规定,皆以防权任之游移,杜政令之歧出,诚以一国政柄所寄之地,即安危治乱所从生,治内有递进之规模,对外有惟一之政策,必能坚持不敝,而后基业可固,富强可臻,否则前作后辍,此却彼前,百举百废,一无成立。宋以宰执不协致绍圣靖国之纷更,明以枢辅不和致疆事兵祸之日棘。今内阁之制,萃一国行政大臣于一署,分之则各专所职,合之则共秉国钧,可否于以协商,功罪于以共负,无隔阂,无诿卸,无牵掣,而皆以利国利民为归。是以各国责任内阁成立以后,预算行政皆有汇归,缓急后先,谋定而动,洵足以挽前代政地散漫隔膜之失。现在宪政萌芽方始,外交内治艰棘尤多,苟非统一政权,何由望有成效。此应陈明者又一也。

或者谓内阁权重,近于非宜。然冢宰本总百官,丞相实长卿尹,历代置相用意实与各国责任内阁无殊,而彼则无议院之对待,无弼德院之赞襄,故有时或失之专恣,今则互相维系,法理精严,加以兵柄别有专司,法权又归独立,更无从威福自擅,凡历代强臣之弊皆预竭于事先。且唐、宋三省之长,尚书以下几若属僚,行文论事多用申状,今则各部之长皆为同体,皆如宰相,地位比肩,孰甘附和。此皆其无可顾虑者也。惟现在各种政治机关皆未完备。而设立内阁又属万不可缓,亟应先立基础,沟通新旧,以利推行,而免窒碍。谨拟内阁官制十九条,以立经邦大本,宪政始基,并拟内阁办事暂行章程十四条,以为过渡办法。至内阁属官官制,已由臣馆草拟就绪,俟妥酌后即行照章会同奏明请旨办理。谨将内阁官制及办事暂行章程,分缮清单恭候钦定颁布。

抑臣等更有进者,旁求之典,在昔所重,爰立之举,择贤为先,周以旦、奭领六官,汉以萧、曹长百辟,故能蔚成盛治,康济斯民。近各国宰相之授,尤称郑重,往往名相受任则其国勃兴。此又人存政举之经,为古今中外不易者也。伏乞圣明慎选贤能,特为简畀,庶几与民更始,以弼丕基,则大局幸甚,宪政幸甚。

附内阁官制

第一条 内阁以国务大臣组织之。

第二条 国务大臣以内阁总理及左列各部之大臣为之:外务大臣、民政大臣、度支大臣、学务大臣、陆军大臣、海军大臣、司法大臣、农工商大臣、邮传大臣、理藩大臣。

第三条 国务大臣辅弼皇帝,担负责任。

第四条 内阁总理大臣一人,为国务大臣之领袖,秉承宸谟,定政治之方针,保持行政之统一。

第五条 内阁总理大臣,于各部大臣之命令或其处分,视为实有妨碍者,得暂命停止,奏请圣裁。

第六条 内阁总理大臣就所管事务,对于各省长官及各藩属长官,得发训示。

第七条 内阁总理大臣就所管事务,监督指挥各省长官及各藩属长官,于其命令或处分,如有认为违背法令或逾越权限者,得暂令停止,奏请圣裁。

第八条 内阁总理大臣依其职掌或特别之委任,得奏请颁发阁命。

第九条 内阁总理大臣得随时入对。各部大臣就所管事件得随时会同内阁总理大臣入对,或请旨自行入对。除国务大臣外,凡例应召见人员,于国务有所陈述者,由国务大臣带领入对。其蒙特旨召见,及法令有特别规定者,不在此限。

第十条 关于国务之具奏事件,其涉各部全体者,由国务大臣会同具奏。专涉一部或数部者,由内阁总理大臣会同该部大臣具奏。除国务大臣外,凡例应奏事人员,于国务所陈奏者,由国务大臣代递。其法令有特别规定者,不在此限。

第十一条 法律敕令及其他关于国务之谕旨,其涉各部全体者,由国务大臣会同署名。专涉一部或数部者,由内阁总理大臣会同该部大臣署名。

第十二条 左列事件,应经内阁会议:一、法律案及敕令案并官制;二、豫算案及决算案;三、豫算外之支出;四、条约及重要交涉;五、奏任以上各官之进退;六、各部权限之争议;七、特旨发交及议院移送之人民陈请事件;八、各部重要行政事件;九、按照法令应经阁议事件;十、内阁总理大臣或各部大臣认为应经阁议事件。

第十三条 内阁会议,以国务大臣之同意议定之。会议以内阁总理大臣为议长。

第十四条 关系军机军令事件,除特旨交阁议外,由陆军大臣、海军大臣自行具奏,承旨办理后,报告于内阁总理大臣。

第十五条 内阁总理大臣临时遇有事故,得奏请于国务大臣内特派一人代理。

第十六条 各部大臣临时遇有事故,得奏明以他部大臣代理。

第十七条 本官制第二条所列国务大臣外,有因临时重要事件,奉特旨列入内阁者,为特任国务大臣,但不在常设之列。

第十八条 特任国务大臣所有入对具奏署名,均以临时事件为限,仍以本官制第九条、第十条、第十一条之例,会同内阁总理大臣办理。

附 则

第十九条 本官制奉旨颁布之后,如有应行变通之处,随时恭候特旨裁夺,或经内阁奏明,仍恭候特旨裁夺。

附内阁办事暂行章程

第一条 内阁总理大臣一员,协理大臣一员或二员,均候特旨简任。各部大臣均候特旨简任为国务大臣。内阁总理大臣如因事未能到阁,协理大臣得代为办理。

第二条　内阁设政事堂，为国务大臣会议之所。按照内阁官制，应经阁议事件，由内阁总理大臣、协理大臣招集各部大臣会议。

第三条　内阁官制第三条、第九条、第十一条之规定，内阁协理大臣均适用之。

第四条　内阁总理大臣、协理大臣每月入对，各部大臣分班值日，如有召见及因事请对者，得会同内阁总理大臣或协理大臣入对。其关于各部主管事件，应由该部大臣加班入对者，得随时会同入对。除前项会同入对事件外，各部大臣仍得请旨自行入对。

第五条　内外新官制未经一律施行以前，按照向例，得蒙召见人员于国务有所陈述者，由内阁总理大臣或协理大臣带领入对。其御前大臣、领侍卫内大臣、军谘处、海军司令部、宗人府、内务府各大臣、弼德院院长、资政院总裁及其他蒙特旨召见，或法令有特别特定者，如八旗都统，前锋、护军、步军各统领，或办理旗营，或宿卫宫禁，不负国务上之责任等官皆是，不在此限。各省将军督抚，除请安请训，及奉特旨召见外，其于国务有所陈述者，应先商明内阁总理大臣、协理大臣或主管各该部大臣，会同入对。

第六条　关于国务陈奏事件，在内外新官制未经施行以前，凡例应奏事人员，及言官奏劾国务大臣，仍得自行专折入奏，候旨裁夺。凡关于一部之具奏事件，其重要者，应会同内阁总理大臣、协理大臣具奏。其寻常例奏，可径由该部大臣具奏，仍俟上奏后，钞稿咨送内阁查核。前项重要事件及寻常例奏事件，应由内阁总理大臣、协理大臣会同各部大臣分别规定，奏请圣裁。

第七条　按照内阁官制第十四条，由陆军大臣、海军大臣自行具奏事件，应由该衙门自行具折呈递，毋庸送交内阁。

第八条　内外行政各衙门，应奏不应奏事件，除陆军部、海军部外，由内阁总理大臣、协理大臣会同各部大臣另拟章程，奏请圣裁。前项章程未经奏定以前，所有内外循例具奏事件，照常具奏，候旨裁夺。其关系重要应行筹议事件，仍应具奏，候旨交付阁议，决定后，由内阁总理大臣、协理大臣请旨裁夺。遇有紧急事件，不及付阁议者，由内阁总理大臣、协理大臣随时请旨办理。

第九条　除内阁总理大臣、协理大臣每日入对外，其值日之各部大臣，每遇星期及按旧例推班之期，应行推班。但有最关紧要事件，不在此限。

第十条　除各部分班值日外，其余各衙门应否照旧值日，由内阁总理大臣、协理大臣妥酌后请旨办理。

第十一条　各衙门带领引见，暂仍照旧办理。如有应行酌改者，随时候旨施行，或有［由］内阁奏请候旨施行。至验放事宜，应由内阁总理大臣、协理大臣分别酌拟办法，奏请圣裁。

第十二条　此项章程施行之日，所有旧设内阁及办理军机处、内阁会议政务处，一律候旨裁撤。

附则

第十三条　官制及官规未经改订施行以前，所有文武官员，关于特旨简放，暨记名请简，奏补咨补及文武爵职袭封各项事宜，均仍照现制，由内阁会同主管衙门分别办理。关于职官参劾及议处事宜，亦照前项分别办理。

第十四条　此项暂行章程与内阁官制同时颁布。将来应否撤销之时，仍奏明恭候圣裁。此项暂行章程施行之后，如有应行变通之处，随时恭候特旨裁夺，或经内阁奏明，仍恭候特旨裁夺。

同日内阁奉上谕：

上年降旨，饬将官制厘订，提前颁布试办，并即组织内阁，旋经宪政编查馆奏拟修正筹备事宜清单，经朕定为宣统三年颁布内阁官制，设立内阁，所以统一政治，确定方针，用符立宪政体。兹据宪政编查馆、会议政务处会奏，遵拟内阁官制十九条，采取各国君主立宪之制，参酌现在时势之宜，审慎规定，尚属周妥。又因阁制甫经创办，必须以渐而进，作为筹画试行，并拟内阁办事暂行章程十四条，权宜损益，均属可行，曾经召见会议政务处王大臣等面加垂询，意见佥同。著将内阁官制颁布，遵照此项钦定阁制设立内阁，并即照办事暂行章程先行试办。除弼德院官制同时颁布外，所有内阁属官制、京外官制、各项官规，仍著遵照修正筹备清单妥速拟订，陆续奏闻，候朕颁布施行，用副朝廷进行宪政力图自强之至意。

故宫博物院明清档案部编《清末筹备立宪档案史料》上册，中华书局1979年版，第559～565页

△ 清廷组成“皇族内阁”，由庆亲王奕劻任总理大臣，大学士那桐、徐世昌任协理大臣，梁敦彦为外务大臣，善耆为民政大臣，载泽为度支大臣，唐景崇为学务大臣，荫昌为陆军大臣，载洵为海军大臣，绍昌为司法大臣，溥伦为农工商大臣，盛宣怀为邮传大臣，寿耆为理藩大臣，所有内阁总理、协理大臣及各该大臣均为国务大臣。在13名阁员中，有九名为满洲贵族，其中五人为皇族。

5月9日(四月十一日)　清政府宣布铁路干线国有，将各地商办铁路干线一律收回。

上谕：邮传部奏：遵议给事中石长信奏铁路亟宜明定干路枝【路】办法一折。所奏办法，尚属妥协。中国幅员广阔，边疆辽远，绵延数万里，程途动需数阅月之久。朝廷每念边防，辄劳宵旰，欲资控御，惟有速造铁路之一策。况宪政之咨谋，军务之征调，土产之运轮，胥赖交通便利，大局始有转机。熟筹再四，国家必待有纵横四境诸大干路，方足以资行政而握中央之枢纽。从前规画未善，并无一定办法。以致全国路政，错乱纷歧，不分枝干，不量民力，一纸呈请，辄行批准。商办数年以来，粤则收股及半，造路无多。川则倒账甚巨，参追无著。鄂则开局多年，徒资坐耗，竭万民之脂膏，或以虚糜，或以侵蚀。旷时愈久，民困愈深。上下交受其害，贻误何堪设想。用特明白晓谕，昭示天下。干路均归国有，定为政策。所有宣统三年以前，各省分设公司，集股商办之干路，延误已久，应即由国家收回，赶紧兴筑。除枝路仍准商民量力酌行外，其从前批准干路各案，一律取销。至应如何收回之详细办法，著度支部、邮传部，凛遵此次谕旨，悉心筹画，迅速请旨办理。该管大臣，无得依违瞻顾，一误再误。如有不顾大局，故意扰乱路政，煽惑抵抗，即照违制论。

中国史学会主编，中国近代史资料丛刊《辛亥革命》(4)，上海人民出版社1957年版，第339～340页

5月10日(四月十二日)　湖北革命团体文学社在武昌黄土坡同兴酒楼召开第二次代表会议，决定在武昌小朝街八十五号设立起义领导机关，推张廷辅任机关部部长，刘复基、蔡大辅等负责日常事务。次日，由刘复基、王守愚、蔡大辅代表文学社与共进会代表杨玉如、杨时杰、李作栋在武昌长湖西街八号龚霞初寓所(一说武昌分水岭七号)，进行首次合作商谈，双方肯定了联合的必要，表示了风雨同舟的愿望。

张难先《湖北革命知之录》：

四月风潮略平，十二日，复在黄土坡同兴酒楼召开代表会议，除原有代表外，复增加马队代表黄维汉。刘尧澂主席，报告本社近状，并提议觅一适当地点迁设机关部，王宪章报告与

张廷辅洽商情形，决议赁小朝街八十五号张廷辅寓楼上作总机关，刘尧澂、王守愚、蔡大辅住社办公。并增设总务部，推张廷辅为部长。尧澂复谓时局逐渐紧张，吾人宜与共进会结合，以厚势力，众赞成。翌日，刘尧澂即与王守愚同共进会协商，经数次及多人之斡旋，后始联合。

严昌洪等编《张难先文集》，华中师范大学出版社2005年版，第174～175页

李廉方记载：

尧澂见本社与共进会进行分途，举义则一，如其分途并进，易起猜嫌，共进会既有意与本社联合，提议及时与之协商，力谋大举，众赞成。遂于四月十三日，有刘尧澂、王守愚，与杨玉如、杨时杰、李作栋会商于龚霞初寓。玉如提议文学社改推孙武为领袖，其社费由共进会补助之。尧澂曰：文学社社员饷械有着，社费则向例抽提薪饷，无需补助。惟军事指挥，首在情意交孚，改推领袖不便，如孙武有所计画，当在可能范围内，竭诚接受。众无异言。

李廉方《辛亥武昌首义纪》，台北1961年版，第71页

编者按：对于李廉方的上述说法，杨玉如《辛亥革命先著记》第40～41页作了如下辨正：

当年共进会与文学社联合，本人曾极力主张，同詹大悲、何海鸣等奔走数月，双方忠告，幸获两团体干部采纳。又得蔡济民同志等多人赞助斡旋，始有四月十三日龚寓之会。记得会议时，双方在极和谐气氛中进行，本人并没有提出更易蒋翊武的领袖与资助文学社经费的话。因就事实论：共进会只是年正月谭人凤交居正八百元的党费，居收到后，不上三月即已用罄。至四月龚寓会议时，共进会经济已在窘迫中，还想打达城庙金菩萨的主意，本人安敢以空言来诱友党合并。况两团体初次接洽，即向对方要求更易领袖，本人似不至如此唐突。且领袖问题关系武昌革命甚巨（阅下章自明），龚寓会议距起义时尚早，并无人谈及此。本人又与蒋翊武、孙尧卿两同志都是患难至友，无所轩轾，亦决不至拥孙而反蒋作此露骨的表示。上段叙述，恐系未参与龚寓会议的同志误听传言，向通志局投稿，李先生援稿编入，致有此分歧。

杨玉如《辛亥革命先著记》：

于是经蔡济民、查光佛、梅宝玑、牟鸿勋、陈磊等多方斡旋，两团体均允推代表协商。遂于四月十三日（5月11日）在长湖西街八号龚霞初寓开会。文学社由刘尧澂、王守愚、蔡大辅出席，共进会由杨玉如、杨时杰、李作栋出席。杨、李与刘、王等先就武昌革命进行方略概括的交换意见，畅谈颇久。彼此观点，无甚悬殊。谈到两团体合作本题上，双方代表因系初次接洽，都存了几分客气。杨、李云："我们两团体向系殊途同归，现在正是同归不必殊途的时候了，只求双方在原则上同意合作，一切问题均可从长计议。"刘、王亦云："我们两团体宗旨、目的都是一致的，合则两美，离则两伤；譬如风雨同舟，大家只期共济，到达彼岸就得了，有甚么不可商议？"于是彼此都以革命到了紧急的时期，提出一件应先赶办的事来，拟令各标营两团体的代表极力避免摩擦，万不可互争党员，只要是受了运动的同志，都是革命党员，不必分某社某会的畛域。双方均表赞同，决定即日施行。

龚寓会议，共进会本拟谈合并问题。但杨、李并未提出，以两团体各有历史，各有组织；尤其领袖人选不易解决。

杨玉如《辛亥革命先著记》，科学出版社1957年版，第40～41页

5月10日（四月十二日）　邮传、度支两部致电粤汉、川汉两路有关之湘、鄂、川督抚，传达5月9日上谕，请遴派大员查明各省商办铁路账目，迅速电复，"以凭请旨办理"。

5月12日（四月十四日）　各省谘议局国会请愿代表团代表在北京开会讨论国事，要求清廷改组新内阁，收回亲贵充任总理大臣之成命，否则，各省谘议局将联合宣告各邻邦，凡清廷对外借款概不承认。

5月14日(四月十六日)　长沙各界万余人集会,反对铁路国有,主张湘境铁路完全商办。

5月16日(四月十八日)　长沙、株洲一带万余筑路工人进入省城示威,反对清廷卖国卖路。

△ 四川川汉铁路公司致电邮传部,请求川路仍归商办。

△ 湖南浏阳县农民聚众进城抢米,并捣毁警察总分各局。同日,省内新化、溆浦两县县署被毁,知县潜逃。

5月18日(四月二十日)　清政府任命端方为督办粤汉、川汉铁路大臣,接收川鄂等省铁路股款。

△ 黄花岗起义总指挥赵声,因患盲肠炎久拖不治,病逝香港。民国元年,赵声追赠上将军,归葬镇江南郊竹林寺。

编者按:赵声逝世日期,此据邹鲁《中国国民党史稿》第五册《赵声传》。另据黄兴与胡汉民于1911年5月下旬所作给孙中山、冯自由等人关于广州起义报告,其中称赵声"至十九日竟长逝矣",即阳历5月17日。两种记载相差一天。

△ 各省谘议局国会请愿代表团代表再次集会讨论国事,决定质问政府,并主张全国举办民团自保身家。

5月20日(四月二十二日)　孙中山分别致函日本友人宫崎寅藏、萱野长知,请向日本新内阁交涉,允许他进入日本。

△ 邮传部大臣盛宣怀与英、法、德、美四国银行团签订《湖北湖南两省境内粤汉铁路、湖北省境内川汉铁路借款合同》,借款六百万英镑,年息五厘,以两湖厘金盐税作担保。

川粤汉铁路借款合同

此合同系宣统三年四月二十二日,即西历一千九百十一年五月二十号,在北京订立。其订立合同之人,一系邮传大臣,已奉旨允准,订立合同。一系德华银行、汇丰银行、东方汇理银行、及美国资本家。(以后即简称曰银行等。至美国资本家,乃纽约城开设之摩根公司、昆勒贝公司、第一国立银行、国立城市银行四家合成者。)兹议定条款如左:

第一款　大清政府,准银行等办五厘利息金磅借款。数目系英金六百万磅。此次借款期限,由发售债票之日起算,名为大清政府一千九百一十一年湖广铁路五厘利息金递还金磅借款。

第二款　此借款系为筹备资本。一为赎回前美国合兴公司代大清政府所发售而未赎回之金圆债票,计美金二百二十万二千元,并此票按每百分应加价二分半,及应付之息。一为建造官铁路干线,由湖北省城武昌府,经过岳州、湖南省城长沙府,至湖南省南界郴州境内宜章县,接连广东省所造粤汉路线为止。此路线以后名湖北、湖南两省境内粤汉铁路,估计约长一千八百华里,约合九百启罗迈当。又官铁路干线,由湖北省附近广水、京汉路线之处起,

经过襄阳、荆门州至宜昌,估计约长一千二百华里,合六百启罗迈当。又由宜昌起至四川夔州府止(此段路线系抵补截去之荆门州至汉阳枝路),估计约长六百华里。合三百启罗迈当,以后名为湖北省境内川汉铁路。二共长约一千八百华里,约合九百启罗迈当。其勘量路线,均由邮传部核定。以上所言金圆债票,一经银行等禀请收回后,大清政府应允照办。其赎票需用之款,银行等由此次借款进项内拨用。此项赎回之债票作废后,即呈交与大清政府。大清政府收到已赎回之债票后,即将从前案内所订粤汉铁路作抵押之字样,全行注销。并函知银行等。现并声明赎取上开美国合兴公司所售金圆债票,所需虚数五十万磅,俟该票全数收回后,倘尚有余款,此所余之款,应拨归上所载两铁路项内。

第三款 此债款所备之资本,除第二款内所载赎回金圆债票之用款外,其余专为建造以上指明各铁路购办地段车辆,一切应配物料,并经营行车。又于造路期内,付还借款利息,均在其内。其建造工程自实在开工之日起,估计约须三年造竣。惟宜昌至夔州路线,工程艰难,期限准其稍长。自合同画押后,于六个月内,在武昌、长沙、广水、宜昌四处,同时开工。该银行等亦于此期限内,须备六十万磅[镑],知会邮传部,如有需用款项之时,或测量路线,或建造工程,或订购材料,或由大清政府收取该两省已造之路,听其或在美洲,或汇中国提用,作为银行等代垫出售债票进款,此六十万磅[镑]全数,或经费在提用之数,并其利息,均由出售债票进款尽先扣除。其利息按周年六厘计算。此合同未画以前,所有湖北、湖南两省,已由各该省筹款筑造之路线,并该两省铁路之产业,应即收归粤汉、川汉铁路官局管理。及照第十五款所载,将来邮传部因建筑湖北、湖南两省境内粤汉、川汉干线项之成本。惟此项成本,应收之进款,不得有妨碍此次借款归还本利之处。

第四款 此项借款周年利息,按票面本金虚数百分之五计算,每半年一次,交与执债票款之人。该利息借款发售之日起算,由大清政府付给。于造路期内,或由此次借款进项,或由他款指拨。铁路工程告竣后,先由铁路进项,次由大清政府以为合宜之他项进款交付,自借款发行之日起算,按本合同附表开列数目,照西历每半年应交付之日期前十二天交付。

第五款 此项借款期限,定为四十年。除后开第六款所载外,自发行借款之日期后第十一年,始还本。每年应付还之数,由各该铁路进项,或由大清政府以为合宜之他项进款交付。每半年按照此合同附表数目,于西历日期前十二天交付银行等。

第六款 自发行借款之日起,至第十年后,无论何时,若大清政府欲将借款全数还清,或欲先还合同附表所载未到期之数若干,均可照办。惟未满第十七年以前,照债票面额加价二磅半,即每一百磅债票一张,还一百零二磅半。满十七年后,无须加价。每次预还若干,大清政府应于六个月之前,用函知会银行等。其预还之数,照借款招帖内载拈阄日期,多加阄数,一俟借款全数还清,本合同即时作废。其已废之债票息票,由银行等顺次收齐,交与中国出使英、德、法、美大臣。所有已经抽出之债票及息票,自每次本息到期之日起,三十年之内,不来领取,则该项本息,银行等应悉数缴回大清政府。

第七款 本合同第四、五款所载,每半年应还本利,按照此合同附表所订数目日期前十二天,由邮传部或在上海以规银、或在汉口以洋例纹银、及或新国币(一俟此项国币行有实效),足敷在欧、美洲交还金磅之数,均分交付银行等。其磅价与该银行等同日订定。邮传部亦可于还本利期前六个月内,无论何时,皆可随意同时与银行等订定。大清政府遇有金款实在存于欧、美洲,并非为还此款而汇去者,亦可于到期前十二天,在欧、美洲用以付还到期之本利。每年付还借款之本利,银行等于每百两计收用银二钱五分,作为经理费用。

第八款 此合同借款之本利,大清政府承认到期如数照付。若各该铁路进项,或借款进

项,不敷到期还足本利之数,邮传部奏明,由大清政府设法以他项款项补足。按期交付银行等清还本利。

第九款　本合同内借款六百万磅[镑],并第十五款所载之第二批债票之本利,以下列之款作为头次之抵押:湖北省百货厘金,每年关平银约二百万两;湖北省川淮盐局、江防经费,每年关平银约四十万两;湖北省川淮盐新加二文捐,每年关平银约三十万两;两湖赈粜捐鄂款,每年关平银计二十五万两;湖南省百货厘金,每年关平银约二百万两;湖南盐道库正厘,每年关平银计二十五万两。以上各厘捐,每年共计关平银五百二十万两。特此声明,并无牵连于他项债款征纳抵押情事。此项借款本利,按期交付,则不得干预各该省之厘捐。惟其本利倘届期无着,除展缓公道时日外,则应将湖北、湖南足敷归还以上所开之厘捐,及他项合宜之内地捐,即行交与海关管理,以保执票人之本利。此项借款或全数或一分未还清以前,倘再有将以上厘捐作他项抵押,或作质保等用,总须先尽此项借款本利还清。除第十五款所载之本借款第二批债票外,更不得有他项借款押款,或征纳各事。如于此次借款之上,亦不得与平行。无论如何,不能损害其此借款,之后他项借款押款,或征纳各事,由指上文所开定各厘捐抵付者,必先尽此借款有余,再及他款。并须于在后他项借款押款,或征纳各事之约内,载明以上第二节所载金圆小票赎回以后,此借款未还清以前,倘遇大清政府议定修改海关税则,减免厘捐,特彼此声明:一则不得因此借款系厘捐抵押,而阻止修改税则;一则不得将此次所指厘捐减免。如遇减免,应先向银行等商明,务于新增关税内,如数拨足,尽先补抵。

第十款　此项借款,准银行等按总额数目,发售金磅债票与承购之人。其债票每张数目,由银行等斟酌定夺。债票式样文字,由银行等与邮传部,或中国驻柏林、伦敦、巴黎或华盛顿出使大臣核定。并将邮传部大臣签名字样,及其关防,均摹印于上。以省其亲自一一签押。未发售债票以前,可听凭银行等,请中国驻柏林、或伦敦、或巴黎、或华盛顿出使大臣,逐张盖印,并其签名字样,加印于上,以为中国政府允准及承认发售此项债票之凭证。银行等之驻柏林、伦敦、巴黎、或纽约代表人,亦须在债票上加签,以证其为发售债票经理人。倘此借款发出之债票,或遗失、或被窃、或经焚毁,资本家或银行等,随即知会邮传部,由中国驻柏林、伦敦、巴黎、或华盛顿出使大臣,饬知资本家或银行等在报纸刊登告白,声明已失之票,不能凭以取款。并设法以各国例章办理。倘所失之票,已过资本家及银行等所定之期限,仍未觅回,则中国驻柏林、伦敦、巴黎、或华盛顿出使大臣,应照原数重发别票,加盖关防,交资本家或代表该票主之银行或银行等。所需一切费用,概由资本家或银行等,代失票主担任。

第十一款　所有此借款之债票息票,以及收付各款,在借款期内,不纳中国各样厘税。

第十二款　所有借款招帖,以及付利还本,一切详细办法,未经本合同详细载明者;由银行等会商大清国驻柏林、伦敦、巴黎、及华盛顿出使大臣核订。兹允准银行等于本合同签押后,将招帖从速分发。由大清政府,饬知驻柏林、伦敦、巴黎、及华盛顿出使大臣,遇有应会同办理之事件,即银行等协同酌办,并签押此项借款招帖。

第十三款　此借款六百万磅,俟本合同签押后,全数从速一次出售,不得延过十二个月外。其价值系按照虚数九五折,交付大清政府银行等在欧美洲及在中国招人购买。中国人与欧美洲人一律照章办理。若大清政府定购,自应尽先照给。但须于未发出借款招帖以前,至少四日定购,发出借款招帖日期,由银行等先七日告知大清政府。

第十四款　借款进项,或在中国、或在柏林、或在伦敦、或在巴黎,交付德华、汇丰、汇理各银行;或在纽约交付美国资本家;或在中国交其现所指定之花旗银行;或以后随时指定之他银行收存,归入湖广官办铁路帐内。至此款收账办法,系按照购票章程内所载购票人交付

票款之日期办理。其在柏林、伦敦、巴黎、纽约所存之款项,按周年三厘给发利息。在中国所存之款项,作为往来账,其利息随后酌定。借款进项暨生发之利息,除照本合同第二款第三款所载,应先交付各款外,所余净数归银行等收存,听候邮传部提用。在中国所需款项,可由邮传部定夺,向德华、汇丰、汇理各银行,及美国资本家现所指定之花旗银行,或随后指定之他银行,汇至中国。惟每一礼拜,不得逾二十万磅之数。凡由欧、美洲汇寄借款来华,以及在中国由银行等拨交款项,与以下所指定之中国银行等,或其数目,须设法使各银行相等。每次由欧、美汇款,其汇价由邮传部与汇款之各银行,同于当日订定。邮传部亦可随意于汇款之日以前六个月之内,任选一日,或数日,预先商订汇价,由各银行汇拨款项。倘难以使其数目均匀,则邮传部应与银行等定一彼此以为妥善之汇款办法。邮传部可自行核夺,将以上所载净数之一半存于邮传部所指定为经理此事之交通银行,及或大清银行,归入湖广官办铁路账内。此项存于中国银行之款,全为大清政府所担任。在中国所存于银行等及所指定之中国银行之款,随时由邮传部按照预估造路工程一月所需之款,拨交德华银行收入鄂境川汉造路账内。并交汇丰银行收入湖南、湖北二省境内粤汉造路账内。以期于造路工程无所间断为要。邮传部每一季应将存于所指定中国银行此次之借款报告于银行等,为使下文所载之查账员易于明了。除为拨入以上所言造路账内外,概不得提拨。由此造路账内提拨款项,总办应照下开办法,以银两提用。至于提出之款,如何由中国票庄分派于需款之处,均听总办遵邮传部命令办理。凡提用款项,应按照建造铁路工程随时所需,由各该铁路总办或其代办出支款凭单,向汇丰银行或德华银行提用。并须将所提用之款,先两日另出两单,声明缘由,一单交该银行,一单交该查账员。如查账员于所支款项有以为不应开支之处,可一面向总办详细询商,如总办仍不能解决,该查账员可呈请邮传部示遵。各该铁路账目用中文及英文登记,按照妥善新法办理,并佐以收支单为据。于造路期内,该账目并收支凭单,随时任由银行等自给薪水雇用之粤汉、川汉各查账员查看。该查账员之责,专为银行等查察此项借款,是否按照本合同第三款所载提用开支,并查明按照第十八款内载铁路总局每月所购外洋材料账目。铁路总局每一年结账时,将铁路收支账目,及行车进款,用中英文刊印,以便任人取阅。

第十五款　设若此次借款并生发之利息,除付本合同第二款所载赎回金圆债票所需用之款,并于建造铁路期内付借款利息外,所余之款,不敷修造第二款所言之各铁路,以及装配一切,其不敷之数,先由中国款项提付,以免延误建造工程。如有不敷,则再由银行等照本合同条款,续售此借款之第二批债票,其数不逾四百万磅。此第二批债票,即以本合同第九款所指内地饷源平行抵押。至于发行该批债票日期,准银行等自行酌定。倘以后尚须再借洋款,以完该路工程,其办法各节,届时商订。倘若铁路造成后,铁路项下尚有存款,可将此未用之款,移入后项第二十款内所载借款利息公债项下,以备大清政府拨还此合同承认应还之款,或拨作于该各铁路改良及有益各事之用。

第十六款　倘于未发此次借款招帖以前,遇有政治上或财政上意外之事,以致大清政府现在市面之债票价值有碍,银行等以为此次借款,未能按章程办理,准予银行等展缓公道期限。如于商准期限内,仍未发行此次借款,则本合同即行作废。大清政府除按照本合同第三款,应交还预支款,及其应有之息外,毫无他项酬费。

第十七款　此铁路建造工程,以及管理一切之权,全归大清政府独自办理。建造此项工程,大清政府自行选用英国人一名,为建造湖北、湖南两省武昌至郴州之宜章县境内粤汉铁路之总工程司;复自行选用德国人一名,为建造湖北省广水至宜昌境内川汉铁路之总工程司;又自行选用美国人一名,为建造宜昌至夔州府境内川汉铁路之总工程司。一面知照该银

行等,若银行等以所选之总工程司为不合宜,须将其实在不合宜之切实理由声明。此总工程司一切自应听命于督办大臣及总办,或其代办。所有布置造路各事,须遵照邮传部之意办理。其平日行为,须敬重邮传部与督办大臣及总办。该总工程司合同,由邮传部订立。至铁路上派用专门人员分派各该员应办各事,以及辞退各该员,均由督办大臣及总办或其代办与总工程司商酌。若遇有意见不合,可商请邮传部判断。判定后,彼此均不得有异言。工程造竣后,在借款未还清以前,大清政府仍派欧洲人、美洲人作为各该铁路总工程司。但其选派不须与银行商酌。

第十八款　建造湖北、湖南两省境内粤汉铁路及湖北境内川汉铁路建造期内,中英公司及德华银行,分别作为购买外洋各材料机器什物之经理人。除钢轨一项并其附件等,邮传部奏明应由汉阳铁厂自行制造供用,其价目一切由邮传部与铁厂比较他路欧、美购运钢轨之时值订立,惟不得迟误。倘汉阳铁厂不及按时供应该铁路所应需者,即应令该经理人由外洋购买不敷之轨。所有购买一切紧要材料,由督办大臣或总办招人投票。若所购之材料货物,系购由外洋者,该经理人须以于铁路最合宜之价购买。按照原买实价,每百分加用钱五分。惟定购材料,及支取费用,非经督办大臣或总办核准签字,不能照行。中英公司及德华银行,既得上文所详之用钱,自应各在其路内代为监购铁路所需建造装配各外洋材料。此等材料,须在于公共市场择价值最廉,而质料最佳者购买。并用专门工程司之邮传部所选聘者验看此项货物。此等专门之验费,由邮传部及该经理人等均匀分给。至英、法、德、美所制货物,若质料及价值与他外国所制相同,应先由英、法、德、美公平购买。邮传部铁路总局如欲在中国或欲在外国招他人经理购买各项外洋材料,以为更觉合宜者,可以有权照办。惟用钱仍照上所详给该经理人。其轮船运费及保险费等,须选用最廉者。并将其账单及所有原来买货单验单等项,呈送督办大臣及各该总办查核。所有各项回用扣头,均归入铁路项下。所有该经理人购买各材料,须有制造厂原卖单并验单为据。该经理人除得上文所详用钱外,别无他项用钱,惟遇有聘用工程顾问人员,其酬费由铁路总局铁路项下提给。中国材料,及经在中国各厂制造之货物,若质料价值与英、法、德、美或他外国材料相同者,由邮传部派用之验货科员,会同总工程司商酌定夺,尽先购买,以鼓励中国工厂。购买中国材料,不给用钱。全路造竣后,于此借款未还清以前,铁路总局若为此两路内购买外洋材料,应先尽向由中英公司及德华银行经理购买。其办法章程,嗣后彼此商酌办理。

第十九款　大清政府或将来为有益于地方起见,以为将本合同第二款内所言之铁路展长,自应由大清政府先以中国款项自行建造。如须用外国资本,倘银行等所给之条款,利益不少于别家,则先尽银行等商办。

第二十款　此合同未满以前,历年除付借款本利外,铁路总局将本年铁路净进款盈余之内酌提,足敷交付来年到期借款利息之数,在汉口或在上海存放银行等。所存放之款,随时按照市面情形,给与利息。

第二十一款　所有经理此项借款之费用,如分给外国各行经纪费、分售费、分售经纪、电报、告白、邮票、刊印招帖债票各费、印花税、律师酬费等,及其余一切用项,概由承办银行等担任。

第二十二款　此项借款,系德华银行、汇丰银行、东方汇理银行、及美国资本家均分承办,惟彼此均无互相担任之责。

第二十三款　德华银行、汇丰银行、东方汇理银行、及美国资本家,可将其本合同应有之权利及责任,或全体或分别过割,或付托与德国他公司、英国他公司、法国他公司、美国他公

司，或董事等，或经理人等接办。或再转过割，或付托代办。惟其接办代办，均须先请邮传部核准。

第二十四款　本合同系宣统三年四月二十二日，即西历一千九百十一年五月二十号，钦奉谕旨，允准签字。并由外务部用正式公文，照会德国、英国、法国、美国驻京大臣。

第二十五款　本合同缮写华、英文各八分。大清政府执收华、英文各四分，银行等执收华、英文各四分。如文意有疑难之处，以英文为准。

中国史学会主编，中国近代史资料丛刊《辛亥革命》(4)，上海人民出版社1957年版，第393～403页

5月中旬(四月中旬)　保路运动期间，湖南绅民刊发反对清廷出卖路权传单，表达对修筑粤汉铁路的认识及办法。

一、反对出卖路权传单

瓜分中国　今已实行　烟酒新税　钱粮厘金　一概典押　权操外人
硬将铁路　卖与强邻　粤汉川汉　国之命根　收回自办　几历艰辛
煌煌谕旨　远近共闻　邮部盛贼　买卖交情　利归己有　扣头坐分
假传圣旨　恐吓愚民　实利归外　国有虚名　国债借入　千兆万金
我辈担荷　真是不轻　永为牛马　子子孙孙　用告各界　兵商农工
田房抽股　又抽俸薪　募款凑集　血泪纵横　近年赶筑　着着进行
今遭盛贼　拍卖无存　股本丧失　何问红成　嗟嗟此贼　揖盗开门
从此乡土　鸡犬不宁　妻离子散　强掘祖坟　为今之计　万众一心
誓死不二　斩此奸臣　先请大宪　电奏九重　如果不理　动以血忱
大家拼命　与贼力争　保全商办　分段兴工　大家入股　克日告成
以保桑梓　以答圣明

全湘人民公白

二、反对借外债包办铁路传单

铁路苦状告我同胞

哎哟我们湖南全省人的死期到了　要和我全省的父老兄弟　赶急商量一个救死的法子　这法子要我们湖南全省的人　大家拼了一条性命　和那卖路的奸贼　轰轰烈烈　大闹一场　这话怎讲　就是为的湖南这一条铁路　被那几个卖路的贼子断送在洋人手里了　在下的记得这条路十年前已经被那盛宣怀　卖与美国　是我们湖南人舍生忘死　争了转来　赎路的银子　湖南派七百多万　这项银子　都是百姓辛辛苦苦挣来的钱　为什么肯拿去赎路呢　要晓得这所争的　就是湖南的生死关头　待在下的把那洋人在中国办路的利害　说就出来　我们云南省的铁路　是法国人在那块儿修的　铁路经过地方　他就筑起炮台　屯扎洋兵。捉了云南的百姓　充当苦工　那种惨毒的手段　说起来人人要咬牙切齿的　我们东三省的铁路　是俄国人在那块儿修　他就趁铁路修成时　硬行霸占东三省地方　烧毁百姓的房屋　抢掠百姓的银钱　有一天俄兵出来　把一个庄子上住的一群百姓　活活的淹死在那湖中　说起来寒心不寒心呢　到了这个时候　那一班卖路的贼子　他来管别人的死活么　我们湖南人看了这个榜样　晓得外国人来承修铁路　不是一桩好事　故人人甘心拿几个钱赎了回来　自己开办　历年所入的商股　款也不少　又大家想些集股的法子　把那租股房股办成　在下的看我湖南人入股的情形　算得踊跃已极了　因为铁路一亡　不但湖南省的地方保他不住　就是我们百姓的性命财产　都要落在虎口里的　人人抱了这个念头　故

后湖南每年的路股　总有五百万元上下　不过五六年　就可把湖南的全路一千三百里修成

湖南人也算得万分争气了　偏那卖路的奸贼　他只顾赚那借洋款的九五扣头　就不顾我湖南人日后的死活　瞒了湖南人就与那英德法美四国　订了借款的草合同　我们湖南这条铁路　本是赎回的时节　就奉了光绪皇帝的上谕商办的　去年春间　湖南这拒款的事　谘议局就举四个代表进京　有位粟戡时议员　他也上个血书到邮传都　当时已把我们湖南人的公呈批准　许照旧归湖南的商办　随后又有在籍的制台魏午庄　上过一个奏折　朱批下来的时节　是着邮传部知道几个字　我们湖南人的铁路归湖南商办　已奉过两朝的谕旨允准　还算不得一个铁案么　到了今日　忽然又变卦起来　那盛宣怀卖路的奸贼　违背先帝圣旨　仍旧借了洋款来　闻听得已和四国的代表　把借款合同签好　把全国的厘金关税及漕粮等款尽行抵押　是活活的送一条铁路把外国人　我们湖南人费了十年的气力　费了数百万的银钱　自己指日可成的路一旦　落在洋人手中　到了日后　人人有那身家性命的危险　我们湖南人倘不把团体结成　大家拼了这条性命　设个法子抵制他　眼见得就要刀加颈上了　但我们的抵制他法子　一面人人多拿几个钱出来　分途开工　赶紧办路　修一尺是一尺　修一丈是一丈　一面请抚台出奏　要外务部即日把湖南借款的事情　一笔勾销　在下的想那班卖路的奸贼　一块肉落在口中　要他吐出来　是难得望的　我们只好拿定一个主意　我们办我们的路　他借他洋人的钱　我不去管他　也不许他来管我　万一我们修路的时节　有谁来用强迫手段压制我们　那时我们做百姓的人横直是一条死路　大家把这条性命　与他拼一场　在学堂的人　大家散学　做生意的人　大家闭市　湖南全省的粮饷　大家是不肯完的　看他把我们湖南的百姓　怎样办法呢

三、订立自救保路办法传单

铁路为全省命脉　路权失则命脉绝　夺我路权　即不啻置全省人民于死地　前此卖国奴盛宣怀与美国合兴公司　订立合同　将粤汉铁路　送与外人　其时我三省人民　知路权不可失　故出死力以争　幸得收回　奉有谕旨　允归商办　宣统纪元　张之洞倡议借款兴筑　两湖人士　函电力争　拒款代表　络绎于道　诚以父母之邦　生命财产所系　故不惜竭心力以争之　我政府知民心之不可失　众怒之不可犯也　于湘抚电奏时　奉旨俞允　是两朝卫顾我湘人　亦既厚矣　乃盛宣怀自奉命入都　即日夜与私人　谋借外债　欲借此以饱私囊　四国借款　日本借款之约遂以成立　将中国各省厘金漕粮　及烟酒盐税等款　作为抵押　阳假铁道国有之名义　实将粤汉干路　断送于外人　于时订约　不在衙署　而在私宅　擅权罔利　卖国贼民　欺蒙朝廷　违藐谕旨　综观四月十一日上谕　出尔反尔　必非断自宸衷　其为盛之矫诬也可知　夫以一人嗜利之私　不惜举国家之土地　人民之生命财产　拱手授之于外人　复陷我皇上于不孝　历观载籍　卖国贼民之逆臣　无有敢明目张胆至于此极者　凡我父老兄弟　当竭群策合群力　求一生于九死之中　与逆臣誓不并立于光天化日之下　上以冀圣明之感悟　外以销荐食之恶氛　爱国诸君　其有投袂而起者乎　是则同人所涕泣以俟命者也　谨将保路办法　条列予左

一　万众一心　恪遵先朝谕旨及宣统二年上谕　完全商办　实力进行

二　由各团体代表呈请抚宪电奏　收回成命

三　召集开正式股东会

四　添举有名望之绅耆四人　充任协理　辅助总理　猛力进行

五　将全线千二百数十里(除长洙[株]百里在外)划作一百二十五段　每段十里　招人包修　限宣统四年五月以前　一律竣工　所有包修章程　容另详拟

六　修路费用　由各承包人垫出　匀作六年偿还　愿入股者作为股本

七　聘用总工程司一人　副工程司十数人　购地员数十人　分途测购　刻日开工

八　湖南铁路学生　无论在外国本国毕业　一律派用　或司管理　或司机关　或充副工程　或充监工　量材委任　责尽义务　不受薪金

九　湖南各界热心路政之士　全体团集　分作四部　甲部筹集股款　乙部进行建设　丙部联络人心　共谋抵制　丁部担任文墨　鼓动舆情

十　如有反对湘路之完全商办　妨碍湘路建筑之进行者　湘人认为公敌　以强硬手段对付之

十一　租股房股薪股　照旧收集　但房股租股　归各地方自治局代收汇缴　不借行政官厅之力

十二　铁路公司发钱处　改为铁路银行　吸收存款　广行钞票　湘人共负维持义务　一律流通

十三　部派督办来湘　强事修筑　湘人必集合全体　共谋抵制　无论酿成如何巨案　在所不顾

十四　政府如不以湘人之自卫为然　妄肆刑拘　湘人必集合全体　共赴行政衙署　请其一体治罪

十五　政府如能收回成命　仍归商办　则圣朝厚恩　湘人自当感激　力图报称　如不顾先朝谕旨　及宣统二年上谕　纯以人民权利为牺牲　则我辈定以死力争之　闭市停课抗租　均确定为最后之办法。

湖南全省人民公启

中国第二历史档案馆编《中华民国史档案资料汇编》第1辑,江苏人民出版社1979年版,第161～166页

5月22日(四月二十四日)　清廷以铁路国有,湘省群情激愤,命该省巡抚杨文鼎严禁刊单传布,聚众演说,倘若扰害治安,准照乱党办法,格杀勿论。

5月28日(五月初一日)　成都各法团代表伍肇龄等呈请四川督院代奏朝廷,请求收回铁路国有成命。

成都省会各法团呈请督院电奏文:

具公呈翰林院侍讲学士衔编修伍肇龄等,为吁恳电奏事:恭读四月十一日上谕,各省商办干路,收回国有,定为政策。京外股东,闻命惶惑,愤激异常,函电交驰,日数十起。当即催促公司董事局,先行呈恳电奏,收回成命。一面定期速开股东大会,筹议办法。二十日,即奉上谕,派端方充督办粤汉、川汉铁路大臣。二十日又奉上谕,饬川湘两省,刊刻誊黄,停止租股。并闻政府已先派员接收。朝旨日切,人心益形愤激。在省股东,乃约集各团体于五月初一日,往公司会议。人心惨痛,议论纷歧。大致皆以川汉铁路纯依国家法律而成立,既无收回国有之理由,恐致酿成外有之惨祸。应即合恳督部堂据情电奏,请旨收回成命。且按照公司律,非开股东大会,不能决议。似此朝旨迫切,少数股东,谁敢承认接收。并应速恳督部堂迅予电奏,请旨饬下邮传部督办大臣,暂勿派员接收,免致激乱人心,别生枝节。俟闰六月初十日,开股东特别大会,议决办法,再行请旨办理。绅等窃以干路收回,系全国铁路一大变局,即川省人民生死存废之一绝大关系。民心浮动,岌岌可危。倘不速恳维持,诚恐股东误会,人民愤极,贻误后来不浅。只得具呈公恳大公祖,俯顺人心,预防隐患,迅予赏准电奏,请

旨收回成命。饬下邮传部督办大臣，暂缓接收，则造福川民，保全大局，实无涯涘。情词促迫，不胜屏营待命之至。伏乞大公祖大人察核施行。

中国史学会主编，中国近代史资料丛刊《辛亥革命》(4)，上海人民出版社1957年版，第345～346页

△ 成都川汉铁路公司召开临时股东及各团体代表会议，到七百二十人，议决奏请朝廷收回铁路国有成命，并暂缓派员接收路政路款。

川路公司为陈明情形再恳电奏文：

窃川路自奉谕旨收归国有，京外股东函电交驰。当经公司董事局暨近省各团股东，先后呈请代奏，暂缓接收。并以刊布誊黄，停止租股，恐民误会暴动，具呈。原因猝奉朝旨，人心浮动，吁恳皇上宽以时日，俟股东大会正式议决，乃有正式办法。仰荷俯鉴舆情代奏。乃奉读五月初六日谕旨，群情悲愤，势更岌岌。而公司捧读惶骇，尤绝对不敢承认。不能不冒死上陈。恭绎旨意，以川省集款艰难，路工无告成之望，较湘省为尤甚。查川汉铁路延袤三千里，估款七千万，川民财力本难胜此重负。只以前数年间，强邻窥伺，横肆要求，不可终日，外务部成案具可查考。人民知路权不可失，光绪二十九年经前宪台锡，热心提倡，奏请自办。议定集股办法，先后经外务部、前户部、商部、邮传部复议奏明在案。川民济国家之危急，而共筹股款；商人遵国家之法律，而承立公司。深赖先朝俞允，列宪维持。数年以来，集有股款一千余万。查核属实，呈请大部给照开工。小民负担过多，集款本属艰难，然不借外债，不招洋股，不扰民间，得有此成数，实为商办铁路之冠。而川民之租股、购股，踊跃无阻，亦深冀竭一省之民力，造世界之险工，为国家保全大局，使外人知中国民力未可轻量。路已开工，即有告成之日；股皆有息，仍属自有之财。故两次股东总会，全体股东对于集款方法，均无异议，且正力筹进行。此川民以艰难之款，办艰难之路，势不至路成不止之实情也。川湘难易，情形既各不同，比较事实，自不正确。伏读谕旨，以本路有亏倒情事，遂指为朘削脂膏，徒归中饱，殃民误国，人所共知。循省再四，更不知获罪之由。查存放乃商家正当行为，去年上海正元各钱庄倒闭，华洋官商款项至数百万，事出仓卒，非意料所及。被倒商家，非仅川路公司一处。经手之施典章，本前宪台锡奏调委用人员，尚经详请参追，照律查办。经手不慎，咎有攸归。朝廷以商民被倒，而力予维持，使人民债权不至损失，此诚保国治民之至计。若因商家被倒，而反停止其商业，加以债务者之罪名，天下商民将无所措手足。是举天下之商号，皆视存放为致罪之门，相与囊括母财，坐待子息，市面金融，将受莫大影响。恐大非朝廷保护商民之意，或者朝廷明烛万里，别有见闻，则非人民所能窥测万一。倘以被倒为朘削，为中饱，即以正其殃民误国之罪，虽赴斧锧，所不甘也。至缓刊誊黄之请，系初一日公司董事局各团股东会议之同意。原以各处收解租股，先后不一，不能以年度为限。所有填发收单，换给股票，归入股东总册各种手续，绝非旦夕所能蒇事。恭奉二十四日谕旨，饬将已收之款，妥筹办法。但从前已收已用股款，将来如何退还，尚未宣布。此次借款如何抵押，将来是否仍须人民担负，亦未明白宣示。明达之士，固知朝廷必不如此失信小民，无如租股股东，大半出于编氓农户，彼蚩蚩者皆以为又成一种昭信股票之变相，万口一声，牢不可破。初见大部电文，有发领国家公债票一语，已恐有本无息。继见誊黄停止，如蠲免粮赋故事，益恐本息俱无，款归无着。纷纷函电诘问追收，是误股为捐，已成事实，并非揣测之言。故一面陈请缓刊，一面即通告清理；并分途劝导，陈说利害，所以暂定人心，即所以顾全大局。非谓不发誊黄，即可接续抽收。青天白日，安能容此鬼蜮行为。况未奉二十四日上谕以前，公司曾详请明定截止租股日期。谓公司希图朦混，延宕时期，即不能自相矛盾。谓所取路款侵蚀已多，有不可告人之

处,此中利害关系,孰有切于股东。官商交替时代,曾经邮部迭次奏派人员,逐年逐款,勾稽查算核验,股款委无弊端,分别咨报部院,广告民间。董事局成立以后,两次股东总会所举查账人,并已逐处清厘,据实报告在案。本路股东数千万人,断无任听侵蚀之理,经手者虽不告人,亦难逃人指责。公司历年报销,统计各项成绩,均已呈报邮部暨宪辕核明有案。大部有考核本路之权,督部有监督公司之责。如有侵蚀,人所共知,又岂能容忍不问。且租股向由各州县遴选本地士绅,设局抽收,公司对于此项股本,亦只为间接收入。承办局绅偶有不慎,公司详请惩办,未尝稍懈,有案可查。不肖细人,向有阴主借款,请派督办,时思取销租股,破坏公司,故不得不出此荧惑观听之言,以利用其私计。曾经邮部会同前川督宪锡、前鄂督宪张,查明情形复奏。不谓今日疑误圣聪者,仍此无据之说。此大可为人心世运叹也。谘议局为舆论代表,川路关系全省人民权利存废,照章应由局议,何事请托。现值预备立宪时代,朝廷施一政,发一令,尚无不采诸舆论。岂有事为全省权利所关,反置诸不议。况该局公呈,出自该局议员之协议,公司呈详,出自本路股东之合意,主张各异,界限攸分。国家法律具存,人民利害所在。关系密切,自当拼死力争,何必请托他人,如寻常诉讼必需健强之辩护。总之,自川路国有之命下,朝廷尚未筹定办法,而连日朝旨迫切,前后不符,人民惶骇,若蹈水火。大会期遥,不能议决,故有暂缓接收之请。自刊布誊黄之命下,虽已明白宣示,丝毫无损。而股东血本命根,实恐子虚乌有,情形痛切,若濒陷阱,股东过多,易酿暴动,故有缓刊誊黄之请。深荷宪台上遵朝命,下顺舆情,俯予入告,仰见安定人心、冀得从容解决之至意。事理至为明晰,川人无不感祷。恭奉五月初六谕旨,似于川路情形与陈请原意,有未尽邀圣明洞鉴者。强词夺理,既无有此确情;误国殃民,实难当此重咎。谨遵绎体恤民艰之旨,川民艰苦无过于川路股本,未见朝廷宣示明白办法,川民抵死不能甘心。不得不再申前请,陈明川民并无反抗情形,川路并无朦混事实。吁恳宪台电奏,请旨饬下邮传部督办大臣,速行宣布借款合同、国有政策暨川路接收办法,俟川路股东大会议决,再行奏明,请旨办理。

中国史学会主编,中国近代史资料丛刊《辛亥革命》(4),上海人民出版社1957年版,第346~349页

5月31日(五月初四日)　孙中山致函革命同志,谈及在美国创立革命公司筹集革命经费的策略。

孙中山是日复李绮庵函称:

革命公司只认得数十份,则不必急于收股金,总要认及有半,乃可行之。急收则令人生疑,且阻进步;况股分未及半数,则收股金亦无济于事。故弟意,此时只宜猛力鼓吹,使多人乐认,俟认有成数,乃定期收银;庶可免人怀疑,且无流弊,幸为转告同志可也。

弟现时正谋借洋款,事甚有望,但何时能实收成效,未可知也。如弟谋可成,则亦无容[庸]革命公司之款矣。故拟倡此公司,乃预防洋款无着而为财政之后备耳。此公司之事,现在正为鼓吹时代,须要由近及远,得全美各埠之多人赞成,乃始施之实事,则人心必勇往向前,而事乃易成也。

中国社科院近代史所等编《孙中山全集》第1卷,中华书局1981年版,第521页

△ 孙中山复函美国旧金山同盟会会员李绮庵,对其热心筹办革命公司,从事筹款和习练飞机回国杀敌表示嘉许。

△ 胡汉民致函孙中山、冯自由，检讨总结广州起义失败教训。

胡函称：

前数日上一公函，系克强兄命意而弟属稿者。克不自讳其败，自是其向来之性情。然于以后之海外运动不无妨阻，如：（一）军界无着实之运动，何以耗费多金；（二）选锋只恃将领数十人，余者俱不能战（所谓"将领"大半犹是文人），则病在未曾训练；（三）又担任务者固有不尽力处，然统筹者究无知人之明；（四）张、李二贼设伏设坑，而我昧昧投之，是不止势力之战败也。故公函既实指其事，则运动筹画者不可不善为说词矣。

弟于三月廿五日上两公书，其时已料得败势十九（该函成后以示克兄，克亦黯然），而所谓"疏"之一字尤为此次之大病。弟以为向来做事，未有疏于此次者。故三月廿五上海《神州报》载："张鸣岐电奏军机，言革党现在谋于广东，举事如何进行，彼如何对待，拟为一网打尽之计策"云云。张贼阴险如此，所以吾军卒致大败。然尤幸其如此，否则并此次之爆发未见，而已可按图而索也。伯兄自负太高，直有不必秘密之意，其徒之行径则公然与秘密反对，故事前克兄与弟屡阻不听，惟有相对太息，今事既丧败，伯兄复一病遂殂，弟亦何忍诿过于人（廿五日上两公函，弟于他埠未尝一字提及）？然前车之覆，即后车之鉴，不可不知。克兄事后深恨毅生不应于廿七日主张改期，使各部主动员随而附和。然是日克亦自言枪械仅到少数，故亦止得迫从众论。且军队并无反正之力，则纵多得数百人，亦复何能占领一省会。况如伯兄所部，廿九早上省，并不到自己代表机关。陈炯明、姚雨平、郑平波、张六村则将领士卒俱在省不发，花县之众到督署时，即已委枪于地。又发枪与放炸，误伤自己多人（林觉民受后列之枪而死，何克夫、朱执信、熊克武、郑崑、李文甫俱受后列之炸而伤）。驱士人与市人而使之战，市人自败，士人多死，势之自然也。机事不密，军界无切实之运动，选锋多非其人，合此数者，铸成大错。至于临事张皇者，非曰无过，惑于胜败之数，关系已较薄矣。且（一）军事不得言共和，时期既定而复改，若知改期非策，不能徇众议也；（二）选锋各个独立而不统一，临时安得并力照应（此两节则弟事前亦未虑及）。此则不能无责于任总指挥者。顾克战后负伤，且悲愤尤甚，故此等处弟一概不对他人发表。公函责毅生各节，毅初见之甚愤，拟函布各处自辩，弟已力止之。此等处只可算作为战死者受过，胡必断断毁誉，授局外者以口实。

现时克伤大愈，愤恨张、李二贼，拟以个人对待之。弟等曾多次力阻不从，以克为此，即成亦利害不相补。况此次事后，侦探之多与港地之受影响，为向来所无（港地房屋随时被搜，华差侯兴与粤吏连，又新订提解犯人则例，每省港船开行前，皆先任侦探到船查视）。克兄大战一日，又港中失落相片六张（系巴泽宪以皮包贮之，是日将交还克，中途被差拘去，内并有《革命方略》等文件，遂悉没收，而令巴等出境）。以此数节，深为克危。然克意之难回，有同于精卫之曩日，殆非口舌所能争，亦复令人无法。

省局骤时无以收拾，只得徐伺期会。所可知者，则虏巡防营等实无几多战斗力。炸弹最足惊人；驳壳乃可言战（七响已无甚用，遑论五、六响）；新军非无心事（其将领中，如蒋伯器过于持重，且感张鸣岐知遇，陶标统则与伯先有杯酒之嫌，故此次运动俱不及之。独二标二营管带马军锐然自任，惟廿七日二标已收枪，且临时并无人与之接洽。今二标已退伍归高州、连州一带，将来或可为选锋之材料）；选锋必经训练（外省之将领可来，而士卒似不必他求）；军火必早预备（在南洋各处筹款亦要秘密）；办军事不必采共和主义（不负实行责任者不可与闻秘密，担任一事件者不使知与其事件无关系之秘密）：凡此皆此次失败经验所知也。

此次既猛战惊虏，至今犹草木皆兵，而事后省会搜查骚扰十分，故省港人心极为感动。煜堂慨然将身赴金山助吾党以运动，并有组织国民银行之议。南洋人心亦好。不审美洲

如何？

黄彦、李伯新编著《孙中山藏档选编》，中华书局1986年版，第38～40页

5月下旬　黄兴隐居香港养伤，就广州黄花岗起义失败事，作详细报告书，向孙中山等海外同志报告起义的筹备、经过及失败原因。

报告书称：

良友尽死，弟独归来，何面目见公等？惟此次之失败至此者，弟不能不举毅生、雨平二人之罪。毅生所主张用头发公司之陈镜波，据现在事实观之（昨新闻纸已载有用头发送枪弹之说），陈实为大侦探。弟到省时，毅生即言陈自云曾充李之哨弁，毅是以不敢【将】前寄之子弹取出（共计十包），以致临时无多子弹分配。其已储于石屏书院者，又临事畏惧，云有警查【察】窥伺，【不】取出予姚雨平，致雨平有枪无弹，不能出队（所谓警察窥伺者，皆自相惊扰之词，以彼方张罗，任其投入，为一网打尽之计，必不为小破坏以惊吾党。故司后街、小东营、莲塘街一带，至廿八、九更为注意，然听吾人自由往来，如取如携，绝不查问。有一次老喻搬炸药入屋，李应生之弟闻警察自相语云：此物想又是那东西。据此，则亦何惧之有？）。又廿八之期，原毅所主张。及弟到省，公议廿九，即电告港部。而港见龙王庙添兵，即运动竞存、执信提议缓期，健侯亦忧不敌，赞同其说（后雨平到，甚反对改期，然伊亦要枪，数在五百以上，方允办。此刻枪所到者不过七十余支，而弟上期尚未取出，不敢作必得之数，是直不办而已）。弟见各部如此，所谓改期者，实解散而已。弟之痛心当何如也！故弟当即决心愿以一死拼李准，以谢海外助款之各同胞，亦令各部即速解散，以免搜捕之祸（当即与宋、周二君商量，先将伯兄部全数返港，随即遣回籍）。一面保存已到之枪支，留与公等作后图。此即缓期之一段落也。后林时塽、喻云纪两君到弟处，云不但不能缓期，且须速发，方可自救，此巡警局早四、五日已有搜索户口之札饬，旦夕必发也（河南巡官系四川同志，报告于喻者）。弟以两兄之决心，欲集三四十人以击督署，议亦决。毅闻之，又运动林时塽兄将已到三十人遣归。喻闻之愤愤（喻是日自来搬炸弹二次）。适李文甫兄来，多方劝慰，喻尚未允。而陈、姚偕至，云：顺德三营之同志皆归，现泊天字码头，即可乘此机会（喻闻即三跃，携弹以去，李文甫兄即返港报告）。陈遂往与其人商定，不久，即回复：其人已决。当即电港，定期二十九。弟意此三营若能返正，不患余营不降；现有新军以助之，事必可成，即定计画与竞存兄。弟即召集余人，以当督署。意欲督署一破，防巡即入，李准不难下也。孰料事竟相反，死多人以攻入督署，空洞无一人。观其情形，有如二三日前去者。报纸所云藩司、学司适在开审查会者，皆是捏词。如两司在，必有轿及仪仗各物。今一切皆无，此中非又有一最密切之侦探报告，不能有如是之灵活。吾党头脑既多，姚又逢人运动，以巡防为最可恃，使弟部牺牲多人，姚之罪亦不少减。又可愤者：既约定时刻陈破巡警局，毅率二十人守大南门（毅自云，欲驳壳十余支，只给弟部六支。后毅亦不知何往。若当时自己不出，多给弟十余支，则殪贼必多，或全部击出城外，亦未可知。弟思及此，尤叹毅之无良）。姚部即不能出，则驰往新军，必可成功。何姚并此不为，徒作壁上观耶？是可忍，孰不可忍也。

呜呼！闽友四十余人，川友十余（五）人，战时无不以一当百。林时塽兄在西辕门（当攻卫队时，见当门投置炸弹，曾弹如雨集，屹立不动，无人能当其勇者），当街中招抚李准之先锋队，脑中枪以死，余在卫队门首死者多。方声洞兄偕弟往奔大南门时，与巡防遇于双门底，首先开枪，击毙哨弁并伤多【人】，曾闻于南门口就义。弟归途觅其尸首无着，不知果在何处。喻云纪兄当攻龙王庙时，一人当先抛掷炸弹，巡防见之，无不披靡。昨报纸所载某米店叠米

为垒,与敌鏖战,三十余人尽被其焚毙者,弟料必喻兄所率诸人。朱执信兄当攻督署,奋勇争先,迥非平日文弱之态。在督署二门时,为后到【列】误击,伤其肩际,当时顾坐地告以伤处,弟慰止,勉忘其痛苦,则立起如前,其勇有加。后偕弟往大南门时,弟与方君稍前遇敌,遂不知以后事。昨闻得养伤于陈村,是亦不幸中之一幸也。李文甫兄亦奋勇向先,当攻卫队不久,即不见其人,弟料其必死于是间。昨晤徐维扬,云往小东营处,不知确否?何克夫兄本率弟部攻督【署】正门,后转攻其侧门,至收队攻龙王庙时,闻不见其人,想亦死于是也。弟旧部得生还者,仅刘梅卿一人。此人屡战向先,临机敏捷,竟不带一伤,尤为可喜。郑坤闻带数伤脱险返来,思之凄然。闻两人有入舍杀人事,惟属自卫,情尚可原。郑坤请给资就医为要。此次攻督署者共约【一百】三十人左右,内有徐维扬四十余人,刘古香十四人,徐、刘部稍弱。徐部由督署分队时,即驰向小北门去。是时城门洞开,城上并无守兵。七时二十分顷,弟往南门时亦然。当时巡防新军若能入城,必无阻者;且有弟等往大南门,徐往小北门,亦足资接应。惜皆虚伪,徒陷弟部多人,岂有人心者出此!呜呼!吾不为我死众友哀,吾为生友哀,吾并自哀。且寄语仲实、璧君、毅生诸人:兄等平日所不满意之人,今竟何如?毅生平日自诩一呼即至者,今竟何如?二十八晚劳朱执信驰往该处,二十九午后三时归来云:"有十人来,至蓬塘街头发公司。"比朱兄往视,则弟部李群带来有十人,朱兄始恍然曰:"我受其骗矣!"噫嘻!此"骗"字朱兄言之,恐毅生此刻还不言之,反为辩之,其愚有不可及者矣。弟本待死之人,此等是非,本不足表白。惟此次预备时期,推弟为统筹部长,事之成败非可逆料,而事之实际不可有诬。以前屡次革命,伤吾党人材,未若如是之众。今若聚闽、蜀之精华而歼之,弟之躬虽万剑不足以蔽其罪矣。今手足虽疮痍,大约两礼拜即可就痊,报吾良友之仇亦近。今乞少助药费,以便即往医院疗治。并乞展兄向仲实兄假三千元,为弟复仇之资,将来用去剩余还上就是。因出血过多,头部时为昏眩,不能多书,勉以左手拈笔。

刘泱泱编《黄兴集》(1),湖南人民出版社2008年版,第68~71页

此外,在黄兴与胡汉民联名给孙中山等人的报告书中,对黄花岗起义经过及经费使用更有详细报告:

自去冬克、伯、展三人到庇能与中山先生会议后,即提议筹款大举。于是伯先先归港,顾存前此支部之机关,一面为扩张进行之计。十二月,克既由仰光出,诣芙蓉、坝罗与各同志熟商,知南洋英属款已有着后,即返港,就港部办事诸人草定章程。

一、军事部分科担任之情形

分科担任:设统筹部,统揽一切计画,选举克为长,伯为副长。有调度处,以运动新旧军界,举姚雨平为长;有储备科,以购器械兼运送事,举胡毅生为长;有交通课,以交通江、浙、皖、鄂、湘、桂、闽、滇各处,举伯先为长;有秘书科,掌文件,举展【堂】为长;有编辑课,草定制度,举陈炯明为长(展未归港时,秘书亦由陈代理);有出纳课,以司全部财政之出入,举李海云为长;有总务课,以司他一切之杂务,举洪承点为长;有课[调]查课,以调查敌人之情形,举罗炽扬为长。其余同志,各以其能力分属于各课,共同致力。此分科担任之情形也。

二、破坏粤城之计画

发动计划,原以军界为主要。从前运动在新军,此次调度处之设,则兼及巡防营、警察。但警察无战斗力,巡防营自正月办清乡,驻省不常,故仍倚新军为主。新军有枪无弹,所有仅备操时每人数响之用,则必先有死士数百人发难于城内,破坏满清在省之重要行政机关,占领其军械,开城门以延新军,然后可为完全占领省会之计。此亦在庇能时与中山先生所共定者。初拟招集死士五百人,名曰"选锋"。后以方面多,而力量恐不足,则加为八百余人。一、

攻杀张鸣岐，克任之；二、攻杀李准，伯任之；三、占领督练公所，徐维扬任之；四、防截旗满界，并占领大北、归德两城楼，毅生、炯明二人任之；五、攻破【巡】警道中广协署，兼防大南门，梁起、黄侠毅任之；六、攻占飞来庙军械局，兼破小北门，延入新军，姚雨平任之。以上各率百人。李文甫任五十人，入旗界攻石马槽军械局；张六村任五十人，占龙王庙高地；洪承点任五十人，破西槐二巷炮营；罗则军任十人，破坏电信局。选锋之外，加设放火委员，入旗界租屋九处，皆在其要地预备临时放火，以扰其军心。此发难计策之大略也。

三、预算支出之大略

以有八百人之选锋，则最少要有枪械六百余，故预算储备课之经费四万余元，为购械及运送之费。调度处之预算二万余，统筹部二万余，交通【课】五千。选锋八百人，召集、屯聚种种之费，约算每人三十余元，故亦预算二万余。惠州一方面，预算五千。合以总务科[课]杂费及放火委员等费，故总预算必要费约十二万余；另预算预备费数万。

四、预算收入之大略

当克兄到坝罗时，承热心数同志担任英属南洋筹足五万。因预算中山到美洲，至少有五万元。而谢良牧于十二月到八打威、泗水，已报告筹得五万。其后有姚雨平之友再为运动，饬彼中人必交雨平。而泗水来信，则担任六万。又刘芝[芷]芬往荷属，自任能另筹一万。文岛筹款员又报告，可得二万元以上。伯先回港，即就港与曾伯谔商，伯谔慨然许出大力，因令姚雨平切实与之交涉，据其答应，兄弟各出万元。故大略定为荷属有六万之收入。（讵其后泗水于正月来五千元，久久无信，至三月始又来五千，二十几始又来万五千，前后共计来二万五千。芝[芷]芬交来出纳课三千，合之谢鲁倩、古亮初所交，荷属总共不过三万。谢良牧回港，未交一文。曾伯谔兄弟则始终一钱不出。）二月间，英属南洋连西贡、暹罗之款，亦已及五万。美洲则域多利致公堂变产，电到三万四千；温哥华致公堂电到万九千；满得科埠电到一万一千；金山一万；檀山二千；纽约二千余。故英属南洋与美洲俱不失预算之数（美洲且过之），独荷属款未符原数，且迟到。弟等信海外爱国同志，其热度不分高下；惟筹款员到荷属者实不统一，纷言运动，经手又不一人，所以与各处情形稍异。此经济出入之大略也。（出纳课组织严密，凡各处捐款，以交到出纳课发回收据为凭。其未交到者，即惟经手人是问。凡用款，必统筹部长认可签字，由出纳课长支付。事后，当使出纳课将总收支部[簿]呈寄南洋，以次转美洲，昭信用于各埠。此系发难前弟等公决如此办法。）

五、事前暗杀李准之无成

初拟于去年十二月先杀李准，以去一大阻力。适冯忆汉自庇能回，伊力任其事。既教以装配发掷炸弹之法，且为之布置一切。而冯屡次推宕。延至正月，弟等以此事行之不宜于发难时间过近，乃与约限不得过二月十五。冯则匿迹十余日始出，自云堕水染病还乡。及出，再为之谋，伊忽言弹药须人代装；及派人往，则又言无须。其始于去年克等即问伊需否租屋为业，伊力言不必；到二月则又言必须觅铺，否则仆仆为劳。二月初旬重来香港，伯先怒其反复游移，毫无决心，面责之。伊若稍愤怒者，则再请给费五十元（以前已屡支公款约数百元。此五十元使为最后之经费，盖弹药各事已为布置，此只系居省城之旅费耳）。冯扬长而去。临行与约，最迟不得过二十，以要其决心，且以经过许多时间仍不能图，则必不实也。冯去后未几即又还乡，其在省未尝到省机关索取利器，以是贻误。当时伊若不自负，则尚有他人担任，乃彼色厉而内荏，蹉跎误事，此着关系【不细。以彼之慷慨自承者，竟无其事】。而温生才则不谋于朋友众人，一击而杀孚琦，其志行真属高卓。但孚琦死，而我党之大障碍物犹在，且使彼惊骇而预防，真吾党之不幸也。

六、惠州事件之失败

军事既以省城为主力,同时着手于惠州,以惠为省之屏蔽,形势所在故也。其始,曾秀自南洋归,克等即与商办。惟察其人军事上知识不周,决不足以当一面,因与伯先共任罗炽扬主其事。罗,嘉应州人(姚雨平力保之,伯先亦素器重其人),曾为新军炮营排长,去年正月之事,犯险而出者。预算其经费需五千,以运动会党,购备枪弹为补充。罗使同乡陈甫仁入惠,交通严德明,而身自带银数百往汕,谓将购械,前后共支四千余元。自汕归港(其到汕又令港寄五百元为械价,言已定购,须此立付价),仅携回六响数枝(每枝最【多】不过值银十余元者)。是时,罗则军、曾其光二君因展之约,自南洋归。展邀罗、曾与炽扬共事,炽扬不欲,谓二人有意揽归惠州人自办之事,将来必且坏事。而罗则军、曾其光则调查得罗炽扬挟妓浪费事,克等犹未敢深信;然汕头之行既带银数百,复汇银五百,而只购小枪数枝,则已不能无疑。及二月下旬,炽扬见陈甫仁偕严德明出,则谓运动已成熟,须亲入惠,求补加枪枝。遂给以驳壳一、八响一、七响九,切嘱其设法运带(是晚支银千五百元,连前后,伊一人实支过四千余元)。讵伊行至澳头,顿被搜去枪械,同行四人,陈甫仁、严德明被捕,伊与沙姓幸免。伊至港则报告云,同时失去现银二千三百。阅二日,严德明自虏手逃出,则言当被搜时,既发见械,即将行李物件一一点明取去,其中并无银两。以此质炽扬,炽扬惟矢天日而已。德明被捕,炽扬见之,既捕一日,尚未起解,德明借入厕潜逃,炽扬未之料也。及德明闻炽扬支过公款四千,更大惊奇,谓甫仁入惠,所用不过二百余元,余款安在?而炽扬嗣是亦匿迹不出。克等始爽然叹知人之不易。然炽扬不可恃,而惠州未可不顾,则以之专责严德明与钟君(自日本归,亦留学生),另外给款二千五百元为经费。严、钟皆若操必得之券。顾廿七日(是时克已入省,展为代理),钟犹出,求加款数百,谓可多得数百人云云。展以时期已迫,钟犹来港,且得人亦复何用。叩其枪弹,则云已购定,未到手,大约廿九【到】,或来不及,则纵火凭[焚]城亦是一策。及廿八晚,省再定廿九之期。展乃发密电与之,使三十发动。然此后并无消息。(初一日有嘉应州人黄醒民贸贸然来,自云报告惠州已得。叩其说,则摭拾报纸之虚传,语语荒谬。展立斥之去。)惠州之无效,实不得其人以办事也。(曾秀初不愿与人共事,及炽扬失败,专举任之,则伊亦不敢承,所谓既不能【令】又不受命是也。)

七、时期展缓之理由

至原议三月十五日为发动期,顾不能不展缓者,一则美属款未到齐,荷属万五千元更到于二十以后;二则适遇温生才事件发生,省会方戒严,欲俟其防弛(旗界所租备放火之用屋,有数处被查诘,讵其后任事者竟内怯迁去四处);三则日本所购之械,其大数尚未到。(其中尚有一误事之人,则日本运送系托留学同志以行李分次携归,港无入口税,向不搜检。一日,洪承点见金山上海船到,有被搜查者,归报,克因电日本,令来者注意。日本吴君是时主任发付之事,因告之带货之湖南学生周来苏,并为改搭头等位。周以为专令伊自己防卫也,舟过门司尽弃之大海,凡七响无烟枪七十五枝,金山单码飞箭之大六响四十枝,码子数千。船至香港,则并无搜查者。许多利器尽付洪流,不知是何肺肠!而此帮货到于二月下旬,若无此颟顸之人,则早已接收得用矣。)然早知四月初有二标退伍之说,故时期亦只能尽于三月底。乃粤吏自温生才事件后,防备日密,探侦[侦探]四出,南洋则有报告,北京则有电报,风声渐紧,然同志决不肯因难而退。

八、选锋之召集

是时,外省之选锋到者十九。伯先所部悉江南安徽人。克则有川省同志数人、闽省同志数人,皆留学生之最有程度者。闽同志并招其乡死士三十人来。南洋、安南之同志来者,悉

愿从克。既皆集居于港,初众议恐选锋临时不及照应,故公定须先期齐集于省城。至廿四、五,伯先之人已半上,克所偕为将领之同志亦先上,余人所部陆续上。

九、器械之运送接收

至于器械,则弹子已由头发密运到达,枪则仅运到七十余枝(系西贡到者,由周之贞、郭汉图与展妹从他路运入)。毅以十几上省,储备科[课]事由克与展代理。头发及他路输运之策,原定于毅。其担头发者为陈镜波,于港设头发公司一(名为公司,不过一小铺,月租十余元,店伙即自家人,不须侈费),省设公司三。其始,凡运码子三次,以少而续多,皆无失,乃颇恃此路,毅亦因此而愈信镜波。至廿四,日本之械已陆续到,则续由头发公司装运。同时王[黄]鹤明[鸣]、杜君(俱星洲同志,业机械者)发明一法,用罐头装载,于廿六日始付寄。廿七,西贡第二次械到,日本之械亦全到,则俱由头发装运。连日风声愈紧,港部恐省中无主,因共请克于廿五晚入省。克未入时,省中已欲定廿八举事。

十、定期及廿七日改期退师之原因

及克上,爰定廿九,并电告港部,盖预计西贡及日本之械至此日方能接收分配也。讵廿七日张鸣岐、李准调回巡防两营,以三哨助守龙王庙高地,毅生即提议改缓时期,陈炯明和之。宋建侯亦惧众寡不敌,赞同其说(宋君,伯先在省之代表也)。姚雨平则反对,惟姚亦要枪数在五百以上方允(此时枪数接收者不过七十余枝,罐头一帮尚未取出,不敢作必得之数。原公议到期必发枪械,或有意外,则不能照原数分配。今姚为此言,则亦必难办到。既而姚雨平闻新军二标收枪之说,则亦惧)。克见各部如此,所谓改期,无异解散,克之痛心为何如!故克即决心愿以一人一死拼李准,以谢海外之同胞,而令各部即速退散,免搜捕之祸。当与宋建侯、洪承点商量,先将伯先所部全数退港,【余亦陆续退去,】一面保存已到之枪械,留为后起者之用。后林时爽君、俞云纪君到克处,云不但不能改期,且须速发,方可自救,以巡警局早四五日已有搜索户口之札,旦夕必发也(河南一巡官系四川同志,报告于喻者)。克以两兄之决心,则欲集三四十人以击督署。议已决,毅闻之,复说林,使遣林部十人归。

十一、廿八日重定廿九时期之原故

是日,姚雨平、陈炯明偕至,报告云:李准调来三营,由顺德返者,内皆同志,现泊天字码头,即可乘此机会。姚、陈遂往与其人接洽商定,不久即回复,言其人已决心。当即密电港,仍定期二十九。克意此三营若能反正,不患余人不降,况有新军之大力从外而入,又巡警教练所有学生二百人皆决心相助,事当可成。

十二、临时改变任务之情形

即定计画:克仍攻督署,陈任八十人攻巡警教练所,姚任破小北门、飞来庙并起[迎]巡防营与新军,毅以二十人守大南门,约定二十九午后五点半钟。是早[日]早船,克部闽省同志及海防同志俱上省,俱入克处。伯先所部亦有数十人上省,但俱未到其代表宋建侯之机关,至[致]宋无一人,不能独当一面。(伯所部更有领盘费上省而即他逃者,谓不满意于军令之忽退忽进,于是叹李文甫、罗则军为难及也。)

十三、克独攻督署之情形

克即召集余人以攻督署,由小东营出,枪杀巡警于道。疾行前,猛击卫队,杀其管带,破入督署。守门者逃散,并有一二卫队弃枪降,求为引导。于是直入内进。克与林时爽、朱执信、李文楷[甫]、严骥等亲行遍搜,无一要人。克欲搜觅放火之材料如文件、书籍之类,亦不可得,乃置火种于床上而后出(及克出大南门到河南,火始发)。观其情形,有似二三日前走去者(报纸云藩、臬适在开审查会,皆虚捏之词,以内外无舆轿、仪杖[仗]一切物也)。知发

动之期,知督署之必攻,张鸣岐与其家眷先时避去,仅留卫队与侍役人等,此中当另有最密切之侦探报告,否则不能如是之灵活。(廿六七,毅生已疑陈镜波为侦探,后益知其确。此人已コロシ(日文,毙命之意。编者)矣,事后止此举差快人意。然再定期廿九,临时克亲攻督署,此等事陈尚不足以知之。姚雨平逢人运动,力信巡防营为可恃,此必又为人卖,而使满吏知吾军一切内容。又姚有机关在谢恩里,廿七日被搜捕,而姚不报告。)

十四、以后巷战之情形及党人死事之勇烈

初攻入督署时,仅死三人。既出督署,则林时爽于东辕门招抚李准之先锋队(盖是时李准所部已到,与督卫队合,以伯先所部尝言先锋队已交通多人也),突然脑中枪死。克中伤右手,断两指。他同志亦多死于卫队门首者。时分兵三路:克与十人欲出大南门,与巡防营接;徐维扬以花县四十人欲出小北门,与新军接;余川、闽同志及海防、南洋同志欲进攻督练公所。方声洞兄(福建人)与克俱与巡防营遇于双门底,直前击毙其哨弁,敌来愈众,遂战死。喻云纪(四川人)与七十人攻督练公所,途遇防勇,绕路攻龙王庙,一人当先,抛掷炸弹,防勇为之披靡,后失手遇害。李文甫(广东人)攻督署时非常猛烈,既出,伤其右足,后为虏获,从容谈笑以死。其余殉国而死者,粤同志则有罗则军、李子奎、李群、周华、王[黄]鹤明[鸣]、杜君、李文楷、马吕[侣]、罗坤;四川则有饶国梁、秦炳;福建则有林觉民、陈可钦[钧]、陈与新[燊](林、陈数君尝学法律,皆编辑课课员也)、刘六湖[符]、刘元栋、陈更新、吴任之、冯郁庄、林尹民、郭炎利、郭增兴、郭钿官、郭天财、翁长祥、陈孝文、陈大发、林茂[民]增、王文达、曾显、刘文藩、虞金鼎[泉]、周团生、吴顺利、吴炎妹、林七妹;尚有不知姓名者一人。徐维扬之部下,花县之众死二十四人,被捉在监者六人,负伤生还者十六人。克带伤出大南门,易服入河南女同志家,初二始返港。朱执信攻督署时奋勇争先,迥非平日文弱之态,在二门为后列误伤肩际,仍偕克攻出大南门,遇敌相失,幸过其门生家,易服走出。何克夫负伤出大南门后,就至戚家易服,至初三日出。四川熊克武,福建王以通、严骥皆负伤而出。郑坤负伤走大南门,入一小店,为所逐,且呼贼,坤愤杀之。刘梅卿辗转战于小北【门】一带,众既散亡,闯入人家,亦杀人夺衣而出。此二人事由自卫,情尚可原。郑坤甚戆,然甚勇敢;刘梅卿则每战必先,临机敏捷,洵为战将。周之贞、杨十两人,战后亦幸走免。克同攻督署者百三十人左右,内有徐维扬四十余人,刘古香十四人,徐、刘部稍弱;余虽以朱执信、李文甫、陈与新[燊]之温文,而临阵敢先当敌,无丝毫之怯懦,盖勇[义]理之勇为之也。林时爽本同陈与新[燊]、林觉民在日本筹得经济,将归闽起事,既来港,则同致[效]死于粤。闽省同志多在东毕业专门学校者,年少俊才,伤心俱烬!喻纪云[云纪]学药学毕业,能制炸弹、炸药。精卫北京事件,喻实同谋,炸弹发现,喻再往日本合药,而精卫、黄理君被捕。此次举事,喻最先决心,盖已置死生于度外。罗则军本有十人担任毁电局,至廿七令其退返;李文甫有五十人欲攻石马槽,亦于是日受令退返;而二人再知定期廿九之说,只身赴难,殉义而死,俱为难能。王[黄]鹤明[鸣]、杜□□、李文楷事事勤慎,不辞劳瘁,仓猝战死,可惜可哀!战之翌日,海防同志数人入米店,据米为垒,抛掷炸弹,营勇不敢近。张鸣岐下令焚烧,惟罗稳走出。伯先在省之代表宋建侯君,亦轻裘缓带之士,既已遣散其部下,仍与数人合大队攻督署,后不知如何,而各报登有宋玉琳口供,慷慨仁明,如见其生平,亦必死矣!庞雄为高州吴川人,素运动广州湾方面,此次亦遇害。石经武留守宋建侯机关,被捉,亦从容就义。其余江、皖、湘、粤之士,虽未与战而陷在城内,以无发辫而被搜及遇害者不少。

十五、失败之原因及担任者不力

此次以经营过久,人先械到,日露风声(此着乃事势使然,因预料购械之地多不如愿也。

而周来苏之弃枪大海，要重购重运，亦贻害不细）；且知人不明，内藏侦探，使敌为备；至温生才事件、新军之退伍，皆属意外之障碍。然使各任事之人俱能尽其任务，则虏虽密防，而其战斗力如彼，只百余人横直冲突，虏几无如何。克即晚出大南门，徐维扬到小北门，两俱无守备者。当时若巡防营从南入，新军从北入，必无抵御。张、李为空衙空城之计，若军【界】有变，即不啻自贻伊戚。而孰知一皆虚伪，平日专任调度处之人，匿不敢出，伪言其众有枪无弹。（是时雨平所部全在省，并未退去他处。初，雨平言毅生不肯发弹，克亦姑信其言。后查知伊已由女同志<手>忠[宗]汉手收弹三千余，且是日雨平到始平收取枪弹，二三其说，后亦不自取而去。惟有弹三千，尽足以起。又伊已另领款三千五百元为自购枪弹之用，此项枪弹更在何处？即不然，以平日惯为运动，至确信为可即反正之军队，一与接触，又复何难？倪映典只身入军，而三千人皆反。人之贤不肖，相去远矣！）廿八日，再三言巡防三营必反必应，克等因之再定廿九之期。讵伊临时并不一往接应（防营与我党相遇，亦随处敌视），非诈伪欺人，即忍心作壁上观耳。此姚雨平误事之罪也。毅生本任百人（连东莞五十人为百五十人），廿七因有改期之说，乃尽遣返。廿八晚由执信兄驰往顺德，廿九午后归，云有十人至莲塘街，比往视，则是克部李群带来之人。克知毅众不能复来，乃听其择陈炯明二十人守大南门。讵其日三时，陈炯明驰至始平书院告毅，谓又改期三十（此议系港部廿八晚发电求缓者，因廿八晚十时港始接省再定廿九之密电，以早船不克全部来，乃分早晚发，早船少晚船五只也），而同时发电求缓。然克等在省议已决定，陈炯明初以为言，克即拒之；再使其友马姓来，则克众已装好身将备战。不知炯明何所据，而谬谓克已允改期，偕同毅生仍将始平书院枪弹收藏。毅亦轻信炯明之妄言，不顾事在顷刻，而让还守大南门之职务，【谓】与炯明之众言语不通（炯明部下为海陆丰人），而自身出大南门会顺德派来之人，后遂不及入城。毅生既有任务，初岂不知炯明之众为海陆丰人，何至临时方始悟及，轻将守大南门之任务还于陈炯明？其误事一。惟其任守大南门，故克听其多分驳壳枪，否则克部战斗力增，伤亡或少，其误事二。陈炯明本不知兵，然既承指挥之任不辞，乃硬造为克已允改三十之说，自误误人，殊不可解！先担任攻巡警教练所，因毅让还其部二十人，则云如此我并以全众守大南门，不攻教练所，既已非矣；后则并大南门而不守，徘徊于城外，此皆陈炯明周章误事之处也。至廿六日，克已与众公定廿九为期，倘始终不改，不撤退各部之众，而且陆续仍进，则在省多三四百人，虏不足惧，即败或能尽冲出。而毅生、炯明等则仅以风声之过露，以为事必不成（以事势论，防营、新军不能反正，虽有党人数百，恐亦难于占领广东，如毅所料；然究竟有进无退，方为我辈之决心）。毅惧头发公司之有侦探，则不敢往取弹子；见巡警之属目与防勇之加增，则忧其难图。殊不知张、李二贼方设网张罗，任我辈之尽数投入，倘为尽数之拼命，未必果全烬也。当廿八晚港部接省电仍定廿九之期，其时在港者有三百余人，翌日早船止有一只，以当时谣言已重，恐一船数百无辮之人不得登岸，故分小半上省，而大半入夜搭船上，同时发电请省缓一夜。展以伯先俱以嫌疑重而识面者多，故俱搭夜船上，至【则】廿九晚之事已败，城门已闭，不得入，乃相率归港，共议暂将外省外乡之人先分别遣散；一面派人上省，分别招呼其负伤者延医给费治之，战死之士则抚恤其家，其在内地之军器则设法保全之计。巡防营实不足信。新军与警练之人则因临时无人接洽，不得责以不来；幸事后尚无大牵涉，可留为后图。

十六、预算不足之原因

至于此次办事，由开办至发难之日，共用款十七万余。溢出原来预算四万余：统筹部溢出一万余，储备课溢出二万余，选锋课溢出一万余。统筹部之溢出，因经营既久，费自稍多，且内含有电报费三千余，又去年各科未成立之时，一切费用俱属于统筹部故也。储备课之溢

出,则原拟购枪六百,约价三万八千余,加入运送费四千、炸弹费一千及他种军用品费,定预算为四万五千余。后因选锋加多人数三百,于是另发款由该主任人自购枪械(即如下开姚、张、郑、莫、黄所支购枪费),又为新军补充子弹,又增购炸药。在日本购枪六百二十八枝,连子弹、运送费(四千余元)用银三万五千余;由西贡购枪百六十余枝,用银万二千九百余(此两处所以加购枪械、浮于原额者,以周来苏弃枪于海,凡失七响七十五、大六响四十也);在港购得三十余枝,用银三千七百余元;三【项】共银五万一千余。加入主任人购械费七千三百余,打刀费七百二十,省港运送费、秘密保存费、军用品费共三千余元,总共用银六万五千九百余。现尚欠日本枪价债一千元(日本银)。附表于下:

储备课用款略表

日本购枪六百二十八枝,连码子及运送费,又补日本银纸,共用银	35, 221. 640(单位当为元。编者)
西贡购枪百六十余枝,连码子、运送费共用银	12,909.559
在港购枪三十余枝,连码子共用银	3,700
补充新军子弹费	1,000
炸药费共	2,500
姚雨平支自购枪费	3,500
莫纪彭支自购枪费	1,080
黄侠毅、梁起支自购枪费	800
张六村支自购枪费	500
郑平波支自购枪费	1,050
打刀费	720
省港运送费、保存费及其它军用品费	3,000
以上共用银	65, 981. 199
另欠日本枪价债	1,000

此为大略计算表,其详细则俟一一清算后,奉呈察核。

选锋课用款略表

赵伯先选一百五十人	8,400
黄、徐选一百二十人	3,180
陈炯明选一百人	3,000
莫、梁选一百人	3,300
胡毅生选一百五十人	4,605
张六村选五十人	1,750
克选二百人	4,240
郑平波选五十人	1,750
姚雨平选一百二十人	4,200
刘古香选二十人	810
共用银	35,235

说明:人数加多,为此课超出预算之总用。赵选费重者,因于正月时在省已有所组织,未几破裂,即严德明事件,重复招士于江南也。克人最多而费省者,闽同志四十人自备资斧来港,何晓柳数十人、李群数十人皆临时就近招集也。郑平波自称已运动督署卫队多人,硬欲

独当督署，故使自招五十人，此亦在于预算之外；乃临事则不见其人，而卫队亦非有联络。

姚、张、郑、罗四人共支出公款四万二千七百一十元：姚雨平选锋支四千二百元，调度处支二万四千九百六十元，自买枪械支三千五百元，共三万二千六百六十元。张六村选锋支一千七百五十元，自买器械五百元，共二千二百五十元；郑平波选锋支一千七百五十元，自买器械支一千零五十元，共二千八百元；罗炽扬惠州运动经营费四千元，失败后营救三百元，自借一百元，失去枪费六百元，共五千元。姚雨平专任运动军界兼选锋，而临时并不与军界接洽，其选锋则有枪有弹，在省坐视。张六村念九下午到克强处，见克强发怒，即急走避。至于罗炽扬之偾事、郑平波之荒谬，更不足论。然此数人则共支出公款四万余元。

尚有统筹部运动、调度各费数万元，容日详细一一清算，奉呈察核。

此外，如惠州一方面已被罗炽扬先后用去预算之款，而其后再给费严德明谋之，此处去款二千五百。交通课本算五千，伯兄所任为交通委员郑赞臣者，既尽所指定之三千之款（原以三千交通江、皖、浙一路，两千交通湘、鄂），更攫伯选锋款千数百元用之，犹以为未足。二月初，储备课使林直勉往沪购械，余款二千，郑竟伪造电报将该款骗去（人固不易知，知人不明，则弟等当共负其责也）。其余尚有各项琐碎之费，为当初预算所未及者。此超过原来预算之情形也。

此次以党之全力举事，中外周知，而事机贻误，不能有成，省会既失（乐从圩未几亦即退），各处都不能发。虽虏以党人之敢死勇战，至今犹草木皆兵，然费如许力量，得此结果，岂初念所能及耶！又况殉我仁勇俱备之同志之多耶！谋之不臧，负党负友，弟等之罪，实无可辞。惟此心益伤益愤，一息尚存，此仇必复，断不使张、李等贼安枕而卧也。

此数日内痛悼战死之良友，哀方未艾，而忽又有一大伤心之事，则伯先兄于初旬患肠病，加以郁郁，初不肯调理，至剧痛时延西医再三诊视，方知为盲肠发炎。展、克即催其入医院割治。既又数日，始行割治，则肠已灌脓，割处竟不知痛，内流黑水；饮食俱不能进，且呕且噎。至十九日竟长逝矣。哀哉！痛哉！以伯兄平日之豪雄，不获杀国仇而死，乃死于无常之剧痛，可谓死非其所。彼苍无良，歼我志士不已，又夺我一大将！想公等闻之，亦将悲慨不置，若弟等则更无可言矣！

黄彦、李伯新编著《孙中山藏档选编》，中华书局1986年版，第22～37页

5月下旬　革命党人谭人凤过汉口会晤孙武等人，劝共进会与文学社联合行动。

谭人凤《石叟牌词》：

五月初过汉口，适遇焦达峰、杨晋康、谢介僧、刘承烈、刘文锦、邹永成、李安甫、曾伯兴及小儿二式等，愤广州之败，在汉与孙武等会商，盖将乘湖南铁路风潮相继暴动也。余力持不可，且告以灰心之故。焦达峰慰劳而力阻之，谓湖南风潮险恶，断不可归，事在人为，何可抛弃前功，使我辈进退失据？务仍仗主持云云。余不得已，乃嘱取消暴动观念，规划后事。是夜晤孙武，得悉前曾派邓玉麟在黄土冈开一同兴酒楼，从事联络，以经费不接停止，颇怪居正无所事事，谓余前不应存轩轾，予以多金也。次日，孙武约同志蔡济民、高尚志、邓玉麟、蔡汉卿、徐万年、潘公复、李作栋、王炳楚、杨玉如、杨时杰、居正等与余会议。居正除两杨相识外，尚须一一问姓名，始信孙武之言为不谬。时湖北先有共进会、文学社两派，共进会孙武、邓玉麟组织之，江湖士占多数；文学社蒋翊武、刘复基、蔡大辅等组织之，军学界占多数。余劝其和衷共济，相辅而行，卒得按照同盟会章程，从新组织，而湖北中部同盟分会，遂得成矣。

石芳勤编《谭人凤集》，湖南人民出版社1985年版，第372～373页

5月　中国同盟会加拿大支部在温哥华成立，以冯自由为支部长。

冯自由《华侨革命开国史》：

庚戌夏冯自由抵云高华，有志青年多以发起同盟分会为请。冯以此来最大目的在于募集革命资金，致公堂为当地革命党之中枢，该堂会员素以老前辈自居，若一旦另立门户，殊易惹起洪门人士之误解，故不欲公开组织同盟会，致牵动未来筹饷之大计。因是到加半年，仅秘密收容有志青年黄希纯、吴侠一、黄子锡、黄龙杰、黄蔚生、周连盛、黄传杏、卫汉、甄一怒、司徒汉民、黄邑、何就、黄荣、黄元仕、汤崇富、伍时均、汤万、汤崇德、汤添、黄茂、黄林、吴湘鸿等二十余人。而在《大汉报》工作直接间接最勇敢者，亦为此二十余人。

辛亥正月总理来加发动筹饷，同盟会员假座周连盛所设纺织公司开欢迎会，会员及有志青年列席者三十余人。及总理离埠，洪门筹饷局将事结束，冯始着手同盟会之组织。在云埠先后加盟者，有刘儒坤、叶求茂、杨芳、盘棠、陈榛如、司徒旌、李俊、谢恩、黄璧峰、司徒锡、周鹤年等百数十人。在维多利先后加盟者，有高榜（云山）、朱礼（文伯）、方干谦、曾暖、黄伯度、司徒衍衢、李翰屏等十余人。是岁四月开成立会，众举冯自由为支部长，周连盛为副部长，黄希纯为中文书记，会所设于唐人埠以外之区域。盖是时仍属秘密的组织，不欲公开活动，以免招致洪门会员中顽固派之反感也。

中国社会科学院近代史所近代史资料编辑组《华侨与辛亥革命》，中国社会科学出版社1981年版，第83～84页

6月1日（五月初五日）　武汉文学社召开代表会议，决定建阳（汉阳）夏（汉口）支部，由驻汉阳、夏口之四十二标胡玉珍任支部长。并正式决定与共进会联合。

△ 邮传大臣盛宣怀、督办川汉、粤汉铁路大臣端方，联名致电护理四川总督王人文，宣布处理川路股款办法：所有川路现存及已用之款，一律更换国家保息股票。

6月2日（五月初六日）　护理四川总督王人文代奏，川省绅民纷纷函电，请饬暂缓接收川汉铁路，并请缓刊誊黄。遭清廷传旨严行申饬。

6月3日（五月初七日）　护理四川总督王人文复盛宣怀、端方电，主张对于川路存款七百余万，应尽还川人；已用之款，则照度支部所议办法，全换给铁路股款；四国借款合同，但有拘束四川铁路财政之力，川人万不承认。

6月4日（五月初八日）　各省谘议局联合会国会请愿同志会首脑孙洪伊、雷奋、汤化龙、谭延闿、林长民、蒲殿俊等在北京联合组织宪友会，以尊重君主立宪政体、促成责任内阁相号召。

6月5日（五月初九日）　广东南海县佛山镇商人反抗酒捐，焚毁包办酒捐之康永公司，捣毁米店，散布揭帖，号召人民起事。

△ 宋教仁自本日起在《民立报》连载文章，从行政组织、外交方针、财政计划、交通政策方面，抨击清政府倒行逆施，指责当权者假借立宪、改制，弄虚作假，实际日日行亡国之事，是可忍，孰不可忍。

6月6日(五月十日)　《时报》分析湖北绅商对待清廷铁路干线国有政策分为激烈、和平两派。

文章称:

鄂人对于川粤汉铁路收归国有一事,外表虽公同力争,其实际则分激烈、和平两派。如谘议局及汉口各保安、自治等会,则以分年筹款不难集齐,而必陷吾民负担重债,诚何居心,故主张以激烈对待。若商办铁路公司、铁路协会、商务总会各机关之主要人,则以前去两年人民拒款热度极高,收股犹不及五十分之一;此后人心将愈懈怠,必专恃摊租派股为收入,利未见而害已显,不如权借外债,审慎支用,即以铁路盈余,按期摊还,故主张以和平对待(即要求监察用款之权也)。

铁路公司总理黎大钧、铁路协会会长刘心源、汉口总商会总理蔡文惠等,初于拒款商办极着热忱,均因进行甚难,早已意懒心灰。此次汤化龙、张国溶二议长已三次来电,请刘心源晋京协同力争。刘始以老病相却,继竟置之不复。顷因迭接督院行知清查路股,预备接收各事,黎总理以事关大局,欲集股东会议决定办法。而当道谓开股东会易生反对,不允召集。黎等唯唯听命,特于前日开董事会,列席者不及三十人。该董事以朝旨严厉,制府又威严可畏,断难争获商办。现在公司方着手测勘制图,延用员生约三十人,拟酌量裁汰,只留七八人办事。所有经招商股,拟不移附官办,一概退还各股东。除去测图开销外,将来约以九五折摊还。其利息仍全数发给,以昭信用,而全商本。并闻黎总理等意见,须即将股款退还,销灭公司名称,惟留铁路协会,以为监督官办机关。但其中有二三持反对论者,欲将股款移办他项企业,且要求须俟秋间谘议局开会承认后,方能解散公司。然所抱皆消极主义,固无与政府抗争之志也。

武汉大学历史系中国近代史教研室编《辛亥革命在湖北史料选辑》,湖北人民出版社1981年版,第503~504页

△ 江苏谘议局议长张謇自汉口乘京汉铁路火车北上,中途至河南彰德晤袁世凯,交换对于时局意见。

6月8日(五月十二日)　湖北谘议局邀请四川派赴两湖和广东争路代表,会同湖北绅、学、商界反对铁路国有,湖北争路风潮又趋高涨。

6月10日(五月十四日)　各省谘议局联合会以皇族内阁"反君主立宪之公例,失臣民立宪之希望",呈请都察院代奏实行内阁官制章程,另简大员组织内阁。

△ 瑞澂致电邮传部、度支部、陆军部、督办铁路大臣端方,报告川汉铁路进展情况,认为川汉铁路不可停工,原聘工程技术人员应继续留用,不宜改用洋工程师,并提出由湖北增派兵一营驻扎宜昌,加强对修路工匠的镇慑防范。

电报称:

川汉路工宜万一路公司设在宜昌,前由澂会合川督札派吴道筠孙、马道汝骥前往,遵照大部电饬各节清查。昨据马道、吴道电称:宜昌路工顷已查得大概。除汉、沪、成、渝、北京不计外,计自三十二年七月起至元年十月止,支出开办费三十三万余两。元年十一月开工起至三年四月止,共支出库平四百一十余万两。现存材料约值六十余万两。内有未付价者一十一万余两,购(误码一字)地亩约值一十九万余两。现存钱庄生息款一十万两。现银二万余

两。宜局向无多存款,按月由沪、汉拨支,价票向由成都经管,宜无底册。又路工计由宜至归州,线长二百八十余里,分十段,均开工,计已成通车运料者三十余里。轨已成桥峒未完未通车者八十余里。道未成者六十余里。峒工通者二,未全通者八。码头、停车场、火车站、月台、气车房、水塔均全。沿路车站月台四处,有轨岔道三十余处,桥梁五十余处,洞沟百余个,均已完工。电杆线已至十段。又机厂、煤栈、工程员司住房及桥梁六十余处、洞沟六千余处,均未(误码一字)。在工夫役四万余人,每月开支约四十万之谱。俟接收工程之员到宜,方能截数汇总,造具简明清册,赍呈鉴核。再报载签字合同,喧传到宜及读申斥川湘督抚之谕,驻宜川董闻有得各处止款之电,李参议颇不谓然,力为担任。倘果出此,工役繁杂,包工十居八九,万难中止。且由宜至归,工师早经勘定,包工开造。若遽易洋师,无论轨线恐多改易,即以包工之财产生命,散布各段者,当亦巨万,关系彼时人心愤激,危险不堪设想。而公家损失,尽弃前工,尤为可虑。拟请电商大部及督办可否将已包未完至归州之工,责成现在工师一手办竣。其归州以上则归洋工师接手,庶可两全。是否,伏候钧裁。再查路线所经,匪多案杂,防军一营只敷保护城市商场,万难分布。拟援京汉成例,添募数营,在路款开支,应由筠孙另禀请示云。复据李参议稷勋折称:幸路收归国有,并准部示毋庸停工,自应遵办。惟报载宜夔路线,部定合同用美总工程司,川路股东董事异常惶惑,闻有函电各处止款之事。查本路股款,向存成、渝、沪、汉各办事处。自开工以来,均系各处拨来支应,公司向无大项存款。现在工役约四万余人,每月开支并购料应付各洋行货价,需款甚巨。万一款止工停,倘有不虞,万难任咎。至本路各项工程向系投标包工,视工程之大小,各包工应交押款,一经开工,每月由工程司验收后,照所作工程,按方酌给六成,俟工竣再行清价还押,所以防中辍、杜潜逃也。包工息借垫款,本多借自钱庄、商号,工竣领款,自行归结。今闻路将改工,庄号不特不再挪借,反索前借之款,众情不免震动,故各包工遂有禀求将现筑各工,按方验收,给价还押情事。当经剀切开谕并传电各段工程司,一律劝导,惟人心浮动,隐患堪虞。吴道、马道洞悉情形,是以电请拟将宜昌至归州已开各工二百余里,仍责成现在工程司六月底办竣。再查本路部派总工程司詹天佑,兼管张绥、粤汉,到宜不过数月。两年以来,全系部派副总工程司邮传部郎中顾德庆一手经理。该郎中现因事局变更,即拟交工他往,屡与吴道、马道会商,均以总工程司既用外人,副总工程司以下各工程司必须多用万人,以资维系。如能将该郎中以下各员,酌量留用,地方幸甚。澂详核李参议来折、吴道、马道来电,语切机危,所陈办法亦有可采,惟关路政应由邮部督办主持,鄙意拟请电饬川路公司,申明毋庸停工,原用员工一概仍旧之宗旨,以安群情。至吴道、马道电请援京汉成例,添募数营,款由路支一节,鄙意添募万来不及。宜昌处鄂、蜀之间,地方本多伏莽,果工款两项,一不应手,变即随之,非藉兵力,万难弹压。拟即调用混成协一营,前往填扎,用资镇摄。惟该营一经调用,薪饷、公费、柴草,均须加成发给,固应由鄂担认。至来往川资及到宜驻扎营房等费,请由路款项下支拨。因预算款多规定,俾免独任其难。此虽思患预防,时不可缓。请即电复,以便分别饬行。

陆军部6月13日(五月十七日)复电:

武昌瑞制台鉴:盐电悉。川汉路事为难,拟调混成协一营填扎镇慑各节,自可照办。

中国第二历史档案馆编《中华民国史档案资料汇编》第1辑,江苏人民出版社1979年版,第139~141页

6月11日(五月十五日)　中国国民总会在上海张园召开成立大会,到会者五千人,推举沈缦云为会长,骨干会员多系同盟会会员。

6月12日(五月十六日)　武昌革命组织日知会会员刘静庵,前因1907年1月谋响应萍浏醴起义被捕,定为永远监禁,是日瘐死于武昌模范监狱。

6月13日(五月十七日)　摄政王载沣召见张謇于勤政殿。张謇沥陈外交之危险,建议内政应以注重民生,实行宪政为要务。

6月14日(五月十八日)　文学社、共进会代表刘复基、邓玉麟等在武昌长湖西街八号龚霞初家中举行会议,协商两组织合作,以实现"异途同归"。

△ 山东巡抚孙宝琦奏陈,宗支不宜预政。清廷以措词失当,传旨申饬。

△ 两广总督张鸣岐奏陈粤民对于路事抗拒情形,请坚持国有政策,准令商股悉领现银。清廷饬度支部、邮传部、督办粤汉川汉铁路大臣,归并前案,妥速议奏。

6月15日(五月十九日)　清廷谕准两广总督张鸣岐订借外银五百万两周转市面,并令该督认真防范,如有不逞之徒,胆敢纠众作乱,准如所请,格杀勿论。

6月17日(五月二十一日)　黄兴、胡汉民致加拿大同志书,通报黄花岗起义失败后国内革命形势。

书中称:

此次事前各部之组织,与临战党人殉国之烈,已详于前寄自由兄书矣。当时以广东为主动,而云南、广西、湖北、湖南、江南、安徽、四川、福建、直隶数省为响应,各处皆有党人在新军中预备反正,拟广东省城一得手,则以次续起。因广东财政充足,交通利便,各种形势为天下最,抑且极宜于建立军政府之地也。岂知以经营过久,又猝遇温生才之事件,致虏加意侦察提防,未及期而事泄,迫于发动,遂无成功,幸新军不致受影响。同人等为大局起见,亦遂电止各省,不使遽发,盖恐其发而不足以制虏死命,则不如养其全锋。今虏虽知我党人此次必系聚精会神之举,然究不审我致力所在。所幸事后人心益愤。今云南、广西干部将弁学校俱已毕业,更加入同志数十人为新军将领。直隶第六镇有吴六征[禄贞]为镇统,密召其心腹同志于各省,使到其军为臂助。江南闻广东事起,有数营露甲欲起,幸为标统某同志婉止。广西同志蔡松坡调往云南,总揽新军之事。凡此皆军界愈见进步之情形。而铁路国有问题激动民心,更使广东、两湖、浙江、四川五省反对政府之气益炽。从此港、澳两处密接省城,我党只利用为秘密办事之地,不为显扬之运动。今则殷实商人愿附入于吾党者日众,因见革命军起,而民间丝毫无扰,三月二十九之夜竟有开门而观战者。事后粤省民贼乃借口搜捕,纵兵掳掠。以总督之总文案(即胡铭盘,广西劝业道,而张鸣岐特调来广东者),其住眷亦被抢,并枪伤其仆妇。此外商民之受害者,更不胜言。故民心专向于吾党,而视虏政府如蛇蝎,此又普通社会进步之情形也。闻之先哲有言曰:"经一度之失败,可得良好之经验。"此次失败,其大端有二:(一)则仍蹈往年一面办事一面筹款之辙。军事部组织于去年冬月,而南洋、美洲之款大半到于三月中,对外则未免日露风声,而内部且有极多障碍;(二)则待械以应用,待款以购械,械未至而人众已集,疏虞既所不免,伸缩更难自由。故弟等深维其理由,于此时党力方盛,人心激昂,卷土重来,不宜少懈。然经济若无预备,必临渴而〈共〉掘井,则费时失事,屡

屡由此。现在南洋同志已为筹款之预备。弟等之意,深望美洲同志亦为此绸缪,更宜于未事之先,各分贮于本埠,力量既厚,应机同集,庶不致迁延岁月,坐误事机。天时人事,近在咫尺,国仇友仇,誓以必报,惟我同志兄弟共图之。

刘泱泱编《黄兴集》(1),湖南人民出版社2008年版,第107~109页

△ 四川谘议局铁路公司股东会在成都发起组织保路同志会,推立宪党人蒲殿俊、罗纶主持会事,以"拒借洋款,废约保路"为宗旨,各州县成立协会。自此,保路同志会在四川各地普遍建立,拥众数十万人。革命党人因势利导,秘密组织反清队伍和反清斗争。

熊克武等《蜀党史稿——辛亥革命记事》:

辛亥四月,清廷以邮传部大臣盛宣怀请命川、汉、粤铁路为国有,以端方为川、汉、粤铁路督办,借英、美、德、法银行款修筑,且不允许退还川民股本。川汉铁路者,四川总督锡良于光绪二十九年癸卯奏定为官督商办,股本四千万,按亩派捐,农民负担已重。其无产可破者,至鬻子以相应,骤失股权,悲愤不知所措!且贷款筑路,西人要挟万端,国权更将不保。而清政府允还股本,优于湘粤,独薄于四川。因是成都耆老伍肇龄及谘议局议长蒲殿俊、罗纶,川路股东会董事颜楷、张澜等,请收回成命。护理四川总督王人文据情代奏,两被严旨申饬。于是川路公司召集股东大会,群起力争。各州县股东代表咸集成都,邓孝可、朱山、池汝谦、江三乘竞为报章以动众。五月二十一日成立保路同志会,各州县成立协会,以与政府对抗争。朱之洪以重庆股东代表至省,与曹笃、方潮珍、萧参、曾昭鲁、张颐、刘玉光、王殿飏、杨伯谦、刘泳闿、龙剑鸣、刘永年及新军中党人密议,谓争路者日与政府言法律、辩是非,政府终不悔悟,不如激扬民气,导以革命。然成都自丁未事败,清吏防革命綦严,党人无实力可恃,即发难也无所济,惟有各道同时发动,而成都乘时响应,庶可集事。于是之洪遂归重庆,在省党人亦分道四出,笃返自流井,潮珍返井研,参、颐则之青神、仁寿、井研、荣县、自贡,玉光则之荣县、威远、富顺,部署徒众,阴为之备。自四月至于七月,川民奔走呼号,清廷迄无所动,盛宣怀奏派李稷勋为宜昌川路总理,厉行接收。鄂督瑞澂及端方电奏四川省集会倡议之人,类皆少年喜事,并非公正绅董,请责成川督懔遵迭次谕旨,严重对付。股东会举刘声元入京叩阍,由警厅勒送回川。萧湘赴沪传播,为瑞澂扣留于武昌。赵尔丰于闰六月继任川督,与成都将军裕昆为川人代奏缓收川路,被严旨申饬。保路同志会乃扩为民众大会,法律学堂、叙属中学、第二小学诸生六百余人,受刘继旭指挥,杂入民众中宣导最力。

章开沅、罗福惠、严昌洪主编《辛亥革命史资料新编》第1册,湖北人民出版社2006年版,第229~230页

△ 度支部、邮传部会奏,筹划收回川汉、粤汉铁路详细办法,对于川路现存之七百余万集资款,悉数更换国家保利股票,五年后分作十五年还本。

6月18日(五月二十二日)　美国旧金山致公总堂与同盟会进行组织联合,双方在《大同日报》、《少年中国晨报》刊登联合布告,以示合作。

同盟会布告:

洪门为中国提倡排满革命之元祖,而大埠致公总堂之改良新章,更与本会三民宗旨相合,原可互相提携,共图进取,惟洪门内容含有秘密性质,而本会会员尚多未入洪门者,故不免窒碍。今得孙总理驾抵金山,主张联合,而致公总堂专开特别会,以招纳本会会员之未入洪门者,本会集议,全体赞成。特此布告各埠会员一体遵照,以成大群合大力而共图光复之

大业,是为厚望。天运辛亥年五月二十二日,旧金山中国同盟会启。

致公总堂布告:

孙文大哥痛祖国沉沦,抱革命真理,遍游五洲,驾抵金门,与众义兄聚集,倡议与同盟会联合,结大团体,匡扶革命事业,同盟会员热心祖国,全体公认其未进洪门者一律入围,联成一气。本总堂叔父大佬义兄等,备极欢迎。开特别招贤之礼,以示优遇,尽释从前门户之分别,冀赞将来光复之伟业,扫虏廷专制恶毒,复汉家自由幸福。仰我洪门人士,一体知悉。须知招纳天下英才,本总堂之主义。此布告,统为鉴照。天运辛亥年五月　日,美洲大埠致公总堂启。

冯自由《革命逸史》初集,中华书局1981年版,第157页

6月19日(五月二十三日),护理四川总督王人文以四国铁路借款合同丧失路权国权,欺君误国,严劾邮传部尚书盛宣怀,请速治罪,然后修改合同,以救危亡。

△ 宋教仁以渔父名在《民立报》发表《端方》短评,称"端方者,盛宣怀之替死鬼也。"乃一语成谶,数月后端方果然因赴四川镇压保路运动,被随行湖北新军杀死在资州。

6月20日(五月二十四日)　朝廷任命张謇为中央教育会会长,张元济、傅增湘为副会长。该会设立于京师,为学部征集全国教育意见的机构,受学务大臣监督。其研究讨论事项:　一、关于中小学堂教育之主旨及关于学科程度设备管理;二、关于两级师范中等以下各学堂督察;三、关于教科用图书;四、关于两级师范中等以下各学堂职员资格;五、学龄儿童就学义务及小学学费;六、国语调查;七、推广义务教育;八、担任维持学务经费;九、国家及地方补助学堂计画;十、学堂卫生;十一、学务大臣认为必要之其它事项。

6月21日(五月二十五日)　胡汉民致函孙中山,报告国内革命形势及革命活动计划。

胡函中称:

前寄上直隶刘君捷三书,具征北省军人之心思。现吴六澄[禄贞]已任六镇镇统,将来或有可为。广西兵虽少,而将领程度颇高,此回本约与东粤先后起者,东事败于仓猝,故西亦不果发。以形势论,虽得桂亦无可恃为根据地,但于攻取一面则亦为形胜。其它各省,俱有同志在内,若得巨款,为拔十得五之计,则可成蜂起之势。未审外款究能得手否?千万嫌其太多,即恐其难成。至专就粤东一省而言,则能十万左右仍可大做。其做法,先将广府会党提摄整理(三邑为一路,恩、开、新为一路,东莞、花县为一路),选其精锐,因地取材,不假外师,则募集之费省,而风声亦密。先期购械,专用驳壳,约最少得三百枝,为款约三万左右,而于战斗上之武力则当远在此回百倍之上。新军不必再加运动,防营则直须行贿收买。出不意而袭之,为多方以乱之。此则不得巨款而可以行之次策也。

黄彦、李伯新编著《孙中山藏档选编》,中华书局1986年版,第41~42页

6月22日(五月二十六日)　江西抚州城米价昂贵,地主囤积居奇,农民四五千人捣毁积谷绅富之家及米店。

6月23日(五月二十七日)　清廷颁布内阁总理大臣奕劻等拟呈内阁属官官制及内阁

法制院官制。

内阁总理大臣奕劻等奏称：

窃臣等前于遵拟内阁官制折内声明，内阁属官官制已由臣馆草拟就绪，俟妥酌后即行照章会同奏明，请旨办理在案。现在内阁业经设立，亟应将属官官制详为拟订，以资赞佐而便遵守。查东西各国内阁制度不同，有专设官署者，有不设官署者，且有仅设秘书官一二人者，惟日本自书记官长而外，设有法制、统计、赏勋、印刷各局，规制特详。中国汉、晋宰相及三公等府，官属多至百数十人，分曹且逾十数，唐、宋三省，如吏、兵等房舍人及左右司郎中之类，属官亦多，元代又有参议、中书、省事等官，盖由机务殷繁，必得官盛任使，始足以裨庶政。

现以旧设内阁及军机处、会议政务处并于新设内阁，而宪政编查馆与吏部，亦当为内阁职掌所赅，举凡应办诸务，事体重大，头绪繁多，断非设立专署不可。拟即参酌日本内阁属官办法，折衷现在情形，分别厘定，计设承宣厅一，制诰局、叙官局、统计局、印铸局各一，设阁丞以总各厅局之事，设厅长、局长以下各官，分治各厅局之事，别设法制院，厘定法制，设院使以下各官专治院事，各司其职，以重责成。所有参议、佥事以下各官额缺，拟由内阁总理大臣妥慎拟定，另案奏明办理。现议厘定官制，凡官品、官等各项，尚拟参酌古今，另订合宜办法。此次拟设各官均暂命以原品治事，俟官品、官等办法奏请钦定后，再行遵照施行。谨将酌拟内阁属官官制暨内阁法制院官制，缮具清单，恭呈御览。至内阁各厅局及法制院设立后，宪政编查馆及吏部自应一律候旨裁撤，惟吏部原管事件甚为繁冗，拟请旨派员督率清理归并，以期简捷，至中书科衙门职掌无多，已规定于制诰、印铸两局之内，应与事项最简之稽察钦奉上谕事件处、批本处一并请裁，并将礼部印铸局及各衙门应行划归事项并入办理。其旧设内阁之撰拟，缮写关于祀典及无关于行政各事宜，应划归翰林院及典礼衙门分别管理。旧隶于军机大臣之缮书房，所管事项以译缮翰林院撰拟事件为最多，拟请改隶于翰林院，庶足昭整齐划一之规，而免权限参差之弊。

再，内阁办事暂行章程既设有协理大臣，则此项官制内凡称总理大臣各条，协理大臣皆得适用，俾免窒碍。其官俸章程未订以前，各项属官均须暂定公费，应由内阁总协理大臣另行奏定，藉资办公。

所有酌拟内阁属官官制暨内阁法制院官制缮单具奏各缘由，谨恭折会陈，伏乞皇上圣鉴训示。谨奏。

附清单一

谨将所拟内阁属官官制缮具清单，恭呈御览。

第一条　内阁属官如左：

一、阁丞(简任)，二、厅长(简任)，三、局长(简任)，四、副厅长(简任)，五、副局长(简任)，六、佥事(奏任)，七、印铸局艺师(奏任)，八、印铸局艺士(委任)，九、录事(委任)。

第二条　阁丞承内阁总理大臣之命管理阁务，监督指挥各厅局并进退本阁委任各官，阁丞有事故时由承宣厅厅长代理。

第三条　厅长承内阁总理大臣之命掌机要文件，管理承宣厅事务并监督指挥本厅各官。

第四条　副厅长佐厅长之职务，厅长有事故时由副厅长代理。

第五条　局长承内阁总理大臣之命管理局务并监督指挥本局各官。

第六条　副局长佐局长之职务，局长有事故时由副局长代理。

第七条　承宣厅掌事务如左：

一、颁发谕旨及法律命令，二、典守谕旨及法律命令，三、收发呈递折奏事件，四、阁议事

件，五、请用御宝。六、收掌阁印，七、本阁公牍文件，八、本阁会计庶务，九、编纂本阁档案，十、管理本阁图籍。

第八条　制诰局掌事务如左：

一、进拟徽号及尊谥庙号，二、恭进尊藏实录，三、进拟制诏、诰敕，四、进呈贺表、贺本，五、勋封、藩封、世爵、世职之封赏承袭事件，六、恩赏、封赠、恤荫、谥号、勇号事件，七、颁赏勋章、宝星事件，八、外国勋章、宝星受领佩带事件，九、庸勋会议事件。

第九条　叙官局掌事务如左：

一、内外简任、奏任各官履历稽核存储事件。二、内外简任各官开单请简事件。三、内外奏任各官资格审查事件，其条目如左：(一)关于任用事项，(二)关于升转事项，(三)关于俸给事项，(四)关于品级事项。四、内外委任各官册报及履历存储事件。五、关于文官考试事件。六、关于文官处分事件。

第十条　统计局掌事务如左：

一、统一各部统计事件，二、办理不属各部统计事件，三、刊行统计年鉴及报告事件，四、交换各国统计表事件，五、统计会议事件。

第十一条　印铸局掌事务如左：

一、官报及法令全书、职官录之编辑发行事件，二、官报等及其他官文书印刷事件，三、册宝、印信、关防、图记等铸造颁发事件。

第十二条　佥事承阁丞及厅长、局长之命分任各厅局事务。

第十三条　艺师承局长之命办理印铸事务。

第十四条　艺士承上官之命办理印铸事务。

第十五条　录事承上官之命缮写文件，办理庶务。

附清单二

谨将所拟内阁法制院官制缮具清单，恭呈御览。

第一条　法制院直隶内阁总理大臣，掌事务如左：

一、法律、命令案撰拟事件，二、法律、命令增删改废事件，三、各部所拟法律、命令案审查复核事件，四、现行法律、命令解释事件，五、各项法规编纂整理事件，六、其余关于法制统一事件。

第二条　法制院设官如左：

一、院使(简任)，二、副使(简任)，三、参议(简任)，四、参事(奏任)，五、佥事(奏任)，六、录事(委任)。

第三条　院使承内阁总理大臣之命管理院务并监督指挥本院各官。

第四条　本院奏任官以上之进退，由院使具状陈由内阁总理大臣办理，委任官之进退，院使专行之。

第五条　副使佐院使之职务，院使有事故时由副使代理。

第六条　参议及参事承院使及副使之命掌第一条所列事项。

第七条　佥事承院使及副使之命掌文牍、会计及一应庶务。

第八条　录事承上官之命缮写文件，办理庶务。

附则

第九条　宪法未颁以前，按照筹备清单关于宪政编查馆承办事件，一律归并内阁法制院办理。

同日内阁奉上谕：

内阁会奏,酌拟内阁属官官制暨内阁法制院官制,缮单呈览一折,朕详加披览,尚属妥协,著先将此两项官制颁布。除应简之阁丞各员,另行简补外,著即遵照设立内阁承宣厅及制诰、叙官、统计、印铸各局,应设之内阁法制院,亦即同时并设。所有宪政编查馆、吏部、中书科、稽察钦奉上谕事件处、批本处等衙门,著一并裁撤。其所管事项与已经裁撤之旧设内阁、军机处、会议政务处所管事项,凡应并入内阁办理者,统即分别接管。旧隶军机大臣之繙书房,著改隶于翰林院。至各衙门应行划入事项及应划归各衙门事项,均著妥慎交接,以清权限而专责成。余俱照所拟办理。此外各项官规及京外官制,仍著遵照修正筹备清单,妥速拟订,陆续奏闻,候旨颁布施行,俾臻完备。

故宫博物院民清档案部编《清末筹备立宪档案史料》上册,中华书局1979年版,第572~576页

△ 中俄勘分呼伦贝尔边界会议在黑龙江省城齐齐哈尔举行第一次会议,中方出席代表为勘界大臣周树谟等八人,俄方为界务专员菩萨罗夫等六人。

△ 自本日起至7月15日,宋教仁在《民立报》连载《近日各政党之政纲评》,署名渔父,对宪友会、帝国宪政实进会之政纲,进行理论批判,指出"其发表之政纲,往往刺谬不通,即文字间亦多作外行语"。

文章称:

宪友会者,闻即谘议局联合会之脱胎。会员大抵多各省谘议局议员,固不乏通达政理之士,然文盲无识,趋附奔竞之客亦不鲜。其成立在本年四月,未成立前,闻已有种种之暗潮,或因此暗潮之故,而铮铮佼佼者,尽已作壁上观乎?其所发表之政纲,都凡六条:一曰尊重君主立宪政体;二曰督促联责内阁;三曰整厘行省政务;四曰开发社会经济;五曰讲求国民外交;六曰提倡尚武教育。

……

总观该会发表之政纲,大抵其精神盖欲趋重于国民一方,而未尝注意于国家,趋重于该会自身,而未尝注意于政府,趋重于消极方面,而未尝注意于积极方面,趋重于研究,而未尝注意于实行,此其受病之大原因。故其立词,遂遗本就末而多失体之处,要皆其会员之无政治常识有以致之也。若夫就实际上之利害论之,则尤见其不知先后缓急轻重之故焉。夫该会各政纲虽不得要领者居多,然依其文字,就其相似者以分部类,则除第一、二条言政体外,其余者只属于地方行政及经济、外交、教育之二三事项,而并未及其他。夫国家之大,政治之繁,岂仅区区二三事项所能包括者?方今吾国百废待兴,重要不可缓者,吾意其犹多有之,何所见而必先有事于经济、外交、教育也?今夫财政者,非维持国家之命脉所必需者乎?军备者,非保卫国家之安全所不可少者乎?即此二端,固已无一非今日所应汲汲有事者,果有何方针而整顿之,此尤言政党者所宜考究审慎而定为政见以昭示天下者也。在今日之中国,以与经济、外交、教育之三者较,则孰先孰后,孰缓孰急,孰轻孰重,不尤瞭如指掌者乎?……

帝国宪政实进会,资政院钦选议员居多数,若衡以外国民、吏两党相对之例,而假呼他会为民党者,则该会亦可僭称曰吏党(官僚党)。其会员皆是顽固老朽之辈,其政治知识之程度,较宪友会尤低下。其成立在去冬资政院开会期间,即争议新刑律之蓝票派,以维持礼教为名,而主张无夫奸有罪说者。其所发表之政纲都凡十条:一曰尊重君主立宪政体,使上下情意贯注,保持宪政之精神;二曰发展地方自治能力,俾人民事业增进,巩固宪政之基础;三曰体察现状,筹政治社会之改良;四曰详核事实,图法律制度之完善;五曰讲求经济,谋财政

前途之稳固；六曰振兴实业，图人民生计之发达；七曰注重国民教育，以收普及之实效；八曰提倡移民事业，以达拓殖之目的；九曰研究外交政策，以固国际交涉之权力；十曰筹画军事次第，期成完全健足之武备。此十条之中，大半文理不顺，意义不明，用语不审者居多，而词句冗长重复，两两相比，令人如读云南昆明池上大观楼之对联，尤可捧腹。

……

总观宪政实进会政纲之全部，大抵尚不知政治法律为何物，其条项虽及于各方面，较宪友会为稍多，然亦非实感其必要，且能明其本末先后而以有组织的精神贯注之而审定之者，不过贸贸然扶拾世俗所流行之口头禅的法政名词，填于纸上，而又不能脱离咬文嚼字的笔法，故其条文虽多而不完，其文义似通而非通，惟成数联非驴非马之八股四六文而已也。至语于政治之方针，政策之统策，则支离灭裂，见笑大方，真可谓无批评之价值者矣。

郭汉民编《宋教仁集》上册，湖南人民出版社2008年版，第282～294页

6月25日（五月二十九日）　孙中山在同盟会葛仑分会成立大会上宣讲个人与国家的关系，以及个人的救国责任，激励侨胞反满爱国。

孙中山说：

须知救国即是救破舟一样，当舟沉之时，不图共力而补救，徒顾个人铺盖行李，俄而舟已沉矣，生命亦已具[俱]亡，又何有于铺盖行李？吾国人之思想何莫不然。各自营其私，无顾大局之观念，卒之自身亦不能保。中国生计维艰，民不聊生，故别父母、离妻子，远渡重洋，无非为仰事俯蓄之资耳。然而外人迭生苛例，闭门拒我！以吾人为亡国人，亡国人世界无位置也。美国生计虽好，非吾人久住之区，况中国地大物博，优于万[美?]国实万万。煤铁之矿遍地皆是，宁拱手让于外人，不与民间开采；满政府立心之狠毒，无一不欲绝汉民之生计。但吾无怪其然：凡非我族类，其心必异；况以满洲少数之民族，不能不设种种之苛法，以断绝吾人之生计。至糊口既无，又何暇思及其它，更何暇思及于国事？是满洲政府愚民之政策也。所以吾人今日出外，受种种之困苦、之苛辱，无非清政府为之！

但我国人多不知国与己身之关系，每顾个人之私事而不为国出力，不知国与己身之关系如身体之于发肤，刻不可无。曷不观于日俄之战争，日之胜俄，只以国之存亡与己身之关系激动民心，背城藉一以胜之而已。

中国社科院近代史所等编《孙中山全集》第1卷，中华书局1981年版，第523页

6月26日（六月初一日）　浙江温州饥民捣毁米店，抢劫富户，全城罢市。越二日，又有万人哄闹厅署，拆毁法庭。

6月27日（六月初二日）　护理四川总督王人文代四川绅民罗纶等二千四百余人奏请，速将四国借款合同废弃，严治盛宣怀误国殃民之罪，以重国典。

6月28日（六月初三日）　四川重庆召开铁路股东分会，到四千余人，宣布成立重庆保路同志协会。

6月30日（六月初五日）　各省谘议局联合会发表宣言，通告全国，指出铁路国有化政策失信于国人，反对皇族内阁。

是月　宜昌商办铁路股东反对铁路国有,向铁路公司索还股本,因公司一味推卸,将公司器具房间拆除。军警前来弹压,股东又集合农民二千多人,与官兵械斗,殴毙兵士二十多人。

1911年6月28日上海《时报》报道:

湖北川粤汉铁路争归商办后,而宜昌亦属通商口岸,曾经设立铁路分会,招集股款,估勘路线,由该处至四川万县,合资筹修,已于去冬开工建筑,计长三十余里。不料奉上谕收归国有,借款筹修;该处公司即行停工,将工夫概行遣散。众股东群相诘问,公司管理诸人,又复置之于不闻不问。众股东益滋疑虑,深恐路一停修,股款无着,咸向公司管理诸人需索原缴股本。该公司答以现在收归国有,此款应由公家筹偿,不得向公司质问。众股东见公司一味推卸,不胜忿怒,即将管理诸人殴辱一番,并将器具房间全行拆毁。住警闻知,当派警勇前往排解。各警勇见众股东愤激,风潮甚烈,难以和平了结,随禀报宜昌府袁太守核办,即请宜防营管带陈嘉猷率队弹压。众股东一见军队弹压,愈为愤极。遂各回乡村,纠集农民二千余人,执械抗拒,殴毙兵士二十余名。

武汉大学历史系中国近代史教研室编《辛亥革命在湖北史料选辑》,湖北人民出版社1981年版,第502页

△ 江西建昌府农民七八千人打毁盐局,捣毁南城县署。

5—6月　湖北省绅商学界,继续反对铁路国有。

《民立报》1911年5月21日报道:

盛宣怀奏请取消鄂路商办后,湖北京官由哈汉章等联名抗争,且指劾盛宣怀罪状多端。湖北谘议局亦刊发传单,于十一日在四官殿铁路公司聚集军商学界会议,对付借款问题。自午后二钟起至六钟止,到会者千余人。由诸议员演说路政损失之利害,听者莫不悲愤交集,对于盛宣怀感情尤恶,谓非设法对付不可。

武汉大学历史系中国近代史教研室编《辛亥革命在湖北史料选辑》,湖北人民出版社1981年版,第499页

《民立报》1911年6月20日报称:

自干路收归国有,商办总理黎玉屏以该公司自设立以来,发垫股息及办事处各项经费挪用巨万。今既收归国有,移筑枝路,则各股东意见参差,解散归还则不敷甚巨。兼之邮部提议彻底清查,所有以前用款概不承认。该公司颇有进退维谷之势。日前会议决定仍须争回商办,方为完善。且湘省既踊跃于前,则鄂省不得不勉力于后。已举定协会总理刘幼丹为代表,乘快车北上,会同汤济武力争。

武汉大学历史系中国近代史教研室编《辛亥革命在湖北史料选辑》,湖北人民出版社1981年版,第500页

△ 湖北革命党人刘公从襄阳到武昌,租雄楚楼十号楼一楼下榻,此处成为文学社秘密机关之一。

△ 湖南共进会领导人焦达峰(住汉口新大方栈)、湖北共进会领导人孙武等,秘密会商乘铁路风潮"相继暴动"。

夏　黄兴在香港组织实行队,策划暗杀活动,与武装起义相辅而行。

黄兴于8月中下旬致美洲少年学社及孙中山等电:

弟此行以粤事非先破坏,急难下手,且不足壮党气,酬死友。今遵谕先组织四队,按次进行,惟设机关及养恤费甚巨。兹李准虽伤,须再接再厉。恳助万五千元,电《中国报》收。

刘泱泱编《黄兴集》(1),湖南人民出版社2008年版,第109页

黄兴10月7日致美洲筹饷局同志书:

弟自广州事败,愤同志死事之惨,即组织实行队,先为狙伏汉奸之计,以助革命大军之进行。盖二者相辅而行,乃能有济。今再举之师已次第预备,则实行队自当竭力以办去。前电中山先生,乞筹万五千元,专为此事设立机关及养恤之费,已蒙贵局先筹垫万元,经已收妥。兹各处机关将及完备,不久当有事实发现,成功时再为电告,以慰廑念。仍望贵局再筹备若干,以资接济,弟处得以宽裕筹画,尤所切祷。

刘泱泱编《黄兴集》(1),湖南人民出版社2008年版,第120~121页

冯自由《辛亥广东光复前后之活动》:

黄花岗一役失败后出险之各省同志先后离粤,黄克强亦变装裹伤绕道澳门,于四月初二日抵港。……克强于是役本欲一死报国,至是更决心行险,亲至广州暗杀一二满清大员,以振作全国之民气。时总理与余均在美洲,闻克强有必死之志,乃与致公堂及同盟会诸同志再三函电香港,力劝其不可轻生偾事,致碍大局。克强复电要求先筹汇二万元在广州设立暗杀机关,始允不亲自出马。旋得美洲中华革命筹饷局电汇如数,克强得款,即派人至广州布置各事。是年闰六月十七日,遂有陈敬岳、林冠慈之狙击李准,及九月四日周之贞、李沛基等之谋炸凤山,即由此机关指挥发动之也。

冯自由《革命逸史》第3集,中华书局1981年版,第246页

7月2日(六月初七日)　四川保路同志会在成都南校场召开大会,三万余人欢送赴京请愿代表刘声元等三人。

△ 湖南衡州农民数千人捣毁太平圩食盐官运分局及税局。

7月3日(六月初八日)　资政院总裁世续等遵旨奏报改订资政院院章,得到朝廷采纳。

奏称:

宣统三年六月初一日钦奉谕旨:资政院院章前于光绪三十四年由资政院总裁会同军机大臣具奏,复于宣统元年经资政院会奏续拟院章,并将前奏各章改订颁布施行。现在已阅两年,时势又有不同,核与新颁法令未尽吻合,亟应将资政院院章修改,以免窒碍而利推行。著资政院总裁、副总裁会同内阁总协理大臣悉心斟酌,妥速改订具奏,候朕钦定颁行。钦此。由内阁钞交到院。臣等钦遵谕旨,悉心商酌。窃查资政院院章叠经奏拟改订,所有组织之法,议决之权,皆最关重要之端,规定均尚妥洽,自可无庸轻议更张,其余应行改订者约分四类,敬为我皇上缕晰陈之。

附改订资政院院章

第一章　总纲

第一条　资政院钦遵谕旨,以取决公论,预立上下议院基础为宗旨。

第二条　资政院总裁一人,总理全院事务,以王公大臣著有勋劳通达治体者,由特旨简充。

第三条　资政院副总裁一人,佐理全院事务,以三品以上大员著有才望学识者,由特旨

简充。

第四条　资政院议员以钦选及互选之法定之。

第五条　资政院议员于院中应有之权,一律同等,无所轩轾。

第六条　资政院会议期分为二种,一常年会,一临时会。常年会每年一次,会期以三个月为率。临时会无定次,会期以一个月为率。

第七条　资政院开会、闭会,均明降谕旨,刊布官报。

第八条　资政院开会之日,恭请圣驾临幸,或由特旨派遣亲贵大臣恭代行开会礼,宣读开会谕旨。

第二章　议员

第九条　资政院议员由左列各项人员年满三十岁以上者选充:一宗室王公世爵,一、满汉世爵,一、外藩(蒙藏回)王公世爵,一、宗室觉罗,一、各部院衙门官四品以下七品以上者,但审判官、检察官及巡警官不在其列,一、硕学通儒,一、纳税多额者,一、各省谘议局议员。

第十条　资政院议员定额如左:

一、由宗室王公世爵充者,以十六人为定额,一、由满汉世爵充者,以十二人为定额,一、由外藩王公世爵充者,以十四人为定额,一、由宗室觉罗充者,以六人为定额,一、由各部院衙门官充者,以三十二人为定额,一、由硕学通儒充者,以十人为定额,一、由纳税多额充者,以十人为定额,一、由各省谘议局议员充者,以一百人为定额。

第十一条　资政院议员钦选、互选之别如左:一、宗室王公世爵、满汉世爵、外藩王公世爵、宗室觉罗、各部院衙门官、硕学通儒及纳税多额者钦选,一、各省谘议局议员互选,互选后由该省督抚复加选定,咨送资政院。

第十二条　资政院议员钦选及互选详细办法,照另定选举章程办理。

第十三条　资政院议员以三年为任期,任满一律改选。

第三章　职掌

第十四条　资政院应行议决事件如左:一、国家岁出入豫算事件,二、国家岁出入决算事件,三、税法及公债事件,四、法律及修改法律事件,但宪法不在此限,五、其余奉特旨交议事件。

第十五条　前条所列第一至第四各款议案,应由国务大臣拟定具奏,请旨于开会时交议,但第三款及第四款所列事件,资政院亦得自行草具议案。

第十六条　资政院于第十四条所列事件议决后,由总裁、副总裁咨会国务大臣具奏,请旨裁夺。

第四章　资政院与行政衙门之关系

第十七条　资政院议决事件,若国务大臣不以为然,得声叙原委事由咨送资政院复议。

第十八条　资政院于国务大臣咨送复议事件若仍执前议,应由资政院总裁、副总裁及国务大臣分别具奏,各陈所见,恭候圣裁。

第十九条　资政院会议时,国务大臣得亲临会所,或派员到会陈述所见,但不列议决之数。

第二十条　资政院于各行政衙门行政事件如有疑问,得由总裁、副总裁咨请答复。若国务大臣认为必当秘密者,应将大致缘由声明。

第二十一条　国务大臣如有侵夺资政院权限或违背法律等事,得由总裁、副总裁据实奏陈,请旨裁夺。前项奏陈事件,非有到会议员三分之二以上之同意,不得议决。

第五章　资政院与各省谘议局之关系

第二十二条　资政院于各省政治得失人民利病有所咨询，得由总裁、副总裁札行该省谘议局申复。除前项咨询事件外，不得向各省谘议局行文。

第二十三条　各省谘议局与督抚异议事件，或此省与彼省之谘议局互相争议事件，除关于行政事宜咨送内阁核办外，其余均由资政院核议，议决后由总裁、副总裁咨会国务大臣具奏，请旨裁夺。前项核议事件关涉某省者，该省谘议局所选出之议员不得与议，应于会议之时退出议场。

第六章　资政院与人民之关系

第二十四条　各省人民于关系全国利害事件有所陈请，得拟具说帖，并取具同乡议员保结，呈送资政院核办。

第二十五条　前条陈请事件，应先由议长交该管各股议员审查，如无违例不敬之语，方准收受。其经审查后批驳者，在本会期内不得再行投递或另向他处投递。

第二十六条　资政院于人民陈请事件，若该管各股议员多数认为合例可采者，得将该件提议作为议案，其关于行政事宜者应咨送内阁核办。

第二十七条　资政院不得向人民发贴告示或传呼人民。

第二十八条　资政院于民刑诉讼事件概不受理。陈请事件，如有涉及诉讼者，不准收受。

第七章　会议

第二十九条　资政院会议时以总裁为议长，副总裁为副议长。议长有事故时由副议长代理。

第三十条　资政院常年会，自九月初一日起至十二月初一日止，其有必须接续会议之事，得延长会期一个月以内。

第三十一条　资政院于常年会期以外遇有紧要事件，由特旨召集临时会。

第三十二条　资政院议员于召集后，应以抽签法分为若干股，每股由议员互推一人为股长。

第三十三条　资政院会议非有议员过半数到会，不得开议。

第三十四条　资政院会议以到会议员过半数之所决为准，若可否同数，则取决于议长。

第三十五条　资政院自行提议事件，非有议员三十人以上之同意，不得作为议案。

第三十六条　资政院于豫算法律及其余重要议案，应先由议长交该管各股议员调查明确，方得开议。

第三十七条　资政院会议应由总裁、副总裁先期将议事日表通知各议员，并咨送行政衙门查照。议事日表以特旨及奏请交议事件列前，其因紧急事件改定议事日表者，由行政衙门同意行之。

第三十八条　资政院议员于议案有关系本身，或其亲属及一切职官例应回避者，该员不得与议，应于会议之时退出议场。

第三十九条　资政院议员如原有专折奏事之权者，于本院现现[在]开议之事，不得陈奏。

第四十条　资政院议员除现行犯罪外，于会期内非得本院承诺，不得逮捕。

第四十一条　资政院议员于本院议事范围内所发言论，不受院外之诘责。其以所发言论在外自行刊布者，如有违犯，仍照各本律办理。

第四十二条　资政院会议不禁旁听，其有左列事由，经议员公认者，不在此限：一、行政衙门咨请禁止者，二、总裁、副总裁同意禁止者，三、议员三十人以上提议禁止者。

第四十三条　资政院议事细则、分股办事细则及旁听规则，另行厘定。

第八章　纪律

第四十四条　资政院议场内应分设守卫警官及巡官、巡警，听候议长指挥，其员额及守卫章程另行厘定。

第四十五条　资政院议员于会议时有违背院章及议事规则者，议长得止其发议，违者得令退出。旁听人有不守规则者，议长得令退出。其因而紊乱议场秩序致不能会议者，议长得令暂时停议。

第四十六条　资政院议员有屡违院章，或语言行止谬妄者，停止到会，其情节重者除名。

第四十七条　资政院议员无故不应召集，或赴召集后无故不到会延至十日以上者，均除名。

第四十八条　资政院议员有以本院之名义干预他事者，停止到会，其情节重者除名。

第四十九条　资政院议员停止到会以十日为限，由总裁、副总裁同意行之。除名以到会议员三分之二以上决议行之。

第五十条　资政院议员有应行除名者，如系钦选人员，应由总裁、副总裁奏明请旨办理。

第五十一条　资政院有左列情事，得由特旨谕令停会：一、议事逾越权限者，二、所决事件违背法律者，三、所议事件与行政衙门意见不合尚待协商者，四、议员在议场有狂暴举动，议长不能处理者。停会之期以十五日为限。

第五十二条　资政院有左列情事，得由特旨谕令解散，重行选举，于五个月以内召集开会：一、所决事件有轻蔑朝廷情形者，二、所决事件有妨害国家治安者，三、不遵停会之命令，或屡经停会仍不悛改者，四、议员多数不应召集，屡经督促仍不到会者。

第九章　秘书厅官制

第五十三条　资政院设秘书厅，掌本院文牍、会计、记载议事录及一切庶务。

第五十四条　资政院秘书厅设秘书长一人，由总裁、副总裁遴保相当人员，咨会内阁请旨简放。

第五十五条　资政院秘书厅设一、二、三等秘书官各四人，由总裁、副总裁遴员咨会内阁奏补。

第五十六条　资政院秘书厅附设图书室一所，掌收藏一切书籍之事。图书室设管理员一人，即以秘书官兼充。

第五十七条　秘书厅秘书长承总裁、副总裁之命，监督本厅一切事宜。

第五十八条　秘书官承秘书长之命，分掌各科事务。

第五十九条　秘书厅分为四科如左：一、机要科，一、议事科，一、速记科，一、庶务科。

第六十条　秘书厅应设书记及速记生等员额，由秘书长酌量事务繁简，禀承总裁、副总裁酌定。

第六十一条　秘书厅办事细则由秘书长拟订，呈候总裁、副总裁核定施行。

第十章　经费

第六十二条　资政院经费其款目如左：一、总裁、副总裁公费，二、议员公费及旅费，三、秘书厅经费及守卫经费，四、杂费及预备费。

第六十三条　资政院经费由度支部每年归入预算，按数支拨。

附条

第一条　本章程以奏准奉旨之日起为施行之期。

第二条　本章程未尽事宜，由总裁、副总裁会同内阁总理大臣奏明办理。

故宫博物院明清档案部编《清末筹备立宪档案史料》下册，中华书局1979年版，第654～662页

7月4日(六月初九日)　奉天、吉林、黑龙江、直隶、江苏、安徽、山东、山西、河南、陕西、福建、浙江、江西、湖北、湖南、四川、广西、云南等省谘议局议长议员四十余人，认为皇族内阁不合君主立宪之公例，失臣民立宪之希望，联名呈请取消内阁暂行章程，另简大臣组织责任内阁。

呈文称：

君主不担负责任，皇族不组织内阁，为君主立宪国唯一之原则，世界各国苟号称立宪，即无一不求此与原则相吻合。今中国之改设内阁，变旧内阁之官制而另定官制，改军机处之旧名而更定新名，其为实行宪政特设之机关，固天下臣民所共见，而第一次组织内阁之总理，适与立宪国之原则相违反。国外报纸屡肆讥评，以全国政治之中枢而受外论之抨击，已有妨于国体，犹曰外人不知内情，可以置之不论也。自先朝颁布立宪之诏，天下喁喁望宪政久矣，请国会之早开，以求实行宪政也，责军机之不负责，亦以求实行宪政也。天下臣民求实行宪政之心日积日高，希望政府之心即日益日炽，挟最高最炽之希望，一睹新发布之内阁组织之总理，乃于东西各立宪国外开一未有之创例，方疑朝廷于立宪之旨有根本取消之意，希望之隐变为疑阻，政府之信用一失，宪政之进行益难，未识朝廷何以处之。

内阁之责任显于弹劾，终于惩戒。各国内阁大臣惩戒之例，若英内阁之曾受弹劾而宣死刑，意内阁之曾受弹劾而致流放，惟其绝非皇族，故于国家大本无所动也。今以皇族当其冲，惩之则于亲亲之仁不能无所顾惜，不惩则全国民之攻点交集于君主之身。国本动摇，实大变之所伏。此虽杞人之过虑，然既为历史之所有，不能保事实之必无，万一此种事实发生，未识朝廷何以处之。

内阁总理大臣任命于君主，以组织内阁，故责任联带，实以总理为中心。其能联带负职之原因，必在总理大臣与组织之国务大臣为同一政治方针之党派。君主无偏无党，操黜陟之权以临之，故元首超然而大权益固。若以皇族总理组织内阁，大权之行使欲为懿亲留余地，必生进退为难之现象。即乾纲长振，不至生此现象，而皇族悬内阁之希冀，国中党派将有附和皇族以为政党之中权者。皇族既涉政治，不能禁政党之附和，政党各为附和，不能不生党派之竞争，及至酿成竞争，为患何堪设想。几虽不必骤动，弊实中于隐微，万一此种事实发生，未识朝廷何以处之。

四月十二日庆亲王奕劻奏内阁总大臣断难胜任，仍恳收回成命一折，奉上谕：倘至数月以后，精力实有难胜，彼时再候谕旨等因。钦此。恭绎圣训，亦知庆亲王内阁原出于暂时之权宜。然既开皇族内阁之端，即易启臣民之误会，第二次总理仍将为皇族之风说，渐传播于人口，虽属盲瞽之拟议，决非朝廷之意，而以前次议员等呈请代奏未奉明谕，实为误会之大因，且既设内阁，而奏尚留中，即为内阁辅弼之无状。盖内阁责任缘署名而生，署名则责在大臣，留中则内阁大臣均处于消极之地位，而以责任纯归于皇上。既设内阁，重之以同负责任之明旨，署名与留中断无并存之理。内阁成立以后，奏折留中者凡数见，此天下臣民所以益不信内阁而妄测朝廷之意旨也。

议员等入都以来，闻诸中朝士夫多谓皇族组织内阁，原非朝廷本意，实有不得已之苦衷。

果如所言,朝廷真有不得已之苦衷,正当明布丝纶,期与臣民共见,不宜以焦劳独贻君父。议员等抱忠君爱国之隐,为披肝沥胆之词,仍请皇上明降谕旨,于皇族外另简大臣组织责任内阁,以符君主立宪之公例,以餍臣民立宪之希望,不胜悚惶待命之至。

故宫博物院明清档案部编《清末筹备立宪档案史料》上册,中华书局1979年版,第577~579页

7月5日(六月初十日)　上谕称各省谘议局议员呈请另组内阁,超出先朝钦定宪法大纲之外,议近嚣张,此后不得率行干请。

上谕:

都察院代奏,直省谘议局议员呈请另行组织内阁一折。黜陟百司,系君上大权,载在先朝钦定宪法大纲,并注明议员不得干预。值兹预备立宪之时,凡我君民上下,何得稍出乎大纲范围之外,乃议员等一再陈请,议论渐近嚣张,若不亟为申明,日久恐滋流弊。朝廷用人,审时度势,一秉大公,尔臣民等均当懔遵钦定宪法大纲,不得率行干请,以符君主立宪之本旨。

故宫博物院明清档案部编《清末筹备立宪档案史料》上册,中华书局1979年版,第579页

△ 张謇致书摄政王载沣,提出国事三策:一、请发表政见;二、实行阁部会议;三、广开幕府。

7月6日(六月十一日)　谘议局联合会再次上书反对皇族内阁。

7月8日(六月十三日)　同盟会员、湖南籍留学英国人士杨笃生,闻广州起义失败,并愤于列强瓜分中国的危机,在英国利物浦投海自杀。

冯自由《〈新湖南〉作者杨笃生》一文称:

时清廷派蒯光典为留欧学生监督,聘笃生长秘书,笃生以事机未熟,暂难发动,遂随蒯至欧洲。居英数月,乃留学于苏格兰爱伯汀埠。辛亥(一九一一年)夏闻三月二十九日广州一役黄克强战死凶讯,忧伤过度,夜不成寐,后得冯自由从加拿大致书,告以克强仅伤指无恙,用是稍慰。未几复闻列强有实行瓜分中国之说,神气沮丧,旧疾复发,头痛浮肿,愈不成眠。是岁六月十三日忽投利物浦埠之大西洋海岸自尽。死前留书石瑛、吴敬恒,托其将所积英金一百镑,转汇黄克强作革命军费,余三十镑转寄其老母。其尸后经渔人捞起,由石瑛、吴敬恒、曹亚伯等葬之于利物浦公墓。旅利物浦华侨特为开会追悼,死年四十。

冯自由《革命逸史》第2集,中华书局1981年版,第118~119页

另据曹亚伯《武昌革命真史》前编《杨笃生蹈海》:

广州三月二十九之役,同志死者太多,清吏每每冒功行赏,多谓黄兴等主要党人皆死,中外各报记载亦多不实。而曾充欧洲留学生监督蒯光典之秘书长杨毓麟同志,留学于英国苏格兰爱伯汀,闻三月二十九广州之役,死者皆知友,且皆为国家精华,更以为黄兴亦死,于是忧伤过度,夜不成寐,头痛浮肿,时哭时歌。予亦甚悲伤,曾通信于旅居加拿大之冯自由,得复书谓黄兴无恙,予以原书寄杨君。杨君来函谓,数月以来,精神痛苦,如火中烧,仅得此一书,稍为之慰。然伤同志之遭害,汉族之无知,受制胡酋,不感亡国之痛,反自杀贤豪,以媚异族,五中皆为之不宁。加以瓜分之论,世界同无异词,英报昌言长江、四川及西藏区域,可与印度同归统治,俄则管辖至长城以北,法则奄有两广,日本则并福建与东三省,德则全握山

东，皆以借债修路为题，实行解决远东之策。清政府因用盛宣怀为邮传部尚书，以各省铁路为国有，恰如列强所划之范围。杨君见瓜分之祸迫，而头肿更大，愈不成眠，又苦于远隔重洋，未能返国而割汉奸之首，竟由爱伯汀埠买一三等火车票，将留英数年所积之一百三十镑金钱换成汇票，至利佛坡车站下车，在车站用红墨水写两书，挂号寄至伦敦交石瑛收。其书系交石瑛、吴稚晖两人者。书中大意即托石、吴两君将其所积之一百镑金钱，转寄黄兴，以作运动革命之军费，余三十镑，托转寄其老母，以报答其养育之恩。并嘱其弟勿告其死信，只云行踪无定，免老母哀怜。……石瑛、吴稚晖得此书即由伦敦赶至利佛坡，寻其踪迹，并电予于英南悦德鲁市矿务学堂。予比由英南赶至利佛坡，遇石、吴二人，知杨公毓麟由海滨渔人捞起尸体，已入棺矣。盖杨公自抵利佛坡车站后，车行千余里，即从容发信，然后行至大街，坐长途普通电车至离利佛坡十余英里之海口，即大西洋岸也，由是下电车至海畔。上下衣皆脱于岸上，衣中有金表一，零钱数枚，意遗衣表与路人，使拾之者尚可作一缘之用。并随带中国携去之一纸伞于衣旁，使见者知其为中国人。仅服卫身衣一袭，投入大海。不久尸浮海面，渔人捞起，报告地方巡警。转瞬石瑛、吴稚晖亦寻至，洒泪天涯，摄其死后小照数枚而后入棺。

曹亚伯《武昌革命真史》上册，上海书店 1982 年版，第 366 ~ 368 页

孙中山闻杨笃生蹈海后，甚为悲痛，认为生命并不仅属于个人，同时亦属于社会，若舍生无益于社会，便不应轻言牺牲。孙中山在 8 月 31 日复吴稚晖函中表示：

惊悉笃生君有投海之惨剧，殊深悲悼。弟观笃生君尝具一种悲观恳挚之气，然不期生出此等结果也。夫人生世间，对于一己方面，此身似属我有，行动似可自由；然对于社会方面，此身即社会之一份子，亦不尽为我所有也，倘牺牲此身不有大造于社会者，决不应为也。杨君之死，弟实为之大憾焉！

中国社科院近代史所等编《孙中山全集》第 1 卷，中华书局 1981 年版，第 536 页

7 月 9 日（六月十四日）　宋教仁在《民立报》署名渔父发表《希望立宪者其失望矣》，以事实揭露清廷假立宪，提醒人们不能再将立宪希望寄托清廷身上，呼吁放弃一钱不值的请愿活动，采取以另有代价的方式促成立宪实施。

文章写道：

呜呼！吾国民其犹要求政府之立宪乎？其犹希望政府之预备立宪乎？呜呼！吾国民之大梦其犹未醒耶？是亦不可以已耶？夫立宪之根本，孰有大于宪法者？立宪之精神，孰有大于立法机关之作用与责任政府之组织者？天下岂有虚悬一宪法于此，政府不必遵守，徒责人民之服从，而犹谓之立宪者乎？又岂有立法机关之作用与政府之组织不合宪法政治之原则，而犹谓之立宪者乎？吾人试观北京政府近日之举动，其果若何矣。

资政院者，虽不必有立法机关之实，然设立之始，非明明经敕裁而定为议院之基础者耶？其章程上之职掌曰（第十条）"议决国家岁出入预决算事件及税法公债"也，曰"议决新定法典及嗣后修改"也（但宪法不在此限），曰"奏陈行政大臣侵夺权限违背法律之事"也，此数者，非又以煌煌之法律所赋予而不可抹杀者耶？乃顷者彼辈一切举动，无不侵夺资政院之权限，即以公债一项论，已足以见其他而有余。日本、丹麦前后四国之借款，照章固非交资政院议决不可者也，而政府悍然行之，不闻有一字之通告，及乎舆论不服，请开临时会，则假上谕，悍然号于众曰："借款非紧要事件，著毋庸议"。至于近日，又恐资政院于开例会时攻击己等，则更议修改院章，而专以内阁总协理与正副总裁任其事，道路相传，皆谓将制限资政院之弹

劾权。夫院章明明有其规定,而彼辈偏不遵守,独断独行,其心目中尚有所谓法律乎?请开临时会,则以非紧要事件一语搪塞,惟知有院章第三十三条,而第一十四条议决公债之文则不提及,一若忘却者然,市井小人亦不至狡诈无赖如此,其尚得谓为有国家主权者之气象耶?修改院章,原无何等已成之规定,然资改[政]院既为议院基础,立宪国议院法之修改,固夫有不经议院自身之议决者,则院章之修改,使资政院自身得协赞之,固立宪国所以保立法神圣之道而必不可少者,而彼辈竟专委之于一二家奴,不使国民丝毫参与其间,其暴戾无道,不合立宪精神为何如者?噫!此等现象,而犹望其尊重立法机关之作用,以成立宪政治,其不谓之痴人说梦其可得乎?

暂行内阁之组织,其不合乎立宪之原则,已不必论,谘议局联合会再三陈情,力攻皇族内阁之不宜,其持论甚正大,而所以为皇族谋者亦可谓甚忠,使彼辈而稍有立宪之诚意者,则当如何力悔前非,下罪己之诏,另简贤能,组织内阁,以收拾人心,痛除积弊,实行庶政公诸舆论之前谕,方可以对国人而伸大信,乃彼辈不是之顾,始则欲以夙所惯用之留中法以避舆论之锐锋,继则知此法不行,乃勉强厚颜以宣言曰:“朝廷用人,审时度势,一秉大公”。夫今之时为何时?今之势为何势?必此昏庸贪残之皇族组织内阁而后能御大灾扞大患耶?若有他贤能居内阁者,反将不宜于今之时与势耶?吾不知所秉之大公果为何也。夫果知审时度势者,则今之时势,岂犹是在上者班门弄斧以门面语压人之时势乎?而奈何不一揣量,竟然忘之,而毫不知人间有羞耻事也?呜呼,其横蛮无理,吾不知较极野蛮之专制国为何如!而犹冀其鉴谅愚诚,顺从民意,以设立真正之责任政府,是真所谓缘木求鱼之类也。

尤可笑者,彼辈动辄假口宪法大纲,以为抵御舆论之一大武器,前者既屡次不伦不类用以压制国会请愿与其他各种之要求,此次联合会之反对皇族内阁,彼辈复用此武器以为对付,其上谕曰:“黜陟百司,系君上大权,载在先朝钦定宪法大纲,并注明议员不得干预。值兹筹备立宪之时,凡我君臣上下,何得稍出乎大纲范围之外(中略)?尔臣民等均当懔遵钦定宪法,不得悉行干请,以符君主立宪之本旨”。大哉王言,其荒唐可谓蔑以有加,今试陈之。夫宪法大纲果何物者?其抄袭东邻岛国半专制之宪法条文而又谬以己意增减之,处处卤莽灭裂,作外行语,已为通人所不齿,果真欲立宪者,将拉杂摧烧之不暇,有何面目引为御侮之具耶?其荒谬一也。即使宪法大纲果善,然在今日果为已施行之法典否乎?昔者德宗景皇帝不过为将来真正宪法编定时示之准则而发布此大纲,且诏宪法未颁前,悉遵现行制度(光绪三十四年八月初一上谕),是宪法大纲今日并未有施行之效力,未有效力之法典只可视为故纸,何得强人民以遵从乎?其荒谬二也。且即就大纲言,亦不得以联合会所请为干预黜陟权,大纲所规定者,只谓议员不得干预,此议员乃指将来之国会议员而言,今之谘议局联合会者,非国会议员也,其陈请亦非以议员之资格,而实以普通人民之资格,与去岁之请愿国会正同,不得以宪法大纲有议员不得干预之文,遂以加诸该会也。其荒谬三也。宪法大纲固为君民上下所应共守,然试问君若上者果已遵守无少违乎?大纲第十条所谓司法权不以诏令随时更改者,今何如耶?第十六条所谓臣民言论、著作、出版、集会、结社均准自由者,今何如耶?第十七条所谓臣民非按照法律不加以逮捕监禁处罚者,今何如耶?第十九条所谓臣民之财产居住无故不加侵扰者,今何如耶?躬自薄而厚责于人,吾不知以何服天下。其荒谬四也。又谓臣民不率行干请,以符君主立宪之本旨,其意盖谓干请便非君主立宪,又为可笑。立宪国臣民非有请愿之一法乎?即我朝国法亦许人民上书言事,何得谓组织内阁不得请愿耶?其荒谬五也。要之,宪法大纲实为彼辈装腔作势抵御人民之利刃,其之言动合此与否,则未尝顾虑,故动辄无理,而彼辈亦恬然不以为怪,要其不晓立宪精神,无真诚立宪意思,惟

知倒行逆施之结果有以致之耳。

吾如是而得断案焉，曰：立宪者，决非现政府之所得成者也；现政府之所谓立宪，伪也，不过欲假之以实行专制者也；其所以设资政院，立内阁，非以立宪国之立法机关与责任政府视之者也，故其所以对付资政院之权限与内阁之组织者，亦不得责以立宪之原则者也；其所谓宪法大纲者，不过欺人之门面，赖人之口实，万不可信者也。立宪者，决非现政府之所得成者也。呜呼！吾国民之大梦，其尚未醒耶？吾国民而果欲真正之立宪者，其速纳贷价，勿用彼廉贱不值一钱之要求方法矣。

郭汉民编《宋教仁集》上册，湖南人民出版社 2008 年，第 306 ~ 309 页

7 月 10 日(六月十五日)　孙中山在美国旧金山倡议设立美洲中华革命军筹饷局，对外称美洲金山国民救济局，由朱三进、罗怡任正、副主席。

△ 江亢虎倡导之社会主义同志会(亦名中国社会民主党)在上海张园开成立会。

△ 出使奥国大臣沈瑞麟以外患日亟，奏请定联盟政策，联络德、美以遏英、日、俄、法。

7 月上旬　江西乐安县米谷奇贵，农民度日艰难，数千人捣毁县署。

7 月 14 日(六月十九日)　川汉铁路公司宜昌分公司四万多人开展罢工斗争，反对铁路收归国有。

7 月 17 日(六月二十二日)　何海鸣在《大江报》发表《亡中国者和平也》短评，抨击清政府出卖领土主权和立宪派的叩头请愿，呼唤发动轰轰烈烈的革命斗争。

何海鸣略谓：

政府守和平，即示割让之意。国民不甘，伏阙上书，不足以动政府，有时大张联合之雄风，倡言种种不承认、不纳税之要挟，然亦藏头缩尾，其和平更甚于政府之对外人。

武汉大学历史系中国近代史教研室编《辛亥革命在湖北史料选辑》，湖北人民出版社 1981 年版，第 557 页

7 月 18 日(六月二十三日)　孙中山函复南洋芙蓉之邓泽如、槟城之金庆等革命同志，介绍广州起义在世界与海外华侨中的巨大影响，以及对革命前途的重要意义，勉励邓泽如等继续效力革命事业，为国内起义筹集经费。信后，孙中山就家属在槟榔屿的费用，请邓泽如等南洋同志设法协助解决，家国之情，阅之令人动容。

函称：

三月廿六日来书，已得收读，足见苦心劳力，为国奔驰，钦佩无极也。按以来信之时计之，去省城失败之时不过三四日耳，追忆当日，何以为情？弟亦不胜万千感慨也！然事虽失败，而其为影响于全世界及海外华侨实非常之大，由此所得之效果亦不可胜量。以区区十余万，而做出如此惊天动地之事，使吾党之声势飞腾千丈，亦甚值矣。弟敢决此次失败之因，必定生出他日成功之果也！从此之后，所谋内外款路，皆易入手。弟现在开始经营数路，想当有一可成，惟时之迟速不得而知耳。此足为告慰者也。

又经羊城一役之后，外交亦易入手。弟曾着人直说美国政府，皆大表同情。今已使人往

英，以说彼中权要，想必能得当。法国政府，则向已有通情者也。如是吾党今日可决英、美、法三国政府必乐观吾党之成事，则再举之日，必无藉端干涉之举，且必能力阻他国之干涉也。此又外交之路因羊城之影响而收效果者也。

金山致公总堂，虽系洪门，以反清复明为宗旨，然向多老朽顽锢，向无进取之气，故尝与吾党之少年勇进之辈积不相宁，数月之前犹大反对同盟会之筹饷。美国华侨十居八九为洪门之徒，致公总堂一反对筹饷，则虽热心革命者亦不敢前；故以美国华侨之数，所集不过万余港银，远不及加拿大少数华侨之捐款。乃至羊城一役之后，见吾党志士舍身赴义，英勇绝伦，则顽锢老朽之辈亦因而奋感。今致公总堂已发起筹饷，现已设立筹饷局以专责成，想不日必能大收效果也。此又羊城失败之影响也。兹附上致公堂筹饷章程一阅。弟于月内此处筹饷局规模大定之后，当再往东美，今冬或再往欧洲，以办外交要件，而回东之期尚未定也。

南洋人心，想亦必以此次之失败而愈增奋励也。望兄及各同志竭力维持已联之人心，并鼓吹初醒之民气，倘得合大群、集大力，以南洋、美洲华侨之财力以济内地同志之所需，自无不足，而成功之期决其不远也。幸共勉之！

弟家人住榔，家费向由榔城同志醵资供给，每月百元。自弟离榔之后，两女读书，家人多病，医药之费常有不给，故前后两次向港部请拨公款，然此殊属非宜，实不得已也。自港款拨后，则无向榔城同志取费，盖每月由金庆君散向同志收集，亦殊非易事，常有过期收不齐者，此亦长贫难顾之实情也。虽曰为天下者不顾家，然弟于万里奔驰之中，每见家书一至，亦不能置之度外，常以此萦扰心神，纷乱志气，于进取前途殊多窒碍。敢请兄于榔城外之各埠，邀合着实同志十余二十人，每月每人任五元或十元，按月协助家费，以抒弟内顾之忧，而减榔城同志之担任。以榔城同志之供给已过半载，未免疲劳，倘兄与他埠同志能分担，实为至感。

中国社科院近代所等编《孙中山全集》第1卷，中华书局1981年版，第525～527页

金庆收阅孙中山此信及附寄美洲洪门兄弟筹款章程后，转交南洋各同志传阅。9月9日，怡保埠李孝章致函孙中山，就孙函所说之事作了回复。函称：

顷由金庆兄转递到先生致南洋同志书并美洲洪门兄弟筹款章程，敬悉美洲华侨民族思潮一日千丈，赞助进行款项又非常踊跃，无任喜慰。固缘时势变迁有以使然，惟若非先生毅力之鼓吹，至诚之感格，曷克臻此哉！已是有如此机会，望早集大款，以图大举，以吊同胞于水火也。嘱南洋同志亦须预早筹备，以候调用，免军需不足，再蹈前辙，自是吾人当务之急，所当引为龟鉴者也。

惟南洋举动，难同彼美之自由。自广州事发后，虽表同情于吾党者有加无已；惟李准轰后，清吏照会叻督，叻督转饬各州府稽查吾党颇严，不能如去年之明目张胆可以逢人劝捐也。矧自今春以来已筹多次，教育之捐未了，继以善后，善后之捐才罢，又续以民心、民报、光华等股份，大有接应不暇之势。出钱者固多叹原气之未复，劝捐者亦殊觉开口之为难也。过后二三月，俟衙门稽查渐弛，同志经济渐裕，当如命奉行，协美洲两方面而并进焉。

惟今日进行要素，钱财固患难筹其充裕，人才亦患难得其真实。广州之役功败垂成，虽曰汇款太迟，旷日持久，以致谋泄迫变，然亦未始非任事者不尽有真实之才也。以故忽而主缓办，忽而主急办，临事仓皇，莫定一策。总司令虽确能尽责，脱虎口而全生，其如号令不行各部，遗命何哉？语曰：前事者，后事之师。此后用人是亦不能不慎选者也。慎选之法如何，可以此次之经验是准，可者授之以相当之职，不可者远之而已。准是而论，广州之役虽云失败，亦得谓为吾党一场大试验焉。盖以不试验不知党员之孰勇孰怯，不试验不知民心之或向或背，不试验不知清兵之有用无用，不试验不知清官之心寒不寒也。今一举而五方面之真情

见,若再度之举而能引以为则,痛饮黄龙本不难也。独可惜事后各办事员(雨平)之意见颇觉不洽,大为大局之隐忧,望先生善以调和之为幸。

至先生家费事,泽如、金庆亦曾有信来商。先生嘱合十余二十同志中稍妥者担任接济,本无不可。然想先生提倡民族,为救同胞,凡有血气者应认为万家生佛、亿兆慈航,矧吾同志与先生有特别之感情、密切之关系者,而可不担认维持家费之责哉!故弟与此间同志及芙蓉之泽如诸君、槟城之金庆诸君商议,与其各埠分担零星,集合以接济先生家中月用,屡误时期,不如由弟处先行拨出款项,按月照缴百元为愈,盖先生为吾党众之代表,为全体之公仆,区区家费应由公众供给者,槟城、吡叻、芙蓉三方面俱认可,他方面又有何反对者哉!纵有不明事体者从中反对,亦无碍于事也。惟弟处已出之数当如何,一俟先生今冬由美南来时一商可也。

先生其专心为前途努力,切勿断断以内顾是忧为幸。东奔西走,伏祈为国珍重焉。

黄彦、李伯新编著《孙中山藏档选编》,中华书局1986年版,第47~48页

7月21日(六月二十六日)　孙中山在美国旧金山成立洪门筹饷局(又称中华革命军筹饷局)后,是日撰写《洪门筹饷局缘起》、《革命军筹饷约章》二文,决定分南北两路筹款。

洪门筹饷局缘起

兹当人心思汉,天意亡胡,所以各省义师连年继起。然尚未能一战成功者何也?岂以人才之不足、战阵之无勇耶?皆不然也。试观最近广州一役,舍身赴义者,其人多文武兼长之士,出类拔萃之才;当其谋泄失败,犹能以数十人力战而破督署,出重围,以一当百,使敌丧胆,可知也。然人才既如彼,英勇又如此,仍不免于失败者,其故安在?实财力不足、布置未周之故也。内地同胞久在苛政之下,横征暴敛,剥皮及骨,遂至民穷财尽,固无从厚集资财而为万全之布置也。故输财助饷,以补内地同胞之所不逮,实为我海外华侨之责任,义不能辞也。内地同胞舍命,海外同胞出财,各尽所长,互相为用,则革命大业之成可指日而定也。

我洪门创设于美洲已数十年矣,本为合大群、集大力,以待时机而图光复也,所谓"反清复明"者此也。今时机已至,风云亦急,失此不图,则瓜分之祸立见矣!本总堂兹承孙大哥指示,设立筹饷局于金山大埠,妥订章程,务期完善无弊,以收效果。捐册寄到之日,切望各埠手足,竭力向前,踊跃捐资,以助成革命大业,则洪门幸甚!中国幸甚!

谨拟章程开列如左:

一、革命军之宗旨,为废灭鞑虏清朝,创立中华民国,实行民生主义,使我同胞共享自由、平等、博爱之幸福。

一、凡我华人皆应供财出力,以助中华革命大业之速成。

一、凡事前曾捐助军饷至少十元者,皆得列名为优先国民。他日革命成功,概免军政府条件之约束,而入国籍。

一、凡事前未曾捐过军饷之人,他日革命成功,须照军政府条件之约束,而入国籍。

一、凡捐过军饷五元以上者,当照《革命军筹饷约章》奖励条件办理。

一、议在金山大埠致公总堂设立一筹饷局,由众公举人员办理,由孙大哥委人监督。各埠曾捐助军饷者,皆可派一查数员,随时到来查数。

一、筹饷局之组织分为两部,一董事部,一办事部。

董事部:以现任致公总堂职员及捐款千元以上者当之,人员无定额。

办事部:总办一人;会计一人;查数一人;中文书记三人;西文书记一人;劝捐委员无定

额,随时由董事议定,由总办择人任使;监督一人。

一、凡局内之事,必须董事议决,然后办事部方能执行。

一、所收捐款多少,除经费外,一概存入银行,以备孙大哥有事随时调用,他事不得提支。

一、议所收捐款,拨出一成为筹饷局经费,以支办事人员车费、薪水、邮电、纸笔各费,如有盈余,仍拨归军饷之用。

一、所有筹饷局经费,须要监督批准,方能动支。

一、所发捐册,以寄到之日起,限期两个月缴回清算,按名给发执照为凭;其捐数五元以上者,另行双倍给发中华民国金币票收执。

美洲金山大埠致公总堂特启

革命军筹饷约章

第一款　凡认任军饷至美金五元以上者,发回中华民国金币票双倍之数收执。民国成立之日,作为国宝通用,交纳税课,兑换实银。

第二款　认任军饷至百元以上者,除照第一款办法之外,另行每百元记功一次,每千元记大功一次。民国成立之日,照为国立功之例,与军士一体论功行赏。

第三款　凡得记大功者,于民国成立之日,可向民国政府请领一切实业优先利权。

第四款　以上约章,只行于革命军未起事之前。至革命军起事之后,所有报效军饷者,悉照因粮章程办理。

中华革命军发起人孙文立

中国社科院近代史所等编《孙中山全集》第1卷,中华书局1981年版,第527~529页

△ 清廷以铁路国有政策早经宣示,借款合同签押决无反悔之理,护理四川总督王人文一再代奏川民铁路收回商办要求,殊属不合,著王人文仍凛遵迭次谕旨办理,倘或别滋事端,定惟该护督是问。

△ 上海《民立报》刊载税务处调查全国人口统计表,载明全国实有四亿三千八百四十二万五千人。

7月22日(六月二十七日)　孙中山致函美国旧金山同盟会会员李是男,促其立即开办新筹饷局,由其管库,新旧两局银钱、账目分清。

孙中山函称:

新筹饷局开办已有眉目,刻下已有交银者。……务望兄速将旧数清结,立即开办新局。此局亦兄为管库,然必新旧分清,切勿迟延为幸。

中国社科院近代史所等编《孙中山全集》第1卷,中华书局1981年版,第530页

7月23日(六月二十八日)　四川派赴两湖代表江潘等三人,与湖北省谘议局副议长夏仲膺等会商,共同反对清廷借款收路,决定联合湘粤,组织反对借款之联合机关,共同行动。

7月26日(闰六月初一日)　黄侃在汉口《大江报》撰发时评《大乱者救中国之妙药也》,署名奇谈,反对改良,疾呼革命。

大乱者救中国之妙药也

中国情势,事事皆现死机,处处皆成死境。膏肓之疾,已不可为,然犹上下醉梦,不知死期之将至。长日如年,昏沉虚度,软痈一杂,人人病夫。此时非有极大之震动,激烈之改革,唤醒四万万人之沉梦,亡国奴之官衔,行见人人欢戴而不自知耳。和平改革既为事理所必无,次之则无规则之大乱,予人民以深创巨痛,使至于绝地,而顿易其亡国之观念,是亦无可奈何之希望。故大乱者,实今日救中国之妙药也。呜呼!爱国之志士乎,救国之健儿乎,和平已无望矣,国危如是,男儿死耳,好自为之,毋令黄祖呼侫而已。

武汉大学历史系中国近代史教研室编《辛亥革命在湖北史料选辑》,湖北人民出版社 1981 年版,第 558 页

7 月 28 日(闰六月初三日)　孙中山致函越南同盟会会员刘易初,告以胡汉民将赴越南筹措军费,希望刘带头倡导,共襄革命大业。

△ 广东新会县泗冲堡农民反对勒收沙捐,聚众数千人,拥至筹办处、沙捐局,声称誓死不允缴捐,并焚毁各捐局。张鸣岐派兵镇压,枪毙三人,重伤七八人。

△ 督办粤汉川汉铁路大臣端方电邮传大臣盛宣怀、度支大臣载泽,报告川人反对铁路国有,定初十(8 月 4 日)开会,如系开保路同志会,应行切实严禁,请饬地方官全力解散。

7 月 29 日(闰六月初四日)　陕西省临潼县举办地方自治,勒派亩捐,农民千余人反抗,商人罢市。

7 月 30 日(闰六月初五日)　瑞澂因湖南防营查获私藏佩刀上镌刻湖北徐恒兴店制造,密饬巡警道全面调查武汉刀店,并规定,自该年闰六月开始,武汉刀店必须申报营业执照,并由同行具保,刀店所产之刀应刻明牌号,凡购刀五把以上,应登记姓名住址,以防革命党购置刀具。

是日《时报》报道:

瑞制军近准湘抚杨中丞电咨谓:湘省防营获有匪党数名,取出手枪及佩刀甚多。查刀上镌有湖北徐恒兴店制造等字样,请密查究。当经密饬巡警道调查。遍访武汉地方,均无徐恒兴刀店。制军以刀店造械接济匪徒,必不镌其真确商标。武汉刀店林立,接济匪徒之事,是所必有,亟应预为防范。爰饬该道酌定取缔刀店规则如下:一、营刀店之业者,无论为修整、为制造,应照营业章程,呈由该管警区报明公所,领取营业执据。二、武汉旧有营刀店者,由本年闰六月起,一律取其同行或正绅保结,报明领取营业执据,得许继续营业。三、领有营业照之刀店,凡非日用所必需者,或修整或制造,应将刀类数目、价值、卖数,悉按日登记,每月由该管警区调取查核。四、凡非日用必需之刀,购买在五柄以上,均应询明姓名、住址、事由,登记簿内,无论军学营署及其它交易,俱由该刀店赴该管警区先行呈明,听候调查核准,方许出售。五、刀店制造之刀应于刀身刻明本店牌号。六、自本规则宣布施行之日起,旧有刀店限半月内一律呈报,具领执照。

武汉大学历史系中国近代史教研室编《辛亥革命在湖北史料选辑》,湖北人民出版社 1981 年版,第 546 ~ 547 页

7 月 30 日(闰六月初五日)　邮传大臣盛宣怀、度支大臣载泽电四川署理布政使尹良,严禁川民集会反抗政府。

7 月 31 日(闰六月初六日)　中国同盟会中部总会在上海举行成立大会,发表成立宣言,厘定总会及分会章程,策划长江流域各省起义。举宋教仁、谭人凤、陈其美等五人为总务干事,设本部于上海,设分会于苏、皖、湘、鄂、川各省。

谭人凤《石叟牌词》:

于是返上海,嘱钝初草定中部同盟会简章,分总务、党务、财务、文务、评议五部,假北四川路湖北小学校开成立会,到会者二十余人,公推宋钝初、吕天民任文务,杨谱笙、潘祖彝任财务,余任党务兼司联络军界事。总务部则虚其位,以待贤能。部务取合议制,凡事须经评议后始执行。陈英士、范鸿仙、谭价人、谈宅赐等,皆被举为评议员入会参议,推余为议长。此辛亥六月(一九一一年七月)间事也。

石芳勤编《谭人凤集》,湖南人民出版社 1985 年版,第 373 ~ 374 页

中国同盟会中部总会成立宣言

现政府之不足以救中国,除丧心病狂之宪政党外,贩夫牧竖,皆能洞知,何况忧时之志士?故自同盟会提倡种族主义以来,革命之思潮,统政界、学界、军界,以及工商各界,皆大有人在。顾思想如是之发达,人才如是之众多,而势力犹然孱弱,不能战胜政府者,其故何哉?有共同之宗旨,无共同之计划;有切实之人才,无切实之组织也。何以言之?如章太炎、陶成章、刘光汉辈,已入党者也,或主分离,或事攻击,或如客犬,非无共同之计划有以致之乎?而外此之出主入奴,与夫分援树党,各抱野心者,更不知凡几耳。如徐锡麟、温生才、熊承[成]基辈,未入党者也,一死安庆,一死广州,一死东三省,非无切实之组织有以致之乎?而外此之朝秦暮楚,与夫轻举暴动,枉抛生命者,更不知凡几耳!前之缺点,病不合,推其弊,必将酿旧史之纷争;后之缺点,病不通,推其弊,必致叹党员之寥落。前一缺点伏而未发,后一缺点则不自今日摧伤过半人才始。前精卫陷北京,南洋《中兴报》曾载有曰:"跳来跳去,只此数人。"呜呼!有此二病,不从根本上解决,惟挟金钱主义,临时招募乌合之众,搀杂党中,冀侥幸以成事,岂可必之数哉?此吾党义师所以屡起屡蹶,而至演最后之惨剧也。同人等激发于死者之义烈,各有奋心,留港月余,冀与主事诸公婉商善后补救策,乃一以气郁身死,一以事败心灰,一则宴处深居,不能谋一面,于是群鸟兽散,满腔热血悉付诸汪洋泡影中矣!虽然,党事者,党人之公责任也。有倚赖性,无责任心,何以对死友于地下?返沪诸同志,迫之于情不能自已,于是有同盟会中部总会之组织。定名同盟会中部总会者,奉东京本部为主体,认南部分会为友邦,而以中部别之,名义上自可无冲突也。总机关设于上海,取交通便利,可以联络各省统筹办法也。各省设分部,收揽人才,分担责任,庶无顾此失彼之虑也。机关制取合议,救偏毗,防专制也。总理暂虚不设,留以待贤豪,收物望,有大人物出,当适如其分,不至鄙夷不屑就也。举义必由总部召集各分会决议,不得怀抱野心,轻于发难,培元气、养实力也。总部对于各团体,相系相维,一秉信义,而牢笼诱骗之手段不得施也。各团体对于总部,同心同德,共造时机,而省界情感之故见,不可有也。组织之内容,大概如是。海内外同志,其以为不谬,肯表同情赞助欤?党人幸甚,中国幸甚!

上海社会科学院历史研究所编《辛亥革命在上海史料选辑》,上海人民出版社 1966 年版,第 6 ~ 8 页

中国同盟会中部总会章程

第一条　本会由中国同盟会会员之表同意者组织而成。

第二条　本会定名曰中国同盟会中部总会。

第三条　本会以推覆清政府,建立民主的立宪政体为主义。

第四条　本会置本部于上海,置分会于各处。

第五条　凡中国同盟会会员依本会法律入会者，皆为本会会员。

第六条　会员皆一律平等。

第七条　会员得于法律范围内，保持身体、财产、职业、居住、信仰之自由。

第八条　会员得依法律陈请保护利益，及陈诉冤抑；其有因公受害者，本人或遗族得受恤典。

第九条　会员依法律有选举、被选举之权。

第十条　会员须保守本会一切秘密。

第十一条　会员不得入反对本会主义之他团体，并为之尽力。

第十二条　会员有依法律纳捐项、出劳力之义务。

第十三条　本会置会长一人，代表本会，总理会务，任免职员，并发布一切法律命令。但暂时虚位以待，将来由总务会议决其时期及选举法选举之。

第十四条　本会置总务干事，管理全会事务；其员数及分掌事务方法，由总务会定之。但第一次员数，由会员议决。

第十五条　总务干事组织，为总务会协议会务，保持办事方针之统一，会长未选举以前，总务会行其职权。

第十六条　总务干事互选一人为议长，掌召集开会、保管文书印信之事，其开会议事时，遇有可否同数者，由其决定。

第十七条　总务会须以总务干事全体之署名，行其职权；其有因故不能视事时，则托同干事一人代理之。

第十八条　总务干事，由会员以记名法选举，一年一任，得连举连任。选举时以得票多数者，依次当选；满额后，再以其次之得票多数者，依次选为候补人，如其员数。

第十九条　总务干事有因故离去本部，须经三月以上时，以候补人署理之。

第二十条　本会款项，会计以半年为一期；每一期前，制成预算；一期终，制成决算，皆由总务会公布之。

第二十一条　本会特别事件之会计，于其事件未办前，制成预算；事件既终后，制成决算，皆如前法公布之。

第二十二条　本会会员有违犯法令者，由总务干事会依法律协议审判，并施行刑罚。

第二十三条　本会章程，由总务会之协议，或会员二十人以上之提议，得改订之。

中国同盟会中部总会总务会暂行章程

第一条　总务会以总务干事组织之。

第二条　总务会干事暂定为五人，由会员照章程选举之。

第三条　总务会除议长外，暂分为各部，以各干事分掌事务如下：甲、庶务部管理一切不属他部之事务。乙、会计部管理会计收支事务。财务部管理筹款事务。丙、交通部管理联络各等社会及会籍、选举、纠察、赏恤、通讯事务。丁、文事部管理参谋、立案、编辑及其它一切各事。

第四条　各干事分掌各部，由总务会以互选法选定之。

第五条　除总会章程第十五条所规定外，凡各部重大事务，皆须经总务会之协议。

第六条　各干事得自定各该部规则，并指任部员。

第七条　本章程俟分会成立至五个以上时，即当取消另定。

中国同盟会中部总会分会章程

第一条　一地方有二十人以上之会员者，得由会员发起，或由总务会命令设立分会。

第二条　分会置分会长一人,由分会会员自行选举。但有认为必要时,得由总务会指任。

第三条　分会长总理该分会事务,任免职员,于法令或特别委任范围内,发布命令,对于总务会负责任。

第四条　分会置各职员如下:庶务司长,管理不属各司之事务。军务司长,管理联络军队、准备军需及关于军令事务。财务司长,管理筹款及会计事务。交通司长,管理联络各等社会及会籍、选举、纠察、赏恤、通信事务。执法司长,管理审判事务及施行刑罚。有认为必要时,得酌置临时职员。

第五条　分会会员依法律有负担本部经费义务。此外,分会亦得自征分会捐,并筹集款项。

第六条　分会会员非经该分会长之绍介,不得直接通于本部。

第七条　分会办事方针,须听本部指挥,不得独异。

第八条　除本章程外,分会得自制定详细规则;但须报告总务会,经其认可。

上海社会科学院历史研究所编《辛亥革命在上海史料选辑》,上海人民出版社1966年版,第8~12页

△ 清廷命新任四川总督赵尔丰赶在本月初十日(8月4日)川人开会以前抵省,并饬属于开会之期,多派员弁,实力弹压。

△《大江报》"多提倡社会主义于武汉新闻",是日刊载离布畏译文《论社会主义定义十五条》,辑录西方空想社会主义理论家塞佛列等之理论要点。次日续载,及十三条遭官方禁阻,不迄而罢。此为武汉报界较为系统地传播介绍社会主义理论的开始。

其文如下:

一曰变易互相竞争之私有资本为一群之合同资本,社会主义于此托始,亦于此告成。(塞佛列)

二曰社会主义者以生产之要件属诸社会,以消费之要件属诸个人者也。(瓦列斯)

三曰国有主义之定义,求其精当宜然,即产业的自治。(贝拉美)

四曰社会主义者,凡生产必要之机关宜归社会之所有而共营之,舍是无宜专属者,无问社会之内部或外部,抑个人或个人之团体也。(克拉克)

五曰社会主义非徒为改良法而已,以今时之群制,宜有经济的进步,其结果当使资本不为个人所有,而属诸劳民之大群,是故社会主义亦可称为历史上之一情状。(拉法格)

六曰社会主义之性质在使生产诸机关诸要件悉归社会全体,当日分配一切生产物,宜从社会之规则。(弥口)

七曰今兹产业虽由赁银[佣]劳力见属于资本家,将来生产机关宜为共有,此机关求组合事业,由理论言,由历史言,社会主义之根本主义必当如此。(科嘉蒲)

八曰产业宜由共有生产要件(生产要件即土地资本)之劳民团体经营之,今世产业虑[悉]皆属于互相竞争之资本家,由傭银[雇佣]劳力而得,他日经营产业,必在有合同资本,以公平分配为目的之组合劳民,是则社会主义之要旨也。(科嘉蒲)

九曰生产要件属诸社会,则商品之生产废,而无生产物厉生产者之患,由是社会的生产之无政府状态消灭,有秩序之组织代兴人间,世之生存竞争于此止息,自来支配人类之外境,悉受人类之支配,人类始成为社会组织之主人,作管理自然之真宰,此由必要之王国而为自由之王国,人类之进步也。(英格尔)

十曰社会主义者对于今世群制所谓个人的努力及竞争，废止其全部，若多分，而代以组合事业，其分配生产物宜有最完全最平等之法，凡生产之机关及要件，宜为社会全体之所有，此社会组织之理论与制度也。（森鸠利宇书）

十一曰社会主义者对于生产上物质的大机关，而废其私有制，代之以共有制，他若合同经营生产，以社会分配社会的收入，及以此收入之大部分为公有财产，皆此主义所皆贯者。（伊里）

十二曰社会主义者，为屡变其形，渐求适用之根本主义，主张社会共有土地资本，宜用组合的经营，以谋全群之康乐。（布里士）

十三曰凡生产分配及交换之要件，悉皆于社会欲谋全群之康乐，宜由民主的国家经营，又使劳民全舍资本制度及地主制度之困抑于两性间，实现社会的及经济的平等。（英国社会民主同盟之目的）

刘望龄《黑血·金鼓—辛亥前后湖北报刊史事长编》，湖北教育出版社1991年版，第231～232页

是月　湖北绅商反对铁路国有，派张伯烈、刘心源、密昌墀在北京邮传部请愿，三日不食，露宿宫门。湖北省谘议局代表在北京向都察院请愿。同时，湖北谘议局在武昌召开千人大会，进行抗议和请愿。

△ **湖北裁撤绿营练军。**

1911年6月11日（辛亥五月十五日）《时报》报道：

湖北全省绿营及操防练军，现经瑞督照资政院议案，本年六月一律全裁。所有筹给恩饷及一切善后办法，经藩司会商兵备处拟议，呈请瑞督核订，列为十条。昨又通饬绿营镇协标营及各府厅州县一律遵办。兹记其办法如下：（甲）湖北全省绿营练军大小官弁兵丁一律裁撤，以本年六月底为截止之期，各营官弁尚有经手点交事宜，应在本年闰六月底止，一律裁撤。（乙）绿营练军现存兵丁匠夫共二千八百三十名，应各照所领饷银米折算加饷之数，均一律自裁营之日起发给恩饷，由藩司全数筹备，由各标营照章具领，至裁撤之日按名散放，不得短少分厘，俾得改业有资，免致失所。（丙）湖北提督缺应裁与否，候奏明请旨办理。（丁）郧阳、宜昌两总兵缺应即裁撤……（戊）湖北二十三标副参、游、都、守、千、把、外额，实任实缺者三百三十员，均给予三年恩廉俸饷。下令二年半恩廉俸饷，由藩司查照各该员弁应领数目，自宣统四年起，酌分五次，以半年为一次，按照先后填给印票，到期持赴司库领取。……（辛）裁撤大小员弁及随营武进、武峰，均准其投效他省或本省各防营。

武汉大学历史系中国近代史教研室编《辛亥革命在湖北史料选辑》，湖北人民出版社1981年版，第348页

△ **岭南半翁《辛亥粤乱汇编》在上海江西路华英印务公司印刷，该书共分九章，按时间顺序记载1911年春在广州发生的温生才刺杀广州将军孚琦和“三·二九黄花岗之役”，可能是最早系统记述这两大事件的书籍。**

《辛亥粤乱汇编》的编者岭南半翁，真实姓名不详，身份当为清末广东某报记者。编者在汇编缘起中称：

政府方筹办宪政于上，而革命风潮未已于下，岂教忠之道犹未尽欤？吾不得而知。革命党不尽粤人，此次偏起于粤东，岂天狗、太白诸星独萃于粤中欤？吾亦不得而知。惟自庚子来，汉口、惠州、安庆、镇南关诸役，政府次第荡平，近年宜稍熄矣。革命党乃旋伏旋起，再接

再历,竟构成三月二十九日之变。先是有温生才刺杀将军孚琦之事,不旋踵而党人群起轰击督署。说者谓彼党视死如归,是革命雏形之日渐滋长,果尔,则流血之惨及兹未艾,吾不禁为中国前途悲矣!记者粤人,一月而两睹巨变,乌可以不记。爰搜罗斯事颠末,并采集各报所载,辑成是编,俾觇世变者知所考焉。

章开沅、罗福惠、严昌洪主编《辛亥革命史资料新编》第1册,湖北人民出版社2006年版,第320页

夏　美洲洪门总会即美洲致公总堂受广州起义的感染,经过孙中山等人的宣传引导,于是年7月中旬成立美洲洪门筹饷局(又称中华革命军筹饷局),逐渐支持反清革命,并于是年夏天发布檄张鸣岐、李准文。

美洲洪门总会檄清朝广东总督张、提督李:

按文明之战例,凡弃械、受伤之敌,不得残杀。近日革命党起义广州,谋泄失败,而尔等不守文明战法,竟将弃械、受伤之敌及无辜平民残杀数百,其效忠于胡虏可谓至矣!曾亦知文明人道之不容乎?将何以偿此头颅之价值乎?

前者革命事业多少年学子争先力行,我洪门之众尚迟以有待。今者时事日亟,满虏自知其族之死期将至,故频借外债,迭让利权,以实行其"宁赠友邦,不益汉族"之政策。政府一面嗟贫借债,而内廷一面私运金条一万万二千万于伦敦银行贮积,以备狡兔三窟,而效土耳其皇哈勿之所为。颠倒如此,不亡何待!故我洪门人士决然奋兴,与少年志士联合为一,誓即扫灭胡尘,廓清华夏。凡残杀同种、为虎作伥之辈如尔等者,悉将不容。今姑念尔等生于退化黑暗之国,仕于野蛮专制之朝,未睹文明之治,不忍不教而诛,特开尔等自新之路,限于接到此檄之日三阅月内,率尔部下反正,为国民军之先驱,扫除胡虏,光复中华,以为抵罪。否则,决以尔等野蛮之法,还治尔等野蛮之人。一旦革命功成,必诛灭尔二人之九族,以为今日之报复。我洪门令出必行,决无宽贷。尔宜三思,须知胡虏发祥之地尚不能保,断难保尔二人之九族也。尔读书识字,当知民族大义、汉满大防,毋待踌躇而抉择去就也。能否办到,限内详复。此檄。

黄彦、李伯新编著《孙中山藏档选编》,中华书局1986年版,第43～44页

8月1日(闰六月初七日)　瑞澂以《大江报》刊发《大乱者救中国之妙药也》时评,"淆乱政体,扰乱治安",于8月1日查封报馆,并将该报总经理兼总编辑詹大悲、副编辑何海鸣逮捕入狱。酿成震动全国的"大江报案"。武汉报界及上海《时报》、《民立报》等通过开会或刊发《大江报》被封消息,声援《大江报》,抗议湖北当局的专制蛮横行为。

据1911年8月7日《时报》报道:

汉口大江白话日报系詹大悲、何海鸣、蒯理丞(蒯即前在鄂省开书社被官场查获定罪监禁,于前岁赦出者)等合组,由大成公司代印。向持激烈主义,敢于骂人。近自铁路收归国有,鄂之士绅噤若寒蝉,莫敢反对,甚至为虎作伥,希冀谋干路差。该报记者詹、何两君痛人心之已死,念大局之垂危,遂日著评论,为鄂人之针砭,意在鼓动社会结团抵抗。笔锋所至,怒骂随之,如盛大臣、端午帅、郑苏龛等皆时被谩骂,以是大为官绅所侧目。初一日又著时评,题曰"大乱者救中国之妙药"。昨为瑞督所见,札饬警道,谓该报淆乱政体,扰害治安,应即封闭,永禁发行,并传编辑人交审判厅照律究办。巡警道王履康奉饬,即饬夏口厅派练勇数十人会同巡警二区区官带警前往苗家码头巷该馆围捕。时已入夜九句钟,该报记者何海鸣因事他出,惟詹大悲正与外来之友数人围座纳凉。诸友人见巡警围捕,如拿大盗,咸惶恐无似。当经詹君与区官问明来意,即令馆中人将日用器物搬出,以便其封闭;一面自随区官

向地方厅而去。……到地方厅后,立时由检察厅起诉,片请刑庭庭长兰君及某某两推事莅庭讯问。詹君供迭次刊稿,皆系外间所投,与辩良久。法官因未将何海鸣逮案,判押看守所,俟何到判决。詹欲一人担负责任,堂上不可,遂令数役将其拖曳至所收管。

武汉大学历史系中国近代史教研室编《辛亥革命在湖北史料选辑》,湖北人民出版社1981年版,第551~552页

1911年8月11日《时报》续报汉口《大江报》被封起因:

兹探悉有三大特别原因在也。一自督办铁路大臣来鄂后,无日不作讥讽之评论,故此得咎于端老四;一攻击陆军第八镇第二十九标标统李襄邻撤差,于统制面上不好看,故此得咎于张彪;一度支公所以七厘行息借洋款五十万之草合同,该报首尾登载,曾经藩司禁止发刊,故此得咎于余诚格(盖此项草合同各报曾全登载,大江报先仅登载一半)。有此三项,均授意与瑞督院,转饬巡警道王履康随时检察该报。又不便明指以上三项问题,惟令另探重大行政处分。适本月初一日该报之时评,大标其目曰"大乱者救中国之良药也"。王道即将此报剪呈瑞督院,谓此言论实属淆乱政体,扰害治安,故此办理雷厉风行也。闻端方注意纂述黄季刚,张彪注意编辑何海鸣,余诚格注意詹大悲。

武汉大学历史系中国近代史教研室编《辛亥革命在湖北史料选辑》,湖北人民出版社1981年版,第554~555页

1911年10月5日《时报》公布汉口地方审判厅判决大江报之判词(节录)如下:

犯罪事实及证明缘由:缘詹培翰、何海鸣分隶蕲州及湖南衡阳等州县,均年二十二岁。詹培翰曾在自治研究所第一班毕业。……宣统二年间,胡为霖创办大江报馆,命名白话报,专以灌输国民常识,增进人群道德为宗旨……。迨至三年,该报馆因资本不足,遂添招股,以詹培翰担任总经理兼总编辑,何海鸣为副编辑,改用文言,作为股份公司,当时并未遵照报律第五条重行呈告。其印刷事因未置机器,包与大成公司印刷,立有合同,载明大江报日后如有违犯报律,概不与大成(公司)相涉,彼此分执为据。该报发行后,于六月二十二日,先于时评登"亡中国者和平"一段,下注"海"字。略谓:"政府守和平,即示割让之意。国民不甘,伏阙上书,不足以动政府,有时大张联合之雄风,倡言种种不承认、不纳税之要挟,然亦藏头缩尾,其和平更甚于政府之对外人",且甚至诋宪法大纲为"摧抑民气之怪物",并引陈天华及宪政党被打诸事,以为留学界轰轰烈烈之举动。又于闰六月初一日时评登"大乱者救中国之妙药"一段,下注"奇谈"二字。略谓:"中国时势,事事皆现死机。和平改革既为事理所必无,次之则无规则之大乱,予人民以深创巨痛,使至于绝地而顿易其亡国之观念。故大乱即救中国之妙药";末节又有"和平已无可望,国危如此,男儿死耳,好自为之"等句。经巡警道禀奉督宪批饬将该报馆封闭,一面饬提正编辑人詹培翰及印刷人关雷汉、李菊卿,移交同级检查厅起诉到厅。复经本厅饬拘副编辑人何海鸣到案。讯明该报第一张论说及一切新闻,均归詹培翰正编辑处审定判发,何海鸣则帮办副张。所有论说时评,凡注有"大悲"者系詹培翰所编,注有"海"字者则均系何海鸣所编。其闰六月初一所登时评下注"奇谈"字样者,乃系外来寄稿,不知姓名,经詹培翰选定登载,应以詹培翰负其责任。……

援据法律某条及理由:……合依报律第二十二条,违第十条登载第二款之规定,各拟以监禁一年半;讯系赤贫,均免科罚金。

武汉大学历史系中国近代史教研室编《辛亥革命在湖北史料选辑》,湖北人民出版社1981年版,第557~558页

△ 四川保路同志会代表白坚、龚焕辰、陈育到广州,越二日开谈话会,粤省谘议局议长卢乃潼等莅会。白坚提议川粤联合共同破约,及联络湘、鄂四省共举代表赴京,设破约总机关部,一致进行。

8月初　同盟会员龙鸣剑、王天杰等在四川联络哥老会，成立保路同志军，准备发动反清起义。

据吴玉章回忆：

8月初，龙鸣剑、王天杰与哥老会首领秦载赓、罗子舟等于资州举行会议，根据龙鸣剑提出的“明同暗斗”的方针，决定组织同志军，发动武装斗争。

吴玉章《辛亥革命》，人民出版社1973年版，第121页

8月3日(闰六月初九日)　四川保路同志会召开全体大会，欢迎川路公司股东代表，到会近万人，股东代表张澜发表演说，号召股东代表与同志会诸君，共同排除障碍，破约保路。

△ 江苏丹阳、武进两县农民反对调查户口，成立公议团抵制官绅，反对自治局。

8月5日(闰六月十一日)　四川省铁路公司开特别股东总会，通过《遵先朝谕旨四川川汉铁路仍归商办意见书》，举颜楷、张澜为正、副会长。

8月6日(闰六月十二日)　革命党人胡毅生、朱执信复函孙中山，就孙来函求寄清廷在各省军事设备及将校倾向革命的调查表、派人运动内地新军等，介绍国内有关情况及发表自己看法。

函称：

接读七月四号来书，具悉一是。新军运动之事，前展往西贡，临行时已发一信，略述各方面情况，度日间当可达览。然照此情形，则外面敷衍尚易，实力协助则殊不可保。且现在能身进内地者无几人，虏之防备较前更密，倘无人引进，则新军之路亦未易通。故一时未能著手，尚须看机会也。

若所嘱制各表，则非联络其参谋处人员，不能办到。其功程须在新军运动有效之时，始可著手。冬前寄美，恐不可得。据仲实兄之意，则谓调查此等事，向军谘处为之，事半功倍，而军谘处仲兄亦有路可通。将来如决定办去，则由仲兄介绍一行，调查当非甚难，时候亦可缩短。然最可虑者，此种表册，各项皆可据实登载，惟将校之人格思想，皆须从好一边说去，倘彼资本家接表后立发人调查，此方运动不能急速如期，反有不利。则不如逐省做工夫，看准某人思想较好，再行作表，则彼照表调查，亦无大碍，然时日不免拖长。此节当再与展兄妥商决定办法。

现在能办到者，尽力办去，大约不过得数省军队中有一小部分人赞成，多数人不反对而止。至于发动之力，概不可望，即办到此地位，恐亦非有一年以上之运动不为功。以新到一省，欲行运动，必须结识其中人物，然后以次传播，徒有金钱，恐无益处。前年倪君在粤省运动时仅费数月工夫，实因赵任标统时已种下种子，不可为例。且当时防闲极疏，外人可任便入营住宿、演说，今断不能。而倪君开手运动虽在九月，其结纳营中官长已先费半年有余工夫，又有同乡多人为助，然后有此好况。今往运动他省，虽稍有基础，而防闲较严，尤需长时日矣。倪君运动之费(专就新军一方面)不过三千余元耳，今岁所费十倍倪君时，而其人又大半已经倪君运功者，然尚不得前岁十分之一之效果，足见运动不全关于钱，仍系于人才也。然今日人才尤难，欲得其人，势不许十省同时运动，故此期限仍须放长一年半载。即欲真得十省军队赞同，须一年以上至二年之工夫也。如此逐省办去，得有成效，再行借款，然后聚全

力于一省以发动（大概仍以广东为有利），即不得甚大之款，亦无大碍。如东美之款，能有一百或数十万，则似亦可足用，不必再求借大款矣。

……

此次事后，省港之人皆极称义军之仁勇。惟此时侦探之多异常，一时不能轻易收人，若有财力者之帮助，则尚未多。南洋情况，据一二人之传说，则广府人颇有进，而客人以报告中声姚氏罪，故多不服。其福建人，以此次同乡殉义者多，亦颇发奋。此次展之往西贡，即由福建人招同往星洲一带筹款者也。

黄彦、李伯新编著《孙中山藏档选编》，中华书局1986年版，第44～45页

△ 上海闸北协和、晋昌、长纶、锦华四丝厂女工，举行同盟罢工，要求增加工资。勤昌、久成两丝厂女工响应。总计罢工人数为三四千人，罢工坚持十天，丝厂总公所允加洋一分。

8月8日（闰六月十四日）　江苏句容县农民反对举办垦务，聚众五六万人，冲入县城，焚毁店铺、商会、自治公所、学堂、巡警局及天主堂等处，烧毁城外垦牧公司。

△ 摄政王载沣面谕阁臣，各省纷纷自借外债，于国家前途异常危险，嗣后无论何省，不经政府同意，擅借外款者，国家不认偿还。内阁即电各省督抚遵守。

△ 清廷将湖南巡抚杨文鼎与陕西巡抚余诚格对调。

△ 外务部主事韩葆谦等人为归德府盗匪出没，联名具呈，公恳代奏，请旨饬下河南等省巡抚，分别惩戒，严定考成，并添派兵队相机剿抚。

呈文称：

查归郡盗匪，初不过由丰、沛、邳、砀、曹、单等县往来窜扰；近则各处之匪分为大帮、小帮，飘忽无常，遍地皆是，日盛一日，几难缕指。永城则有陈锡龄家白昼被抢，刀穿其子耳门以死；又王大庙、茅阁等地方接连被劫，杀毙防兵二名；朱松亭家白昼被抢，枪毙队官戴彬臣，凌迟警兵二人之案；鹿邑则有白马驿、全镇被劫之案；考城则有郑殿英家被匪刀伤二命；王兰生、李凤升、谢韵清、蔡希亭、赵同田各家被抢，刀伤失主之案；睢州则有赵显镇家一年被劫三次；胡维从家被匪烧房六间，掳去牲口等物；杜公集杜如珩家被抢，焚屋三间，枪伤更夫一名，六月初复劫，贼众数十人将柴草园焚烧等案。自去岁秋冬以至今日，劫案迭出，类皆席卷一空，焚掠并见。然此犹可谓为癣疥之疾也，请更言其大者。

商邱、虞城、夏邑三处，有匪首小壶将余党数百人，白昼肆掠，自郡东至丰、沛等县数百里，路断行人。永城一处，有匪首秦王懒、王夏成、任广耀、杜水牛、王长贵、郝五等，各纠合数百人，盘踞城东北边境及萧、砀数县，而永城令杨葆昂犹严征旧欠，拖累无辜，不惜为丛驱雀。睢、考著名匪首有刘金甲、柳占魁、张泰、杨天化、尚六、贾其昌、王驴，纠结匪众有百余人者，有三四百人、四五百人者，树旗结会，在睢、考间小宋集一带，内通捕役，外联曹匪，声势汹汹。各绅董据实禀报，而睢州牧张彭寿、考城令陈寿山反谓为事势固然，非州县所能为力，纵容养成，实堪痛心。近更有悍匪五六百人自东境窜入，身穿军服，手持快枪，六月十四日白昼至柘城东韩楼肆行抢掠，击毙佃户一人，捕役、队勇各一人，复至城南元武集，掳去朱姓幼孩二名，全镇无一家幸免者。

至各处会匪,名目不同,有在青、在红、仁义、大刀等称号,而势力之大,党羽之多,则以青帮为最著。分旗散票,煽惑愚民,闻现在各县入会者不下数万人。际此贼氛方张之时,苟非得廉明干练之吏认真缉拿,竭力维持,万一革党暗中勾结,登高响应,窃恐东窥徐、邳,北据曹、单,南通颍、亳以号召皖北数万饥民,西趋汴、洛以会合嵩、洛各县之刀匪,长驱纵横,豫东大势将有不可收拾者。咸、同间发逆、捻匪之患,洵可为前车之鉴也。

相应请旨饬下河南巡抚,将该州县分别惩戒,严加考成,勒限缉捕。并加拨防兵三营迅速驰往,以一营驻永、夏东境,以遏丰、沛匪路;以一营驻鹿、柘东陲,以阻颍、亳匪路;以一营驻睢州以北考城以东旧黄河沙岸,以防曹匪之西窜;以归镇旧有之营移驻商、虞交界刘口集一带,以杜东匪之南扰。另选贤明知兵之将,坐镇归郡,居中策应,付以剿抚之任,以一事权而专责成。并请旨饬下直隶、山东、江苏、安徽各督抚,转饬大、徐、曹等镇协力堵剿,以防此拿彼窜。至安抚饥民以收人心,筹办清乡以弭盗患,罢斥贪污以饬吏治,尤抚臣善后正本清源之急务,而职等所眷眷不能已于言者也。

中国第一历史档案馆等编选《辛亥革命前十年间民变档案史料》上册,中华书局1985年版,第247～249页

△ **广东琼州京官韩寅斗等人联名具呈,请将琼州会党海盗劫杀祸害情形代奏皇上。**

呈文称:

窃海南琼州一岛,海道之咽喉,内地之保琸[障],风俗则驯良,向称易治。自近年会匪散诱,官置不问,乱机已萌;重以上年奇灾,海匪伺隙勾结,遂使百年乐土鳖化萑苻,千里海疆尽成盗薮,人心皇皇,朝不保夕。以职等家报所及,二年十一月十九日,劫在籍度支部主事张泰清家一案;十一月三十日、十二月二十九日,劫定安县龙门市及附近该市之乡村二案;十二月二十五日,劫杀乐会县之北营哨官巡警一案;本年正月二十日,劫定安县之新吴市一案;二月十八日,劫杀陵水县之藤桥市哨官巡警勇丁一案;三月二十九日,劫度支部主事李鼎芳家一案;又劫会同县之嘉积市一案。以五六月之间,百数十里之内,而劫杀巨案层见叠出,其前后远近并罹荼毒者,更不可枚举。及今不治,后患何穷。况现在广、惠各府大举清乡,匪党逋逃必以琼州为渊薮。加以广东省垣三月二十九日之变,革党潜逃海口,琼城为之戒严。万一尽[烬]之灰借火复然,乌合狐啸祸变忽起,其如大局何哉!或有谓琼州宜同时举办清乡者,不知海匪飘忽,出没无常,往往官兵未来,先已闻风逃避。至于会匪,则兵去之时为盗,兵来之时为民,良莠难分,又属办无可办。是以清乡之举,不特不能获盗,反至因以扰民。

中国第一历史档案馆等编选《辛亥革命前十年间民变档案史料》下册,中华书局1985年版,第484～485页

8月10日(闰六月十六日)　川路公司开股东会,以川路驻宜分公司总理李稷勋,未经股东会议决,即呈邮传部定接收办法,决议将其辞退。同日并请赵尔丰代奏纠劾盛宣怀与李稷勋"私相授受"、"违旨盗权"之罪。

△ **农工商部奏准南洋各埠亟应筹办三件事情:一、维持华商学堂;二、保护各埠华工;三、优待回国商民。**

8月11日(闰六月十七日)　孙中山致函旅美革命同志,解释黄花岗起义后的革命形势,认为经费问题是当前再次起义的唯一困难,希望集合同志劝捐筹款,资助国内革命起义。

是日,孙中山在给郑泽生复信中表示:

新军败后,党力愈穷,故不得不求于海外华侨之助。弟以今年初二抵大埠,欲速筹大款接应,然无路可通。遂以初六往云哥华,在彼三月余,筹集将有十万之数,然远不敷起事之用。故再入美国,欲筹大款,然后党人新军合力同举。乃不期三月二十九事机泄漏,迫于发动;而新军因去年之变,早被清政府疑忌严防,缴去枪机药弹,欲动不能,不得不作壁上观。而党人虽英勇,以力孤而败。(初本有四百人在城内,因事泄,于二十七日散去三百余人。尚留数十人,不能散,故决死一战,先攻督署,后攻军器局,欲夺取军器,以给新军。但只数十人,伤亡已半,不能济事。若不散去三百余,则力已足,事必可成也。)如此观之,吾党之兵力非不足,特欠军财耳。此所谓足下所言之二策,吾党久已行之。然事至今日,吾辈发起之人多已倾家舍命,其尚不死者已一贫如洗矣!

吾人不避艰险,出万死一生之计,力行此事二十余年,功夫已算完满,时机亦已成熟。今只听海外同胞外援助,筹集资财,以济军用。倘能人人协力,能集足发难之经费,则可一战成功也。现时各省民心之望革命军起,以救彼等脱离清朝之苛政者,已若大旱之望云霓。而十八省之新军,亦多欲倒戈,故此时只有财政一难题耳。能解决此难题,则其它有如破竹矣。吾党无论由何省下手,一得立足之地,则各省望风归向矣。今日之事,已无难矣。

大埠致公总堂已发起筹饷局,日内派人往各埠演说劝捐,弟与黄云甫[苏]君入砵仑,不日可绕道来贵埠。望足下纠合同志,竭力助资,以成众志成城、众擎易举之效,则革命幸甚,祖国幸甚。

中国社科院近代史所等编《孙中山全集》第1卷,中华书局1981年版,第533~534页

8月13日(闰六月十九日)　黄兴派遣暗杀团成员林冠慈、陈敬岳在广州炸伤清广东水师提督李准。林当场身殉,陈被捕,于11月7日就义。

冯自由《香港支那暗杀团成立始末》:

闰六月十九日晨九时许,熙斌、述堂、倚神同至长堤水师公所前侦察,见仪仗已备,知李准是日必出,乃返韬美医院,分头通知各执行员准备午间齐集,分途出发。刘镜源到略迟未及行。冠慈置两炸弹于藤茶篓中,沿大南门双门底一带而行。就一书摊,伪为欲购,索阅书籍。(一说云在某车衣店伪为购衣议价)李准至,即出两炸弹连掷之,弹落其轿前约一丈,轿毁,李准伤仆路上,其轿夫及轿前轿旁卫队死及重伤者二十余人,卫队枪乱发,冠慈当堂就义,时约下午二时也。是役李准受重伤,断肋骨二条,设非为轿及卫队轿夫多人遮蔽,当死无疑。事后于双门底某照相店购得烈士就义后照片,其前额左眼受伤,血流至颊。不知为枪弹抑炸弹碎片所中,当穿入脑中,殆致命伤也。后改葬烈士于红花冈时,启棺发现其胫骨旁有枪弹一枚,则当时身受数伤,不只一处矣。同时陈敬岳亦携两炸弹于吕宋烟盒内,由李少华引导至永清门,李即指示其直入,自行离去。敬岳刚入大南门,闻前途已有巨大爆炸声,知已由别执行员炸击,遂折入育贤街坊,因不识路径,且剪发西服,为警察所疑,潜尾之行,另一警察则截其去路。敬岳觉之欲出弹掷去,已为警察所执。经清吏酷刑严讯,卒不肯供开同志一人,遂被害。潘赋西以映相镜箱藏两炸弹,候于广府前某茶店,傍临街之窗口而坐,闻人声喧闹,且见路人多奔避,意或李准将至,遂下楼向双门底行,冀遇李击之。抵双门底,沿途人争奔走,遥见前面有多人围观,赋西乃以两手护抱映相箱,防人拥挤触动,杂人丛中观之,则见林冠慈浴血卧地上,身略斜侧,死矣。赋西遂挟弹直出大南门,径至天字码头,搭艇渡河,艇中人问箱为何物,答以映相镜,众争欲观之,赋西不许。俄乃伪作失手堕水中,初尚未即沉,艇家欲以竹篙捞之,不得而止。

冯自由《革命逸史》第四集,中华书局1981年版,第196~197页

冯自由《林冠慈陈敬岳狙击李准》:

时谋刺李准之机关有二:林冠慈、赵灼文、潘赋西为一起,陈敬岳又为一起。高剑父、施正甫等以两起目的既同,应即合并。嗣侦知李每日必于午后一时至二时由水师公所入城,遂商定林、赵二人担任城内,而陈敬岳则担任城外,决于闰六月十九日同时进行。是日午后,施正甫、陈敬岳闻李之坐舆已过,即驱车追之。李舆行速,施、陈至天字码头下车,仍穷追不已。李至双门底,林冠慈方立怡兴缝衣店门前,伪为制衣者,卫兵不之疑,至是乃猛掷炸弹二具,李所乘舆立碎,胁与手受重伤,自内仆出。林屹立不动,遂为卫兵乱枪所中而死。赵灼文目击李舆中弹,即已避匿得免。陈敬岳闻弹炸人伤,知林已得手,遂转身至育贤坊,警察以其剪发西装,行迹可疑,欲施以逮捕。陈欲将所持内贮炸弹之吕宋烟箱掷之于地,警察掣之不能动,遂被逮。潘赋西则以炸弹藏于摄影镜箱,不为人疑,得免。

冯自由《革命逸史》第四集,中华书局1981年版,第203～204页

8月13—14日(闰六月十九—二十日)　宋教仁在《民立报》署名渔父发表《社会主义商榷》,对当时流行的四种社会主义流派主要观点及特征介绍辨析,认为如果主张实行真正的社会主义,就要坚持无治主义(即无政府主义)或共产主义(即科学社会主义),而不能尊崇社会民主主义与国家社会主义。实行社会主义的结果是良是恶,与当时社会客观现实密切相关,其客观现实与其主义相适应,则其结果良,其客观现实与其主义不相适应,则其结果恶。

宋文全文如下:

近来国人往往唱社会主义,以为讲公理,好人道,进世界以太平,登群生于安乐,皆赖于兹。善哉,仁人之用心也！虽然,吾人有不能不怀疑于其间者,以谓社会主义派别甚多,果以何者为标准乎？行社会主义,则于中国前途果有何影响乎？此二问题,实不能不与世之有志研究社会主义者一商榷之,想亦识者所乐闻也。

社会主义之发生,盖原于社会组织之弊。自欧西各国物质文明进步,产业制度生大变革,经济组织成不平等之现象,贫富悬隔,苦乐不均,于是向来所有平等自由之思想,益激急增盛,乃唱为改革现社会一切组织之说,而欲造成其所谓理想社会。其说逐渐繁衍,殖长于欧西各国,遂析为种种派别,而分驰并茂,迄于今日,语其旗帜鲜明,主张坚实,约有四焉:

一无治主义,即所谓无政府主义,在社会主义中最为激烈,其主张之要点,谓国家原以资本家与地主为本位而成立,于是其所施政治法律,专以保护彼等为目的,其偏私可谓实甚,故国家及政府万不可不废去之云云,各国之无政府党皆属此派。

一共产主义,谓一切之资本及财产皆为社会共通生活之结果,以为私有实为不当,宜归之社会公有,由各个人公处理之云云,各国之共产党及科学的社会主义家皆属此派。

一社会民主主义,谓现社会之生产手段,皆归于少数富人之私有,实侵夺大多数人之自由,宜以一切之生产手段归之社会共有,由社会或国家公经营之,废止一切特权,而各个人平等受其生产结果之分配云云,各国之社会民主党、劳动党、社会民主主义修正派皆属此派。

一国家社会主义,即所谓社会改良主义,亦名讲坛社会主义,谓现今国家及社会之组织不可破坏,宜假国家权力,以救济社会之不平均,改良社会之恶点云云,各国之政府及政治家之主张社会政策者皆属此派。

此四派中,第一、第二派绝对否认现社会之组织,不认国家为必要,惟以破坏现状为事,与现社会万不能相容,故称为极端的社会主义。第三派不绝对否认现社会组织,惟欲以人民

参与政权,而实行其国民主权及生产公有、分配平等之制度,故称为稳和的社会主义。第四派承认现社会之组织,于不紊乱国家秩序之范围内而实行其政策,所重在国家而不在社会,故亦有以为非社会主义者。四派之根本理想与见解虽各不相同,而要皆有其立足点,以卓然成一家言,且皆有其手段,推行运动,以期其理想的社会之实现者。今吾中国而欲行社会主义,果以何派之学说为标准乎?将采第一派耶?则必用极激烈之手段,破坏现在之国家政府及一切主治之机关,此后无论何种美善之政治,皆不复建设。将采第二派耶?则除以极激烈之手段破坏现在之国家政府外,更必消灭现在之一切资本家、地主及生产机关,此后既不建设政治,复不存留私有财产。将采第三派耶?则必组织大团体日与现政府战,以谋得参与政权,此后且以舆论势力,改革现在之主权者与政府之组织,并一切生产分配手段。将采第四派耶?则必己身亲居现政府之地位,假藉国家权力,以实行其政策。今之唱社会主义者,果有如何之见地,如何之决心,而确以为何派之学说可行于中国而谋其实行之道乎?此吾人所不能不亟为商榷者也。

以吾人之意衡之,窃谓苟不主张真正之社会主义则已,果主张真正之社会主义而欲实行之者,则非力持无治主义或共产主义不为功,而社会民主主义与国家社会主义,皆非所宜尊崇者也。盖真正社会主义在改革社会组织,以社会为惟一之主体,而谋公共全体之幸福,再不容有其他之团体之权力加于其上者,以故凡政治的权力(国家)、经济的权力(资本家)、宗教的权力(教会)、伦理的权力(家族),皆不得容其存在,而主张其学说时,若稍有此等权力之类似的观念插入其中者,皆不得谓为真正之社会主义,此固理论所当然也。无治主义与共产主义者,其基础既在绝对否认现社会之组织,则凡各种权力,自不能容其存在,而其目的即在以社会为惟一之主体而谋公共全体之幸福,亦无所于疑,故欲行真正之社会主义,舍此实无他可采之说。社会民主主义与国家社会主义则不然,前者所主张仍非政治权力不能实行,实不过改良国家组织与国家经济组织之说,而不可语于改革社会组织,谓为社会主义,毋宁谓为社会的国家主义;后者乃国家政策之一端,其所主张,不但不能改革社会组织,且与"主义"二字亦相去远苦[矣],只宜称为社会的政策。二者皆与真正之社会主义异其性质与统系,以学理的论法绳之,固不可附和流俗之见而概称曰社会主义者,欲行社会主义而主张是二说,是适以维持现社会之组织而使之永久不变,而"以社会为主体以谋公共全体幸福"之理想必因是不能实现,其结果遂与唱社会主义之本意相悖,故欲行真正之社会主义,此二派之说,实无可主张之理由,如必主张者,则必其无行真正社会主义之见地与决心,且未尝以社会主义揭橥于世而后可者,此亦理论所不得不然者矣。是故吾国之唱社会主义者,其所揭橥虽不明确,吾以为必是主张无治主义或共产主义,若不是之务,而徒拘墟于所谓社会民主主义与国家社会主义者,则是由不解社会主义之真正意义为何物者也。

虽然,凡一主义之推行,每视其客体事物之现状如何以为结果,其客体事物之现状与其主义相适者,则其结果良,其客体事物之现状与其主义不相适者,则其结果恶。今假定行真正之社会主义(无治主义、共产主义)于中国,则其所生结果为何如?唱社会主义者果一计及之乎?吾人试拟一良结果之现象与恶结果之现象,而各就其所及影响以论之。使吾国行真正社会主义而得良结果也,则是吾国社会必已跻于不可不行无治、共产二主义之现状,与能行无治、共产二主义之程度。夫政治之为物,所以维持安宁,增进幸福者,财产之为物,所以满足生活者,盖皆为社会进化上不得已之制度。今因破坏一切组织而并去此,则必国家之内部、外部皆已康乐和亲,达于安宁之域,而无待维持,人民之精神方面、物质方面皆已充实发达,臻于幸福之境,而无待增进,社会经济之生产分配皆已圆满调和,适于生活之用,而不必

再求满足之方,且正因其安宁幸福及生活过高之故,而生种种不自由、不平等之害,故政治与财产制度变为不必要之长物,而不得不以此二主义救济之,既去此二物之后,真正之自由平等因以享得,人类社会乃成太平大同之景象,古人所谓大道之行,天下为公,选贤与能,讲信修睦,人人不独亲其亲,子其子,货物弃于地,不必藏于己者,夫然后实现于今日,各国社会主义学者所拟之理想的社会而求之不得者,而吾人乃竟一跃而达,其快乐固可知也。使吾国行真正社会主义而得恶结果也,则是吾国社会必尚未跻于行此二主义之现状与程度,政治或不足以维持安宁,增进幸福,财产或不足于满足国民生活,国家之内部、外部忧患丛生,人民之精神方面、物质方面颓落备至,社会经济之生产分配耗竭凌乱,莫可名状。国之所以幸存者,盖亦不过赖有此仅存之政治与财产制度以为维系,一旦变本加厉,并此而去之,人类社会必至全然不得安宁幸福及生活,以成为毫无秩序之之世界,亡国灭种之祸,因是促成,乃至欲求政治与财产制度时代之不自由、不平等而不可得,画虎不成,反至类狗,吾人试想象此悲惨之状况,其亦不能不生恐怖之心者矣。噫,行社会主义结果之良恶如是!然则唱社会主义者,果有如何之观察,如何之推测,而以为将来必得如何之结果,且于中国前途必有如何之影响乎?此吾人所又不能不亟为商榷者也。

夫吾人非反对社会主义者,吾人惟以为凡唱一主义,不可不精审其主义自身之性质与作用,并斟酌其客体事物之现状,以推定其将来所受之结果,夫如是乃可以坐言而起行。故就己意所及,陈列其派别与将来之影响,以为研究之参考。世之有有志于社会主义者,其当以为何如耶?

郭汉民编《宋教仁集》上册,湖南人民出版社2008年版,第342~347页

8月14日(闰六月二十日)　湖广总督瑞澂与英国汇丰银行、德国德华银行、法国东方汇理银行及美国银行家在汉口订立《湖北省七厘银借款合同》,款额二百万两。

△ 端方电盛宣怀,称川人赴各省运动反对铁路国有政策,署川督赵尔丰须“宽猛兼用”,始可收拾。

△ 清廷以豫东归德府连遭荒歉、抢案迭出,命直隶总督陈夔龙、两江总督张人骏、江苏巡抚程德全、安徽巡抚朱家宝、山东巡抚孙宝琦、河南巡抚宝棻,协力捕拿,维护地方治安。

8月15日(闰六月二十一日)　署理四川总督赵尔丰代川路股东会会长颜楷等代奏,纠劾邮传大臣盛宣怀、川路公司驻宜昌分公司总理李稷勋。

△ 清廷调善耆为理藩大臣,以桂春署民政大臣。同日调凤山为广州将军,以寿耆为荆州将军。

8月16日(闰六月二十二日)　两广总督张鸣岐奏准再添勇十营,防备革命党。

8月17日(闰六月二十三)　沙俄召开内阁特别会议,讨论吞并中国领土外蒙古问题。

8月24日(七月初一日)　宋教仁在《民立报》刊发时评《将来之朝廷》,抨击清王朝大

借外债、扩张军备、尊奉皇室、压制国民四大政策。

文章称：

近来朝廷之政策，可括而为四：大借外债也；扩张军备也；尊奉皇室也；压制国民也。

外债而不能偿，则国家破产。军备而不能养，则士卒枵腹。皇室因尊奉至极，则安而忘危，变为独夫。国民因压制过甚，则铤而走险，成为敌国。凡有一利，断必有一善随之矣。

吾不知朝廷将来统破产之国家，率枵腹之士卒，以孤立之独夫，当亿兆之敌国，果何为乎？

郭汉民编《宋教仁集》上册，湖南人民出版社 2008 年版，第 354 ~ 355 页

△ 河南巡抚宝棻奏报豫南巨匪王八老虎，串扰豫南、鄂北一带，烧杀掳掠，对抗官兵情形。

奏折称：

臣查豫南巨匪王世莒与王八老虎并称稔恶。而王八老虎党羽众多，凶悍尤甚。上年腊月王世莒就获后，王八老虎即窜往湖北随州历山村地方大肆抢劫，伤害多命。腊底回窜唐县属山鸡乇旧巢。迨官军围攻，犹复负隅抗拒，格斗两日之久，致兵卒多有伤亡。并有纠集鄂豫匪徒定期举事，先据唐县再攻南阳之谣。

中国史学会主编，中国近代史资料丛刊《辛亥革命》(3)，上海人民出版社 1957 年版，第 437 页

△ 成都绅商各界闻邮传部奏派李稷勋为川汉铁路总理消息，于是日午后两点钟，在铁路公司召开临时同志大会，号召自次日起，全省一律罢市罢课，拒纳一切厘税杂捐，要求收回对李稷勋任命。

据署十七镇统制朱庆澜宣统三年七月二日（1911 年 8 月 25 日）电军谘府、陆军部密电称：

成都路事，昨因宜昌来电，谓邮传部已请旨奏派李稷勋为综[总]理，突于午后二钟，在铁路公司开临时同志大会，分发传单内载：政府抢路劫权，自明日起，全川一律罢市罢课，一切厘税杂捐，概行不纳，要求收回成命等语。一时人心惶惶，至五钟，城内铺户，关闭过半，巡警巡防到处弹压，本镇因多数军队，明游市井，益滋惶惑，当即密令驻省每营派官长一员，带兵六名，便服分巡交通街巷，以防意外。夜间，统制官亲诣街市，尚称安谧。今晨实行全罢，冀达要求督宪代奏收回成命之目的。教堂、领事署、邮政电政局、大清银行，分外注意。刻无暴动情状。本镇目兵，不干路事，均各相安。军界各学堂，照常上课，堪释廑念。

中国第二历史档案馆编《中华民国史档案资料汇编》第 1 辑，江苏人民出版社 1979 年版，第 141 页

8 月 26 日（七月初三日）　署理四川总督赵尔丰致电内阁协理大臣那桐，报告四川省城民众保路采取罢市罢课、供奉或头顶已故光绪皇帝万岁牌方式，进行和平请愿，对此请示处置办法。

《宣统三年七月初三日署四川总督赵尔丰致内阁协理大臣那桐电》：

川因交路查款之电，罢市罢课，声称实是不得已之吁恳，非敢图逞。似此本应惩治，然人民皆未滋扰暴动，碍难拿究。恐更因之激成事变，只有分派兵警，严行弹压，一面出示晓谕，令其照常营业。惟其中尤有困难之处：地方所恃保卫治安，端在兵警，而争路狂热，深入人心，从前警兵时有哭泣者，军队中则良莠混杂，且皆系本省之人。默察情形，殊不可测。现在

外州、县伏莽遍地,皆假路事为名,蠢然思动。即此区区不足恃之兵,顾彼失此,不敷分布,审虑至再,实未敢孟浪从事也。省中各街衢皆搭盖席棚,供设德宗景皇帝万岁牌,舆马皆不得过。如去之必有所藉口,更有头顶万岁牌为护符。种种窒碍,不得不密为陈告。倘将席棚拆去,或竟违抗,及头顶万岁牌滋事之人,可否敬谨将万岁牌焚化,夺其所恃,敬祈钧裁。并恳转达庆王爷、徐中堂,究应如何办理之处,伏候电示祗遵。

中国史学会主编,中国近代史资料丛刊《辛亥革命》(4),上海人民出版社1957年版,第457页

8月27日(七月初四日)　四川荣县党人王天杰、马蛮子领导罢市、罢课、罢税,率民军训练所学生万余人、接收经征局,扣留县官局委,旋以总团长名义,在五保镇号召民团千余人,枪数百枝,托名保路,向成都进发。

△ 署四川总督赵尔丰致电内阁总理大臣奕劻等,转告四川争约保路的理由及要求,请求奕劻代为密奏皇上,准将川路暂归商办,将全国借款修路一事交资政院议决,以缓解目前四川危急局势。

《宣统三年七月初四日署四川总督赵尔丰致内阁总理大臣奕劻等电》:

川人初奉路归国有、附股与否、任民自便谕旨,皆无他议。见借款合同,起而争约争路。皆谓合同虽根据于张文襄之草约,然原约并无四川在内,今以宜夔抵补荆汉,实非所甘。况川省以本省之款,修他省境内之路,亦系为顾全公益。乃不待股东议决,竟行收去,不惟有负川人初心,且与附股与否任民自便之旨,更复相背。一般人民则尤以合同中之种种箝制,国权尽失,无异路送外人,将贻全国大患。故此次罢市罢课,人心坚固。谓国家如俯恤民情,川路暂归商办,并请将借款修路一事,交资政院议决,院议通过,不敢再有异辞,否则举凡一切赋税杂捐,概不完纳。政府若不予转圜,人民亦将坚持以待,官吏保持治安,人民亦不暴动。如用强迫手段,即以全省之力对待之云云。现今外州、县颇为骚动,多有闻风罢市者。前饬各属一体严行戒备,勿令滋扰。然乱机已动,大局可危,兵力单弱,不敷分布,况又不尽可恃。人人有眷怀桑梓之念,而路送外人一语,牢不可破,欲其捍卫尽力,实难凭信。本省之兵力既不足恃如此,外省救援,又非月余不能到。尔丰受事之初,已窥其隐患,故思潜移默运,收拾人心。乃自交路查款之电发表,遂相率而起,再四开导,言莫予从。果实力充足,自不难布置,而环顾左右,艰窘万分。一发难收,大局不堪设想。惟有仰恳王爷、中堂,密为代奏转圜,拯救危局。倘能准交院议,即可转危为安,若始终坚持,则祸乱不知所届。目前危险情况,有岌岌不可终日之势。披沥上陈,惶迫待命,旨意如何,乞速密示。

中国史学会主编,中国近代史资料丛刊《辛亥革命》(4),上海人民出版社1957年版,第458页

△ 奉天南部庄河厅潘永忠、隋守真以抗缴警、学各捐相号召,结会聚众千余人,进入庄河城街,包围厅署鸣枪,捣毁自治议事会所,要求厅署发给减免捐费谕帖一道。官绅劝谕解散会众,潘、隋不听,并与进剿官兵作战,于9月10日(七月十八日)分兵邀击官军后路,经过多次战斗,至10月14日失败,潘永忠被俘遇害。

《王安中致赵尔巽禀》(宣统三年七月二十一日):

宣统三年七月初六日奉宪台札开,庄河潘匪胁众聚会滋事,饬即驰往查办,等因。遵于初七日搭安奉火车至凤,十一日驰抵庄河,会商右路统领马龙潭、庄河厅王孝偁设法极力开导,一面出示晓谕。缘复来社乡民先因伍由放照暨牲畜补征二事,嗣因误会各项加捐,以讹

传讹，墩合后屯民隋守真齐会抗捐，以潘永忠素能号召，乡民并邀潘永忠为会首，闰六月二十日，经王丞会同管带官张从云下屯劝解，隋守真已允解散，而会内雇有炮手六七十人，均系匪类，善放枪炮，遂拥潘永忠分投联会得千余人，适潘永忠之弟潘树忠传厅谕话，讹传潘永忠被押，其党未见潘永忠者，于七月初四日遽率匪进街，鸣枪围署。张管带出为劝止。遂与议事会为难，毁其公所，掠其枪枝。随在厅署要求得谕帖一道，共六事，内有减巡警之半，以办堡防一条，在复来社甚不相宜，实则该匪等欲藉为藏身之窟也。余尚无关紧要，会众当日退出街外，报称解散而去。

职道到庄时，先出简明告示，声明散会免究，并经绅民传谕商会作保，均以散会免究为言。讵潘永忠又与隋守真联合，恃有匪类数十人联会千余人，始终阳奉阴违，并未实行解散。十四日，派张管带带兵查巡至萧家泊，数十匪众竟先占据西山坡，显然抗拒。潘匪分遣其党到处逼胁良民入会，有不从者，或致之死，或焚其居（均有已经行之者），凡官兵未经暨经过不留之屯，屯民不敢不从，数日间骤增至三千余人。十八日，匪党分股二百余人，断萧家泊营队后路，并攻端午庙巡局。张管带分兵回顾，匪众开枪来攻。我兵偃卧，俟头排枪弹已过，遽起还击，毙匪数人，拿获十一人，夺获抬枪六杆、毛瑟枪一杆、来福枪十二杆，匪众败退。获犯查系被胁乡民，当饬释放（以上情形均有迭次报告）。十九日，萧家泊官兵与匪党攻击一日，互有损伤（闻有队兵阵亡者，未知确否）。马统领督率后到兵队，携带钢炮前往助剿，路经大郑家屯。该屯亦已联会，冲击而过，约计当日夜间，可与张军会合（日来信息不通，因中间路已隔断，本日事均系得之探闻者）。此本月十九日以前之实在情形也。

推现在屯民入会之由，彼亦不解，所谓但因官兵太少，恐潘匪得势不免致死焚烧等事，迫而相从，若此者，十居七八。其二三莠民，则欲乘机滋事者也。职道昨发效亥电，禀请派前路步三营星夜来庄，再派淮军一营带过山炮二尊续来（因在隙地以内未能请派陆军）。兵力稍厚，方足以镇定民心，且备将来查办匪屯之用。现在碧流阿一带（若由瓦房店来，须经此路），已为匪党设卡把守，庄北哈什玛岭一路尚可无虞。此案匪首潘、隋二犯始意并非反叛，其左右匪类多有曾犯重案者，实欲乘机起事。潘、隋亦骑虎不下，遂倒行逆施矣，现已聚众至三千余人（愈齐愈广，本日探闻增至四千余人）。兵民均传有伤亡之数，案情重大，应否先行电奏备案，并乞钧裁，余俟续禀。

章开沅、罗福惠、严昌洪《辛亥革命史资料新编》第3册，湖北人民出版社2006年版，第21～22页

《赵尔巽给马龙潭等札》（宣统三年七月二十五日）：

为札饬事：该道王道安中漾电，获匪数十名，被胁者释放，凶顽不法者就地正法，人心稍定，大股悉散。又据经屯李管带禀称，复境黑会劝导数日，已于十六日一律解散，乞转禀帅座，庄事大定，等情。办理甚为得法，深堪嘉赏。惟东边一带，民气骄悍已极，不独庄河一隅。即以庄河而论，数年之间三次暴动，皆由承办之员以敷衍了事为宗旨。此次潘永忠、隋守真二匪无端起衅，狼狈为奸，逼劫良民入会，胆敢入城鸣枪，围逼官署，要约地方官发给手谕，不上警学各捐。迨经张管带竭力开导，散而复聚，众至三四千人之多。尤敢于不附良民，肆行烧杀，惨无人理。其扰乱地方，贻害民生，本无可恕。本大臣不忍操之过急，迭饬晓谕解散，乃仍阳奉阴违，十八九等日竟敢包抄官军后路，计图大逞，幸各将兵同心用命，以寡敌众，迭有所擒，夺获枪炮甚多。近虽大股已散，人心稍定，益闻潘匪已获，隋守真暨前电所称，真正匪党六七十人，并未据报拿获，乱本不除，余毒仍在。虽可粗安，转瞬必有他变。该处为中立地关，遣将派兵，手续殊为烦难，万一靖乱稍为迟缓，外人出而干涉，殊与大局攸关。若趁此兵威，将此股倡乱匪首及甘心从逆各匪，悉数拿获严惩，庶几匪徒胆寒，乱民畏惧，边境得以

久安。前已电饬该道彻底办清,凡首要及助逆数十人,严行拿办,不得稍有疏纵,凡助逆各村枪枝,务须勒令全缴,应即遵照办理。如仅以击散为了事,任听首要各匪逍遥法外,则凡在前敌文武将领,不惟不能论功,且当论罚。

章开沅、罗福惠、严昌洪主编《辛亥革命史资料新编》第3册,湖北人民出版社2006年版,第29页

赵尔巽11月4日(九月十四日)奏称:

本年七月间,潘永忠以抗纳警、学各捐为名,捏造新加十八道捐之说,号召亡命,煽胁愚民,于七月初四日拥众闯入城街,围署鸣枪,捣毁自治议事会所,裹胁日众,人心惶恐。臣闻警复[后],当派营务处会办王安中、右路巡防统领马龙潭督同管带张从云、李万胜等前往相机剿办,并调淮军马队一营,陆军炮队一队,分布策应。该员等先后驰抵庄河,以严拿首要,解散胁从为入手办法。讵该匪等到处传牌,迫胁入会,有不从者,焚烧杀掠,无所不至。逼胁既众,愈肆菀抗,竟将遣往劝导之人杀害,负险设伏,于七月十八日分股截我后路,袭攻官兵。不得已,乃以兵力从事。然其时匪众勾结愈广,大股二三千人,小股亦数十百人,势甚汹汹,凤凰、岫岩各属,人心亦均摇动。我军势力单薄,又兼起事地方毗连金州隙地,布置未周,万一败匪窜入租界,即不免牵动交涉。该员等商定分路进剿之策,并先断其逃窜租界之路。自七月十八日至八月二十三日,连战皆捷,擒获甚众。良民被胁者概予释放,凶悍拒敌者正法数人。渠魁潘永忠势蹙就擒,其手下悍匪,连次接仗,击毙甚多。于是屯会瓦解,争愿出结缴枪,计共夺获及查缴各色枪炮四百五十余杆。旋将潘永忠及续获助匪目隋云明、刘中林、宋国中等,一并讯明正法。其复州匪首高丕儒,当潘匪起事之时,亦即乘时起会,暗为响应。幸预加防范,竭力解散,未得大逞。而该匪实为复境匪魁,为害地方已历数年,此次擒获潘匪后,不动声色,将其诱擒正法,并饬弁兵乘夜渡河,格杀其党徐吉庆、曲学升等,查获快枪七十九杆。庄、复两属匪患,遂已肃清,人民皆为额庆。

中国第一历史档案馆等编选《辛亥革命前十年民变档案史料》上册,中华书局1985年版,第108~109页

8月27—29日(七月初四—六日)　江苏常熟、昭文等县淫雨成灾,发生饥民抢米事件,旋经巡抚派巡防营前往弹压,并委员查赈,事件得以平息。

8月28日(七月初五日)　盛宣怀电瑞澂,商请抽调鄂军入川,保护商埠,以作声援。

△ 署四川总督赵尔丰、成都将军玉昆等奏请将川路暂归商办,将借款收路事件,分别交资政院、谘议局议决。

△ 俄国驻华公使廓索维慈晤外务大臣,称中国近在蒙古移民、练兵,整顿吏治,蒙民不安,俄不能漠视,将筹对付方法,请中国将办理蒙事宗旨,明白宣示。

8月29日(七月初六日)　瑞澂电盛宣怀,允派鄂军入川,并主张严旨责成赵尔丰惩办肇乱川人。

△ 端方电内阁,严劾署四川总督赵尔丰,请明降谕旨,特派重臣赴川查办,俟部署略定,再行简派川督,并给予赵尔丰应得处分。

8 月 30 日(七月初七日)　清廷命邮传部、督办粤汉川汉铁路大臣端方,将川路路款轇轕妥速清理,明示办法,以释群疑,并饬赵尔丰剀切开导,俾各安心静候,正常营业。

△ 内阁电赵尔丰,称收路借款不交资政院、谘议局议,朝廷不能收回成命,已将收路查款两事极力变通,大可借此转圜,深望川人顾全大局。

△ 赵尔丰电内阁,对于川人不可纯用压力,仍主交院、局分议,以救燃眉之急。并告英领来函议及路事,建议川路由川自修。

△ 两广总督张鸣岐与英国汇丰银行、法国东方汇理银行及德国德华银行在广州订立《广东省七厘银借款合同》,款额港币五百万元。

8 月 31 日(七月初八日)　孙中山自美国旧金山致函吴稚晖,称黄兴为革命成败之关键,不宜再演汪精卫之悲剧,行个人暗杀主义。

孙中山函称:

自羊城失败后,黄君廑午亦生一愤愤不平之气,决欲行个人主义,以与李、张等贼拚命。吾党同人闻之,无不大惊失色,恐再演精卫君之悲剧,于是各埠函电纷驰,以劝阻之切勿行此。……盖黄君一身为同人之所望,亦革命成败之关键也。彼之职务,盖可为更大之事业,则此个人主义事非彼所宜为也。

中国社科院近代史所等编《孙中山全集》第 1 卷,中华书局 1981 年版,第 536 页

△ 瑞澂、端方电盛宣怀,称川事为赵尔丰败坏至此,自非有威望重臣前往镇慑,局面难以收拾。

8 月下旬(七月初)　因湖北当局不断调新军往四川及湖北湖南各地,军中革命党人分散各处,文学社为防影响武昌起义的发动。遂于是日在小朝街八十五号开会,制定应对办法,以便一旦武昌起义,调防各处的革命同志立即就地响应。

杨玉如《辛亥革命先著记》:

先是七月初,鄂方因川省风潮未靖,复下令四十一标第一营准备开宜昌、沙市,第二营准备开岳州,马队第八标第三营准备开襄阳,统限七月二十日(9 月 12 日)前出发。当此共图大举,新军可为干部者分调如此之多,其关系不在妨碍武汉发难,而在发难后清军南下,大减其抵抗力,故军事筹备人员对于部署必须补救。于是文学社干部与各代表在小朝街机关开会,讨论应付之策,以武昌一旦起事,调防各处同志应即时响应。遂指定四十一标第一营开宜昌者,由唐牺支负责,与往川之三十一标曹子清、胡冠六及三十二标叶正中联络,占领荆宜;马队八标开襄阳者,由黄维汉、章裕昆负责,与往郧之二十九标第三营联络,占领襄樊;又四十一标三营左队开岳州,蒋翊武势必前往,其任务决定由王宪章、刘尧澂分担;尧澂驻社办事,故军中计划多由尧澂统筹,与军事筹备员不时讨论,拟具略案,凡各标营届时应负任务,预向各标营代表分别具告,临时依命令实行。

杨玉如《辛亥革命先著记》,科学出版社 1957 年版,第 48 ~ 49 页

张难先《湖北革命知之录》:

闰六月,清廷命端方为铁路大臣,自湖北带兵入川查办。端以前督鄂时协统邓承拔、标统曾广大,皆其所赏擢,即调曾所带之三十一标及四十二标两营并邓以行。其标内多党人,出发时李绍白、赵振民等即谋于荆宜间杀端独立。居正以此举无益,并妨害武汉根本大计,与杨玉如、胡祖舜等分别谕止之。蒋翊武既被推为总司令,计画军事,除驻省军队就近指挥及三十一标入川外,驻宜昌之四十一标一营,驻襄阳之马队第八标,驻郧阳之二十九标三营,驻岳州之四十一标三营,俱下令各标营代表准备至武昌发难时,各就原地响应;并令驻宜之唐牺支负责与入川同志曹子青、林兆栋、叶正中、田智亮、胡冠六等取联络,章裕昆、刘建一、黄维汉、谢远达等负责联络襄郧各军。

严昌洪等编《张难先文集》,华中师范大学出版社2005年版,第265页

9月1日(七月初九日)　川汉铁路公司特别股东大会通过抗粮抗捐四项决议:一、不纳正粮;二、不纳捐输;三、不买卖田地房产;四、不认国债。

△ 清廷命湖广总督瑞澂、两广总督张鸣岐、署四川总督赵尔丰、湖南巡抚余诚格,各于所辖境内,会办粤汉、川汉铁路事宜。

△ 成都将军玉昆、署四川总督赵尔丰等电请内阁代奏,参劾盛宣怀操纵酿变,自请罢斥,另简重臣来川,以图补救。并恳请特开御前会议,速求救急弭乱之法。

△ 清廷据广东籍京官李家驹奏称,粤省兵扰民迁,大局岌岌可危,命两广总督张鸣岐将迅即提出恢复省城秩序办法,奏明办理,并分饬李准、龙济光等,约束所部,如再有滋扰情事,从重治罪。

9月2日(七月初十日)　孙中山离旧金山赴美国北部各地筹集起义经费。

△ 署四川总督赵尔丰致电内阁协理大臣那桐,报告四川危迫情景,恳请劝说朝廷允许川路商办,以免引发严重后果。

《宣统三年七月初十日署四川总督赵尔丰致内阁协理大臣那桐电》:

川人已定宗旨,不能俯准商办,即实行停纳钱粮杂捐,以为对待。他不具论,即兵饷立竭,势将哗溃,全省坐以自毙,矧其用意尚不止此。与其为所挟破坏,不若特恩沛施,毅然解决,人心知感,逆谋都无所逞。路成之后,由国家收回,仍与国有政策无背。一转移间,大局安定,盖此时所最要者,在勿失民心。川人性本浮嚣,易生滋扰,会匪遍地,素好结社。自立宪之说鼓吹,人人有自由观念;自留东学生归来,多半狂悖言论。今藉口路亡国亡,浸润灌输于一般人民之心理,群性疑愤,矢志决心。其中有人欲利用此时机以实行改革主义,初犹存诸理想,近乃见诸事实,影响所及,全国蒙祸。今昨两电,冒渎力争者,非仅为路事计,实为大局计也。若邮部恐湘、粤、鄂效尤抵抗,而不知川省有变,湘、鄂亦必继踵而起,同一不能实行,为祸愈烈,何如先事转圜?况张文襄草约,本无川路,今任川人自修宜夔,仍以荆汉抵补,以符原议,于四国并无损失,当能办到。此时更何暇计路线之难易,工程之迟速。事势万分急迫,不容再缓,惟有先定人心,徐图收拾之策。尔丰非不思用强硬手段,然民气固结,已不受压制。内顾实力不足,兵警难恃,祸端所伏,不仅蔓延一省,而言者必以尔丰为戎首。筹虑

至再，未敢轻发。总之，此事非和平即激烈，如朝廷准归商办，大局或不致十分破坏，如不准所请，则变生顷刻，势不得不用兵力剿办，成败利钝，实不能臆计。至全国受其牵动，尤为尔丰所不敢任咎。务乞中堂转商庆王爷、徐中堂，钧力维持，速定办法，不胜悚惶待命之至。

中国史学会主编，中国近代史资料丛刊《辛亥革命》(4)，上海人民出版社1957年版，第460～461页

9月3日(七月十一日)　端方电邮传大臣盛宣怀，度支大臣载泽，请求朝廷准其酌带鄂军入川，并请得随时调遣川中水陆新旧各军。如川人不听劝谕，有暴动情形，准其执法惩办。

△ 内阁以俄使面告奉政府训条，称中国近在蒙古办理新政，蒙民深滋疑虑，特电科布多参赞大臣、库伦办事大臣，乌里雅苏台将军，以后举办新政，务先婉切开导，审慎办理。

9月4日(七月十二日)　全四川股东保路同志会发出宣言，宣布"今自初九日(9月1日)起，不纳租税，已纳者不解，既解者不交，万众誓死，事在必行。"

△ 清廷以川路风潮剧烈，命端方懔遵前旨，迅速前往四川查办铁路事宜，不准借词推诿延宕，如须酌带兵队，著就近会商瑞澂办理。

△ 清廷以赵尔丰、玉昆等奏请川路交资政院议决暂归商办，传旨申饬，并谓现在川省州县已有烧毁局所之势，仍著赵尔丰迅速解散，切实弹压，勿任蔓延为患。

△ 广东东莞县石龙镇农民千余人拆毁自治公所及捐局。

9月5日(七月十三日)　川汉铁路特别股东大会在成都召开，讨论应付端方带兵入川查办之策。革命党人向与会代表散发《川人自保之商榷书》，痛陈民族危机，揭露清政府卖国行径，号召民众自立自保，并罗列出现在自保条件与将来自保条件。

《川人自保之商榷书》：

中国现在时局，只得亡羊补牢，死中求生，万无侥幸挽救之理。凡扼要之军港、商埠、矿产、关税、边地、轮船、铁道、邮便，与制造军械、用人行政、一切国本民命所关之大本，早为政府立约，擅给外人。并将各行省暗认割分，已定界画。如江苏、江西、安徽、湖北、湖南、四川六省，与英国立约，不得让与他国。福建、浙江两省，与日本立约，不得让与他国。广东、广西、云南、贵州四省，与法国立约，不得让与他国。山东一省，与德国立约，不得让与他国。自日俄战争和议以来，又与英国立约，西藏不得让与他国。满洲三省，则为日俄暗分。俄又侵略蒙古、新疆，将由新疆侵入甘肃、陕西。德又将侵山西、河南，以卫山东。其余直隶，虽为京城所在，日本将由奉天入关，以行侵据。尤可恐怖者：日于旅顺口，俄于西北利亚，德于胶州湾，英于威海卫及香港，法于广州湾及安南，早已作为战争中国之根据地。立炮台，造营房，泊兵船，制造枪炮弹丸，驻扎将校兵卒，危机四伏，一触即发。政府至此应如何奋发淬厉，亟图挽救？乃多贿赂公行，日以卖国为事。而对于人民，犹不许国民军成立，及制造军械，听其自保。推其原因，政府深恐人民一强，即为彼附骨之疽，似非与中国人民同归于尽不止。外人既握中国之死命，而不实行瓜分者，非其仁爱，亦非力有不能。一则欧美各国，内势未均，一则中国土地广漠，人民众多，非得深入内地，侵据铁路财政各权，扼我咽喉，吸我精髓，则犹

有烦兵折矢之劳。而或瓜分未均,反启欧美各国自相争战。以政府之疑虑难解,致外人之侵略无穷,遂将五千年古国,沉沦于九渊之下。然四川东连两湖,西连藏卫,南连云贵,北连陕甘。夔门剑阁,古称天险,铁路轮船,尚未大通。以比各行省,外人插足尚浅,势力亦薄。且土地五十万六千方里,人口七千万,气候温和,物产无所不有。即比之日本,犹不及四川远甚。今因政府夺路劫款,转送外人,激动我七千万同胞,翻然悔悟。两月以来,其团结力、坚忍力、秩序力,中外鲜见,殊觉人心未死,尚有可为。及是时期,急就天然之利,辅以人事,一心一力,共图自保。竭尽赤诚,协助政府,政府当必曲谅,悉去疑虑,与人民共挽时局之危,厝皇基于万世之安。

中国史学会主编,中国近代史资料丛刊《辛亥革命》(4),上海人民出版社1957年版,第355~356页

△ 署四川总督赵尔丰奏称,对保路民众,当懔遵谕旨,迅速解散,切实弹压,如川人不听解散,势必剿办,请朝廷主持。

△ 端方奏请另派重臣赴川查办保路风潮,清廷不准。

△ 内阁会同度支大臣载泽、邮传大臣盛宣怀联电督办粤汉川汉铁路大臣端方,促其迅速赶赴川省,坚持铁路国有政策,持平办理。

9月6日(七月十四日)　清廷命军谘府、陆军部电饬川省水陆新旧各军暂由端方随时调遣。

9月7日(七月十五日)　赵尔丰诱捕四川谘议局正、副议长蒲殿俊、罗纶和铁路股东会、保路同志会首领颜楷、张澜、邓孝可等人。成都立时聚众万人,齐集督署请愿,要求释放蒲、罗等人,赵竟下令开枪,数十人遭到惨杀,造成"成都血案"。

《宣统三年七月十五日署四川总督赵尔丰致内阁协理大臣那桐等电》:

连日探闻该逆等定谋于本月十六日聚众起事,先烧督署,旋即戕官据城,宣布独立。尔丰正在严密警备,旋于昨夜探悉,逆谋益亟,已聚匪徒近万,即于十五日意乘不备,前来督署烧杀。尔丰既得此信,因于本日将明,先将营队再加警戒,一面凛遵严拿首要前旨,将蒲殿俊、罗纶、邓孝可、颜楷、张澜、胡嵘、江三乘、叶秉诚、王铭新设法诱擒。一面出示解散,安抚居民。不意午刻猝有匪徒数千,先使人在督署附近放火,以图扰乱,旋即凶扑督署。当经派出马步各兵队,先在街口堵截,无奈来势异常凶猛,堵截不住,直扑辕门。值门步队亦被扑退,并斫伤哨弁郑景等数人,进冲二门,直至大堂。前排匪徒均带火具,并分扑两廊官房。尔丰见事势已急,当即饬令兵队开枪抵拒,伤毙前锋十数人,始俱败退。该匪旋又分股,一由打金街分扑督署后门,一由文庙街拥出,均经各驻扎兵队分头击退。现在各街保路协会尚在鸣锣聚众,各路兵队虽在竭力弹压,察看大势,一二日内能否安定,尚不可知,胜负之数,亦无确实把握。至省外州县,亦经通电,分头安抚。惟抗捐抗粮罢市罢课风潮传布甚广,如自流井等处地方,工徒不下数十万人,素为亡命逋逃之薮,深恐处处蜂起,兵分力弱,实有应接不暇之势。

中国史学会主编,中国近代史资料丛刊《辛亥革命》(4),上海人民出版社1957年版,第462页

熊克武等《蜀党史稿——辛亥革命记》:

尔丰突于十五日捕法部主事蒲殿俊、举人罗纶、度支部主事邓孝可、翰林院编修颜楷、贡生张澜、举人彭芬、民政部主事胡嵘、举人江三乘、叶秉诚、王铭新诸人，坐以图谋不轨，欲骈诛之。将军玉昆不肯质证，幽诸督署，以逆党勾结为乱入告。成都商民骇异，乃以木板书德宗景皇帝牌位，燔香顶礼，环跪总督衙门痛哭，为罗纶等请命。营务处田征葵挥兵开枪击之，毙三十二人，众仍不解。征葵复命燃大炮轰击之，成都知府于宗潼大哭，以身障炮口，众乃得免。巡防军因驰逐路人，践踏伤夷者不可胜计。逾日，城外居民复纷纷冒雨奔城下请命，征葵复命开枪击之，死者又数十人。

章开沅、罗福惠、严昌洪主编《辛亥革命史资料新编》第1册，湖北人民出版社2006年版，第230页

△ **四川京官在全蜀会馆开会，商议四川路事维持办法，决定上书摄政王载沣，并奏请暂归商办，另派大员赴川查察抚慰。**

9月8日(七月十六日)　四川保路同志军在各州、县相继起义，包围成都，全川震动。

熊克武等《蜀党史稿——辛亥革命记》：

自是西南附省数十州县更迭起民团，赴省营救。防军与战，颇杀伤。革命党人遂勾结同志军，呼号而起矣。曹笃跳走南门，与朱国琛等就农事试验场裁木板，大书“赵尔丰先捕蒲、罗诸公，后剿四川各地，同志速起自救！”二十一字，于夜分投江中，乘秋涨顺流，不一日几传遍四川西南。当时土人惊曰：“水电报也。”笃即驰赴四川西南各县，阴为布置，并派刘裕光走乐、井、仁、富、荣、威各县，密促党人发难。党人向迪璋自双流闻耗，亦联合哥老会首领，徼公口出枪械、募捐，以营救蒲、罗诸人。团结同志会先集红牌楼，不一二日同志军达双流者逾六千人，环邻八县皆景从。

章开沅、罗福惠、严昌洪主编《辛亥革命史资料新编》第1册，湖北人民出版社2006年版，第230页

△ **端方致内阁密电，报告四川民众争路罢市、罢课、拥入督署等情形。**

密电称：

昨据成都余道鸿大阮电称：官场对路事表同情者以周提法为最，王参盛折及近日代奏均伊主稿。初六日并代表季帅莅会。谓阖城各员愿以争路罢官。等语。季帅似甚镇静，对司道无议。特罢市后，除饮食店照常外余亦密售。省外灌、彭两县局所均毁。学生用语言煽惑，以铁路学堂为最。至有无乱党，亦难臆定。军警多助同志会，警尤难恃，巡防稍可用，现酌调来省。正绅对同志会意在避祸，抗税已议决实行，解省之款，有被阻者。学生亦密议回籍办团。昨该会闻铁路改道，忽谓川人争借约，非争路线。该会最激烈者为罗纶，颜、张等仅为利用。等语。顷又准川督赵咸电开：川省保路同志会因路事争执，遍结徒党。始则罢市罢课，继则乘机图逞。一般争路之人，为其牢笼，抗粮抗捐不完厘税，均已决议。晚，竟刊布四川自保传单，开载：自收租税，自办民团，并潜聚匪徒，定期本月十六日扑攻督署，幸先为预备，于今晨十点钟前后，将首要设法诱擒。旋于午间，猝有各协会匪徒数千人，麇集督署，先将驻扎街口马步各兵队冲破，拥至辕门，砍伤弁兵多人，直冲入头二门，将上大堂。在前者均挟有器具，并分扑廊房。兵队开枪伤毙十余人，始行退散。旋又扑攻后门，希图包抄，幸已立时击退。现在各街鸣锣聚众，与兵队互攻，恐二三日内，未必能定。省外州县，亦到处蜂起，自流井等处井灶徒众，不下数十万人，此次亦并罢市停工，抗纳厘税。深恐处处响应，兵分力弱。务望贵大臣多带得力兵队，迅速起程。等语。又成都英国人致汉口领事电云：成都店铺

关闭,新军似不可靠。总督业拿首要,并出示劝谕开市。英人多避难至重庆、宜昌。重庆现甚平靖,商人不肯罢市。绥定、叙州、嘉定均有罢市情形,资州邻近,有美国教士被殴。等语。

中国第二历史档案馆编《中华民国史档案资料汇编》第1辑,江苏人民出版社1979年版,第143~144页

△ 湖广总督瑞澂请军谘府、海军部征调派兵舰驻扎湖北、湖南江面,以镇定人心,保护中外商民,同日得海军部回复同意。

是日,瑞澂致军谘府海军部电称:

四川争路风潮剧烈,难免有匪徒乘间作乱。川、鄂接界,正筹画派队防边间,顷得川督急电,十五日十钟已有匪徒围攻督署之事。除电奏外,查宜昌为川、鄂门户,华、洋杂处,外人必派兵轮分赴重庆、宜昌两埠,自保商务。似宜由大部于六楚兵舰中,酌派两艘,分驻重、宜两埠,保护中外商民,以占先著。鄂、湘两省派一艘驻扎,以镇人心,而杜效尤。如蒙允准,建威、楚同在鄂,即饬楚同赴宜,建威留鄂,楚泰赴湘,即饬留湘,请再另派一舰赴重。立盼示复。

同日,海军部复电瑞澂:

希就近饬楚同赴宜、建威留鄂、楚泰赴湘并留湘,至赴重一舰,经电萨统制、沈统领迅速酌派,如尚须续调他舰,仍希随时调用。

中国史学会主编,中国近代史资料丛刊《辛亥革命》(4),上海人民出版社1957年版,第465页

△ 甘肃西宁府农民数千人起事,占领府城。

△ 清廷以川人抗粮抗捐,倡言自保,罪无可逭,令赵尔丰迅速查拿,将首犯正法,迅速解散胁从,毋任蔓延为患。

9月9日(七月十七日)　清廷依四川署理总督赵尔丰奏请,命湖广总督瑞澂就近选派得力将领,迅速带兵前往四川,听候赵尔丰调遣。

《宣统三年七月十七日内阁寄四川总督赵尔丰电旨》:

川省逆党借争路为名,鼓动愚民,意图独立,竟于十五日凶扑督署,肆行烧杀,并砍伤哨弁等数人,实属凶恶已极。该署督立饬兵队将该逆党分头击退,并先将首要蒲殿俊等设法诱擒,办理尚为迅速。该署督以该省兵分力弱,请拨得力兵队数千人来川一节,着瑞澂就近遴派得力统将,酌带营队,迅即开拔赴川,暂归赵尔丰节制调遣。当此事势急迫,该署督务当督饬兵队,相机分别剿办,一面出示解散胁从,以安人心;一面严饬省外州县妥慎防范,悉心安抚,免致勾结为患。

中国史学会主编,中国近代史资料丛刊《辛亥革命》(4),上海人民出版社1957年版,第462~463页

△ 四川保路同志会代表刘声元至北京地安门上书摄政王载沣,请收回铁路国有成命,并治当事大臣以应得之罪。

△ 四川谘议局副议长萧湘由京抵汉,瑞澂恐其煽动闹事,下令拘拿,发交武昌府看管。

△ 清廷从湖南京官、大理院少卿王世琪奏,准将湘路公司股票换给国路股票,一律分红分息,并令邮传部会同督、会办铁路大臣,即日派员接管湘路。

△ 都察院全体会议联名奏参两广总督张鸣岐、广东水师提督李准，杀戮无辜，致酿地方变乱，又复遇事张皇，欺君邀功，请加处治。

9 月 10 日(七月十八日)　瑞澂调三十一标、三十二标两营军队，交端方带领入川，镇压保路运动。

△ 四川保路同志会代表刘声元赴庆亲王府向奕劻跪哭请愿，呈递内阁代奏挽救川事文，围观者达数千人。

9 月 11 日(七月十九日)　清廷鉴于四川旅京绅商学界屡次聚集开会，投递呈词，传旨严禁北京学生停课外出，集会演说，并将四川请愿代表刘声元押解回籍，交地方官严加管束。

宣统三年七月十九日谕旨：

现在四川乱党藉争路为名，煽惑商民罢市罢课。近复传布自保商榷书，意图自立，并有攻扑督署肆行烧杀情事。已经电谕赵尔丰分别良莠剿抚兼施。乃旅京绅商学界屡次开会，聚集多人，投递呈词。是不知该省匪徒搆乱情形，暨朝廷绥靖地方深意，徒滋扰乱。京畿重地，亟应保卫治安，尤须严加防范。着学部严饬各学堂管理各员，认真约束学生，照常上课，不准随意出堂干预外事。并着民政部、步军统领衙门严行禁止聚众开会，多派兵警加意弹压。如仍有开会演说纷递呈词者，立即劝阻解散。倘或不遵，即行分别拿办。并将自称四川代表刘声元严密查拿，押解回籍，交地方官严加管束。

中国史学会主编，中国近代史资料丛刊《辛亥革命》(4)，上海人民出版社 1957 年版，第 471 页

△ 同盟会会员、哥老会首领秦载赓率队攻成都失利，退至仁寿县借田铺，设东路民团总机关，未几，各属来会者逾二十万人。

9 月 12 日(七月二十日)　孙中山致函宫崎寅藏，请就日本新内阁对中国革命党的态度以及是否允许他入境，打探情况。

孙函称：

近闻日本已换内阁，西园寺之政策如何？对于支那革命党取何方针？可详以告我否？并望再托木堂先生向新内阁重开交涉，请求弟能入日本之便宜。如蒙政府允肯，请先生速告我。

中国社科院近代史所等编《孙中山全集》第 1 卷，中华书局 1981 年版，第 538 页

△ 四川巡防军第八营书记周鸿勋发动兵变，枪毙管带黄恩瀚，在邛州宣布起义，响应保路同志军。

△ 摄政王载沣面谕阁臣，电致赵尔丰、端方，严拿川乱首要，切实劝导商民毋得违旨倡乱，倘有暴动，准予格杀勿论。

△ 清廷命此次赴川鄂军，均准暂由端方节制调遣，所调陕西入川军队，暂令在川陕交界扼紧填扎。

△ 御史温肃奏，川民借端煽乱，恐牵动大局，端方前往恐不能了此大事，宜简派威信素著之大臣，率同四川京官，抽调湖北、江南诸军约十营入川，以遏乱萌。

△ 盛宣怀电请赵尔巽电商瑞澂，会同电奏改派岑春煊赴川查办保路风潮。

9 月 14 日(七月二十二日)　孙中山复函萧汉卫，告以因四川革命军业已发动，全国各省当急起援应，他可能不待筹款之成马上回国。

函称：

近日祖国风云日急，四川已动，若能得手，则两广、云贵、三江、闽浙不得不急起而为之援应，到时弟或有不待筹款之成而立当回国也。

中国社科院近代史所等编《孙中山全集》第 1 卷，中华书局 1981 年版，第 539 页

△ 湖北文学社、共进会在雄楚楼召开联席会议，决定取消各自名称，成立起义统一机构，派居正、杨玉如赴上海中部同盟会总部转请黄兴、宋教仁、谭人凤来汉主持大计。会议决定在汉口租设密室，制造炸弹，制作旗帜，起草文告，以供举事之需。

杨玉如《辛亥革命先著记》：

刘仲文捐款获得后，两团体即于七月二十二日(9 月 14 日)晚在雄楚楼十号开联席会议。干部各重要人均齐集。推仲文为临时主席，蔡大辅当记录。首由孙武报告云："我们湖北革命已有十余年历史，尤其最近三四年间，完全是由我们文学社、共进会两团体担负这个重要任务。幸赖我们众同志互相谅解，互相努力，才获得相当成就。现在我们是到了摊牌的时候，我们要向敌人进攻了，月余以来，军队的同志屡屡催促我们发动，我们因为湖北处在满清的腹地，武昌革命是生路也是死路。我们必须要计策万全，'只许成功，不许失败'，所以不敢轻于一掷。现在我们秘密筹备的工作，大体完成。尤其是仲文同志慷慨的捐出了五千元，我们的发动费也有了，准备即时动手。但是武昌革命是文学社与共进会双方的事，如果此一方动手，彼一方仍袖手；反之如彼一方动手，此一方反袖手，都是不能成功的。所以今天召集我们两团体负责同志会商，这是紧急的关头，希望切实讨论。"

刘尧澂云："尧卿兄的报告很坦白。本人极表同情。武昌革命本是共进会与文学社两团体的事。我们两团体向来是合作的。不过以前的合作只算是消极的合作，现在我们要积极的合作了。我们已到'箭在弦上，不得不发'的时候了。本人建议：我们既到了与满清拼命生死关头，应该把以前双方团体名义如文学社、共进会等，一律暂时搁置不用，大家都以武昌革命党人的身份和满清拼个死活。'事成则卿，不成则烹！'就在这时候。我们全体同志要群策群力，冒险以赴，一切都不须顾虑了！"

刘仲文云："尧卿兄的建议，本人极表赞成。现在我们要向满清强敌搏斗，首先我们的战线就要统一起来。我们都是湖北的革命党，都是想推倒满清的。有敌无我，有我无敌，我们武昌革命是整个的。以前那某社某会名词，到现在总结的时候，似乎过了时效。尧澂兄主张一律搁置不用，正可表现我们战线已完全统一了，这是极端重要的。本人亦有建议：以为不特团体名称要化除，就是从前所预拟的个人负责的名义，也是过了时效的，都应一概作废，重新改选。即如本人先前本蒙同志预推为湖北的大都督，刘聃述(英)为副都督，现在聃述不在此地，我不敢代表他，至于本人大都督的名义，今天我可当众同志面前坚决取消，我自量我的才识，万不能胜起义时的领袖之任，请大家原谅。"

蒋翊武云："仲文、尧卿两同志的建议都是极合理极重要的，本人深表同情。我是文学社的正社长，现在团体名称既应化除了，本人的正社长名义愿即时取消，以党员的资格同大众努力。"

王宪章云："我和蒋同志的意见是一致的。我的文学社副社长名义，亦愿即日取消。"

杨玉如云："从今日起化除团体的痕迹，我们武昌革命战线才算真正统一了。但是大家都愿取消已往的领袖头衔，那末我们湖北革命不成了群龙无首吗？我以为谭石屏同志曾说过：'责任可以分担，事权必须统一。'这是中部同盟会革命的原则。我们今天还须要预选一个主帅出来，或都督或总司令，以备起义时好负责指挥，庶免临时忙乱，请大家考虑。"

于是会众以玉如的提议亦颇合理，都表赞成。即就刘公、孙武、居正、蒋翊武等诸人中互相推选，无奈彼等皆谦让未遑，不肯担任。旋由居正提议，谓"各同志如此谦虚，不争权利，较之洪杨诸王相残，进步得多，这是我们革命的好现象。但事权仍须统一，组织要有重心。我们可否向中部同盟会找黄克强、宋遁初、谭石屏等来帮同我们主持，名义候他们来了再定，何如？"尧卿首先赞同，谓"我们两湖向来是一家，此次革命又是两湖同人领导的。但是发动地点在湖北，我们邀湖南的黄、宋来做主帅，一则可以表示湖北人谦让，二则可以利用他们的声望便于号召各省。"仲文云："这是个解决主帅问题的最好办法。不过克强因今春广州打击太大了，很心灰意冷。遁初为人又甚谨慎，恐怕不是我们一纸相召，他们就即时命驾的。我们必须推举代表赴沪专邀，方可有济，因为我们武昌的现状再不能迟延了。"大家均以为然，遂全体赞成通过。并即席公推居正、杨玉如两同志赴上海，专邀黄、宋等克期前来，以便大举。并由居、杨携款千元向沪代购手枪，作干部临时发动之用。

同时并议决二事：(一)就武昌城内择要多开旅社，平时通声气，有事即为集合点。(二)就汉口租界分租密室，为制造发难时应用之爆烈物品及旗帜文告等，至经费则公开使用，由会计向银行兑取。

杨玉如《辛亥革命先著记》，科学出版社1957年版，第46～48页

△ 宋教仁自本日至21日在《民立报》连载《论川人争路事》，指出清政府将铁路收归国有，借外债修路，是出卖主权，不顾民意；此次争路，川民万不可退让，鼓动川民由消极的抗争转变为积极的行动，与其他各省人民一起，为四亿汉、满、蒙、回、藏人民请命，以建立真正民权的立宪政治。

文章称：

自政府定借债修路政策，强收粤汉、川汉铁路为国有，借英、法、美、德四国债款为修筑费，并以会计监督权、用人权、购料权予四国债主，以管路权、展路权、湘鄂二省租税征收权听彼制限，蔑视四省之民意，断送四省之主权，于是始则有湘鄂人争之，不得，粤人又争之，亦不得，最终乃有川人奋起力持，设保路同志会，誓要求政府取消借款契约，收回川汉铁路国有成命，听归商办。始事以来，坚忍不懈，以与政府相抗者已二阅月，其意志之强固，毅力之宏大，迥非湘、鄂、粤人所能及（羞死湘、鄂、粤人）。乃政府以惑于盛宣怀莠言之故，毫不为动，已定九月二十一日开工修筑。川人大愤，则罢市以要政府，顷来风潮益剧，川人与政府益处于骑虎之势，相持不下，日内且闻渐有决裂之形。……

吾人于是而不得不有所感焉，以谓有此一役，而后乃知专制之威非平和所能克，群众之力非压迫所能制，实为政治现象之原则，虽吾中国亦不能外之者也。自政府以伪立宪之旨布告天下，热中功名之徒不审翔实，靡然附和，奔走呼号，为之推波助澜，于是吾民信之，皆以为

庶政公诸舆论之实,今而后庶几可以见之;迩来彼辈实际上虽无大表见,而以其外观上尝有颁布宪法,设立资政院、谘议局等举动之故,犹以为吾民既借此得渐参与政治,则制限淫威,伸张舆论,保护吾侪权利,当非难事。迄于今日,信用政府之心,未尝稍减也。乃者所谓借债筑路之政策既定,不经资政院、谘议局之决议,径自大借外债,收回川汉、粤汉铁路,政府先自违犯宪法大纲及资政院、谘议局之章程,不顾国家之命脉,侵夺人民之权利,于是吾民始颇知政府之不足恃;然犹以为彼辈所自定之堂堂法令,或不至故意矛盾,不过偶为一二奸臣所误,以至于是,故仍竭忠尽诚,再三呼吁,冀其悔悟而一改悛,而孰知彼辈同恶相济,凭借权威,竟搬[班]门弄斧,以恶声相向,以格杀勿论之严令惧吾侪小民。数年来,彼辈所戴伪立宪之假面,遂由是一旦脱去,毫无顾忌。吾民处此,而犹信其能节制淫威,尊重舆论,保护吾侪权利,盖不谓之迷梦已不可得。自兹以往,吾民苟不欲求真正之立宪政治则已,而不然者,则断非平和手段所能动其毫末,此固事有必至,理有固然者也。兹者川人之抗争川汉铁路,而知以全体罢市不纳租税为武器,盖已觉平和手段之不能有效,而将逐渐以合于政治现象原则之手段对付之者。道路相传,谓已与官兵开战数次,死伤甚众,其确否虽未可知,然川人能群策群力,悉不畏死,以抵抗专制之恶政府,捣彼辈之中坚,使之震慑,不知所措,则不可掩之事实也。所可惜者,川人尚只趋于消极,而不知出以积极方法,致使彼辈犹以为易与,而不知俯首纳降,且再三装腔作势,以为恫喝。复次,除川人外,湘、鄂、粤人不知同声相应,一致行动(湘、鄂、粤人听者),更使彼辈得以口惠收拾民心,以便一意坚持其恶劣政策。有斯二者,乃为憾事耳。假令川人潜察政治盛衰倚伏之故,达观世界大势变化推移之数,不复规规于争路,由消极而进于积极,为四万万汉、满、蒙、回、藏人民首先请命,以建设真正民权的立宪政治为期,湘、鄂、粤人及各省人亦同时并发,风起水涌,以与川人同其目的,吾恐数千年充塞东亚天地之专制恶毒,或将因此一扫而尽,亦未可知,区区借债夺路之虐政云乎哉?……

数日以来,川人争路益烈,道路相传,纷纷不定,虽或不确,然川民自罢市抗税以来,因赵尔丰逮议长代表,击杀请愿人民,遂至围攻督署,与官兵开战,各处人民响应,川兵多不用命,省城受民兵围困,秩序全破,则要为不可诬之实事。政府忧川人之得势,乃妄信赵督电告,指为逆党,命岑春煊与赵督会同剿抚。春煊一面调兵筹饷,一面发电告蜀中父老子弟,日内即当由沪西上。盖政府之压迫川人,愈加强硬,必达其借债夺路之目的而后已,故以雷霆万钧之力,施之至再至三也。

以吾人之意悬揣之,今者两方虽皆坚持不下,然将来必有一方归于退让方能了结,否则必两方皆诉之于强力,谁之力最强者,即归于谁之胜利,亦能了结。天下无两胜之理,亦无力不强而能胜之理。此次川人所欲达之目的,既在争路,在势万不可以路不能争回而自休止,既以罢市、抗税、围城为争路之手段,则遭政府之压迫,固事之所应有,在川人亦必早已计及。而政府以借债收路既定为政策,亦断不肯因人民反抗而遂更易,致失堂堂之威信。两方所处之地位,皆有弓在弦上,不得不发之势,则此后了结此问题之道,果何方归于退让乎?此不能不亟研究者也。世之论者辄主和平了结之说,一则曰"川人宜速自转圜",再则曰"不可使政府过坠其威信";而岑春煊告蜀中父老子弟文中亦闪烁其说,不曰"士农工贾各归其业,勿生疑虑",则曰"果幸听吾言,必当为民请命,朝廷爱民如子,断断无不得请。"夫果能和平了结,如俗论所云者,则非先使川人尽弃前所主张,一委诸政府不可,然试问川人能为此乎?果为此者,则前此设保路会、罢市、抗税之举为何故乎?岂非大负初心耶?且此次之役,为人民与政府交绥之第一次,天下方称美川中之民气,川人而失败,则此后吾国民之薪响[向]于政府者,尚有幸乎?政府欲求和平,则何不先自转圜?政府欲保威信之不过坠,则何不先去其自

损威信之举动？且政府与人民孰重？政府之威信与人民之元气孰重？牺牲人民以卫政府，天下庸有是理耶？又岑氏之言，亦可谓不得要领已甚。川人所争者，只有唯一之路耳，无他求也。岑氏欲为川人排难解纷，则当明白宣示曰："吾必请命朝廷，收回借债收路之成命，川人其勿反抗。"果如是，则庶几可以平川人之心，当不崇朝而奏平定之功。今乃泛然以谓朝廷"断断无不得请"。夫川人之欲得请于朝廷者，岂有他哉？亦惟收回成命之一事耳。岑氏果能保为川人请于朝廷收回成命乎？吾恐岑氏虽得君之专，当亦不能自信也。岑氏既不能自信，则其所谓为民请命者，亦不过朝四暮三之术，川人断断不能信之亦明矣。由是言之，川人争路之在今日，论理既不可退让，论势亦不能退让，则欲求川人之先退让，以和平了结，殆必不能得之数，否则非七千万川人皆变为无气力之陈死人焉不可也。

然则了结之道果将何出？曰自政府一方言之，除速降明谕，收回成命，安抚川人外，已无他了结之法；自川人一方言之，苟不欲达争路之目的则已，苟欲达目的者，则总宜速由消极方法而进于积极方法，切勿为岑氏等之甘言所动，勿为威劫，勿为势屈，万众一心，坚持不懈，苟有以强力来压迫者，亦以强力应之，必期得最终之胜利而后已，夫然后其庶几耳矣。

郭汉民编《宋教仁集》上册，湖南人民出版社 2008 年版，第 373～379 页

△ 清廷以四川数万人围攻成都，形势危急，命瑞澂严饬所派赴川军队，不分水陆，兼程前进，迅速平定川乱。

△ 四川籍京官乔树枏、曾鉴、施愚等二十二人致电四川各府厅州县，宣称铁路国有政策，使"国家兴利"，"不令吾民吃亏"，吁请同乡父老从速解散，静候查办，万勿自误。

9 月 15 日(七月二十三日)　赵尔丰电奏官军与保路同志会在成都城外及东西两路作战情形。

宣统三年七月二十三日四川总督赵尔丰致内阁代奏电：

十五日遵旨拿获首要，随将围攻督署乱民击退，曾于咸电具陈在案。是日分段派兵弹压，兵民仍多冲突，直至三更，城内始稍静息。而城外大面铺、牛市口民团数千人，黉夜已到城下。据称，系由同志会调令十六日进城。始知逆谋凶狡，实非一朝一夕之故。连日已到各团，计西有温江、郫县、崇庆州、灌县，南有成都、华阳、双流、新津及邛州、蒲江、大邑等十余州县。一县之中又多分数起，民匪混杂，每股均不下数千人或至万人。所到之处，抢掠烧劫，无所不为。附省居民纷纷逃徙。阵获之人，讯供，或称系赴同志会召集，有称系罗、蒲等大人调来保路者，十四日即已暗中齐团。亦有沿江得有同志会散布调兵木签，令来保护罗、蒲诸人者，今知渠等被擒，特来救援。并要求从此不纳粮税，不准则围城攻打。当经调派陆军及巡防军卫队，一面谨严城守，将各国驻省领事暨教堂教士等加意保护，一面分路迎剿，仍先将该逆绅等谋叛情形分头晓谕解散，免致愚民无知误犯。兵民接战时，官弁等亦必先行劝解。乃各该团恃其人众势强，分四路围城，并放枪炮伤亡兵士。迨官军开枪回击，犹敢抵死抗拒，至势难支持，始各纷纷败退。

嗣有大股匪团数千人，盘据距省五十里之龙泉驿山顶，扼守险要，密列炮械，扬言进攻省城。官军驰往剿击，匪即开炮轰打。官军于黑夜猛扑上山，占据山顶，夺获大炮数十具，枪弹刀矛无算，匪遂下山纷窜。盖龙泉驿为东路要害，该匪等意在扼险固守，截断省城声援。幸经立时攻夺，不致为其所制。而西路犀浦中和场等处，复有数千匪徒聚集，纵横于郫县双流之间，复

经派兵防剿,当即败退。讵该匪旋又分股围攻双流县城,放火焚烧关厢街市,势甚危迫。官军蹑踪往援,与匪接仗数次,均获胜利,相持一昼夜,城围始稍松解。其窜扰犀浦中和场并续窜唐家寺之匪,亦先后败退。刻据探报,金堂、什邡、汉州等处又复纷纷告警,犹须分兵往救。

查官军自十六日至今,连战七日,防内攻外,东驰西击,刻无暇晷。尔丰随时激以忠义,犒以重赏,各将士均尚用命。虽所当辄靡,擒斩甚多,夺获枪炮刀矛旂帜约二千余件,而民匪散而复合,前去后来,竟成燎原之势。自十六日各路电杆悉被砍断,驿递文报皆被截阻搜杀。各处匪徒日益麇集。迹其设伏守险,图扼东西要道,陷我于坐困之地,必有枭桀诡谲之徒主谋指使。而西充、汉州等处匪徒犹有分路来省之说。兵数有限,备多力分,恐仓卒未易歼除。拟俟城守稍固,即抽队迎剿,以图廓清。其先后阵擒各犯中,有被胁愚民,均用善言开导,悉予宽免省释,饬其劝告乡里,勿致误蹈罪戾,为妥筹解散之计。

中国史学会主编,中国近代史资料丛刊《辛亥革命》(4),上海人民出版社 1957 年版,第 477 ~ 478 页

△ 上谕开缺两广总督岑春煊由上海乘轮船前往四川,会同赵尔丰办理剿抚事宜。岑春煊未到之前,由督办粤汉、川汉铁路大臣端方先行设法,速解成都之围。

宣统三年七月二十三日上谕:

前因四川逆党勾结为乱,当饬赵尔丰分别剿抚,并饬端方带队入川。现据瑞澂及重庆等处电陈,四川省城城外聚有乱党数万人,四面围攻,势甚危急,等语。成都电报现已数日不通,附近各府州县亦复有乱党煽惑鼓动,川省大局岌岌可危。朝廷殊深焦虑。昨已电饬端方克期前进,迅速到川。开缺两广总督岑春煊,威望素著,前任四川总督,熟悉该省情形,该督病势闻已就痊,著即前往四川会同赵尔丰办理剿抚事宜。岑春煊向来勇于任事,不辞劳瘁,即著由上海乘轮即刻起程,毋稍迟延。此次川民滋事,本系不逞之徒藉端诱惑,迫胁愚氓,以致酿成此变。现在办法,自应分别良莠,剿抚兼施。其倡乱匪徒亟须从严惩办;所有被胁之人均系无辜赤子,要在善为解散,不得少有株累,以期地方早就敉平。岑春煊未能立时到川,端方计已行抵川境,著先行设法速解城围,俾免久困;并沿途妥为布置,毋任滋蔓。该大臣等其各懔遵谕旨,迅赴事机,以纾朝廷西顾之忧,而免川民涂炭之苦。

中国史学会主编,中国近代史资料丛刊《辛亥革命》(4),上海人民出版社 1957 年版,第 478 ~ 479 页

△ 法部左丞曾鉴等数十名四川籍京官,联名具呈都察院请求代奏,恳求派员秉公查办四川争路事件,即便已下剿办之旨,也要尽力以滥杀为戒。

呈文称:

查近日京师各报所载,川绅约赴督署请示,督臣虑有他变,下令开枪轰击,惨毙多命,并诱擒职绅数人指为首要,等语。如果属实,则所谓首要者谅即赴署请示之人。即有因而聚众喧哗情事,亦非赴署者所能逆知,所能禁止。揆厥情形,当系官民相持,中多隔阂,彼此误会,遂致决裂。如果系逆党勾结为乱,则川中罢市罢课延及十余日,多至数十县,岂有不戕官吏,不劫仓库,不据城池,而惟呼号宛转坐以待死于督署之前者?至抗粮抗捐,如但有此议,则官府本操强制征收之权;如业已实行,则法律亦著分别惩罚之例,决非叛逆可比。其传布自保商榷书,书内词义是否悖逆,远难查悉。惟闻前此颇有自保商榷之说,如系自保商榷,则意在对外,自非违抗朝廷。如系自保商榷,则为商量自保之法。是否传布独立,须视其书内词义为断。……

惟查该督所侦悉擒获之首要,及谕旨所谓被胁之绅民,均未指明姓名。然各报先后揭

载,其在川被逮者,有四川谘议局议长、法部主事蒲殿俊,副议长、举人罗纶,翰林院编修颜楷,度支部主事邓孝可,民政部主事胡嵘等五员。在鄂被逮者有四川谘议局副议长法部主事萧湘一员。如各该报所传不虚,该员等果系逆党,确有凭据,则谋为不轨国有常刑,自未敢冒渎天威,冀邀宽典。惟查该蒲殿俊等夙称端士,久著乡评,或为代表舆论之机关而以公益为己任,或以在籍缙绅之资格而为众望之所归。此次变起仓卒,各该员等有协同官府竭忱解散之责,然当群情汹汹、星火燎原之日,地方大吏以权力所不能镇遏者,而谓同乡绅士可以空言约束之乎?况保路同志会未成立以前,蒲殿俊早已回籍,及风潮渐起,护督臣王人文始促该员赴省,设法维持。中间相距旬月,为途千里,岂能预先煽惑。且本月十四日该蒲殿俊与四川劝业道周善培合电致京,犹有务采和平稳当主义,早为解决之说。则其心迹犹不难明。至该萧湘于本年四月到京,是时国有政策未定,保路同志会亦未立。今滞迹武汉,尤于川事渺不相涉。纵使各该员等迹涉嫌疑,例当勘讯,亦必供证之俱确,而后情罪得其平。如其不经审判,恐愚民讹以传讹,借词煽动,其乱愈滋。盖正副议长既均为乡望所归,而司法审判又正当独立之始,关系数人之冤抑者小,关系法律之信用者大。职等既不愿朝廷之法律失其威严;更不愿各省之人心因而摇惑。大局所关,不敢缄默。合无仰吁圣慈曲赐矜悯,俯念案情重大,饬下督办铁路大臣端方迅速赴川,按照川督赵尔丰奏报各节,秉公查办,凛遵本月二十日不得少[稍]有株连之旨,迅速查明。如果该督所称首要确有冤抑,即仰体朝廷矜恤川民之意,立于省释,以免株连无辜。如确有倡乱重情,应按律定拟者,亦即送交司法审判衙门,听候公平审判,以防冤滥而符现制。

再剿办之命既下,川省风鹤皆惊,匪徒固应扑灭,民命尤宜矜全。惟有仰恳恩慈,俯念川民元气凋衰,生计艰难,严饬疆臣善体分别剿抚之旨,川民果无纠结党羽负隅抗拒情形,应请照例查拿匪徒严办,毋庸率行用剿,致与旨意所谓分别者不符。即不得已而用兵,尤应力以滥杀为戒。庶事定之后国本无伤,民志定而乱源亦塞矣。

中国史学会主编,中国近代史资料丛刊《辛亥革命》(4),上海人民出版社1957年版,第481~483页

△ 上谕端方依照曾鉴等人呈文所陈各节,查明四川保路风潮实在情形,据实奏闻。

宣统三年七月二十三日内阁总协理大臣寄督办粤汉、川汉铁路大臣端方上谕:

都察院代奏,四川京官曾鉴等为川民争路致酿重案,恳饬秉公查办,以维大局而遏乱源呈一件。著端方按照所陈各节,查明实在情形,秉公分别核办,毋枉毋踪[纵],据实具奏。

中国史学会主编,中国近代史资料丛刊《辛亥革命》(4),上海人民出版社1957年版,第483页

9月16日(七月二十四日)　四川温江保路同志军统领吴庆熙率部在辜家碾与巡防军激战六小时。越二日,又会同崇庆同志军西军统领孙泽沛在温江三渡水伏击新军,毙敌八九十人。彭县同志军首领刘丽生率众会合后,夜间与清军在温江北街进行巷战。

9月17日(七月二十五日)　四川旅沪保路协会召开特别大会,到千余人,议决举代表面谒岑春煊,请勿带兵入川。

△ 办理四川剿抚事宜岑春煊自沪电蜀中父老子弟,劝士农工商,各安其业,自称一切未决之事,春煊一至,当开诚布公,共筹维持挽救之策。岑春煊又电四川全省道府厅州县武营,自此电到后,地方人民苟非实行倡乱,不得妄加捕治;其因乱事拘拿在先者,亦不得擅行杀

戮,希图通过劝慰平息事端。

△ 岑春煊电内阁代奏川事办法,并请抽拨滇兵两营随行入川,以备调用。

△ 张鸣岐电邮传部,四川代表在港煽动勾结,实为隐患,拟请该部设法妥商英使转电港督,将其驱逐离港。

9 月 18 日(七月二十六日)　清廷电岑春煊,所陈川事办法尚合机宜,准拨滇兵随行入川,所有川省水陆各军及各省所派赴川援军,俟岑春煊抵川后统归其暂行节制调遣。

△ 清廷命岑春煊未到任前,仍著端方督队趱程前进,迅解成都之围。

△ 清廷命贵州巡抚沈瑜庆酌派得力兵队,迅即开拔抵川,暂由赵尔丰节制调遣。

△ 赵尔丰电请内阁代奏,成都已陆续开市、开课,惟外县暴动纷纷继起,前仆后起,遍地皆是,川省兵本不足,难于充补,已有不暇兼顾之势,请饬鄂督瑞澂,再增派步兵两标,克期驰援。

△ 福州轿夫为抗缴轿捐全体罢工,与弹压警察互相掷石殴击,拆毁城外南台地方审判厅、警察道署头门及沿街警察岗亭。轿夫死伤数人,当局被迫宣布取消轿捐。

据驻福州第十镇统制官孙道仁宣统三年八月初一日(1911 年 9 月 22 日)报陆军部呈文:

遵查闽省因巡警经费支绌,议抽轿捐,章程宣布,尚未实行。该轿夫等联名前赴督署恳免,正核办间,人众各怀疑虑,于七月二十四日早,结团全体罢工,遇有官绅乘坐自备肩舆辄行拦阻,甚至恃强殴击。水部门、南门等处,聚集人数颇多。统制探悉情形,深恐扰害治安,而值此多事之秋,匪党乘机窃发,奸宄溷迹生端,大局所关,尤不敢不力为防范。当即分派军队,先将省会军装所及西门外之制造厂火药库,严密防守,并派兵分巡各城门,以防外匪混入。一面饬令步队三十七标统带贺贵春率队守卫督辕,并由四十标第三营拨兵守护藩库。又以南台、仓前山一带,为各国领事、洋行住居之所,派令步队三十八标第二营管带朱贻清、四十标第三营管带卢兆翰带兵分途巡护,预防另起交涉衅端。而省城地面辽阔,尚恐布置未周,另派步队十九协统领王麒、三十八标第三营管带胡桂高督率队伍,遇有警耗,立即驰往查办。工兵则预备策应,炮兵则留守南校场营房。向驻省垣军队无多,分别遣派,实已不遗余力。其余各衙署、公所,陆军难以分布。屈计尚有巡防队数十名,又捷胜营两营,分途帮同弹压,当可无虞,布置已定,二十五日尚无惊扰。二十六日上午,据侦探报称:城外南台地方审判厅被众折[拆]毁,派兵往救无及。午刻,城内轿夫、游民愈聚愈众,有在南街抢取食物情事,以致各店铺一律闭户自卫。狮子楼地方警察、巡士与轿夫等掷石互相殴击。巡士在楼上并有开枪恐吓。当经十九协统领王麒、三十八标第三营管带胡桂高率队驰往,巡士楼上掷石不止,致将十九协执事官陈心芹及弁兵十余人均击伤。维时如果开枪还击,人多地隘,良莠难分,更恐激成兵警冲突,致酿大乱。当由王麒、胡桂高命令队伍略退,整列以待命令。警兵民人渐散,而沿街警察岗亭亦同时悉被折[拆]毁。军队分途竭力弹压,幸无损伤居民抢劫大

店等事。同时，探报警察道署头门等处被众折[拆]毁，巡士开枪抵御，相持良久，共计两处击伤数人，伤重毙命者二人。派队驰往，众已解散，扑救余烬，并将受伤之人送到陆军医院诊治。当聚众纷扰之时，督院松曲体下情，已经出示准将轿捐全免，无如仓卒不及周知，续经牌示，传谕通衢，乌合之众，逐渐解散。是夜，竟夕平静。二十七日早，店铺一律开门，照常贸易。余众一律分散，省城南台，现均尚称静谧，足纾廑注。

中国第二历史档案馆编《中华民国史档案资料汇编》第1辑，江苏人民出版社1979年版，第86～87页

△ 两江总督张人骏遵旨上奏，比较中外国情，分析中国行政体制，认为厘定外省官制宜以旧制为本，量加损益。

奏折称：

宣统二年十二月十三日奉上谕：现在厘订外省官制，必须详慎，著派锡良、陈夔龙、张人骏、瑞澂，会同宪政编查馆王大臣悉心参酌，遇有紧要节目，随时电商。钦此。伏查地方官制，东西列国各不相同，其大别有二，一曰中央集权，一曰地方分权。大抵各因其地势国情、历史沿革而异，而衡之我国情势，均未恰合。中国疆土之大为各国所无，俄称最大，乃兼藩服，言之本土，亦小于中国二十二省。且各国交通便利，虽远如近，故可纯乎中央集权。中国则不能。然若全国千余州县皆直隶于京师各部，势必涣散无纪，不可收拾，是极端中央集权不可行也。至西国联邦制度，则各邦自有政府，上国仅同盟主，是为纯乎地方分权，中国若仿行之，将如唐末藩镇，有尾大不掉之虞，是极端地方分权亦不可行也。

我朝制度，设督抚于各省，封疆之任直受付托于大君而切政事，京师各部皆有监察、制裁之责，司道府县节制于督抚而仍考核于部臣，内外相维，上下相应，分权而不虑擅专，集权而无虞掣肘。法至善也。承平累叶，成效固已昭然，而咸、同之际，戡定祸乱，多属督抚之功，庚子之变，保全东南，尤赖疆臣之力，是我外省官制本深有裨于大局。今将实行立宪，揆时度势，自不能墨守故常，而只宜量加损益，不可大事更张。光绪三十三年总司核定官制大臣等奏呈酌拟各省官制通则，自督抚以至州县，皆以旧制为主，而酌量变通，期与宪政地方自治、司法独立诸大端无所窒碍，而大体则仍率循祖制，无所愆忘，间[?]属老成谋国之见。窃谓今日厘订外省官制，其大纲悉当以此为本，而其节目则宜加以申明，以期详晰周备，推行无阻，其应申明者约有数端。

一曰督抚权限。一、奏事之权。日本制度，臣工上奏必由内阁代递，地方官更无上奏之权，乃极端中央集权办法。我国疆域广远，若疆臣奏事不能直达御前，必至贻误事机。查总司核定官制大臣所拟各省官制通则第三条云：总督、巡抚于各部咨行筹办事件，均有奉行之责，但督抚认为于地方情形窒碍难行者，得咨商于各部酌量变通，或奏明请旨办理等语。是于督抚奏事之权未尝更动也。今应申明督抚一切具奏事件悉仍旧制，无所变易。一、军政之权。通则第一条云：一省或数省设总督一员，总理该管地方外交、军政，统辖该管地方文武官吏，并兼管所驻省分巡抚事，总理地方行政事宜。第二条云：每省设巡抚一员，总理地方行政，统辖文武官吏，惟于该省外交、军政事宜，应商承本管总督办理，其并无总督兼辖者即由该巡抚自行核办，总督所驻省分不另置巡抚者即以总督兼管该省巡抚事各等语。是军政仍责在督抚也。今为中央集权之说者，欲将外省军政悉直隶于内部，将领不归督抚任用，不归督抚节制，则兵将皆将不听督抚调遣，一旦有事，必有缓不济急之患。即如近年安徽、广东省城之变，督抚若无兵权，其祸将不可问，其明征也。又立宪之制，司法独立，而于军事则有紧急命令，得以军法行之，今制督抚于土匪乱民得以就地正法，即军令之执行也。督抚若无此

权,则遇有变乱不足以弹压地方,今应申明督抚有调遣兵队节制进退将领之权,军法从事之权。一、外交之权。观通则第一、第二条,督抚本有外交之责也。外交之权原统属于外部,但通商、游历、传教等事皆在外省,遇有事端,若在外省了结,即可化大为小,免成国际交涉,是督抚不可无此权也。今应申明督抚有办理本省外交之权。其关系重大,不能在外省完结者,仍归外务部办理。此外理财、用人一应事宜,俱循照旧章,上秉庙谟,内遵部议,妥慎将事,不必另立科条。此督抚权限之说也。

二曰司道分合。司道分署办事,合署办事,今之论者有此两说,各持一议。窃谓外省司道分曹治事,等于京师各部,京师部臣议国务则集于内阁,理部务则莅于本部。外省之有会议厅,犹内阁也,司道各有本署,犹各部也。事关全局,若不聚而合议,则不能会通,事属专司,若不退而考求,则不能精审。通则第六条云:各省督抚应于本署设会议厅,定期传集司道以下官会议紧要事件,决定施行,即合署办事之义也。第七条至第十七条规定各司各道之职掌,并各设属官,各定权责,即分署办事之义也,实为折衷良法。应申明各省司道于全局之事,在会议厅合办,于专司之事,在各本署分办。此司道分合之说也。

三曰道府存废。旧制数州县统属于一府州,数府州分隶于一道,层层钤制。说者谓其阶级太多,有拟以府州县各辖地方不相统属而直隶于省者,有拟存府废道者,有拟存道废府者。窃谓省之于府,府之于州县,如身之于臂,臂之于指,身必有臂,乃能使指,若无臂而十指径附于身,其不能运动也必矣。通则无守巡道而有府州县,即存府废道办法。其第十七条云:所有守巡道一律裁撤,如距省较远之地,必须体制较崇之大员以资镇慑者,可仍留道缺,即名为兵备道,或一员或二、三员,专管督捕盗贼。调遣军队事务,应由各该督抚,酌察情形,奏明办理等语。是道亦酌量存留,用意颇为周密,似可照行。现在附府首县业经内阁奏明裁撤,命知府自理民事,与直隶州一律,今应申明各省裁去守巡各道,辽远者酌留一二,各府皆自理民事,仍兼管所属州县。此道府存废之说也。

四曰审判办法。通则第三十四条云:各省应就地方情形分期设立高等审判厅、地方审判厅、初级审判厅,分别受理各项诉讼及上控事件。其细则另以法院编制法定之等语。现在法院编制法业经颁布,省城商埠各级审判厅业经成立,明年即为府厅州县城治各级审判厅一律成立之期,亟应妥为筹办。伏思司法独立为宪政要端,自不能不依限实行,但行法首重宜民,若于民情习惯不能相洽,必致滋生事端,求安反扰。中国郡县之制行已一二千年,乡民心目中只知州县衙门为其本管官衙,应行服从。若于州县之外别设法庭,乡民少见多怪,必致别生疑虑,如建洋式房屋,尤将疑虑为洋教,更易生事,近来各处新设审判厅,每滋纷扰,是其明证。乡曲愚氓,难以理喻,惟有顺其习惯,使之不觉,自然默化于无形。窃谓各直省府厅州县地方审判厅,皆宜以原有州县衙门改设,而别给州县官以屋舍,乡民涉讼仍在州县衙门,必无不服。而州县官既已不理词讼,所居之屋亦不必定须官衙堂宇形式,既可以省建筑之费,又足以服乡民之心,实为一举两得之法。东西各国法官皆服古衣冠。乃由远年顺民耳目,沿袭至今,亦此意也。至州县为地方行政官,虽不应干预司法之权,而地方治安是其责任,又兼理巡警与民相亲,则检察官应办之搜查、处分、提起诉讼等务,州县官皆可办理。若将检察官一职皆令州县官兼任,则既可省设官之费,而民情尤易相安。编制法内检察官本不得干涉推事之审判,或掌理审判事务,则亦不致有行政官干涉司法之嫌,实为有利无弊之道。又缉捕盗贼,旧例本系牧令专责,民政部会奏司法、行政分权,声明地方官责任折内,亦以缉捕、防范、稽查等事责成府厅州县。今州县巡警尚未办理完善,地方官责成尤重,今应申明府厅州县地方审判厅,皆以州县衙门改设,而别给州县官以屋舍,州县官皆兼任该处检察官,缉捕盗贼,

仍按旧例责成州县办理。此审判办法之说也。

五曰地方自治实行监督。通则第三十三条云：各省应就地方情形，分期设立府厅州县议事会、董事会，其细则由民政部议订，奏定后通行各省办理等语。即地方自治办法也。自治章程现已由民政部议订颁行，限年筹办。查地方自治本属良法，但中国民智未开，畎亩蚩氓，安于耕凿，不知自治为何事，出而任事者仍属士绅，其中固不乏端人正士，而平日好事之徒亦复不少。近日各处乡民因自治与士绅为难，滋生事端，不一而足，仍赖地方官为之平亭剖决。是民习信向，仍托命于官府也。查城镇乡自治章程以地方官为自治监督，有纠正、检察、解散、撤销、罚办、治罪之权。府厅州县章程以府厅州县长官为参事会会长，于议事会、参事会议决事件，有执行之权，有撤销之权，以本省督抚为监督，更操监察督率全权。是定章于官长监督之权，本极完足也。为官长者果能实力监督，为士绅者果能照章服从，何致冲突之患。无如各处士绅不知恪守章程，往往逾越权限，而府厅州县以及督抚又多曲意阿徇，自放责任，以致上凌下替，纪纲隳颓。此非章程之过，不善行用章程之过也。今应申明地方自治，在民有一定范围，不得逾越，在官有完全权力，不容放弃。请旨敕下民政部，将自治章程内官长监督权责诸条，专案提出，通行各省恪遵办理，不准稍有迁就，以靖嚣风而安愚贱。此自治监督之说也。

此皆外省官制大端，不可不详慎参酌者，他若督抚幕职，司道增改，及司道科员、府厅州县佐治等官通则，原议均臻妥善，今已陆续实行，自当悉照原议办理。臣愚昧之见，以为徒善固不足以为政，徒法亦不能以自行。此次厘订外省官制，臣等自当竭尽愚诚，妄参末议，略效壤流之助，俾阁臣博采众长，折衷至当，以期百度惟贞，尤伏愿我皇上慎选群材，布列在位，冀收人存政举之效。臣等亦勉竭驽骀，上酬高厚于万一也。现接内阁来电，令即派员赴法制院以备咨询，并令各陈所见。除咨明内阁并遵照派员来都听候咨询外，所有参酌外省官制，敬陈管见，以备采择缘由，谨恭折具陈，伏乞皇上圣鉴训示。

故宫博物院明清档案部编《清末筹备立宪档案史料》上册，中华书局1979年版，第591～596页

9月19日（七月二十七日）　居正、杨玉如到达上海，先后造访宋教仁、陈其美与谭人凤，报告武汉起义准备情况，筹划各地响应方案，委托陈其美购买手枪，并以中部同盟会名义，将起义准备方案函告在香港的黄兴，派吕志伊赴港敦请黄兴到汉。因事情多有耽搁，武昌多次电催，杨玉如先期返汉，居正滞留上海焦急等待结果。

胡祖舜《六十谈往》：

居、杨遂于七月二十四日买轮东下。时余适卧病，玉如就余榻而语之曰"我与居同志即晚赴沪购办械弹，君善为调养，卑早日康复，因诸事尚待君主持也，我当在短期内归，届时义旗一举，大功必成也。"余曰："请勿以我为念，祝君等一路平安，务必人随械归。"玉如等去后，武汉同志望眼欲穿。讵知因日知会案羁押武昌监所之湘人胡瑛（号经武）先以书遣天门人岑楼往沪访宋教仁等，备言武汉革命必无成功可能，人因疑之。且托购办械弹者为浙人陈其美（号英士），数日不得晤。玉如闻南湖八月初三日之变，知武汉事急，不及待，先于初七日返鄂，居正暂留待之，余等大失所望。

武汉大学历史系中国近代史教研室编《辛亥革命在湖北史料选辑》，湖北人民出版社1981年版，第60页

居正《辛亥札记》：

余偕杨来沪后，初访宋钝初于《民立报》，次访陈英士于马霍路，再访谭石屏于北四川路，报告湖北近事，并请英士代购手枪，由湖北携来洋一千元交之，英士慨允办理。连日在英士

寓所,召集上海机关部会议,决定南京、上海同时发动;令余详述事实,函报香港,托吕天民携往,请黄克强速来,宋钝初、谭石屏均准备同时赴汉。讵胡瑛在狱,密派学生岑伟生持书来沪访钝初索炸弹。钝初问余可否给之,余曰不可,初不知胡瑛给钝初之书,有痛哭流涕,极言湖北之不能发难也。故钝初听余言,疑信参半,但亦不轻以炸弹给伟生,恐中途不慎,危险及之。寓沪一星期,已是八月初旬,迭接汉电促返。余日问英士之手枪,及钝初之行止,均未备妥。杨玉如乃先归,余留沪二三日,而武昌南湖炮营之事变作矣。

武汉大学历史系中国近代史教研室编《辛亥革命在湖北史料选辑》,湖北人民出版社1981年版,第137~138页

△ 湖北提督张彪鉴于四川保路运动爆发后,湖北派兵前往镇压,省城兵力空虚,令各营加强戒备。

据是日《时报》报道:

川省路事风潮日剧一日,湖北毗连各境早已戒严。刻下出发兵丁甚多,省垣不免稍形空虚……是以张彪谕饬各营官长,凡目兵一律不准外出,所有请号告假,概不准行。惟父母病故,或己身染有重疾者,每队只可一名。至目兵外出购物,应禀由长官派人代办。万一非人可代办者,出外一概不可过久,以示限制。刻各标营一体遵照办理矣。

张彪近因川省警告势甚剧烈,鄂军多已调散,恐有匪徒不法乘机思逞,扰害治安。刻已传谕驻守各军队,仍照春夏间规定地段,日夜各轮派官兵一大排换班巡查,以资防范。

武汉大学历史系中国近代史教研室编《辛亥革命在湖北史料选辑》,湖北人民出版社1981年版,第547页

△ 岑春煊电内阁代奏治标治本之策,请明降谕旨、暂行酌量保释被押诸绅,为治标不可缓;饬邮传部将收回国有各路商股均照十成现款给还,并由朝廷下罪己诏,为治本不可缓。“标本兼治,迎刃而解”,并告准于次日乘轮赴鄂。

9月20日(七月二十八日)　上谕赵尔丰严饬各军分路剿办,武力镇压四川争路风潮。

宣统三年七月二十八日上谕:

现在鄂军已经行抵川境,黔省援军亦经开拔,仍著赵尔丰严饬各军分路剿办,迅速击散,勿令匪焰日张。仍分别良莠,剿抚兼施。凡有被胁愚民,悉从宽宥,遍行晓谕,妥筹安抚,以免株连而释疑惧。

中国史学会主编,中国近代史资料丛刊《辛亥革命》(4),上海人民出版社1957年版,第490页

△ 赵尔丰电请内阁代奏,成都现已解严,人心渐觉安定,同志军最有势力者,惟温江县、双流县两处。

△ 岑春煊以成都同志军已被击退,赵尔丰力能镇压,是日电内阁代奏,拟请朝廷收回成命,不再派他前往四川。次日,清廷仍命岑春煊遵旨迅速赴川,相机办理剿抚事宜,所请收回成命之处,著毋庸议。

9月上中旬(七月中下旬)　易昌楫等八名四川绅民向资政院劾举总督赵尔丰挟嫌诬陷、欺君殃民、希功激变十大罪状,恳求资政院照章建议,就如何维持法律、保护议绅、通达民隐、解救倒悬,作出公论。

△ 冉柲懋等二十八名四川籍京官致资政院说帖，请杀赵尔丰以维持四川大局。

说帖罗列赵尔丰罪状

欺君者十，违法者八，实属上负国恩，下为民贼，使天下人人自危，民心解体，时局危急，国本动摇，宪政将永无成立之望。赵尔丰之误国殃民，尚得谓之曰人臣乎。民为邦本，无民尚足以立国乎。朝廷如果欲弃失人民，永不立宪则已，倘欲君民一体，上下一气，不斩赵尔丰以谢天下，何以收民心而固国本。不释川绅，以雪冤狱，又何以崇法律而维宪政？

中国第二历史档案馆编《中华民国史档案资料汇编》第1辑，江苏人民出版社1979年版，第156页

9月21日（七月二十九日）　黄兴致电马来亚华侨、同盟会怡保分会会长郑螺生，请速筹款接济武昌新军起义。

电称：

川事骤变，民愤已极，而鄂能响应。速筹款接济。

刘泱泱编《黄兴集》(1)，湖南人民出版社2008年版，第111页

△ 端方行抵万县，并出示晓谕川人迅速解散。

△ 清廷从赵尔丰奏，命军谘府迅速电商瑞澂，再增兵两标，克期援川。

△ 清廷从张鸣岐奏，派滇军分统候补参将黎天才统兵两营前往四川。

△ 因福州轿夫聚众抗收轿捐，焚毁巡警道署，释放囚犯，打伤巡士六十一人，上谕饬闽浙总督松寿严行防范，查拿首要，尽法惩治，毋令再生事端。

9月22日（八月初一日）　端方电盛宣怀、载泽，指责岑春煊收回成命之请，"不顾大局成败，且使朝廷无立足之地"，主张坚持铁路国有政策，反对清廷下罪己诏，并斥岑春煊此等居心，专想作内阁总理。

△ 荆州右翼副都统松鹤奏请罢邮传大臣盛宣怀，简派前督臣锡良或江苏巡抚程德全，前往四川查办保路风潮。

9月23日（八月初二日）　赵尔丰电内阁代奏，报告川省战事。并谓成都附近各县到处有同志军，官军地广兵单，顾此失彼，势处两难。

9月24日（八月初三日）　文学社、共进会代表孙武、刘复基等六十多人在武昌胭脂巷再次开会，讨论"人事草案"和"起义计划"，议决中秋节（10月6日）起义，正式确认蒋翊武为临时总司令，孙武为参谋长。

杨玉如《辛亥革命先著记》：

时革命怒潮已至沸点，军队同志在总机关催促发动者户为之穿。黄、宋来鄂无期，势不能久待。于是孙武、刘尧澂等乃于八月初三日在胭脂巷机关部召集联合大会，商决首义动员计划。是日军界各代表及干部各负责人均出席，总计到会六十余人。公推孙武为临时主席，

赵士龙、李济臣负户外警戒之责。首由孙武报告上月雄楚楼联席会议两团体合并经过,随即商讨首义日期,经一致决定八月十五日(10月6日)。并迅即电知湖南焦达峰同时发难。孙武复提议临时总司令一职推蒋翊武担任,自愿任参谋长之职,表示合并诚意,众赞成之。

杨玉如《辛亥革命先著记》,科学出版社1957年版,第50页

胡祖舜《六十谈往》:

初则共进、文学各树一帜,分途并进;久之各个分子渐相融洽,且有互相参加者。彼此感觉革命之目的既已相同,行动宜取一致,以利进行而厚势力,即提议从事联合。辛亥六七月间,武汉形势颇有利于革命之发难。经多次商谈,决定合为一体。遂于八月初三日,假余胭脂巷机关部为会场,举行联合大会,商决发难事宜。是日军中代表到会者,如八镇炮队第八标徐万年、蔡汉卿等,八镇工程队第八营熊秉坤、马荣等,混成协辎重队李鹏升、李树芬、罗一安等,混成协炮队蔡鹏来等,混成协工程队张斌、黄士杰等,八镇马队八标陈孝芬等,八镇步队二十九、三十标蔡济民、杜武库、方维等,汉口、汉阳混成协步队四十二标林翼支、胡玉珍等,宪兵队彭楚藩,陆军测绘学堂代表方兴,陆军第三中学代表雷洪、席正铭等,均出席。其他代表参加者,余已不尽记忆。文学社干部则有刘复基、蔡大辅、李济臣等,共进会则有余与邓玉麟、黄元吉、赵士龙、杨宏胜、阎鸿飞、马骥云、钱芸生等。时蒋翊武留岳未返,公推共进会孙武为临时主席,赵士龙、李济臣负户外警戒之责。首由孙武报告两团体合作之必要及经过,随即商讨首义日期。经一致决定八月十五日,利用中秋节休假,为首义之期。孙武复提议:临时总司令一职,公推文学社之蒋翊武担任,自愿居参谋长之任,以示合作之诚意。众赞成之。军中组织,原有规定,大率标、营、队各有总代表、代表,以十人为一分队,以三分队为一支队,以三支队为一大队;各队置队长一人,置副队长二人,大队长即以总代表担任指挥,其他各级队长、副队长,则由总代表就代表中指定,或由队员中互推之,由各标、营、队代表负责克期组织完成。旋分派首义时各标、营、队代表担任职务如下:

一、混成协工程、辎重两队总代表李鹏升,担任首先纵火为号,以其营房位于草湖门外塘角旧恺字营,地临江岸,南北两岸及城内皆可望见。同营混成协炮队总代表蔡鹏来率队响应,即以一支队由草湖门占领凤凰山炮台,以一支队占领青山,迎击海军,由工、辎两队分别派队掩护之。

二、八镇工程第八营总代表熊秉坤,担任占领中和门内楚望台军械所,因其营房位于楚望台附近。右旗八镇步队第二十九、三十标总代表蔡济民、方维等,测绘学堂总代表方兴等率队响应,以与工程营会合于楚望台,协同进攻总督署。

三、南湖八镇炮队第八标徐万年、蔡汉卿率炮队由中和门进城,攻击总督署,由附近八镇步队第三十二标掩护之(代表佚名)。

四、南湖八镇马队第八标代表陈孝芬及混成协马队第十一营,则警戒于城外(代表佚名)。

五、八镇步队第三十一标及混成协步队第四十一标留守部队,会同占领蛇山,掩护炮队,因其两部同驻左旗营房,与蛇山相接也(代表佚名)。

六、汉口驻军混成协步队第四十二标之一部,由代表林翼支等率队响应,进占武胜关。

七、汉阳兵工厂驻军混成协步队第四十二标之一部,由代表宋锡全等率队响应,占领龟山炮台。

此外,公推宪兵队彭楚藩担任侦察官方情报及各军事要点之设备、防务情形,随时报告临时总司令部;邓玉麟、杨宏胜则担任各部队之联络交通事务。其他参谋、军需等职务,分派

有差，已不记忆。是日开会自午前十时起，至午后一时止，始安然散会，各代表均欣欣然离去。

武汉大学历史系中国近代史教研室编《辛亥革命在湖北史料选辑》，湖北人民出版社1981年版，第62～63页

编者按：张难先《湖北革命知之录》将推蒋翊武为革命军临时总司令，孙武为参谋长的会议，记作阴历七月，即阳历8月，并说在这次会议上，决定将起义军队编为以二十人为一排，以五排为一队，中设有排长、队长以管领之。

杨玉如《辛亥革命先著记》对于胡祖舜与张难先上述关于起义军编制的记载，在该书第49页作了如下辨正："至传言军中组织，以二十人为一排，五排为一队，中设有排长队长以管领之。又称标营队各有总代表，以十人为一分队，以三分队为一支队，以三支队为一大队。各队置队长一人，副队长二人，队长即以总代表担任，指挥其他各级队长；副队长则由总代表就代表中指定或由队长互推之，由各标营代表负责等等，不过事前个人一种提议或预拟之言，筹备中并无此强制规定。因革命事，先主破坏，变起非常，战斗时又变化莫测，只宜依靠各代表临时部署，随机应变，不能如平时行军，预定整齐划一之制令人严格遵守。

△ 是日午后，南湖炮队事件爆发。南湖炮队革命党人孟发城、徐万年等为退伍同袍设宴饯行，猜拳斗酒，排长前来干涉，遂引起冲突。激愤之下，徐等夺炮拟乘机起义，因无撞针、炮弹，未能发炮。营长急调附近马队前来镇压，徐等逃奔城内，将事情报告孙武、邓玉麟。孙、邓主张当晚举义，后被刘尧澂劝止。

居正《辛亥札记》：

辛亥八月初三日，南湖炮营同志孟发城、瞿（霍）殿臣、梅青福、张若舟、王鹤年、徐万年等，为同袍退伍者祖饯。群英聚会，酒酣耳热，兴致淋漓，笑声达外。其队官出而干涉，徐等甚愤，即起夺炮出。顾无弹，转夺子弹库，因封固，一时不得入。营长姜明经闻变，急调附近马队来镇压。徐等知势不能成，乃弃炮，以席卷枪，荷之走。马兵追蹑，徐等顾谓曰："吾侪皆兄弟，何相煎之急耶？"马兵止。徐等急驰入城，至同兴学社，具以告。孙武、邓玉麟闻之大惊，咸谓仓卒不能发动。李翊东曰："吾闻先发制人，后为人所制，今事已泄，若不急发，将为清吏所乘也。"孙武、邓玉麟然其言，乃相与决计，即晚发动。邓玉麟即通知蒋翊武、刘尧澂等集胭脂山胡祖舜寓所，急为之备。尧澂主缓发，盖以黄、宋尚未来鄂，余所购之手枪亦未运到。且瑞澂昏庸胆怯，今日之事，必不敢究；如深究，则举事犹未晚也。众然之。瑞澂得报，果以兵士酗酒滋事，开除一二人军籍寝事。

武汉大学历史系中国近代史教研室编《辛亥革命在湖北史料选辑》，湖北人民出版社1981年版，第138～139页

另据胡祖舜《六十谈往》：

迨至午后二时许，南湖八标炮队二营中队，有同志河南人梅青夫者请假离营，同志如孟华臣、江锡九、张富国（皆梅同乡）及山西人霍殿臣等为之设宴饯别。猜拳斗酒，正兴高采烈之际，其排长刘步云（沔阳人，陆军特别学堂毕业）忽来干涉，致激公愤，暴动以起。由霍殿臣为首，号召同队之同志，蜂拥至子弹库，撞开库门，拖炮实弹，意欲率炮攻城。幸附和者少，同志中亦有反省者，恐暴动适足误事，相率自动引去。时张彪得报，乃以电话令毗连之马队统带喻化龙派队弹压，并追捕在逃者。惟所派马兵亦有同志参加，故纵之去，未获一人。其后蔡汉卿等散会归营，得知其情，乃密告为首之霍殿臣逃避，余则一概归营应点，处以镇定；如官长追问，则委责于霍殿臣一人，万一究治多人，乃事非得已，即可立时发动。卒之张彪恐事态扩大，不易收拾，未加深究，事乃得寝。时孟华臣手臂受伤新裹，犹有血痕，面带怒容，分访余及邓玉麟，力斥各机关主持者筹备稽延，令军中坐失时机，责难备至。余婉言劝慰，告以本日会议结果，彼始怏怏而去。但自此事变后，清吏知为革命党所策动，加严戒备，明察暗访，而吾党八月十五日首义之消息竟至暴露，并见连日汉口各报矣。

武汉大学历史系中国近代史教研室编《辛亥革命在湖北史料选辑》，湖北人民出版社1981年版，第63～64页

另据《时报》1911 年 10 月 1 日报道：

初三日，左队之兵，公饯退伍之正目汪锡玖等。正饮酒猜拳之际，该队排官刘步云因与退伍某某等正目有嫌，出而干涉。该队各兵答以凡退伍之兵，准其饯行，为营规所许。况近日某队官、排长等皆曾设筵祖饯，尔何得以私怨禁止乎！该队官恼羞成怒，即回明标值日杨管带齐凤，欲棍责该违抗诸兵。于是众皆不服，全起哄闹。其退伍中之素与官长有仇者，即哄至军装房取出马枪数十杆，向队官所居之室轰击。幸系有药无子假弹，未曾伤人。该兵等复至军械库房，欲劫夺真弹。时军需官已将库门堵闭，并经杨管带调卫兵守护，由诸官弁善言开导，不听，势若天翻地覆。当以电话调来马队兵士弹压，众始解散。而退伍兵之号召滋事诸人，皆夺门而逃。当经马队追获八名，有二十余人逃脱。

又闻此次肇变系三营中队队官宁鸿钧、排长刘步云激成。缘该兵等置酒与退伍者饯行，正在兴高彩烈，宁、刘忽来，将酒席踢翻，杯盘狼藉，致触各军士之怒，即至管带处争闹。管带姜某不问情由，遽命护兵抓住数人责打。众愈怒，遂开枪轰击，因无真弹，复在军械房拖出五生七快炮三尊，直向官长所寓之室施放。然忙中未上底火，炮放不燃。值马队之兵已掌号至，众闻号声惊散。……该营与本标一二营未变之兵均作壁上观，只呼哨在旁，假作解劝，不肯听官长指挥拿人，所以该乱兵数十人，闹有二小时之久，非马队来，几成不可收拾。

武汉大学历史系中国近代史教研室编《辛亥革命在湖北史料选辑》，湖北人民出版社 1981 年版，第 559 ~ 560 页

△ 四川保路风潮进一步发展，对湖北影响日深。瑞澂为应付局势，饬提督张彪、协统黎元洪、巡警道王履康等，将武昌军警划分地段，加强巡防。

是日《时报》报道：

瑞澂以川事危迫，关系甚大，未可忽略，特饬统制张彪、协统黎元洪、警道王履康齐集督练公所，与参议官铁忠会商。以现在省垣兵力单弱，外间民气嚣张，军警两界亟宜协力防范，不可稍存畛域。特将军警两界合防地段，分配明晰，传示各区营，免致推诿贻误。二十九标与巡警中区管督辕至司门口长街一带；三十标与巡警前区管阅马厂、大朝街、望山门一带；四十一标与巡警前区第三分区管大东门、大东岳庙、洪山一带；马队八标、炮队八标与巡警上区管十字街、保安门、新桥、王惠桥一带；辎重八营与巡警后区管平湖门、黄鹤楼、汉阳门一带；混成协炮工辎三营与巡警下区管武胜门、筷子街、小东门一带。下午七句钟起，上午五句钟止，巡警每班四人，陆军每班十六人为率。其沿江一带，上自白沙洲，下至新河，悉归巡查队稽查，刻已遵照办理矣。

武汉大学历史系中国近代史教研室编《辛亥革命在湖北史料选辑》，湖北人民出版社 1981 年版，第 547 ~ 548 页

9 月 25 日（八月初四日）　南湖炮队事件发生后，社会各种谣传纷起，湖北当局风声鹤唳，加强各种防范措施，革命党人改定 10 月 9 日（八月十八日）起义日期又成泡影。

1911 年 10 月 3 日《时报》报道：

第八镇炮队八标三营自左队兵士酿出风潮后，连日以来，该标兵士等每至夜晚，三五成堆，七八一团，交头接耳，语言密秘。下级官长瞥见，亦不敢过问来由。现第一营管带卓占标同标统龚光明奉令秋操，未便推卸。昨特饬该营程度最高之队官、排长，挑选资格最老、平日信用之目兵二十名，彻夜巡察，严密防范。是夜，卫兵司令官迭报营门口时有二、三两营兵士移转箱子物件他往，询其用意均答送往典当，其实在情形不可测度等语。该管带以如此现象，不可不预为防备，立即派亲信护兵数名至军装火药库，将所存真假枪炮子弹尽行搬出，加

派妥兵押送城内寄存总火药库,一面报知统制转禀督院查照矣。

武汉大学历史系中国近代史教研室编《辛亥革命在湖北史料选辑》,湖北人民出版社1981年版,第561页

1911年10月10日《时报》报道:

鄂垣近日风声鹤唳,官场戒严,督署内外均驻军队守卫。军警巡缉络绎于途,民间迁徙者为数不少,以致愈形扰乱。如以前数日出有炮兵交斗一案,地方官对于此种谣言,禁不胜禁。

武汉大学历史系中国近代史教研室编《辛亥革命在湖北史料选辑》,湖北人民出版社1981年版,第562页

1911年10月9日《时报》报道:

鄂省近日戒备之严,为历来所未有。如火车、轮船、码头,皆满布军警侦探,翻箱打笼,无所不至。民舟货船则堵于襄河口,由水面巡警稽查。若行旅入城起坡者则由巡警检查箱箧。如行旅主人未同来或锁钥未携在身畔,即将其箱箧暂行扣留,必俟清检方准放行。闻其如此严紧,原因实缘鄂督准粤宁二督密电,探悉革命党魁黄兴率领大批党人潜至长江,希图在武昌起事,并勾结川省会党、宜昌路工,同时响应。

武汉大学历史系中国近代史教研室编《辛亥革命在湖北史料选辑》,湖北人民出版社1981年版,第564页

1911年10月7日《时报》报道:

鄂督以逃兵王天保私藏枪弹,疑系革党溷迹军中煽乱,业饬将各营兵士之素不安分、形迹可疑者开去军籍,遣送回籍,以遏乱萌。乃有炮营逃兵数人因恐追扑,于邮筒投书督提各辕。大致谓彼党团体甚固,如因此事而妄行杀戮,全镇必为激变,其中颇多恐吓之语。张提遂大震惊,请于鄂督,饬将各营所存枪炮机纽拆卸,连同各种弹子一并缴送军械总局敬慎库收藏。所有标统以下、排长以上各军官,每日一律驻营歇宿,不准擅离,由张提不时亲往巡查,吹奏紧急集合号令点名,官长有不在营者撤差,咨部及各省永停差委;目兵有不在营者,责革职严办,并罚其该管长官。一时军纪至为严肃,而谣言亦因之蜂起。不意初九日傍晚,督辕又忽行戒严,派出特别巡警队(即卫队)二百余人在辕前荷枪,各携真弹守卫围墙一带。亦有巡防军持枪梭巡,东西辕栅门未至九点钟即闭。小城门薄暮即上锁,非持有对牌印文公事不开。其余如藩署、官钱局、造币厂及其它各司道署局,皆调有陆防营驻守。戒备之严,为从来所未见。其各城门问[向]例,有文昌、汉阳二门每夜须十二句钟关锁,是夕忽然早闭,而街谈巷议,谣言遂愈可骇。有曰四川乱事又炽,顺流而下,将扰及鄂境者;有曰新军蓄谋图变,枪械虽缴,仍定于中秋起事者。此二说皆非平[凭]空构造,故浅见者信以为真,至有举宅远避者。顷经调查得如此戒严之故,实因接有粤督加急密电,云有革党数百人假装学生商人在香港议决,附轮潜至长江,在武昌集合,希图大举。并云该党抵沪后,换座帆船上驶,以免窥破形迹,且历举其秘密布置之法。鄂督深恐新军不足恃,故如此张皇戒备,若大乱之将至者。

武汉大学历史系中国近代史教研室编《辛亥革命在湖北史料选辑》,湖北人民出版社1981年版,第561~562页

张难先《湖北革命知之录》:

瑞澂乃于八月十二日召集文武官自首县、管带以上会议,决定调水师统领陈得龙所部巡防队入守督署及各要道,并令张彪、黎元洪严督所部日夜巡城;督署加派特别巡警队守卫;复令楚威、楚同等兵舰升火待发;并以电船游弋江面,戒备极严。而武汉总机关即于十七、十八两日先后破坏,于是十八首义之期,又成泡影矣。

严昌洪等编《张难先文集》,华中师范大学出版社2005年版,第274~275页

△ **吴永珊(玉章)、王天杰等在四川荣县宣布独立,建立革命政权。**

据吴永珊(玉章)回忆:

9月25(八月初四),我和王天杰等在城内召集各界开会,由我发表演说,宣布荣县独立,并提议蒲洵主持县政。大家都知道我是刚从东京同盟会总部回来的人,自己不图官职,却把蒲洵推了出来;而蒲洵也是同盟会员,并且又是外县人,与各方面全无矛盾;因此都很满意。于是,在一致欢呼声中建立了荣县的革命政权,从此,东路民军也有了一块根据地作依托了。

荣县起义,发动于8月初,比武昌起义要早两个月。荣县宣布独立是9月25日,比武昌起义也早半个月。因此,它的影响很大,成为成都东南民军反清武装斗争的中心。在荣县独立的前后,起义军还曾经占领过彭山、眉州、青神、井研、名山、洪雅、夹江等十数州县,但都旋得旋失,没有得到巩固。只有荣县建立了革命政权,并且一直坚持下去。

吴玉章《辛亥革命》,人民出版社1973年版,第129～130页

9月28日(八月初七日)　焦达峰从湖南派人告函,中秋节起义准备不足,请展期十天,湘、鄂同时发难。

△ 两广总督张鸣岐遵旨派统带黎天才率领滇军济字左营一营,乘广利舰赴沪,转江轮至鄂。随带有七九步枪五百四十五枝,子弹五万四千五百颗,无烟马枪三十一枝,长枪一枝,七响手枪一枝,子弹六千六百颗。

是月　黄兴致武汉同志书,提议革命起义应与十一省同时行动,不可操之过急,单独行动。

书称:

革命迭次失败,损失太多,此次经营武汉,要格外慎重。各省没有打通以前,湖北一省千万不可轻举。必须迟至九月初旬,与原定计划中之十一省同时举义,方可操必胜之券。希望武汉同志暂行忍耐。

刘泱泱编《黄兴集》(1),湖南人民出版社2008年版,第112页

△ 贵州安顺扁担山少数民族地区民众抵抗官府禁烟,聚众数万人与官兵抗拒,一度大败官军,后被镇压,数百人被杀。

1911年9月5日上海《民立报》报道:

贵州扁担山风云倏倏历数月,而一种伤心惨目、闻之酸楚者,鲜有知其真象。今据确实调查,无非新军标统袁义保一人之罪恶。盖当风潮之起,不过数村人之抵抗禁烟,然此亦为官吏所激成。袁欲借此为升官地,遂张大其辞,报有数万人树旗称叛,庞抚乃命袁痛剿,准其就地正法。斯役也,共计枪毙不下四五百人,而无辜受戮者二百余人。乐群学堂教员白时中,扁担山户,适在家,袁恐白某回省宣布其罪,遂诬以通匪杀之。

黄季陆主编《中华民国史料丛编·民立报》第10册,台北中央文物供应社1969年影印本,第2130页

1911年10月2日《民立报》报道:

扁担山卷土重来　上春以抵抗禁烟酿出大风潮,因杀戮过多,人民怨官已入骨髓,而一种暴动思想与日月俱增,咸欲报仇雪恨,有触即发。现又聚集万余人,加以广西游勇与湘省难民来相会合,号数万众,安顺全境摇动,风声鹤唳,草木皆兵。巡防队管带宋云山督兵往剿,反为大败,抢去器械无数,盖彼纯以鸟枪制胜。宋军全无纪律,又以客犯主,其败宜矣。现仍禀调新军赴安,后事尚不知如何。

按扁担山周围数百里，大小八十余寨，每寨平均八十余户，纯以独家种，汉人不过十之一，团结力甚大，一寨起事，余寨响应，幸其智识不发达，终亦必败而已也。

黄季陆主编《中华民国史料丛编·民立报》第11册，台北中央文物供应社1969年影印版，第2319页

是月　贵州安化、遵义、黎平、思州、镇远各地民众暴动，盗抢成风。

1911年10月2日《民立报》报道：

安化　刘云衢以实缺任安化，迄今七八年全无振作，吏治之腐败已达极点。自治局、两等学堂，一推翻、一破坏，徒耗巨款，成效一无可睹。现盗贼蜂起，满地龙蛇，而在逃要犯已与绿林豪客相会合，烧杀掳抢，日恒十数，防军莫敢谁何。牛渡滩与宛水坝等处已聚集多人，与思南袁家湾大股匪党声息相通，共谋进取方法，四乡人民异常惊恐，纷纷迁徙以避浩劫云。

遵义　遵义与川境毗连，为川黔会匪所走集，现川路风潮南下，波浪所及，草木皆兵，人民异常惊恐。传闻成都已破，贼盗四起，黔中大吏派兵赴遵堵截，乱民又不日将到，城内四乡愈滋纷扰。而赤水河沿岸及仁怀县属之烟尘已大会合，四出掳抢，将有晋扑府城之势。

黎平　黎平洪匪之乱已两个月，虽经新军管带陈宗岳带兵捕剿，其势仍未少杀。盖出没无常，彼剿此窜，已成游匪，底平大非易易。迩来匪焰愈炽，抢劫日数十起，杀人无算，官吏曾莫敢谁何，黎府全土已大震荡，其声威可止小儿夜哭，乱象已成，善后无术，其前途实有不堪设想者。

思州　思州近日陡起一种恶风云，抗捐罢市，全府殆遍。人民咸以新政病民为借口，波起潮涌，愈激愈厉，捣毁学堂、局所，抵抗一切税捐，声势汹汹，余波及邻府，地方长官无法遏止，惟禀请上宪派兵弹压。现正怒潮奋涌，旋涡愈亟，后事尚不知如何。

镇远　镇远与思州壤土相接，影响到处，群起效尤，其抗捐罢市情形与思州无甚差异。现省中大吏已调新军一营往思、镇二府平乱，想此蠢蠢小百姓又必遭一番浩劫。

转引自贵州省社会科学院历史研究所编《贵州辛亥革命资料选编》，贵州人民出版社1981年版，第10～11页

编者按：经核对《民立报》复印本，未见此则报道。

U0942641